理解しやすい
日本史

伊藤之雄
横内裕人 共著

文英堂

はじめに

過去の歴史を知り，
現代とのかかわりを理解しよう。

●わたしたちは，ややもすると歴史は過去のことであって，現代とは関係ないと考えがちである。しかし，決してそうではない。過去のことがらは無数にあるが，それが歴史として意味をもつのは，現代とのかかわりにおいてである。21世紀に入った今日（こんにち）もなお，「歴史は，現代と過去とのつきることのない対話」といわれる所以（ゆえん）である。

●わたしたち二人は，これまで予備校教育や大学教育にたずさわりながら日本史の教科書や副読本の執筆に加わったり，日本史の参考書・一般書・研究書を出したりして，高校教育や大学受験にかかわってきた。高校の歴史教育は，大学においても文学・法学・経済学などの学問の基礎になることはいうまでもない。

●受験生にとって，高校での限られた時間の中で，歴史の流れをつかみ，個々の事象を正確に理解し，重要事項を精選して記憶することは，実に困難なことである。わたしたちが，本書においてもっとも注意をはらったのは，歴史の流れを明快な文章で記述し，重要ポイントを明示するという点である。

●このため，本書では，横内が古代・中世を，伊藤が近世・近代・現代を分担した。いずれも，わたしたちの専門分野ないし関連する分野であるので，学問的水準を保ち，そのうえ，日常学習や受験において理解しやすい内容や記述になった。

●本書では，本文記述の充実とともに，理解を助けるカラフルな写真や地図・説明図などを数多く掲載した。本書が諸君にとって，理解しやすく利用しやすい参考書として受け入れられるならば，わたしたちにとって，これ以上の喜びはない。

著者　伊藤之雄・横内裕人

本書の特長

1 日常学習のための参考書として最適

本書は，高校での「日本史探究」の教科書にあうように，教科書の学習内容を多くの小項目に細分して編集しています。したがって，学校での授業の進行にあわせて，しっかりと予習や復習をすることができます。さらに，本文の重要用語を集めた「要点チェック」も用意しているので，定期テストの準備に使うこともできます。

2 学習内容の要点がハッキリわかる編集

皆さんが参考書に最も求めることは，「自分の知りたいことがすぐ調べられること」「どこが重要なのかがすぐわかること」ではないでしょうか。

本書ではこの点を重視して，小見出しを多用することでどこに何が書いてあるのかが一目でわかるようにし，また，学習内容の要点を太文字や赤文字，重要な文章を黄下線ではっきり示すなど，いろいろな工夫をこらしてあります。

3 見やすく豊富な図表や写真

日本史を理解するうえで，図表や年表は不可欠なものです。本書では，適所（てきしょ）に図表や地図，年表を掲載しています。図表は，視覚的に理解できるように工夫しています。また，年表は歴史の流れを整理するのに役立ちます。写真も，「百聞は一見にしかず」という意味で，理解を助けてくれます。

4 日本史がより深く理解できる

本書では，まずはじめに，そのチャプターの全体的なまとめを示したうえで，解説に入っています。解説は，本文のほかに，理解を助けたり，深めたりする「参考」「補説」をつけています。しかし，それらにはあまりこだわらず，まず学習内容の大筋をつかんでください。本文中にある「ポイント」は，必ず覚えるようにしましょう。

本書の活用法

1 学習内容を整理するために

時代の俯瞰図

「時代の俯瞰図」は，各チャプターのはじめにあって，そのチャプターで学ぶできごとを年表形式でまとめています。そのチャプターの全体像をつかむことができます。

「ポイント」は，絶対に理解して覚えなければならない重要ポイントを示しています。テストでも，よく取りあげられる点ばかりです。

要点チェック

「要点チェック」は，そのチャプターに出てきた重要用語のチェックをします。テスト前などには，必ずおさえておきましょう。

2 理解を深めるために

倭の五王
(☞p.26)

本文では，重要な用語や人物名を太字で示しています。タイトルの太字にも注意しましょう。また，☞のさし示す参照ページの指示があるときは，必ずそちらも目を通してください。

補説
参考
注意

「補説」は，より詳しい解説が必要な重要事項を取りあげています。「参考」は，本文中に出てくる重要用語の定義を示しています。複雑なことがらを整理するのに役立ちます。「注意」では学習上注意すべき点を示しています。

\ TOPICS /

「トピックス」は，本文を深く理解するために，ほりさげた解説をしています。

史料

「史料」は，重要史料をポイントをあげて掲載し，現代語訳や，史料の理解とテスト対応のための 注釈 や 視点 などを加えています。

もくじ CONTENTS

第1編 原始・古代

CHAPTER 1 日本文化のあけぼの

CHAPTER 2 古代国家と文化の発展

CHAPTER 3 古代国家の展開

CHAPTER 4 貴族政治の展開と文化の国風化

第2編 中世

CHAPTER 1 院政と武士政権の成立

CHAPTER 2 武家社会の形成と文化の動向

CHAPTER 3 武家社会の展開

第3編 近世

CHAPTER 1 織豊政権と幕藩体制の確立

CHAPTER 2 幕藩体制の展開と産業の発達

CHAPTER 3 幕藩体制の動揺

第4編 近代・現代

CHAPTER 1 近代国家の成立

CHAPTER 2 立憲国家の成立と条約改正

CHAPTER 3 立憲政治の発展と大陸進出

CHAPTER 4 近代文化の発達

CHAPTER 5 第一次世界大戦と日本

CHAPTER 6 第二次世界大戦と日本

CHAPTER 7 占領と国際復帰

CHAPTER 8 55年体制と高度経済成長

CHAPTER 9 現代の日本

史料

第1編

原始・古代

• CHAPTER

1 » 日本文化のあけぼの

時代の俯瞰図

人類の発生 —…→縄文時代→弥生時代…小国の分立
＝旧石器時代
↓続縄文文化・貝塚文化
↓邪馬台国(卑弥呼)→ヤマト政権(倭の五王)

年	できごと
	▼旧石器時代
	▼縄文文化(新石器文化)
	▼弥生文化(水稲耕作・金属器)
紀元一	小国の分立 ——『漢書』地理志
五七	倭奴国王が後漢に使者を派遣＝金印(「漢委奴国王」)を授かる ←『後漢書』東夷伝
一〇七	倭国王が後漢に朝貢
	邪馬台国の統治 ←「魏志」倭人伝
二三九	卑弥呼が魏に朝貢＝「親魏倭王」の称号を授かる
	ヤマト政権の成立
三九一	倭の朝鮮出兵 ←(広開土王碑)
	倭の五王の朝貢
四七八	倭王武の上表文
五三八	仏教の伝来
五五二	↔崇仏論争(仏教の伝来)
	朝鮮・中国文化の伝来 渡来人の渡来 → 織物・養蚕技術や漢字・儒教の伝来
	古墳文化 前期 — 中期 — 後期(～7世紀)

世界	
▶オリエントで農耕・牧畜開始(B.C.7000年ごろ)	▶秦の中国統一(B.C.221年)
▶前漢で楽浪郡設置(B.C.108年)	▶ローマ帝政開始(B.C.27年)
▶後漢の成立(A.D.25年)	

SECTION

1 日本列島の形成と日本人

▶ 地質年代上の更新世(こうしんせい)は氷河(ひょうが)時代ともよばれ，何度かの寒冷な氷期(ひょうき)があった。この頃，**大陸と陸続き**になっていた日本列島に，**マンモス**や**ナウマンゾウ**を追って，人類が移動してきたと考えられている。

1 日本列島の形成

❶**地質年代の区分**　地質年代は，**太古代**(たいこだい)(**始生代**(しせいだい))から**新生代**(しんせいだい)に5区分される。

❷**日本列島が形成された時期**　更新世の末期，最後の氷期が終わり，日本列島が大陸から完全に分離して[★1]，今日の日本列島が形成された(今から**約1万年前**)。

注意　国土の形成や人類の出現を考える場合には，考古学・人類学とともに地質学・地球環境学の知識も必要である。

太古代	原生代	古生代	中生代	新生代			
				中新世	鮮新世	更新世	完新世
40億年前	25億年前	5.4億年前	2.5億年前	6600万年前	533万年前	258万年前	1万年前

現在 
マンモスやナウマンゾウ
旧石器時代　新石器時代

▲地質年代の区分

★1 日本列島が大陸と陸続きとなっていたことは，**ナウマンゾウやマンモスの化石**からもわかる。

2 日本人の起源

❶人類の出現と分類　世界史上，人類が出現するのは，約700万年前の**新第三紀中新世**である。人類は，発見された化石人骨の研究によって，次のように分類される。

1. **猿人**…アウストラロピテクスなど。最古の人類。
2. **原人**…ホモ＝エレクトゥスに属する**ジャワ原人**(インドネシア)・**北京原人**(中国)など。
3. **旧人**…ホモ＝ネアンデルターレンシス(ネアンデルタール人)など。
4. **新人**…現生人類(ホモ＝サピエンス)に属する。**クロマニョン人**(フランス)など。

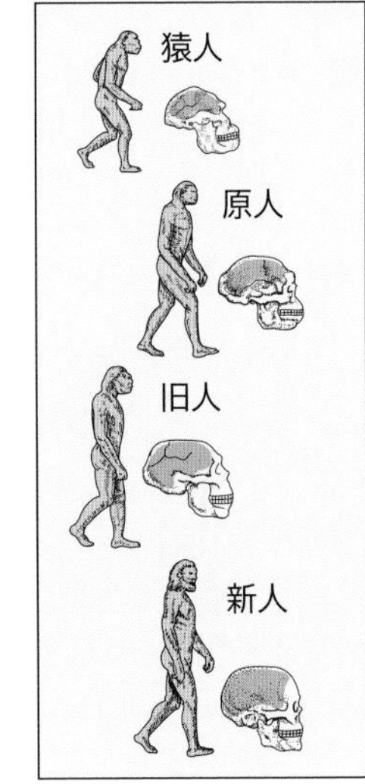

▲人類の進化

❷日本の人類　新人である**浜北人**(静岡県)・**港川人**(沖縄県)などの化石人骨が報告されている。しかし，データが不確かなものが多く，更新世の人類の実態はよくわからない。

❸日本人の形成　**縄文人が現在の日本人の直接の祖先**であり，その後，周辺各地，とくに朝鮮半島の人々との混血や，さまざまな環境の変化によって，日本人が成立したと考えられている。

❹日本人の祖先　浜北人・港川人は，身長の低さや顔の幅の広さなど，中国南部の柳江人などと共通の特徴をもっている。アジア大陸南部に住む人々(古モンゴロイド)の系統につながると考えられ，人類学上では，日本人の南方起源説が有力となっている。

❺日本語の起源　文法・音韻などから，アルタイ語系(トルコ語・モンゴル語などと同系)という説もあるが，日本語の系統については定説がない。

補説　**浜北人**　1960～62年に静岡県浜北市で化石人骨が発見され，更新世後期の新人であると判断された。

補説　**港川人**　1968年，沖縄県具志頭村港川で約1万8000年前の新人のものと考えられる化石人骨が発見された。オーストラリア先住民のアボリジニやジャワ島のワジャク人などと似た点があるとされている。

① 日本列島の形成…更新世末期(約1万年前)
② 日本の人類………新人段階の化石が見つかっているが，詳細は不明

2 旧石器文化

▶ 日本列島で人類の化石人骨が発見される一方，この時代に使用された**旧石器**も発見されている。日本では**旧石器時代**の文化を，土器が用いられなかったことから**先土器文化**ともいう。

1 石器時代

❶歴史の3時代区分★1　人類の歴史を，使用する利器(道具)の材質により，**石器時代→青銅器時代→鉄器時代**に分けることができる。

❷石器時代の区分　旧石器時代と新石器時代とに区分する。両者の過渡期を**中石器時代**と呼ぶこともあるが，日本史ではあまり用いられない。

❸日本の旧石器時代

1. **時期**…**更新世**にあたる。
2. **生業**…**狩猟**や採集を営んだ。狩りの道具としては，**打製石器**(**打製石斧**など)や**尖頭器**(小形動物をとらえる)が発明され，旧石器時代の末期には，**細石器**(**細石刃**)を動物の骨にうめこんだ，組み合わせ式の**槍**もあらわれた。

❹旧石器文化の発見　1946(昭和21)年，群馬県の**岩宿**(現・みどり市笠懸町)の**関東ローム層**中から**相沢忠洋**が打製石器を発見したのが最初。★2 以後，後期旧石器時代の遺跡については，多くの例が発見されているが，それ以前の日本については，よく分かっていない。

補説　**世界史上の新石器時代**
①**時期**…**完新世**以降(約1万年前以降)にあたる。
②**生業**…人類は石をみがいて鋭い刃をつけた**磨製石器**を用いた。また，**土器**の制作や**農耕**・**牧畜**が開始され，**織物**も出現した。

補説　**農耕・牧畜の開始**　紀元前7000年ごろ，西アジアで，麦の栽培とヤギ・羊・牛などの飼育が始まった。

★1　**歴史の3時代区分**
19世紀に，デンマークの**トムセン**が最初に唱えた。

参考　旧石器時代の社会では，身分や貧富の差はなかったと考えられている。

★2　**関東ローム層**は，関東地方の台地上に広く分布する，火山灰土の堆積により形成された赤土層。**岩宿遺跡**は，**相沢忠洋**によって発見され，1949年に明治大学が発掘調査した。

注意　**縄文文化**は，新石器時代にあたるが，基本的には採集経済段階にあった。

[日本の旧石器文化]
① 時期…更新世
② 土器…使用せず
③ 生業…狩猟・採集
④ 石器…打製石器・細石器

▲岩宿遺跡の発掘

SECTION 3 縄文文化

▶ **縄文時代**から，日本も**新石器時代**にはいる。**縄文文化**は主として**狩猟・採集経済**に依存する文化であったが，かなり高度な生活を営んでいたことが，いくつかの遺跡の調査で明らかになった。人々は自然の影響を強くうけたため，その社会は**呪術**に支配されていた。①**土器の発明**と，②**弓矢の使用**に，この時代の大きな特徴がある。

1 遺物と遺跡

❶縄文時代の期間　約1万6000年前から，**弥生文化**に移りかわるB.C.5世紀ごろまで，1万年間ほどつづいた。一般的には，縄文土器の型式を基準に，**草創期→早期→前期→中期→後期→晩期**の6期に区分される(下表参照)。この間の文化発展の歩みは，比較的ゆるやかであった。

注意　縄文時代は約1万年間で，弥生時代よりもはるかに長い。縄文土器の出現は，**放射性炭素**^{14}**C**による年代測定によれば約1万6500年前であり，日本列島は，世界で最初に土器が発明された地域の1つと考えられている。

❷縄文土器の特色

1 **製法**…①形態・文様は変化に富む。
②焼成温度が低いものが多く，素焼きであるので，黒褐色。
③巻きあげ・輪づみなどの手づくり。

2 **分布**…全国に分布するが，東日本でとくに多く出土し，型式・文様も多様化した。

❸縄文土器による時代区分　縄文時代は約1万年つづいたが，土器の製法や様式から，次のように区分することができる。★1

区分	出土地	文様	形
草創期	鳥浜(福井)など	雷文・綾杉文	深鉢・方形平底土器
早期	稲荷台(東京) 花輪台(茨城) 住吉町(北海道)など	撚糸文 無文・捺型 沈線文・貝殻文	深鉢形尖底土器
前期	諸磯(神奈川)など	条文・爪形文	平底形・深鉢形土器
中期	加曽利(千葉)など	隆起文・渦巻文	甕形
後期	堀之内(千葉)など	磨消縄文	弦付土瓶形・壺形
晩期	亀ヶ岡(青森)など	雲形文・無文	壺形・皿・鉢形・注口形・香炉形

★1 **縄文土器の様式の変化**　縄文土器の文様は初期のものは単純であり，その形も底のとがった尖底土器が多いが，時代が下るにつれて複雑化し，甕や鉢の形をしたものが出現してくる。

▲縄文土器

❹縄文時代の道具

1 一般に打製石器である。磨製石器も併用する。

2 **弓矢**が発明され，**石鏃**が出現する。そのため槍は減少。

3 **石器・骨角器・木器**★2などが中心。金属器はまだなかった。

★2 **木器**　精巧な木器があらわれるのは，金属器が加工に使われる弥生文化以後である。

❺縄文文化の道具の種類

1 **狩猟具**…石鏃(矢じり)・石槍・石匙(皮はぎ)。

2 **漁労具**…石錘(おもり)や骨角器の釣針・銛。

3 **生活具**…石斧(土掘りや伐採)・石皿・磨石(粉砕)。

4 **その他**…耳飾りや玉類の装身具，石棒などの宗教・祭祀具。

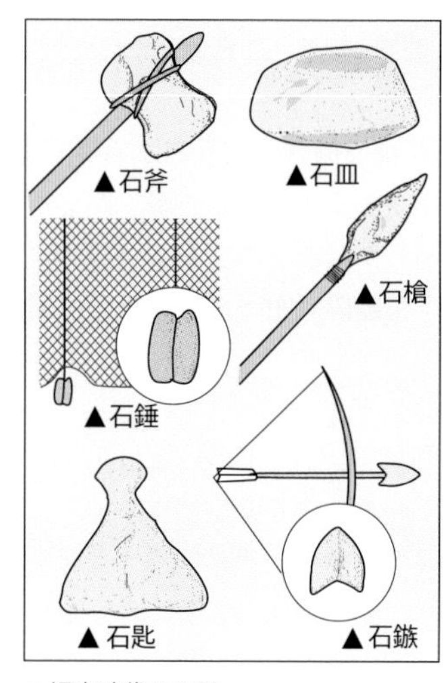

▲縄文時代の石器

❻貝塚　**貝塚**は，縄文時代の人々が食料とした貝類の殻や不要な道具などを住居近くに捨てて，堆積した場所である。貝塚は貝殻のカルシウム分が人骨・獣骨を保護し，当時の生活を知る遺跡として貴重。日本で最初に発掘調査された貝塚は，1877(明治10)年の東京の**大森貝塚**である。

補説　**代表的な貝塚**　貝塚は，とくに東京湾沿岸・瀬戸内海沿岸に多く発見されている。**夏島貝塚**(神奈川県，早期)・**加曽利貝塚**(千葉県，中～後期)・**姥山貝塚**(千葉県，中～後期)・**津雲貝塚**(岡山県，後期)・**吉胡貝塚**(愛知県，後～晩期)・**鳥浜貝塚**(福井県，草創～前期)などがある。

参考　**大森貝塚とモース**　大森貝塚(東京都品川区・大田区)は，明治政府の**お雇い外国人**で，東京大学に招かれた**モース**(アメリカ人)が発掘し，貝塚の研究の端緒を開いた。

❼縄文時代の住居　**竪穴住居**である。竪穴住居は地面に柱穴をあけて，そこへ堀立て柱を建て，上方で交差させ円錐形とし，その上に草や木の葉をのせて屋根とした。床は張らず，土間である。

❽住居の立地　水辺や海に近い台地先端部に立地した。水と魚介類を得やすいからである。食料の捕獲が困難になると，人々は新たな場所に移動した。

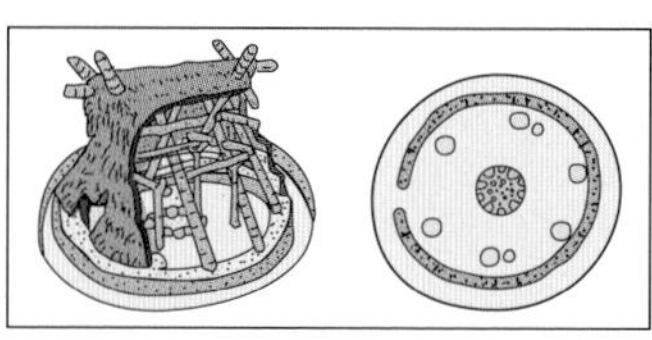
▲竪穴住居の外形と内部

❾集落の形成　縄文時代早期には，まだ集落の規模は小さかったが，時代が進むにつれ拡大し，広場をもつ大きな村も出現した。八ヶ岳山麓に約100個の住居跡を残す**尖石遺跡**(長野県，中期)はその典型である。さらに，大集落の**三内丸山遺跡**(青森市)のように，住居のほか，集会場，貯蔵穴，墓地，ごみすて場なども同時に見つかっている。

❿縄文遺跡の分布地域　全国に分布するが，とくに東日本に多い。東日本は落葉広葉樹林帯に覆われ，またサケ・マスが川をのぼり，食料資源が豊富だったこと，水稲耕作の伝播が遅れたことが要因である。

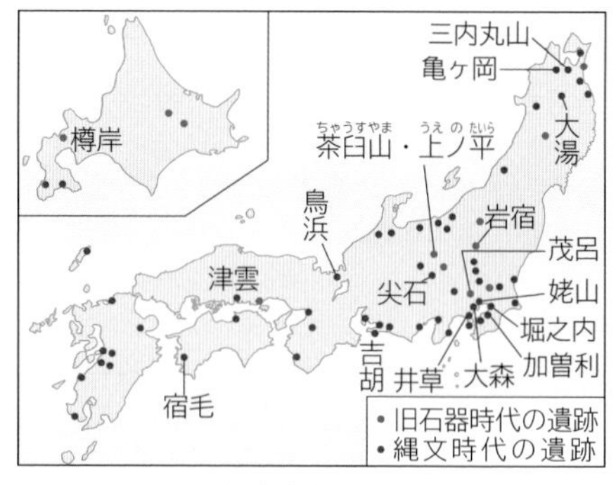

▲おもな旧石器・縄文時代の遺跡の分布

2 経済・社会生活

❶縄文時代の生業　**狩猟・漁労**の生活を中心とする**採集経済**であったが，現在では，縄文時代にも原始的な農耕が行われたとする説が定着している。

補説　**縄文農耕論**　縄文時代に焼畑による雑穀やイモの栽培があったとする説と，水稲耕作の成立を考える説とに大別できる。**板付遺跡**(福岡市)で，縄文晩期に稲作が行われていたことを示す水門・水田跡，縄文土器に付着したモミの圧痕などが見つかっている。

❷縄文時代の社会　血縁関係にある20～30人ぐらいの集団を単位として活動した。労働の面では，男性は狩猟，女性は木の実とりといった分業が行われたが，明確な**身分や貧富の差は発生しなかった**。★3

❸交易の存在　特定の場所にしか産しない岩石を材料とした石器が，離れた地方で発見されることから交易の存在が推測できる。北海道の**十勝岳**・長野県の**和田峠**・熊本県の**阿蘇山**で産する**黒曜石**，奈良県・大阪府県境の**二上山**の**サヌカイト**，新潟県の**姫川**流域の**ひすい(硬玉)**が，広い範囲に分布。

❹縄文時代の信仰　生活はすべて自然の恵みに依存していたから，縄文人たちは自然をおそれた。彼らは，あらゆる自然物や自然現象に霊魂の存在を認め(アニミズム)，呪術によって災いをとりのぞいたり，獲物をふやすことができると考えていた。また，**三内丸山遺跡**からは神殿とも思える巨大な建物跡が見つかっており，高い精神文化の発達がうかがえる。

❺縄文時代の習俗　縄文時代中期以後，災いをさけ，豊かな収穫を祈るための呪術的習俗が多く見られるようになる。

1. **土偶**…女性をかたどった土人形。大きさは数cm～30cm程度。
2. **石棒**…男性を表現する石器。
3. **抜歯**・**研歯**(歯を抜いたりけずったりする)…成人儀礼。

❻縄文時代の埋葬方法　早期から埋葬の風習があり，★4 遺体の手足を折り曲げた姿勢で葬る**屈葬**★5という方法がとられた。胸の上に石をのせる**抱石葬**も多い。

[縄文文化]
① 新しい道具…土器・弓矢・磨製石器
② 社会…採集経済。貧富・身分の差なし
③ 呪術(アニミズム)…屈葬，土偶，抜歯

★3　**身分差のない社会を示す証拠**
①住居がほぼ同じ規模。
②墓や埋葬方法に差がない。
③使用された道具が同質。

▲土偶

★4　埋葬は住居の周辺の**共同墓地**で行われ，**吉胡貝塚**(愛知県，約300体)・**津雲貝塚**(岡山県，約170体)のように，同一場所から多数の人骨を出土する例もある。**大湯**(秋田県)の**環状列石**も縄文後期の埋葬の一種。

★5　**屈葬**　屈葬が行われた理由としては，死者の魂が再びよみがえって災いをもたらさないようにしたという説が有力である。

▲屈葬された人骨
(浜松市博物館所蔵)

SECTION 4 弥生文化

▶ **弥生文化**は，**水田農業**と**金属器の使用**，縄文土器にかわる**弥生土器**の使用を特色とする新文化である。この弥生時代は，農業生産の開始にともなって，**身分差のある社会**，すなわち**古代社会**への移行が始まった時代でもある。

1 弥生文化の時代

❶**弥生時代の期間**　**B.C.5世紀ごろからA.D.3世紀ごろ**[★1]までつづいた。中国大陸・朝鮮半島から水稲耕作と金属器の使用をともなう人々と文化が渡来して成立した。弥生土器の形式の変化などに基づき，**前期→中期→後期**の3期に区分する。

★1　近年では，弥生時代の始まりをB.C.5世紀以前とする説もある。

❷**弥生文化成立の背景**

1. 中国大陸・朝鮮半島から渡来した文化の影響をうけた。
2. 縄文時代晩期に，弥生文化成立の基礎が成立した。
3. 朝鮮半島南部を経て，北九州で成立し，以後，弥生文化固有の要素を加え，西日本から東日本へと急速に伝播した。

❸**弥生文化の特色**

1. **水稲耕作**の本格的開始。
2. **金属器**(**青銅器**・**鉄器**)の使用。
3. 弥生土器の使用。
4. **織物**の出現。
5. **身分差**・小国の発生。
6. **農耕儀礼**の発生。

❹**弥生土器の特色**　土器の名称は，1884(明治17)年にこの様式の土器が最初に発見された**弥生町**(現・東京都文京区弥生)の地名から名づけられた。
①焼成温度が高いものが多く，**赤褐色**または淡褐色。ただし，縄文土器との焼成温度差はあまりないという説も強い。②**薄手**で硬め。③幾何学文様・無文が多い。前期の弥生土器には縄文の文様もある。④均斉がとれ丸みをもつ。ロクロは未使用。⑤**壺形土器**(貯蔵用)・**甕形土器**(煮炊用)・**高杯**(盛付用)・**甑**(蒸器)などに分化。

参考　**弥生時代の東アジア**　中国大陸では農耕文化を基礎に，はやくから金属器時代にはいっていた。**秦**(B.C.221年に中国統一。B.C.206年に滅亡)につづいて**前漢**(B.C.202～A.D.8)が大帝国を形成した。前漢の**武帝**はB.C.108年，朝鮮半島に**楽浪郡**以下の4郡をおいたので，中国文化の影響は周辺地域におよび，その余波は，朝鮮半島南部から日本にも達した。

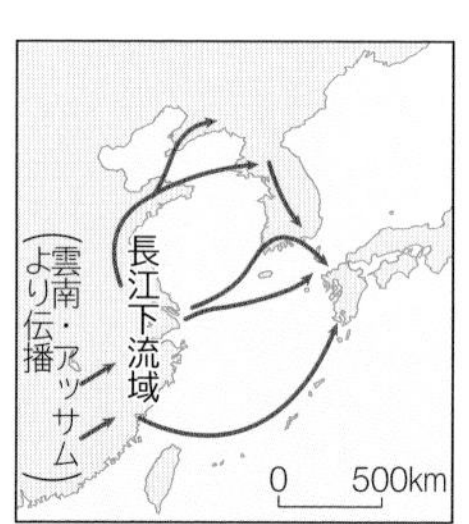

▲水稲耕作の伝播ルート

▲さまざまな弥生土器(左から壺，甕，高杯)

▲土器の使用例

❺弥生土器の区分

時期	特色	遺跡	伝播線
前期	遠賀川式土器…九州→伊勢湾沿岸	板付(福岡) 唐古・鍵(奈良)	伊勢湾沿岸
中期	櫛描文土器…近畿→関東 無文土器……………九州	桑津(大阪) 須玖岡本(福岡)	仙台付近
後期	無文土器が多い	登呂(静岡) 弥生(東京)	青森付近

0　300km
垂柳　砂沢　南小泉　天王山　弥生　日高　大塚　宮ノ前　山木　朝日　登呂　百間川　木部　荒神谷　唐古・鍵　山賀　立屋敷　池上曽根　紫雲出山　板付　田村　吉野ケ里　須玖岡本　菜畑

● 弥生時代(B.C.5世紀～A.D.3世紀)のおもな遺跡
● 弥生前期(B.C.5世紀～B.C.3世紀)の水田跡・関連施設遺跡

▲弥生文化のおもな遺跡

2 農耕・金属文化

❶水稲耕作の開始　B.C.8世紀ごろから**北九州で始まった**。伝播経路は，品種や栽培法などから，長江(揚子江)下流域で始まった水稲耕作が日本にはいってきたとする説が有力である。しかし，北海道や南西諸島にはおよばなかった。

❷農業が行われていたことの証拠

1. 弥生土器に残された，炭化モミやモミの圧痕。
2. 銅鐸に描かれた，モミつきやモミ貯蔵庫の絵。
3. **木製農具**の発見(1937年，奈良県**唐古・鍵遺跡**)。
4. 水田跡の発見(1947年，静岡県**登呂遺跡**)。

❸水田農業の方法　水田は自然の低湿地につくられた(**湿田**)。やがて灌漑・土木技術の発達にともない，沖積平野内の微高地や谷水田も開発された。田植えが行われ，稲がみのると石包丁で**穂首刈り**にして収穫した。低湿な田の場合は運搬に**田舟**を利用した。穀物は貯蔵穴や高床倉庫に保管された。

参考　木製農具の製作
木製農具には，カシなどのかたい木が使用された。はじめ，磨製石器のオノ・ノミ・チョウナなどで加工されたが，しだいに鉇・刀子という鉄製工具によって製作されるようになった。

❹農具の種類

1. **耕作具**…木製の鍬・鋤。刃先に鉄を使用した鍬が発生した。
2. **収穫具**…石包丁・石鎌・鉄鎌。
3. **脱穀具**…木臼・竪杵。
4. その他…田下駄・大足。

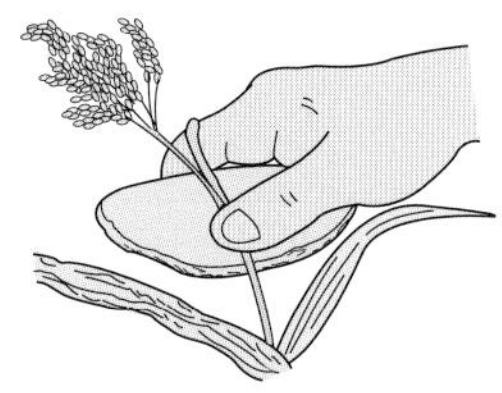

▲石包丁による穂首刈り

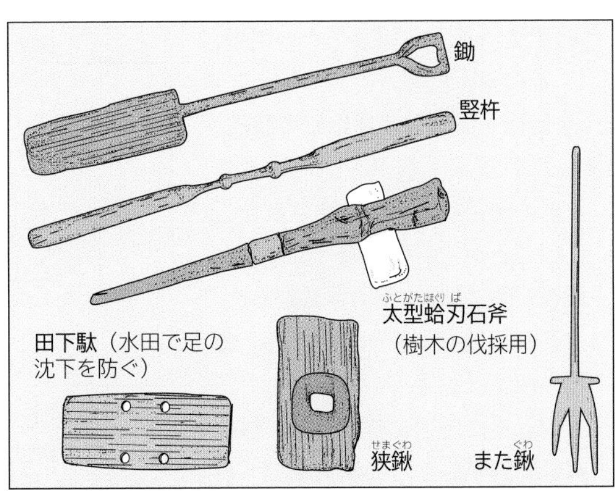

▲弥生文化の農具のいろいろ

❺代表的な弥生遺跡

1 **唐古・鍵遺跡**…奈良県にあり，弥生時代前期～後期のもの。石器・土器と多数の木製農具が出土した。

2 **登呂(とろ)遺跡**…静岡市にあり，弥生時代後期のもの。住居跡(あと)の南側に，杭(くい)や矢板を使ったあぜ道で区画された田や，長大な水路が発掘された。農具も出土し，当時の農業のようすが明らかとなった。

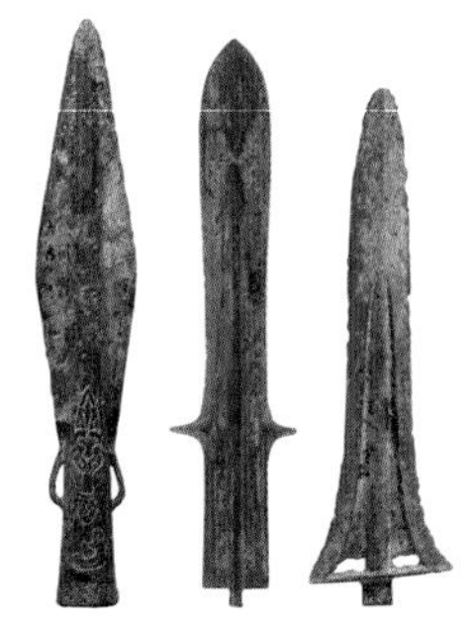

▲青銅器のいろいろ

左：銅矛，中：銅剣，右：銅戈

❻金属器の伝来　中国や北方ユーラシアの影響をうけた朝鮮半島の金属器文化が，はいってきた。**金属器**は**銅剣(どうけん)**・**銅矛(どうほこ)**・**銅戈(どうか)**・**銅鐸(どうたく)**・**銅鏡(どうきょう)**などの**青銅器(せいどうき)**と，実用利器としての**鉄器(てっき)**とに大別できる。

❼銅剣・銅矛・銅戈　いずれも武器だが，1つのタイプは朝鮮半島からもたらされた実用的な**輸入品**であり，死者の墓に副葬された。主として北九州から出土する。もう1つは日本製の非実用的な**模造品**であり，**九州北部を中心**に国産の銅矛・銅戈が，**中国・四国から近畿地方南部**にかけて銅剣が分布する。

▲銅鐸と表面に描かれた模様

❽銅鐸

1 **原型**…楽器の朝鮮式小銅鐸を元に，日本で祭器として独自に発展。

2 **編年**…おもに，小型→大型，流水文(りゅうすいもん)→袈裟襷文(けさだすきもん)へ変化する。表面に模様を描いたものもある。

3 **分布**…**近畿地方を中心**に，中部地方西部，中国・四国地方東部。

4 **出土**…墓や住居跡でない場所，丘の斜面など。

5 **用途**…集落の農業祭祀(さいし)の**祭器**。

❾鉄器の使用　農具・工具・武器などの**実用品**として使用された。このことから，**弥生時代は鉄器時代**(石器も同時に使用されたため，**金石(きんせき)併用時代**)**に分類される**。鉄器の使用は弥生前期から見られ，中期以後に急速に普及した。**鉄原料は朝鮮半島からの輸入品**で，日本で加工して完成品とした。

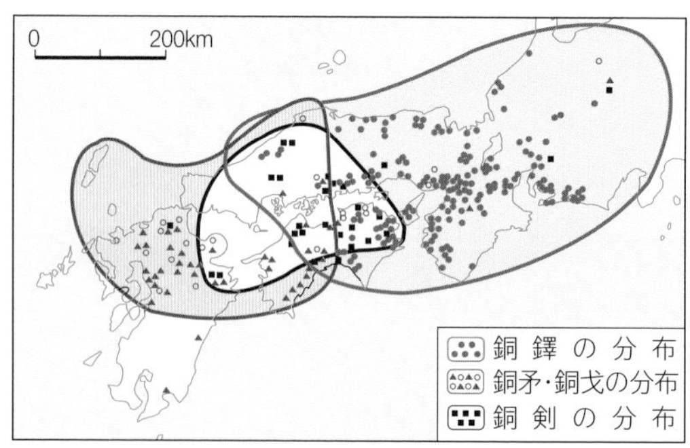

▲青銅器の分布

銅矛・銅戈は北九州，銅剣は瀬戸内中部，銅鐸は畿内を中心に出土する。**荒神谷(こうじんだに)遺跡**(島根県)からは，多量の銅剣と銅鐸・銅矛が出土した。

3 社会生活

▲高床倉庫(静岡県登呂遺跡)

❶弥生時代の住居　縄文時代と同じく**竪穴住居**が多いが，やがて**高床住居**もふえてきた。穀物貯蔵用の高床倉庫が出現したことは，この時代の特色である。農業の普及につれて，人々は**低地に定住**して生活するようになった。

❷集落の拡大　生産力の発展や人口の増加にともない，しだいに集落の規模が拡大した。同時に富をめぐる争いや戦いもはげしくなり，まわりに濠をめぐらした**環濠集落**が出現した。また，防御に有利な高い丘陵上に営まれた**高地性集落**もあらわれた。

❸弥生時代の衣服　**紡錘車**(糸によりをかける道具の部分)で糸をつむぎ，織機で布を織った。男性の衣服は，長い布を肩から反対側の脇にかけて巻く袈裟のようなもので，女性は，**貫頭衣**★2であったと推測される。

❹貧富・身分の差の発生　生産力が高まり，農産物の蓄積が可能になると，**貧富の差や身分の別**が生じてきた。はじめは治水灌漑や農作業などの共同作業を統率するだけの役割だった首長が，集落の富の管理者や呪術的な司祭者の地位を世襲しながら，やがて支配者に変貌していったと考えられている。

❺弥生時代の信仰　縄文時代以来の自然崇拝のほか，水田農業の普及によって，新たな**農耕儀礼**★3や田の神・太陽神・水神・風神などへの信仰も芽ばえた。

★2 **貫頭衣**　粗布に首を通す穴をあけ，それを2つ折りにして前後にたらし，腰でしばったもの。メキシコのポンチョに近い。

★3 **農耕儀礼**　水田農業では，春の種まきと秋の収穫の時期が最も重要な節目である。たとえば，収穫した新穀を神に感謝してささげる祭りなど，その節目を中心に，祭りが集落を単位として行われるようになった。

TOPICS
弥生時代の戦争

弥生時代には，のどかで平和な農村のイメージがつきまとうが，実際にはどうであったか。弥生時代には，縄文時代以来の軽い三角形の石鏃のほかに，木の葉形で大きく厚い石鏃が出現する。これは，狩猟の矢が人を殺傷する武器に変質したこと，つまり戦争の存在を物語る証拠となる。殺されたと見られるものが少ない縄文人骨に対し，弥生人骨には石鏃のつきささったものや首のないものがしばしば出土する。また弥生時代には防御的施設をともなう**環濠集落**や**高地性集落**が出現した。

弥生時代には，農耕が定着するとともに，蓄積された財産をめぐる戦争が発生したと考えられているのである。

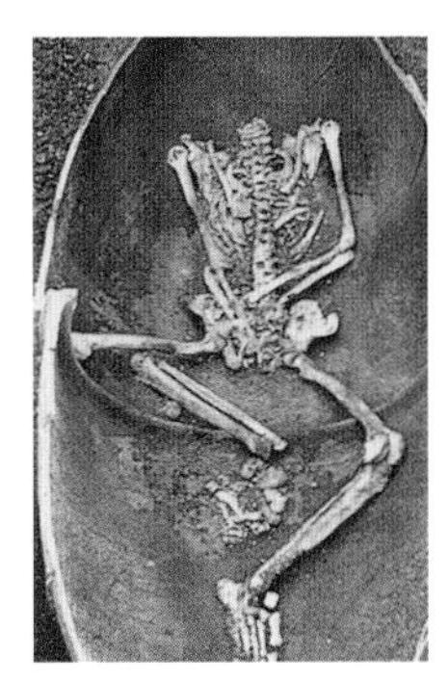
▲頭部のない人骨

❻弥生時代の葬制

1 **葬法**…前代の屈葬(くっそう)から，遺体の四肢を伸ばして葬(ほうむ)る**伸展葬**(しんてんそう)にかわり，**副葬品**(ふくそうひん)をいれたりして死者を厚く埋葬する**厚葬**(こうそう)も見られるようになった。

2 **墓制**…大きな甕(かめ)を合わせた**甕棺墓**(かめかんぼ)A，板石を組み合わせた**箱式石棺墓**(はこしきせっかんぼ)B，小さな支石の上に大石をのせた**支石墓**(しせきぼ)★4，木をくりぬくか組み合わせるかしてつくった**木棺墓**(もっかんぼ)C，墓穴群のまわりに方形の溝をめぐらした**方形周溝墓**(ほうけいしゅうこうぼ)Dなどがある。このうち，甕棺墓・箱式石棺墓・支石墓は北九州に多い。また後期には，西日本に，大型の**墳丘墓**(ふんきゅうぼ)が出現する。岡山県の**楯築墳丘墓**(たてつき)，山陰地方の**四隅突出型墳丘墓**(よすみとっしゅつがた)はその代表例である。

3 **副葬品**…**舶載鏡**(はくさいきょう)(中国製の銅鏡(どうきょう))・銅剣(どうけん)・銅矛(どうほこ)・勾玉(まがたま)・管玉(くだたま)などがある。これらは特定の墓のみに副葬されており，被葬者の身分や地位を示すと考えられている。

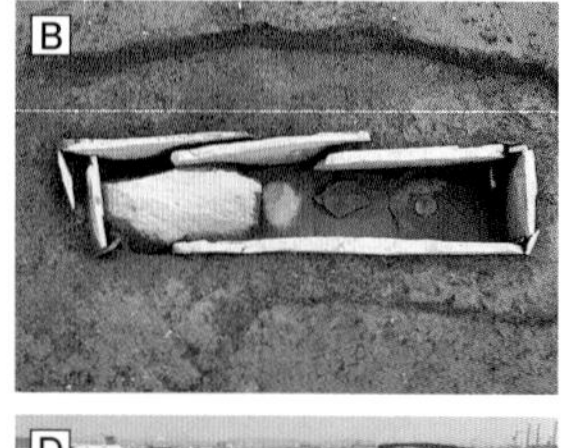

▲弥生時代の墓の種類

★4 **支石墓**　朝鮮半島に見られる墓制であり，朝鮮半島から多くの人々が渡来してきたことを示す有力な証拠の1つである。日本では，**須玖岡本遺跡**(すぐおかもと)(福岡県)などが知られる。

❼弥生時代の人々　この時代には，大陸の動乱(中国の**戦国時代**，B.C.403～B.C.221)のなかで流民となった人々などが，やがて朝鮮半島を経て，日本列島へと渡来してきた。山口県の**土井ヶ浜遺跡**(どいがはま)から出土した人骨は，縄文人よりも背が高く，面長で起伏の少ない顔という，北東アジアの人々(新モンゴロイド)の特徴をそなえている。こうした渡来系の人々と縄文人とが交流・混血をくりかえして，現在の**日本人**の原型が形成されていったと考えられている。

❽北海道と南西諸島の文化

1 **北海道**…**続縄文文化**(ぞくじょうもん)とよばれる食料採集文化がつづき，東北地方の弥生文化とも交流した。7世紀以降になると，**擦文土器**(さつもん)をともなう擦文文化★5が成立した。

2 **南西諸島**…平安時代の前期まで，漁労(ぎょろう)を中心とする貝塚後期文化(南島文化)がつづいた。

▲擦文土器

★5 **擦文文化**　13世紀ごろまで，北海道で広く栄えた鉄器文化。擦文土器は，櫛(くし)の歯のような文様が特徴で，続縄文土器と土師器(はじき)(☞p.29)の影響をうけて誕生した。

▼縄文文化と弥生文化の比較

縄文文化	比較項目	弥生文化
日本列島全域	地域	北海道・南西諸島を除く地域。 北海道では続縄文文化， 南西諸島では貝塚後期文化がつづいた
狩猟と漁労が中心。採集経済中心。 晩期には水稲耕作が始まる	経済生活	農耕経済中心。狩猟・漁労も併存
黒褐色。縄目の文様	土器	赤褐色。幾何学文様
打製石器・磨製石器	石器	磨製石器
弓矢や槍	木器	農耕用具(鍬・鋤・田下駄など)
なし	金属器	鉄器(おもに生活用具)・青銅器(おもに祭器)
竪穴住居	住居	竪穴住居と高床住居(おもに倉庫)
比較的少人数	居住形態	縄文時代にくらべて大規模
抜歯など	風俗	織物がつくられる。貫頭衣を着る
土偶。アニミズム	信仰	農業神。青銅製の祭器
屈葬・抱石葬	墓制	伸展葬・甕棺・石棺・木棺・方形周溝墓
貝輪や耳飾りなど	装身具	勾玉や管玉など
三内丸山，夏島，加曽利，姥山，鳥浜，津雲， 吉胡，亀ヶ岡，菜畑	主要遺跡	登呂，唐古・鍵，池上曽根，吉野ヶ里，紫雲 出山などの高地性集落，板付

SECTION 5 小国の分立と邪馬台国

▶ 弥生時代の後半には，日本の国土における政治的・地域的な結合がすすんだ。**小国の分立**から，2世紀後半の倭国の大乱を経て，**邪馬台国**を中心とする政治的な連合組織がつくられた。中国の歴史書の記述から，当時のようすを知ることができる。

1 小国の分立

❶**小国の定義**　紀元前後のころ(弥生時代中期)に生まれた，統治組織をもった小盆地程度を単位とする政治権力(「クニ」)。

❷**小国が発生した理由と経過**
水稲農耕社会の成立→蓄積された余剰生産物をめぐる争い→「ムラ(集落)」の統合→「クニ(小国)」の発生。

❸**紀元前後ごろの日本の情勢**　中国の歴史書『漢書』地理志(撰者班固)には，「朝鮮の**楽浪郡**★1の海のかなたに**倭人**(日本人)が住み，**百余国**に分かれていた。そのうちのある国は，定期的に楽浪郡に朝貢していた」と記されている。

★1 楽浪郡　前漢(B.C.202～A.D.8)の**武帝**はB.C.108年，**衛氏朝鮮**を滅ぼして朝鮮半島を直轄地とし，楽浪・真番・臨屯・玄菟の4郡を置いた。倭の小国のなかには，楽浪郡を通して，前漢や後漢(25～220)と交渉をもつものもあった。

史料 中国の史書に見る倭(日本)のようす

① 夫れ楽浪①海中に倭人有り。分かれて百余国と為る。歳時を以て②来たり献見すと云う。
楽浪郡から海をへだてたところに倭人が居住しており，百余りの小国に分かれている。 定期的におとずれ，貢物を献上し謁見するという。

『漢書』地理志

② 建武中元二年③，倭の奴国貢を奉じて朝賀す。使人自ら大夫と称す。倭国の極南界なり。
建武中元二(五七)年，倭の奴国が朝貢のためにおとずれた。 使者は自分自身を大夫と名のった。 奴国は倭の最も南にある国である。
光武賜うに印綬④を以てす。安帝の永初元年，倭国王帥升等，生口百六十人を献じ，請見を願う。桓・霊の間⑤，倭国大いに乱れ，更相攻伐して歴年主なし。
光武帝は，奴国の王に印綬を授与した。 安帝の永初元(一〇七)年，倭の国王帥升等が，奴隷百六十人を献上し，お目にかかりたいと願った。
桓帝と霊帝の時代(147〜189年)には倭の国内に大乱が起こり，長い間戦いが続き，治める者がいなかった。

『後漢書』東夷伝

注釈 ①漢の楽浪郡。現在の朝鮮民主主義人民共和国の平壌(ピョンヤン)付近。②定期的に。③57年。④光武帝が授けた印と，それを身につけるためにつけたひも。⑤後漢の桓帝・霊帝の時代の間。147〜189年。

④1〜2世紀ごろの日本 『後漢書』東夷伝(撰者范曄)には，「57(建武中元2)年，倭の奴国の王が使者を派遣し，**光武帝**から印と綬(印を身につけるためのひも)を授けられた」と記されている。奴国は福岡平野にあったと考えられ，福岡湾の**志賀島**から，授かった金印が見つかっている。また，「107(永初元)年，倭国王の**帥升**らが**生口**(奴隷)160人を安帝に献上した」とする記事もある。

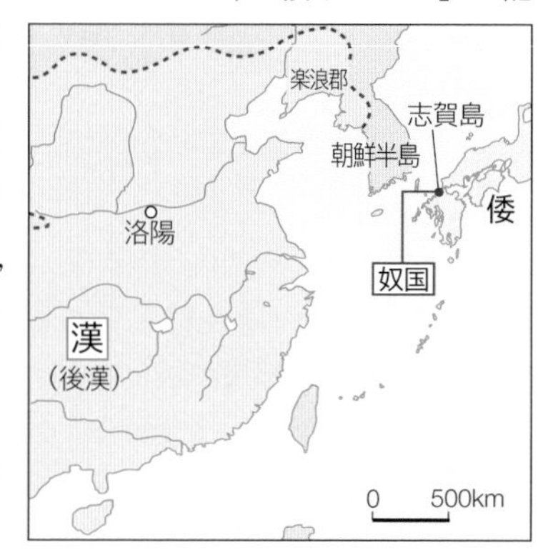

▲1世紀ごろの東アジア

▲「漢委奴国王」の金印
江戸時代の1784(天明4)年に志賀島(福岡県)で発見されたもので，『後漢書』の記す57年に，後漢の光武帝が奴国王に与えた金印であるといわれている。底辺の1辺約2.3cm(漢の1寸)，重さ約109g。印面には「漢委奴国王」の5文字が凹印されており，鈕(つまみ)は蛇の形。

2 邪馬台国

❶倭国の大乱 **『後漢書』東夷伝**には，2世紀後半に，倭国で大乱があったと記されている。その時期は，石器の消滅，**鉄器の普及**による生産力の発展の段階にあたることや，軍事的性格の強い**高地性集落**の形成期に合致することが注目されている。

❷邪馬台国連合 2世紀後半の大乱後，3世紀には**卑弥呼**が登場する。当時の日本(「倭国」)は，「倭王」である女王卑弥呼

のもとで，邪馬台国が30余りの小国を従えていた。**「魏志」倭人伝**には「旧百余国………今，使訳通ずる所三十国」とあり，地域的統合が進展していたことがうかがえる。

❸卑弥呼の統治　卑弥呼は，「鬼道を事とし，能く衆を惑わす」と記されているように，呪術的な司祭者(シャーマン，巫女)としての権威で統治したと考えられる。後継者の壱与(台与とする説もある)もこの性格を継承した。

❹魏と卑弥呼　後漢の滅亡後，中国は三国時代をむかえた。卑弥呼は，朝鮮半島の帯方郡を通じて，239(景初3)年以後しばしば魏(220～265年)に朝貢した。魏は彼女に「親魏倭王」の称号や金印紫綬・銅鏡(☞p.24)100枚などを授けた。

参考　シャーマニズム
シャーマンが神霊と交流を行い，神の意向を聞きとったり，また人々の願いを神に伝えたりする原始宗教。卑弥呼はシャーマンとして神の意を聞く能力をもち，「男弟」が実際の政務をとったとされる。

史料　「魏志」倭人伝に見る邪馬台国

倭人は帯方①の東南大海の中に在り，山島に依りて国邑を為す。旧百余国，漢の時朝見する者有り，今，使訳通ずる所三十国。郡より倭に至るには，海岸に循ひて水行し，韓国を歴て，乍は南し乍は東し，その北岸狗邪韓国に到る七千余里。……南，邪馬壹国に至る，女王の都する所なり。……租賦を収むに邸閣有り，国々に市有り。有無を交易し，大倭をして之を監せしむ。女王国より以北には，特に一大率を置き，諸国を検察せしむ。……その国，本亦男子をもって王と為し，住まること七・八十年。倭国乱れ，相攻伐して年を歴たり。乃ち共に一女子を立てて王と為す。名を卑弥呼という。鬼道を事とし，能く衆を惑わす。年已に長大なるも，夫婿なく，男弟有り，たすけて国を治む。……景初二年②六月，倭の女王，大夫難升米らを遣わし，郡に詣り天子に詣りて，朝献せんことを求む。……其の年十二月，詔書して倭の女王に報じて曰く「……今，汝を以て親魏倭王となし，金印紫綬を仮し，装封して帯方の太守に付し仮授せしむ。……」と。……卑弥呼以て死す。大いに冢をつくる。径百余歩，徇葬する者，奴婢百余人。更に男王を立てしも国中服せず。更々相誅殺し当時千余人を殺す。復た卑弥呼の宗女壹与を立てて王と為し，国中遂に定まる。

「魏志」倭人伝

倭人は帯方郡の東南方向の海の中にある山の多い島に居住し，国や邑を形成している。もと百余国であり，漢のときに朝貢していた。現在，使者と通訳を派遣しているところは三十国である。帯方郡より倭人の地に行くには，海岸に沿って航海し，韓国を経て，南や東の方へ行き，狗邪韓国へ行くまで七千余里ある。そして南の邪馬台国にたどりつく。女王が都にしている国である。租税を徴収し，それを納める倉庫がある。国々に市があってそこで交易を行い，大倭にこれを監督させている。女王国から北には，特に一大率を置き，諸国を検察させている。その国(倭のこと)では，以前は男王をたてて七，八十年を経過したが，国内が乱れ何年間も戦争が続いたので，諸国が共同で一人の女子を王として推戴した。この女王の名を卑弥呼といい，呪術を行い，多くの人に自分の占いを信じさせている。すでに成人しているが，夫はなく，弟が政治を補佐している。景初三(二三九)年六月，倭の女王が大夫の難升米らを帯方郡に遣わし，(魏の)天子に謁見して朝貢することを求めた。その年の十二月，詔書を下して倭の女王に報じていうには，「……今汝を親魏倭王となし，金印紫綬を授け，封をして帯方郡の長官にことづけて授けさせた。」卑弥呼が死ぬと大きい墓をつくった。その直径は百余歩で，殉死した奴隷百余人が一緒に葬られた。その後，男子の王が即位したが国を支配できず，たがいに殺し合う内乱で千余人が殺された。卑弥呼の一族の女で十三歳の壱与が女王になると国中が治まった。

注釈　①**魏の帯方郡**。朝鮮半島中部に置かれた。
②景初三(239)年の誤り。

視点　3世紀末に，晋の**陳寿**が編修した三国時代の正史『三国志』は，魏書・呉書・蜀書からなる。この魏書の東夷伝の倭人の部分(『魏書』東夷伝倭人条)を，**「魏志」倭人伝**と通称している。

❺邪馬台国の政治と社会

1 **政治**…①女王は司祭者として宮殿内におり，実際の政治は「男弟」が行っていた。②女王は小国の王たちによって共立され，まだ世襲王権は成立していなかった。③官吏が存在した。④地方官を派遣し，諸国を統制した。⑤租税・裁判が存在した。

2 **社会**…①王――大人――下戸――奴婢・生口の**身分差**がある。②交易の場である市が存在する。

3 **生活**…①男性は大きな布を袈裟のように身体に巻きつけ，女性は**貫頭衣**をつけていた。②入墨やはだしの習慣があった。

参考 **銅鏡** 魏の年号を記した**三角縁神獣鏡**が日本国内から多く出土しており，卑弥呼が魏王から授けられたものだと考えられている(日本製だとする説もある)。なお，三角縁神獣鏡とは，縁の断面が三角になっている銅鏡をいう。

❻邪馬台国の位置 **九州説**と**近畿説**(畿内説)とがあるが，現在では，古墳の成立時期(3世紀とされる)などとの関係で，**畿内の大和に位置し，ヤマト政権に直接つながった**とする説が有力となっている。

❼邪馬台国論争の意義 位置論争は，日本列島の統一国家の形成時期に関連する。近畿説をとれば，3世紀には**近畿から九州北部におよぶ広域の支配**がすでに実現していたことになる。一方，北九州説をとれば，邪馬台国連合は**九州北部を中心とする地域政権**で，日本列島の統一は，3世紀よりも遅いということになる。

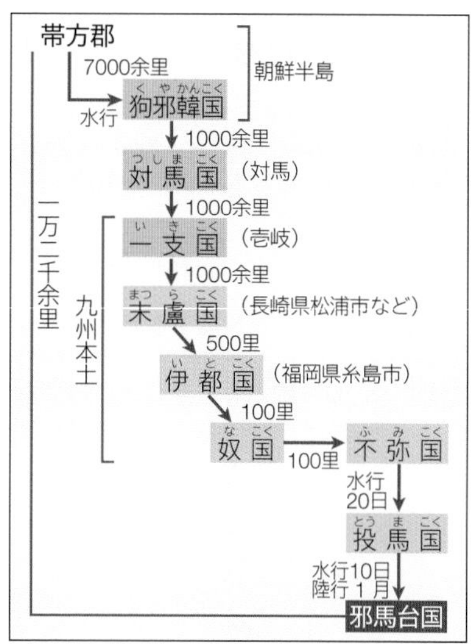

邪馬台国への方位と里程▶

「魏志」倭人伝には，帯方郡から邪馬台国までの距離・日数・方向などの行程が書かれているが，方向を正しいとすると九州説となり，距離が正しいとすると近畿説になる。

TOPICS

纒向遺跡の発掘

奈良県の東南部に位置する**纒向遺跡**は，邪馬台国の有力な候補地の1つである。この遺跡では，巨大な運河などの土木工事や，大型の建物の跡が発見され，大量の土器も発掘されるなど，きわめて政治的で，大規模な集落であったことがわかっている。

またこの地域では，**箸墓古墳**(桜井市)など，出現期の**前方後円墳**が見られる。これらの古墳は，山陰地方の四隅突出型墳丘墓や，吉備地方の楯築墳丘墓(岡山県倉敷市)といった墓制や，吉備地方などで墳丘に立てられる壺など，各地の文化の特徴を継承している。

▲**箸墓古墳**(国土交通省)

SECTION 6 ヤマト政権の形成

▶ 4世紀なかばには，中部地方以西の主要な地域が大和の**大王**のもとに服属して**ヤマト政権**★1(ヤマト王権)が成立した。5世紀には**倭の五王**(**讃**・**珍**・**済**・**興**・**武**)が出現した。この間，**世襲王権**が成立し，**国内統一も進展**した。大王を中心とする権力は，国家としての行政機構や官僚組織がまだ未成熟なため，王権とよぶことも多い。

1 ヤマト政権の時代

❶4世紀の朝鮮の情勢　4世紀にはいると，政治的統合が進んだ。まず，**高句麗**(コグリョ)が楽浪・帯方の2郡を滅ぼして，朝鮮半島北部をも支配した。南部では，4世紀なかばに**百済**(ベクチェ)が馬韓を，**新羅**(シルラ)が辰韓をそれぞれ統一したが，弁韓は**加耶**(**加羅**)とよばれ，小国が分立し，ゆるやかな連合体を形成していた。

★1 大和政権，大和王権とも表記。

注意 大陸では，五胡(北方の騎馬遊牧民)の侵入によって4世紀初めに西晋が滅亡し，中国王朝の周辺地域への支配力が低下した。

❷百済との交渉　4世紀なかば，倭は統一の遅れた加耶地方とのつながりを深め，4世紀後半には，高句麗と対立した。百済王は南下する高句麗に対抗するため，倭王と交渉をもった。このことは石上神宮(奈良県天理市)蔵の**七支刀銘文**などからわかる。それには，泰和4(369)年につくった刀を倭王に献上したとある。

▲3世紀と5世紀の朝鮮半島

❸倭の朝鮮出兵　4世紀末に，倭の軍隊が朝鮮に出兵して，高句麗と争った。高句麗の都の丸都(中国吉林省集安市)に子の**長寿王**によって建てられた**広開土王碑**★2(好太王碑)には，「倭は辛卯の年(391年)を以て来りて海を渡り，百残(百済)□□□羅を破り以て臣民と為す」とあり，倭と高句麗との激戦のことなどが記されている。なお，倭の朝鮮出兵は，**先進技術と鉄資源の獲得**を目的としていたとされる。このときの高句麗の騎馬軍団との戦いを通じて，倭に騎馬技術が伝わったと考えられる。このため5世紀以降の古墳からは馬具の副葬品が見られる。

◀広開土王碑

参考 **任那日本府**　『日本書紀』は加耶諸国のことを**任那**とよび，ヤマト政権はここに出先機関の「日本府」を設置し，任那諸国を支配したとある。しかし，現在では任那日本府の存在は否定されている。

★2 **広開土王碑**　石碑だが，1600年間も野ざらしだったため，文字がかなり摩滅して読みにくい。高さ約6.34m。碑文は広開土王(好太王)の一代の功業を記している。

④ヤマト政権とその成立　ヤマト政権は大和を中心とする畿内豪族の政治連合体であり，その首長を**王**(国際的には「倭王」のごとく王を称したが，国内的には**大王**(だいおう)と名のった。のち大王は天皇を称する)とよんだ。おそくとも4世紀なかばごろまでには，畿内とその周辺の主要部を勢力下におさめて成立したといえる。考古学上の**前方後円墳**(☞p.28)や，中国製の鏡の各地への広まりなどが，この有力な裏づけとなる。

⑤ヤマト政権の地盤　本拠地は奈良盆地東南部の**三輪山**付近と考えられる。奈良盆地は，当時，多くの水系をもつ水田農業の適地で，鉄器文化がはやくに伝播した。鉄製の農具と武器，高い農業生産力を権力の基盤として台頭したのである。

参考　**記紀に述べられた統一の伝承**　『古事記』『日本書紀』には，①**神武天皇**の東征と大和橿原宮での即位，②**日本武尊**による熊襲・蝦夷征服，③**崇神天皇**の時代の四道将軍の派遣，④出雲の大国主命の国ゆずり，⑤**神功皇后**の朝鮮進出などが述べられている。これらは，ヤマト政権の国家統一を反映し，後世につくられた伝承である。

2 倭の五王

❶倭の五王　中国の『宋書』などの歴史書には，**讃・珍**(弥)・**済・興・武**とよばれる倭の五王★3が，421年から502年まで13回にわたって中国の**南朝**に朝貢し，高い称号を得ようとしたことが記されている。この五王には，『日本書紀』や『古事記』に見える応神から雄略の諸天皇にあてるいくつかの説がある。また，朝貢の目的は高句麗の南下に対抗できる称号の獲得，国内支配の権威づけ，大陸文化の積極的導入のためだと考えられる。

★3 **倭の五王**　讃には応神天皇・仁徳天皇・履中天皇説，珍には仁徳天皇・反正天皇説がある。済は允恭天皇，興は安康天皇，武は**雄略天皇**とする説が有力。

補説　**倭王武の称号**　478年に**雄略天皇**に比定される**武**が宋に朝貢して得た称号は「使持節都督倭・新羅(シルラ)・任那・加羅・秦韓・慕韓六国諸軍事安東大将軍」であった。しかし，秦韓(辰韓)・慕韓(馬韓)の地域には，当時すでに新羅・百済(ペクチェ)が成立しており，この称号が形式上のものであったことがわかる。中国の王朝から，形式的に官号や将軍の称号をうけて結ぶ君臣関係(**冊封関係**)では，倭王は高句麗王や百済王より下位に位置づけられていた。なお，雄略天皇は埼玉県稲荷山古墳出土の鉄剣銘や熊本県江田船山古墳出土の鉄刀銘にある「**ワカタケル大王**」であるとされる(☞p.31～32)。

日本書紀	宋書
[1]応神 ｜ [2]仁徳 ┌─┼─┐ [5]允恭 [4]反正 [3]履中 ┌─┐ [7]雄略 [6]安康	□ ┌─┐ 珍　讃 済 ┌─┐ 武　興

▲**倭の五王と天皇との対比**
数字はこの系図内における即位順。

❷世襲王権の成立　『宋書』『梁書』に五王の系譜が示されている。讃と珍，興と武は兄弟，済と興が父子となっており，王位が**同一家系内の男子によって世襲化**されつつあることがわかる。

▼**倭王の中国への遣使**

年	記事	文献
421	讃称号を得る	宋書
425	讃の朝貢	〃
430	倭国王の朝貢	〃
438	珍の遣使朝貢	〃
443	済の遣使朝貢	〃
460	倭の遣使朝貢	〃
462	興の遣使朝貢	〃
477	倭の遣使朝貢	〃
478	武の遣使上表	〃
479	武を鎮東大将軍に任命	南斉書
502	武を征東将軍に任命	梁書

倭王は，中国の南朝に遣使して，皇帝の臣下となり，官爵を授けられた(**冊封**)。

史料　倭王武の上表文

興①死して弟武②立つ。自ら使持節都督倭・百済・新羅・任那・加羅・秦韓・慕韓七国諸軍事安東大将軍倭国王と称す。順帝の昇明二年③使を遣して上表して曰く「封国④は偏遠にして藩を外に作す。昔より祖禰⑤躬ら甲冑を擐き，山川を跋渉して寧処に遑あらず⑥。東は毛人⑦を征すること五十五国，西は衆夷⑧を服すること六十六国，渡りて海北⑨を平ぐること九十五国。……而るに句麗⑩無道にして，図りて見呑せんと欲し，辺隷を掠抄し，虔劉して⑪已まず。……」と。詔して武を使持節都督倭・新羅・任那・加羅・秦韓・慕韓六国諸軍事安東大将軍倭国王に除す⑫。

『宋書』倭国伝

注釈 ①安康天皇か。②雄略天皇か。③478年。④領域。自分の国のこと。⑤父祖を意味するという説と，武の祖父の弥をさすという説がある。⑥やすむ暇もない。⑦東国の人々と考えられる。⑧西国の人々と考えられる。⑨朝鮮半島と考えられる。⑩高句麗。⑪殺す。⑫任命する。倭王武の称号から百済が除かれていることに注意すること。これは，すでに百済が南朝の宋に朝貢して，称号をうけていたからである。

視点 武(雄略天皇)の上表文は，宋の皇帝の権威を借りて，国内支配とともに対朝鮮半島外交を有利に展開するために提出されたとも考えられている。

❸国内統一の進展　**雄略天皇とされる倭王武の478年の朝貢**のとき，宋の順帝にたてまつった**倭王武の上表文**に，大王の先祖がみずから陣頭に立って国土統一を行い，「東は毛人を征すること五十五国，西は衆夷を服すること六十六国，渡りて海北を平ぐること九十五国」と述べている。誇張はあるものの，**5世紀後半ごろに，倭王による支配が広い範囲におよんだ**と考えられる。

① 4世紀……大王と畿内豪族の連合体＝ヤマト政権の成立
② 4世紀末…ヤマト政権の朝鮮半島出兵
③ 5世紀……倭の五王の遣使

SECTION 7 古墳文化

▶ **古墳**に象徴される文化様式を**古墳文化**とよび，前代の弥生文化と区別する。その時期は3～7世紀にわたり，**ヤマト政権の時代**にあたる。

1 古墳

❶古墳の定義

[1] ヤマト政権による国家統一期につくられた全国的な統一性・画一性をもった高塚(盛土)の墓。

注意 弥生時代の甕棺・箱式石棺・墳丘墓や，奈良時代以降の土葬墓・火葬墓は古墳とはいわない。

② 古墳をつくったのは，**大王**(だいおう)を中心とした**ヤマト政権の支配者たち**と，**大王に服属していた地方豪族**と考えられる。

❷古墳時代の期間と古墳の形式の変遷

① **前期**〈出現期〉(3世紀中頃～4世紀後半)…弥生時代末期～ヤマト政権の形成期。

② **中期**(4世紀末～5世紀)…ヤマト政権の発展期＝**倭の五王の時代**。近畿・瀬戸内地方から全国へ分布した。古墳は巨大化し，**武具・馬具の副葬**も始まり，首長の**武人としての性格**が強まったことがうかがえる。5世紀後半になると，ヤマト政権の大王だけが造営をつづけていることから，この時期に，**大王の権威が高まった**ことがわかる。

▲**大仙陵古墳**(仁徳陵)
大阪府堺市にある日本最大の前方後円墳。全長約486mで3重の周濠をめぐらしている。

③ **後期**(6～7世紀)…ヤマト政権の動揺期。多数の豪族的な有力農民が小型の円墳を築造し，**群集墳**が出現した。

補説　**群集墳と装飾古墳**　群集墳は千塚，百塚とよばれることもあり，1カ所に築かれた比較的規模の小さい多数の墳墓(円墳が大部分)の集まりをいう。被葬者はその地域の有力農民。また，末期には横穴を墓室とした横穴群集墳も多くつくられた。さらに，石室内部に彩色の絵が描かれた**装飾古墳**(多くは幾何学的な文様)が北九州をはじめ各地に出現する。とくに，奈良県明日香村の**高松塚古墳**(☞p.71)や**キトラ古墳**は有名である。

▲**石舞台古墳**(奈良県明日香村)
古墳時代後期を代表し巨大な横穴式石室をもつ。蘇我馬子(☞p.38)の墓と伝えられている。

❸古墳発生の背景

3世紀後半から4世紀初めにかけて，朝鮮半島・中国大陸との往来が活発になり，その先進文化が輸入され，貧富の差は拡大していった。こうした支配者たちが自己の権力を誇示するために，古墳をつくったと考えられている。

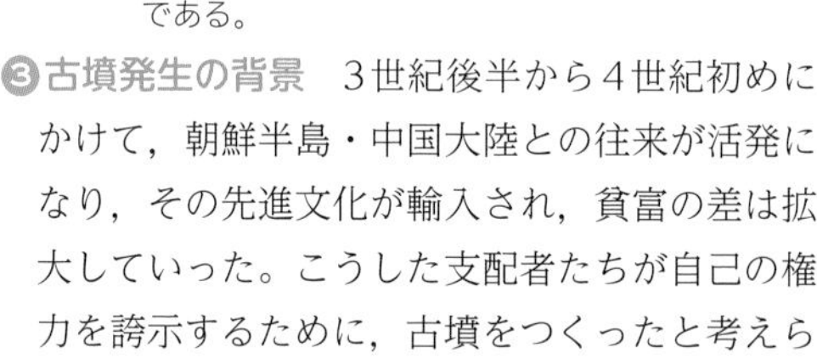

❹古墳の型式

前方後円墳(前が方形，後ろが円形)・**前方後方墳**(前後ともに方形)・**円墳**(円形のもの)・**方墳**(方形のもの)など，多様な種類がある。7世紀中頃には，近畿の大王の墓が**八角墳**となった。

▲**古墳の副葬品**(名古屋市・大須二子山古墳)

❺古墳の内部構造 棺の入れ方により，おもに次の2種類がある。

1 **竪穴(たてあな)式石室**…墳丘の頂上からすぐ下に**割竹形木棺(わりたけがたもっかん)**などを納めたもののほか，巨大な前方後円墳には**長持形石棺(ながもちがた)**も用いられた。前期古墳に多い。

2 **横穴(よこあな)式石室**…中期以後にあらわれ，古墳の終末期までつづく。墳丘の横から道をつけて(**羨道(せんどう)**(えんどう)という)，棺を納めた部屋(**玄室(げんしつ)**という)に至るもので，家族・親族などの**追葬(ついそう)**が可能になる。朝鮮半島から渡来した葬法で，のちに玄室内は死者の住む「黄泉国(よみ)」と考えられた。

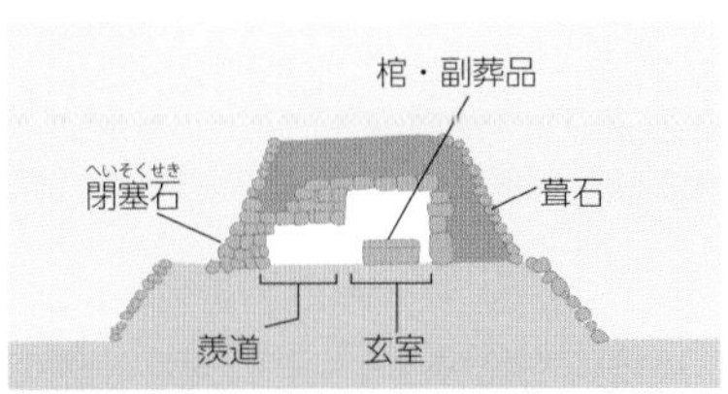

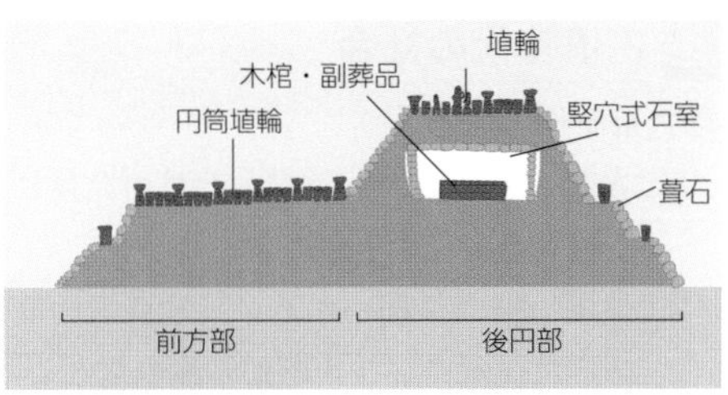

▲横穴式石室(模式図)

▲円筒埴輪

▲形象埴輪

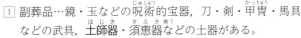

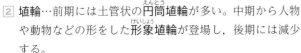

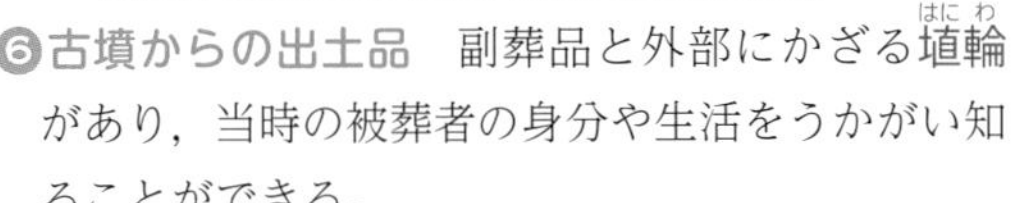

❻古墳からの出土品 副葬品と外部にかざる**埴輪(はにわ)**があり，当時の被葬者の身分や生活をうかがい知ることができる。

1 副葬品…鏡・玉などの呪術(じゅじゅつ)的宝器，刀・剣・甲冑(かっちゅう)・馬具などの武具，**土師器(はじき)**・**須恵器(すえき)**★1などの土器がある。

2 **埴輪**…前期には土管状の**円筒(えんとう)埴輪**が多い。中期から人物や動物などの形をした**形象(けいしょう)埴輪**が登場し，後期には減少する。

▲土師器

▲須恵器

★1 **土師器・須恵器** 古墳時代前期～中期には弥生土器の系統をひく素焼きの**土師器**が，中期以後は朝鮮の技法をうけて高温で焼いた**須恵器**が用いられた。

▼古墳の時代区分のまとめ

	前期古墳	中期古墳	後期古墳
時期	3世紀中頃～4世紀後半	5世紀	6～7世紀
内部構造	竪穴式石室	竪穴式石室・横穴式石室	横穴式石室
副葬品	鏡・玉などの呪術的宝器	左記のほかに武具・馬具	土師器・須恵器・工芸品・装身具・鉄製農具
実例	箸墓(はしはか)古墳(奈良県) 桜井茶臼山(さくらいちゃうすやま)古墳(奈良県)	誉田御廟山(こんだごびょうやま)古墳(伝応神陵)・大仙陵古墳(仁徳陵)(以上大阪府)	岩橋(いわせ)千塚(和歌山県) 吉見(よしみ)百穴(埼玉県) 石舞台(いしぶたい)古墳(奈良県)

2 古墳時代の社会

❶古墳時代の生活

1. **衣服**…麻が多かったが，養蚕の発達によって，絹織物も上層社会で使用された。
2. **住居**…**竪穴住居**が中心。平地住居や高床住居もふえた。豪族は民衆の住む集落から離れたところに居館を構えた。

❷信仰 氏族の守護神を祭る**氏神信仰**(祖先崇拝)が成立した。それとの関連で，氏の神話・伝承ができあがった。★2

❸呪術 祭祀の場である社では，けがれを除く禊や，悪霊をはらう祓が行われた。重大事は，神意を聞いて決定された。

①**太占の法**…鹿の骨を焼いて，その割れ方で吉凶を判定した。
②**盟神探湯**…神判の一種で，熱湯に手をいれさせ，焼けただれた者は虚偽を述べたとした。

❹農耕に関する祭祀 豊作を祈る春の**祈年の祭り**や収穫を感謝する秋の**新嘗の祭り**は重要なものであった。

★2 **氏の神話・伝承**は，ヤマト王権の下で大王中心の神話・伝承に吸収され，7世紀初めには『**帝紀**』(大王の系譜)や『**旧辞**』(神話・伝承)にまとめられて，『古事記』『日本書紀』(☞p.73)の原形となった。

注意 前期古墳の副葬品には，**三角縁神獣鏡**などの鏡のほか，玉類や農耕具が多いが，これは被葬者の首長が，農耕儀礼を行いながら神をまつる司祭者であったことを示している。

8 大陸文化の伝来

▶ 5～6世紀のころには，中国や朝鮮から，新しい技術や品物とともに，**漢字**・**儒教**・**仏教**などの文化が伝来した。**渡来人**によってもたらされたこの新文化は，古代の政治・経済・文化の発展に大きな役割を果たした。

1 渡来人

❶古墳文化と大陸文化 大規模な古墳の築造は，**渡来人**による技術を借りることなしには不可能であった。副葬品をみても，中期以後，大陸的な**馬具**・**甲冑**・金銀装飾品が登場してくる。**鉄製の武器・農工具**が多くなるのは，朝鮮半島南部の**鉄資源の輸入**がさかんになったためである。朝鮮半島からの技術で製作された**須恵器**も見られる。また，**横穴式石室**の普及にも留意したい。

❷渡来の時期 朝鮮半島からの渡来が中心。大きく分けると次の3つの時期に集中している。

1. **第1波**…5世紀初め(楽浪郡の滅亡，倭の出兵)。
2. **第2波**…5世紀後半(高句麗(コグリョ)の新羅(シルラ)・百済(ペクチェ)への圧迫，新羅人・百済人・加耶人を中心とする「**今来才伎**★1(**今来漢人**)」)。
3. **第3波**…7世紀後半(百済・高句麗の滅亡。日本と親しい関係の百済人を中心とする)。

★1 **今来才伎** 5世紀後半に渡来した技術者を，『日本書紀』は「今来才伎」と記す。今来は新しく渡来したという意味。

❸渡来人の技術　渡来人は，高い技術をもった技術者集団として姓を与えられ，ヤマト政権の品部（ともべ）などに編成された。鉄器を製作した**韓鍛冶部**，須恵器を製作した**陶作部（陶部）**，養蚕や織物に従事した**錦織部**・**衣縫部**などがある。土木，灌漑技術にもすぐれ，狭山池（大阪府）の開さくなどがその例とされている。

❹代表的な渡来人

1 **秦氏**…『古事記』『日本書紀』に書かれた伝承によると，応神天皇のとき，秦の始皇帝の子孫と称する**弓月君**が120県の民を率いて来日し，養蚕・機織の技術を伝えたといわれる。その子孫が，山背（山城）の太秦（京都市右京区）付近を本拠とする秦氏になった。

2 **東漢氏**…応神天皇のとき，17県の民を率いて来日したといわれる**阿知使主**の子孫。

3 **西文氏**…応神天皇のときに来日した**王仁**（百済の博士で，『論語』『千字文』を日本にもたらしたといわれる）の子孫。

参考　稲荷山古墳鉄剣の表裏には115字が記され，江田船山古墳鉄刀の背には75字が記されている。いずれも，わが国の漢字使用の最古級の例。稲荷山古墳鉄剣（埼玉県）と江田船山古墳鉄刀（熊本県）の銘に，ワカタケル大王（雄略天皇）が登場することに注意すること。5世紀後半には，ヤマト王権の支配が関東地方から九州地方南部にまでおよんでいたことを示す，重要な史料でもある。

参考　東漢氏は史直，西文氏は史首を称し，政権の記録をつかさどった。

史料　稲荷山古墳出土鉄剣銘文，江田船山古墳出土鉄刀銘文

〔稲荷山古墳出土鉄剣銘文〕

（表）辛亥年①，七月中記す，乎獲居臣の上祖名意冨比垝，其児多加利足尼，其児の名弖已加利獲居，其児の名多加披次獲居，其児の名多沙鬼獲居，其児の名半弖比。

辛亥の年，七月に記す。私はヲワケの臣。いちばんの祖先の名はオホヒコ，その子（の名）はタカリノスクネ，その子の名はテヨカリワケ，その子の名はタカヒ（ハ）シワケ，その子の名はタサキワケ，その子の名はハテヒ。

（裏）其児の名加差披余，其児の名乎獲居臣，世々に杖刀人の首として事え奉り来りて今に至る。獲加多支鹵大王②の寺，斯鬼宮に在りし時，吾天下を治むるを左け，此の百錬の利刀を作らしめ，吾事え奉りし根原を記す也。

その子の名はカサヒ（ハ）ヨ，その子の名はヲワケの臣。先祖代々杖刀人の首（大王の親衛隊長）として大王に仕え，今に至っている。ワカタケル大王（雄略天皇か）の朝廷がシキの宮にあるとき，私（ヲワケの臣）は大王が天下を治めるのを補佐した。この何回も鍛えたよく切れる刀を作らせ，私が大王に仕えてきた由来を記しておくものである。

〔江田船山古墳出土鉄刀銘文〕

天の下に治しめす獲□□□鹵大王③の世，典曹人と□奉り，名は无□弖，八月中，大鉄釜並に四尺の廷刀を用い，八十練り□十振り三寸の好き大刀を上る。この刀を服く者は長寿にして，子孫洋々にして□恩を注ぎうるなり。其の統ぶる所を失わず。刀を作る者の名は伊太加，書ける者は張安也。

ワカタケル大王が天下を治めた時代に，文章を司る役所に仕えたムリテが，八月に，鉄釜を用いて，4尺（約1m）の立派な大刀を用いて，八十回，九十回に至るほどに丹念に打ち，鍛えたこの上もなく上質の大刀である。この大刀を身に着ける者は，長寿を得て子孫が繁栄し，恩恵を受けることができる。その支配地を失うこともない。大刀を製作した者の名はイタカで，銘文を書き記した者は張安である。

稲荷山古墳出土鉄剣▶

注釈　①471年が通説である。②「獲加多支鹵」は「ワカタケル」と解釈し，雄略天皇の名，大泊瀬幼武とする説が有力である。③「獲□□□鹵大王」も「ワカタケル大王」と解釈されている。

2 新しい文化

▲隅田八幡神社人物画像鏡

「癸未年八月日十大王年男弟王在意柴沙加宮時」(「癸未の年8月に男弟王(継体天皇)が意柴沙加宮(奈良県桜井市忍阪)にいたとき」)とある。癸未年は503年と考えられる。日本製の仿製鏡である。

❶**漢字の使用**　1世紀の奴国や3世紀の邪馬台国は文書による外交をしていたので，文字の使用は確実だが，文字の使用例は現存していない。5世紀ごろ，渡来人の**史部**が記録にたずさわって以後，普及した。

❷**漢字の使用を示す証拠**　文献と遺物から判断できる。

[1] **文献**…倭王武の上表文(478年の『宋書』倭国伝，☞p.27)。

[2] **遺物**…次の3例が有名。

①**稲荷山古墳出土鉄剣銘文**(埼玉県)＝「辛亥年(471年か)…獲加多支鹵大王(雄略天皇)……」など。

②**江田船山古墳出土鉄刀銘文**(熊本県)＝「獲加多支鹵大王」など。

③**隅田八幡神社人物画像鏡銘文**(和歌山県)＝右の注の通り。

❸**儒教の伝来**　『古事記』『日本書紀』では，応神天皇のとき**王仁**が『千字文』とともに，『**論語**』を伝えたとする。6世紀初めに**五経博士**が，医・易・暦博士らと百済から来日してから，大王家や有力豪族の間にしだいに浸透していった。

❹**仏教の公伝**　百済の**聖明王(聖王)**が**欽明天皇**に，釈迦仏の金銅像一軀(一体)，幡蓋(仏具の旗・天蓋)，経典，僧侶をおくってきたことに始まる。公伝した仏教は大乗仏教。

❺**仏教公伝の年代**　『**上宮聖徳法王帝説**』や『**元興寺縁起**』のように，欽明天皇の戊午年(**538年**)とする説と，『**日本書紀**』の，欽明天皇13年の壬申年(**552年**)とする説がある。史料の性格から，前者の538年説のほうが有力である。

補説 **崇仏論争**　公伝のとき，仏教受容をめぐって，崇仏派の**蘇我稲目**と，神祇信仰を固持する**物部尾輿**・中臣鎌子の間に対立があった。

史料　仏教の公伝

[1] 志癸嶋天皇①御世戊午年十月十二日，百済国主明王②，始めて仏像，経教並びに僧等を度し奉る。勅して蘇我稲目宿禰大臣に授けて興隆せしむ。　『上宮聖徳法王帝説』③

欽明天皇の治世，戊午の年(五三八年)十月十二日に，百済の聖明王がはじめて仏像・経典とともに僧侶をつかわした。天皇は大臣の蘇我稲目にわたして仏教の興隆をはかった。

[2] 欽明天皇十三年冬十月，百済の聖明王……釈迦仏の金銅像一軀，幡蓋若干，経論若干巻を献る。　『日本書紀』

欽明天皇十三〈五五二〉年冬十月に，百済の聖明王が……釈迦仏の金銅像一体，幡と蓋若干，経論若干巻を献上してきた。

注釈 ①欽明天皇。②聖明王。③聖徳太子(厩戸皇子)の伝記で，平安時代中期以降に成立した。

☑ 要点チェック

CHAPTER 1 日本文化のあけぼの

		CHAPTER 1 日本文化のあけぼの	答
□	1	1968年，沖縄県で発掘された新人の化石人骨を何というか。	1 港川人
□	2	日本の旧石器時代の存在を証明した，群馬県の遺跡を何というか。	2 岩宿遺跡
□	3	縄文文化の特徴といわれるのは，土器の発明と何の使用か。	3 弓矢
□	4	縄文時代は，約何年間つづいたか。	4 約1万年間
□	5	モースが1877年に発見した貝塚を何というか。	5 大森貝塚
□	6	地面に柱穴をあけ，そこに掘立て柱を建ててつくった，縄文時代の住居を何というか。	6 竪穴住居
□	7	青森市にある，縄文時代の大規模な遺跡を何というか。	7 三内丸山遺跡
□	8	縄文時代につくられた，女性をかたどった土人形を何というか。	8 土偶
□	9	縄文時代に行われた，遺体の手足を折り曲げた姿勢で葬る埋葬の方法を何というか。	9 屈葬
□	10	1947年に弥生時代の水田跡が発見された，静岡県の遺跡は何か。	10 登呂遺跡
□	11	弥生時代に，稲の穂首刈りに使われた農具を何というか。	11 石包丁
□	12	弥生時代に出現した，穀物貯蔵用の倉庫を何というか。	12 高床倉庫
□	13	朝鮮半島の楽器を原型とし，日本で祭器として発展した青銅器は何というか。	13 銅鐸
□	14	まわりに濠をめぐらした，弥生時代の集落を何というか。	14 環壕集落
□	15	墓穴群のまわりに，方形の溝をめぐらした墓を何というか。	15 方形周溝墓
□	16	日本についての記述のある，最も古い中国の歴史書は何か。	16『漢書』地理志
□	17	後漢の光武帝が奴国の使いに与えた金印に刻まれていた文字は何か。	17 漢委奴国王
□	18	邪馬台国の卑弥呼が統治に用いた呪術を何というか。	18 鬼道
□	19	卑弥呼が，魏の皇帝から与えられた称号を答えよ。	19 親魏倭王
□	20	4世紀末に，倭が朝鮮半島に出兵し，高句麗(コグリョ)と戦ったことを示す石碑を何というか。	20 広開土王碑(好太王碑)
□	21	ヤマト政権の首長は，国内では何とよばれていたか。	21 大王(だいおう)
□	22	大仙陵古墳に代表される，前が方形，後ろが円形の古墳は何か。	22 前方後円墳
□	23	鹿の骨を焼き，その割れ方で吉凶を判定する占いを何というか。	23 太占の法
□	24	5～6世紀ごろ，朝鮮半島などから日本にわたってきた人々を何というか。	24 渡来人
□	25	ワカタケルの名のある鉄剣が出土した埼玉県の古墳を何というか。	25 稲荷山古墳
□	26	『上宮聖徳法王帝説』での仏教公伝の年は，西暦何年か。	26 538年

• CHAPTER

2 » 古代国家と文化の発展

時代の俯瞰図

ヤマト政権の動揺 →→ 壬申の乱 → 天武天皇（皇親政治で集権化） → 平城遷都

ヤマト政権の動揺 → 厩戸王・蘇我馬子 → 蘇我氏強大化 → 大化改新

時代	飛鳥時代	白鳳時代
文化	飛鳥文化	白鳳文化

年	できごと
五二七	磐井の乱
五九三	厩戸王が摂政
六〇三	冠位十二階
六〇四	憲法十七条
六〇七	遣隋使の派遣
六三〇	遣唐使の派遣
六四五	乙巳の変→蘇我氏打倒
六四六	改新の詔
六四九	蘇我倉山田石川麻呂事件
六五八	阿倍比羅夫が蝦夷鎮圧
六六三	白村江の戦い→敗北
六七〇	庚午年籍＝初の戸籍
六七二	壬申の乱（大友皇子×大海人皇子）
六八四	八色の姓
六九四	藤原遷都
七〇一	大宝律令
七〇八	和同開珎
七一〇	平城遷都

冠位十二階・遣隋使の派遣 → 推古朝の政治

改新の詔・大宝律令 → 律令体制の確立

天皇		推古*	舒明	皇極*	孝徳	斉明*	天智	天武	持統*	文武	元明*

中国	隋	唐

＊女性天皇

SECTION

1 ヤマト政権の構造

▶ 5~6世紀ごろの支配組織は，**氏姓**（しせい）**制度**と，その基底にある**部民**（べみん）**制度**とによって成り立っていた。大王（おおきみ）（だいおう）を中心に有力な豪族によって構成されたヤマト政権は，この2つの制度の整備で支配体制を強化していった。

1 氏姓制度

❶**氏姓**（しせい）**制度の定義**　支配者層である氏（うじ）の社会的地位を姓（かばね）によって秩序づけたヤマト政権の支配組織。ヤマト政権による国土統一の過程で成立した。氏は旧来の権利の多くを保持しつつヤマト政権に従属し，その身分的序列は姓で示された。

❷**氏姓制度の時期**　5~7世紀なかばごろ。律令（りつりょう）制の成立で制度としては否定されたが，氏・姓は，その後も官人の伝統的地位を示すものとしての意味をもちつづけた。

❸**氏の定義**　非血縁者もふくむが，共通の祖先をもち，名を同じくし，共通の神（**氏神**（うじがみ））を祭ることによって同族的意識を保ちながら，地縁をも加味した擬制（ぎせい）的血縁集団である。

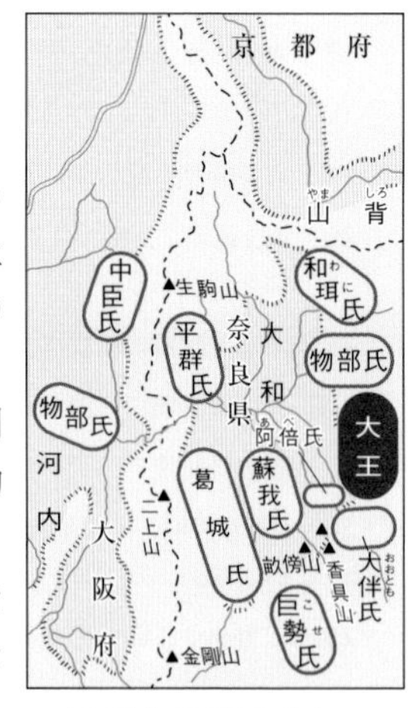

▲大和地方の豪族の分布

❹**氏の構成**　氏の首長を氏上，氏の成員を氏人という。彼らの生活をささえたのは**部民**とよばれる氏の隷属民や，各家々所有の**ヤツコ**(**奴婢**すなわち奴隷)であった。

❺**氏の名称の由来**　次の２種が代表的なものである。

1. 葛城・平群・蘇我氏のように居住地の**地名に由来**するもの。
2. 忌部氏・中臣氏は祭祀，大伴氏・物部氏は軍事というように，**ヤマト政権での特定の職能**から名づけられたもの。

❻**姓の制度**　姓は，元来は氏上の尊称であったが，ヤマト政権が成立すると，大王を中心に氏の地位・家柄・職掌などを示すものとして，大王から与えられた。

❼**姓の種類**　**臣・連・君・直・造・首・別・史・村主**など約30種類ある。有力な地方豪族のうち，筑紫・毛野などには君，吉備や出雲には臣，一般の国造(☞p.36)には直が多く，別は王族に多い。連・造・首は特定の職能で朝廷に仕える伴造たちに，史・村主は渡来人の首長に多く見られるが，例外も多い。

補説　**臣と連**　両姓の氏は，王権を構成する有力豪族であった。臣姓の氏は地名を氏の名とし，かつて大王家に対抗していた豪族で，のちに一族の娘を大王の妻にして，姻戚関係を強めた。連姓の豪族は職務を氏の名とし，大王家に強く従属し，多くは専門的な部を率いる豪族として職務を遂行した。臣・連姓の氏のなかから，国政を担当した大臣・大連が出てくる。

参考　**氏姓制度と盟神探湯**　『日本書紀』の允恭天皇の条には，各豪族が名のっている氏姓が正しいかどうかを糺すために，大和の味橿丘(甘橿丘，奈良県明日香村)で，**盟神探湯**(☞p.30)を行ったと書かれている。ヤマト政権の政治組織である氏姓制度が確立するまでには，豪族の氏姓の詐称など，さまざまな混乱があったことがうかがえる。

〔祭祀〕…中臣連・忌部首
〔軍事〕…大伴連・物部連
〔財政〕…蘇我臣
〔葬礼･土器製作〕…土師連

▲中央有力豪族の職掌と姓

2 部民制度

❶**部民制度**　部民制度は，ヤマト政権が民衆を集団的に部に編成したもので，氏姓制度の基底としての人民支配方式といえる。国土統一の進展にともない，ヤマト政権は部民支配を強化し，地方豪族を介して貢納や労役に従事させた。

❷**部民の種類**　部民は大王家の部民と氏(豪族)の部民とに分かれる。各部民はその職掌が決まっており，職業の名をつけたものが多かった。その従属主体により，次のような別があった。

1. **品部**(ともべ)…ヤマト政権に奉仕する職業隷属民のこと。品部を統率した首長を伴造といい，その職務を分担した氏人たちを伴とよぶ。**韓鍛冶部・錦織部・陶作部**(**陶部**)**・土師部**などの手工業関係が中心。なかには，**弓削部・矢作部**や**忌部**のように，軍事や祭祀と深いつながりをもつものもあった。

注意　部民制度が，ヤマト政権の経済的・軍事的基盤になったという点に注意しよう。伴造や部の制度は百済(ひゃくさい)の制度をとりいれて整えられたと考えられる。

2 名代・子代の部…大王家直属の部民。地方豪族支配下の部民を大王や王妃・王子や部民の居住地の名をつけてよんだ。

3 部曲…氏(豪族)の隷属民をいう。大伴部・蘇我部などのように，氏のもとに支配されて奉仕・貢納などを行った。

4 ヤツコ(奴婢)…各氏族の家々に隷属する奴隷で，田荘(豪族の領有地)の耕作やその他の労働を強制された。

❸大王家が支配する土地と耕作者 大王家の直轄領を**屯倉**とよび，その耕作民を**田部**とよんだ。屯倉は，もともとは課税した稲の収蔵倉庫や役所をさしたが，のちそれに付属する土地(**屯田**)や耕作民(**田部**)をあわせてよんだ。6世紀になると，畿内やその周辺地域から全国に拡大した。

参考 大王家に属する部民のうち，孔王部は「穴穂(安康天皇)」の名による名代，壬生部は王子の養育費を負担する子代である

3 政治組織

❶中央の政治組織 ヤマト政権は**大王を頂点にして，臣や連の姓をもつ畿内の有力な氏によって構成**された。5世紀のなかばごろから，奈良盆地南部の臣系の氏の大豪族として**大臣**(葛城・平群・巨勢・蘇我氏)と，大阪平野に地盤をもつ連系の氏の大豪族として**大連**(大伴・物部氏)とがそれぞれ設けられ，国政を担当するようになった。品部を率いた**伴造**は連系の氏に多い。

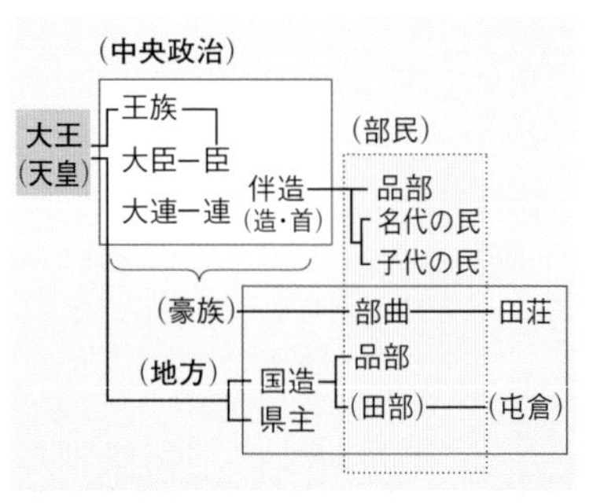

▲ヤマト政権の支配のしくみ

❷地方の政治組織 ヤマト政権は，地方の有力な首長たちを**国造**に任命して，地方の政治組織を整備した。県主や国造は，**県**★1や**国**を統治し，朝廷のもとめに応じて産物を貢納したり，労働力を提供した。

補説 **国造の任命** 旧小国の首長がヤマト政権への服属と貢納，労役の負担を代償に，地方支配を許されて任命されたもの。代表的な国造としては，出雲臣・吉備臣・筑紫君・上毛野君・紀直などがあげられる。

★1 **県** 県はヤマト政権の地方行政の単位で，その首長を**県主**という。とくに，大和の県は六御県(十市・磯城・葛城・高市・曽布・山辺の6県)として重視され，初期ヤマト政権の経済的基盤となった。

❸ヤマト政権の構造のまとめ 5世紀のヤマト政権は，**倭の五王**(☞p.26)に見られるように，すでに男系世襲王権を確立していた大王家を中心に，政治体制が充実された。**氏姓制度**や**部民制度**の展開は，その具体化であり，**県主制**から**国造制**へと地方行政機構も拡大していった。すなわち，この時代のヤマト政権の大王家は，**氏姓制度の上に君臨して，特定の氏や姓をもたない専制君主**に成長しており，地方の首長を通じて，共同体的結合を媒介として国→村全体を支配していった。

[ヤマト政権の政治構造]
① 氏姓制度…氏上と氏人による政治集団。臣・連・君・直・造などの姓
② 部民制度…権力の基盤。品部，名代・子代の部，部曲など
③ 地方行政機構…県主制→国造制の展開

SECTION 2 推古朝の政治

▶ 6世紀にはいると豪族間の対立や氏姓制度の矛盾，新羅(シルラ)の勢力拡大により，**ヤマト政権の動揺**は深刻な様相を示した。この様な情勢に対応するために**国政改革**にあたったのが**厩戸王**(**聖徳太子**)と**蘇我馬子**であった。

1 ヤマト政権の動揺

❶ 朝鮮半島の動向　5世紀後半から**高句麗**(コグリョ)の南下が再開されると，**新羅**と**百済**(ペクチェ)は，その圧迫のはけ口を南の加耶地方に求めた。その結果，ヤマト政権の加耶地方に対する影響力は弱体化し始めた。

▲6～8世紀の朝鮮半島

❷ 加耶地方の動向　6世紀にはいると，**新羅**が勢力を強め，加耶地方に侵入して金官加羅(釜山(プサン)地方)を併合した。新羅は百済をも攻撃したので，百済はヤマト政権と結んで数度争ったが，562年までに**加耶諸国は新羅に併合**された。

❸ 豪族の台頭と大伴金村　5世紀後半以後，田荘や部曲を拡大した中央豪族は，政権をめぐる争いをくりかえした。大臣の葛城氏や平群氏の没落後，6世紀初め大連の**大伴金村**が越前(福井県)から(あるいは近江〔滋賀県〕からとも)**継体天皇**をむかえ，勢力を拡大した。

❹ 磐井の乱　朝鮮半島に対する影響力回復のため，ヤマト政権は新羅征討軍を派遣することにしたが，527年，九州一帯の豪族などの支持を得た筑紫国造磐井が新羅と通じて反乱をおこし，1年半にわたる戦乱となった。**物部麁鹿火**によってようやく鎮定された。★1

補説　**ヤマト政権の分裂**　継体天皇の死後，大伴氏らが継体天皇・安閑天皇・宣化天皇を支持したのに対し，蘇我氏などは欽明天皇を擁立したため，約10年間，日本に2人の天皇(大王(だいおう))がいるという内紛がつづいたとされる。

★1　地方豪族のヤマト政権に対する反抗には，この磐井の乱のほかに，**吉備田狭の乱**などがある。後者は，雄略天皇時代に吉備(岡山県)の豪族である吉備田狭が「任那国司」に任命され(実質的な追放)，反乱をおこしたもの。

❺欽明朝と蘇我氏の専横　欽明天皇は，内外の危機克服のため，蘇我氏と協調した。

1. 屯倉，名代・子代を増設し，地方支配を強化。
2. 三蔵の成立。

補説　**三蔵**　『古語拾遺』で述べられている，ヤマト政権の財庫をいう。**大蔵**(政府財源の貢租収蔵)・**内蔵**(大王家の財物収蔵)・**斎蔵**(神事に使う貢租収蔵)の３つの蔵があった。蘇我氏はそれを統轄して政権の財政に深く関与した。

❻物部氏と蘇我氏の対立　軍事担当の**物部尾輿**は大伴金村を失脚させて大連となり，大臣の**蘇我稲目**と対立した。

❼物部氏の滅亡　両者の対立は，仏教受容の問題に用明天皇死後の皇位継承問題がからんで，武力紛争にまで発展した。587年，蘇我**馬子**が**物部守屋**を滅ぼし，馬子の推す**崇峻天皇**が即位した。これ以後，蘇我氏はヤマト政権の政治を掌握した。★2

▼6世紀の動き
(用明天皇までの即位年には異説もある)

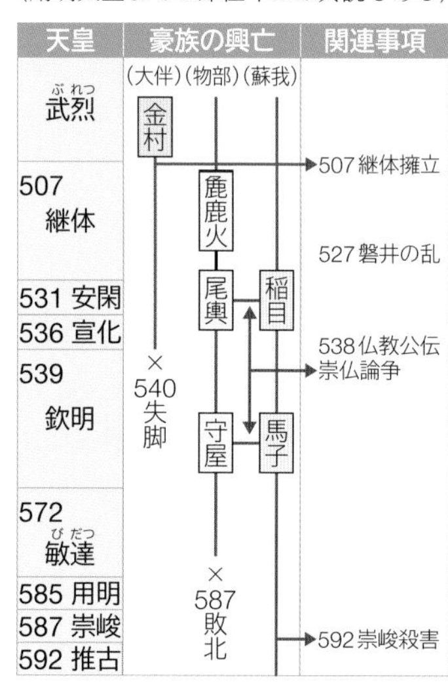

★2　**蘇我氏が進出した理由**　①ヤマト政権の財政や外交を管理・指導する立場にあった。②渡来人を組織して，新しい知識や技術をとりいれることに熱心であった。③娘を大王の妃にして，天皇家と親戚関係を結んだ。

2 厩戸王と蘇我馬子の新政

❶推古天皇の登場　592年，蘇我馬子は対立した崇峻天皇を暗殺した。次に即位した推古天皇は，593年，甥の**厩戸王**(**聖徳太子**)を**摂政**として政治を行わせた。

補説　**女性天皇**　推古天皇は，卑弥呼・壱与を別にすれば，最初の確実な女性天皇である。推古天皇以後，奈良時代までに皇極(斉明)・持統・元明・元正・孝謙(称徳)の女性天皇が即位した。

❷厩戸王の立場　厩戸王は蘇我馬子と協調して国政改革にあたり，天皇中心の国家をめざした。

❸冠位十二階の制定　603年に朝鮮諸国の制度に学び制定。徳・仁・礼・信・義・智のそれぞれに大小をつけて12の位階をつくり，そのしるしとして冠の色を分けて官人の地位を示した制度。儒教の**五常の徳目**(仁・義・礼・智・信)の影響が見られる。

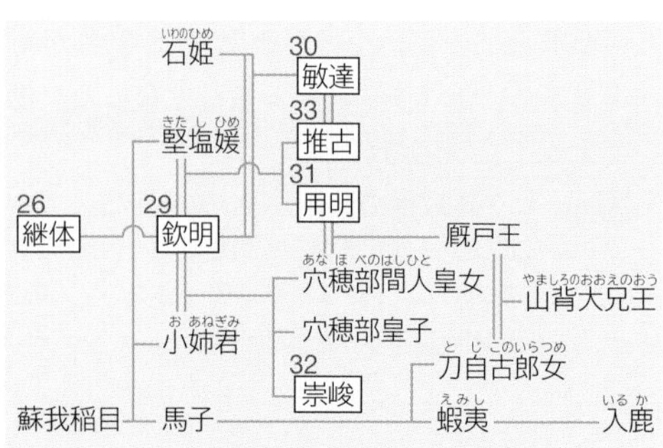

▲皇室と蘇我氏の関係　数字は皇統譜の即位順。

❹冠位十二階の意義

1. 人材の登用(冠位授与の対象は個人，本人限りで世襲しない)。

2 門閥勢力の抑圧(ただし蘇我氏らには適用されなかった)。
3 官人的秩序を重視し，官人制を強化。
→律令の位階制の源流となった(☞p.53)。

❺憲法十七条 厩戸王が604年に制定したと伝えられる。国家の根本法典というより，官人への道徳的教化法としての性格が強い。儒教や仏教の思想に基づき，豪族間の争いの克服，天皇中心の国家の樹立をめざした，推古朝の政治的理想が強く反映されている。★3

❻史書の編修 620年に，厩戸王と蘇我馬子が協力して，『天皇記』『国記』『臣連伴造国造百八十部并公民等本記』を編修したといわれる。皇室系譜を中心に支配の正当性を述べたものであるが，蘇我氏のもとに保管されていたらしく，645年の蘇我邸の焼亡により失われたという。

❼暦法の採用 百済(ペクチェ)の**観勒**(602年に渡来)が伝えた暦法(**太陰暦**)を採用した。

補説 **国家意識の高揚** **辛酉の年**に政治変革があると予言する中国の讖緯説★4に基づき，実在しない**神武天皇**を初代とする**天皇紀元**がつくりだされたと考えられている。

❽厩戸王と仏教 厩戸王は仏教を信仰し，次の事績がある。

1 594年に，**仏教興隆の詔**を出した。
2 造寺・造仏に努めた。
3 『**三経義疏**』(**法華経**・**維摩経**・**勝鬘経**の注釈書)を著したとされる。
4 高句麗(コグリョ)僧の**恵慈**に師事したとされる。

▲伝聖徳太子像

★3 ただし中国の文献からの引用も多く，後世の作とする説も強い。

★4 **讖緯説** 占星術や暦の知識によって，60年に1度の甲子や辛酉の年に革命があると予言する説のこと。『日本書紀』では，推古天皇9年の辛酉年より1蔀(1260年)前の，辛酉の年(B.C.660年)を紀元元年としたらしい。

史料 憲法十七条

推古天皇十二年

一に曰く，和を以って貴しとなし，忤ふること無きを宗とせよ。
一にいう。和を貴び，反抗したりすることのないのを基本と心がけよ。

二に曰く，篤く三宝を敬え。三宝とは，仏・法・僧なり。
二にいう。あつく三宝を敬え。三宝とは，仏とその教え，教えを説く僧侶をいう。

三に曰く，詔を承りては必ず謹め。君をば則ち天とす。臣をば則ち地とす。
三にいう。天皇の詔をうけたならば必ず従え。君とは天，臣とは地のようなものだ。

十二に曰く，国司・国造，百姓に斂めとることなかれ。国に二君なく，民に両主なし。率土の兆民，王を以って主となす。 『日本書紀』
十二にいう。国司や国造は人民から税をしぼりとらぬようにせよ。国に二人の君主はなく，民に二人の主人はない。この国土のすべての民は天皇をもって主人としているのである。

⑨**新羅**(シルラ)**との関係** 新羅出兵が何度か行われたが成功せず，600年を最後に中止された。以後，隋★5との交渉に重点を置いた。

⑩**遣隋使派遣の目的** 大陸文化の摂取と，**中国(隋)の皇帝に臣属しない外交をすすめること**がねらいであった。

⑪**遣隋使派遣の経過** 回数は不明だが，『日本書紀』と『隋書』倭国伝★6から，600～614年の間に6回とするのが通説。

1 607年…小野妹子は，隋の煬帝に国書★7を提出し(『隋書』倭国伝)，608年に隋使裴世清とともに帰国した。煬帝は，日本の天皇(大王(だいおう))が中国皇帝と同じように「天子」と称したことを「無礼」としながらも，**高句麗征服**のため，国交を継続した。

2 608年…小野妹子のほか，高向玄理(くろまろ)・南淵請安・旻らの留学生・留学僧が随行し，大陸の先進文化を学んだ。隋の煬帝に国書を提出した(『日本書紀』)。

3 614年…犬上御田鍬★8などが隋へ渡った。

★5 隋 581年，楊堅が建国。589年に南朝の陳を滅ぼして，中国を統一した。

★6 『隋書』倭国伝には600年に倭王の使者が隋に渡ったとあるが，使者の名は記されていない。

★7 「日出づる処の天子，書を日没する処の天子に致す」のくだりは有名。

★8 **犬上御田鍬** 630年の**第1回遣唐使**にもなった。

POINT!

[6世紀～7世紀初めのヤマト政権]

①6世紀(動揺期)…磐井の乱，蘇我氏をめぐる対立

②7世紀初め…推古朝で，蘇我馬子・厩戸王の政治

- 内政…冠位十二階，憲法十七条→天皇中心の政治へ
- 外交…遣隋使→大陸の文物・制度の輸入

史料 遣隋使の派遣

1 大業三年。其の王多利思比孤，使を遣して朝貢す。使者曰く「聞く，海西の菩薩天子，重ねて仏法を興すと。故に遣して朝拝せしめ，兼ねて沙門数十人，来たりて仏法を学ぶ」と。其の国書に曰く「日出づる処の天子，書を日没する処の天子に致す。恙無きや云々」と。帝これをみて悦ばず，鴻臚卿に謂いて曰く，「蛮夷の書，無礼なる者有り。復た以って聞する勿れ」と。明年，上，文林郎裴清を遣して倭国に使せしむ。 『隋書』倭国伝

大業三(六〇七)年，倭王の多利思比孤が使者を遣わして朝貢してきた。使者はこういった。「海西の菩薩天子が前代に栄えた仏法をさらに盛んにしていると耳にしました。そこで私を派遣して天子に対する礼を尽くし，同時に僧数十人を仏法を学ばせるために同行させました」。その国書には「太陽ののぼるところの国の天子が，太陽の沈むところの国の天子に手紙を差上げます。お変わりありませんか」と書かれていた。帝(煬帝)はこの国書をみて不機嫌になり，鴻臚卿に「今後蛮夷の国からの書に無礼なものがあったなら，(このような無礼な国書は)二度と奏上するな」と命じた。翌(六〇八)年，帝は文林郎の裴世清を倭国に派遣した。

2 推古天皇十六年。…爰に天皇唐帝を聘う。其の辞に曰く「東天皇，敬みて西皇帝に白す」。…この時に唐国に遣わせる学生は倭漢直福因，奈羅訳語恵明，高向漢人玄理，新漢人大圀，学問僧新漢人日文，南淵漢人請安，志賀漢人慧隠，新漢人広済らあわせて八人なり。 『日本書紀』

608年，推古天皇が，隋の皇帝煬帝を訪う。その文には「東天皇が，謹んで西皇帝に申し上げます。」とあった。……このときに，隋に派遣する学生として倭漢直福因，奈羅訳語恵明，高向漢人玄理，新漢人大圀，学問僧として新漢人日文と南淵漢人請安と志賀漢人慧隠，新漢人広済ら合わせて8人が赴いた。

SECTION 3 飛鳥文化

▶ 推古朝前後を**飛鳥時代**といい，この時期の文化を**飛鳥文化**という。当時，都があった奈良盆地南部の飛鳥地方(奈良県高市郡と橿原市一帯)を中心として，文化の花が開いた。**仏教文化を基調とし，世界性をもった**ところに特色が見られる。

1 飛鳥文化の特色

❶**飛鳥文化の時期**　6世紀後半～7世紀なかばごろの約1世紀間で，**推古天皇**(在位592～628)の時代を中心とする。飛鳥文化は**古墳文化のあと，大化改新以前**の文化である。

❷**飛鳥文化の特色**

1. **日本最初の仏教文化**★1であり，朝鮮半島の文化の強い影響をうけている。
2. 朝鮮半島を通じての中国の**六朝**★2文化のほか，ギリシア・西アジア・インドなどの影響が見られる**世界性豊かな文化**である。

★1　仏教が中国から日本の天皇(大王)中心の支配者層へと伝えられたことから，上流貴族の文化であるともいえる。

★2　**六朝**　後漢が滅んだあと，江南で次々におこった6王朝のこと。呉・東晋・宋・斉・梁・陳(222～589)をいう。

2 寺院建築と美術・工芸

❶**寺院建立の理由**　古墳にかわる豪族の権威の象徴として，病気の回復や祖先の冥福を祈るなど，仏教の呪術的・現世利益的信仰の表現として，寺院が建立された。

❷**最初の本格的寺院**　**蘇我馬子**も創建にかかわった**飛鳥寺**(**法興寺**，奈良県高市郡明日香村)である。ただし，当時の建物は残っていない。

❸**法隆寺の建設**　法隆寺(**斑鳩寺**，奈良県生駒郡斑鳩町)は飛鳥文化の代表的な寺院で，**厩戸王**によって建てられた。現存する建物が再建か否かは論争もあり，現在は再建と確認されているが★3，西院伽藍の中門・**金堂**・**五重塔**・歩廊(回廊)は，**現存する世界最古の木造建築**である。

❹**その他の寺院**　**四天王寺**(大阪市)，**中宮寺**・**法起寺**(奈良県斑鳩町)も，厩戸王によって建てられたと伝えられる。

❺**建築様式の特色**　①柱にエンタシス(円い柱の中央部にふくらみをもつ。アテネのパルテノン神殿などに見られる，ギリシア建築の特徴)を使用。②雲形の肘木・卍崩しの勾欄(右図参照。中国の六朝様式の特徴)を採用。

★3　**法隆寺の再建論争**　『日本書紀』の天智9(670)年4月の条に，「法隆寺に火つけり。一屋も余ることなし」と記されている。この記事をめぐって，現在の法隆寺が火災後に再建されたものか，それとも当初のままかについての論争が長く展開された。昭和10年代の**若草伽藍**(法隆寺の東南にある当初の法隆寺の建物とされる)跡の発掘や，戦後の解体修理の結果，再建論が定説となった。

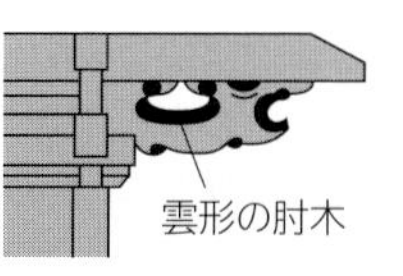

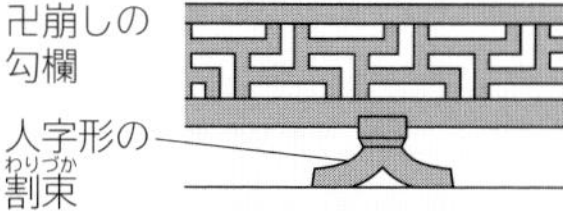

▲雲形の肘木と卍崩しの勾欄

❻寺院の伽藍配置 堂・塔の配置様式は，さまざまである。

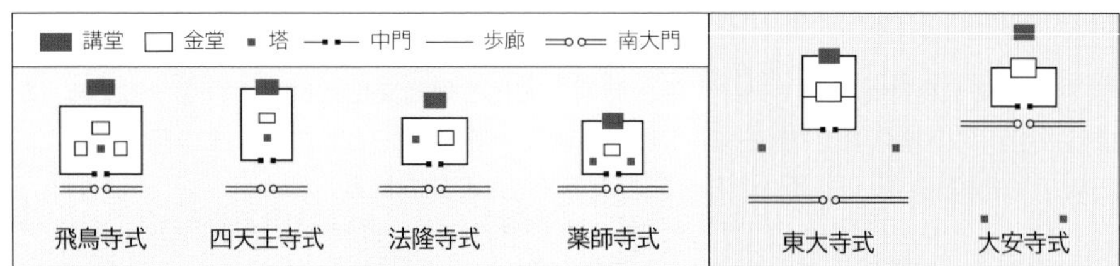

▲伽藍配置 堂(金堂・講堂)と塔(釈迦の骨＝仏舎利の納入場所)の位置に注意。

❼仏像彫刻 ①飛鳥寺…**釈迦如来像**(**飛鳥大仏**＝金銅像)。

②法隆寺…金堂の**釈迦三尊像**(金銅像)，大宝蔵殿の**百済観音像**(木像)，夢殿の**救世観音**像(木像)。

③**中宮寺**…半跏思惟像(**弥勒菩薩像**，木像)。

④**広隆寺**★4…半跏思惟像(**弥勒菩薩像**，木像)。

❽代表的仏師 鞍作鳥(**止利仏師**)。現存最古の飛鳥寺の釈迦如来像や，法隆寺金堂の釈迦三尊像の作者とされる。

❾仏像彫刻の特色 ①左右均整で平面的である。

②アーモンド形の目，三日月形の口とアルカイック＝スマイル(彫像などの表現の一種で，口元に微笑をうかべた表情。古拙の微笑ともいう)に特徴がある。

③中国の**雲崗**・**龍門の石仏**の影響をうける。

❿絵画作品 法隆寺玉虫厨子の扉と台座の密陀絵(一酸化鉛に油と絵具をまぜたものを材料とした，一種の油絵。漆絵ともいう)や，中宮寺**天寿国繡帳**と称される刺繡絵画がある。

⓫彩色や紙・墨の技法の伝来 610年，高句麗(コグリョ)僧の**曇徴**が渡来して，彩色・紙・墨の技法を伝えたといわれる。

★4 **広隆寺** 飛鳥時代に，秦河勝が秦氏(☞p.31)の氏寺として建てた。

参考 **飛鳥仏の様式**
止利様式といわれる法隆寺釈迦三尊像や救世観音像などは，中国の**北魏**(**北朝**)の仏像に似ており，おごそかな感じがする。**南朝**(**梁**)**様式**(直接には朝鮮半島に由来)の百済観音像や中宮寺・広隆寺の弥勒菩薩像などは，柔和で丸味をおびた感じをもつ。

参考 **伎楽** 飛鳥時代に，百済(ペクチェ)の**味摩之**によって伝えられた音楽と舞。中国西域の影響をうけた伎楽面もつくられた。

TOPICS

司馬達等の一族

仏教公伝以前，私的に信仰していたとされる人物に，渡来人の**司馬達等**がいる。彼の一族とその後の動向は興味深い。まず，達等の娘の嶋は出家して**善信尼**と名のり，のち仏法を学ぶために百済にわたった。これが遣隋使のときの留学生派遣の先駆となった。遣隋使といえば，小野妹子の通事(通訳)をつとめた鞍作福利の名が文献に見える。達等の孫という**鞍作鳥**(**止利仏師**)は著名。

鳥は，祖父達等の営んだ飛鳥の草庵の地に坂田寺を建立し，推古天皇の詔に基づいて丈六の仏像2体を製作したが，その仏像は飛鳥寺(法興寺)と法隆寺(斑鳩寺)に納められたという。

▲飛鳥寺の釈迦如来像

⑫**工芸品とその特色**　**玉虫厨子**・**天寿国繡帳**のほか，法隆寺金堂の**天蓋**，ペルシア式構図をもつ同寺の**獅子狩文様錦**，ペガサス(天馬)の図柄をもつ同寺の**龍首水瓶**などがある。これらの工芸品には**忍冬唐草文様**(すいかずらの蔓草を図案化した文様)が見られ，エジプト・ギリシアやインド・中国などの文化の日本への伝播と影響が理解できる。

補説　**天寿国繡帳と天皇号の起源**　従来の「大王」にかわり，「天皇」が君主号として用いられるようになったのは，律令国家が成立し，神格化がすすんだ天武天皇のころであるといわれる。しかし，天寿国繡帳の銘文に天皇号が見られることから，推古天皇のころからとする説も有力である。

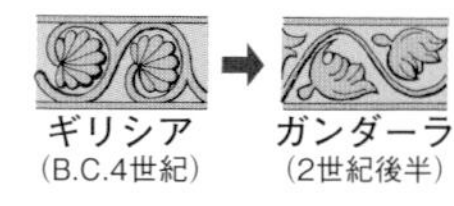

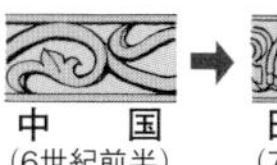

▲忍冬唐草文様の変化

上(左)：**法隆寺**　奈良県生駒郡斑鳩町。中門と五重塔をのぞむ。
(右)：**法隆寺釈迦三尊像**　金堂の本尊で，中央の釈迦如来像の高さは約86.4cm。銅に金箔を押した金銅像。
下(左)：**広隆寺半跏思惟像**　半跏思惟像には，このように一方の片脚をもう一方の片脚の膝頭に乗せて腰かけ，片手を頬について思考する半跏思惟像の姿をとるものが多い。像高約124cm。木像。
(中)：**玉虫厨子**　忍冬唐草文様を透かし彫りにした周囲の飾り金具の下に，2563枚の玉虫の羽根を張る。
(右)：**天寿国繡帳**　厩戸王の妃の橘大郎女らが，王の死後，天寿国(浄土)における生活をしのんでつくったといわれる。

SECTION 4 大化改新

▶ 飛鳥時代には，ヤマト政権の内部で，新たな政治改革の機運が高まった。**中大兄皇子**と**中臣鎌足**らを中心に**大化改新**が断行され，**大王(天皇)を中心とする中央集権国家**の建設が推進されるようになるのである。

1 改革の機運

❶**蘇我氏の強大化**　推古朝以後，蘇我氏の権力は極限に達した。馬子のあとを継いだ**蘇我蝦夷**は舒明天皇(在位629～641)の即位以後，政治を動かした。蝦夷は人々を使役してつくった自分の墓を陵(天皇の墓)とよばせたり，自分の子を王子と称させたと，『日本書紀』にある。

❷**蘇我入鹿の登場**　舒明天皇の死後，その皇后が即位して，**皇極天皇**(在位642～645)となった。この時代には，蝦夷の子蘇我入鹿が政治を動かした。

❸**山背大兄王事件**　入鹿は，いとこの**古人大兄皇子**を次の天皇にするため，643年，厩戸王の子の**山背大兄王**を襲って，上宮王家一族(厩戸王の一族)を滅ぼした。この事件は，天皇家を中心とした反蘇我氏の機運を急速に強めた。

❹**改革派の結集**　蘇我氏を打倒し，天皇家に政権を奪回しようとした中心人物は，中大兄皇子である。彼は，**中臣鎌足**(鎌子)とはかり，蘇我一族の**蘇我倉山田石川麻呂**らを味方とし，蘇我氏に不満をいだく皇族・豪族らを結集していった。

❺**留学生の帰国**　中国に派遣されていた留学生(☞p.40)たちは，632年に**旻**，640年には**南淵請安・高向玄理**というように，長期にわたる留学をおえて帰国した。彼らが隋・唐で得た体験や新知識は，**大化改新**の原動力になった。★1

★1 **大化改新の背景**
①**国内的理由**…**蘇我氏**の独裁に対する反感と，それにともなう蘇我氏と天皇家との二極化への危機感。
②**国際的理由**…律令に基づく中央集権の国家体制を確立した唐は，**新羅**(シルラ)と提携し，644年には**高句麗**(コグリョ)**遠征**を開始した。このような緊迫した状況下，朝鮮3国ではそれに対処できる権力集中の政治形態をつくろうとしてあいついで政変が起こされた。日本でも，唐と結び朝鮮半島の統一を進めつつある新羅に対抗するため，天皇を中心とする中央集権国家の成立が急がれた。

注意 旻・南淵請安・高向玄理は608年に遣隋使とともに，中国に渡ったが，彼らが滞在中の618年に**唐**が成立した。

2 大化改新

❶**改新のクーデタ**　中大兄皇子らは，645年，蘇我入鹿を**飛鳥板蓋宮**で暗殺し，父の蝦夷を攻めて自殺させた(乙巳の変)。これによって蘇我氏は力を失い，クーデタは成功をおさめた。

❷**新政府の陣容**　乙巳の変の直後に皇極天皇が譲位して**孝徳天皇**(在位645～654)が即位し，

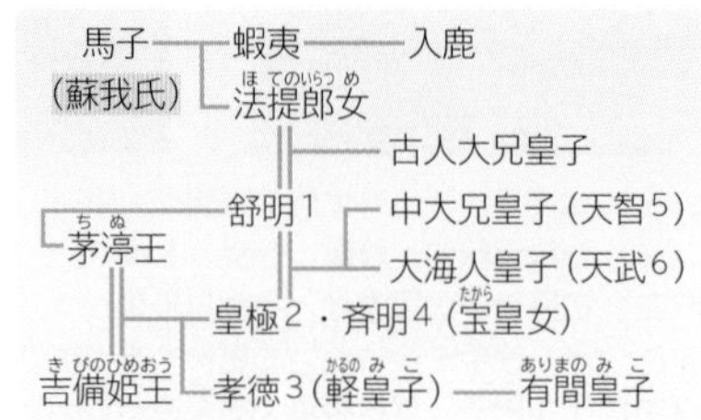

▲改新をめぐる人物関係　数字は即位の順番。

中大兄皇子は皇太子となった。大臣・大連も廃され，左大臣に阿倍内麻呂，右大臣に蘇我倉山田石川麻呂，内臣に中臣鎌足，国博士に高向玄理・旻が任命された(南淵請安はこの直前に死去しており，ふくまれていない)。

❸新しい政策

1 **年号の制定**…中国にならって年号を定めて**大化**とした。これは**日本の最初の年号**である

2 **難波長柄豊碕宮への遷都**…645年。現在の大阪市。

3 **薄葬令**…厚葬や殉死を禁止。

❹改新の詔の内容 ★2

『日本書紀』によると，646(大化2)年元旦，**孝徳天皇**が改新の詔で4カ条の政治の根本方針を発布した。

1 **第1条**…公地公民制，豪族に食封(上級役人に，一種の領地である一定封戸を与える)・布帛(下級役人への給与)の制度を実施。

2 **第2条**…全国の行政区画，国郡(ただし実際には大宝律令までは評)制，軍事・交通の制。

3 **第3条**…戸籍・計帳の作成，班田収授法の制定(☞p.55)。

4 **第4条**…新税制の実施(☞p.56)。

★2 改新の詔の内容

①**公地公民の制**…皇室・豪族の私有地・私有民を廃して，天皇・国家の直接支配下に置き，新政府の支配権を確立する。

②**地方行政制度**…全国を国・郡・里の行政区画に分けて，それぞれ**国司・郡司・里長**を置く。また，関塞・斥候・防人などの軍制や，駅馬・伝馬(はゆま)の交通制度を設ける。

③**戸籍・計帳と班田収授法**…全国の土地・人口を調査して戸籍・計帳を作成し，これに基づいて班田収授を行う。

④**新税制の実施**…**調・庸**の税制を定め，国家財政の安定をはかる。

史料 改新の詔

大化二年正月
646年

其の一に曰く，昔在の天皇等の立つる所の子代の民，処々の屯倉，及び別には臣・連・伴造・国造・村首の所有る部曲の民，処々の田荘を罷めよ。仍りて食封を大夫以上に賜うこと各差あらむ。降りて布帛を以って，官人・百姓に賜うこと差あらむ。

第一条にいう。昔の天皇たちが設置された子代や各地の屯倉，および臣・連・伴造・国造・村首ら諸豪族が支配する部曲や各地の田荘を廃止せよ。これに伴い，大夫以上には食封を，それ以下の役人や庶民には布帛を，それぞれの地位に応じて禄として与えることにする。……

其の二に曰く，初めて京師を修め，畿内・国司・郡司・関塞・斥候・防人・駅馬(はゆま)・伝馬を置き，及び鈴契を造り，山河を定めよ。

第二条にいう。初めて都をつくり，畿内・国司・郡司および関塞・斥候・防人・駅馬・伝馬を設置し，駅鈴や木契をつくり，国や郡の境となる山河を定めよ。……

其の三に曰く，初めて戸籍・計帳・班田収授の法を造れ。

第三条にいう。初めて戸籍・計帳・班田収授の法をつくれ。……

其の四に曰く，旧の賦役をやめて田の調を行へ。…別に戸別の調を収れ。

第四条にいう。旧来の税制を廃止して，一定基準による田地への税制を施行せよ。……それとは別に戸を単位とした税を徴収せよ。

『日本書紀』

視点 『日本書紀』にある改新の詔は，のちに令が整備されたころの制作と考えられ，戸籍の作成や班田収授が改新当時に行われたことは，疑問視されている。しかし，難波宮の造営が発掘により確認されたことなどから，孝徳天皇のもとでの国政の改革は，事実と考えられている。

❺大化改新の評価

1. **政治的改革**…蘇我氏を打倒して，**天皇を中心とする官僚制国家**への道を歩み始めた。
2. **社会的変革**…食封制・郡司制のように旧豪族の特権を否定せず，新しい**冠位制**★3や**官僚制**に組みこんでいった。

★3 孝徳朝の647(大化3)年に冠位が13階，649(大化5)年に19階となり官制が整備された。その後，天智朝の664年に26階，天武朝の685年に48階，大宝律令で正一位以下30階の位階制となった(☞p.54)。

POINT!

大化改新＝天皇中心の官僚制国家をめざす

背景┬国内…蘇我氏と天皇家との二極化
　　└対外…唐・新羅(シルラ)の強大化への脅威

SECTION 5 改新政治

▶中大兄皇子らの熱心な政治改革にもかかわらず，律令体制はいっきょに成立したのではない。百済(ペクチェ)救援のための出兵の不成功と，663年の**白村江の戦い**(はくすきのえ)の敗北後は，新たな政治体制の確立が大きな課題となった。

1 新政の混乱

❶蘇我倉山田石川麻呂事件　649(大化5)年に左大臣阿倍内麻呂が病死。その直後，右大臣**蘇我倉山田石川麻呂**は弟の日向の密告で中大兄への反逆を疑われ，飛鳥にある氏寺の**山田寺**で自殺。関係者も多数処刑された。

参考 **興福寺の仏頭**　興福寺東金堂の台座の下から発見された仏頭は，山田寺の本尊の一部といわれる。**白鳳文化**(☞p.70)の彫刻の傑作である。

❷改新政治の内部対立　653(白雉4)年，中大兄皇子は孝徳天皇の反対を押しきり，皇族・官僚らを従えて飛鳥に帰った。置き去りにされた天皇は，政治的に孤立し，翌年，難波宮で死去した。

❸斉明天皇　孝徳天皇のあと，中大兄皇子の母で，改新のクーデタのときに退位した皇極天皇が再即位した(重祚)★1。**斉明天皇**(在位655～661)である。

★1 **重祚**　一度譲位した天皇が，ふたたび即位すること。その例は奈良時代の孝謙(称徳)天皇にもあり，いずれも女性天皇である。

❹有間皇子の変　孝徳天皇の子の**有間皇子**は658年，蘇我赤兄とともに政府にクーデタを企てたが失敗し，処刑された。

❺改新政治の問題　①政府首脳部の内紛，②改革の進展に対する諸豪族の反発★2，③難波宮(大阪市)の造営と，それにつづく斉明天皇の大土木工事(飛鳥岡本宮などの造営)に対する人々の不満，などに基づく。これらの反対への対応もあって，斉明天皇は，百済救援策を展開した。しかし，この外征がいっそう人々の不満を増大させた。

★2 改新の詔によって公地公民制が原則とされた。この公地制については，豪族との摩擦をさけるため食封(☞p.45)を認めたが，私地・私民の収公がすすむにつれて豪族の抵抗も大きくなった。また，従来の国造にかわって，国司・郡司が任命されることになったが，その実施もスムーズにいかなかった。

2 斉明天皇の外征

❶蝦夷の服属　政府は，現在の新潟県北部に**渟足柵**(647年)・**磐舟柵**(648年)を設けて**蝦夷**★3に備えたが，斉明天皇のとき，**阿倍比羅夫**が，3回にわたって水軍を率いて蝦夷を従えた。日本海側を北上して秋田・能代から津軽方面に遠征し，さらに**粛慎**★4とも戦ったといわれる(658年)。

❷朝鮮半島の情勢　当時，半島統一をめざして新羅(シルラ)が高句麗(コグリョ)・百済(ペクチェ)と対立していた。新羅は，半島進出をめざしてきた唐と結んで，660年に**百済を滅亡させた**★5。百済の国家再建をめざす遺臣たちは，倭(日本)に援軍を求めてきた。

❸百済救援軍の派遣　政府は百済の要請に応じ，661年に斉明天皇が軍勢を率いて九州に赴いたが，朝倉宮(福岡県)で死去したため，中大兄皇子が皇太子のまま後継者となり，軍勢を朝鮮半島に派遣した。

❹白村江の敗北　663年，朝鮮半島の錦江河口における**白村江の戦い**で，倭・百済の水軍は唐・新羅の連合軍に大敗した。百済再建の企ては失敗し，倭と新羅との交流はしばらく後退した。

❺国防の強化

1. **防人**(兵士)と**烽火**(烽，のろし)を配置。
2. 筑紫(福岡県)に**水城**(堤)を築く。**大宰府**の成立。
3. 金田城(対馬，長崎県)・大野城(大宰府，福岡県)・屋島城(讃岐，香川県)・高安城(河内・大和の境，奈良県)などの**朝鮮式山城**を築城。

❻白村江の敗北の意義

1. **新羅の朝鮮半島統一，唐の強大化**という新しい国際環境のなかで，内政の整備に力を注ぐようになった。
2. 主として百済から多くの**渡来人**が来日し，律令体制の整備に貢献した。

補説　**豪族の懐柔**　政府は白村江の敗北後，国防の強化とともに，①冠位二十六階の制定，②民部・家部(いずれも豪族の隷属民)の設定＝部曲の一部復活，③氏上の序列の設定，という豪族の懐柔を行い，内政を整備した。

★3 **蝦夷**　蝦夷は，古代当時の北辺行政版図の外の住民をさすが，文化の異質性のために，中央から異民族視された。

★4 **粛慎**　中国の東北地方に住んでいた人々。

★5 この後，**高句麗**は668年に滅亡し，676年には，**新羅**が唐を排除して朝鮮半島を統一した。

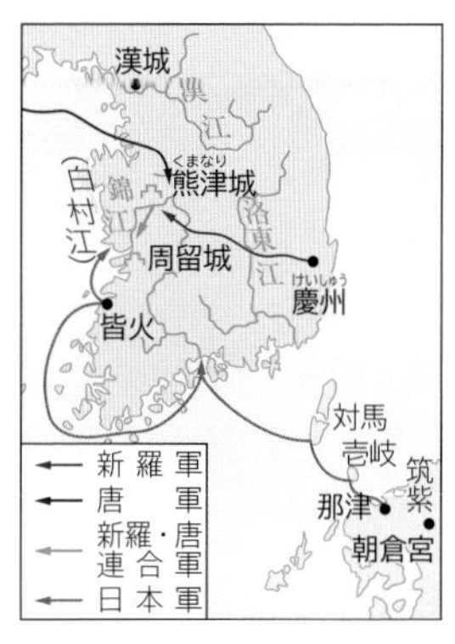

▲白村江の戦い関係図

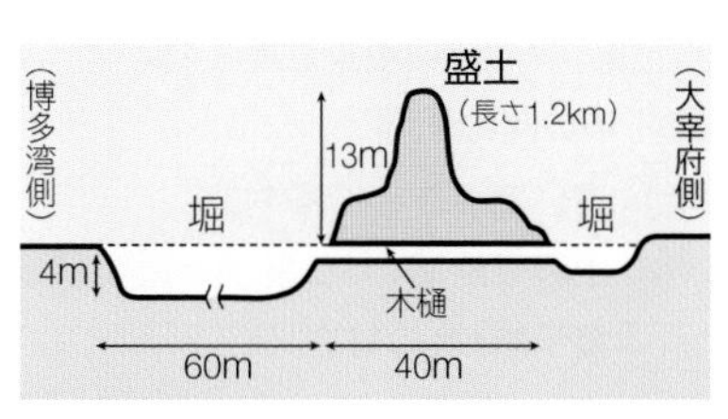

▲水城の断面図

3 天智天皇の政治

❶**天智天皇の即位**　661年の斉明天皇の死後も中大兄皇子は，即位せず，天皇代行者として政治をとった(称制)。★6 667年には近江大津宮★7に遷都し，翌年正式に即位して天智天皇(在位668～671)となった。**近江朝廷**ともいう。

668年，天智天皇は中臣鎌足に命じて，**近江令**22巻を編修させたというが，その存在は疑わしく，律令の前提となる個別の法令をさしたと見られる。

❷**庚午年籍の作成**　670年には初の全国的戸籍を作成した。この年の干支をとって庚午年籍と称される。氏族の姓を糺し，民衆統治の根本台帳として永久保存された。★8

❸**中臣鎌足の死**　天智天皇の時代が称制という変則的体制で始まったことは，天皇の立場や政治情勢の混迷を示している。このような時期に中臣鎌足が死去し(669年)，新たな対立が表面化する。鎌足は生前の功により，死に際し**大織冠**の冠位と**藤原の姓**を，天皇から与えられた(**藤原氏の祖**)。

★6 中大兄皇子は，即位の機運が熟していないうえ，皇太子のままで政治的に自由な立場を求めたために，称制を行ったと考えられる。のち**持統天皇**も皇后として3年間称制を行った。

★7 **近江大津宮**　現在の滋賀県大津市錦織付近にあった。志賀の都ともいい，唐・新羅の侵入に備えた都であるが，高句麗との同盟をめざしての遷都とする説もある。

★8 ふつうの戸籍は30年で廃棄されたが，**庚午年籍**だけは**永久保存**とされた。ただし，現存はしていない。

SECTION 6 壬申の乱

▶ 672年に**壬申の乱**★1が起こり，勝利した**大海人皇子**が**天武天皇**として皇位についた。天武天皇は強力な中央集権的律令国家の確立をめざし，政治改革を本格化させた。壬申の乱は，古代国家の発展過程において重要な意義をもったといえる。

1 壬申の乱

❶**大海人皇子と大友皇子の皇位継承争い**　鎌足の死後，天智天皇と，弟で皇太子の大海人皇子とが対立した。天皇はわが子の大友皇子を後継者にしようとし，671年に大友皇子を太政大臣に任じたことで，皇位継承問題が表面化した。

❷**大海人皇子の吉野入り**　671年に天智天皇は死去するが，その直前，大海人皇子は皇太子を辞退して出家し，吉野(奈良県吉野郡)に引退した。

❸**壬申の乱の原因**

1. 皇位継承をめぐる対立。
2. 上級豪族層(大友皇子＝近江朝廷側)と地方豪族層(大海人皇子側)との対立。
3. 内政の急激な変化にともなう地方豪族・民衆の不満や動揺。

★1 **壬申の乱**　戦いのおこった672年が干支の壬申にあたっていたので，この名がある。

参考　壬申の乱の原因の1つに，『万葉集』の女性歌人額田王をめぐる天智天皇と大海人皇子との感情的な争いがあったといわれる。小説などで取りあげられる説だが，主要なものではない。

＼ TOPICS ／

壬申の乱と東国の防人

　防人制設置の確実な時期は，白村江の敗戦後だが，『万葉集』によると，遠江・相模・駿河・上総・常陸・下野・下総・信濃・上野・武蔵などの東国出身者が，その主力であった。律令国家の軍事制度を規定した軍防令は，難波津からの防人乗船を明記し，東国防人制を前提としている。

　なぜ防人は東国(三関〔伊勢鈴鹿関・美濃不破関・越前愛発関〕より東をいう)から徴集されることになったのだろうか。東国は，ヤマト政権成立期より大王家と特殊で密接な関係を保ち，壬申の乱以降，国家的な軍事力の基盤を形成した。反乱や天皇崩御などの大事が中央で起こった際に，事件が東国へ波及しないよう三関を封鎖・固守する施策は，このような東国の歴史的位置を物語っている。

❹**壬申の乱の勃発**　近江朝廷側の戦備増強の知らせをうけた大海人皇子は，672年6月，わずかな従者をひきいて**吉野**を脱出した。皇子は伊賀・伊勢をへて**美濃**にはいり，地方豪族の支持を得て短期間に強力な戦力を整えた。

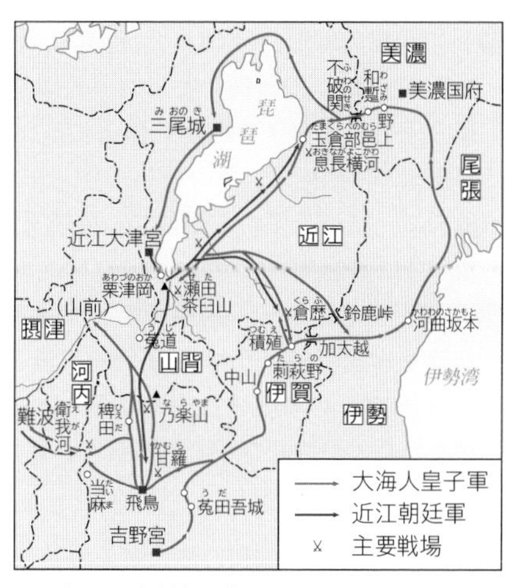

▲壬申の乱戦跡地図(『新修大津市史1』より)

❺**壬申の乱の経過**　数万の兵をひきいた大海人皇子は，大和地方の豪族の協力を得て，各地で近江朝廷軍を破り，戦闘約1カ月で勝利を得た。★2 乱後，美濃から大和にはいり，**天武天皇**(在位673～686)として**飛鳥浄御原宮**で即位した。

❻**壬申の乱の意義**　旧来の大豪族の多くが没落し，**天皇専制支配体制**が確立した。『万葉集』に見える「大君は神にしませば」といった**柿本人麻呂**の和歌のように，**天皇の神格化**が始まった。天皇の権威と強力な武力を背景に政治改革が推進され，**律令体制が確立**した。

補説　**弘文天皇**　大友皇子は，壬申の乱にやぶれて自殺した。のちに明治天皇から「弘文天皇」の名を贈られたため，天智天皇の次の天皇として数えられることもあるが，即位したかどうかは不明である。

★2　大海人皇子側の勝因は，東国の武力を掌握できたことと，地元豪族の勢力を結集したことである。

2 天武天皇の政治

❶**皇親政治の展開**　天武天皇は在位中，大臣を置かず，皇后(のちの**持統天皇**)とともに**高市皇子・草壁皇子・大津皇子**★3などの皇族で権力の中枢を固めた。これを**皇親政治**という。

★3　**大津皇子**　母は持統天皇の姉(天智天皇の娘)。天武天皇死後の686年，反逆の疑いをうけ自殺した。

❷**公地公民制の徹底** 天武天皇は，①**民部(部曲)を全廃**し(675年)，②**食封を停止**した(682年)。

❸**飛鳥浄御原令の編修** 天武天皇は，681年に**飛鳥浄御原令**の編修に着手させた。令22巻の施行は689年，持統天皇のときである。なお，律は完成しなかったとされる。

❹**八色の姓の制定** 684年，これまでの姓を改定して，**真人**・朝臣・宿禰・忌寸・道師・臣・連・稲置の八色の姓[★4]を新設した。

注意 **部曲**は白村江の敗戦後の664年に一部復活していた。**食封**は天武天皇が停止したが，まもなく復活した。

★4 **八色の姓** 「色」とは種類のことである。この制度は，**壬申の乱後の豪族の身分秩序を再編成**することが目的であった。

3 持統天皇の政治

❶**持統天皇の即位** 686(朱鳥元)年に天武天皇が死去すると，皇后が**称制**して政務をとった。大津皇子の死後，わが子で皇太子の草壁皇子の地位を強化するためであった。しかし，草壁皇子は病死し，孫の軽皇子(のちの文武天皇)も幼少だったので，皇后みずから即位し，持統天皇(在位690～697)となった。

❷**持統天皇の政治** ①**飛鳥浄御原令**を施行(689年)，②**庚寅年籍**を作成(689～690)し班田を実施(☞p.55)，③**藤原京**[★5]を造営(694年。中国の長安・洛陽などにならった**都城制**を採用したことが確認されている最初の都)。

★5 **藤原京** 694～710年，持統・文武・元明各天皇の宮都。畝傍・香具・耳成の**大和三山**に囲まれていた。12条8坊の**条坊制**(☞p.58)を採用し，東西約2.1km，南北約3.2kmとされているが，東西南北約5.3kmの正方形であったとする**大藤原京説**が有力である。

壬申の乱→勝利した大海人皇子(天武天皇)が進めた，律令国家建設を継承

律令国家
- 天武天皇…皇親政治，飛鳥浄御原令の制定，八色の姓
- 持統天皇…飛鳥浄御原令の施行，庚寅年籍，藤原京

SECTION 7 律令の制定

▶ 大化改新後，種々の政治変遷をたどりながら，約半世紀を経て**大宝律令**が完成した。さらに**養老律令**が制定されて，律令の内容が確定したといえる。このような，刑法である**律**と行政法としての**令**による土地人民支配体制を，**律令体制**という。

1 律令の編修

❶**律令の定義** 改新の詔によってめざした中央集権制を，法として成文化したものが律令である。律は今日の刑法にあたり，令は行政法・民法など，それ以外の諸法にあたる。

❷**律令の源流** 主として唐の永徽律令を直接のモデルとした。

しかし，日本と唐との律令には大きな相違点もあり[★1]，日本独自の固有法を加味して成立した。

③律令の編修過程　近江令(668年・実在は疑わしい)→**飛鳥浄御原令**(681年・天武朝に着手，689年・持統朝に施行)→大宝律令(701年・文武朝)→養老律令(718年・元正朝)[★2]。

④大宝律令と養老律令の比較

律令	成立年	中心人物	施行年	巻数	備考
大宝律令	701年	刑部親王 藤原不比等	702年	律6巻	初めて律・令ともに完成。
				令11巻	断片的に現存。
養老律令	718年	藤原不比等	757年	律10巻	大宝律令を部分改定。
				令10巻	757年に藤原仲麻呂が施行。

⑤大宝律令の復元と養老律令　大宝律令は9世紀後半の法家の注釈書である『**令集解**』(☞p.78)や『**続日本紀**』(☞p.80)により断片的に復元されるだけである。一方，養老律令のうち，令は官撰注釈書である『**令義解**』(☞p.78)で大部分が明らかであり，律も一部復元可能である。

補説　**「日本」の成立**　702(大宝2)年，大宝律令が施行された年に，約30年ぶりに**遣唐使**が派遣された。このときの遣唐使が，唐の役人に対して「日本」国の使者であると名乗っていることから，飛鳥浄御原令もしくは大宝律令において，「日本」の国号が正式に定められたと考えられている。「日本」は推古朝の「日出づる処」と同じ意味であり，天皇が太陽神アマテラスの子孫として位置づけられたこととも，関係が深いといえよう。

2 律令の体制

❶律令体制の確立　697年，持統天皇は草壁皇子の子の軽皇子に譲位した(**文武天皇**)。701(大宝元)年，**刑部親王**や藤原鎌足の子**藤原不比等**らによって，大宝律令が完成し，翌年から施行された。律令によって，運営される国家体制を律令体制という。のち718(養老2)年には，**藤原不比等**らによって大宝律令を修正した養老律令がつくられ，757(天平宝字元)年に施行された。

▼律令体制確立までの政治の推移

天皇	都	律令政治の主要事項
－645－ 孝徳	難波長柄豊碕宮	645 乙巳の変 646 改新の詔 649 蘇我倉山田石川麻呂死
－655－ 斉明	飛鳥岡本宮(656)	658 阿倍比羅夫，蝦夷征討
－661－ (称制) 天智	近江大津宮(667)	663 白村江の戦い 664 冠位二十六階・部曲復活 668 近江令？ 670 庚午年籍
－671－ －673－ 天武	飛鳥浄御原宮(672)	672 壬申の乱 675 部曲廃止・食封停止 684 八色の姓
－686－ (称制) 持統	藤原京(694)	689 飛鳥浄御原令の施行
－697－ 文武		701 大宝律令の制定
－707－ 元明 元正	平城京(710)	718 養老律令の制定

★1　①官僚制は，唐が官品制，日本が官位相当制(☞p.53)，②田制は，唐が均田制，日本が班田制(☞p.55)であることなどがおもな相違点である。

参考　**律令と藤原氏**
大宝律令の制定編修主任は刑部親王だったが，主導権をとったのは，**藤原不比等**(鎌足の子)である。また，養老律令の制定でも不比等の影響は大きかった。条文は大宝律令とあまり変わらず，制定の39年後に，不比等の孫である**藤原仲麻呂**(☞p.63)が政権をとったときに施行された。

★2　**養老律令の構成**
律は，刑法の総則である名例律など12編497条からなる。令は，30編953条。職員令(官制)・戸令(地方行政・家族法)・田令(土地制度)・賦役令(調・庸などの税制)がとくに重要である。

2　古代国家と文化の発展

SECTION 8 律令の統治組織

▶ 中央に**二官八省**などを設け，地方には**国司**・**郡司**などを任命して，律令国家の統治組織を整備した。ごく少数の官僚貴族が支配の中枢をにぎり，国家的な土地人民支配を推進した。

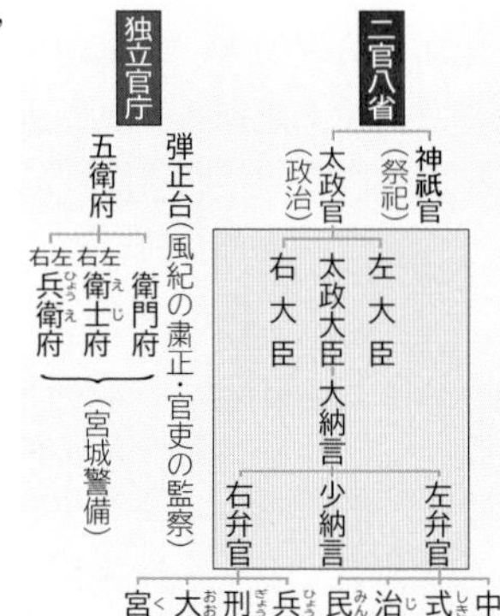

▲中央官制

1 官制

❶中央官制のしくみ　祭祀をつかさどる**神祇官**と一般政務を担当する**太政官**の**二官**が最高機関として並立した。太政官の下には**八省**が置かれて行政の実務を分担した。さらに，これらから独立した官庁として**弾正台**と５つの衛府が設けられ，警察・軍事をそれぞれ担当した。中央官制のことを，**二官八省一台五衛府**と総称する。

❷太政官の組織と職務　太政官は，**太政大臣・左大臣・右大臣・大納言の議政官**によって構成される公卿会議と，少納言局・左右弁官局の事務局からなる。八省や，それに従属する**職**・**寮**・**司**などの下級官庁を統轄した。

補説　**則闕の官**　**太政大臣**は律令官制の最高の官であるが，常置ではなく，適格者が無ければ「則ち闕(欠)く」ままとされた。奈良時代を通じて，太政大臣に任命されたのは**藤原仲麻呂**と**道鏡**(☞p.63)だけであった。

補説　**公卿**　太政大臣・左大臣・右大臣を三公，大納言・中納言・参議・三位以上の朝官を卿といい(このうち中納言・参議は令外官〔☞p.78〕)，あわせたものが公卿。朝廷政治の最高構成員で，現在の閣僚にあたる。

❸地方の行政区画　全国を**畿内**・**七道**に大別。畿内とは大和・山背(山城)・摂津・河内・和泉の５国(**五畿**)のことで，七道は東海・東山・北陸・山陰・山陽・南海・西海の諸道をいう。これらが細分されて**国**・**郡**・**里**(のち**郷**と改称)が設置された。国には，都城を小型化した**国府**が設けられ，その中心に儀式・政務を行う**国庁(国衙)**があった。また，郡には**郡家(郡衙)**が設けられ，田租を貯蔵する**正倉**が置かれた。里は**50戸(郷戸)**を標準として構成された。

補説　**郷戸と房戸**　戸籍・計帳の作成や口分田の班給，租・調・庸の徴収の帳簿上の単位となった大家族を**郷戸**という。これは，20〜30人程度で寄口・奴婢などもふくんでいる。この郷戸のなかに，2〜3戸の単婚家族(夫婦と子)がふくまれていた。これが10人前後からなる**房戸**である。

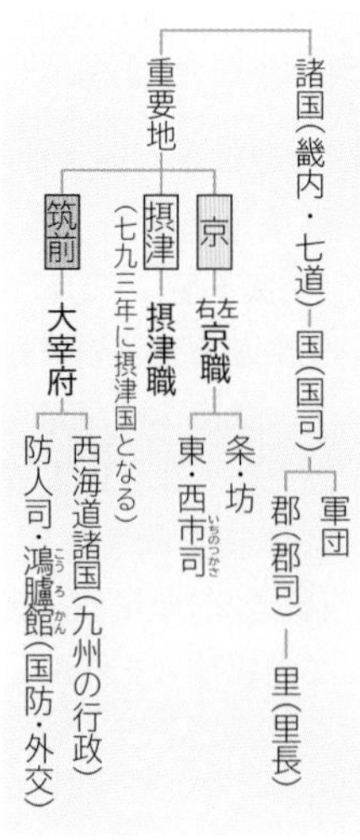

▲地方官制

❹地方官制のしくみ　国・郡・里に，国司・郡司・**里長**を配置した。**国司**は中央から派遣され，任期(6年のち4年)があり，**郡司**は地方豪族(旧国造など)が任命された。郡司は終身・世襲であり，実質的に，律令国家の人民支配を担当していた。**里長**は有力農民のなかから選ばれた。都に**京職**，摂津に**摂津職**，北九州には**大宰府**(「遠の朝廷」ともよばれた)が設置された。

❺中央と地方の交通　幹線道路の30里(約16km)ごとに**駅家**を設けて，**駅馬・伝馬の**制を整えた。これら使用は公用で旅行する場合に限られ，駅鈴・伝符により，通行を保障された。

❻官制の特色

1. **四等官制**…各官庁の上級官人は，**長官・次官・判官・主典**に区分され，連帯責任制がとられた。

▼四等官制

官職	省	国	郡
長官	卿	守	大領
次官	大少輔	介	少領
判官	大少丞	大少掾	主政
主典	大少録	大少目	主帳

2. **官位相当制**…原則的に**位階**に応じた官職に任命された。たとえば，[illegible]位は太政大臣，二位は左大臣・右大臣についた。

補説　**三十階の位階**　推古朝以来の冠位の制は律令では三十階の位階制となった。三位までが貴(公卿)，**四位・五位**が通貴(貴でないが貴に準じる)とよばれた。両者をあわせた階層を**貴族**とすることが多い。

参考　**貴族の序列**
五位以上と六位以下では大きな差があった。五位以上の官人は貴族とよばれ，大化改新以前の**大夫**とよばれた中央の有力氏族が占め，その地位や財力は子孫に世襲された。

2 身分制度

❶身分制度の体系　人々は，**良民**と**賤民**に分けて支配された。

1. **良民**…皇族(親王・諸王)→**貴族**→その他の官人→公民(班田農民)→**品部・雑戸**★1の階層があった。
2. **賤民**…五色の賤。

❷貴族の特権

1. 位階に対する**俸禄**★2(右表)。
2. 官職に対する俸禄
   ①**職封**(官職に応じて与える食封)。
   ②**職田**(田地)。
   ③**資人**(警備・雑役に奉仕する従者)。
3. 調・庸・雑徭の課役免除。
4. 減刑などの刑法上の特権。
5. **蔭位の制**…五位以上の官人の子孫が，**父や祖父の位階に応じて，一定の位階を自動的に授けられる**制度。

▼位階に対する貴族の特権

位階	位田	位封	季禄(半年分) 絁	綿	布	鍬	資人
正一位	80町	300戸	30匹	30屯	100端	140口	100人
従一位	74	260	30	30	100	140	100
正二位	60	200	20	20	60	100	80
従二位	54	170	20	20	60	100	80
正三位	40	130	14	14	42	80	60
従三位	34	100	12	12	36	60	60
正四位	24	−	8	8	22	30	40
従四位	20	−	7	7	18	30	35
正五位	12	−	5	5	12	20	25
従五位	8	−	4	4	12	20	20

★1 **品部・雑戸**　良民と賤民の中間的身分。

★2 **俸禄**　位階の三位以上の者には**位封**として**封戸**(戸)が，四位・五位の者には**位禄**として布や綿が支給された。また春秋の2回，貴族に支給するのが**季禄**である。三位以上と五位以上で差があり，これらの経済的特権は公民の負担で成り立っていた。

❸品部と雑戸　かつての職業部民の一部で，職業の世襲を義務づけられた半自由民。政府の工房で働き，調・庸などのかわりに手工業製品を製作した。

❹賤民の種類と内容　賤民は5種類に分けられたため，**五色の賤**とよばれる。①**陵戸**(陵墓の守衛)→②**官戸**(官庁の雑役)→③**家人**(貴族の雑役)→④**公奴婢**(官有の奴隷。奴が男性，婢が女性)・⑤**私奴婢**(私有の奴隷)の序列があった。

❺賤民の支配方法　陵戸・官戸・公奴婢は**官有**で，良民と同じ割合の口分田をうけたが，家人と私奴婢は**私有**で，**良民の口分田の3分の1**であった。

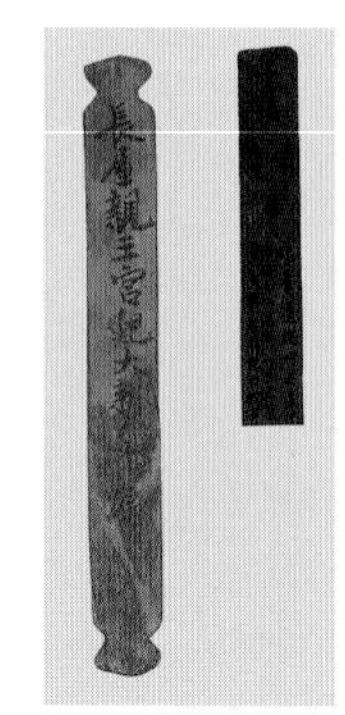
▲長屋王家木簡

補説　木片に墨書された史料を木簡とよび，遺跡の地下から出土する。日本の古代史の史料のほとんどが国家の編纂物であるが，木簡は第一級の同時代史料といえる。藤原京出土の木簡によって大宝律令施行までの地方行政区画のコホリ(こおり)は「郡」でなく，「評」であったことが証明されるなど，古代史の研究において，木簡の役割は非常に大きい。

3 司法制度

❶司法制度に関する条文　律にその大要が記されており，刑罰と犯罪に分けることができる。

❷刑罰の種類　**五刑**[★3]といって，5種類あった。**笞**(竹のむちで10～50回打つ)・**杖**(杖で60～100回打つ)・**徒**(1～3年の懲役刑)・**流**(流刑で，遠流・中流・近流の3種)・**死**(絞・斬)。

❸八虐の制定　重大な犯罪として国家・天皇や尊属に対する罪の**八虐**[★4]が定められた。

❹裁判権の所在　司法と行政の区別はなく，各行政官庁が裁判を担当した。ただし，笞は**郡司**が，杖・徒刑相当の罪は，中央では**刑部省**，地方では**国司**が決定した。また流・死にあたる罪をおかした場合には，**太政官**の裁決をまたねばならなかった。

★3　**五刑**　特別の事情や身分のある者の場合，減刑された。身分の高い者など6種を定め，減刑の規定として**六議の制**をとった。また，官位をもつ者は，免官や解職などをもって徒刑以下にあてることができ，**贖銅法**といって罰金を死罪以下にあてることもできた。

★4　**八虐**　**謀反**(天皇に危害を加える)・**謀大逆**(山陵や皇居の破壊)・**謀叛**(国家への反逆)・**悪逆**(尊属殺害)・**不道**(一家3人以上殺害)・**大不敬**(神社破壊など)・**不孝**(祖父母・父母を訴えののしる)・**不義**(主人や国司殺害)の8つ。

[律令の司法制度]

① 厳罰主義(五刑と八虐)

② 司法と行政は区別されず，行政官庁による裁判が基本

9 律令的負担体系

▶ 国家による土地所有を原則に，班田制が施行され，その基盤の上に公民らは多くの税を負担した。とりわけ労役・人頭税は過重で，生活を圧迫した。

1 土地制度

❶班田収授法のしくみ 土地国有の原則に基づいて，班田収授法が実施された。**6年ごと**に**戸籍**をつくり(六年一造)，それによって**6年に1回，6歳以上の男女**に戸単位で一定の口分田を支給した(**六年一班**)。売買は禁止され，本人が死亡すれば収公された。

❷口分田の班給 (ただし，1段〔反〕＝360歩＝約11.9a)

1. **良民男性…2段，良民女性…1段120歩(良民男性の3分の2)**。
2. 家人(男)・奴…240歩(**良民男性の3分の1**)。
3. 家人(女)・婢…160歩(**良民女性の3分の1**)。

実際には，班給された田地の収穫量に差があったため，同じ面積の口分田を班給されたとしても，平等ではなかった。

❸班田収授法のねらい 土地を公有化することで，豪族への土地集中を防ぎ，公民の生活を保障しつつ，租税収入を確保するところにあった。

❹条里制の施行 班田に便利なように，奈良時代なかば以後，条里制という土地区画制が行われた。これは土地を縦(条)横(里)6町(約654m)間隔に区切り，その1ますを里とよぶものである。里は**36の正方形**(1辺が1町＝約109m)に細分され，この1区画を坪といった。

❺田地の種別 口分田以外にも，下表のような田地があった。

注意 班田収授法のもとになるのが**戸籍**である。原則として**班田**の前年ごとに戸籍の作成が行われたことに注意。なお，最初の班田は690年の**庚寅年籍**に基づいて692年に行われた。

参考 **唐の均田制との比較**
班田収授法は唐の均田制を模範としたが，相違点も多い。唐では，世襲される永業田と口分田の2種からなり，口分田の班給は毎年あった。また成年男性が原則で，女性には与えられなかった。

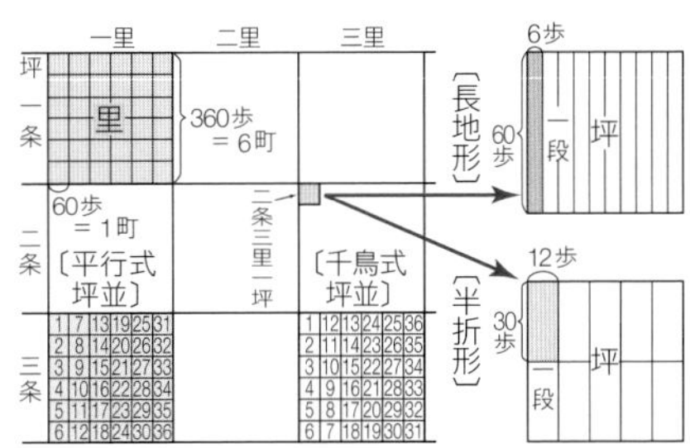

▲条里制における地割図

輸租田	位田	五位以上の官人。8～80町。
輸租田	賜田	天皇の勅による特別の恩賞。
輸租田	功田	功績。大功田は永久私有。
輸租田	職(分)田	郡司。4～6町。
不輸租田	職(分)田	大臣や大国★1の国司など。
不輸租田	寺田・神田	寺院，神社の永久私有地。
輸地子田	乗田	口分田の余剰地。公民に賃租★2させる。

★1 **大国** 国には大国のほか，上国・中国・下国の4種があった。

★2 **賃租** 一定の土地を期限つきで貸し，収穫の5分の1を地子として納めるものである。賃租は乗田のほか，位田や賜田などでも行われた。

⑥田地以外の土地

1. 園地[★3]・宅地…売買可能な土地。
2. 山川藪沢…共同利用地。

★3 園地 桑・漆・蔬菜などの貢納作物を栽培する畑をいう。

2 租税制度

❶公民の負担体系 口分田の班給をうけた者は，国家に対して次のような義務を負わなければならなかった。

1. **物納税**…**租**・**調**・**庸**(本来は労役の奉仕。布で代納)・**調副物**，**義倉**，**出挙**の負担。
2. **労役税**…**雑徭**・**雇役**・**仕丁**・**運脚**・**兵役**。

注意 女性には労役義務は課せられなかったが，調・庸のための布・絹などの生産が女性の仕事であったから，女性も実質的な課役負担者であった。

❷課税対象 **成年男性**(課口)が中心。**正丁**(21～60歳)・**次丁**(老丁，61～65歳)・**少丁**(中男，17～20歳)に区分。

❸租 **田租**のこと。不輸租田を除く田に課せられる。1段につき**稲2束2把**の割合[★4]で納めた。各国の郡家などに置かれた**正倉**に保管され，主として地方財源である正税になった。

★4 1把とは穂刈りのときの3つかみにあたる。田租の割合は，706(慶雲3)年からは**稲1束5把**に変更されたが，実際の負担量は変わらなかった。

❹調と調副物 **調**とは，絹・絁・糸・綿・布などの特産物を一定量納めるものをいう。正丁はさらに**調副物**として，染料・油・塩などを納めなければならなかった。これらは中央政府の財源となった。

▼成年男性の負担(年令には多少の改定が行われた)

	年齢	調	庸	雑徭	兵役
正丁	21～60	郷土の産物の一種を一定量	布2丈6尺(歳役10日)	60日以下	あり
次丁	61～65	正丁の $\frac{1}{2}$	正丁の $\frac{1}{2}$	30日以下	なし
少丁(中男)	17～20	正丁の $\frac{1}{4}$	なし	15日以下	なし

❺庸(歳役) 正丁には，**1年に10日**上京して労役に服する**歳役**の義務があったが，ふつうは**庸布**で代納した。**次丁**には**正丁の2分の1**が課せられ，京・畿内は免除された。

❻調・庸の京への運搬 調・庸の運搬は，納める**戸**[★5]の公民の負担[★6]であった。この任務についた農民を**運脚**という。

★5 戸 25人程度からなり，代表者として**戸主**が定められた。戸主は，戸の構成員である戸口の租・調・庸の納入責任を負った。

★6 調・庸の運搬に要する食料は自前で，途中で餓死する者も多かった。

❼義倉 貧富に応じて徴収した粟を納めた官庁の倉庫。その粟は，必要な場合に貧民に与えた。

❽出挙 国司が公民に対し，春に稲を貸しつけ，秋に5割の利息稲をつけて返却させる**公出挙**が，国衙の重要な財源となった。一方，民間では，10割の利息稲をとる**私出挙**が行われた。

参考 **義倉**と**出挙**は本来，貧民救済の方法であったが，しだいに強制されて税と同様になった。出挙とは，「もとを出して，利を挙げる」の意味。

\ TOPICS /

古代の借金地獄―出挙

公民の負担はよく「**租**・**調**・**庸**」と総括的に表現される。しかし，これは実態にそぐわない。税全体のなかでの租の比重は，そう高くなかったからである。租は**収穫高の約3%**の低率で，各国の正倉に納められ，主として地方行政の財源にあてられた。むしろ国家の地方財政は，公民への**稲の強制貸付＝出挙**に強く依存した。出挙の利息稲の収入で国衙の経費と中央政府の雑費がまかなわれた。公民に出挙された稲は**正税**(納入されたのちの租をいう)とよばれ，東大寺正倉院には，1年間の収支をまとめた正税帳が残されている。

国家の行う**公出挙**に対し，民間では**私出挙**が行われた。『日本霊異記』には，讃岐国美貴郡の郡司の妻による，「貸付時は小さな斤を用い，大きな斤で取立を行い，また利息は10倍，100倍と強制的に取り立てたため，借り手は夜逃げした」という高利貸ぶりが見える。このような負担が公民を苦しめ，やがて律令国家を動揺させるに至ったのである。

⑨**雑徭** 国内の臨時の雑役のために，国司が，成年男性に**1年に60日**を越えない範囲内で課した労役である。★7

⑩**仕丁** 50戸に2人の割合で徴発し，中央官庁の雑役を行わせた。

補説 **労役義務の負担** 当時はまだ農業生産力が低かったため，公民の負担は，租に代表される物納義務よりも労役義務(人頭税)の方が重かった。税金の徴収台帳である**計帳**は毎年作成され，戸主・戸口の氏名・性別・年齢や課口・不課口の別のほか，逃亡の際の捜査に備えて，ホクロの位置など個人の身体の特色なども記している。労役義務の重さから，**偽籍**や**逃亡**がふえた(☞p.65)。

★7 **雑徭**は当時の公民の最も大きな負担で，国司のなかには，これを私的に運用して，私腹をこやす者もいた。

3 軍事制度

❶**兵役のしくみ** 唐の府兵制にならった，いわゆる徴兵制。正丁3～4人に1人の割合で兵士として徴発された。兵士たちは諸国の**軍団**に配属されて，年間1カ月余りの軍事訓練をうけた。そのかわり，**庸・雑徭は免除**された。

❷**兵士の種類** [1] 諸国の**軍団兵士**。

[2] 軍団兵士の一部は**衛士**として上京し，**1年任期**で，五衛府の衛士府や衛門府に配属された。

[3] 軍団兵士の一部は**大宰府**の防人司に配属され，**防人**★8として北九州の沿岸防備に従った。**任期は3年**。衛士・防人は課役が免除された。

❸**重い兵役の負担** 兵役に要する武具・食料は自前であり，しかもその間の成年男性の労働力が奪われてしまうので，1人の衛士・防人を出せば，その戸は滅びるほどであった。

★8 **防人** 国防上重要な，北九州の防衛のために置かれた兵士。当初は全国から選び，3年交替としたが，730(天平2)年に東国の兵士に限った。10世紀初めに有名無実化した。

SECTION 10 平城遷都と律令国家の繁栄

▶**平城京**への遷都により，この地は**奈良時代**を通じての都となった。奈良時代には，「青丹よし寧楽の京師」とうたわれた新しい首都を中心に，地方の開発も進み，産業も発達して国力の充実がはかられた。

1 平城遷都

❶**平城遷都** 病弱な文武天皇の死後，その母，**元明天皇**(在位707〜715)が即位すると，新都造営の詔が発せられ，**710(和銅3)年**，藤原京から平城京(奈良市)に遷都された。

参考 奈良時代の範囲
710年の平城遷都から，794(延暦13)年の平安遷都まで，もしくは784(延暦3)年の長岡京への遷都までが，奈良時代とされる。

❷**平城遷都の理由**

1. 飛鳥地方の豪族を地元から切り離す＝**官僚化の促進**。
2. 律令体制の完成(＝**大宝律令の施行**)による新首都の必要。

❸**平城京のようす** 唐の長安にならったもので，広さはその約4分の1。東西約4.3km，南北約4.8kmで，東部に外京をもった。中心に**朱雀大路**をつくり，その北端中央に宮城が設けられ，天皇が生活する**内裏**を配置し，朱雀大路の東方を左京，西方を右京とした。縦横4町(約530m)ごとに大路があり，南北9条，東西各4坊で区画する条坊制を採用。

参考 当時の日本の総人口は500〜600万人，平城京の人口は10万人ほどであったと考えられている。

参考 平城京も藤原京と同様の都城制の都であった。

❹**平城京の中心** **大内裏(平城宮)**。天皇の居所である**内裏**と，**大極殿**を中心とした国家的儀式の場である**朝堂院**，および中央官庁からなる。

❺**平城京の整備** 遷都から約10年の間に，飛鳥地方にあった大安寺(もと大官大寺)・薬師寺・元興寺(もと飛鳥寺)などの寺院が移された。貴族の邸宅も建ったが，瓦葺・朱柱・白壁の中国風の建物は多くなかった。

❻**平城遷都の問題点** 遷都には多大な費用と歳月を要した。都の造営は労役・財源ともに公民の負担によったため，**逃亡**が相ついだ(☞p.65)。

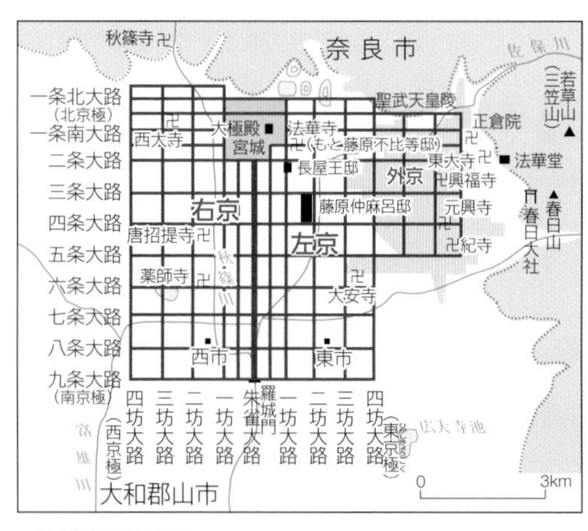

▲平城京の区画図

2 経済の発達

❶**鉱物資源の発見** 越後の石油(668年)，対馬の銀(674年)など。また，**対馬の金**(異説もある)による**大宝**(701年)，

武蔵の銅による**和銅**(708年)，**陸奥の金**による**天平感宝**(749年)[★1]など，鉱物資源が朝廷に献上されたことを記念して，改元が行われることもたびたびあった。

★1 天平感宝元年は，聖武天皇の譲位と孝謙天皇の即位により，同年のうちに天平勝宝元年に改元された。

❷和同開珎の鋳造　武蔵から自然銅が献上されたことを契機に，708年，和同開珎とよばれる銅銭・銀銭(翌年廃止)が鋳造された。唐の開元通宝をモデルにしたもので，この後，**乾元大宝**(958年)まで，12種類の銭貨がつくられることになった。これらを，本朝(皇朝)十二銭という。

▲富本銭(左)と和同開珎(右)

❸和同開珎鋳造の目的

1 律令国家の権威を高める。
2 本格化した平城京造営の費用に銭貨発行収入をあてる。
3 中央政府の財政運用を円滑にする。

補説　**古代の市**　古くは，大和の**海拓榴市**・**軽市**や，河内の餌香市などの民間市が有名。平城京にも**市司**の監督下に，左京に**東市**，右京に**西市**が開かれ，地方の産物や政府の払い下げ品などが販売された。

▼本朝(皇朝)十二銭

名称	鋳造年
和同開珎	708(和銅元)
万年通宝	760(天平宝字4)
神功開宝	765(天平神護元)
隆平永宝	796(延暦15)
富寿神宝	818(弘仁9)
承和昌宝	835(承和2)
長年大宝	848(嘉祥元)
饒益神宝	859(貞観元)
貞観永宝	870(貞観12)
寛平大宝	890(寛平2)
延喜通宝	907(延喜7)
乾元大宝	958(天徳2)

❹銭貨の流通　当時は稲や布による物々交換が一般的であり，銭貨の流通は畿内にほぼ限定されていた。政府は，711(和銅4)年，**蓄銭叙位令**を出して，銭をたくわえて政府に献納する者には，額に応じて位階を与えることにした。

❺農業の発達　**鉄製農具**や進んだ灌漑技術を用いて，耕地の拡大につとめた。農業技術も，直播法から**田植法**に，また，穂首刈りから**根刈り法**に進んだ。

史料　蓄銭叙位令

和銅四年十月二十三日。詔して曰く，夫れ銭の用たる，財を通して有無を貿易①する所以なり。当今，百姓，尚習俗に迷ひて，未だその理を解らず②。僅に売り買ひすと雖も，猶銭を蓄ふる者無し。その多少に随ひて，節級して位を授けん。『続日本紀』

(711年10月23日。天皇がおっしゃるには，銭を用いるのは，物品を交換したり売買したりすることができるからである。しかし，人々は古い習慣に従って物々交換を行い，銭貨の必要性を理解していない。少しは使用しているが，銭を蓄える者はいない。銭を蓄えた多少によって段階をつけ，位を授けようと思う。)

注釈　①財の有無にしたがって交換すること。②銭貨の流通になれていない当時の状況を意味する。

視点　『日本書紀』には，**天武天皇**の時代に銭貨の鋳造が行われ，持統天皇の時代には，**鋳銭司**(官営の鋳銭所)が設置されたと記されている。天武朝で鋳造された日本最古の貨幣として**富本銭**があるが，和同開珎は，平城京造営の役民に雇直(労働の代金)として支給されるなど，政府によって流通がはかられた。ただし，一般には布・稲などが交換手段で，銭貨の流通はさかんにはならなかった。

☑ 要点チェック

CHAPTER 2 古代国家と文化の発展		答
□ 1	氏の社会的地位は，何によって秩序づけられたか。	1 姓
□ 2	氏の人々の生活をささえた隷属民を何というか。	2 部民
□ 3	品部(ともべ)を統率した首長を何というか。	3 伴造
□ 4	ヤマト政権が各地に設けた直轄領を何というか。	4 屯倉
□ 5	各豪族の私有地を何というか。	5 田荘
□ 6	ヤマト政権が各地の首長を任命した，地方支配の役職は何か。	6 国造
□ 7	6世紀に，加耶地方に侵入し，百済(ペクチェ)をも攻撃した国はどこか。	7 新羅(シルラ)
□ 8	527年，九州地方の豪族などの支持を得て反乱を起こした人物は誰か。	8 筑紫国造磐井
□ 9	蘇我馬子と対立し，587年に滅ぼされた人物は誰か。	9 物部守屋
□ 10	推古朝で制定された，役人の心構えを説く法を何というか。	10 憲法十七条
□ 11	7世紀初め，日本に暦法をもたらしたといわれる百済の僧は誰か。	11 観勒
□ 12	厩戸王の作といわれる，経典の注釈書を何というか。	12 三経義疏
□ 13	608年に来日した，隋の煬帝の使者は誰か。	13 裴世清
□ 14	法隆寺金堂の釈迦三尊像の作者といわれる人物は誰か。	14 鞍作鳥(止利仏師)
□ 15	法隆寺玉虫厨子の台座は，どのような技法で描かれているか。	15 密陀絵
□ 16	厩戸王の妃の 橘 大郎女らがつくったといわれる刺繡画は何か。	16 天寿国繡帳
□ 17	645年に遷都された，現在の大阪市にあった都を何というか。	17 難波長柄豊碕宮
□ 18	皇極天皇は，のちに重祚して何天皇となったか。	18 斉明天皇
□ 19	663年，百済を救援しようとしてやぶれた戦いを何というか。	19 白村江の戦い(はくすきのえ)
□ 20	19の敗戦後，防衛のために九州に築かれた堤を何というか。	20 水城
□ 21	壬申の乱に勝利して即位し，律令国家の建設を推進した天皇は。	21 天武天皇
□ 22	持統天皇が造営した，都城制に基づく都を何というか。	22 藤原京
□ 23	701年に完成した律令を何というか。	23 大宝律令
□ 24	中臣鎌足の子で，23の編修の中心人物は誰か。	24 藤原不比等
□ 25	「遠の朝廷」といわれた機関で，北九州に置かれたものは何か。	25 大宰府
□ 26	五位以上の官人の子孫が，父や祖父の位階に応じて，一定の位階を授与される制度を何というか。	26 蔭位の制
□ 27	律令の負担のうち，歳役のかわりに布を納めるものは何か。	27 庸
□ 28	春に稲を貸しつけ，秋に利息とともに徴収する制度を何というか。	28 出挙
□ 29	711年，和同開珎(かいほう)の流通をはかるために発布された法令は何か。	29 蓄銭叙位令

CHAPTER

3 » 古代国家の展開

時代の俯瞰図

平城京 ――――→ 平安京

律令体制の確立→**藤原氏**や**仏教勢力**の進出→律令体制の再建をめざす

初期荘園の成立

時代	年	できごと	天皇	中国
奈良時代	七二三	三世一身法	聖武	唐
奈良時代	七二四	多賀城設置	聖武	唐
奈良時代	七二九	**長屋王の変**	聖武	唐
奈良時代	七三七	藤原4兄弟が死去	聖武	唐
奈良時代	七四〇	藤原広嗣の乱	聖武	唐
奈良時代	七四一	国分寺建立の詔	聖武	唐
奈良時代	七四三	**大仏造立の詔** **墾田永年私財法** ↓ 初期荘園の成立	聖武	唐
奈良時代	七五二	東大寺大仏開眼供養	孝謙・淳仁・称徳・光仁	唐
奈良時代	七五七	橘奈良麻呂の変	孝謙・淳仁・称徳・光仁	唐
奈良時代	七六四	**恵美押勝(藤原仲麻呂)の乱**	孝謙・淳仁・称徳・光仁	唐
奈良時代	七七〇	道鏡が失脚	孝謙・淳仁・称徳・光仁	唐
奈良時代	七八四	**長岡遷都**	桓武	唐
平安時代	七九四	**平安遷都**	桓武	唐
平安時代	七九七	**坂上田村麻呂**が征夷大将軍	桓武	唐
平安時代	八〇二	胆沢城設置	桓武	唐
平安時代	八〇四	最澄・空海が入唐	桓武	唐
平安時代	八〇五	**天台宗**が開かれる 徳政相論	桓武	唐
平安時代	八〇六	**真言宗**が開かれる	平城	唐
平安時代	八一〇	**藤原冬嗣**が蔵人頭 薬子の変	嵯峨	唐
平安時代	八二一	勧学院設立(藤原氏)	嵯峨	唐
平安時代	八二八	綜芸種智院設立		唐

SECTION 1 奈良時代の政治の推移

▶ 奈良時代の政治史は，長屋王・橘諸兄らの**皇親勢力**と，藤原不比等の子孫である**藤原氏**，および**寺院勢力**の対立・抗争にいろどられている。その背後には，**律令体制の歪み**による社会の動揺があった。政争の過程で，恵美押勝・道鏡のように皇位を左右する者があらわれたことは，注目に値する。

1 前期の政局

❶**藤原不比等の進出**　藤原不比等は，**元明天皇**★1・**元正天皇**の時代に力を伸ばした。**大宝律令**・**養老律令**の制定や，**平城遷都**は彼の業績である。不比等は，娘の宮子と文武天皇との間に生まれた**首親王**(のちの聖武天皇)を皇太子に立て，同じく娘である**光明子**(安宿媛ともいう。のちの光明皇后)を嫁がせた。

❷**長屋王の政治**　不比等の死(720年)のあと，政権は右大臣となった**長屋王**によって運営された。長屋王は，天武天皇の孫にあたる皇親で，**三世一身法**(☞p.67)の施行などを主導した。

★1 **元明天皇**　在位707～715年。天智天皇の皇女で，草壁皇子の妃。息子である文武天皇の死後に即位し，和同開珎の鋳造，平城京への遷都などを行った。娘の元正天皇に譲位した。

❸長屋王の変　**聖武天皇**(在位724～749)が即位すると，藤原氏は勢力の挽回をはかった。729(天平元)年，左大臣の長屋王が謀反を企てたという密告で，王を自殺させた。藤原氏の長屋王排除の策謀であった。

❹長屋王の変直後の処置　この事件の直後に，①**光明子の立后**(**光明皇后**，皇族以外で初の皇后)，②天平(729～749)への改元，③**藤原4兄弟政権**の確立，を見た。

❺藤原4兄弟政権　長屋王を排除した藤原氏は，不比等の子である，**武智麻呂**(**南家**)・**房前**(**北家**)・**宇合**(**式家**)・**麻呂**(**京家**)が高官につき，政権をにぎった。これを**藤原4兄弟政権**という。

❻藤原4兄弟の死　しかし，天然痘の流行で，737(天平9)年に4兄弟が相ついで病死したため，藤原氏の勢力は一時後退した。

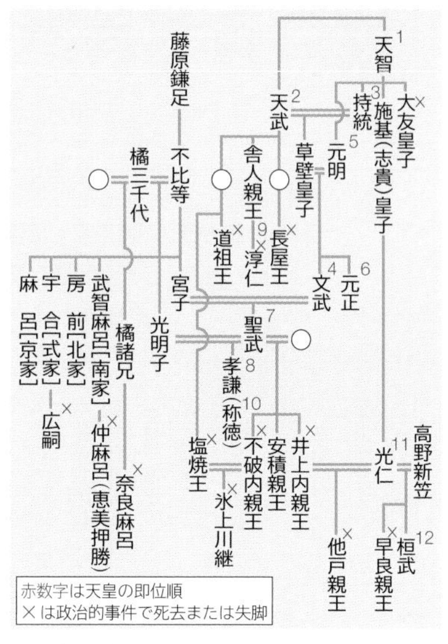

▲奈良時代の藤原氏と皇室系図

2 後期の政局

❶橘諸兄の政治　藤原4兄弟後，政治を主導したのは，光明皇后の異父兄で，もと皇族である橘諸兄である。唐から帰国した玄昉・吉備真備が政治顧問に登用されて，大きな権力をふるった。

❷藤原広嗣の乱　宇合の子で，橘諸兄らによって大宰少弐に左遷されていた藤原広嗣は，玄昉と真備の排除を口実に，740(天平12)年に北九州で挙兵した。この乱は約2カ月で鎮圧され，広嗣も殺されたが，中央政界に与えた衝撃は大きかった。

❸広嗣の乱後の政界　乱後，諸兄勢力と藤原氏との対立が深まり，政治が不安定になった。★2

1 **遷都**…**恭仁京**(山城：京都府木津川市・740年)→**難波京**(大阪市・744年)→**紫香楽宮**(近江：滋賀県甲賀市・744年)→**平城京**(745年)へと都が移転した。

2 **国家仏教**…**国分寺建立の詔**(741年)→**大仏造立の詔**(743年，紫香楽宮で建立開始。752年，大仏開眼供養)

▼奈良時代の政争図

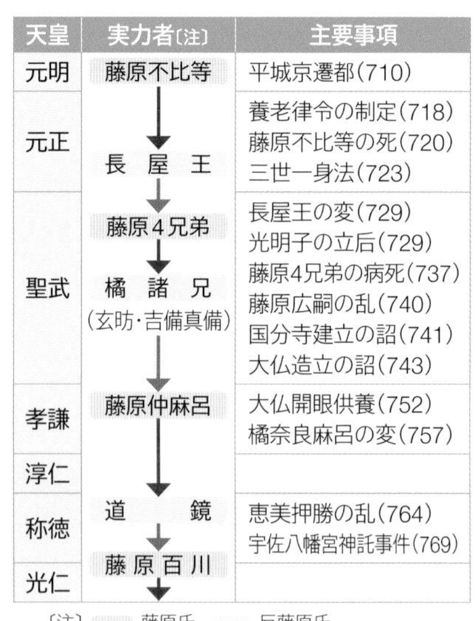

天皇	実力者〔注〕	主要事項
元明	藤原不比等	平城京遷都(710)
元正	長屋王	養老律令の制定(718) 藤原不比等の死(720) 三世一身法(723)
聖武	藤原4兄弟 橘諸兄 (玄昉・吉備真備)	長屋王の変(729) 光明子の立后(729) 藤原4兄弟の病死(737) 藤原広嗣の乱(740) 国分寺建立の詔(741) 大仏造立の詔(743)
孝謙	藤原仲麻呂	大仏開眼供養(752) 橘奈良麻呂の変(757)
淳仁		
称徳	道鏡	恵美押勝の乱(764) 宇佐八幡宮神託事件(769)
光仁	藤原百川	

〔注〕 藤原氏　反藤原氏

★2 政界の混乱に動揺した聖武天皇は，伊勢に行幸し，ついでたびたび遷都をくりかえした。

が出され，仏教の鎮護国家思想(☞p.71)により，不安を鎮めようとした。

③ **藤原仲麻呂の台頭**→橘諸兄政権と対立し，玄昉を失脚させた(745年)。

❹藤原仲麻呂政権　聖武天皇の譲位によって即位した女性天皇の孝謙天皇(在位749～758)や，その母である光明皇太后の信任を得て，南家の武智麻呂の子藤原仲麻呂(光明皇太后の甥)が専制権力をにぎった。そして757(天平宝字元)年には，諸兄の子**橘奈良麻呂**のクーデタを未然に防いで，反対勢力を一掃した。

❺藤原仲麻呂の政治　仲麻呂は，孝謙天皇についで**淳仁天皇**(在位758～764)を擁立して天皇から**恵美押勝**の名をたまわり，**大師**(**太政大臣**)となった。

① 祖父の不比等が制定した**養老律令を施行**(757年)した。

② **官庁名や官職名を唐風**(中国風)**に改め**，太政官を**乾政官**，太政大臣を**大師**とよんだ。

③ 中国風の儒教による政治を行った。

④ 東国防人の停止，問民苦使★3の派遣などを実施した。

❻道鏡の出現　おばの光明皇太后の死(760年)によりかげりの見えた仲麻呂にかわって，**孝謙上皇**の信任を得た僧**道鏡**が地位を高めてきた。764(天平宝字8)年，仲麻呂は道鏡を除こうとしたが失敗し，近江で敗死した。淳仁天皇も皇位をはく奪されて，淡路島に移された。これを**恵美押勝**(**藤原仲麻呂**)**の乱**という。

❼道鏡の政治　恵美押勝の乱後，孝謙上皇が重祚して**称徳天皇**(在位764～770)となった。**道鏡**は太政大臣禅師から**法王**となり，政教両界の全権をにぎった。さらに，769(神護景雲3)年，**宇佐八幡宮**(大分県)**の神託と称して皇位につこうとしたが**，和気清麻呂らのために目的を達することができなかった。称徳天皇の病死の直後に，道鏡は下野(栃木県)の薬師寺に追放された。

補説　**宇佐八幡宮神託事件**　769年，皇位につこうとした**道鏡**は，宇佐八幡宮の神託と称して，道鏡が即位すれば天下太平になると奏上させた。この神託を確かめに派遣された勅使の**和気清麻呂**は，神託が偽りであると報告し，大隅(鹿児島県)に配流された。

❽光仁朝の政治　称徳天皇の死後，藤原永手(北家)・**藤原百川**(式家・広嗣の弟)らは，壬申の乱以来，天武天皇の子孫が皇位をつぐという原則を廃し，**天智天皇の孫**の光仁天皇(在位

注意　当時の唐は，安禄山・史思明の乱(755～763)があるものの，李白・杜甫の活躍に見られるように，文化が栄えており，藤原仲麻呂は，唐に強いあこがれをもっていた。仲麻呂の政治の国際的背景に注意。

★3　**問民苦使**　「民の苦しみを問う」ことを目的として諸国に派遣された使節。

770〜781)をたて，律令政治の再建をこころみた。

3 国域の拡大

❶領土の拡大　国力の充実にともない，東北地方や九州方面の開拓と，蝦夷や隼人の征討に力が注がれた。

1 **東北地方**…①日本海側＝出羽郡・出羽柵を設置→**出羽国**を設置(712年)。秋田城を築城(733年)。
②太平洋側＝多賀城(宮城県)を築城(724年)→多賀城には**鎮守府**が置かれ，のち陸奥国府も設置。蝦夷平定支配の拠点。
（以上，東北の経営）

2 **九州・南西諸島方面**…①九州南部＝隼人★4の征討→**薩摩国・大隅国**設置。
②南西諸島＝種子島・屋久島・奄美大島・石垣島・久米島などの島々を支配し，島司などを設置。

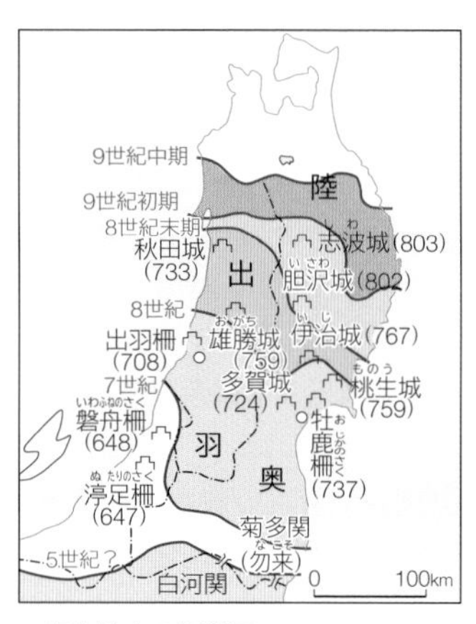

▲東北地方の経営図

★4 **隼人**　蝦夷と同様に異民族視された。自立性・独立性が強く，律令体制に抵抗をくりかえした。720(養老4)年の反乱が最も大規模であったが，**大伴旅人**に鎮定された。

❷国域拡大の意図

1 中華帝国としての律令国家にふさわしい国域の確定と「蕃夷」の服属。

2 租税を納める人民や，土地の拡大の要求。

補説 **中華帝国としての律令国家**　日本の律令国家は，天皇を皇帝，自国を中華(文化の中心)とし，周辺の蝦夷・隼人・新羅・渤海などを蕃夷(蕃国)と見る，中国と同様の中華思想をもっていた。服属した隼人は朝廷の儀式に参列させられたが，これは，律令国家が蕃夷をしたがえる帝国であることを，内外に示すためであった。

律令国家の国威の発揚
① 平城京の造営
② 和同開珎の鋳造
③ 蝦夷・隼人の征討

◀隼人の盾

SECTION 2 律令体制の動揺

▶ 公民への諸負担の過重が原因となって，**浮浪・逃亡**が頻発するようになった。一方，貴族・寺社や地方豪族は，公民を労働力として墾田の開発に努め，**大土地所有**を進行させた。ここに，公地公民制の一部が崩れ，律令体制の動揺が顕在化した。

1 公民制の崩壊

❶課役負担の過重　農業技術の進歩により農業生産力が発展

したとはいえ，公民は班給される口分田に比して，租・調・庸・雑徭・出挙・兵役などの課役負担がきわめて重かった。

❷公民の困窮　公民は，口分田の耕作による収入だけでは生活が苦しく，乗田や貴族・寺社の私有地の**賃租**で，生計を補っていた。しかし，凶作や疫病により，たちまち生活は困窮した。当時の悲惨な生活は，**山上憶良**の**「貧窮問答歌」**に描かれている。

❸公民の税への抵抗　税の負担からのがれようとする公民，とくに正丁は，7世紀末から表面化し，平城京（へいぜい）造営期から激化した。これらの公民は，次のような種々の方策をとった。

1. **浮浪・逃亡**★1…公民が**本貫**(本籍地)を離れて他所に流浪したり，移住すること。
2. **偽籍**…男性を女性として届けたり，年齢をごまかすなど，戸籍を偽ること。
3. 政府の許可なく勝手に出家して，税負担のない**私度僧**となる。
4. 税負担のない貴族の**資人**★2となる。

❹政府の対策

1. 公民負担の軽減(706年以降)。
2. 逃亡先で浮浪人を戸籍・計帳に登録して，調・庸を徴収する土断法の採用(715年)。

参考 **公民の内訳**　律令体制は全国民(公民)が農業にたずさわるという原則をとっていたが，それは建前であり，実際には，漁業や山林業・狩猟業で生計を成り立たせていた人も多い。

★1 **浮浪・逃亡**　浮浪は本貫は離れているが行き先のわかっているもの(したがって調・庸は徴収される)。**逃亡**はまったく行き先不明のものをいう。

★2 **資人**　貴族の身辺警護や雑役にあたった。

参考 家族の多い戸は広大な口分田をもち，奴婢や家人は不課口であったため，戸の間に貧富の差が生じた。**墾田永年私財法**(☞p.67)以後，富戸は貧戸の墾田を買収して私有地とし，その差をますます大きくした。

3 古代国家の展開

史料 「貧窮問答歌」に見る人々の生活

天地は　広しといえど　吾が為は　狭くやなりぬる　日月は　明しといへど　吾が為は
世界は広いが私には狭くなってしまったか。明るいはずの日も月も私を照らしはしないのか。
照りや給はぬ　人皆か　吾のみや然る　わくらばに　人とはあるを　人なみに　吾もなれる
だれもが皆そうなのか，それとも私だけなのか。　たまたま人に生まれたのに，綿も入れ
を　綿もなき　布肩衣の　海松のごと　わわけさがれる　襤褸のみ　肩に打懸け伏廬の　曲
ない袖なしの粗末な衣の海藻のように裂けて垂れ下がるぼろ布だけを肩にかけて，竪穴式の小屋に住み，地面にわらを敷いて，上座の方に父と母，下座に妻
廬の内に　直土に　藁解き敷きて　父母は枕の方に　妻子どもは　足の方に囲み居て　憂へ
や子供たちが身を寄せ愚痴をこぼし合う。
吟ひ　竈には　火気吹き立てず　甑には　蜘蛛の巣かきて　飯炊く　事も忘れて　ぬえ鳥の
かまどに湯気も吹き立たず，蒸し器に蜘蛛が巣をかけて米蒸すことも忘れ果て，細々と鳴くぬえ鳥のように呻いているときに，とりわけ短いもの
呻吟ひ居るに　いとのきて　短き物を　端きると　云へるが如く　楚取る　五十戸良が声は
の端をさらに短く切り詰めるように，　鞭を手に持った里長の声は寝床までわめき
寝屋戸まで　来立ち呼ばひぬ　かくばかり　術無きものか　世間の道　世間を　憂しと
散らしにやって来る。　これほどまでにやるせないものか，世間の道理とは。　この世の中を辛いとも耐え
恥しと　思へども　飛び立ちかねつ　鳥にしあらねば　『万葉集』
難いとも思うが，飛んでいくことはできない。鳥ではないのだから。

2 公地制の崩壊

❶公地制の矛盾 律令体制は公地制を原則としたが，すでに成立の時点で土地私有制の要因を内包していた。①神田・寺田・功田および園地・宅地の私有の承認★3，②位田・職田の私有地的な扱い，③口分田の私有地化の進行，などである。

補説 **口分田の私有地化** 口分田の終身用益(耕作)が許され，しかも父祖の口分田が子孫に継承されることが多かったため，実質上，私有地と同様になった。口分田の売買(実際は耕作権の売買)も行われた。

❷班田制の動揺 平城京への遷都後まもなく，動揺のきざしを見せ始めた。浮浪や逃亡の頻発は，国家財政を窮乏させ，口分田の荒廃を招いた。さらに人口の増加も加わり，口分田の不足は班田制実施の根本にかかわる深刻な問題となった。政府は改善策として，①**百万町歩の開墾計画**，②**三世一身法**，③**墾田永年私財法**，を順次発布した。

❸百万町歩の開墾計画(722年・養老6) 公民に食料や道具を貸与して，1人10日間の労役で，100万町歩を開墾★4させ

★3 本来は，神田・寺田・職田などが**不輸租田**(☞p.55)であったが，のち位田・功田なども不輸租田となっていった。貴族や寺社はこのように輸租田を不輸租田に変えたりして，土地の私有化をおし進め，さらには墾田開発を行って，公地制を崩していった。

★4 当時の日本の耕地面積が80万～100万町歩と推定されるから，新たに100万町歩の良田を開墾しようとする計画には，最初から無理があった。

注意 百万町歩の開墾計画と三世一身法は**長屋王**が指導した。

史料 三世一身法，墾田永年私財法

〔三世一身法〕

養老七年四月十七日。太政官奏すらく。「頃者，百姓漸く多くして，田池窄狭なり。望み請ふらくは，天下に勧め課せて，田疇を開闢かしめん。其れ新たに溝池を造り，開墾を営む者あらば，多少を限らず，給ひて，三世に伝へしめん。若し旧の溝池を逐はば，其の一身に給せん。」 『続日本紀』

723年4月17日，太政官は次のように天皇に奏上した。「最近，人口が次第に増加したのに対し，田や池は少なく不足しています。よって，天下の人民に田地の開墾を勧め行わせたいと思います。その場合，新たに溝や池を造って開墾した者があれば，開墾地の多少にかかわらず三代目までの所有を許し，もし旧い溝や池を利用して開墾したときには本人一代のみに所有を許すことにしたいと思います」。

〔墾田永年私財法〕

天平十五年五月二十七日。詔して曰く。「聞くならく。墾田は養老七年の格によりて，限満つるの後，例によりて収授す。是れに由りて農夫怠倦して，開ける地また荒ると。今より以後は，任に私財と為し，三世一身を論ずることなく，咸悉く永年取ること莫れ。其の親王の一品及び一位には五百町，……初位已下庶人に至るまでは十町。但し郡司は大領・少領に三十町，主政・主帳に十町。…… 『続日本紀』

743年5月27日，天皇は次のような詔を下した。「聞くところによると，墾田は養老七(七二三)年の格によって，期限が過ぎれば一般の公地と同様に収公してきたが，このため農民が意欲を失い，せっかく開墾した土地が再び荒廃してしまうという。今後は，開墾者の意のままに私有地として認め，三世までとか一身の間とかいわないで悉く永久に収公してはならない。但し私有地の限度は，親王の一品と諸王臣の一位の位階をもつ者は五〇〇町，……初位以下と庶民は一〇町とする。但し郡司については，大領・少領は三〇町，主政・主帳は一〇町を限度とする。……」

ようとしたが，あまりにも遠大な計画で現実味に欠け，実現しなかった。蝦夷(えみし)征討の兵糧(ひょうろう)獲得のため，陸奥(むつ)国だけを対象としたという説が有力である。

❹三世一身法★5(723年・養老7)　新しく溝や池をつくって開墾したときには**三世**(子・孫・曽孫か，本人・子・孫かは不明)に伝え，古い用水施設を修理して開墾したときには**一身**(本人)の私有を認めるというものであった。

〔**三世一身法の問題点**〕　収公期限が近づくと，公民たちは耕作をおこたり，墾田が荒廃した。

❺墾田永年私財法(743年・天平(てんぴょう)15)　**開墾田の永久私有と売買**を認めた。開墾地は，①面積を位階に応じて制限する★6，②国司の許可が必要，③許可後3年以内の開墾完了，④輸租田などの条件があった。

〔**墾田永年私財法の影響**〕　条件を重視すれば公地制維持策といえるが，結果として私有地拡大熱を刺激して，**公地制が崩壊し，初期荘園(しょうえん)が成立する**ことになった。

❻初期荘園の成立　墾田永年私財法の発布以来，**財力をもつ貴族・豪族や寺社は墾田を拡大し，私有地化した口分田や公民の開墾地も買得(ばいとく)して私有地(荘園)をふやした**。これを初期荘園(**墾田地系荘園**(こんでんち))とよぶ。初期荘園の労働力は，付近の農民や浮浪人で，経営には国司(こくし)・郡司(ぐんじ)の協力をうけることもあった。

★5 **三世一身法**　期限つきにせよ，政府みずから土地公有の原則を破った点に意義がある。

★6 一品(いっぽん)および一位は500町以下，初位(そい)以下庶人(しょじん)は10町以下，郡司には30～10町と定められた。

注意　765年の道鏡政権で，寺院を除き墾田開発は禁止された。しかし，772年には解禁となり，位階制限も撤廃された。

注意　743年は奈良時代の重要年代。「**大仏造立**(だいぶつぞうりゅう)**の詔**(みことのり)」発布と同年である。この時代には社会的(飢饉(ききん)や疫病)にも政治的(**藤原広嗣**(ふじわらのひろつぐ)**の乱**)にも動揺が見え，その鎮静祈願のために大仏造立がなされたことに注意。

SECTION 3 遣唐使の派遣

▶ 奈良時代における対外関係の中心は，唐(とう)文化の摂取であり，前代に引きつづいて**遣唐使**(けんとうし)が派遣された。一方，中国東北地方に建国された**渤海**(ぼっかい)とは親密な関係を保ったが，朝鮮半島を統一した**新羅**(しらぎ)(シルラ)との国交は，円滑さを欠いた。

1 遣唐使

❶唐(とう)文化の繁栄　**唐**は，建国(618年)から100年を経て文化の最盛期をむかえた。**玄宗**(げんそう)の時代(**開元の治**(かいげんのち))。日本の天平(てんぴょう)時代とほぼ同時期)である。唐の都**長安**(ちょうあん)には，世界各国の使節や留学生が集まり，世界性をもった文化が花開いた。日本も遣唐使(けんとうし)を送って，唐文化の積極的な摂取に努めた。

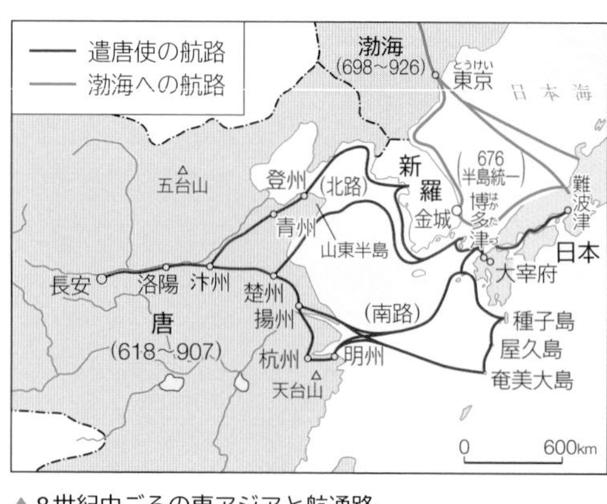

▲8世紀中ごろの東アジアと航通路

❷遣唐使派遣の時期　630年に，**犬上御田鍬**が，第1回として派遣されてから，894(寛平6)年に，**菅原道真**の意見で中止(☞p.86)されるまで，約260年間に任命20回(諸説あり)，派遣15回を数えた。

❸遣唐使派遣の目的

1 国家が貿易を行い，唐の制度・文化・文物などを移入し，国内の支配体制を強化すること。

2 律令国家の権威を内外に示すことにより，日本の国際的地位を高めて，優越的な対新羅関係を確立すること。

❹遣唐使の構成　大使・副使などの使節のほか，留学生・留学僧など約400人前後が，**四船**とよばれるように，多いときには4隻に分乗した。造船・航海技術が未熟だったため，しばしば船が遭難し，遣唐船がそろって帰着することは，まれであった。

▼遣唐使派遣の一覧

回	出発	帰国	航路	遣唐大使	同行者など
1	630年	632年	北路？	**犬上御田鍬**	薬師恵日・旻(帰路)
2	653	654	北路？	吉士長丹 高田根麻呂	**道昭**(法相宗を伝えた)・定恵(中臣鎌足の子) 高田根麻呂が往路で遭難
3	654	655	北路	**高向玄理**	薬師恵日。玄理は帰国せず唐で死去
4	659	661	北路	坂合部石布	往路で南海の島に漂着し，大使が島民に殺される
5	665	667	北路	守大石	
6	667		北路	伊吉博徳	
7	669	670？	？	河内鯨	帰国不確実
8	702	704～718	南島路	粟田真人	**道慈**(三論宗を伝えた)・山上憶良
9	717	718	南島路？	多治比県守	**吉備真備・玄昉・阿倍仲麻呂**
10	733	734～739	南島路？	多治比広成	**吉備真備・玄昉**帰国。第3・第4船遭難
11	746	(中	止)		
12	752	753～754	南島路	**藤原清河**	副使に**吉備真備**。第1船安南に漂着 **鑑真**(戒律を伝えた)来日する
13	759	761	渤海路	高元度	
14	761(任命)	(中	止)	仲石伴	
15	762(任命)	(中	止)	中臣鷹主	
16	777	778～779	南路	佐伯今毛人	副使小野石根が帰路で遭難
17	779	781	南路	布勢清直	
18	804	805	南路	藤原葛野麻呂	橘　逸勢・**最澄**・**空海**。第3船往路で遭難
19	838	839	南路	藤原常嗣	小野篁・**円仁**。第2・第3船遭難
20	894(任命)	(中	止)	**菅原道真**	紀長谷雄(副使)

❺遣唐使の航路　初めは，壱岐(いき)→対馬(つしま)→朝鮮半島西岸→山東(さんとう)半島と海岸ぞいに通る北路をとって安全を期した。しかし，8世紀以後の遣唐使のほとんどは，その後の新羅との関係の悪化により，南西諸島から東シナ海を横断する航路や，五島(ごとう)列島から直接横断する南路をとった。

参考 日本は冊封(さくほう)を受けなかったが，実質的に唐に臣従する朝貢であった。

❻おもな留学生・留学僧　優秀な人材が選ばれ，帰国後も重く用いられた人が多い。**吉備真備**(きびのまきび)や**玄昉**(げんぼう)らが有名である。**阿倍仲麻呂**(あべのなかまろ)は，帰国途中に船が難破したため唐に留(とど)まり，高い地位について，長安で客死した。

3
古代国家の展開

2 新羅・渤海との関係

❶新羅との関係　**白村江**(はくそんこう)(はくすきのえ)の戦い後，一時断絶したが，新羅の半島統一(676年)後ふたたび新羅使が来航し，密接な関係がつづいて，計22回の遣使があった。しかし，7世紀末，唐と新羅の関係が好転すると，逆に日本と新羅との関係は急速に悪化した。★1 とくに藤原仲麻呂(ふじわらのなかまろ)は新羅遠征を計画したほどであった。★2 ただし民間交易はさかんに行われた。

❷渤海(ぼっかい)(698～926)　靺鞨(まっかつ)族や旧高句麗(こうくり)(コグリョ)人を中心に，中国東北地方に建国。新羅・唐に対抗するため日本に通交を求めた。

❸渤海との関係　727年から，契丹(きったん)に滅ぼされる直前の919年まで，約200年間に30数回の使節を派遣してきた。日本では渤海使の接待のため，**能登客院**(のときゃくいん)(石川県)・**松原客院**(まつばら)(福井県敦賀(つるが)市)を設置した。のち，その目的も貿易に重点が移った。

❹日渤交流の貿易品　渤海からは朝鮮人参(にんじん)・毛皮・蜂蜜(はちみつ)などがもたらされ，日本からは絹・工芸品などをもち帰った。

★1 新羅は，唐の勢力を排除して半島統一を果たしたので，唐と対立していた。また，日本が新羅を属国として位置づけようとしたことも，日本と新羅との関係悪化の一因となった。

★2 この計画は，仲麻呂の失脚で実行されなかった。

参考 渤海は，中国の東北地方に栄えたため，日本ではかつて友好関係にあった高句麗の後継者とみなすことにし，渤海使を厚遇した。

SECTION 4 律令時代の文化

▶ 大化改新(たいかのかいしん)のころから平城(へいじょう)(へいぜい)遷都までの約60年間の文化を**白鳳文化**(はくほう)とよぶ。天武(てんむ)朝・持統(じとう)朝が中心で，**明朗で清新な貴族文化**，**初唐の影響をうけた仏教文化**としての特色をもつ。**聖武天皇**(しょうむ)の時代である天平(てんぴょう)年間(729～749年)を中心として栄えた文化を，**天平文化**という。国家仏教の繁栄と相まって**仏教的色彩**が強く，遣唐使(けんとうし)の派遣により**盛唐文化**の影響をうけて，**国際色も豊か**であった。

1 白鳳文化の文芸

❶ **万葉の歌人たち(白鳳期)** ①第1期(～672年)…舒明天皇・天智天皇・額田王・有間皇子。②第2期(672～710年)…天武天皇・持統天皇・**柿本人麻呂**。

❷ **漢詩文の登場** 白村江の戦いの後，滅亡した百済から多くの王族・貴族が渡来し，その影響で漢詩文も栄えた。『**懐風藻**』(☞p.74)には大友皇子・大津皇子の作品が見られる。

参考 漢字という共通の文字をもったことは，言語の通じない日本人と朝鮮・中国の使節との間で，相互の心情と思想を伝達する有力な手段となった。

2 白鳳文化の美術

❶ **寺院の建立** 仏教は国家の保護をうけて発展し，藤原京には，官立の**大官大寺**(大安寺)・**薬師寺**などが立ちならんだ。いずれも，のち平城京に移転された。

❷ **白鳳建築の遺構** 薬師寺東塔。三重塔であるが，各層に裳階(本屋の周囲を取りまいて付けられた「ひさし」部分)をもち，六重塔に見える。西塔は昭和末期の再建。

▲薬師寺東塔(左)と薬師寺東院堂の聖観音像(右)

▲高松塚古墳

▲法隆寺金堂壁画(焼損前，部分)

❸ **彫刻作品** 薬師寺金堂の薬師三尊像，薬師寺東院堂の**聖観音像**，興福寺の**仏頭**，法隆寺の阿弥陀三尊像★1，法隆寺の**夢違観音像**など。

❹ **絵画作品** 法隆寺金堂壁画★2，伝 聖徳太子像(☞p.39)，高松塚古墳の壁画など。

★1 **法隆寺の阿弥陀三尊像** 光明皇后の母 橘 三千代の念持仏(個人で拝むための仏像)と伝えられる。

★2 **法隆寺金堂壁画** アジャンタ壁画など，西域の影響をうけた壁画であったが，1949(昭和24)年に焼損した。

\ TOPICS /

高松塚古墳の壁画

1972(昭和47)年３月，奈良県明日香村の高松塚古墳から，７世紀末～８世紀初頭の作品とされる壁画が発見された。男女群像などの極彩色の絵は，図像の重なりをさけて描かれる弥生時代や古墳時代の壁画とちがい，人物の姿を重ねて描く画法を採用している。朝鮮半島の絵画様式の影響のもとに，日本絵画史はここに新たな段階にはいった。渡来人が描いたという説もあり，文化の発展にも国際的環境が大きく関係したことがわかる。なお，調査によって石室が開かれて以後，壁画の傷みがはげしく，新たな保存・管理の方策がとられている。

▲高松塚古墳西壁の女性像

3 奈良仏教

❶国家仏教を示す事例

1. 官寺の建立(中央に南都七大寺，地方に国分寺・国分尼寺)。
2. 東大寺大仏の造立。
3. 僧尼令★3による寺院・僧尼の統制。
4. 僧綱(僧正・僧都・律師からなり，全国の僧尼を統轄)の設置。

❷国分寺の創建　聖武天皇は国家の平安のため(鎮護国家思想★4)，741(天平13)年に国分寺建立の詔を発した。全国に金光明四天王護国之寺(国分寺)・法華滅罪之寺(国分尼寺)を創建した★5。

★3　**僧尼令**　令の編目の1つで，僧尼の生活に関する統制・禁止・刑罰規定。

★4　**鎮護国家思想**　仏教には国家を守護する力があるという考え方。

★5　全国の国分寺・国分尼寺を統轄する**総国分寺・総国分尼寺**には，大和の国分寺・国分尼寺である**東大寺・法華寺**があてられた。

史料　国分寺建立の詔

天平十三年三月二十四日①。詔して曰く，……宜しく天下の諸国をして，おのおの敬んで七重塔一区を造り，并に金光明最勝王経，妙法蓮華経おのおの一部を写さしむべし。朕②又別に金字の金光明最勝王経を写して，塔ごとにおのおの一部を置かしめんと擬す。……僧寺には必ず二十僧あらしめ，その寺の名を金光明四天王護国之寺となし，尼寺には一十尼あり，その寺の名を法華滅罪之寺となす。両寺相共によろしく教戒を受くべし。『続日本紀』

741年3月24日，詔の中で次のように述べられた。諸国に命じて各々七重塔一基を建立し，金光明最勝王経・妙法蓮華経各一部を写させよ。朕はこれとは別に金字の金光明最勝王経を写して，塔ごとにそれぞれ一部を安置しようと思う。僧寺には必ず僧二〇人を置き，金光明四天王護国の寺と名づけ，尼寺には尼僧一〇人を置き，法華滅罪の寺と名づけ，両寺ともに仏の教えと戒律を伝えよ。

注釈　①他の史料には，二月十四日とある。②聖武天皇。

▲東大寺大仏

❸大仏の造立　聖武天皇は**743**(天平15)**年**に**大仏造立の詔**を発布し，紫香楽宮で建設に着手した。のちに事業は平城京に移り，東大寺で大仏が完成し，**孝謙天皇**の**752**(天平勝宝4)**年**に，インドや中国の僧も参列して，**大仏開眼供養**が行われた。東大寺造営の中心となった僧として，**良弁**(華厳宗を広め，東大寺の初代別当となった)，**行基**がいる。

❹国家仏教の中心寺院　**南都七大寺**である。七大寺とは，平城京に移された薬師寺・大安寺・**興福寺**・元興寺の4寺と，**東大寺**・西大寺・法隆寺の3寺をいう。東大寺を中心として，光明皇后の発願による一切経の**写経事業**が行われた。

参考　仏教は，日本の社会に根づく過程で，現世利益を求める手段とされたり，在来の祖先信仰と結びついていった。また，**神仏習合思想**(☞p.96)もおこった。

POINT!

[奈良時代の仏教]
① 鎮護国家思想
② 僧尼令や官寺(南都七大寺)など，国家による統制

史料　大仏造立の詔

天平十五年十月十五日。……菩薩の大願①を発して盧舎那仏②の金銅像一軀を造り奉る。
743年10月15日……普く衆生を救済しようという仏弟子としての願をおこして，盧舎那仏の金銅像一体をおつくりする。

……夫れ天下の富を有つ者は朕なり。天下の勢を有つ者も朕なり，此の富勢を以って此の尊像を造る。……もし更に人の一枝草，一把土をもちて像を助け造らんことを情願する者あらば，恣にこれを聴せ。
天下の富をもつ者は私であり，天下の勢いをもつ者も私である。この富と勢いとをもって仏の尊像をおつくりする。……もし一枝の草，一すくいの土でもよい，それをもって造立に協力したいと願う者があれば，願うままに許可せよ。

『続日本紀』

注釈　①仏教を興隆し，衆生を救おうという願い。②華厳経の本尊。仏国土の中心とされる。

視点　聖武天皇は，**藤原広嗣の乱**(☞p.62)後の混乱のなか，都を転々とした。国分寺建立の詔は**恭仁京**(京都府木津川市)，大仏造立の詔は，**紫香楽宮**(滋賀県甲賀市)で発布された。

❺南都六宗　奈良仏教の中心となる教理研究の学派。飛鳥・白鳳期に伝わった**三論**・**成実**・**法相**・**倶舎**の4宗と，奈良時代に**良弁**が唱えた**華厳**，**鑑真**によりさかんになった**律**の2宗の総称。三論宗では道慈，法相宗では玄昉が，渡唐した。

補説　**鑑真**　唐の僧で，日本への来朝を決意し，たびたび遭難したが，のちに目的を果たして，日本に戒律を伝えた。また東大寺に**戒壇**(戒を授け，僧尼たる資格を付与する式壇)を設けて，聖武天皇に戒を授けた。また，**唐招提寺**(奈良市)を建立した。

❻社会事業

1 道昭…法相宗の祖。架橋事業を行う。
2 行基…道昭の弟子。国家の弾圧をうけながらも，地方民衆に布教。★6 池溝開発や救済施設建設など，社会福祉事業に活躍。
3 光明皇后…貧民救済のための悲田院・施薬院を建設。
4 和気広虫(法均尼)…和気清麻呂の姉。孤児養育に活躍。
5 称徳天皇…百万塔陀羅尼★7を発願。

4 天平文化の学問と文芸

❶修史事業の展開　天皇を中心とする律令国家の発展にともない，国家や国土に対する関心が高まり，国史や地誌の編修が進められた。国史編修事業は推古朝の『天皇記』『国記』に始まり，天武天皇のとき本格的に開始され，『古事記』と『日本書紀』として完成した。

1 『古事記』(712年・和銅5年)…太安万侶が，稗田阿礼のよみならわした「帝紀」(天皇の系譜)・「旧辞」(神話・伝承)を筆録し，元明天皇に撰上した。神代～推古天皇までの神話・歴史を収録。漢字の音訓を用いて国文体で表現されている。3巻。
2 『日本書紀』(720年・養老4年)…舎人親王を中心に撰修された漢文体による編年体★8の歴史書。神代～持統天皇までを収録。30巻で六国史(☞p.80)の最初。「帝紀」「旧辞」，寺院・諸氏の記録，中国・朝鮮の文献など多くの材料に基づく。
3 『風土記』(713年・和銅6年)…諸国に命じて郷土の産物・地名の由来・伝説を書いて提出させたもので，作成年次は国により異なる。播磨・常陸・出雲・肥前・豊後の5風土記が現存している。

❷官吏養成機関　中央に大学，地方に国学★9を設けた。教科は明経道(儒教研究)を中心に，明法道(律令研究)・紀伝道(漢文学・歴史)・音道(中国語の発音)・書道・算道の六道。

★6 行基は僧尼令違反で弾圧されたが，大仏造営事業の中で民衆の労働力を必要とした政府は，行基の行動を公認し，行基もまた大僧正となって協力した。

★7 百万塔陀羅尼　恵美押勝の乱の戦没者の冥福祈願のため，称徳天皇が発願した。三重小塔百万基に，現存する世界最古の印刷物である陀羅尼経を納めた。

★8 編年体　年代を追って史実を叙述したもの。

注意 『風土記』のうち，ほぼ完全に現存しているのは，『出雲国風土記』のみで，その他はいずれも不完全なものである。『風土記』による国土の強固な掌握は，中央集権国家存立の前提となった。

★9 国学　国ごとに設けられるのが原則であったが，実際は10余国に設置されたにすぎなかった。史書・経書が教科書として用いられていた。

❸**代表的学者** **石上宅嗣**は，最初の公開図書館である**芸亭**★10を設けた。そのほか**淡海三船**・吉備真備など。

❹**『懐風藻』** 751(天平勝宝3)年成立。全1巻。大友皇子・大津皇子・藤原不比等・長屋王など64人の詩120編を収めた**現存最古の漢詩集**。編者は淡海三船といわれる。

❺**『万葉集』** 770年ごろ成立。20巻。約4500首を収めた和歌集。内容・様式はさまざまで，**東歌**・**防人歌**など庶民の和歌もふくむ。日本語を表現するため，漢字を万葉仮名として用いた。**大伴家持**の編といわれる。

〔万葉の歌人たち(天平期)〕

1 第3期(710～733年)…**山上憶良**・**山部赤人**・**大伴旅人**ら。
2 第4期(733～759年)…**大伴家持**ら。

★10 芸亭 「芸」は藝の常用漢字の「芸」と混同しないように。

参考 **短歌と長歌**
短歌は5・7・5・7・7の句形で，『万葉集』の約4500首中，約4200首を占める。これに対し，長歌は5・7調を反復して連ね，終わりを7・7とし，そのあとに普通，反歌をともなう。

5 天平の美術

❶**天平建築の遺構** 国家の保護で，多くの寺が建てられた。雄大で均斉美を特色としている。

1 寺院建築…東大寺法華堂(三月堂)・転害門，**唐招提寺金堂**，**法隆寺夢殿**。
2 宮殿建築…唐招提寺講堂(もと平城宮の朝集殿の移築)。
3 住宅建築…法隆寺伝法堂。
4 倉庫建築…東大寺正倉院(高床倉庫で，**校倉造**)。

補説 **校倉造** 右の写真のように，切り口が三角形の長い角材を組み合わせて壁面を構成する建築方法。湿気の除去に適しているので，倉庫建築に使用されている。

注意 左にあげた天平建築は，すべて奈良県内にある。**当麻寺東塔・西塔**は三重塔で，奈良時代の東西両塔が現存するのは同寺のみ。

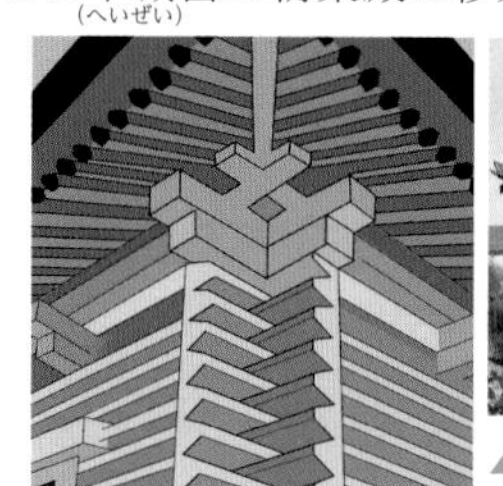
▲校倉造

▲東大寺正倉院

史料 防人歌

1 防人に 行くは誰が背①と 問ふ人を 見るが羨しさ② 物思いもせず

2 父母が 頭かきなで 幸くあれて③ 言ひし言葉④ぜ 忘れかねつる 『万葉集』

注釈 ①夫。②うらやましさ。③無事でいなさいと。④万葉仮名は，漢字の当て字で日本語を表記するため，当時，東国の方言で「言葉」を「けとば」と発音していたことがわかる。

視点 1は夫を防人として送り出す女性，2は両親と別れて防人となった男性の歌である。防人歌は，『万葉集』に約100首が掲載されており，夫婦や親子の別れの悲しみをうたった歌が多い。

▲執金剛神像

▲不空羂索観音像

▲鑑真像

▲鳥毛立女屏風の樹下美人図

❷**彫刻作品**★11　東大寺法華堂は，天平彫刻の代表作を集め，**不空羂索観音像**，**日光・月光菩薩像**，**執金剛神像**がある。東大寺戒壇堂四天王像や，興福寺の**阿修羅像**を中心とする**八部衆像**と**十大弟子像**，肖像彫刻の唐招提寺の**鑑真像**も有名。

❸**天平彫刻の特色**　①木像・金銅像，漆でぬり固めた**乾漆像**，粘土でつくった**塑像**が発達した。②写実的で豊麗である。

❹**絵画作品**　東大寺正倉院の**鳥毛立女屏風**に描かれている樹下美人図，薬師寺の**吉祥天画像**，絵巻物の源流の1つと考えられている**過去現在絵因果経**など。

❺**工芸品**　**正倉院宝物**★12（螺鈿紫檀五絃琵琶・漆胡瓶など），東大寺大仏殿八角灯籠扉浮彫，百万塔陀羅尼など。

★11 これらの彫刻作品のうち，下線で示したものが乾漆像，その他は塑像。

★12 **正倉院宝物**　聖武天皇の遺品や**大仏開眼供養**の関係品を中心に，調度品や古文書など約9000点におよぶ。この中には中国やインド・ペルシアから伝来した品物もふくまれている。

SECTION 5 平安京と律令政治の再建

▶ **桓武天皇**は，**平安遷都**により政治の刷新をはかり，社会の変化に対応しながら**律令体制の再建**をめざした。この方針は平城天皇・嵯峨天皇にも引き継がれた。

1 平安遷都

❶**桓武天皇の即位**　781（天応元）年，天智系の光仁天皇の譲位をうけて，その子の**桓武天皇**（在位781～806）が即位した。桓武天皇は**律令体制の再建**に努めた。

❷**長岡遷都**　784（延暦3）年，山背国乙訓郡長岡村の地に式家の**藤原種継**を責任者として，**長岡京**（京都府長岡京市・向日市など）の造営が開始された。桓武天皇は，この年新都に移った。785（延暦4）年，藤原種継が遷都に反対する大伴・佐伯氏らにより暗殺されるなどして，造営が困難となった。

参考　**桓武天皇と秦氏**
桓武天皇は天智天皇の曽孫で，母は渡来系氏族出身の**高野新笠**であった。藤原種継の母も秦氏の出身であり，桓武天皇は母方や種継を通じて渡来系の豪族と親交をもった。

首謀者が発覚する中で，皇太子で天皇の同母弟の**早良親王**も捕えられたが，無実を訴え絶食して憤死した。

❸**平安遷都** 長岡京造営の困難に加え，早良親王の怨霊などもあり，ふたたび遷都問題が起こった。**和気清麻呂**の発議により山背国葛野郡宇太村(京都市)の地が選ばれた。翌794(延暦13)年，この地に遷都され，**平安京**と命名された(国名も**山城**に改定)。政教分離を意図して，**平城京から長岡京・平安京への寺院の移転を許さなかった**。

❹**遷都の理由** [1] 天智系の新王朝の勢威を誇示する。

[2] 平城京に基盤をもつ伝統的な豪族や寺院勢力を排除する。

[3] 平城京と難波宮を統合し，財政を緊縮する。

補説 **長岡や京都の地が選ばれた理由** ①淀川を通じて瀬戸内海と結ばれ，大和地方にも木津川によってつながり，交通が便利であった。②秦氏などの渡来系氏族の拠点で，その協力が期待できた。

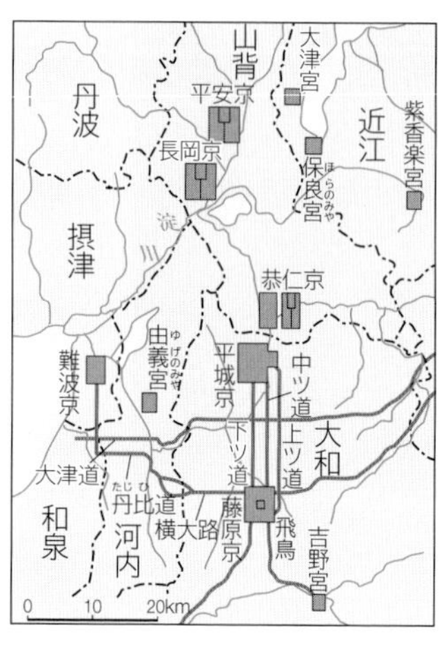

▲古代のおもな都

❺**平安京の構造** 唐の都**長安**を模し，東西約4.5km，南北約5.2kmの**条坊制**。中央北端が内裏と官衙となり，**朱雀大路**が中央を南北に通って，左京・右京に2分されていた。

❻**造都の中止** 805(延暦24)年，**藤原緒嗣**と**菅野真道**との**徳政相論**(徳のある政治とは何か，の議論)の結果，都の造営が中止された。

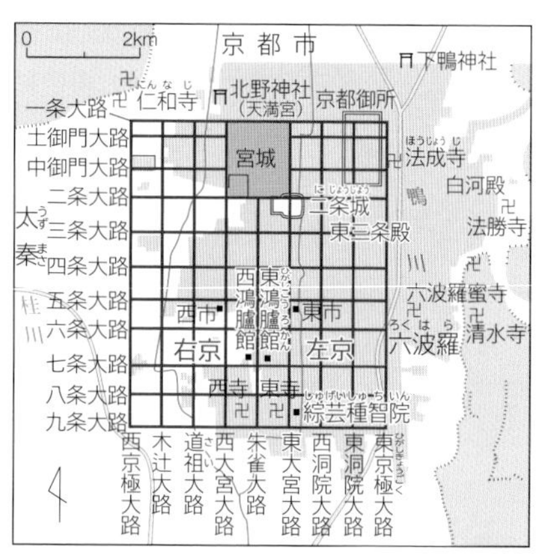

▲平安京

京都御所，二条城などは後世の建築。また西寺，綜芸種智院などは現存しない。

補説 **徳政相論** 桓武天皇が，藤原緒嗣と菅野真道に議論させたところ，緒嗣は民を苦しめているのは**征夷事業**と**帝都造営**であり，これをやめることこそ徳政であると述べた。これに対して，渡来氏族出身の真道は同じ渡来人の血を引く桓武天皇を擁護したが，天皇は緒嗣を支持し，**2大事業を中止**した。

2 桓武天皇の政治

❶**地方政治の粛正** 天皇は，地方で直接人民統治にあたる郡司や国司の監督を強化した。そのため，**巡察使**を派遣して地方行政を監督させる一方，**勘解由使**★1を新設した。

❷**班田制の励行** 大土地所有の進展で班田収授法の実施は困難になった。そこで，天皇は801(延暦20)年，6年ごとの班田収授を**12年に1回**(**一紀一班**)とした。また，共同利用地である山川藪沢の利権の寺社・貴族による独占を禁止した。

★1 **勘解由使** 国司交代の不正を正すために置かれた。**解由状**(新任の国司が，前任国司の勤務状態を調べ，不正のなかったことを証明する文書)を検査する監督官で，**令外官**(☞p.78)である。

❸**公民負担の軽減**　国司が使役できる**雑徭を60日から30日に減らし，出挙の利率を5割から3割に下げた。**

❹**軍制改革**　農民の疲弊によって軍団の維持が困難となり，対外的緊張も低下したので，陸奥・出羽・佐渡，九州を除いて軍団を廃止し，郡司の子弟を**健児**★2として兵に代えた。

❺**蝦夷の反乱**　強大化した蝦夷は，朝廷の征服・同化政策に反発して，8世紀後半から大規模な抵抗を展開した。780(宝亀11)年の**伊治呰麻呂の反乱**★3は，その例である。

❻**蝦夷征服**　1 **第1回**(789年)…征東大使**紀古佐美**のもと，兵士5万3000人が東北地方に送られたが，大敗した。

2 **第2回**(794年)…征夷大将軍**大伴弟麻呂**のもと，兵士10万人を派遣し，一定の成果をあげた。

3 **第3回**(797～803年)…**征夷大将軍坂上田村麻呂**のもと，兵士4万人が送られた。田村麻呂は，反乱の拠点胆沢で，中心人物**阿弖流為**を破り，802(延暦21)年に**胆沢城**(岩手県)を築いて，鎮守府を**多賀城**(☞p.64)から移して反乱に備えた。翌年には，さらに北進して**志波城**(岩手県)をつくった。

補説　**その後の蝦夷鎮定**　第4回征夷軍が準備されたが，805年の徳政相論で藤原緒嗣の建議により中止された。のち，嵯峨天皇の時代に，**文室綿麻呂**が陸奥北部の蝦夷を攻撃して，征夷が成功したと宣言した(811年)。蝦夷が完全に征圧されるのは，鎌倉時代にはいってからである。

[桓武天皇の律令再建策]
① 地方政治の粛正…巡察使，勘解由使
② 民政改革…12年1班，雑徭半減，出挙利下げ
③ 兵制改革…辺境を除き，軍団廃止→健児
④ 仏教界の革新…政教分離

3 平城・嵯峨天皇の政治

❶**平城天皇の政治**　桓武天皇の死後，その皇子が**平城天皇**(在位806～809年)として皇位を継承した。その改革点は，①地方行政の監督強化のための**観察使**の設置，②中央官司の整理統合，など，桓武天皇の遺志をつぐものであった。

❷**平城太上天皇**★4**の行動**　退位後も国政を行った。また，藤原種継(式家)の娘**藤原薬子**と，その兄**仲成**を寵愛・重用し，平城京への再遷都を企図した。

★2 **健児**　少数精鋭で，各国の規模に応じて採用し，60日の分番交代であった。兵員の質向上と，公民負担の軽減をめざしたものである。

★3 **伊治呰麻呂の反乱**　呰麻呂は蝦夷で，陸奥国伊治郡の郡司であったが，はずかしめられたのを怒って反乱を起こし，多賀城を陥落させた。

注意　**征夷大将軍**は蝦夷征討のための将軍のこと。**令外官**。鎌倉～江戸時代の征夷大将軍は，ここからきている。

参考　**鎮守府の変遷**　鎮守府は蝦夷征討のため陸奥国に設けられた役所である。奈良時代初期に設置されたときの所在地には諸説あるが，やがて**多賀城**が鎮守府と定まった。802年，鎮守府は，**胆沢城**に移った。のち**平泉**(岩手県)に移転したが，奥州藤原氏の滅亡で消滅した。

★4 **太上天皇**　**上皇**ともいい，譲位後の天皇の称号である。出家した場合は，**法皇**という。697年に**持統天皇**が譲位したのが最初。

❸**嵯峨天皇の即位** 平城天皇は病弱のため，3年で譲位し，弟の**嵯峨天皇**(在位809〜823年)が即位した。その後，平城太上天皇と対立し，「二所朝廷」と呼ばれる政治混乱がおこった。

❹**薬子の変** 810(弘仁元)年，**藤原仲成・薬子**や南都勢力の支援をうけた平城太上天皇が，重祚と平城京への再遷都を企てたが，失敗した。薬子は服毒自殺し，仲成は射殺された。また，平城太上天皇も出家することになった。

〔薬子の変の結果〕

1 藤原氏の式家が衰退し，北家が台頭した。
2 **令外官**の**蔵人**と**検非違使**が設置された。★5

補説 **蔵人と北家の台頭** 最初の蔵人所の長官(**蔵人頭**)には，北家の**藤原冬嗣**と**巨勢野足**が任じられた。冬嗣はこれを利用して北家興隆の基礎を築いたのである。なお，蔵人頭は天皇の側近的役割を果たした。

注意 **薬子の変**に際して新設された**蔵人**は天皇の命令を太政官などに伝える際，機密が上皇側にもれるのを防ぐ役割を果たした。

★5 蔵人の役所を**蔵人所**，検非違使の役所を**検非違使庁**という。

❺**令外官** 令に規定されていない官職をいい，律令制の動揺にともなって，その円滑な運用のために新設された。とくに平安初期からは，**重要な権限をもつ令外官**が置かれた。

▼おもな令外官(9世紀末まで)

名称	設置年	天皇	職務の内容
参議	702年	文武	大臣・大納言とともに国政に参加。731年，聖武天皇が正式に設置
中納言	705年	文武	大納言の下に設けられ，大納言を補佐
征夷大将軍	794年	桓武	**蝦夷鎮圧の最高責任者**で，天皇の軍事大権を代行し，武力を行使
勘解由使	797年以前	桓武	**国司交代のときに不正がないかどうかを調査・監督**
蔵人頭	810年	嵯峨	**天皇の機密文書を管理**し，天皇への上奏，命令の下達を担当
検非違使	816年以前	嵯峨	**京・周辺の警察権・裁判権**をつかさどり，国家儀礼を統轄
摂政	866年	清和	**天皇の代行**として執政
関白	884年	光孝	**幼年の天皇を補佐**。のちには成人後の天皇にかわって政治を行う

❻**格式の編修** 律令の条文を補足・修正した太政官符や詔勅を格，その施行細則を式という。嵯峨天皇の時代，大宝律令制定以後の格と式をまとめた『**弘仁格式**』(820年)が編修された。のちの『**貞観格式**』(869・871年)・『**延喜格式**』(907・927年)をあわせて，三代格式とよぶ。このうち，現存するのは延喜式のみである。

❼**律令の注釈**
1 『**令義解**』…**養老律令の官撰注釈書**で，**清原夏野・小野篁**らが833(天長10)年に完成。10巻。
2 『**令集解**』…令を注釈した古記録を明法博士の**惟宗直本**が私的に集めた注釈書で，9世紀中ごろに成立。30巻。

参考 『**類聚三代格**』 弘仁・貞観・延喜の格式のうち，重要なものを神事・仏事などに分類集成したもの。11世紀ごろに成立。

参考 **その他の編修事業** ①氏族の系譜を集成した『**新撰姓氏録**』(815年)。②朝廷の儀式の次第を定めた『**内裏式**』。弘仁・貞観・延喜の『**儀式**』。③国司の交替に関する延暦・貞観・延喜の『**交替式**』。

4 地方と貴族社会の変容

❶政府の土地経営

9世紀には律令的な土地支配である班田収授法が機能しなくなり，それにともない税収が減少した。政府は公営田★6，官田★7（元慶官田），勅旨田★8，諸司田★9などの**直営田**を導入して財源を確保するようになっていった。

❷院宮王臣家の土地所有

9世紀ごろ，天皇に近い関係にあった有力な少数の皇族・貴族（**院宮王臣家**）は，新たに台頭してきた有力農民（富豪の輩，富豪百姓）と結託して大土地所有を展開し，国家財政を圧迫した。後に大寺院も含んで，権門勢家となった。

★6 **公営田**　823（弘仁14）年，小野岑守の建議で大宰府管内に設置された，国家の直営田。耕作農民への食料・耕作料は支給され，収穫物は国家に納入された。

★7 **官田**　879（元慶3）年，畿内に設置された政府直営田で，その収入は官人の給与などにあてられた。

★8 **勅旨田**　天皇の命令（勅）で開墾された皇室領。

★9 **諸司田**　諸官庁の経費にあてるため，官司に付属した田地。

SECTION 6 弘仁・貞観文化

▶律令政治の再建の気風を反映して，引きつづき**唐風文化**が栄えた。**漢文学**がさかんで，儒教的色彩の強い学問・教育が発達した。美術では，**天台宗・真言宗**による**密教芸術**が中心となった。この**国風文化が成立する直前の平安時代初期の文化**を，当時の代表的な年号をとって，**弘仁・貞観文化**という。

1 平安仏教

❶天台宗の成立

1 **由来**…**最澄**（**伝教大師**）が805（延暦24）年に唐から帰国してのち開宗し，**比叡山**に**延暦寺**（滋賀県）を創建した。

2 **教義**…大乗仏教で，**法華経**に基づいて，すべての人間は平等に仏性をもつと主張し，「一切衆生悉有仏性」を説いた。

❷大乗戒壇の設立

最澄は**大乗戒**を授けるための**戒壇**（☞p.72）を比叡山に設立することを望み，『**山家学生式**』を制定した。しかし，南都諸宗の反発は強く，最澄は『**顕戒論**』を著して反論したが，戒壇設立は最澄の生前には実現しなかった（死去直後の822年に許可）。

❸天台宗の密教化と分裂

最澄の死後，天台宗は**円仁**（慈覚大師）・**円珍**（智証大師）により支えられたが，このころから密教化し始めた。これを**台密**という。やがて，円仁の**山門派**（延暦寺）と円珍の**寺門派**（園城寺＝三井寺，滋賀県）に分裂した。

参考 **平安仏教の特色**
①山岳仏教の性格が強く，政教分離をめざす。
②密教＝加持祈禱による仏教である。

参考 **密教と加持祈禱**　釈迦が知恵の乏しい者にもわかるように経典などで説いたものを**顕教**というのに対し，仏の悟りそのままの深い秘密の教えを**密教**という。顕教が造寺・読経などを中心とするのに対し，密教は，加持祈禱によって国家の安泰と現世利益を願った。

❹真言宗の成立

1 由来…空海(弘法大師)が806(大同元)年に唐から帰国してのち開宗。嵯峨天皇の保護をうけて，高野山(和歌山県)に金剛峰寺を開き，京都に東寺(教王護国寺)を与えられた。

2 教義…真言宗は「大日経」をもとに，秘法により即身成仏を説く密教(東寺を拠点とするので東密とよばれる)で，現世的な加持祈禱を行ったので，貴族に受容された。

参考 空海の活動
空海は貴族の帰依をうける一方，讃岐の満濃池や大和の益田池を開いて農業開発に努めた。また，庶民教育の為の綜芸種智院を作り，『三教指帰』や『十住心論』を著した。

2 学問・文学

❶六国史の編修

平安時代初期には，『続日本紀』などの正史の編修が行われた(六国史の成立)。

▼六国史

書名	内容範囲	完成年・天皇	編者
日本書紀	神代～持統(　～697)	720年・元正	舎人親王ら
続日本紀	文武～桓武(697～791)	797年・桓武	菅野真道ら
日本後紀	桓武～淳和(792～833)	840年・仁明	藤原緒嗣ら
続日本後紀	仁明(833～850)	869年・清和	藤原良房ら
日本文徳天皇実録	文徳(850～858)	879年・陽成	藤原基経ら
日本三代実録	清和～光孝(858～887)	901年・醍醐	藤原時平ら

❷教育施設の創設

貴族は一族の子弟を教育するために，大学別曹(寄宿舎兼研究室)として私学(右表)を設けた。また，空海は，庶民教育のための学校として，東寺に綜芸種智院を創立した。

▼平安初期のおもな教育施設

名称	設立者	対象
勧学院	藤原冬嗣	藤原氏
弘文院	和気広世	和気氏
学館院	橘 嘉智子	橘氏
奨学院	在原行平	在原氏
綜芸種智院	空海	庶民

❸文学

平安初期には漢文学がきわめてさかんであった。★1 この時代の代表的な作品は，下表の通りである。

▼平安時代初期のおもな漢詩文集と史書

書名	成立年代	内容	編・作者
凌雲集	814年	最初の勅撰漢詩文集	小野岑守
文華秀麗集	818年	勅撰漢詩集	藤原冬嗣
経国集	827年	淳和天皇の勅撰漢詩文集	良岑安世
性霊集	835年ごろ	空海の漢詩文集	真済
倭名類聚抄	930年ごろ	漢和辞典・百科辞典	源　順
日本霊異記	822年ごろ	最古の仏教説話集	景戒
類聚国史	892年	六国史を項目別に分類	菅原道真

★1 漢文学の隆盛 唐文化の影響で漢文学が隆盛した。大学では明経道(儒教を学ぶ)よりも紀伝道(漢文学・中国史)が中心教科となった。教養として漢詩文が重要視され，文章経国(文学が栄えることが国家の経営につながるとする政治思想)の考え方から，官吏の登用試験にも漢詩文の力が要求されるようになった。

3 密教美術

❶建築の遺構

宗派の争いや兵乱のため，この時代の建築はほとんど現存しない。遺構としては，女人高野と呼ばれる室生寺の金堂・五重塔(奈良県)が伝えられるにすぎない。

❷弘仁・貞観建築の特色

1 山岳寺院★2建築が主で，したがって広い平地を確保するこ

★2 天台宗・真言宗は山岳の地に伽藍を営み，山中を修行の場としたため，従来の山岳信仰とも結びついて修験道の源流となった。

とは困難なため，整然とした伽藍配置は見られない。

② 神社では，寺院建築の様式をとりいれた**春日造**・**流造**の建物が多くつくられた。

❸彫刻作品 **元興寺**(奈良市)の**薬師如来像**，**神護寺**(京都市)の**薬師如来像**・五大虚空蔵菩薩像，**室生寺**(奈良県)の**釈迦如来像**，**観心寺**(大阪府)の**如意輪観音像**，法華寺(奈良市)の**十一面観音像**などの仏像がある。また，**神仏習合**(☞p.96)を示す**薬師寺**(奈良市)の**僧形八幡神像**などの神像もある。

▲元興寺薬師如来像

▲明王院赤不動

❹弘仁・貞観彫刻の特色 ① 木彫で**一木造**★3の仏像が多い。

② 力強い波形のひだを重ねる**翻波式彫法**を用いた。

③ 重厚で，神秘的・官能的な表現を示す。

❺絵画作品 密教の影響をうけた絵画に**曼荼羅**がある。これとは別に，人物や山水を題材とする**大和絵**も始められた。

① **密教画**…神護寺(京都市)の**両界曼荼羅**★4，教王護国寺(東寺)の**両界曼荼羅**，園城寺(滋賀県)の不動明王像(**黄不動**)，高野山明王院(和歌山県)の**赤不動**，青蓮院(京都市)の**青不動**★5が有名。

② **大和絵**…巨勢金岡・百済河成らが活躍した。

❻唐風の書道 唐風の書がさかんであり，**嵯峨天皇**・**空海**・**橘逸勢**の3人は，その名手として後世，**三筆**とよばれた。空海が最澄に送った書状を集めた『**風信帖**』は有名である。

★3 **一木造** 1本の木から仏像の主要部分をつくる方法。ただし，全部が1本の木でつくられるというわけではない。

★4 **両界曼荼羅** 両界とは，真言密教の宗教観の根本を図示した**金剛界曼荼羅**と**胎蔵界曼荼羅**をいう。曼荼羅は，仏教の教義を象徴的に図にしたものである。

★5 これらの黄不動・赤不動・青不動の3つをあわせて，**三不動**という。

\ TOPICS /

東北の祈り

奈良時代までの仏教文化は，都市の文化である。地方の文化も，国府などの政庁所在地に花開いたものであった。ところが，平安初期になって，東北地方にも貞観仏が数多くつくられるようになった。たとえば，**勝常寺**(福島県河沼郡)の**薬師如来像**・**四天王像**以下12体，**黒石寺**(岩手県奥州市)の**薬師如来像**，**成島毘沙門堂**(岩手県花巻市)の**兜跋毘沙門天**以下4体などが有名である。これらの仏像には，畿内のような密教の教義の影響ははっきり認められないが，東北地方独自の特徴をもちながら，一木造・翻波式彫法という，畿内の貞観彫刻に見られる神秘的でおごそかな傾向をも，とりいれている。

☑ 要点チェック

CHAPTER 3 古代国家の展開	答
□ 1 藤原不比等の娘光明子は，何天皇の皇后となったか。	1 聖武天皇
□ 2 729年，藤原4兄弟によって自殺させられた左大臣は誰か。	2 長屋王
□ 3 玄昉・吉備真備の排除を求め，740年に挙兵した人物は誰か。	3 藤原広嗣
□ 4 藤原仲麻呂が，淳仁天皇からたまわった名を何というか。	4 恵美押勝
□ 5 称徳天皇に信任され，藤原仲麻呂と対立した僧は誰か。	5 道鏡
□ 6 724年に，現在の宮城県に置かれた城を何というか。	6 多賀城
□ 7 律令制下で，公民が戸籍の性別などを偽ることを何というか。	7 偽籍
□ 8 723年，口分田不足を解消するために発布された法を何というか。	8 三世一身法
□ 9 墾田永年私財法，大仏造立の詔が出されたのは西暦何年か。	9 743年
□ 10 初期の遣唐使は，北路・南路のうち，どの経路を利用したとされるか。	10 北路
□ 11 698年，中国東北部に建国され，日本と通交した国はどこか。	11 渤海
□ 12 仏教の力で，政治や社会の不安をとり除こうとする思想は何か。	12 鎮護国家思想
□ 13 政府の弾圧をうけつつも布教と社会事業につくし，のちに政府の要請をうけて東大寺の大仏造立に協力した僧は誰か。	13 行基
□ 14 鑑真が平城京に建立した寺院を何というか。	14 唐招提寺
□ 15 『日本書紀』など，律令国家の6つの正史をあわせて何というか。	15 六国史
□ 16 713年に完成した，諸国の地理・産物などの地誌を何というか。	16 風土記
□ 17 律令国家で，地方に設置された官吏養成機関を何というか。	17 国学
□ 18 淡海三船が編修したとされる，現存最古の漢詩集を何というか。	18 懐風藻
□ 19 長岡京造営を進め，反対勢力に暗殺された人物は誰か。	19 藤原種継
□ 20 辺境を除いて軍団を廃止し，郡司の子弟を兵士とした制度は何か。	20 健児
□ 21 797年に征夷大将軍となり，蝦夷の阿弖利為を破った人物は誰か。	21 坂上田村麻呂
□ 22 参議など，令の規定以外に新設された官職を総称して何というか。	22 令外官
□ 23 9世紀初めに置かれ，京の治安維持をつかさどった官職は何か。	23 検非違使
□ 24 律令の補足・修正法と，施行細則をそれぞれ何というか。	24 格，式
□ 25 天台宗と真言宗の密教を，それぞれ何というか。	25 台密，東密
□ 26 空海が開いた，庶民の子弟の教育機関を何というか。	26 綜芸種智院
□ 27 仏像の主要部を，1本の木で彫刻する製法を何というか。	27 一木造
□ 28 三筆とは，空海・橘逸勢と，もう1人は誰をさすか。	28 嵯峨天皇

• CHAPTER

4 » 貴族政治の展開と文化の国風化

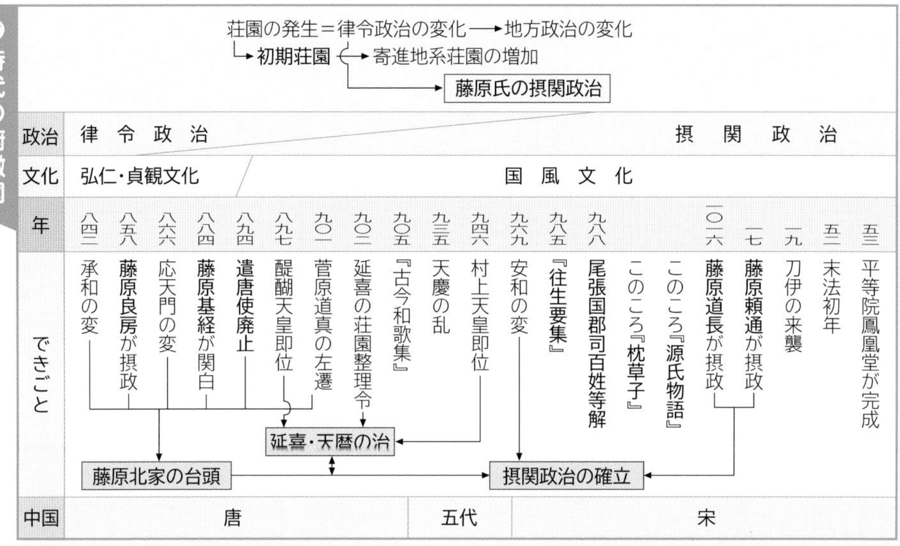

時代の俯瞰図
荘園の発生＝律令政治の変化 → 地方政治の変化
→ 初期荘園 ← → 寄進地系荘園の増加
→ 藤原氏の摂関政治
政治 律令政治 摂関政治
文化 弘仁・貞観文化 国風文化
年 できごと
八四二 承和の変
八五八 藤原良房が摂政
八六六 応天門の変
八八四 藤原基経が関白
八九四 遣唐使廃止
八九七 醍醐天皇即位
九〇一 菅原道真の左遷
九〇二 延喜の荘園整理令
九〇五 『古今和歌集』
九三五 天慶の乱
九四六 村上天皇即位
九六九 安和の変
九八五 『往生要集』
九八八 尾張国郡司百姓等解
このころ『枕草子』
このころ『源氏物語』
一〇一六 藤原道長が摂政
一〇一七 藤原頼通が摂政
一〇一九 刀伊の来襲
一〇五二 末法初年
一〇五三 平等院鳳凰堂が完成
延喜・天暦の治
藤原北家の台頭
摂関政治の確立
中国 唐 五代 宋

※藤原良房が正式に摂政に就任したのは866年。

SECTION 1 摂関政治の成立

▶ 律令政治は9世紀になるとおとろえ始め，やがて**摂関政治**が行われるようになった。摂関政治は，天皇の**外戚**(母方の実家)としての地位を基礎として成立した。

1 藤原北家の台頭

❶**藤原冬嗣の進出**　**北家**の冬嗣は，嵯峨天皇のもとで810(弘仁元)年に**蔵人頭**に就任した。仁明天皇に入内させた娘**順子**が文徳天皇を生み，外戚として力を伸ばした。

❷**藤原良房の他氏排斥**　冬嗣の子良房は**承和の変**や**応天門の変**で旧貴族の勢力を弱め，北家の勢力を確立した。

補説　**承和の変**　842(承和9)年。皇太子恒貞親王(淳和天皇の皇子)に仕える**伴健岑**や**橘逸勢**が反逆を企てたとして流罪にされた。この結果，伴氏(もとの大伴氏)と橘氏の勢力は減退，恒貞は廃され，良房の甥(のちの文徳天皇)が皇太子となった。

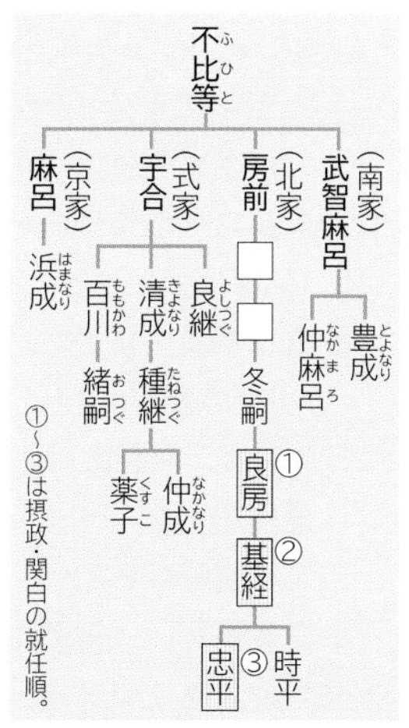

▲藤原氏の系図

補説　**応天門の変**　866(貞観8)年。八省院(朝堂院)南面の正門である応天門の放火炎上をめぐる事件。はじめ，大納言**伴善男**の訴えによって左大臣 **源 信**が犯人とされたが，まもなく無罪となり，その後，善男と子の中庸，**紀豊城**らが真犯人として政界から排除された。

❸**人臣最初の摂政**　良房は，外戚政策と他氏の排斥によってその立場を不動のものとした。**文徳天皇**の857(天安元)年に**太政大臣**となり，翌858(天安2)年には**清和天皇**の外戚として実質的に摂政★1の地位についたとされる。摂政という官職に就任したのは866(貞観8)年であったが，これが**皇族以外の摂政(人臣摂政)**の始まりである。

❹**関白の設置**　良房の養子(兄の実子)である**藤原基経**は884(元慶8)年，光孝天皇の即位に際し，実質的な関白となり887(仁和3)年，**阿衡の紛議**を経て**宇多天皇**の関白★1となった。

補説　**阿衡の紛議**　887年，藤原基経は，宇多天皇が即位に際して基経あてに出した勅書に阿衡に任ずるとあったのに対し，阿衡は職掌がないと抗議し，翌888年これを撤回させて，起草した橘広相を処罰させた。これにより，関白の政治的地位が確立した。

★1 **摂政・関白**　ともに天皇の代理として政務全般を行う官職。のちに天皇が幼少のときは摂政が政治を代行し，成人後は関白が天皇を補佐して政治を行うようになった。

2 延喜・天暦の治

❶**天皇親政**　良房・基経による**藤原北家**の勢力拡大に対して，9世紀末から10世紀前半にかけて**摂関が置かれない時期**があった。この時期の政治を**延喜・天暦の治**とよぶ。

補説　**昌泰の変**　菅原道真は，醍醐天皇のとき右大臣となったが，901年，基経の子である左大臣**藤原時平**の策謀によって大宰権帥に左遷され，903年，大宰府の地で死去した。

❷**延喜の治**　宇多天皇の子の**醍醐天皇**時代の政治をいう。

1. **班田制の復活**…9世紀以後，ほとんど行われていなかった班田制を902(延喜2)年に実施した。
2. **延喜の荘園整理令**…902年。初めての荘園整理令。
3. **『延喜格式』**…律令制度を補則する格と式とを集大成。
4. **文化事業**…**『日本三代実録』**(☞p.80)や**『古今和歌集』**(☞p.92)の編修。

❸**天暦の治**　醍醐天皇の子の**村上天皇**時代の政治をいう。

1. **貨幣の鋳造**…958(天徳2)年に**乾元大宝**が鋳造された。この貨幣は**本朝(皇朝)十二銭**(☞p.59)の最後になった。
2. **文化事業**…**『後撰和歌集』**が編修された。

❹**摂関政治確立の契機**　藤原時平の弟**忠平**は，朱雀・村上天皇の外戚として摂政・関白となった。彼の時代に，**天皇が**

参考　**寛平の治**　延喜・天暦の治以前，その導入的役割を演じたのが**宇多天皇**である。天皇は，基経が死去すると関白を置かず，親政を支える人物として，**菅原道真**を登用した。宇多天皇の政治を，年号にちなんで**寛平の治**とよぶ。

参考　**「意見封事十二箇条」**　914(延喜14)年に三善清行が醍醐天皇に提出した意見書で，律令政治の衰退とその対策を述べたものである。

注意　延喜・天暦の治では律令制の復興をめざしたが，時代にあわず，改革は進まなかった。延喜・天暦時代のなかばに**天慶の乱**(☞p.90)が起こっている。

幼少のときは摂政，成人後は関白となることが定着した。

補説　安和の変[★2]　藤原氏と対立していた左大臣源高明(醍醐天皇の子)が，969年，陰謀を企てたとして大宰権帥に左遷された事件。藤原北家が，源満仲らを使って密告させたもので，当時の関白であった藤原実頼以後，摂関がほぼ常置の職となった。

★2　この事件を密告した源満仲は，摂関家と結んで源氏(清和源氏)の台頭(☞p.90)の基礎を築いた。

SECTION 2 摂関政治の全盛

▶ 藤原氏は，有力な他氏を中央政権から排除して，摂政・関白を常置のものとし，朝廷の主要官職を独占した。とくに藤原道長は，藤原北家内部の対抗者をも排して，摂関政治の全盛期を築きあげた。

1 摂関政治の確立

❶摂関政治の形態　摂関政治は，天皇の政治的権限を代行する摂政，天皇を補佐する関白が，陣定[★1]（三位以上の公卿による貴族会議)の決定に基づいて行う政治であり，その執行は，官符や宣旨をもって太政官の行政組織を通じて進められた。

★1　陣定　内裏の陣座で行われたので，この名がある。陣定の結論をもとに，摂政は単独で，関白は天皇を補佐して決定を下した。

❷摂関政治の性格と政治の傾向　摂関政治は，天皇の権威に依存し，弁官・蔵人頭など，有能な官僚に支えられた政治であった。政治の中枢は，天皇と外戚である藤原北家の一族に独占され，菅原道真のような学者・文人は姿を消した。また，地方政治は，国内支配を国司(受領とよばれた)に一任し，税さえ上納されればよいという，現実的なものであった。

TOPICS

後宮の女性たち

後宮は，摂関政治という，天皇と貴族との姻戚関係を基本とする政治の進展とともに重要な意味をもった。中宮・女御・更衣という上層の女性が天皇の寵愛を得るかどうかが，貴族の権勢を左右する状況になったからだ。

後宮には，日常的職務に従事する下層の女官や，中宮が私的にむかえた女房がいた。多くが受領層を父にもつ女房は，中宮などに仕えて学問を教え，文化サロンを形成した。

一条天皇の皇后と中宮に仕えた清少納言と紫式部はそのような女性であった。摂関政治期に女性による文学が盛行し，名作が残されたのは，才能豊かな女性が後宮に存在したことによる。受領は娘を高級貴族に仕えさせることで，その任免権をもつ摂関家との関係を強めた。

▲紫式部

補説　**藤原氏の内紛**　安和の変で他氏の排斥を終えた藤原氏は，実頼の死後，激烈な内部抗争をくりかえした。**伊尹**・**兼通**・**兼家**・**道隆**らが摂関の座をきそい，ついで道隆の子**伊周**と，道隆の弟**道長**が争った。最後に道長が実権をにぎり，摂関政治の全盛期が現出した。道長の権勢の陰には，姉の**詮子**(一条天皇の母。東三条院)や，娘の**彰子**の支援があった。

参考　**摂関家**　天皇の外戚の有無に関係なく，摂政・関白につくことができる家柄。鎌倉時代には一条・二条・九条・鷹司・近衛家の五摂家に分かれた。

❸藤原道長の栄華　藤原道長は，甥の伊周を排し，娘の**彰子**を一条天皇の中宮として，みずからは**内覧**★2や**一上**(太政官を統括する大臣。この場合は**左大臣**)につき，さらに1016(長和5)年には，彰子の生んだ後一条天皇を即位させて**摂政**となるなど，権勢をふるった。後一条のあとも，後朱雀・後冷泉と3代にわたり，彼の外孫(嫁いだ娘の子)が皇位についた。道長の日記『**御堂関白記**』★3は，当時の政治や，貴族社会のようすを知ることのできる重要史料である。

★2 **内覧**　天皇に奏上する前に公文書を閲覧し，天皇を補佐する職。実質的には摂政・関白に等しい。

★3 **『御堂関白記』**　藤原道長の日記。御堂とは，道長が建立した法成寺(現存せず)のことである。なお，道長は関白には就いていない。

❹藤原頼通の時代　道長の子**頼通**も，後一条以下3代の天皇の外戚として約50年間**摂政・関白**をつとめた。しかし，外孫の皇子を得ることができず，その権勢は，やがておとろえた。頼通は，宇治(京都府)に平等院を建て，**宇治関白**とよばれた。

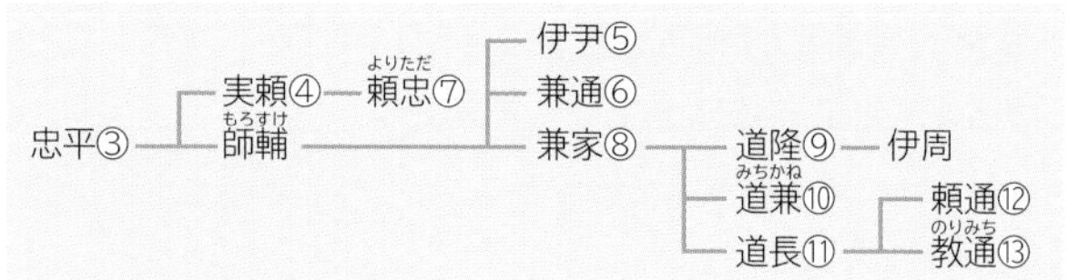

▲**藤原氏の系図**　③～⑬の数字は摂政・関白になった順序を示す。

❺摂関政治期の国際関係

1. **中国**…894(寛平6)年，**菅原道真**の中止の建議によって**遣唐使が派遣されなくなり**，国交はとだえた。しかしそれ以後も，宋の成立(960年)以後は商船が来航して，**民間での貿易**はひんぱんに行われていた。
2. **朝鮮**…935年に新羅(シルラ)が滅び，高麗(コリョ)が朝鮮半島を統一した。日本との国交はなかったものの，民間の商船はしばしばやってきた。
3. **刀伊の来襲**…1019(寛仁3)年，満州の女真族の**刀伊**が北九州に侵入したが，大宰権帥の**藤原隆家**に率いられた地方武士が，これを撃退した。地方における**武士の成長**を示す事件である。

▲**11世紀ごろの東アジア**

史料　藤原道長の全盛期

寛仁二年十月十六日乙巳，今日，女御藤原威子を以て皇后に立つるの日なり。前太政大臣第三の娘なり。一家三后を立つるは未曾有なり。……太閤，下官を招き呼びて云く，「和歌を読まんと欲す，必ず和すべし」と。……

1018年10月16日，今日は女御の藤原威子を皇后に立てる日である。威子は前太政大臣の三女である。一家から三人の后が立つとは前例のないことである。太閤（前摂政道長）が私をまねいて「和歌を詠もうと思うが，君も必ず返歌を詠め」と言い

此の世をば我が世とぞ思ふ望月の　かけたることもなしと思へば①　『小右記』

「この世をば我が世とぞ思ふ望月の欠けたることも無しと思へば」と歌った　（小野宮右大臣藤原実資の日記）

注釈 ①満月のかけることがないように，何でもかなわないことがないわが身を思うと，この世の中はすべて自分のものであるように思える。

視点 **藤原道長**の全盛期を示す史料である。藤原氏は，天皇の外戚（母方の親戚）になることで勢力を伸ばしていくが，この史料は，道長の３人の娘が**一条・三条・後一条天皇**の后になったときのものである。

3 地方政治の展開と武士

▶ 10世紀初めには，戸籍・計帳に記載された成年男性を中心に課税する律令的な徴税は崩壊してきた時代であった。**醍醐天皇**と**村上天皇**による**延喜・天暦の治**で再建が試みられたが，地方の弛緩はどうすることも出来ない状況にあり，新たな方策が必要となった。国司制の変革により新たな徴税の仕組みが成立するなか，地方に**武士団**が生まれ，また貴族や皇室と結びついた**寄進地系荘園**が形成されていった。

1 受領の出現

❶**律令制の限界**　10世紀初め律令体制の行き詰まるなか，政府は902（延喜２）年，延喜の荘園整理令で，勅旨田や貴族・皇族による違法な土地所有を禁止し，班田を実施した。しかし，浮浪・逃亡は減少せず，加えて徴税の実務を担っていた郡司たちの力が衰えたために，諸国や国家の財政を維持することが難しくなっていった。

❷**国司制の変化**　そこで政府は国司の交代制度を整備し，国司に一国の統治を一任し，一定額の税の納入を請け負わせた。徴税の責任者となった国司の長官のことを**受領**と呼ぶ。任国での徴税が重視された結果，自分の収入増加に関心を示す国司が増えることとなった。

❸**受領の苛政**　受領は強引な徴税をおこなったため，尾張守**藤原元命**のように，任国の郡司・百姓に訴えられる例もあった。

参考 律令制下の国司は，徴税だけではなく，その任国の民政・裁判・治安・教化など，大きな職務権限をもっていた。

参考 **年官と年爵**　貴族や上級貴族に，官職の任免権を与えることを**年官**，位階を給する権限を与えることを**年爵**といい，あわせて**年給**という。国司の売官・売位が多く，地方政治の荒廃をまねいた。

2 負名体制と受領

❶新しい国衙の支配体制 10世紀初めには，国衙支配下の公領では，徴税を請け負った受領が有力農民(**田堵**)に田地の耕作を請け負わせ(請作)，租税にみあう**官物**や**臨時雑役**などの税を徴収するという新方式が成立した。租税徴収の単位となる田地は，負名とよばれる請負人の名をつけて名または名田と呼ばれた。これを**負名体制**という。

❷受領の地位 受領は任国の課税率をある程度自由に決定できたため，私利の追求も可能で，下級貴族には魅力のある地位となった。このため，成功★1・重任★2のような地位の売買が横行した。11世紀後半になると，受領も交替のとき以外は任国に赴かなくなり，かわりに目代を留守所★3に派遣する遙任★4が一般化した。目代は在地の有力者が世襲的に任じられる**在庁官人**を指揮して徴税業務をおこなった。

★1 **成功** 売官の一種。宮殿や寺社の造営などとひきかえに，国司の地位が与えられた。

★2 **重任** 任期満了後もひきつづき**同じ官職に任ぜられる**こと。成功により再任されることが多い。

★3 **留守所** 受領が赴任していない国衙。

★4 **遙任** 国司任命後も**任国に赴任しないこと**。そのかわりに派遣された人が**目代**(代官)である。

史料 尾張国郡司百姓等解

尾張国郡司百姓等解①し申し請ふ官裁の事
尾張国の郡司と百姓が太政官の裁決を申請すること

裁断せられむことを請ふ。当国の守藤原朝臣元命，三箇年の内に責め取る非法の官物，并せて濫行横法三十一箇条の愁状。
当国の守藤原元命がこの三ヵ年の間に行った非法な徴税と不法行為に関する三一ヵ条(の訴え状)について裁決をお願いします。

一．……例挙の外に三箇年の収納，暗に以て加徴せる正税四十三万千二百四十八束が息利の十二万九千三百七十四束四把一分の事②。
定例の出挙のほかに，三年間に正税四三万一二四八束の利息として一二万九三七四束四把一分を徴収したことについて裁断して下さい。……

一．裁断せられむことを請ふ，元命朝臣が子弟郎等，郡司百姓の手より雑物等を乞ひ取るの事……③
国守元命の子弟や郎等が，郡司や百姓からさまざまな物を奪い取ることについて裁断して下さい。……

一．……守元命朝臣，京より下向する度毎に，有官，散位の従類，同じき不善の輩を引率するの事。
国守元命が，京から下向する度に有官・散位の従者やよからぬ者たちを引きつれてくることについて裁断して下さい。……

永延二年十一月八日 (988)　　郡司百姓等　　(尾張国解文)

注釈 ①解とは，下級の官司から上級の官司へ上申する際の文書形式。②省略した部分に，定例の出挙は正税24万6111束，利息7万3863束とあり，元命はそれ以上の暴利をむさぼっている。③省略した部分に，元命は私用のために段別2束4把を徴収したとある。

視点 尾張国(愛知県)の郡司や百姓らが，国守**藤原元命**の非法を**31カ条**にわたって訴え出たこの史料は，国司の暴政の実態を知るうえで，きわめて貴重な史料である。なお，元命はこの訴えによって解任されたが，のちに他国の受領となった。

3 荘園の発達

❶開発領主の登場　10世紀後半以降になると，任地に土着した国司の子孫たちや地方豪族(大名田堵)のなかに，私財を投じて一定の領域を開発する者が現れ，**開発領主**★5と呼ばれるようになった。開発領主は，隷属民や一般農民を駆使して付近の土地を開発し，一定の年貢を納入することを条件に，開発地を支配した。

❷荘園の成立　開発地である荘園は本来輸租田であったが，開発領主の中には国衙から干渉を免れるために所領を貴族や大寺社に**寄進**し，その権威を背景として，政府から**不輸の権**(租税免除)を承認してもらうようになっていった。そのような荘園を**官省符荘**★6と呼ぶ。開発領主は**預所**・**公文**・**下司**などの荘官となり，寄進を受けた荘園の領主は領家と呼ばれ，この荘園がさらに摂関家や天皇家などに重ねて寄進された場合，上級の領主は本家と呼ばれた★7。また，**国司の認可(国司免判)のみで税徴収が免除される荘園(国免荘)も出現した。**荘園の耕作は，公田と同じく田堵の請作に依存した。こうしてできた荘園を寄進地系荘園と呼ぶ。

★5　開発領主は領域内に堀ノ内や土居と呼ばれる屋敷を構えた。

★6　太政官符と民部省符によって不輸権を認められた荘園を官省符荘，その手続きを立券荘号と呼ぶ。

★7　領家・本家のうち，実質的な支配権をもつものも本所といった。

史料　荘園の寄進

鹿子木①の事

一．当寺の相承は，開発領主沙弥，寿妙嫡々相伝の次第なり。
この荘園は開発領主の沙弥寿妙の子孫が代々受けついできたものである。

一．寿妙の末流高方の時，権威を借らむがために，実政卿②を以て領家と号し，年貢四百石を以て割き分ち，高方は庄家領掌進退の預所職となる。
寿妙の子孫の高方のときに，権威を借りるために，藤原実政卿を領家として年貢の内四〇〇石を上納することとし，高方は庄園の現地を完全支配する預所職となった。

一．実政の末流願西③微力の間，国衙の乱妨を防がず。
実政の子孫の願西は力がなかったので，国衙の不当な干渉を防げなかった。

この故に願西，領家の得分二百石を以て，高陽院内親王④に寄進す。
そこで願西は，領家の得分のうちの二〇〇石を上納する条件で高陽院内親王に寄進した。

件の宮薨去の後，御菩提の為め……勝功徳院を立てられ，かの二百石を寄せらる。
内親王が亡くなった後，菩提を弔うために勝功徳院を建立され，その二〇〇石を寄進された。

其の後，美福門院⑤の御計として御室⑥に進付せらる。これ則ち本家の始めなり。……
その後，内親王の母である美福門院のお計いで仁和寺に寄進された。これがこの荘園の本家の始めである。

(東寺百合文書)

注釈　①肥後国(熊本県)の鹿子木荘。②当時大宰大弐として九州を管轄した。③藤原隆通の法名。④鳥羽天皇の皇女。⑤鳥羽天皇の皇后。藤原得子。⑥仁和寺にあった院家。天皇家出身の門跡が入寺した。

③不入の権の獲得 不輸の範囲や対象が広がり，荘官と国司の対立が深まると，荘園領主の権威を利用して，**検田使**★8の立ち入りを拒否する不入の権を得る荘園も増加した。

★8 **検田使** 徴税の目的で，国内の田地を調査するために国司が派遣した役人。

4 地方の反乱と武士の成長

①武士の台頭 律令体制が崩れ，地方の治安が乱れると，国家の公的な軍事力として，おもに源氏・平氏の中・下級貴族が**押領使**★9・**追捕使**★10に任命され地方に派遣された。彼らの中はそのまま在庁官人などとなり現地に残り，**武士**(**兵**)となる者が現れた。武士の家では，主人(主君)を中心に，家の子などの一族や郎等(郎党)などの従者を率いて争いを繰り返し，ときには国司に反抗することもあった。

★9 **押領使** 9世紀後半から諸国の叛徒などを平定するために置かれた令外官。

★10 **追捕使** 10世紀以降，諸国の叛徒などを逮捕するために置かれた令外官。承平・天慶の乱後に常置。

②武士団の成立 9世紀末から10世紀の地方社会は，法と従来の政治機構の支配力が崩壊し，社会の問題を解決するために，武力が要請されていた。東国では，「僦馬の党」とよばれた武装の運送集団が横行するなど，群盗の蜂起があいついだため，**軍事貴族**たちが，それらの鎮圧にあたった。これらの軍事貴族はいずれも，中央で高い地位につく見込みのない中・下級貴族であり，地方の武士たちを束ねて大きな**武士団**(武装集団)を形成し，地方における軍事力を担った。

③武士団の成長 武士団は，より有力な中央貴族の末裔(国司の末裔など)を主君として仰ぐようになり，大武士団となっていった。やがて，これらの大武士団は，桓武平氏と清和源氏出身の主君(武士の棟梁)のもとに系列化していった。

補説 **京における武士の活動** 平安中期，武士は京でもさまざまなかたちで活躍する。朝廷や院(☞p.102)や摂関家に仕え，その警備にあたる者もあらわれた。都の警備にあたる**検非違使**，宮中警備にあたる**滝口の武士**(宇多朝で設置)，院の警備にあたる**北面の武士**(白河院政で設置)など多方面におよんだ。

④天慶の乱 10世紀前半に起こった東国の平将門の乱と西国の藤原純友の乱を，まとめて天慶の乱★11という。

1 平将門の乱(939～940年) 下総(千葉県)を根拠とする平将門は，一族の内紛から伯父の平国香を殺害した★12(935年)。939(天慶2)年には国司と対立し，常陸・下野・上野の国衙を攻め落とし，東国の大半を占領して，「**新皇**」と自称したが，国香の子の**平貞盛**や下野の押領使藤原秀郷に攻められて敗死した。

2 藤原純友の乱(939～941年) もと伊予掾であった藤原

★11 平将門の乱は，935(承平5)年におこした一族の私闘から拡大した。この時期を含めて承平・天慶の乱とも呼ぶ。

★12 朝廷は当初一族の私闘とみなし，関与しなかった。しかし，将門が常陸国府を攻撃したことから，国家に対する反乱とみなし，追討使を派遣した。

純友は，伊予(愛媛県)の日振島を根拠として瀬戸内海の海賊を率いて反乱を起こした。瀬戸内海航路をおさえて官物を横領し，九州の大宰府を襲った。しかし，追捕使の小野好古や**源経基**らによって鎮圧された。

❺天慶の乱の意義　これらの乱は律令政治から摂関政治への移行期に発生し，律令制の解体をはっきりと示した。また，乱を鎮圧した武士の子孫が朝廷の武力の担い手となっていった。

❻清和源氏の進出　清和源氏は清和天皇の孫経基王(**源経基**)を祖とする。経基の子の**源満仲**は，**安和の変**(☞p.85)で手柄をたて摂関家に仕えた。

❼平忠常の乱(1028～31年)　**平忠常**★13が上総で挙兵し，房総地方を占領した。初め平直方が追討使となったが成功せず，**源頼信**が追討使になると，忠常は戦わずして降伏した。この乱を鎮圧して，源氏の東国進出のきっかけをつくった。

★13 **平忠常**　忠常は高望王(平高望)の曽孫で，上総介・武蔵国押領使となり1028年に反乱を起こした。これ以降，関東の平氏は衰退した。

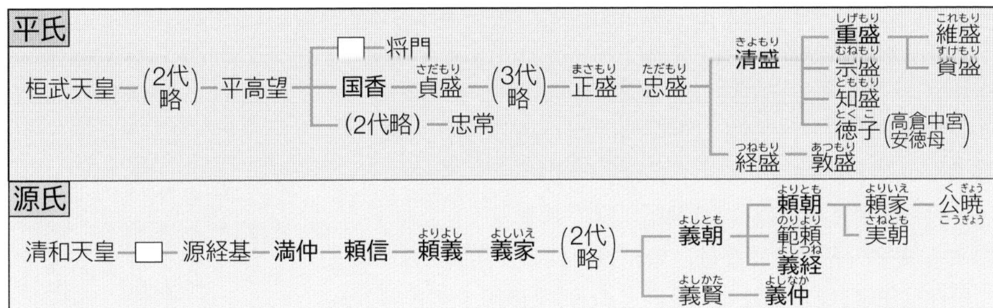

▲桓武平氏と清和源氏の略系図

＼TOPICS／

神田明神と平将門

日本三大祭の一つ東京神田明神の「神田祭」。大行列が繰り出す神幸祭では，神輿が平将門の首を祀る「将門塚」に立ち寄り，将門を参拝する。丸の内のオフィス街にある「将門塚」は神田明神の旧社地にあたり，謀叛人として誅された将門が怨霊として祟るのを恐れ，御霊として祀ったものだという(☞p.95)。

伝説では，討たれた将門の首は，京都七条河原に晒されたが，「胴体はどこだ！」と昼夜叫び，遂には東国を目指して飛び去ってしまう。しかし力が尽きた首は武蔵国柴崎村に落下。その場所には墳墓が築かれたが度々祟をなしたため，鎌倉時代終わりに他阿上人が供養して時宗の道場とし，将門の霊を境内鎮守の明神として祀ったという。のちに江戸幕府はこの明神の祭りを天下祭とした。神田祭の由来である。

将門は14の都道府県にわたる26か所で祭神として祀られており，全国各地に1550余の伝説が残されているという。朝廷に反逆し誅された平将門の劇的な生涯は，長きにわたって記憶され，災いと恵みをもたらす御霊として現在にも生きているのである。

国風文化

▶ 平安中・後期には，**国風文化**が成立・発展し，和歌・物語・随筆などが独特の発達を示した。それは，**かな文字**の成立・普及によるところが大きい。仏教では，天台・真言両宗とともに**浄土教**が発達し，**末法思想**とともに流行した。

1 国文学の隆盛

❶平安中・後期の文化　**遣唐使**は894(寛平6)年に中止されたが，大陸の文物は宋・高麗の商船によってもたらされていた。10世紀ごろから，中国の文化を日本の風土や思想に調和させようとする，いわゆる**文化の国風化**が急速に進んだ。この結果，日本独自の文化が発展した。これを**国風文化**という。

補説　**遣唐使の中止**　遣唐使は，遣唐大使に任命された**菅原道真**の建議により中止された。その理由は，①唐の国力のおとろえ，②民間交易の発達，③財政の困難，④航海の危険，⑤文化の自立＝国風化などである。

❷国文学が発達した理由　かな文字(ひらがなとカタカナ)の発明が原動力となり，漢文学にかわり**国文学**が発達した。

❸かな文字の使用　かなは平安初期に発明されているが，一般に使用されるのは10世紀以降である。

❹かな文字の普及　かなは，最初は女性の使用する文字で，男性は漢字(仮名に対して**真名**という)を使用すべきものと考えられていた。のちには，かなが一般化して男性も使うようになり，**和歌**や**物語文学**の発達にとって大きな契機となる。

❺和歌の発達　和歌では，9世紀後半に**六歌仙**★1があらわれ，隆盛期をむかえた。これらの人々の和歌が中心になって10世紀初めに『**古今和歌集**』が成立する。以後，**勅撰和歌集**がつぎつぎに編修されていった(☞p.108)。また，宮廷や貴族の邸宅などでは，**歌合**や**献歌**がさかんに行われた。

補説　**『和漢朗詠集』**　国文学の隆盛に対し，漢文学も貴族の教養として重んじられた。**藤原公任**は，この国文・漢文をミックスした和歌漢詩文集を撰した。それが『**和漢朗詠集**』である。当時愛読された『**白氏文集**』などの漢詩文と勅撰和歌集などから，約800首を抜粋したもので，1013年ごろの成立といわれている。

奴	利	知	止	部	保	仁	波	呂	以
ぬ	り	ち	と	へ	ほ	に	は	ろ	い
ヌ	リ	チ	ト	ヘ	ホ	ニ	ハ	ロ	イ
奴のつくり	利のつくり	千	止の略	部の草体	保のつくり下部	二	八	呂の略	伊のへん

▲かな文字のなりたち

漢字(□部分)を真名といい，漢字の草体を簡略化した文字が草仮名(□部分)。□がひらがな(平仮名)，□がカタカナ(片仮名)である。カタカナの「片」は漢字の一部を切り取ってできた文字という意味。

★1　**六歌仙**　**在原業平**・**小野小町**・**文屋康秀**・**大友黒主**・**僧正遍昭**・**喜撰法師**の6人の歌人。

史料　かな文字

〔『古今和歌集』の仮名序〕

やまとうたは，人のこころをたねとして，よろづのことのはとぞなれりける。世中にある人，
和歌は，人の心が種となって，多くの言葉として出てきたものである。世の中に生きている人
ことわざしげきものなれば，心におもふことを，見るものきくものにつけて，いひいだせる
は，関わり合う色々な事がたくさんあるので，心に思うことを，見るもの聞くものに託して言葉に表わしているのである。
なり。花になくうぐひす，水にすむかはづのこゑをきけば，いきとしいけるもの，いづれか
花で鳴く鶯，水にすむ蛙の声を聞くと，この世に生を受けているもの全て，どれが歌を詠まないことがあろうか。（いや，みな詠むのである。）
うたをよまざりける。

〔『土佐日記』の書き出し部分〕

をとこもすなる日記といふものを，をむなもしてみんとてするなり。それのとしの，しは
男も書くという日記というものを，女も書いてみようと思って書くのである。ある年(934・承平4年)の十二月
すのはつかあまりひとひの，いぬのときに，かどです。
二十一日の午後八時頃に，出発する。

❻物語文学の発達　『**竹取物語**』と『**宇津保物語**』が成立した。和歌を物語のなかに配した**歌物語**もつくられ，『**伊勢物語**』や『**大和物語**』が成立した。物語類は漢詩文のようにむずかしい規則を必要とせず，読むのにも容易であったから，非常な勢いで広まった。11世紀前半には**紫式部**の『**源氏物語**』★2が成立した。

❼日記文学　かな文字で書かれた私的な日記のこと。**紀貫之**の『**土佐日記**』に始まり，『**蜻蛉日記**』『**紫式部日記**』『**和泉式部日記**』『**更級日記**』がある。『土佐日記』以外は女性の手になるものであるが，日々のできごとを記した日記というよりも，細やかな観察と流麗な筆致による文学作品としての性格のほうが強い。

補説　**男性の日記**　**藤原実資**の日記『**小右記**』，**藤原道長**の日記『**御堂関白記**』がある。これらは，摂関政治期の重要史料だが，文学的性格は薄い。

❽随筆　**清少納言**の『**枕草子**』★3が有名である。同時代の『源氏物語』とともに，平安文学の最高傑作といわれる。

❾書道　前代の唐風の**三筆**(☞p.81)にかわって，和風の書体の大家として，**小野道風**(みちかぜ)・**藤原佐理**(すけまさ)・**藤原行成**(ゆきなり)の3人が，**三跡**(三蹟)とよばれた。とくに佐理の書状『**離洛帖**』は有名。また行成の子孫は**世尊寺流**とよばれ，能書の家として栄えた。

★2『源氏物語』　光源氏と，その子薫らを中心として，平安時代の貴族社会を描いた物語で，日本の物語文学の最高峰といわれる。作者の**紫式部**は，一条天皇の中宮**彰子**(藤原道長の娘)に仕えた。

★3『枕草子』　一条天皇の皇后**定子**(藤原道隆の娘)に仕えていた**清少納言**が，宮廷生活での体験などを描いた作品。

4　貴族政治の展開と文化の国風化

2 貴族の生活

❶貴族の華美な生活 貴族は京都で，自分の荘園から上納される物資によってはなやかな生活を楽しんだ。

❷貴族の住居 寝殿造(しんでんづくり)が普及し，この邸宅が貴族の生活の場所であった。主人の住む**寝殿**を中心に，**渡廊下**(わたりろうか)で**釣殿**(つりどの)・**泉殿**(いずみどの)につづいており，**池**・**遣水**(やりみず)・**築山**(つきやま)の庭をともなう。だが，寝殿造の住居に住んだのは，ごく一部の上級貴族だけであった。

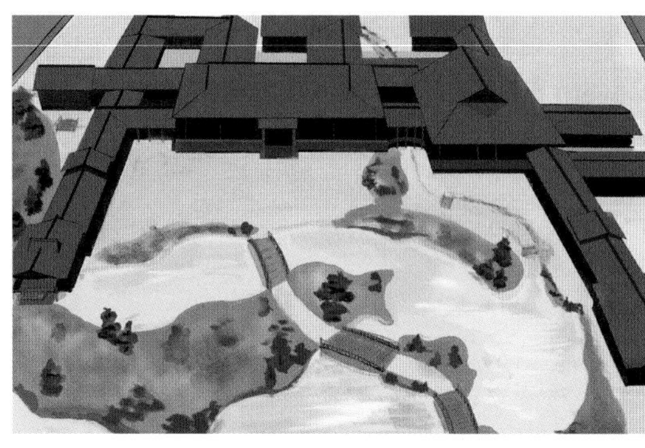
▲寝殿造

注意 寝殿造は，原則として左右対称に建物を配置するが，下の藤原氏歴代の邸宅である東三条殿(ひがしさんじょうどの)は，西対(にしのたい)を欠くという，やや変則的な造りとなっている。

❸貴族の服装 男性は**束帯**(そくたい)・**衣冠**(いかん)が正装であり，ふだんは**直衣**(のうし)・**狩衣**(かりぎぬ)の姿であった。女性の正装には，唐衣(からぎぬ)や裳(も)をつけた**女房装束**(にょうぼうしょうぞく)が用いられた。

▲束帯

▲女房装束

国文学の発達＝**かな文字**の使用が原動力となる
- ・和歌…『古今和歌集』
- ・物語文学…**紫式部**『源氏物語』
- ・日記文学…**紀貫之**『土佐日記』
- ・随筆…**清少納言**『枕草子』 など

貴族の生活…一部の上級貴族は**寝殿造**で生活
男性は**束帯**・**衣冠**，女性は**女房装束**

3 浄土教の発達

❶社会不安の増大 摂関(せっかん)政治のおこなわれた時代には，平安京では，はなやかな貴族生活が展開されていた一方で，自然災害や疫病の続発，盗賊の横行がはげしくなるなど，社会不安が増大した。また地方でも受領(ずりょう)による過酷な支配が行われ，しだいに社会が不安定になってきた。

★4 **方違** 外出などの際，悪い方角をさけるために，前もって居を移して方角をかえること。

❷信仰・思想の流行 こうした社会不安の事情がもとで，**加持祈禱**(☞p.79)や**陰陽道**による**方違**★4・**物忌**★5などがおこなわれ，やがて**末法思想**が流行してきた。また怨霊や疫病の災厄をのがれようとする**御霊会**★6もさかんとなった。

❸末法思想の受容 末法思想は，平安中期以後の全国的な社会不安や自然災害を背景として成立した。とりわけ地方における戦乱の勃発や，武装した僧(**僧兵**)があらわれ，寺社が抗争をくりかえしたことは，人々に末法の到来を感じさせた。

❹末法思想による時代区分 末法思想では，釈迦の死後，仏教がよく行われている1000年間を**正法**，その後の仏教のおとろえている1000年間を**像法**，それ以後を仏教がまったく行われない**末法**に区分し，日本ではこの**末法が，後冷泉天皇の1052(永承7)年に始まる**とされた。

❺浄土教信仰の広まり 末法思想の浸透によって，平安時代なかばには，**現世での不安をのがれ，来世での極楽往生を願う**浄土教が，貴族から庶民まで，広く流行した。

❻浄土教信仰の主張 浄土教信仰は，末法の世に浄土を求めることが主眼となり，「**厭離穢土・欣求浄土**」★7が主たる主張であった。阿弥陀如来に帰依して「**南無阿弥陀仏**」の念仏を唱えれば，阿弥陀の導きによって，万人が極楽往生をとげることができると考えられた。★8

★5 **物忌** 特定の時間や場所で人や物に対して，穢れたもの，または神聖なものとして接近・交際などを禁ずる行為をさす。

★6 **御霊会** 政治的陰謀の犠牲者の霊である怨霊が復讐のために疫病を広め，たたりをなすと考え，その霊を鎮めようとした祭り。のちの京都の**祇園御霊会**(祇園祭)は，とくに盛大であった。

注意 浄土とは仏や菩薩が住む世界で，大乗仏教の成立とともに発達した観念。わが国では奈良時代に始まるが，円仁(☞p.79)が9世紀に比叡山に常行三昧堂を建ててから浄土教信仰が深まり，10世紀以降に庶民の間にも広まった。

★7 **「厭離穢土・欣求浄土」** この現世の穢土を厭い離れ，来世の浄土を欣び求める，の意味。

★8 **仏の前では万人が平等であるという考え方は，それ以後の仏教の中心的な思想となった。**

史料 『往生要集』の序

それ往生極楽の教行は，濁世末代の目足なり。道俗・貴賤，誰か帰せざる者あらんや。但し顕密の教法は，其の文一に非ず。事理の業因は，その行，これ多し。利智・精進の人は，未だ難しと為さざるも，予が如き頑魯の者，あに敢えてせむや。是の故に念仏の一門に依りて，聊か経論の要文を集む。……総べて十門有り，分ちて三巻と為す。一には厭離穢土，二には欣求浄土，三には極楽の証拠，四には正修念仏，……七には念仏の利益，八には念仏の証拠，……これを座右に置きて廃忘に備えしむ。

極楽往生をとげるための教えと修行は，けがれた末法の世の中の道標となるものである。道俗貴賤皆この教えには帰依するであろう。仏教においては，経文も一つではなく，成仏するための修行もまた多い。知恵があり仏道に励むことができる人ならばそれほど困難でもなかろうが，私のような愚かな者には到底できないことである。こうした理由で，念仏の教えに限って，経論の中の重要な部分を集めてみた。内容は全部で一〇部門であり，三巻に分けてまとめてある。第一は現世を厭い離れること，第二は浄土を願い求めること，第三は極楽浄土を尊ぶべき証，第四は正しい念仏の仕方第七は念仏によって生じる利益，第八は念仏によって極楽往生が可能な証拠……この書を座右において，信心が弱まったり忘れそうになったりしたときの備えとしたらよかろう。

❼浄土教の布教者

1 **空也**…10世紀中ごろから，諸国を遊行して街頭，特に人の集まる市で念仏の功徳を庶民に布教し，**市聖**とよばれた。

2 **源信**(**恵心僧都**)…985(寛和元)年に『**往生要集**』を著し，浄土のようすや往生の方法を説いた。中国の宋にも伝えられ，名声を得た。

3 **良忍**…12世紀に，1人が称名(仏の名を唱えること)すれば万人の功徳になるという**融通念仏**を始めた。

注意 **浄土教**は，のちの浄土宗(☞p.125)とは立場を異にする。前者は念仏でも往生できる(**正修念仏**)が，後者は念仏でしか往生できない(**専修念仏**)からである。

❽往生伝 念仏信仰の功徳によって極楽往生をとげた人の伝記を集めたもの。代表的なものとして，**慶滋保胤**の『**日本往生極楽記**』などがある。

❾本地垂迹説の確立 浄土教の流行と前後して，奈良時代からおこっていた**神仏習合**★9思想がさらに進み，平安時代後期には**本地垂迹説**とよばれる説が確立した。本地垂迹説とは，仏が本体(本地)であり，神は仏が**迹**を**垂**れて，人々を救うためこの世にあらわれた仮の姿であるとする考え方で，このもとで，寺院もその守護神を鎮守として境内に祀ったり，**神宮寺**として神社の境内などに寺が建てられたりした。

★9 **神仏習合** 日本固有の神祇信仰と外来の仏教信仰との融合をいう。この思想は，明治初年の**神仏分離令**(☞p.327)までつづいた。このうちでも，真言宗で唱えられた神仏習合の神道説を**両部神道**という。この説は，密教の金剛・胎蔵両部(界)の曼荼羅(☞p.81)で，神々を説明したものである。

国風文化と仏教
- ① 仏教の国風化…神仏習合，本地垂迹説
- ② 浄土教の発展…『往生要集』などの成立

4 浄土教芸術

❶建築 浄土教信仰の影響で，**阿弥陀堂建築**が多い。当時の建築物では，**法成寺**(藤原道長建立，現存せず)・**平等院鳳凰堂**(藤原頼通建立，京都府宇治市)・**法界寺阿弥陀堂**(京都市)・三千院往生極楽院(京都市)などが名高い。

❷彫刻 **阿弥陀仏**に傑作が多い。**一木造**(☞p.81)にかわって，**寄木造**★10が始められた。とくに**定朝**が始めた仏像様式は，**定朝様**とよばれて有名である。**定朝**の作として，**平等院鳳凰堂阿弥陀如来像**，定朝様の作品は，法界寺阿弥陀如来像などが残っている。

★10 **寄木造** 仏像の胎内を空洞にして各部を別々につくり，それを寄せ集めて1つの像をつくる彫法。干割れを防止し，大量生産に適していた。

注意 この時代の一木造には，長勢作の広隆寺十二神将像(京都市)などがある。

❸**絵画**　浄土教信仰に基づいて，阿弥陀仏が浄土からこの世に死者をむかえにくるという考えを基本としており，**来迎図**が多い。おもな作品には，**高野山聖衆来迎図**・平等院鳳凰堂の扉の**阿弥陀来迎図**などがある。

❹**工芸**　屋内の調度品には，日本で独自の発達をとげた**蒔絵**★11の手法が多く用いられた。また，奈良時代ごろから発達していた**螺鈿**★12の手法もこの時代にさかんになり，蒔絵とあわせて独特の工芸品を生んだ。

★11 **蒔絵**　漆器に漆で文様を描き，金・銀粉を蒔きつけて描く漆工芸の一種。

★12 **螺鈿**　貝殻の真珠光の部分を薄くすりへらして，それをさまざまな模様に切り，漆器や木地にはりこんで細工し，装飾する。

▲平等院鳳凰堂

▲鳳凰堂阿弥陀如来像と壁面の雲中供養菩薩像

▲法界寺阿弥陀如来像

▲聖衆来迎図

☑ 要点チェック

CHAPTER 4 貴族政治の展開と文化の国風化		答
□ 1	810年に蔵人頭となり，藤原北家興隆の基礎を築いた人物は誰か。	1 藤原冬嗣
□ 2	伴氏や紀氏が政界から排除された，866年の事件は何か。	2 応天門の変
□ 3	858年に，事実上，摂政となったとされる人物は誰か。	3 藤原良房
□ 4	887年に，関白となった人物は誰か。	4 藤原基経
□ 5	醍醐天皇に，「意見封事十二箇条」を提出した人物は誰か。	5 三善清行
□ 6	969年に，源高明が左遷された事件を何というか。	6 安和の変
□ 7	藤原道長が就任した，天皇よりも先に公文書の閲覧などを行う官職を何というか。	7 内覧
□ 8	藤原道長の自筆の日記を何というか。	8 御堂関白記
□ 9	平安時代以降，地方での徴税の責任と権限を負った国司の官長を何というか。	9 受領
□ 10	寺社などの造営により，国司の地位を得る売官行為を何というか。	10 成功
□ 11	国司が任国に赴任せず，目代に政治を任せることを何というか。	11 遙任
□ 12	郡司・百姓などが，国守藤原元命の悪政を訴えた文書は何か。	12 尾張国郡司百姓等解
□ 13	名の耕作を請け負った有力農民を何というか。	13 負名(田堵)
□ 14	太政官符と民部省符で不輸権を認められた荘園を何というか。	14 官省符荘
□ 15	地方の国衙の行政を担当した役人を何というか。	15 在庁官人
□ 16	領家から荘園の寄進をうけた，さらに上級の有力者(摂関家・皇族など)を何というか。	16 本家
□ 17	平将門の乱と藤原純友の乱をまとめて何というか。	17 天慶の乱
□ 18	一条天皇の皇后で，清少納言が仕えた定子の父は誰か。	18 藤原道隆
□ 19	小野道風・藤原佐理・藤原行成の3人の書家を何というか。	19 三跡(三蹟)
□ 20	陰陽道に基づき，悪いとされる方角をさける風習を何というか。	20 方違
□ 21	日本における末法は，西暦何年に始まると考えられたか。	21 1052年
□ 22	来世における極楽往生を願う仏教の教えを何というか。	22 浄土教
□ 23	市中で念仏をすすめ，市聖と称された僧は誰か。	23 空也
□ 24	日本の神は，仏の仮の姿であるとする考えを何というか。	24 本地垂迹説
□ 25	仏像の各部を別々につくり，それらを寄せ集めて1つの像をつくる彫刻の技法を何というか。	25 寄木造
□ 26	阿弥陀仏が死者をむかえにくる場面を描いた絵画を何というか。	26 来迎図

第2編

中世

CHAPTER

1 » 院政と武士政権の成立

時代の俯瞰図

武士団の形成 { 桓武平氏 / 清和源氏 } 政界進出

摂関政治 ──→ 院　政 ──→ 平氏政権

年	できごと	中国
九三五	**天慶の乱**(～九四一) …平貞盛・源経基らが鎮圧	五代
一〇二八	平忠常の乱(～三一) …源頼信が鎮圧→源氏の東国進出	宋(北宋)
五一	**前九年合戦**(～六二)	
六八	後三条天皇が即位→院政への転換点	
六九	**延久の荘園整理令**	
七二	後三条天皇が譲位→白河天皇が即位	
八三	**後三年合戦**(～八七)→奥州藤原氏の成立	
八六	白河天皇が譲位→院政開始	
九九	関白藤原師通が急死→摂関政治が後退	
一一〇八	源義親の乱→平氏が武士の第一人者	
二四	藤原清衡が中尊寺金色堂を建立	
二九	鳥羽上皇の院政開始	宋(南宋)
五五	後白河天皇が即位→五八年から院政	
五六	**保元の乱**	
五九	**平治の乱**	
六七	**平清盛**が太政大臣に昇進	
七七	鹿ケ谷の陰謀	
七九	清盛が後白河院を幽閉→清盛の独裁	
八〇	以仁王・源頼朝が挙兵→源平の争乱	

SECTION 1 院政と武士の躍進

▶ 11世紀後半，後三条天皇が摂関家を抑えて親政をおこない，子の白河天皇はそれを継承して，退位後に院政を始めた。院政はその後，鳥羽上皇・後白河上皇によって常態化した。一方，前九年合戦と後三年合戦を契機に奥州藤原氏が東北地方で独自の権力を養い，保元の乱・平治の乱を通じて平氏政権が確立した。

1 日本列島の大きな変化

❶**荘園の拡大と国司**　11世紀の後半になると天皇家や摂関家・大寺社は収入の減少をきっかけに，荘園(寄進地系荘園)の拡大を図った。しかし荘園の増加は，国衙領(公領)の徴税を請負った国司(受領)にとっては見過ごすことの出来ない事態であり，国司は不入の権の取り消しなどの荘園整理を繰り返し，**荘園の拡大を阻止した。**

❷**武士の勢力拡大と大陸との交通**　一方で地方豪族として成長してきた武士は，貴族や大寺社と結びついて私領(所領)の拡大を図る者も現れた。特に東日本では反乱を機に源氏の武

士が奥州にまで勢力を拡大し，大陸との交流が盛んになった九州では，博多を中心に**日宋貿易**が活発におこなわれた。

2 後三条天皇の親政

❶後三条天皇の即位　後冷泉天皇の次の**後三条天皇**は，**摂関家と外戚関係がなく**★1，皇権回復運動にのりだした。摂関家から政治の主導権を奪い，**大江匡房**★2らを登用して，天皇中心の政治の基礎を固めた。

★1 後三条天皇の即位とともに**藤原頼通**は関白をしりぞき，弟**教通**にその地位を譲った。

★2 **大江匡房**　学者で歌人。有職故実書の『江家次第』を著した。

❷後三条天皇の政治

1 **延久の荘園整理令**(1069年・延久元)…中央に**記録所**(**記録荘園券契所**)を設け，諸国の荘園整理の実務が行われた。この整理は，**1045(寛徳2)年以後の新立の荘園と，荘園設立時の手続に不備のあるものを認めない**という荘園抑圧政策であった。摂関家といえども例外ではなかった。

史料　延久の荘園整理令，記録荘園券契所の設置

〔延久の荘園整理令〕

(延久元年)三月廿三日，五畿七道諸国に下す官符に偁く，寛徳二年以後の新立荘園は永く停止すべし者。加えて以て往古の荘園といえども，券契不明にして国務の妨げ有るものは，厳しく禁制を加え，同じく以て停止すべし。　**『東南院文書』**

1069年3月23日，五畿七道諸国に向けて出された太政官符によると，1045年以降に新しくできた荘園について，今後は認めないとのこと。加えて，前からある荘園といっても，合法的であることを証明する文書がなく，国司の政治を妨げるものは，厳しく禁止して，廃止しなさい。

〔記録荘園券契所の設置〕

コノ後三条院位ノ御時……延久ノ記録所トテハジメテヲカレタリケルハ，諸国七道ノ所領ノ宣旨・官符モナクテ公田ヲカスムル事，一天四海ノ巨害ナリトキコシメシツメテアリケルハ，スナハチ宇治殿ノ時，一ノ所ノ御領々々トノミ云テ，庄園諸国ニミチテ受領ノツトメタヘガタシナド云ヲ，キコシメシモチタリケルニコソ。　**『愚管抄』**

この後三条天皇の御時に，……延久の記録所というものを初めて設けられたのは，全国にある私領(荘園)が，宣旨や官符で認められたわけでもないのに公田をかすめ取っており，それが大いなる害悪だとずっとお聞きになっておられ，特に宇治殿(藤原頼通)の時に，「摂関家の御領だ，摂関家の御領だ」といって諸国に荘園があふれ，受領の任務が果たせないなどという不満の声があがっていたのを御耳にとめて，用いられたからだろう。

2 **延久の宣旨枡**(1072年・延久4)…地域によって規格が異なっていた枡を定め，度量衡の統一をはかった。

3 **一国平均役**…荘園整理によって公認した荘園が確定すると，国司の国内統治力を強めるために，一国内の荘園と公領から一律に徴収する新税(**一国平均役**)として，内裏造営のための臨時雑役(**造内裏役**)を課した。★3

★3 **一国平均役**　朝廷の許可のもと，一国単位において，原則として荘園・公領に関係なく臨時に賦課された租税・課役である。

❸**後三条天皇と院政**[★4] 摂関家を抑えた後三条天皇は，在位5年ほどで長子の白河天皇に譲位し，以後の皇位継承を管理しようとしたが，翌年急死した。後三条天皇に，院政を行う意図があったかどうかは不明だが，**皇位継承の管理**は，のちの院の重要な権限となる。

★4 **院**とは上皇の御所のことだが，のちには上皇自身の別称となった。1086年に**白河上皇**が院政を開始して以来，19世紀の光格上皇まで，27人が院政を行った。

3 荘園公領制

❶**国衙機構の充実** 後三条天皇による荘園整理によって，寺社や貴族が支配する荘園と，公領の区別が明確になり，国司は公領を郡・郷・保などの領域に再編し，開発領主らを郡司・郷司・保司(ほうじ)に任命して，開発の推進と徴税を請け負わせた。また国司は田所・税所など国衙機構を整え，国司が派遣した目代の指揮のもとで在庁官人に徴税実務をおこなわせた。このような公領を国衙領という。

❷**公領と荘園の構造** 全国の土地は公領(国衙領)と荘園とに大別されるようになった。しかし公領や荘園は，いずれも郷や保を基礎に成立したもので，その仕組みは，**公領では国司－目代－在庁官人－郡司・郷司・保司－名主・田堵，荘園では本家－領家－預所－公文・下司－名主・田堵**となり，ほぼ同じような支配体系となった。このような土地支配の形態を荘園公領制という。

4 奥州藤原氏の誕生

❶**前九年合戦(1051～62年)** 陸奥六郡(陸奥北部)を実質支配する安倍頼時が女婿の藤原経清らとともに国司に反抗すると，朝廷は源頼義・義家父子に鎮圧を命じた。源頼義は出羽の豪族清原氏の援軍により乱を鎮定した。その後，清原武則は鎮守府将軍になり陸奥国に進出した。

❷**後三年合戦(1083～87年)** 陸奥・出羽両国で大きな勢力を得た清原一族(清原真衡・家衡・清衡)に相続争いが起こり，陸奥守として赴任した源義家が介入した。義家は清衡に味方して家衡らを滅ぼした。**朝廷はこれを清原氏の私闘と判断し行賞しなかった**。[★5]

★5 恩賞を得ることが出来なかった義家は，従った武士に対して私財をもって報いた。これにより義家への信望が高まり，朝廷は義家への土地寄進を禁止している。

❸**奥州藤原氏の繁栄** 後三年合戦に勝利した清原清衡は実父の姓である藤原を名乗り，藤原清衡となり，陸奥・出羽国の実質的な支配者となった。

参考 清原清衡の実父は陸奥国亘理の豪族藤原経清で，前九年合戦に敗れて，処刑された。清衡の母は合戦後に清原武貞に嫁いだ。

❹**奥州藤原氏の拠点**　藤原清衡はのちに摂関家に接近し，11世紀後半には平泉(岩手県)に館を構えて拠点とし，清衡・基衡・秀衡の3代約100年間にわたって，すぐれた文化をもちつつ，あたかも東北独立政権を形成した。平泉の中尊寺は，藤原清衡が建立したものである。

補説　**『将門記』と『陸奥話記』**　平将門の乱(☞p.90)の顚末を記した軍記物語が『将門記』で，平安中期に成立した。また『陸奥話記』は前九年合戦のようすを描いた軍記物語で，11世紀後半に成立した。

5 院政の成立と機構

❶**院政の開始**　後三条天皇のあとに即位した**白河天皇**は，藤原頼通・教通が死去すると，摂関家の権勢に配慮することなく政治を行った。そして**1086**(応徳3)**年**，**堀河天皇**に譲位すると，**上皇**(のち出家して**法皇**)となって院(上皇の御所)に**院庁**(院政を行う役所)を開き，院政を開始した。

史料　院政の開始

第七十二代，第三十九世，白河院。……壬子年即位，甲寅ニ改元。古ノアトヲオコサレテ野ノ行幸ナンドモアリ。

第72代，第39世，白河院。……壬子(1072)年に即位，甲寅(1074)年に改元した。古来の儀式を復活させて嵯峨野行幸などもなされた。

又白河ニ法勝寺ヲ立，九重ノ塔婆ナドモ昔ノ御願ノ寺々ニモコエ，タメシナキホドゾツクリトヽノヘサセ給ケル。……

また白河に法勝寺を建立し，九重塔なども昔建てられた御願寺の規模をこえたものになされ，比類ないほどに壮麗におつくりになった。

天下ヲ治給コト十四年。太子ニユヅリテ尊号アリ。世ノ政ヲハジメテ院中ニテシラセ給。後ニ出家セサセ給テモ猶ソノマヽニテ御一期ハスゴサセマシマシキ。

天下を治められること14年。太子に譲位して太上天皇となり，政治をはじめて院でおとりになられた。のちに出家なされても，そのまま崩御まで政治をおとりになった。

……此御代ニハ院ニテ政ヲキカセ給ヘバ，執柄ハタヾ職ニソナハリタルバカリニナリヌ。サレドコレヨリ又フルキスガタハ一変スルニヤ侍ケン。執柄世ヲオコナハレシカド，宣旨・官符ニテコソ天下ノ事ハ施行セラレシニ，此御時ヨリ院宣・庁御下文ヲオモクセラレシニヨリテ在位ノ君又位ニソナハリ給ヘルバカリナリ。世ノ末ニナレルスガタナルベキニヤ。

……白河上皇の時代には院で政務をおとりになっていたので，摂関はただその職についたというだけで実権の伴わないものになってしまった。しかしこの時代から政治の古来の姿が一変したといってよいのではないだろうか。摂関が政治を担当したとはいっても，国家の行政は天皇の宣旨や太政官符を下して行っていたのだが，白河上皇の時代から院宣や院庁下文を重んじたことによって，天皇までもがただ位につかれたにすぎない名ばかりのものになってしまった。世も末の姿というべきではないだろうか。

『神皇正統記』

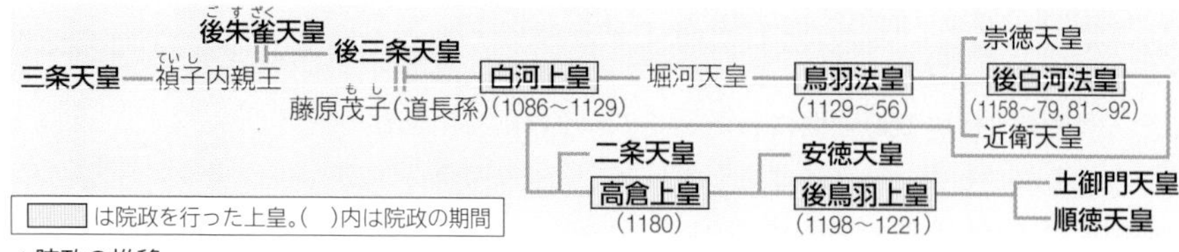

▲院政の推移

❷院政の政治形態　上皇(院)は，国政を担当する太政官に直接命令することはできなかったが，国政上の重要事項は，それまでの陣定ではなく，**院近臣**(上皇の側近)も出席できる**院御所**での会議で決定されるようになった。また上皇は除目(大臣以外の官の任命)に関与し，院近臣を重要な地位につけた。こうして，上皇は自身の意志を政治に反映させた。

❸院の経済的基盤　院は，全国で荘園の獲得にのりだし，摂関家と同じく**荘園を経済的基盤**★6とした。さらに**知行国**★7の制度を展開し，これも経済的基盤としたため，**公領は，院や知行国主などの荘園のようになった。**

❹北面の武士の設置　院は，**僧兵**の**強訴**からの防御や，荘園の管理のため，武力を必要とした。そこで，**白河上皇**は平氏などを，院の警衛にあたる**北面の武士**として用いた。

❺院の仏教崇拝　歴代の上皇は仏教に帰依し，**造寺・造仏**や寺社**参詣**をさかんに行った。寺領荘園の整理に反発して**僧兵の横暴**★8が激化すると，その鎮圧にも武士を用いた。

補説　**造寺・造仏**　上皇たちは荘園や知行国からの収入を財源として，さかんに寺院を建立した。とくに皇室の発願による**六勝寺**(法勝寺・白河天皇，尊勝寺・堀河天皇，最勝寺・鳥羽天皇，円勝寺・待賢門院，成勝寺・崇徳天皇，延勝寺・近衛天皇)が名高い。さらに**熊野詣**(和歌山県の熊野三社に参詣すること)もしきりに行われた。しかし，これらの費用に国費を使い，その財源を成功や重任などの売官に求めたので，政治はいっそう乱れた。

[院政と摂関政治の相異点]

	院　政	摂関政治
権力者	上皇(法皇)	摂政・関白
公卿会議の場所	院御所	朝廷の陣座
命令の形式	院宣・院庁下文	官符・宣旨
経済の基盤	荘園・知行国	官人収入・荘園
有力な親族	父親方	母親方
武力	北面の武士(平氏)	源氏

注意　**院司**(院庁の役人)が院の命令を下達する公文書を**院宣**というのに対し，院庁から出される公文書で院宣より公的で重要性の高いものが**院庁下文**である。

★6　院政期には，院や女院(院号を与えられた皇后や内親王)に荘園の寄進が集中した。**鳥羽法皇**が娘の八条院暲子に伝えた**八条院領**，**後白河法皇**がみずからの持仏堂に寄進した**長講堂領**は代表的な大荘園群。

★7　**知行国**　国司の上に**知行国主**を置き，国務執行権を与え，その国の国司の収入の大部分を得させるもの。知行国主は皇族や公卿らが任命され，子弟・近親を国司に推挙して支配を強めた。とくに，院や女院，中宮などが知行国主となった知行国を**院宮分国**という。

★8　僧兵とは，武装した下級の僧侶。**南都**(興福寺＝奈良法師)・**北嶺**(延暦寺＝山法師)の勢力が強かった。興福寺では**春日神社の神木**を，延暦寺では**日吉神社の御輿**をかついで神威をかり，たびたび朝廷に強訴した。**白河上皇**は，「自分の意のままにならないのは，鴨川の治水と双六の賽の目と叡山の山法師である」と言ったといわれる。

SECTION 2 平氏政権

▶ 平氏は関東から伊勢・伊賀(三重県)に拠点を移して中央政界へ進出し，院政政権と結びついて勢力を伸ばした。天皇家・貴族の内紛から**保元・平治の乱**が起こり，勝ちぬいた**平清盛**は政権をにぎったが，強引な政治が反発を招き，短期間で滅亡した。

1 平氏の勃興

❶平氏の台頭　平氏は，平将門の乱を鎮圧した平貞盛の子維衡が，伊勢方面に拠点を移した(**伊勢平氏**)。**平正盛**のときに**白河上皇**と結びつき，**北面の武士**(☞p.104)として院の警備にあたった。正盛の子**平忠盛**(**清盛**の父)は**鳥羽上皇**に重用され，瀬戸内海の海賊鎮圧などで功をたて，西国に進出した。

注意　鳥羽上皇は1142(康治元)年に出家して法皇となった。後白河天皇は1158(保元3)年に上皇となって院政を開始し，1169(嘉応元)年に法皇となった。

❷保元の乱

1. **発生**…当時の朝廷は，鳥羽法皇が後継者とした**後白河天皇**・関白の**藤原忠通**・院近臣の藤原通憲(**信西**)らと，**崇徳上皇**・左大臣**藤原頼長**らに二分していた。**1156**(保元)年，鳥羽法皇の死去を契機に，信西は頼長を挑発し挙兵に追いこんだ。このとき，平氏では**平忠正**(清盛の叔父)を除き，一門が結束したが，源氏では長男**源義朝**が後白河方となったのに対し，父**為義**，弟**為朝**らが崇徳上皇・頼長側についた。
2. **結果**…**後白河天皇方**が勝利。**崇徳上皇**は**讃岐**に流罪，頼長は敗死，源為義・平忠正は死罪，源為朝は伊豆大島に流罪となった。
3. **意義**…乱自体は天皇家・摂関家内部での権力争いが原因であった。武士は命令によって動いたにすぎなかったが，戦いのなかで，みずからの力が政権を左右することを自覚した。

参考　**天皇家・摂関家の内紛**　天皇家では，鳥羽法皇が長男の崇徳上皇を嫌い，弟の後白河天皇の系統に皇位を与えたことから，鳥羽・後白河と崇徳が対立。摂関家では，関白の忠通が，それ以前の約束を破り，弟頼長への関白譲位を拒んだため，頼長と対立した。

史料　『愚管抄』に描かれた保元の乱

サテ大治ノヽチ久寿マデハ，又鳥羽院，白河院ノ御アトニ世ヲシロシメシテ，保元元年七月二日，鳥羽院ウセサセ給テ後，日本国ノ乱逆ト云コトハヲコリテ後，ムサノ世ニナリニケルナリ。……城外ノ乱逆合戦ハヲホカリ。……マサシク王・臣ミヤコノ内ニテカヽル乱ハ鳥羽院ノ御トキマデハナシ。　『愚管抄』

さて，大治ののち，久寿までの時代は，鳥羽院が白河院の後に天下を治められ，1156年7月2日，鳥羽院が崩御した後に，日本国の乱逆がおこり，その後は武士の世となった。かつては王城である平安京の外での反乱は多かった。まさに王や大臣が平安京の内でこのように争った乱は，鳥羽院の治世まではなかった。

❸平治の乱

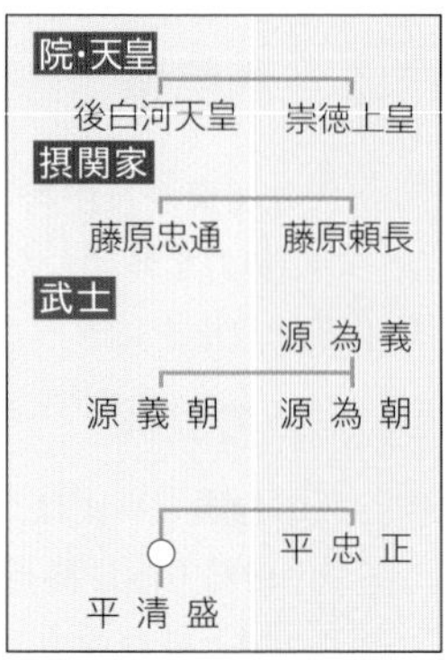

▲保元の乱の対立関係

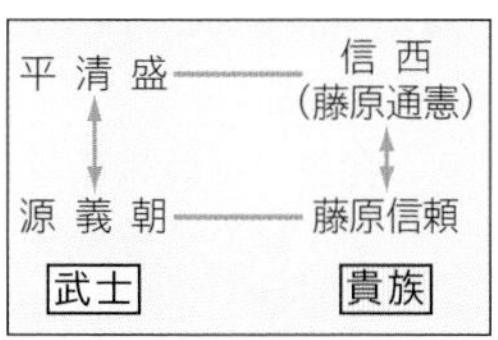

▲平治の乱の対立関係

1 **発生**…保元の乱後，信西は政治の主導権をにぎり，敏腕をふるうが，院近臣である**藤原信頼**らの反発をかうことになった。**1159**(平治元)**年**，信頼は，**源義朝**の武力を用いて挙兵した。

2 **経過・結果**…信頼・義朝は清盛の留守に京都で信西を殺し，後白河上皇を幽閉したが，帰京した清盛によって敗北し，ともに殺された。ただ，義朝の嫡子**頼朝**は伊豆に流された。これによって源氏の勢力は弱まり，平清盛が軍事・警察権を独占した。

3 **意義**…この乱では，**平清盛**が最終的な勝者となった。清盛は**公卿**に昇進するとともに，武家の棟梁としての地位が高まった。

2 平氏政権

❶平氏の躍進　**後白河上皇**のもとで平清盛は，1167(仁安2)年に**武家で最初の太政大臣**となり，嫡男の重盛以下の一門も高位高官に昇った。また娘**徳子**(**建礼門院**)は**高倉天皇**に入内し，後に**安徳天皇**を生んだ。平家一門が京都の**六波羅**に住んだことで，清盛を「六波羅殿」，平氏政権を「**六波羅政権**」とよぶこともあった。この様な急速な繁栄がやがて後白河法皇らの反発を招いた。

❷日宋貿易　太政大臣を辞任した平清盛は，京を嫡男の平重盛に任せて，摂津国**福原**に居住し，近隣の**大輪田泊**で，**宋**との貿易を行った。

補説 **平氏政権の日宋貿易**　すでに博多で大規模な日宋貿易が行われていたが，清盛は畿内での貿易を実現した。外国人を忌避する貴族の迷信をしりぞけた点に，清盛の開明的な性格が見てとれる。清盛は，瀬戸内海の航路を整備し，厳島神社を拠点化したほか，音戸の瀬戸を開削したとされる。

▼日宋貿易の輸出入品

輸入品	宋銭，陶磁器，薬品，書籍など
輸出品	砂金，硫黄，材木など

❸後白河法皇との衝突　清盛は後に法皇との対立を深め，ついに院政を停止する。

1 **鹿ケ谷の陰謀**…1177(安元3)年，後白河法皇の院近臣の藤原成親・西光・俊寛らが清盛打倒を企てたが，露見して処罰された。

補説 **鹿ケ谷の陰謀**　院近臣が，京の東山鹿ケ谷にある俊寛の別荘で陰謀を計画したとされる事件。『平家物語』にくわしいが，真相は不明確で，清盛暗殺計画とする史料もある。清盛は成親・西光を処罰し，俊寛を配流したが，重盛の制止もあって，後白河には手出しできなかった。

2 **後白河院政の停止**…1179(治承3)年，清盛は武力で京を占領，法皇を幽閉して**院政を停止**し，独裁権力をにぎった(**平氏政権の確立**)。

❹平氏政権の基盤 ①後白河や院近臣から奪った30カ国以上の**知行国**。②500カ所余りとされる**荘園**。③全国に散在する**家人**(一部は**地頭**に任命された★1)。④**日宋貿易**の利益。

❺平氏政権の性格 平清盛は，孫の**安徳天皇**を即位させ，朝廷を思い通りに動かした。**武力を基盤に朝廷を支配**し，武士の優越を示した。しかし，権勢を得た平氏の家人に対し，それ以外の武士たちの反発が高まった。

注意 後白河院政の停止によって，院政そのものが廃止されたわけではない。清盛は，婿の高倉上皇に形式的な院政を行わせた。

★1 地頭制度は，幕府(武士政権)の前提の1つであり，平氏政権は，**最初の武士政権**であるといえる。

史料 平氏の栄華

……六波羅殿の御一家の君達といひてしかば，花族も栄耀も面をむかへ肩をならぶる人なし。
六波羅殿の御一家の御子息たちといえば，たとえ花族や英雄などの名門の貴族でも対等にはりあう人がいない。

されば入道相国のこじうと，平大納言時忠卿ののたまひけるは，「此一門にあらざらむ人は皆人非人なるべし」とぞのたまひける。……
だから入道相国(清盛)の妻の弟の大納言時忠卿は「平家一門でない者は人ではない」と高言された。

……惣じて一門の公卿十六人，殿上人卅余人，諸国の受領，衛府，諸司，都合六十余人なり。世には又人なくぞみえられける。……
全部で一門の公卿一六人，殿上人三〇余人，諸国の受領や衛府・諸司の役人などをあわせると六〇余人に達し，世の中には平家の他に人がいないように思われた。

日本秋津嶋は纔に六十六箇国，平家知行の国卅余箇国，既に半国にこえたり。其外庄園田畠いくらといふ数を知ず。……
日本全国はわずかに六六ヵ国であるが，平家の知行国は三〇余ヵ国で全国の半数を超えている。その他に(平家所有の)庄園や田畠はどれほどあるかわからない。

『平家物語』

SECTION 3 院政期の文化

▶ 平安末期，院政期の文化の特色は，①摂関政治のなかで発展してきた**国風文化**がいっそう爛熟してきたこと，②武士の台頭を反映して**歴史**に関心がもたれたこと，③皇族・貴族にかわって**武士・庶民**が文化の面に登場したこと，④文化が**地方**に広く伝播したこと。

1 歴史・文学と民間芸能

❶歴史書 『**大鏡**』『**栄花(華)物語**』『**本朝世紀**』のような歴史書・歴史物語や，『**将門記**』『**陸奥話記**』(☞p.103)のように**軍記物語**の先駆をなすものが書かれた。

❷文学書 庶民文化の高揚にともなってそれを題材とした文学が主流を占め，また，貴族も庶民文学の摂取につとめた。その結果，『**今昔物語集**』や『**梁塵秘抄**』などが生まれた。

注意 平安時代後期には，歴史認識が発達し，過去を「鏡」として参考にしようとする気風があらわれた。**大鏡・今鏡**，鎌倉時代以降に成立した**水鏡・増鏡**はあわせて**四鏡**とよばれた(☞p.131)。

▼平安末期の歴史書と文学書

大鏡	作者不詳	四鏡の1番目。藤原道長の摂関政治の全盛期を描く歴史書
栄花(華)物語	赤染衛門？	道長の栄華の一生を中心とする歴史文学
本朝世紀	藤原通憲	歴史書。六国史を継承し，平安後期の政治や朝廷の歴史を描く
今昔物語集	編者不詳	中国・インド・日本を題材とする仏教・民間説話を集めたもの。各説話が「今ハ昔」で始まるのでこの名がある
梁塵秘抄	後白河法皇	平安後期の民間歌謡の催馬楽や今様の歌詞を分類・集成したもの

❸民間芸能 日本史上，初めて**庶民文化**の名でよびうるような**田楽・催馬楽・今様**などが，平安時代末期に成立した。

補説 **田楽・催馬楽・今様** **田楽**は元来は田植えのときに田の神に豊作を祈って行う歌と舞であったが，のちに田植えとは切りはなされ，農民の慰めのための芸能となり，やがて貴族や武士・庶民の間で流行するようになった。室町時代には，能楽の一要素となった。**催馬楽**は古代の歌謡が発達したもので，神楽の余興として歌われることが多い。平安末期から南北朝期にかけてさかんとなった。**今様**は平安時代末期におこった歌謡で，民間で俗謡としてもてはやされ，**白拍子**(女性芸能民)によって歌われて広くゆきわたった。

参考 **和歌の流行**
和歌は前代の国風文化にひきつづき流行し，勅撰和歌集として『**後拾遺和歌集**』が編修された。歌人としては**藤原俊成**(としなり)・**西行**らが有名。なお，勅撰和歌集は前代の『**古今和歌集**』(☞p.92)に始まり，以後『後撰和歌集』『拾遺和歌集』『後拾遺和歌集』『金葉和歌集』『詞花和歌集』『千載和歌集』『**新古今和歌集**』とつづき，**八代集**とよばれた。

2 絵画・仏教美術

❶絵画 やわらかな線と美しく上品な色彩とをもつ**大和絵**がさかんになり，それを用いて**絵巻物**や**写経**の下絵などがつくられるようになった。

注意 日本の風物を主題にした**大和絵**の手法は，とくに絵巻物に発揮された。

❷代表的な絵巻物 絵巻物は絵と詞を交互に書いた巻き物で，「**源氏物語絵巻**」「**信貴山縁起絵巻**」「**伴大納言絵巻**(**応天門の変**〔☞p.84〕を題材)」「**鳥獣人物戯画**(鳥羽僧正作？)」など。

❸その他の代表的な絵画

1 **扇面古写経**…扇形の紙に大和絵で当時の風俗を描き，その上に墨で経文を書いたもの。**四天王寺**(大阪市)などに現存。

2 **平家納経**…**平清盛**以下の平氏一族が，1巻ずつの写経を行い，1164(長寛2)年に**厳島神社**(広島県)に奉納したもの。経巻には華美な装飾がほどこされている。

❹阿弥陀信仰の流行 寺院に所属しない聖や上人により浄土信仰が地方にも広がり，多くの阿弥陀堂や阿弥陀像がつくられた。

参考 **修験道の成立**
修験道は平安時代後期に成立する山岳信仰の一形態であり，奈良時代の役小角を開祖としている。山岳信仰は，山を信仰の対象としている。のちに密教(☞p.80)の影響を加え，両者の結合によって修験道が成立した。人間の能力を超えた修行を行った山伏そのものをも信仰の対象とし，修行の道場として，役小角の修行した大和の**葛城山**，紀伊の**熊野**，大和の**大峰山**や**金峰山**，出羽の**羽黒山**などが有名である。

❺代表的な寺院建築　**富貴寺大堂**(大分県)・**中尊寺金色堂**(岩手県平泉町)・**白水阿弥陀堂**(福島県)は阿弥陀堂，**三仏寺投入堂**(鳥取県)は修験道の修行場である。

補説　**奥州藤原氏の栄華**　中尊寺は奥州藤原氏の初代**清衡**が建てたものである。平泉にはさらに2代**基衡**が**毛越寺**，3代**秀衡**が**無量光院**を建てている。奥州藤原氏3代が，中央の文化を吸収して栄華を誇ったことがうかがえる。

▲中尊寺金色堂内部

❻平安時代の文化の推移　前期には**唐風文化**の消化が進み，藤原氏の全盛期をむかえた中期には，優美な**国風文化**が発達した。貴族は儀式や先例を重視し，華美な生活を送ったが，そのなかから**無常感**を基調とする浄土教思想が流行した。末期の**院政期の文化**では，歴史物語の発展や絵巻物の出現，阿弥陀堂建築の普及など，**地方文化**の成長が注目される。

▼平安時代の文化(まとめ)

時期	弘仁・貞観文化(前期)	国風文化(中期)	院政期の文化(後・末期)
宗教	天台宗(最澄)・真言宗(空海)	浄土教(空也・源信・良忍)	浄土教
文学	漢詩・漢文学の発達 『経国集』『凌雲集』	国文学→『古今和歌集』『源氏物語』『枕草子』。かな文字	『今昔物語集』｝庶民を題材 『梁塵秘抄』｝とした文学
史書	六国史のうち5つ	『将門記』	『大鏡』『栄花物語』『本朝世紀』
建築・彫刻・工芸	室生寺五重塔・金堂，観心寺如意輪観音像＝一木造・翻波式	寝殿造，平等院鳳凰堂・阿弥陀如来像(定朝)＝寄木造	中尊寺金色堂，富貴寺大堂，白水阿弥陀堂，三仏寺投入堂
絵画・書道	園城寺黄不動，高野山明王院赤不動，巨勢金岡らの大和絵，三筆	大和絵 「高野山聖衆来迎図」 三蹟	「源氏物語絵巻」 「信貴山縁起絵巻」｝絵巻物 「鳥獣戯画」
その他	私学の振興→和気氏の弘文院・藤原氏の勧学院・空海の綜芸種智院など	陰陽思想の展開	田楽・催馬楽・今様の流行
特色	①唐風文化 ②漢詩・漢文の隆盛 ③密教芸術	①国風文化 ②国文学の発達 ③浄土教芸術	①地方文化 ②歴史物語・絵巻物 ③庶民的要素をふくむ文化

☑ 要点チェック

	CHAPTER 1　院政と武士政権の成立	答
□ 1	記録所(記録荘園券契所)を設けた天皇は誰か。	1 後三条天皇
□ 2	1086年，堀河天皇に譲位して院政を始めた上皇は誰か。	2 白河上皇
□ 3	有職故実書の『江家次第』を著した学者・歌人は誰か。	3 大江匡房
□ 4	陸奥の安倍氏が衣川柵をふさいで挙兵した反乱を何というか。	4 前九年合戦
□ 5	後三年合戦で清原清衡に味方した源氏の人物は誰か。	5 源 義家
□ 6	清衡の孫で，奥州藤原氏の3代目の人物は誰か。	6 藤原秀衡
□ 7	奥州藤原氏の拠点はどこか。	7 平泉
□ 8	院政を行う役所を何というか。	8 院庁
□ 9	院の御所を警備するために設置された武士を何というか。	9 北面の武士
□ 10	平清盛の父で，鳥羽上皇に重用されて勢力をのばした人物は誰か。	10 平忠盛
□ 11	保元の乱で崇徳上皇側についた摂関家の人物は誰か。	11 藤原頼長
□ 12	平治の乱で藤原信頼側についた，源頼朝の父は誰か。	12 源義朝
□ 13	平清盛は，1167年に何という官職についたか。	13 太政大臣
□ 14	平氏政権の拠点は，京都のどこにあったか。	14 六波羅
□ 15	平清盛の娘の徳子が生んだ天皇は誰か。	15 安徳天皇
□ 16	1177年に，後白河法皇の院近臣らが平氏打倒の陰謀を計画して処罰されたといわれる事件を何というか。	16 鹿ケ谷の陰謀
□ 17	四鏡の1番目にあたる歴史書を何というか。	17 大鏡
□ 18	田植えのときに豊作を祈って行う歌と舞がもととなった芸能を何というか。	18 田楽
□ 19	古代の歌謡から発達し，神楽の余興などで歌われたものを何というか。	19 催馬楽
□ 20	後白河法皇が編んだ今様の歌謡集を何というか。	20 梁塵秘抄
□ 21	鳥羽僧正の作とされる絵巻物を何というか。	21 鳥獣人物戯画
□ 22	扇形の紙に大和絵で当時の風俗を描き，その上に墨で経文を書いた冊子を何というか。	22 扇面古写経
□ 23	厳島神社に奉納された，平氏の栄華を物語る作品を何というか。	23 平家納経
□ 24	藤原清衡が建てた阿弥陀堂を何というか。	24 中尊寺金色堂

CHAPTER

2 » 武家社会の形成と文化の動向

時代の俯瞰図

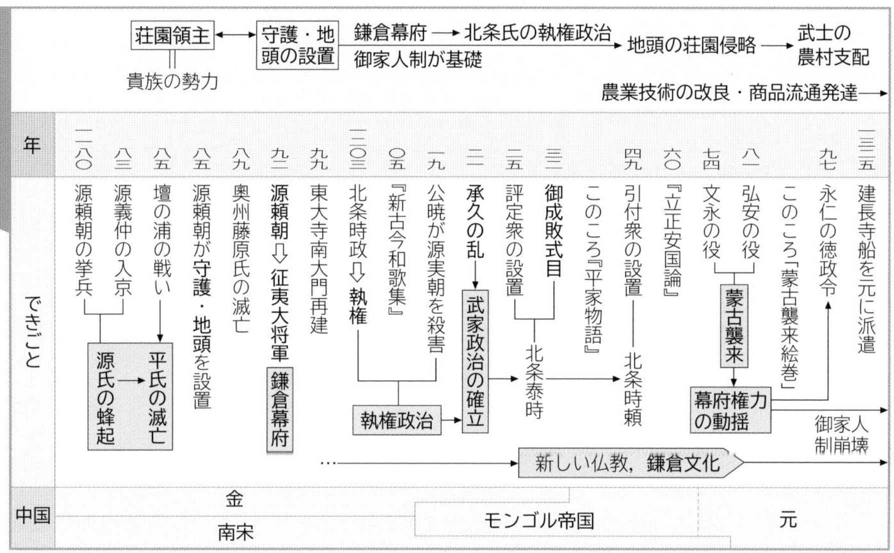

SECTION 1 鎌倉幕府の成立

▶ 平氏政権は源氏に攻められて崩壊し，平清盛の太政大臣就任から，わずか20年足らずで滅んだ。**源頼朝**によって**鎌倉**(神奈川県)に**幕府**が開かれ，**守護・地頭の設置**によってその権力は全国におよんだ。この幕府を支える体制が**御家人制**である。

1 治承・寿永の内乱

❶**以仁王・源頼政の挙兵**　1180(治承4)年，**源頼政**が後白河法皇の皇子以仁王の令旨[★1]を奉じて挙兵し，平氏と戦ったが，以仁王は戦死し，頼政も宇治の平等院で敗死した。

❷**源頼朝の挙兵**　1180(治承4)年，**伊豆**(静岡県)に流されていた源氏の**源頼朝**は，**以仁王の令旨**を得て，妻**政子**の父である**北条時政**の協力のもとに兵を挙げたが，**石橋山の戦い**(神奈川県)に敗れた。しかし，関東の武士の支援を得て[★2]，**鎌倉**に本拠をかまえ，**富士川の戦い**(静岡県)で勝利した。

❸**源義仲の挙兵**　源義仲も**倶利伽羅峠(砺波山)の戦い**(富山県)で平氏の大軍を破り，1183(寿永2)年に京都に攻めこんだ。平氏は，安徳天皇をともなって京都からのがれた。

★1 **以仁王の令旨**　令旨とは皇太子や皇子が発した命令書のこと。頼朝も義仲もこの令旨を大義名分として挙兵した。

★2 相模(神奈川県)の三浦義澄や下総(千葉県)の千葉常胤，上総(千葉県)の上総介広常らの支援があった。

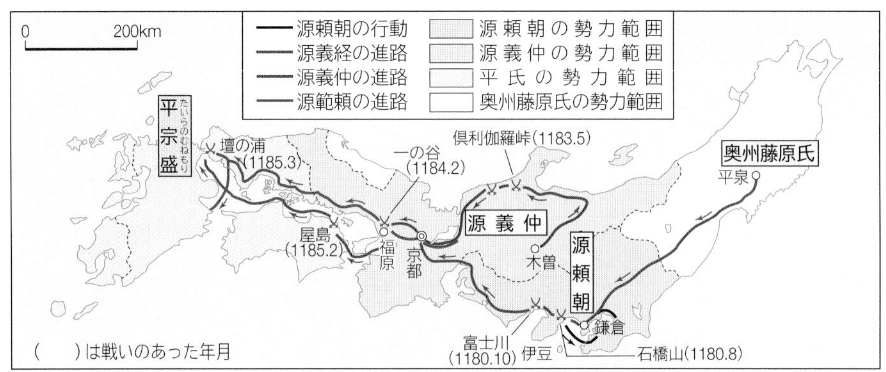

▲源氏の蜂起と平氏の滅亡

❹**源義仲の追討**　義仲は京都の治安を回復できず，後白河法皇と貴族から反感をうけ，**後白河法皇**は，頼朝に東国の支配権を与えて上洛をうながした。頼朝は，異母弟の**源範頼**・**義経**を代官として義仲を攻めさせ，義仲は近江の粟津(滋賀県)で敗死した。

❺**平氏の滅亡**　この間，平氏は勢力を回復して摂津にもどったので，頼朝は範頼・**義経**をさしむけ，**一の谷の戦い**(神戸市)でこれを破り，さらに**屋島の戦い**(香川県)，**壇の浦の戦い**(山口県)で**平氏を滅亡させた**(1185年)。

❻**頼朝の勝利**　平氏滅亡後，対立した義経を追いつめた頼朝は，全国に守護・地頭を設置する権限を獲得した(☞p.113)。さらに義経をかくまったことを口実に，1189(文治5)年，**平泉**の**奥州藤原氏**(**藤原泰衡**)を滅ぼし，全国を征服した。

参考　**鎌倉幕府の成立**
①**1180年説**…頼朝政権初の機関である**侍所**を設置した年。
②**1183年説**…頼朝が，**東国**に限定されてはいたが，朝廷から支配権を公的に認められた年。
③**1185年説**…**守護・地頭**が設置され，全国的な軍事・警察権を獲得した年。
④**1190年説**…頼朝が，上洛して右近衛大将に任命された年。
⑤**1192年説**…頼朝が，**征夷大将軍**に任命された年。

2 鎌倉幕府の成立と機構

❶**幕府の政治機構の整備**　源頼朝は，頼義の代から源氏とゆかりの深い相模国**鎌倉**★3を根拠地とし，統治機構を整備していった。まず1180(治承4)年に御家人を統制するため侍所を設置し，長官である**別当**に，有力御家人の**和田義盛**を任命。ついで，1184(寿永3)年には，一般の政務や財政をつかさどる公文所(のち政所と改称。**別当**は京都から招いた貴族の**大江広元**)，裁判事務をつかさどる問注所(長官である**執事**は，同様に京都から招いた貴族の**三善康信**)を設置した。

★3 **鎌倉**　3方を丘陵に囲まれ，南は海にのぞむ要害の地である。

[鎌倉幕府の主要機関]　①侍所…別当は和田義盛
②公文所…のち政所。別当は大江広元　③問注所…執事は三善康信

❷**幕府の成立**　**源頼朝**は1183(寿永2)年，後白河法皇に接近して，東国の公的支配権を獲得した(**寿永二年十月宣旨**)。1190(建久元)年には，挙兵以来初めて上洛し，**右近衛大将**★4に任命されて諸国の守護権を与えられ，後白河法皇死後の1192(建久3)年には**征夷大将軍**に任ぜられた。

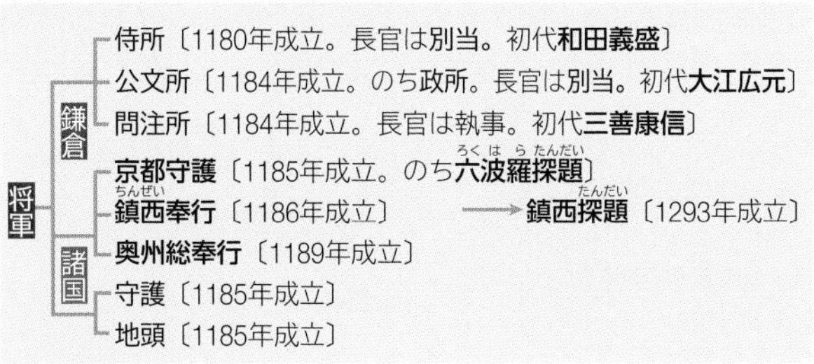

★4 右近衛大将　禁裏の警衛や儀式を任務とする右近衛府の長官，常時在京が求められるために，まもなく辞任した。

- 将軍
  - 鎌倉
    - 侍所〔1180年成立。長官は別当。初代**和田義盛**〕
    - 公文所〔1184年成立。のち政所。長官は別当。初代**大江広元**〕
    - 問注所〔1184年成立。長官は執事。初代**三善康信**〕
  - 諸国
    - **京都守護**〔1185年成立。のち**六波羅探題**〕
    - **鎮西奉行**〔1186年成立〕→**鎮西探題**〔1293年成立〕
    - **奥州総奉行**〔1189年成立〕
    - 守護〔1185年成立〕
    - 地頭〔1185年成立〕

▲鎌倉幕府の政治機構

3 守護・地頭

❶**守護・地頭設置の契機**　1185(文治元)年，後白河法皇は頼朝・義経兄弟の不和に際し，義経の要請もあって頼朝追討の院宣を与えた。しかし義経を支持する武士は少なかった。これに対して，頼朝は法皇にせまり，**義経追討の院宣**を得て，**義経を追討するという口実のもとに守護・地頭の設置を認めさせた。**

★5 **大番催促**　御家人を京都朝廷の警備に動員すること。

参考　1185年に設置された地頭は，鎌倉時代を通して存続する守護・地頭ではなく，1国に1人が任命された**国地頭**であったとする説が有力。(1186年廃止)

❷**守護・地頭の職務と収入源**　下表の通り。このうち，**大番催促**★5・**謀反人逮捕・殺害人逮捕**の3つを，**大犯三箇条**という(大犯三箇条を権限とする守護は，1190年以降に確認される)。

▼守護・地頭の職務と収入源

	任免	任務	収入源
守護	①1国1人 ②幕府開設に功のあった有力御家人を任命	①御家人の統制－大番催促 ②治安・警察－謀叛人及び殺害人の逮捕・取り締まり	①守護としての収入はない ②独自の収入源があったかは不明だが，任国内統治にともなう雑多な収入があった
地頭	①最初は1国単位で，のち全国の国衙領・荘園ごとに設置 ②御家人を任命(本領安堵・新恩給与)	①荘園の管理－租税の徴収と土地の管理 ②荘園内の治安の維持－警察権・裁判権をもつ	①従来の荘官の収益をうけつぐ ②戦時に1段あたり5升の兵粮米徴収権をもつ(国地頭)

❸**地頭設置に対する公家や寺社の態度と幕府の対応**　地頭の設置に対して，公家や寺社は猛烈に反対した。頼朝は，やむなく地頭の設置を**平家没官領**★6(**平氏没官領**，没収した旧平氏領)と謀反人跡(謀反人がもっていた所領)だけに限った。

★6 **平家没官領**　平氏都落ちに際して，平氏の所領500余りの荘園を朝廷が没収したもの。その多くは頼朝に与えられた。

④守護・地頭設置の意義　頼朝が私的な主従関係を結んだ諸国の御家人を公的な機構に組みいれ，彼らの支配を安定させるとともに，朝廷や貴族・寺社の支配下にある**諸国や荘園**(しょうえん)**に幕府の勢力を浸透**(しんとう)**させていく**ことになった。

補説　**公武二元支配**　**守護・地頭**の設置で幕府の全国支配の足がかりができたとはいえ，幕府が実質的に統治できたのは**東国**中心であり，京都では従来どおり**院政**(いんせい)を軸とする公家政権が存続していた。武家政権(幕府)の守護・地頭に対して，公家政権側の知行国主・国司(こくし)・荘園領主らの力も根強く残っていた。このように鎌倉時代は，**公家政権(京都)**と**武家政権(鎌倉)**の2つの政権が二元的な国土支配を行っていた。

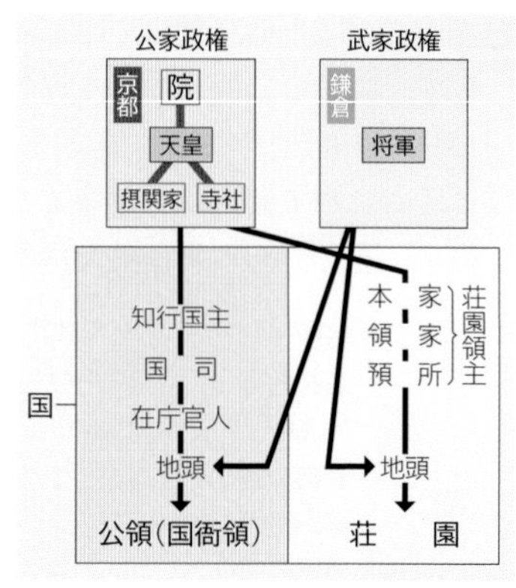

▲公武の二元支配

4 将軍と御家人

①御家人制(ごけにん)　鎌倉幕府は，将軍と御家人との主従関係に基づく**御家人制**を基礎として，両者の結合によって全国を支配した。御家人とは，一言でいえば**将軍と主従関係を結んだ武士**のことで，幕府を支える中心的な人的基盤であった。

②封建的主従関係(ほうけん)　**御家人**は**将軍**と主従関係を結んでいたが，その関係は2つの要素から成り立っていた。1つは御家人から将軍に対する**奉公**(ほうこう)であり，他の1つは将軍から御家人に対する**御恩**(ごおん)である。この関係を**封建的関係**といい，この関係が支配的な政治・社会制度を**封建制度**という。

③将軍の御恩　①御家人の**旧来の所領の所有権を保障**する**本領安堵**(ほんりょうあんど)，②軍事的功績に対して**新たに新しい土地を与える新恩給与**(しんおんきゅうよ)，③守護・地頭などへの任命。

④御家人の奉公　①将軍の命令で参戦する軍役，②平時に京都(朝廷)を警備する**京都大番役**(おおばんやく)や鎌倉幕府を警備する**鎌倉番役**，③朝廷・幕府・寺社の修造費や諸種の儀礼費用を負担する関東御公事(おんくうじ／みくうじ)など。

注意　全国のすべての武士が御家人となったわけではなく，**非御家人**も多数存在した。

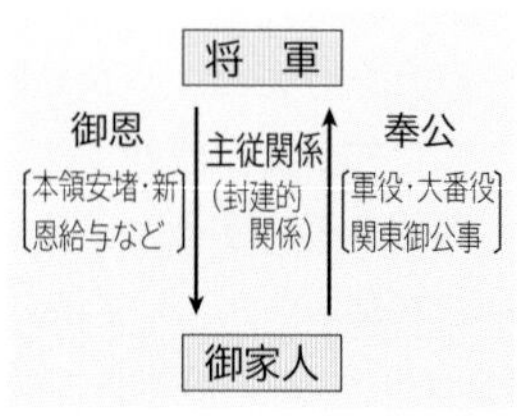

▲将軍と御家人の関係

注意　鎌倉時代の御家人は，江戸時代の御家人とは異なるものである。

5 幕府の経済基盤

①幕府の経済的基盤　幕府の経済的基盤は荘園(しょうえん)や国衙領(こくが)にあり，**関東御領**(ごりょう)**・関東御分国**(ごぶんこく)などから収益を得た。

②関東御領　全国500カ所におよぶ将軍家直轄の荘園で，大部分は平氏(へいし)一族などから没収した**平家没官領**(もっかんりょう)であった。頼朝が荘園領主となり，年貢・公事を徴収した。

③関東御分国　将軍家の**知行国**(ちぎょうこく)で，幕府はその国の国衙領か

参考　**関東進止所領**(しんししょりょう)　平家没官領や謀反人跡(あと)のように，幕府が地頭の補任権を有する土地のこと。関東御領・関東御分国とは異なる所領である。

らの収入を得た。最初は伊豆・相模・上総・下総・駿河・武蔵・越後・信濃・豊後の９カ国であったが，のち豊後が除かれた。

[御恩と奉公]

① 御恩…地頭に任命されることにより，従来の土地の権利を保障してもらうのが本領安堵，新しく土地をもらえるのが新恩給与

② 奉公…軍役，京都大番役，鎌倉番役

SECTION 2 執権政治の確立

▶ 源氏将軍が3代で途絶える中，**北条氏**は，他の有力御家人を排除し，**執権政治**を確立した。将軍は形式的に存在するが，実権は北条氏にあり，鎌倉幕府は執権北条氏によって運営されることになった。

1 源氏の断絶と北条氏の台頭

❶北条氏の台頭　頼朝の死後，**頼家**が２代将軍となったが，北条時政(頼朝の妻北条政子の父)は頼家の親裁権を停止し，大江広元・三善康信・和田義盛らとともに重臣13人の**合議制**をとった。さらに時政は，頼家に近い**梶原景時**や**比企能員**を倒し，頼家も伊豆**修禅寺**に幽閉し，頼家の弟 源 実朝を３代将軍とした(のちに頼家は暗殺)。

補説　**源実朝の暗殺**　実朝は将軍となったが，政治は北条義時・大江広元の審議と北条政子の決裁によって動かされたので，政治に関心を失い，和歌や風雅の道にいそしんだ。1219(承久元)年，頼家の子の**公暁**によって**鶴岡八幡宮**(鎌倉市)で殺された。その公暁もまもなく殺され，ここに源氏将軍の系統は断絶した。

❷執権政治の始まり　1203(建仁３)年に**北条時政**は政所別当＝執権となり，その子の北条義時も和田義盛を倒した(**和田合戦**)のち，政所別当と 侍 所別当を兼任した。

執権は**政所・侍所の別当を兼ねる幕府最高の職**となり，北条氏による執権政治の土台がつくられた。

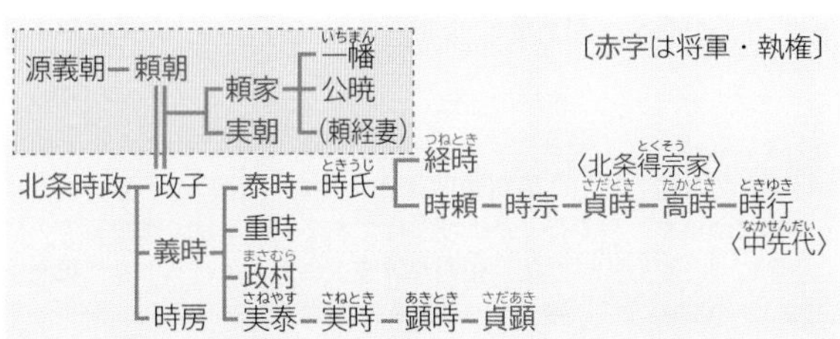

▲源氏将軍家と北条氏略系図

▲鶴岡八幡宮

参考　**摂家将軍**　実朝の死後，北条氏は関白九条(藤原)道家の子の**九条(藤原)頼経**(当時２歳)をむかえたが，幼少のために，後見人の北条政子が政権を運営した(そのため政子は後世，**尼将軍**とよばれた)。頼経は，政子の死後に４代将軍となった。これを**摂家将軍(藤原将軍)**という。頼経の子頼嗣も５代将軍となったが，実際は，執権が政治の実権をにぎっていた。

2 承久の乱

❶院の軍備拡充　院政を行っていた**後鳥羽上皇**は，勢力回復をはかるため，**北面の武士**のほかに**西面の武士**を設置して武力を増強した。また，所領などの集積をはかった。

❷幕府の態度　実朝が暗殺されたことで，上皇は幕府の崩壊を期待したが，北条氏は**摂家将軍**をむかえた。

❸承久の乱の勃発　摂津国の地頭職停止問題をきっかけに**1221**(承久3)**年**，後鳥羽上皇は**北条義時追討の院宣**を下し，諸国に武士の蜂起を求めた。ここに承久の乱が起こった。

❹承久の乱の経過と結末　幕府では，**北条政子**が御家人を説得して結束を固めた。執権**北条義時**は，子の泰時・弟の**時房**を中心とした19万の大軍を京都に進軍させ，2万数千の兵力の上皇方を敗北させた。

❺承久の乱の結果　**貴族政権は決定的な敗北**を喫し，同時に**北条氏による執権政治が確立**した。武士勢力の地位と実力が向上し，荘園侵略などが増加した(☞p.119)。

1. **3上皇の配流**…**後鳥羽上皇**を**隠岐**へ，**土御門上皇**を**土佐**へ，**順徳上皇**を**佐渡**へ流した。
2. **六波羅探題**★1**の設置**…承久の乱の直後に京都守護を廃止し，**北条泰時**・時房を**六波羅探題**に任命して，権限を強化した。役人は主として北条氏一門より任命し，三河国以西の政務と朝廷の監視および西国御家人の統率にあたらせた。

参考　頼朝は京都守護の設置とともに，以前から親交のあった**九条兼実**を信任し，朝幕関係の円滑化をはかった。兼実は摂政・関白になり，後鳥羽天皇のもとで勢力をもったが，1196(建久7)年に**源(土御門)通親**の謀略によって失脚した。その後，京都における幕府勢力は低下し，1198(建久9)年には後鳥羽上皇による院政が成立した。

注意　**滝口・北面・西面の武士**を区別しておこう。
①**滝口の武士＝宇多天皇**設置，宮中の(武者)警護。
②**北面の武士＝白河上皇**設置，院の警護。
③**西面の武士＝後鳥羽上皇**設置，院の警護。

★1　**六波羅探題**　泰時らは承久の乱後も，京都の六波羅(京都市東山区)にとどまって任務をはたした。これ以降，六波羅探題は北条氏が独占した。

史料　尼将軍政子のよびかけ

(承久三年①五月)十九日，…二品②，家人等を簾下に招き，秋田城介景盛を以て示し含ませて曰く，「皆心を一にして奉るべし。これ最後の詞なり。故右大将軍③，朝敵を征罰し，関東④を草創してより以降，官位と云い俸禄と云い，その恩，すでに山岳よりも高く，溟渤⑤よりも深し。報謝の志浅からんや。しかるに今逆臣のそしりに依りて，非義の綸旨⑥を下さる。名を惜しむの族は，早く秀康・胤義⑦等を討ち取り，三代将軍の遺跡を全うすべし。但し，院中に参らん⑧と欲する者は只今申し切るべし。」者，群参の士悉く命に応じ，かつは涙に溺れ返報を申すことくわしからず。只命を軽んじて恩に酬いんことを思う。　『吾妻鏡』⑨

注釈　①1221年。②北条政子。従二位であった。③源頼朝。④鎌倉幕府。⑤海。⑥本来は宣旨より簡単な手続きによる天皇の命令。ここでは義時追討の院宣のこと。⑦後鳥羽上皇側についた藤原秀康・三浦胤義。⑧後鳥羽上皇側につくこと。⑨1180(治承4)～1266(文永3)年の間の幕府の記録。

視点　これは，**義時追討の院宣**が出された5日後に**尼将軍政子**が，鎌倉に招集された御家人に行ったよびかけである。政子は，鎌倉幕府の成立後，頼朝が御家人に対して行ってきた**御恩**を強調し，**奉公**の必然性を説いている。

3 上皇方の所領の没収…上皇方に味方した公家・武士・寺社の所領約3000カ所を没収した(没官領)。

4 新補地頭の任命…戦功のあった御家人らに没収した土地を与え，地頭に任命した(新補地頭)。給与が少なかった土地には，新補率法が適用された。その内容は，田畑11町ごとに1町の免田(11町のうち1町の年貢を，荘園領主に納めずに地頭がとる)と，1段につき5升の加徴米の徴収権を与えるというものであった。なお，新補地頭以外の旧来の地頭が，本補地頭である。

5 大田文の作成…諸国の土地を守護に調査させ，土地台帳である大田文をつくらせて，賦課の基準台帳とした。

3 北条泰時の政治

❶北条泰時の登場　義時の死後に執権職をついだ北条泰時は政治力にすぐれ，頼朝以来の先例と合議政治の形式をうけついで執権政治を確立させた。

❷合議体制の整備　泰時は執権の下に補佐役として連署を置いて，叔父の北条時房をこの職につかせた。また，1225(嘉禄元)年には，大江広元・北条政子ら死後の政務の裁定や訴訟の裁決のために，有力御家人11人を評定衆に任じた。★2

★2 評定を行う場所を，評定所と称した。

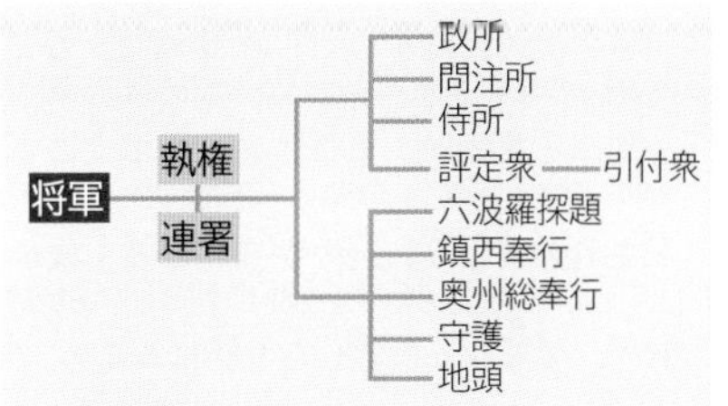

▲幕府の機構(承久の乱後)

❸御成敗式目(貞永式目)の制定　武士は律令に対抗する法典をもたなかった。そこで，1232(貞永元)年に泰時は御成敗式目を制定した。これは，武家社会のための最初の体系的な成文法である。

注意 御成敗式目は，武士のための法律であったが，武士のみがつくったのではなく，貴族の子孫三善康連も協力した。また，武家以外からは「関東式目」とよばれていたことに注意。

❹御成敗式目の特色

1 「右大将家の例」とよばれる源頼朝(右近衛大将だった)の示した例が重要視され，武家社会独自の先例・慣習・良識(道理)に基づき，51カ条にまとめられた。

2 守護・地頭の職務規定，所領相続規定(分割相続で女性にも相続権を認めた)，その他，行政・民事・刑事裁判の一般規定から構成されていた。

3 通用範囲は，御家人を中心とする幕府の勢力範囲のみで，公家社会には通用しなかった。★3 内容は武士にも理解できるように簡素で実際的であった。

★3 朝廷の支配下では律令の系統をひく公家法が，荘園領主の支配下では本所法が効力を有していた。

史料 御成敗式目と式目制定の趣旨

〔御成敗式目(貞永式目)〕

一．諸国守護人奉行の事(第3条)
諸国守護人の職務・権限の事

右，右大将家の御時，定めおかるる所は，大番催促・謀叛・殺害人等の事なり。
このことについて，右大将家(源頼朝)の時代に定め置かれたのは，大番役の催促，謀反人・殺害人の逮捕などの事柄である。

一．諸国の地頭，年貢所当を抑留せしむる事(第5条)
諸国の地頭が年貢を抑え留めている事

右，年貢を抑留するの由，本所の訴訟有らば，即ち結解を遂げ，勘定を請くべし。
このことについて，年貢を抑え留めているとのことで，荘園領主側からの訴えがあれば，直ちに収支決算をして，監査を受けよ。

一．女人養子の事(第23条)
女性が養子を迎える事

右，法意の如くばこれを許さずと雖も，大将家の御時以来当世に至るまで，その子無きの女人等，所領を養子に譲り与ふる事，不易の法⑦勝計すべからず。
このことについて，律令の趣旨からすれば許されないことではあるが，大将家(源頼朝)の時代から今日にいたるまで，子供のいない女性が所領を養子に譲渡することは，頼朝以来の変わることのない慣習法として数えきれない。

〔御成敗式目制定の趣旨(北条泰時消息文)〕

さてこの式目をつくられ候事は，なにを本説として注し載せらるるの由，人さだめて謗難を加ふる事候か。ま事にさせる本文にすがりたる事候はねども，ただどうりのおすところを記され候者なり。……かくのごとく候ゆへに，かねて御成敗の体をさだめて，人の高下を論ぜず，偏頗なく裁定せられ候はんため，子細記録しおかれ候者なり。
さて，この式目を作ったことについては，何を根拠として書かれたのかと，京都の公家はきっと非難することでしょう。確かにこれといった漢籍などで典拠となる文章はないが，ただ道理でおしはかるところを記したのです。このようなことがあるので，あらかじめ裁判のきまりを定めて，当事者の地位が高いか低いかにかかわらず，ひいきをしない裁定が下されるように，くわしく記述しておいたのです。

武蔵守①
武蔵守(北条泰時)より

駿河守殿②
駿河守(北条重時)殿へ

『御成敗式目唯浄裏書』③

注釈 ①北条泰時。②北条重時。③斎藤唯浄が記した御成敗式目の注釈書。

視点 「北条泰時消息文」は，北条泰時が，御成敗式目の制定後に京都の公家からの批判があることを予想して，1232(貞永元)年9月11日付で，式目制定の趣旨を，弟の六波羅探題北条重時に書き送った書状。

❺**御成敗式目の影響** 御成敗式目は以後の**武家法の基本**とされ，戦国**分国法**(☞p.177)などに大きな影響を与えた。

❻**その後の法令** 御成敗式目以後に定められた種々の法を**式目追加**といい，室町時代に**新編追加**としてまとめられた。

4 北条時頼の政治

❶**北条氏の独裁体制の確立** 泰時のあとをついだ**北条時頼**は，政治の実権を**得宗**(北条氏嫡流の当主)に集中させた。私的会合にすぎない**寄合**で重要政務が審議・決定された。

また1247(宝治元)年には，有力御家人の**三浦泰村**を滅ぼし(宝治合戦)，得宗を頂点とする北条氏一族の独裁体制を確立した。

❷**引付衆の設置**　時頼は，評定衆の補佐と訴訟の公平・迅速をはかるために，1249(建長元)年に引付をおいて引付衆を任命し，裁判制度の整備につとめた。

❸**皇族将軍の登場**　時頼は，**摂家将軍**の**九条(藤原)頼経**(☞p.115)を京都に返し，そのあとを継いだ**頼嗣**も廃した。朝廷で力をふるった頼経の父の九条道家も失脚させ，幕府が擁立した後嵯峨天皇の皇子の**宗尊親王**をむかえて将軍とした。これが**皇族将軍**[★4]である。

❹**朝廷の動き**　後嵯峨上皇は幕府を見習って，有能な廷臣からなる**院評定衆**を置き，朝廷政治の再建につとめた。

★4 **皇族将軍**　親王将軍，**宮将軍**ともいう。

SECTION 3 武士の社会

▶ 執権政治の確立によって武士の権力が上昇し，**地頭**などが貴族や寺社の**荘園**を侵略して自己の基盤を強めようとした。また鎌倉時代の武士の生活は**惣領制**によって組み立てられ，惣領と庶子との関係がその中心であった。

1 武士の荘園侵略の増加

❶**武士の荘園侵略の激化**　**承久の乱**で武家政権である鎌倉幕府が勝利し，貴族政権が敗北すると，武士の権力がさらに強化された。こうしたなかで，武士の荘園侵略が増加した。

❷**地頭の荘園侵略**　荘園領主の力が弱まると，地頭は年貢の徴収を怠り，近隣の武士との間では境界の問題をめぐる紛争を起こした。こうした状況を打開し，荘園領主と地頭との利害を調整するために，次の2つの方法がとられた。

1. **地頭請**…荘園における**年貢を地頭が請け負う**[★1]ことをいう。徴収は以前から地頭の職務であったが，地頭請であらかじめ年貢額を荘園領主と定め，地頭の取り分を有利にした。
2. **下地中分**…**荘園領主と地頭との間に紛争が起こったとき，荘園の領地を半分ずつに分割してしまう**ことをいう。一方を**荘園領主側(領家分)**，一方を**地頭側(地頭分)**とする[★2]。そして，領家分では新たに徴税責任者として荘官を任命し，**荘園領主―荘官―農民**という関係をつくって，地頭を排除した。地頭分でも，荘園領主を排除して**地頭―農民**という支配体系をつくっていった。

★1　このような年貢請け負いが行われた所領を，**請所**(地頭請所)という。

★2　下地中分により，たがいの支配に干渉しない支配体制(一円支配)ができた。また，地頭はこれにより，単なる土地の管理者から土地支配者になった。

参考 **和与による和解**
下地中分を行うにあたって，和与による和解が奨励された。これは裁判を行わず，話し合い(和与)によって解決をつけるものである。

補説　**東郷荘と下地中分の絵図**　松尾神社(京都)の荘園であった伯耆国(鳥取県)の東郷荘は，13世紀なかばに領家と地頭との間で下地中分がおこなわれた。絵図では東郷池の南堤の中央から分割線が引かれている(右図参照)。

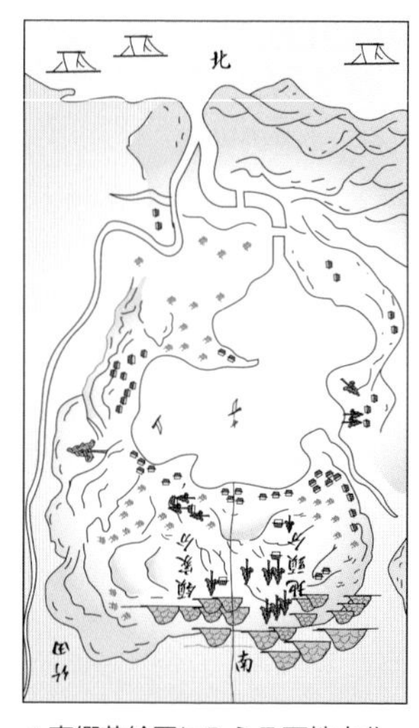

▲東郷荘絵図にみえる下地中分

2 武士の生活

❶**惣領制の社会**　武士の社会を強く規定したのは**惣領制**である。惣領制は，一族の長，すなわち惣領が**庶子**(家督の相続人である**嫡子**以外の子)を率いる，**血縁関係を基本とする結合形態**で，平安時代末から見られるが，さかんになったのは鎌倉時代である。

❷**所領の相続権**　武士の財産である所領は惣領に相続され，庶子にも他の所領が**分割相続**された。また**女性も相続権**をもち，所領の相続に関して，惣領・庶子・女性が同等に近い権利をもった。

❸**強い惣領の権限**　惣領制においては惣領のもつ権限は強く，庶子がその武士団に対して不利益なことをした場合には**所領を没収**することもできた。これを**悔返権**という。また，戦いの際には守護が軍事を統轄するが，その際，一族を率いて戦いに参加するのは惣領であり，軍費の徴発も惣領に課された。軍事的にも惣領の権限が強かった。

❹**惣領制の動揺**　惣領制は，鎌倉時代末になるとおとろえてきた。**分割相続**が長くつづくと**所領は細分化**されていき，武士の経済基盤は弱体化した。しかも**分割相続によって庶子家が自立**し，惣領家と対立する場合もあった。★3

★3　この惣領家と庶子家の対立を解消するために，分割相続を廃止して**単独相続**に移行していった。

★4　堀ノ内・土居という名は，今も地名として全国に残っている。

❺**武士の住居**　武士の生活の場所は自分の**館**(たち)であった。館は防御に便利なつくりであったが，かなり簡素で，**武家造**とよばれた居宅の周囲には防御用の堀や土居(土塁)が築かれ，館は**堀ノ内・土居**ともよばれた。★4

補説　**館の構成**　館には武士団の長の居宅である母屋があり，その家族も住んでいた。従者の住む遠侍という建物もあり，馬小屋や矢倉などの戦闘設備も設けられていた。

▲地方武士の館

左上の建物が母屋で，下部に居宅を囲む垣根や門が見える。「一遍上人絵伝」より。

❻**武士の道**　武士の道は「**兵の道**(つわもの)」ともいわれ，主従関係が最も尊重される武力中心の社会であった。そのため武士はたえず武芸の修得に力をそそいだ。とくに鎌倉時代には**笠懸**(かさがけ)・**犬追物**(いぬおうもの)・**流鏑馬**(やぶさめ)(この３種の弓技を**騎射三物**(きしゃみつもの)という)や，山野で行う**巻狩**(まきがり)などがひんぱんに行われた。

笠　懸
馬に乗って走りながら笠の形をした的を弓矢で射るもの。

犬追物
馬場に放たれた犬を，馬に乗って追いかけながら，殺傷能力のない蟇目(ひきめ)矢で射るもの。

流鏑馬
一定間隔でおいた的を馬を走らせながら弓矢で射るもの。

▲騎射三物

3 農村の構成

❶**武士の農業経営**　武士の所領の農業経営は，直接経営地と間接経営地とからなっていた。

1. **直接経営地**…**佃**(つくだ)・**門田**(かどた)・**正作**(しょうさく)・**用作**(ようさく)などといい，武士の**下人**(げにん)や**所従**(しょじゅう)などの直属民が耕作にあたった。
2. **間接経営地**…直接経営地以外の間接経営地は，武士が耕作を行わず，**名主**(みょうしゅ)に請作(うけさく)に出した。

❷**農民の階層**　地頭(じとう)や荘官の下には名主(みょうしゅ)(有力農民)や**小百姓**(こびゃくしょう)(一般農民)がいた。また，**下人・所従**は地頭や名主に隷属(れいぞく)し，主人の屋敷内に居住して，主人の直営地の耕作や雑用などにあたった。彼らは譲与・売買の対象となることもあった。また，**非人**(ひにん)たちは賤視(せんし)をうけ，農民共同体からは疎外(そがい)されていたが，芸能やキヨメなどの分野で活躍した。

史料　紀伊国阿氐河荘民の訴状(きいのくにあてがわのしょうみんのそじょう)

阿テ河ノ上村百姓ラツヽ(謹)シテ言上
阿氐河荘上村の百姓らが謹んで申し上げます。

一．ヲンサイモク(御材木)ノコト，アルイワチトウ(地頭)ノキヤウシヤウ(京上)，アルイワチカフ(近夫)トマウシ(申)，カクノコトクノ人フ(人夫)ヲ，チトウ(地頭)ノカタエせメ(責)ツカ(使)ワレ候ヘハ，ヲマヒマ候ワス候。ソノヽ(残)コリワツカニモレ(洩)ノコリテ候人フ(人夫)ヲ，サイモク(材木)ノヤマイタシ(山出)エ，イテタテ(出立)候エハ，テウマウ(逃亡)ノアト(跡)ノムキマケ(麦まけ)ト候テ，ヲイモトシ(追戻)候イヌ。ヲレラカコノムキマカヌ(麦まかぬ)モノナラハ，メコ(女子)トモヲヲイコメ(追込)，ミヽ(耳)ヲキリ，ハナ(鼻)ヲソキ，カミ(髪)ヲキリテ，アマ(尼)ニナシテ，ナワ(縄)ホタシ(絆)ヲウチテ，サエナマン(苛)ト候ウテ，せメ(責)せンカウせラレ候アイタ……，ヲンサイモクイヨイヨヲソナワリ(遅)候イヌ。

御材木のことでございますが，地頭が上京するのだとか，近所での人夫役とかを申して，このように荘民を人夫として，地頭の方でこき使われますので，私たちには労力と時間がないのでございます。それに使われずにわずかに残った人夫を，山から材木を運び出すために出発させたのでございますが，(地頭が)逃亡農民の耕地に麦を蒔けといって追い返してしまったのでございます。お前たちがこの麦を蒔かないと，妻子どもを家に閉じ込め，耳を切り鼻をそぎ，髪を切って尼にして，縄でしばって苦しめるぞと，厳しく追及されますので，御材木の運搬はますます遅れてしまったのでございます。

ケンチカン子ン(建治元年)十月廿八日
1275(建治元)年10月28日

『高野山文書(こうやさん)』

❸**農民の負担**　年貢・公事は名田を単位にかけられた。**年貢**はおもに米や絹などで納入され，**公事**は特産物や手工業製品などがおもであった。公事の一種である**夫役**は，荘園領主や地頭・荘官に労働力を提供するものであり，耕作や雑役に使われた。とくに夫役は，農民にとって大きな負担であり，その苛酷なようすは，紀伊国阿氐河荘民の訴状によくあらわれている。

★5 **刈敷**　刈り取った草などを耕地に埋めこんで肥料とすること。農具の発達により草を地中深く埋められるようになった。

❹**農業技術の発展**　鎌倉時代の後期には，農業技術は大いに発展した。①畿内を中心とする**二毛作**(稲と麦)の普及，②**刈敷**★5や**草木灰**(草木を焼いた灰を肥料とするもの)などの施肥の発達，③**牛馬耕**や鉄製農具の普及，④灌漑技術の進歩や**水車**の発明などである。★6

▲**牛耕のようす**
「松崎天神縁起絵巻」より。牛に犂を引かせて，田を耕している(上部)。

補説　**中世の技術者**　現在の大阪府泉佐野市にあった**日根野荘**(摂関家の**九条家**の荘園)で，14世紀初頭に荒野の開発が開始されたが，その中心は非人と関係の深い西大寺(奈良)の僧侶であった。僧侶といっても，実際は開発請負業者ともいうべき人であり，つい数年前には備中国で川の交通の難所をきりひらいた人物でもあった。荒野を開発するには池などをつくって用水を確保する必要があったが，その池をつくったのは非人たちであった。非人は井戸掘り・壁ぬり・石組みなどにも従事していた。

★6　二毛作が普及したのは，水車を使って灌漑する技術などが進んだからである。

SECTION 4 産業・経済の発達

▶ 農業生産の発展は，庶民の購売力を高め，荘園内の手工業者を独立させる方向にむけた。彼らのつくる商品は広く取引されて，**市**や店を発達させた。**日宋貿易**では，**宋銭**が大量に輸入されたことにより，貨幣の流通と商業・金融業が発達した。

1 商品流通の発達

❶**商品流通の発生**　鎌倉時代には農業技術が向上し，生産力が高まってきた。販売を目的に生産された商品が民間に流通するようになった。

❷**手工業者の活動**　手工業製品は，**鍛冶師**・**番匠**(大工)・**鋳物師**・**研師**などの**手工業者(職人)**によって生産された。彼らは農村内に居住し，各地を巡回して仕事をした。

▲**番匠**　「春日権現験記絵巻」より。

③市(いち)の成立　商品売買をおこなう地域を市という。鎌倉時代には月に3度の日を定めて開かれる**三斎市(さんさいいち)**★1のような定期市が発達した。

④行商人(ぎょうしょうにん)の出現　市が開かれ，商品の取引がさかんになると，中央から織物や工芸品などを運んで売る**行商人**も各地の市にあらわれた。一般の生活用品の多くも行商人によって都市や農村で販売され，女性の行商人も少なからず存在した。

▲**備前国福岡荘の市**(岡山県)
13世紀末。道路をはさんで建てられた小屋に，多くの商品が並べられている。「一遍上人絵伝」より。

⑤見世棚(みせだな)の発展　京都・奈良・鎌倉(かまくら)などの都市には，手工業者や商人が集中し，市のほかに常設の小売店舗(**見世棚**)も見られた。

⑥貨幣の流通　国内では**本朝(皇朝)十二銭**(ほんちょう こうちょう じゅうにせん)(☞p.59)以後，貨幣はつくられていなかったが，平安時代末期から**宋**(そう)との貿易により**宋銭**(そうせん)が輸入され，国内通貨として流通した。この宋銭が商品の流通を促進し，農村にも貨幣経済を浸透(しんとう)させた。★2

⑦金融業　商品の取引がさかんになるとともに，次のような金融関係のしくみもしだいに整ってきた。

1. **借上**(かしあげ)…金融業者。貨幣経済の発達とともに高利貸を営む者もあらわれた。これが**借上**で，御家人はその負債(ふさい)に苦しんで所領を手放す者が多くなった。
2. **為替**(かわし)(**替銭**(かえぜに))(かわせ)…遠方の荘園(しょうえん)などから京都の荘園領主に多額の年貢米や銭を送るときに手形を利用した。このしくみを為替とよび，また，その手形を**割符**(さいふ)という。

⑧運送業　金融業や交通の発達によって，**問(問丸)**(とい といまる)や**馬借**(ばしゃく)・**車借**(しゃしゃく)といった運送専門の業者があらわれた。

1. 問(問丸)…港湾(湊(みなと))の貨物運送業者。しだいに貨物の保管や委託(いたく)販売も行い，倉庫業や金融業を兼ねることもあった。
2. 馬借・車借…馬や車を用いる運送業者。問の統制をうけた。**大津**(おおつ)・**坂本**(さかもと)(滋賀県)・淀(よど)(京都市)・木津(きづ)(京都府)・敦賀(つるが)(福井県)などが有名で，商人を兼ねる者が多かった。

★1　**三斎市**　毎月1・11・21日というように定期的に3回開かれた市のこと。室町時代には，**六斎市**も開かれた。四日市(よっかいち)・五日市(いつかいち)・八日市(ようかいち)といった現在の地名は，この定期市が開かれた名ごりである。

注意　商業・手工業の発達とともに，商工業者の同業組合である**座**(ざ)が発達してきた。座は平安時代末期に始まり，鎌倉時代を経て，室町時代に発展した。

★2　鎌倉時代には，荘園の年貢を貨幣で納める**代銭納**(だいせんのう)が始まった。

参考　**頼母子(憑支)の発生**(たのもし)　鎌倉時代，庶民の相互扶助(ふじょ)的な金融機関である頼母子が始まった。講(こう)をつくって全員が一定額を積み立て，たまった金額を順番に使う。無尽(むじん)ともいう。

2 宋・元との貿易

①宋との貿易　鎌倉幕府は，宋(そう)との貿易に関心を寄せ，**鎮西奉行**(ちんぜいぶぎょう)の管理のもと，**博多**(はかた)と**明州**(めいしゅう)(寧波(ニンポー))との間に船が往来し，貿易が行われた。

史料 商業・交通の発達

凡そ京の町人，浜①の商人，鎌倉の誂え物②，宰府の交易③，室・兵庫④の船頭，淀河尻の刀禰⑤，大津・坂本⑥の馬借，鳥羽・白河⑦の車借，泊々の借上，湊々の替銭，浦々の問丸，割符を以て之を進上し，俶載⑧に任せて之を運送す。 『庭訓往来』⑨

注釈 ①福井県の小浜か。②鎌倉の職人に注文してつくる品物。③九州の大宰府で行われている交易活動。④現在の室津港・神戸港。⑤淀川の河口にあった旅人の宿の役人。瀬戸内ルートの物資は淀川の舟運で京都に運ばれた。⑥琵琶湖の西南の地名。⑦京都近郊の地名。⑧代金をとって物を運ぶこと。⑨室町時代初期の庶民教科書。学僧玄恵の著作とされる。

視点 『庭訓往来』の記載は，鎌倉時代後期の状況だと考えられる。京都での町人の成立，鎌倉の都市としての発展，宋や元との貿易で栄える博多，瀬戸内ルート上の兵庫や淀川の船運，北陸・東国ルート上の大津・坂本の馬借，京都近郊の**車借**など都市・商業・交通の発展，さらに，それを支える**借上**・**為替(替銭)**・**問(問丸)**・**割符**の成立が確認できる。

❷**日宋貿易品** とくに**宋銭(銅銭)の輸入**が大きな比重を占めた。

・**貿易品**
- **輸出品**…金，硫黄，美術工芸品(刀剣・扇子・漆器)，木材など
- **輸入品**…**宋銭**，陶磁器，**絹織物**，書籍，香料，薬品など

❸**元との貿易** 宋の滅亡(1279年)後は，元との間に私貿易が行われていた。モンゴル襲来で，一時，元とは外交関係を断っていたが，その後貿易は再開し，鎌倉時代末期の1325(正中2)年，**北条高時**は鎌倉の建長寺を修築する資金を得るため，**建長寺船**★3を派遣した。

▲**宋銭** 日本各地の遺跡から多数出土する。その流通が全国におよんでいたことを示している。

★3 建長寺船は，のち室町時代に，**天龍寺船**として継承された(☞p.154)。

SECTION 5 仏教の新たな動き

▶ 真言宗に加え天台宗も密教化し，祈禱を通じて現世利益を求める貴族と結びつき，勢力を持った。平安時代中期ごろから浄土信仰が広がり始め，そのなかから新しい仏教があらわれてきた。鎌倉時代の仏教は，**浄土宗**・**浄土真宗**・**時宗**の念仏系と，**臨済宗**・**曹洞宗**の**禅宗**系と**日蓮宗**(**法華宗**)に分けられる。

1 鎌倉時代の仏教

❶**変化の背景** 僧兵をかかえ，荘園を所有するなど，世俗の権力と変わらない寺院のあり方に批判的な人々が，出家しても寺院に属さず，**聖**や**遁世者**として活動するようになった。

❷特色　①教えの平易さと修行の容易さ，②自己の信仰を第一とする，③武士・農民・商工業者など(貴族以外)を信仰者層とする，などである。

2 浄土宗

❶浄土宗の開祖　**法然**は美作国(岡山県)の武士の家に生まれ，**比叡山延暦寺**で**天台宗**を学んだが，源信の著した『往生要集』(☞p.96)の影響をうけて，新しく**浄土宗**★1を開いた。

❷法然の教え　法然は，誰でもできるという修行方法をうち立てた。阿弥陀仏の本願(人々を救うという誓い)を信じてひたすら**念仏**(**南無阿弥陀仏**)を唱えれば，すべての人々は阿弥陀によって救われると考え(**他力本願**)，**専修念仏**の考え方をうちだし，きびしい修行や難解な経典の理解はなくとも往生できるとした。

❸法然の著書　『**選択本願念仏集**』(せんじゃく)。法然が**九条兼実**の求めによってその教義を説いた書。

補説　**旧仏教との対立**　法然の浄土宗は旧仏教と対立するものであり，その衝突はさけられなかった。法然が京都の東山に営んだ**吉水草庵**(今の**知恩院**)には，多様な身分の人々が集った。しかし，戒律を重視する旧仏教側の反感を買い，1207(承元元)年に朝廷の弾圧をうけて(**承元の法難**)，法然は讃岐に流罪となり，弟子の**親鸞**も越後に流された。しかし，人々の法然に対する信頼と期待は深く，やがて1211(建暦元)年には許されて京にもどった。

▲**知恩院**(京都市)
法然が開宗し，死去した地に建てられた。

注意　新しい仏教の開祖の多くは，**比叡山**に登り**天台宗**を学んでいたことに注目。当時の**延暦寺**は，僧兵も存在したが，反面できびしい学問的環境を保っており，そこで勉強した人々のなかから新しい仏教が生まれた。

★1 **浄土宗**　武士・庶民の間に広まり，**浄土真宗**・**時宗**などの源流となった。その教義が，時代の要求にあっていたといえるだろう。

3 浄土真宗

❶浄土真宗の開祖　貴族出身の**親鸞**は，浄土宗の法然の考えを基礎とし，のちに**浄土真宗**(**一向宗**)★2と称される宗派を開いた。

❷親鸞の教え　**親鸞**は，信心に基づいた念仏を重視し，称名(念仏)の形式や回数よりも「弥陀の本願」を信ずる心の深さに往生の要因を求めた。そして**悪人正機説**★3を説いた。

❸親鸞の著書とその言行録　著書には『**教行信証**』★4があり，その言行録には弟子の**唯円**が書き残した『**歎異抄**』がある。

▲**親鸞像**

❹親鸞の教えの実行　親鸞は，浄土

★2 **一向宗**　鎌倉時代末期に，一遍の弟子の一向の教派が一向宗とよばれ，**浄土真宗**がこれと混称されたことに始まるよび名。

★3 **悪人正機説**　みずからの悩みや欲望に気づき，善行を行うことができない「悪人」であるという自覚をもつ者こそが，阿弥陀仏の救済の対象だとする考え方。

★4『**教行信証**』　浄土真宗の教典。正しくは『顕浄土真実教行証文類』という。

史料　悪人正機説

善人①なをもて往生をとぐ，いはんや悪人②をや。しかるを世のひとつねにいはく，「悪人なを往生す，いかにいはんや善人をや」と。この条，一旦③そのいはれあるににたれども，本願他力④の意趣⑤にそむけり。そのゆへは，自力作善のひと⑥は，ひとへに他力をたのむこころかけたるあひだ，弥陀の本願⑦にあらず。

『歎異抄』⑧

注釈　①善行をつんで救われようとする人。②善行をつむことのできない煩悩の深い人。③一応。④**阿弥陀仏の本願**をひたすら信じる。⑤趣旨。⑥善人のこと。⑦阿弥陀仏の根本の願い，すなわちすべての人々を救済するという誓い。⑧親鸞の弟子の**唯円**が親鸞の口伝に異説の多いことを歎き，それを正すため，親鸞の死後に著した。

視点　『歎異抄』に記されている**親鸞**の**悪人正機説**である。日々念仏を唱えている自力作善の善人(貴族たち)でさえ往生できるのだから，生活のためにやむを得ず殺生などの悪行を行わざるを得ない**悪人(武士や農民)**は当然往生できる。その理由は，善人はすべての人々を救済しようという阿弥陀仏の誓いを信頼する他力の心に欠けているからであり，阿弥陀仏の本願にのみ救いを求める悪人こそが，阿弥陀仏に救済されるにふさわしいのである，と説く。

真宗の僧侶にも**肉食妻帯**を認めて，みずからもこれを実践した。その教えは，庶民や武士を中心に広まっていった。

補説　**親鸞以後の浄土真宗**　浄土真宗は親鸞の死後，下野(栃木県)の高田専修寺派や本願寺派などの門流に分かれた。のち，親鸞の曽孫の**覚如**らが，京都の大谷にあった親鸞の墓所を寺院化して**本願寺**と称してから教団の形態をとるようになり，室町時代の**蓮如**が中興した(☞p.173)。

4 時宗

注意　一遍の主要著書は現在のところ見つかっていない。これは，一遍が自分で焼いたからとされている。

❶**時宗の開祖**　**一遍(智真)**。**遊行上人**ともよばれる。伊予国(愛媛県)の有力武士の家に生まれ，延暦寺で天台宗をおさめたのち，阿弥陀信仰に転じ，時宗をおこした。

❷**時宗の本旨**　信心の有無や浄・不浄を問わず，すべての人が念仏によって救われると説いた。

❸**一遍の布教**　一遍の布教の形態は他の宗派とはちがい，全国を渡り歩いて街頭で布教するというものである。また，念仏を唱えながら全国を遊行し，念仏にあわせて踊る**踊念仏**を行った。この遊行において，一遍は各地の神社を利用し，素朴な神社信仰と結びつくことによって民間に時宗を広めようとした。中心寺院は**清浄光寺**(神奈川県藤沢市)である。

▲**踊念仏**　「一遍上人絵伝」より。

5 臨済宗

❶**臨済宗の伝来者**　栄西が1191(建久2)年，宋より伝えた。

❷**臨済宗の教え**　「不立文字(以心伝心)」。**坐禅**をくみ，師の与える「**公案**」の問答を解決することで悟りに至るとした。

❸**栄西の布教**　栄西は，比叡山で天台宗を学び，のちに臨済禅をもたらしたので，延暦寺の強い反発をうけた。しかし，そのなかで自力修行を唱えて全国に布教した。この自力修行という方法は，実力でその地位を形成した武士の生き方にふさわしく，広く武士に受け入れられるところとなった。

❹**栄西の著書**　『興禅護国論』は旧仏教側の禅宗非難に対し，禅宗の本質を説いた書。中国から本格的な茶の栽培技術を伝えて3代将軍**源実朝**に献じた『喫茶養生記』も名高い。

❺**栄西の建立寺院**　栄西は，2代将軍源頼家やその母北条政子の帰依をうけ，鎌倉に**寿福寺**，京都に**建仁寺**を建てた。

補説　**栄西の系統の禅僧**

①**蘭渓道隆**…1246(寛元4)年に宋より日本に渡来し，鎌倉幕府の保護のもとに布教した。のち**北条時頼**の保護のもとに鎌倉に**建長寺**を建てた。

②**無学祖元**…1279(弘安2)年に**北条時宗**の招きで宋より来日し，時宗の保護のもと鎌倉に**円覚寺**を開いた。

③**円爾弁円**…鎌倉時代中期の禅僧。駿河(静岡県)の人。**聖一国師**ともいう。宋から帰国して以後，幕府の保護や九条道家の援助のもとに，京都に**東福寺**を開いた。

④**虎関師錬**…鎌倉時代末期の禅僧で京都の人。東福寺に長く住み，**日本最初の仏教史書**である『**元亨釈書**』を著した。

⑤**無住一円**…鎌倉時代末期の禅僧。鎌倉の人で，学問に深く通じていた。東福寺で円爾弁円に師事。著書『**沙石集**』(仏教説話集)は有名である。

▼鎌倉時代の仏教

年	できごと
1191	**栄西**が帰国し，**臨済宗**を伝える
1198	栄西の『**興禅護国論**』 法然の『**選択本願念仏集**』
1207	承元の法難(法然・親鸞ら配流)
1224	**親鸞**『**教行信証**』
1227	**道元**が帰国し，**曹洞宗**を伝える
1253	**日蓮**が**日蓮宗**を広める
1260	日蓮の『**立正安国論**』
1274	**一遍**が**時宗**を開く

参考　**禅宗**　坐禅を重視する仏教の一派。6世紀に中国に伝えられて宗派として整えられた。**臨済宗**や**曹洞宗**はこの禅宗に属する。**黄檗宗**(☞p.244)も禅宗の一派。

6 曹洞宗

❶**曹洞宗の伝来者**　道元が1227(安貞元)年に宋より伝えた。

❷**曹洞宗の教え**　曹洞宗は，ひたすら坐禅をすること(只管打坐)によってのみ，悟りは開かれると説いた。臨済宗との違いは，「**公案**」**を用いない**点である。

❸**道元の建立寺院とその布教**　道元は栄西の門下であったが，のち1244(寛元2)年に越前(福井県)に**永平寺**を開いた。以後，曹洞宗は永平寺を本拠として，北陸地方を中心に，地方武士・庶民の間に広まっていった。

▲道元

❹**道元の著書**　『**正法眼蔵**』は，曹洞宗の禅の本質について述べたものである。

7 日蓮宗(法華宗)

❶**日蓮宗の開祖**　**日蓮**。安房国(千葉県)の漁村の生まれといわれる日蓮は，比叡山で修行し，のち安房の清澄山で**日蓮宗**を開宗した。

❷**日蓮の教え**　日蓮は，天台宗と同じく**法華経**を教義の中心にすえたが，天台宗の理論重視に対して実践重視を唱えた。**法華経至上主義**であり，「南無妙法蓮華経」という**題目**を唱えれば，ただちに往生して仏となることができると説いた(**即身成仏**)。すべての民衆が法華経に基づいて題目を唱えるとき，国土は安泰になると説き，国家の政治と日蓮宗とは深い結びつきが必要であると主張した。

❸**日蓮の著書**　『**立正安国論**』★5があり，この著を鎌倉幕府に提出して，法華経信仰の必要性を唱えた。

❹**日蓮の布教**　日蓮は，**四箇格言**★6を唱えて鎌倉で**辻説法**(街かどで仏法を説くこと)を行い，他宗を折伏して法華宗信仰の必要を主張した。

❺**日蓮への迫害**　日蓮は他宗を排斥したので，他宗の迫害をうけることが多く，幕府によって伊豆・佐渡へも流された。日蓮は，晩年は**身延山久遠寺**(山梨県)に身を置いた。1282年，湯治のため身延山を下山したが，現在の池上本門寺(東京都大田区)で死去した。

補説　**日像の宗勢拡大**　日蓮宗は，はじめ関東地方の武士や農民の間で信仰された。しかし，日蓮の死後，鎌倉時代から南北朝時代に**日像**が出て，比叡山などの旧仏教側の迫害をうけながらも，京都の商工業者(**町衆**)などの帰依をうけ，京都に宗勢を拡大した。

8 旧仏教の復興

❶**旧仏教の刷新**　旧仏教(顕教・密教)は，貴族を主たる信者とし，武士や庶民とは縁遠かった。しかし，鎌倉時代にはいって，新仏教の成立・普及に対し，教理面での対抗や仏教本来の衆生済度の自覚が高まった。こうした時代の流れのなかで旧仏教は再生し，庶民の救済を目的とする社会事業を行った。

❷**明恵(高弁)**　**華厳宗**を復興し，戒律と坐禅を重視した。京都栂尾に**高山寺**を開き，後鳥羽上皇・藤原定家(ていか)・北条泰時などの帰依をうけた。また，栄西が宋からもち帰った茶を初めて栂尾で栽培した。さらに，『**摧邪輪**』を著して**法然の教**

★5 『**立正安国論**』　法華経こそ唯一の正法であると唱え，他宗を非難して国難の到来を予告した問答体の書。幕府は人心をまどわすものとして日蓮を伊豆へ流罪にした。

★6 **四箇格言**　「念仏無間・禅天魔・真言亡国・律国賊」のこと。念仏(浄土宗・浄土真宗・時宗)，禅(臨済宗・曹洞宗)，真言(真言宗)，律(律宗)は邪教であると非難した。

参考　**その他の日蓮の著書**　流刑地の佐渡で著した『観心本尊鈔』や『開目鈔』。

参考　**八宗**　奈良時代開宗の**法相**・**華厳**・**三論**・**成実**・**倶舎**・**律**の6宗と，平安時代開宗の**天台**・**真言**の2宗をあわせて**八宗**という。これがいわゆる旧仏教である。

義を批判した。

③**貞慶(解脱)**　興福寺の僧侶であり，戒律を重要視して**法相宗**を復興した。のちに**笠置山**(京都府)に隠栖した。法然の論敵でもあった。

④**叡尊**　戒律の復興につとめ，**律宗**を復興した。北条時頼や実時の帰依をうけ，大和の西大寺(奈良市)の復興に努力し，橋の建設などの社会事業にも力をそそいだ。

⑤**忍性(良観)**　叡尊の弟子。鎌倉の**極楽寺**に住んだ。北条時頼の帰依をうけて，師の業をついで社会事業に力をそそいだ。奈良にハンセン病患者らの療養所として，**北山十八間戸**を建てたことは有名。

⑥**俊芿**　栄西の弟子で**泉涌寺**(京都市)を再興した。入宋して戒律生活を尊び，律宗の再興に努力した。

▲**北山十八間戸**(奈良市)

＊「一遍上人絵伝」などをもとに一遍の言葉を集めたもの。一遍は死の直前に全ての著作を焼却している。

POINT!

[鎌倉時代の新しい仏教]

宗派	開祖	著書	教えの内容	広がりの層	中心寺院
浄土宗	法然	選択本願念仏集	他力本願の専修念仏	武士・貴族	知恩院
浄土真宗	親鸞	教行信証 歎異抄(唯円)	他力本願 悪人正機説	庶民	本願寺
時宗	一遍	(一遍上人語録)＊	他力本願の一心念仏	庶民・商工業者	清浄光寺
臨済宗	栄西	興禅護国論	不立文字 公案による悟り	幕府の指導者	建仁寺
曹洞宗	道元	正法眼蔵	不立文字・只管打坐	地方武士・庶民	永平寺
日蓮宗	日蓮	立正安国論	南無妙法蓮華経の題目	武士・商工業者	久遠寺

SECTION 6 鎌倉文化

▶ 鎌倉時代は，**貴族**の地位は低下したが，文化の担い手の中心を占めつづけ，学問や和歌などでその権威を保った。新興の**武士**の勢いは建築や彫刻面に反映され，一方，時代変化と武士の活躍を背景に，説話・軍記物語・歴史文学が異彩を放った。

1 学問と思想

①**宋学の伝来**　宋学(**朱子学**)は，中国南宋の**朱熹**によって始められた。鎌倉時代に，禅僧によって日本にもたらされて以後，広められていった。これが，のちの**五山文学**盛行の基礎(☞p.168)になり，さらに宋学のもつ**大義名分論**が，**後醍醐天皇**による**建武の新政**(☞p.142)の理論的背景となった。

注意　律令体制下で国家の教育施設であった**大学・国学**は，律令国家の解体とともに衰退し，学問は貴族の教養的な要素が強くなった。

補説　宋学(朱子学)　理の一元を宇宙の原理とし，この理に気が加わって宇宙のあらゆる事物が生まれると説く学問。とくに，君主と臣下の上下関係を合理化する**大義名分論**は，その後の日本の思想に大きな影響を与えた。

❷貴族の学問の尊重　鎌倉時代は，貴族の地位は低下したが，過去への懐古と自負によって，**古典をはじめとする貴族本来の伝統的な学問**が重要視された。

1 **有職故実の学問**…朝廷の儀式や先例を研究する有職故実が学問の分野としてこのころ成立した。とくに，13世紀初めに**順徳天皇**が著した有職故実の書『**禁秘抄**』は有名である。

2 **万葉集の研究**…万葉集や古今和歌集の研究もきわめてさかんになり，鎌倉の僧侶であった**仙覚**が，万葉集の注釈書である『**万葉集註釈**』を著した。

3 **日本書紀の研究**…**卜部兼方**が，民間では最初の日本書紀の注釈書である『**釈日本紀**』を著した。

❸学問の施設　**金沢文庫**が有名。金沢(北条)**実時**が武蔵国金沢(横浜市)の**称名寺**に和漢の書を集め，武士の勉学の便をはかったもので，北条氏はここを本拠として学問を行った。

❹伊勢神道の成立　**神国思想**(☞p.136)の高まりとともに，神を主(本地)とし仏を従(垂迹)とする**反本地垂迹説**が伊勢神宮外宮の神官**度会家行**によって提唱された。これを**伊勢神道**★1(度会神道)という。

❺度会家行の著書　『**類聚神祇本源**』。伊勢神道の根本教典である『**神道五部書**』★2などの神道に関する和漢書の要点をまとめたものである。

2 文学

❶和歌の隆盛　鎌倉時代には，貴族の文学として，**和歌**がさかんであった。後鳥羽上皇の勅撰による『**新古今和歌集**』を編集した**藤原定家**★3・**藤原家隆**や，『**山家集**』の**西行**★4，『**金槐和歌集**』の3代将軍 **源 実朝**などが著名な歌人である。

❷日記と随筆　日記や随筆も貴族の間でさかんであった。

1 **日記**…**藤原定家**の『**明月記**』や**九条兼実**の『**玉葉**』は，政治に関する重要史料である。

2 **随筆**…鎌倉時代初期の**鴨長明**による『**方丈記**』と，後期の**兼好法師**による『**徒然草**』は有名である。

❸紀行文　紀行文にも文学的価値の高い作品があらわれた。

◀金沢文庫の蔵書印

注意　金沢文庫と**足利学校**の成立した時代・設立者を混同しないようにしよう。下野(栃木県)にある**足利学校**の設立者は不明だが，室町時代に関東管領の**上杉憲実**が復興した。

★1 **伊勢神道**　儒教・道教思想をも加えて論じた，日本で最初の神道理論である。

★2 **『神道五部書』**　伊勢神道の根本教典。5種の書物からなる。**北畠親房**は度会家行に師事したため，親房が著した『**神皇正統記**』(☞p.166)にその影響があらわれている。

★3 **藤原定家**　『千載和歌集』を撰した**藤原俊成**(しゅんぜい)の子。

★4 **西行**　俗名を佐藤義清(憲清)といい，北面の武士であった。各地を遍歴して秀歌を残す。その生涯を描いた鎌倉時代中期成立の『**西行物語絵巻**』も有名。

『海道記』『東関紀行』や，阿仏尼の著した『十六夜日記』などが有名である。いずれも京都・鎌倉間の紀行文で，その文学性とあわせて，当時の東海道のようすをも知ることができる貴重な史料である。

❹説話文学と軍記物語　**説話文学**と**軍記物語**(戦記文学。**軍記物**ともよばれる)もさかんとなった。これらは武士と庶民の文学としての特色をもつ。

1. **説話文学**…庶民の生活が向上してくるにつれて，その豊富な生活の側面が説話の素材とされたもので，『**宇治拾遺物語**』や『**古今著聞集**』などが知られる(次ページの表参照)。
2. **軍記物語**…源平の争乱における武士の姿を印象的に描いた『**平家物語**』★5をはじめ，『**保元物語**』『**平治物語**』などがつくられた。

❺史書　『**大鏡**』(☞p.107)につづいて，『**今鏡**』『**水鏡**』ができた。また，『**吾妻鏡**』は和風漢文・日記体で書かれた鎌倉幕府の公式記録である。史論としては，摂関家出身の天台座主**慈円**が，**道理**を通して歴史を解釈した『**愚管抄**』を著した。ほかに，**虎関師錬**の著した最初の日本仏教史書である『**元亨釈書**』も名高い(☞p.127)。

★5『**平家物語**』　原型は鎌倉時代中期に成立。**琵琶法師**(琵琶を演奏する盲目で僧形の芸人)による**語り物**として普及していった。源平の争乱を描き，盛者必衰の仏教的無常観を基調とする。七五調の和漢混淆文で，格調が高い。

参考　**四鏡の記述**
文徳～後一条天皇の時代を，**藤原道長の栄華**を中心に批判的に描いた『**大鏡**』，後一条～高倉天皇までの時代を書いた『**今鏡**』，12世紀末の成立で，神武～仁明天皇までを**仏教的史観**で記した懐古的な『**水鏡**』，南北朝時代の成立で，後鳥羽～後醍醐天皇までの時代を**公家側の立場**で記した『**増鏡**』。これらを**四鏡**という。

史料　『愚管抄』にみる道理と歴史

年ニソヘ日ニソヘテハ，物ノ道理ヲノミ思ツヾケテ，老ノネザメヲモナグサメツヽ，イトヾ年モカタブキマカルマヽニ，世中モヒサシクミテ侍レバ，昔ヨリウツリマカル道理モアハレニオボエテ，神ノ御代ハシラズ，人代トナリテ神武天皇ノ御後，百王①トキコユル，スデニノコリスクナク，八十四代②ニモ成ニケル中ニ，保元ノ乱イデキテノチノコトモ，マタ世継ガモノガタリ③ト申モノヲカキツギタル人ナシ。……

年が経ち，日が経つにつけて，物の道理ばかりを考え続けて，老年の寝覚めがちな夜をも紛らわせながら，いよいよ年をとってしまった。世の中を久しくみてきたので，昔から移り変わってきた道理も心にしみじみと感じられて，神代のことはわからないが，人の世となって，神武天皇ののち100代は続くといわれているのに，すでに残りは少なく，84代(順徳天皇)にもなってしまったが，保元の乱以後のことも，また『世継物語』(『大鏡』)というものを書き継いだ者もいない。……

世ノ道理ノウツリユク事ヲタテムニハ，一切ノ法ハタヾ道理ト云二文字ガモツナリ。其外ハナニモナキ也。

世の道理が移り変わることを明らかにしようとするならば，すべての真理はただ道理という二文字が保っているのである。その他は何もないのである。

注釈　①帝王の100代以降は世の中が乱れるという末法思想。②後鳥羽上皇の院政時代にあたる。③『世継物語』のことで，『大鏡』をさす。

視点　著者の**慈円**は，1220(承久2)年，**承久の乱の直前**に後鳥羽上皇の倒幕計画をいさめる目的から『愚管抄』を著した。慈円は，**末法観**と歴史をつらぬく原理としての**道理**を重視し，保元の乱以降の末法の世に，武家政治が成立したこともまた道理と考えた。

2　武家社会の形成と文化の動向

[鎌倉時代のおもな文学作品]

種別	書名	編著者	種別	書名	編著者
和歌	新古今和歌集	藤原定家ら	紀行文	十六夜日記	阿仏尼
	山家集	西行		東関紀行	未詳
	金槐和歌集	源実朝	史書	水鏡	未詳
説話文学	宇治拾遺物語	未詳		愚管抄	慈円
	古今著聞集	橘成季		吾妻鏡	幕府の編修
	十訓抄	未詳		元亨釈書	虎関師錬
	沙石集	無住	軍記物語	保元物語	未詳
随筆	方丈記	鴨長明		平治物語	未詳
	徒然草	兼好法師		平家物語	信濃前司行長
				源平盛衰記	未詳

3 美術

❶建築　鎌倉時代には，**大仏様**と**禅宗様**という新たな建築様式が宋から伝えられ，禅宗様はその後も寺院建築の様式として普及した。

1. **大仏様**…重源が治承・寿永の内乱で平氏に焼かれた東大寺を再建する際に採用した様式。大型建築に適しており，豪放で力強く変化に富み，**天竺様**ともいう。代表的な建物としては，東大寺南大門(奈良市)や**浄土寺浄土堂**(兵庫県)がある。

▲東大寺南大門(大仏様)

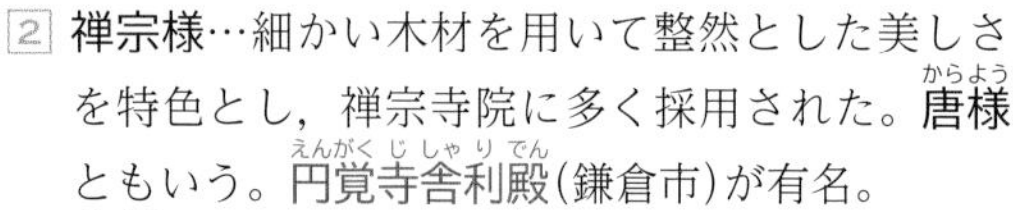

2. **禅宗様**…細かい木材を用いて整然とした美しさを特色とし，禅宗寺院に多く採用された。**唐様**ともいう。円覚寺舎利殿(鎌倉市)が有名。
3. **和様**…平安時代以来の日本的様式をいう。ゆるく流れる屋根の勾配に特色をもつ。滋賀の**石山寺多宝塔**や京都の**蓮華王院本堂**(三十三間堂)が有名。
4. **折衷様**…旧来の様式に大仏様・禅宗様の手法をとりいれたもの。新和様ともいう。**観心寺金堂**(大阪府)が有名。

▲円覚寺舎利殿(禅宗様)

参考　重源のように，寺社復興や造築のために寄付をすすめる役職を，**勧進職**という。

❷彫刻

1 **特色**…鎌倉時代初期の南都諸大寺の復興を契機[★6]として発達してきた。天平(てんぴょう)彫刻に宋の手法を加味し，**写実的で躍動的な作品**が多くつくられた。

★6 治承・寿永の乱で反平氏の**東大寺**や**興福寺**は平重衡(しげひら)により焼打ちされた。そこで，鎌倉時代初期に幕府の援助によって東大寺や興福寺に新たな技法で仏像が作られた。

2 **代表的な仏師**…**運慶**(うんけい)およびその子の**湛慶**(たんけい)・**康弁**(こうべん)・**康勝**(こうしょう)と，**快慶**(かいけい)(運慶の父**康慶**(こうけい)の弟子といわれる)が名高い。

3 **代表的な作品**…奈良の**東大寺南大門金剛力士**(こんごうりきし)(**仁王**(におう))**像**(運慶・快慶ら)，**興福寺無著**(こうふくじむちゃく)**像**・**世親**(せしん)**像**(運慶ら)，**東大寺僧形八幡神像**(そうぎょうはちまん)(快慶)，**興福寺天灯鬼**(てんとうき)・**竜灯鬼**(りゅうとうき)(康弁ら)，京都の**六波羅蜜寺**(ろくはらみつじ)**空也上人像**(くうやしょうにん)(康勝)，奈良の**東大寺重源上人像**，鎌倉の**明月院上杉重房像**(めいげついんうえすぎしげふさ)がある。

▲空也上人像

▲東大寺南大門金剛力士像(阿形(あぎょう))

参考　快慶は**安阿弥陀仏**(あん)ともよばれた。東大寺南大門金剛力士像阿形の像内から，「安阿弥陀仏」の文字が発見されている。

❸絵画

1 **仏画**…仏教の盛行とともに仏画も栄え，念仏(ねんぶつ)系宗派の隆盛を反映して，**阿弥陀来迎図**(あみだらいごうず)に秀作があらわれた。

2 **絵巻物**…平安時代の絵巻は物語を題材としたものが多かったが，鎌倉時代には，僧侶の伝記，戦乱，寺社の縁(えん)起(ぎ)を題材としたものが多くなった。「**一遍上人絵伝**(いっぺんしょうにんえでん)」(**円伊**(えんい)

▲「北野天神縁起絵巻」

菅原道真(すがわらのみちざね)(☞p.84)の伝記絵巻。大宰府(だざいふ)で失意のうちに死去した道真の怨霊(おんりょう)が，雷神となって貴族たちに復讐する場面。

▲「平治物語絵巻」

平治の乱(☞p.106)に取材した絵巻。上図は，二条(にじょう)天皇が六波羅(ろくはら)の**平清盛**(きよもり)邸に行幸(ぎょうこう)する場面。**牛車**(ぎっしゃ)が印象的である。

2 武家社会の形成と文化の動向

▲「法然上人絵伝」
法然の徳行をたたえた絵巻。上図は京都東山に庵を開いた法然のもとに人々が集まり，説法を聞いている場面。

▲「男衾三郎絵巻」
武蔵の御家人である男衾三郎兄弟の生きざまを描いた絵巻。**笠懸**，**犬追物**などの武芸訓練のようすが有名。

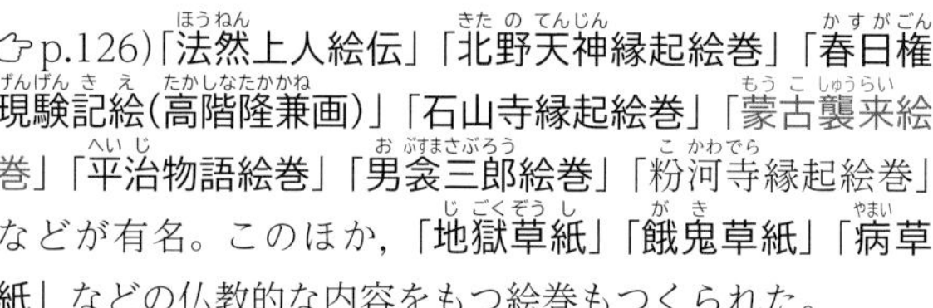

☞p.126)「**法然上人絵伝**」「**北野天神縁起絵巻**」「**春日権現験記絵**(**高階隆兼画**)」「**石山寺縁起絵巻**」「**蒙古襲来絵巻**」「**平治物語絵巻**」「**男衾三郎絵巻**」「**粉河寺縁起絵巻**」などが有名。このほか，「**地獄草紙**」「**餓鬼草紙**」「**病草紙**」などの仏教的な内容をもつ絵巻もつくられた。

3 **似絵**…鎌倉時代に流行した大和絵の肖像画。画家では**藤原隆信**・**信実**親子が有名。似絵の代表的な作品には，「**伝源頼朝像**(隆信画？)」「**伝平重盛像**(隆信画？)」★7「**後鳥羽上皇像**(信実画)」がある。また，明恵の肖像画「**明恵上人樹上坐禅図**」，親鸞の肖像画「**親鸞聖人像**」(「鏡御影」)も名高い。

4 **頂相**…禅宗で，修行僧が一人前になったときに師から与えられる，師や高僧の肖像画をいう。室町時代に流行した。

▲伝源頼朝像(似絵)

★7 「伝源頼朝像」「伝平重盛像」　この2つの似絵は，それぞれ足利直義像・足利尊氏像であるとする説が出されているが，結論は出ていない。

❹工芸

1 **日本刀・甲冑**…日本刀の名匠に**藤四郎**(**粟田口**)**吉光**(京都)・**長光**(備前)・**正宗**(鎌倉)らがあらわれ，甲冑では**明珍家**が甲冑づくりの家として栄えた。

2 **製陶**…**加藤景正**が宋から新陶製法を伝え，**瀬戸焼**を始めた。

❺書道　伏見天皇の皇子である**尊円入道親王**が，京都の青蓮院の門主となり，和様の書風に宋の書風をとりいれて**青蓮院流**を創始した(江戸時代に**御家流**に発展した)。

▲「明恵上人樹上坐禅図」

▲京都・東福寺の円爾弁円像(頂相)

モンゴル襲来と鎌倉幕府の動揺

▶ **執権北条時宗**のとき，**元軍**が北九州に来襲した。幕府はこれを撃退したが，この戦いで得た土地はなく，武士への恩賞が少なかった。そのため，武士たちの幕府への信頼が失われた。御家人自身も2度にわたる元との戦いの出費で困窮し，**御家人制が崩れてきた。**

1 元の建国

❶モンゴル(蒙古)の統一　中国では，13世紀になると，モンゴルにチンギス=ハン★1が出て，ユーラシア大陸全域におよぶモンゴル帝国をつくりあげた。

❷元の建国　モンゴルは，各地に遠征軍を送り，女真族の国である**金**(中国東北地方)を滅ぼし，さらに朝鮮半島の**高麗**をも属国として★2，確固たる勢力を形成した。チンギス=ハンの孫のフビライ★3(忽必烈)のとき国号を元と改め，1271年に**大都**(現在の北京)を都とする国家を樹立した。

❸元の服属要求　フビライは，高麗を仲介として，1268(文永5)年以来，数度にわたって日本に使者を派遣し，服属を要求した。執権**北条時宗**はこの要求を拒否し，九州・中国・四国の御家人に防備を命じた。

★1 **チンギス=ハン**　幼名はテムジン。1206年にモンゴルを統一し，クリルタイ(集会)でハン(汗)の位についた。

★2 モンゴル襲来が起こった当時，高麗では武人組織である**三別抄**がモンゴルとこれに服属する国王に対して抵抗しており，日本に連帯を求める動きもあった。

★3 **フビライ**　フビライは中国支配に専念する一方，南方に出兵してカンボジア・ビルマなどを従えた。文永の役・弘安の役は，この南方出兵の前後である。

2 モンゴル襲来

❶元の来襲　元は，日本の独立的な態度に対し，武力によって征服しようとして北九州に侵攻してきた。執権**北条時宗**のもと，文永・弘安年間に2度のモンゴル**襲来**があった。

▲**元軍との戦闘**

文永の役のようす。右の騎馬武者は**竹崎季長**。中央の火の玉が「てつはう」である。「**蒙古襲来絵詞**」(宮内庁蔵)より。

▲**モンゴル襲来関係図**

❷**文永の役(1274・文永11年)**　10月，**元・高麗連合軍**のあわせて2万数千人が日本に侵攻した。まず対馬・壱岐を侵し，北九州の松浦海岸を経て**博多湾**沿岸に上陸した。幕府は鎮西奉行の指揮のもとに防戦につとめ，元軍の**集団戦法**や「**てつはう**」という**火器**などに苦戦しながらももちこたえた。その戦いの夜に暴風雨が襲い，元軍は敗退した(文永の役)。

❸**防備体制の整備**　文永の役後，幕府は再度の元軍の来襲に備え，博多湾沿岸の**石塁**(**石築地**)の築造と，**異国警固番役**★4の強化につとめた。

❹**弘安の役(1281・弘安4年)**　元は**宋**を滅ぼしたあと，ふたたび14万の大軍を**東路軍**(元・高麗軍)と**江南軍**(南宋の降兵を主体とする元軍)の2手に分けて博多湾に攻めてきた。御家人の奮戦などにより上陸を防いでいる間に，再び暴風雨が襲い，元軍は敗退した。これを弘安の役という。なお，3度目の日本遠征は，元がベトナムなどアジア諸国の民衆の抵抗の鎮圧に手まどったため，実現しなかった。

❺**防備体制の強化**　その後も，幕府は元の再来に備えて異国警固をつづけ，**鎮西探題**★5や**長門探題**を設置した。

❻**モンゴル襲来の結果**　幕府は，御家人以外の武士を動員するなど，権限を拡大した。また，北条氏は守護職を多く得て，九州にも勢力を伸ばし，**得宗専制**が強化された。しかし，**恩賞問題**は御家人の不満を招き，多大な軍事負担が，幕府の財政を圧迫した。

3 幕府権力の動揺

❶**幕府に対する御家人の不信**　モンゴル襲来によって，御家人は重い軍役に耐えたが，この戦争によって得た土地はなかった。軍恩賞を期待して戦った**御家人に恩賞が少なかったこと**は，幕府への信頼度を低下させ，**御家人は窮乏**していった★6。

❷**御家人制の崩壊**　御家人は，**惣領制**に基づく**分割相続**によって**世代を重ねるごとに所領が細分化**され，その経済基盤は弱体化し，加えて**宋銭**による**貨幣経済**によって生活はいっそう打撃をうけた。その結果，御家人は所領を，非御家人や**凡下**(**借上**などの高利貸)に売却したり質入れしたりしてその場をしのいだ。

❸**北条得宗家の専横**　北条氏は，蒙古襲来後も幕府諸機関の

参考　**モンゴル襲来の理由**
朝貢を拒否されたことに対する報復措置であったが，日本は金を豊富に産出する黄金の国であると信じられていた。

★4　**異国警固番役**　文永の役後，九州地方の御家人に統一的に課した軍役のこと。大番役にかえて課された。鎌倉時代の末までつづいた。警護と書かないように注意。

★5　**鎮西探題**　モンゴル襲来後も九州防備のために**鎮西奉行**を強化し，北条氏の一族を派遣して軍事・行政・裁判にあたらせた。1293(永仁元)年に正式に設置。

参考　**神国思想の発生**　モンゴル襲来をきっかけに，日本は神に護られた神国であるとする神国思想が生まれた。

★6　**御家人の窮乏の理由**
①貨幣経済の浸透。
②分割相続の進展。
③モンゴル襲来による負担の増大。
④得宗家の専制。

重職を独占し，地方でも北条氏一門のものを守護に任命するなど，その専制化がはなはだしくなった。とくに，得宗家とよばれる北条氏一門の嫡流家が独裁を行った(**得宗専制**)。

❹霜月騒動と内管領の進出　得宗家の専制とともに，得宗家の家臣である**御内人**，とくに，その長である**内管領**が専権をふるった。1285(弘安8)年に起こった**霜月騒動**★7(**安達泰盛の乱**)以後，その傾向はさらに強まった。

❺永仁の徳政令の発布　得宗北条貞時(時宗の子)のもと，幕府は，**1297**(永仁5)**年**，御家人の窮乏を救って幕府権力を再編成するために**徳政令**を出した。これを**永仁の徳政令**という。

❻永仁の徳政令の内容

1. 御家人の所領の売却・質入れを禁止。
2. すでに売却された土地は，無償で**本主**(もとの持ち主)である御家人に返還。
3. **越訴**★8の禁止と，御家人に対する金銭貸借訴訟の不受理。

❼永仁の徳政令の結果　この法令は経済を混乱させ，金融業者は御家人に対する金融をしぶったため，かえって御家人の困窮を深めることになった。

★7 **霜月騒動**　1285年，有力御家人で，モンゴル襲来後の御家人に対する恩賞問題に奔走していた**安達泰盛**らが御内人の代表である内管領**平頼綱**(禅門)にほろぼされた事件。その後，頼綱も1293(永仁元)年に他の御内人および北条氏一門によって倒された(**平禅門の乱**)。

参考　**永仁の徳政令**では，取り戻す側は御家人にかぎられていたが，**本主返し**を意味する徳政は，室町時代には庶民階層が要求するようになり，大規模な**徳政一揆**(土一揆)が発生した(☞p.159)。

★8 **越訴**　判決内容に誤りがあるとして，再審請求を行うこと。近世の越訴(秩序を乱した訴訟)とは意味がちがうことに注意。

史料　永仁の徳政令

一．質券売買地の事
質流れになったり，売買した所領のこと

右，所領を以て或は質券に入れ流し，売買せしむるの条，御家人等侘傺の基なり。向後に
これについて，所領を質に入れて流したり，売却することは，御家人らの困窮の原因である。今後は

於いては，停止に従ふべし。以前沽却の分に至りては，本主をして領掌せしむべし。但し，
(所領の質入れや売買を)禁止する。これまでに売却した分については，売った元の所有者が領有せよ。ただし

或は御下文・下知状を成し給ひ①，或は知行廿箇年を過ぐるは，公私の領②を論ぜず，今更相
買った後に将軍家の下文や下知状をいただいたり，支配後二〇年を経過したものについては，公領・私領にかかわりなく，今さら現状を変更することはしない。

違あるべからず。若し制符③に背き，濫妨を致す の輩あらば，罪科に処せらるべし。次に，
もし，規定に反して実力で奪おうとする者があれば処罰する。次に，

非御家人・凡下の輩の質券買得地の事，年紀を過ぐると雖も，売主④をして知行せしむべし。
御家人以外の武士や庶民が質流れによって得た土地や買った土地については，二〇年の年限を経過していたとしても，売主のものとする。

永仁五年七月廿二日
1297年7月22日

『東寺百合文書』

注釈　①幕府からの下文や下知状で公認された売買。②公領＝幕府からの恩領地と，私領＝先祖伝来の領地。③禁止の命令。この徳政令をさす。④**土地を売却した御家人**。

視点　永仁の徳政令のねらいは，正当に売買された土地を，無償でもとの持ち主の御家人に返却させることにある。その際，(1)御家人間での売買の場合，幕府が売却を認めたものや**売却後20年をすぎたもの**は除くこと，(2)売却相手が非御家人や庶民の場合は，年限をかぎらず，売主である御家人に**無償で返却**させること，とある部分は，試験によく出るので注意しておこう。

2　武家社会の形成と文化の動向

☑ 要点チェック

CHAPTER 2 武家社会の形式と文化の動向		答
□ 1	後白河法皇の皇子で，源頼朝らに挙兵をよびかけたのは誰か。	1 以仁王
□ 2	侍所の初代別当は誰か。	2 和田義盛
□ 3	源頼朝が征夷大将軍に任命されたのは西暦何年か。	3 1192年
□ 4	守護の3つの職務をまとめて何というか。	4 大犯三箇条
□ 5	将軍が御家人に，先祖伝来の土地を保証することを何というか。	5 本領安堵
□ 6	御家人たちが京都を警備する役を何というか。	6 京都大番役
□ 7	平氏一門の都落ちに際して朝廷が没収した所領を何というか。	7 平家没官領
□ 8	将軍家が支配する知行国を何というか。	8 関東御分国
□ 9	後鳥羽上皇が北面の武士に加えて置いた武士を何というか。	9 西面の武士
□ 10	承久の乱が起こったときの執権は誰か。	10 北条義時
□ 11	新補地頭が，1段につき5升徴収した米を何というか。	11 加徴米
□ 12	北条泰時は，有力御家人11人を何に任じたか。	12 評定衆
□ 13	北条泰時が御家人のために制定した法を何というか。	13 御成敗(貞永)式目
□ 14	北条氏の嫡流の当主を何というか。	14 得宗
□ 15	北条時頼が裁判の迅速化などのために設置した役職を何というか。	15 引付衆
□ 16	土地紛争の際，領家と地頭が土地を折半する解決法を何というか。	16 下地中分
□ 17	惣領制において，嫡子以外の子を何というか。	17 庶子
□ 18	騎射三物とは犬追物・笠懸ともう1つは何か。	18 流鏑馬
□ 19	鎌倉時代に新たに肥料として用いられたものは何か(2種類)。	19 刈敷・草木灰
□ 20	月に3度開催される市を何というか。	20 三斎市
□ 21	鎌倉時代の金融業者は何とよばれたか。	21 借上
□ 22	親鸞が，悪人こそ阿弥陀仏の救いの対象だとして唱えた説は何か。	22 悪人正機説
□ 23	『立正安国論』を著した人物は誰か。	23 日蓮
□ 24	曹洞宗を日本に伝えた人物は誰か。	24 道元
□ 25	鎌倉幕府の公式記録として書かれた歴史書を何というか。	25 吾妻鏡
□ 26	天台座主の慈円が道理の思想で著した歴史書を何というか。	26 愚管抄
□ 27	東大寺南大門金剛力士像をつくった人物は誰か(2名)。	27 運慶，快慶
□ 28	「伝源頼朝像」などを描いたとされる似絵の名手は誰か。	28 藤原隆信
□ 29	文永の役後，九州の御家人などに課された軍役を何というか。	29 異国警固番役
□ 30	永仁の徳政令は西暦何年に出されたか。	30 1297年

• CHAPTER

3 » 武家社会の展開

時代の俯瞰図

守護大名の荘園侵略 → 守護領国制 → 応仁の乱 → 戦国大名 ― 領国支配・分国法／産業の発達

↕（守護大名の荘園侵略 ↔ 貴族・寺社の勢力後退）　↕（応仁の乱 ↔ 惣村の成立）

貴族・寺社の勢力後退 → 荘園の崩壊 → 惣村の成立 → 土一揆・国一揆・一向一揆

天皇：光厳／光明…（北朝）…／後醍醐（南朝）……

年	できごと
一三二四	正中の変 ┐倒幕計画
三一	元弘の変 ┘倒幕計画
三三	鎌倉幕府の滅亡（新田義貞・足利高氏）
三四	**建武の新政…後醍醐天皇**
三六	南北朝の対立始まる
三八	**足利尊氏**⇩征夷大将軍 → 室町幕府
九一	明徳の乱（山名氏抑圧）
九二	**南北朝の合体**
九九	応永の乱（大内氏抑圧）
一四〇一	足利義満が明と国交（↑倭寇）
〇四	日明貿易（勘合貿易↓一時中断）
二八	正長の徳政一揆↓徳政令要求
三八	永享の乱 ┐（守護大名の反攻）
四一	嘉吉の変 ┘（守護大名の反攻）
六七	**応仁の乱**（守護大名の衰退・荘園制の崩壊・幕府の権威失墜）
八五	山城の国一揆 ┐（自治）
八八	加賀の一向一揆 ┘（自治）
一五一〇	三浦の乱↓日朝貿易の衰退
二六	『今川仮名目録』
四三	**鉄砲伝来**…ポルトガル人
四九	**キリスト教の伝来**…ザビエル

室町幕府 ＝ 守護大名の連合政権 → 弱体化 → 戦国時代 ＝ 戦国大名の分国支配

政治・文化	鎌倉幕府	建武の新政	室町幕府　〈北山文化〉中国文化の影響　〈東山文化〉禅宗の影響

SECTION

1 鎌倉幕府の滅亡

▶ モンゴル襲来以後の社会変動に有効な対応ができず，鎌倉幕府は武士への統制力を失った。皇位継承もからんで挙兵した大覚寺統の**後醍醐天皇**が，楠木正成などの反幕府勢力を組織し，御家人の**足利高氏**(のち後醍醐天皇の名〔尊治〕から1字をたまわり**尊氏**)らも反幕府に転じ，ついに**1333**(元弘3)**年**，**鎌倉幕府は滅亡**した。

1 鎌倉末期の政治・社会情勢

❶幕府の情勢

1. **幕府内部の情況**…鎌倉時代末期には，北条得宗家とその一族による得宗専制(☞p.137)が展開していた。このようなとき，14代執権で最後の得宗でもある北条高時は，内管領の**長崎高資**の専横，蝦夷の反乱，幕府の内紛などに対処できず，闘犬や田楽などの遊興にふけっていた。★1
2. **幕府支配の動揺**…地頭・名主などの有力者や新興武士からなる**悪党**が，モンゴル襲来のころから畿内を中心に出現した。彼らは，水陸の交通を利用して年貢などを横領

★1 このため，御家人の間にも，得宗専制への不満が高まっていた。

注意 **悪党**とは，強い人間というような意味で，もっぱら権力者の側からこうよばれた。

し，**反荘園領主・反幕府的な行動**をとり，しだいに勢力を拡大した。

時頼5 ─ 時宗8 ── 貞時9 ── 高時14 ── 時行(中先代)
　　　└ 宗政 ── 師時10

▲北条氏系図(時頼以降。数字は執権になった順)

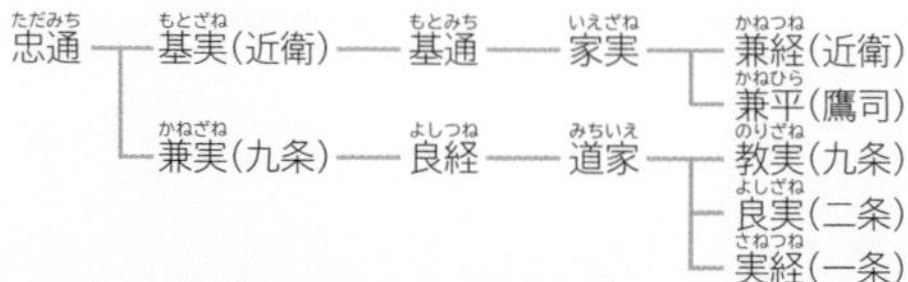

▲藤原氏系図(忠通から五摂家成立まで)

❷貴族社会の情勢　貴族社会は弱体化し，求心力が失われて，天皇家も摂関家も分裂していった。摂関家はすでに鎌倉初期に近衛・九条の2系統に分かれていたが，鎌倉中期にさらに5家に分裂し，摂政・関白を各家から交替で出すことになった。**五摂家**(近衛・九条・鷹司・二条・一条の5家)である。

❸朝廷の情勢　天皇家は承久の乱の敗北によって権力を失ったが，前代からの荘園と，伝統的な権威を基礎として，勢力を保った。

1. **天皇家の分裂**…1272(文永9)年に後嵯峨上皇が死去すると，皇位継承問題をめぐって，皇統が上皇の第1皇子**後深草天皇**(持明院統)★2と第2皇子**亀山天皇**(大覚寺統)★3とに分裂した。
2. **両統迭立**…幕府は介入して調停を試みたが，かえって混乱を招いたため，皇位継承について両統が交互に皇位につくという両統迭立の案を打ち出した。このなかで1317(文保元)年，今後の皇位継承の方法をめぐり，**文保の和談**を提示した。ここで即位したのが後醍醐天皇である。

★2　**持明院統**　伏見上皇が，京都の持明院を皇居としたことからこの名がつけられた。南北朝時代の**北朝**となり，**長講堂領**を経済的基盤とした。

★3　**大覚寺統**　後宇多上皇が京都の大覚寺を皇居としたことからこの名がつけられた。南北朝時代の**南朝**となり，**八条院領**を経済的基盤とした。

▲後醍醐天皇

参考　**後醍醐天皇**は，**延喜の治**(☞p.84)を行った**醍醐天皇**にあこがれ，天皇名を生前に後醍醐と定めた。

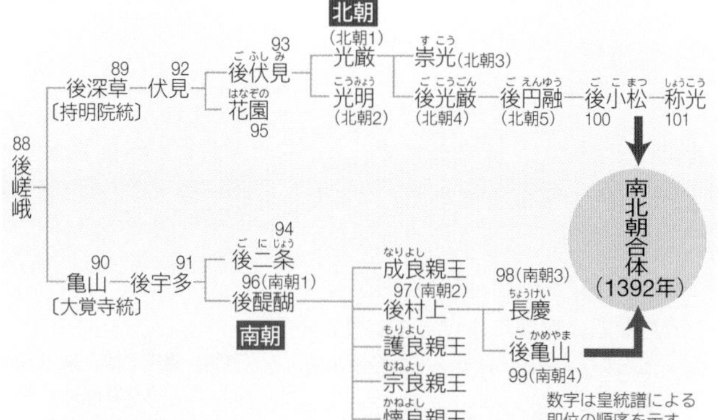

▲皇室系図(両統迭立と南北朝の内乱関系図)

2 鎌倉幕府の滅亡

❶後醍醐天皇の即位　1318(文保2)年，**大覚寺統**の**後醍醐天皇**が即位した。天皇は宋学(朱子学)を学び，政治に対しても意欲的であった。天皇は倒幕をめざし，院政を停止して，天皇親政を行うとともに，**記録所**★4を再興して訴訟処理にあたった。

❷正中の変

1 **発生**…1324(正中元)年，後醍醐天皇の企てた第1回の鎌倉幕府打倒計画をいう。天皇側は，**日野資朝**・**日野俊基**らを中心に畿内および周辺の寺社・地方武士の勢力を集めて挙兵しようとした。

2 **結果**…計画は事前にもれ，資朝は佐渡(新潟県)に流罪となった。天皇は計画に加わっていないと主張し，処罰をまぬがれた。

❸元弘の変

1 **発生**…1331(元弘元)年，後醍醐天皇の皇子**護良親王**を中心に挙兵を計画した。

2 **経過**…この計画は密告によって実行できず，天皇は**笠置山**(京都府)にのがれたが，捕えられ，**隠岐**(島根県)に流された。一方，**楠木正成**(河内の豪族)が**赤坂城**(大阪府)で挙兵し，幕府軍を苦しめた。

3 **結果**…幕府は後醍醐天皇にかえて，**持明院統**の**光厳天皇**を立てた。

❹幕府の滅亡　元弘の変の後，護良親王の令旨をうけた楠木正成が金剛山の**千早城**(大阪府)で挙兵した。後醍醐天皇も伯耆(鳥取県)の**名和長年**の援助によって隠岐を脱出し，**船上山**(鳥取県)で挙兵した。反北条氏勢力も続々と天皇に味方し，1333(元弘3)年，幕府の有力御家人である**足利高氏**が六波羅探題を，**新田義貞**が鎌倉を攻めた。北条高時と一族らは自刃し，**鎌倉幕府は滅んだ**。★5

▼鎌倉幕府滅亡まで

年	できごと
1317	文保の和談，両統迭立
1318	後醍醐天皇即位
1321	院政の廃止…後醍醐天皇の親政
1324	正中の変
1331	元弘の変，後醍醐天皇笠置山へ 笠置山陥落，光厳天皇即位
1332	後醍醐天皇を隠岐に配流
1333	足利高氏が六波羅探題を討つ 得宗北条高時自殺…鎌倉幕府滅亡 後醍醐天皇が京都に帰る

★4 **記録所**　後三条天皇が，1069(延久元)年に荘園整理のために置いたのが最初である(☞p.101)。

注意 **足利高氏**は源氏の名門の出身であった。高氏が倒幕側についたことで，有力御家人もつぎつぎと倒幕軍についた。

★5 **鎌倉幕府が滅亡した理由**　①得宗専制に，御家人が反発した。
②畿内を中心に悪党が活動し，天皇側の軍事力となった。
③幕府の朝廷への過度の干渉が天皇家・貴族の反発を招いた。

[鎌倉幕府滅亡までの流れ]

① 天皇家の分裂
持明院統と大覚寺統(後醍醐天皇)・両統迭立の原則
② 後醍醐天皇の倒幕計画…正中の変と元弘の変
③ 鎌倉幕府の滅亡…1333年，北条高時らが自刃

SECTION 2 建武の新政

▶ 鎌倉幕府を滅亡させた**後醍醐天皇**は，**天皇親政**を実現した。**建武の新政**である。しかし，その政治は公家と武士の連立政権であり，しかも武士の力を低く見て，武士を軽んじることが多かった。その結果，建武の新政はわずか3年間で崩壊した。

1 新政の政治機構

❶新政の特色　鎌倉幕府を倒した**後醍醐天皇**は，ただちに建武の新政を開始した。その政治は，公武一統のもとで天皇を中心とした**延喜・天暦の治**(☞p.84)を理想としたものであった。

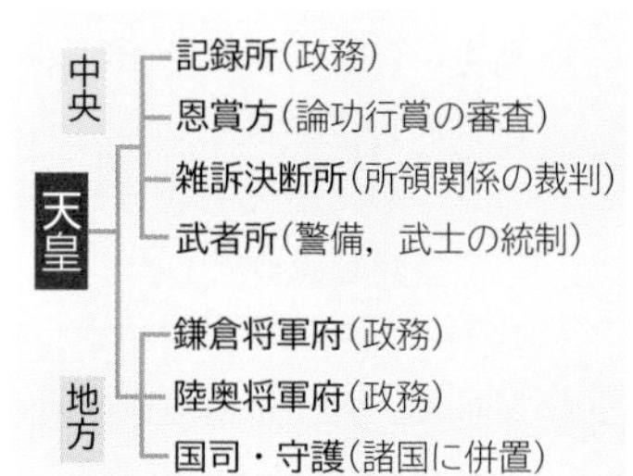

▲建武の新政の政治機構

❷新政の内容

1. 院政や摂関を廃止して，**天皇親政**とした。
2. 国政の最高機関として記録所を復活させ，一般の政務・訴訟を担当し，重要事項は天皇が親裁した。
3. **雑訴決断所**(鎌倉幕府の引付にあたる)を設けて，領地に関する訴訟の処理を行った。
4. **武者所**を設けて，京都警備や武士の統制を行った。頭人(長官)に**新田義貞**を任命した。
5. **恩賞方**を設けて，論功行賞の審査を行った。
6. 地方行政の整備を行い，**国司と守護を併置**した。古代天皇政治への復帰をうたいつつも，武士の力は否定しきれなかった。
7. 関東統轄のため，鎌倉将軍府が設けられ，**成良親王**のもとに尊氏の弟の**足利直義**が補佐した。
8. 奥羽地方の統轄のため，多賀城(宮城県)に**陸奥将軍府**が設けられ，**義良親王**のもとに**北畠顕家**が補佐した。
9. 鎌倉将軍府・陸奥将軍府は，ともに**旧幕府的組織を採用**し，後醍醐天皇の理念に反していた。

❸新政への不満　建武の新政は，暗礁にのりあげ，やがて失敗に終わる。

1. **綸旨**★1**による土地保障**…武士社会では現実にその土地を支配していることが重要であったが，後醍醐天皇はそれをくつがえ

★1　綸旨は天皇の意志を蔵人が承って伝える形式の文書。後醍醐天皇はこれを乱発し，混乱を招いた。

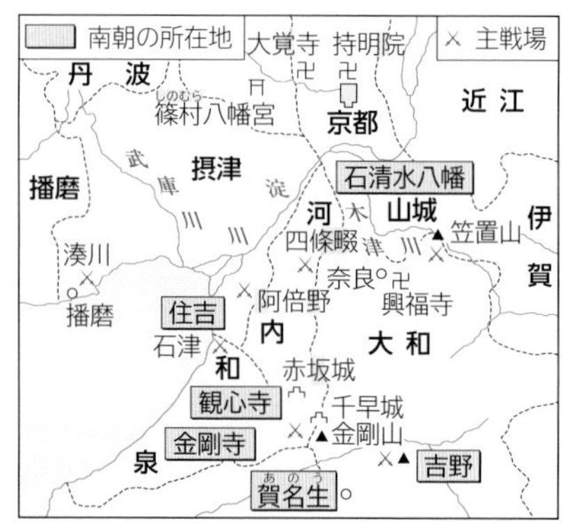

▲建武の新政～南北朝時代の近畿要図

し，天皇**綸旨による土地所有確認**を宣言した。これにより，武士社会で，土地所有の確認をめぐり混乱が生じた。

2 **恩賞の不公平**…武士の新政への参加は，恩賞が主たる目的であったが，恩賞は**武士よりも公家に有利**であったため，多くの武士が不満をもった。

3 **大内裏造営の負担**…大内裏造営のため，諸国の武士に税が賦課され★2，地方武士や農民層の反感をかった。

4 **武士の対立**…親後醍醐派(新田・楠木氏など)と反後醍醐派(足利氏)とが対立した。

★2 大内裏は火災で焼失したままであった。このため天皇の権威をとりもどそうという意図もあって大がかりな大内裏の再建を計画し，その費用として地頭に新たな税を課したのである。

参考 **銅銭・紙幣の発行**
後醍醐天皇は平安時代以来とだえていた銅銭の鋳造を行い，日本ではじめて紙幣を発行しようとした。銅銭の「乾坤通宝」は紙幣も残っていないため実態は不明である。

2 新政の崩壊

❶新政の混乱 政府内部では公家と武士が対立し，京都の治安が悪化し，混乱した状態となっていた。こうした混乱を風刺したものが「此比都ニハヤル物，夜討・強盗・謀綸旨……」で始まる二条河原の落書である。

❷中先代の乱 最後の得宗であった北条高時の遺子である北条時行は，1335(建武２)年に鎌倉幕府の勢力を回復するため信濃(長野県)に兵をあげ，足利直義軍を破って，いったんは鎌倉を奪還した。しかし駆けつけた足利尊氏に追われ，敗走した。これを**中先代の乱**★3という。時行はなおも抵抗をつづけたが，のち捕らえられて処刑された。

★3 北条氏を先代，足利氏を後代というところから，その間の時代を**中先代**という。

史料 二条河原の落書

此比都ニハヤル物。夜討，強盗，謀綸旨①。召人，早馬，虚騒動。生頸，還俗，自由出家②。俄大名，迷者。安堵③，恩賞，虚軍。本領ハナルヽ訴訟人。文書入タル細葛④，追従，讒人，禅律僧。下克上スル成出者⑤。器用堪否沙汰モナク，モルヽ人ナキ決断所，キツケヌ冠上ノキヌ。持モナラハヌ笏持テ，内裏マシハリ珍シヤ。 『建武年間記』⑥

近頃京都に流行しているものは，夜討・強盗・偽りの綸旨，囚人・急使の早馬，偽騒ぎ，切られた首，僧侶は俗人に戻り，俗人は勝手に出家する。急に大名に出世する者，逆に路頭に迷う者，本領安堵や恩賞を目当てに，実際にはしてもいないのに戦さをしたという者もいる。所領を没収された人が訴訟をおこし，証拠書類の入った細葛を背負って本領を離れてやってくる。おべっかを使う者，人をそしって訴える者，禅僧・律僧(は政治に関与し)。下剋上をして成り上った者もいる。能力の有無を調べることなく，誰彼となく任用する雑訴決断所。つけ慣れない冠や高級な衣裳を着て，持ち慣れない笏をもって，内裏での交際をするのもこっけいだ。

注釈 ①**綸旨**は蔵人が天皇の命令をうけて出す文書であるが，その偽物のこと。建武の新政では，綸旨が**絶対万能**であるとされた。②正規の手続きを踏まずに僧になった者。③権力者による所領の保障。④文書をいれる箱のことで，各地から所領の安堵を求めて，多くの人々が京都にやってきていることを示している。⑤急に出世して大名になった者で，楠木正成や名和長年をさす。⑥建武政権の諸法令や，政治・訴訟・軍事機構の記録を集めた書。

視点 1334(建武元)年に京都**鴨川**の**二条河原**に掲げられた落書。二条河原は，二条大路と鴨川の交差するあたりの河原で，当時の庶民たちの寄り集まる場所であった。建武政権が成立した直後の京都の混乱したようすが鋭く描かれている。

3 武家社会の展開

❸足利尊氏の挙兵　中先代の乱を平定して鎌倉にはいった尊氏は，建武の新政に反対する立場を宣言した。朝廷は，尊氏を打倒するために新田義貞を派遣したが，尊氏は箱根の竹ノ下の戦い(神奈川県)でこれを破り，1336(建武3)年に京都に進撃した。しかし，陸奥将軍府を根拠とする北畠顕家の軍に京都で敗れ，いったん九州へ敗走した。

❹建武政権の崩壊　尊氏は，九州で西国武士の援助をうけ，ふたたび京都にせまり，**湊川の戦い**(神戸市)で**楠木正成**のひきいる朝廷軍を破り，入京した。尊氏は後醍醐天皇に譲位をせまり，持明院統の**光明天皇**を即位させた。建武の新政は3年あまりで崩壊した。★4

参考　**菊水紋**　楠木家が用いた家紋。後醍醐天皇へ生涯を通じて忠義を尽くした楠木正成は，菊紋を下賜され，流水紋と合わせて「菊水紋」を創ったとされている。

注意　政権に反旗をひるがえした尊氏は光明天皇を立てた。武士が朝廷の権威を利用していることに注意。

[建武の新政]
① 天皇親政…院政の廃止，摂関を置かず
② 国政の最高機関…記録所
③ その他の機関…雑訴決断所・恩賞方・武者所
④ 地方の支配…国司と守護を両方設置

★4　まもなく，尊氏は**建武式目**(☞p.148)を定めて，武家政治を復活した。

SECTION 3　南北朝の内乱と守護大名の成長

▶ 光明天皇の即位で，**京都の北朝**と**吉野の南朝**の対立がはっきりし，以後，半世紀にわたる内乱がつづいた。この時代を**南北朝時代**という。内乱期を通して守護は，**半済**・**守護請**などを利用して存地の武士(**国人**)を統制下におき，**守護領国制**を展開していった。

1 南朝の動向

❶南北朝の対立　**足利尊氏**が**光明天皇**を擁立すると，**後醍醐天皇**は京都を脱出して，吉野★1(奈良県)にのがれ，京都の朝廷を否定して**1336**(南朝・延元元／北朝・建武3)**年**に南朝政権を立てた。これ以後，**北朝＝持明院統**(**京都**)と**南朝＝大覚寺統**(**吉野**)の２人の天皇・２つの朝廷による対立がつづいた。

★1　**吉野**　大和国の南部の山岳地帯。吉野山と大峰山を道場とする修験道の勢力に守られ，南朝が拠点とした。

❷南朝の情勢　新田義貞は藤島(福井県)で，北畠顕家は和泉の石津(大阪府)で，1338(南朝・延元3／北朝・暦応元)年に戦死した。翌年には後醍醐天皇が吉野で死去し，正成の子の**楠木正行**も1348(南朝・正平3／北朝・貞和4)年，河内の**四條畷**(大阪府)で戦死した。南朝の勢力は**北畠親房**(顕家の父)を中心とした弱小勢力となった。それでも南朝が50年

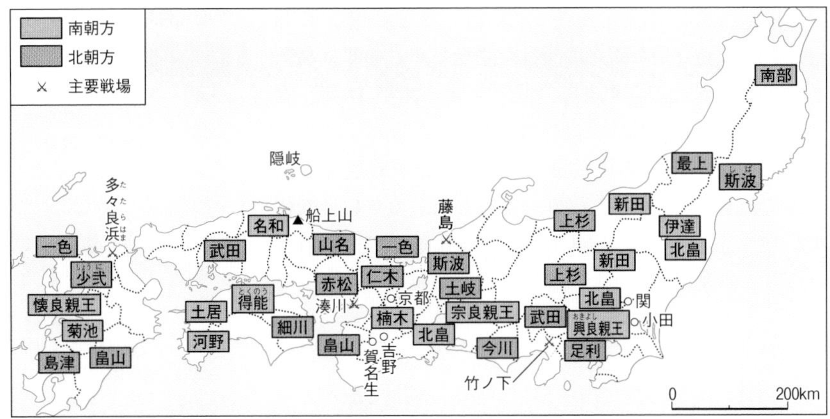

▲南北朝の内乱の地図

以上もつづいたのは，**三種の神器**★2が南朝側に確保されていたこと，室町幕府に複雑な内部対立があったことが原因と考えられる。

★2 **三種の神器**　八咫鏡・草薙剣・八坂瓊曲玉の3つをいう。この宝物は，最初は鏡・剣の2種，のち玉が加わって3種となり，天皇の位のしるしとして伝えられていた。後醍醐天皇が吉野に南朝を立てたとき以来，三種の神器は南朝の天皇に相伝されていたとされる。

❸後村上天皇の即位　1339(南朝・延元4／北朝・暦応2)年，後醍醐天皇が死去して，皇子の**後村上天皇**が即位し，皇居を吉野から，さらに山奥の**賀名生**(奈良県五條市西吉野町)に移した。

❹九州の南朝勢力　畿内の南朝勢力がおとろえる中で，1361(南朝・正平16／北朝・康安元)年ごろから約10年間，**懐良親王**が征西将軍として，菊池氏らの援助で大宰府を中心に勢力をふるった。しかし，九州探題の**今川了俊(貞世)**に制圧されて，以後おとろえた。

参考　足利直義は保守的で，荘園制の秩序を守ろうとした。これに対して，高師直は急進的で，武力による所領拡大を優先した。

2 足利氏の争い

❶二頭政治　**足利尊氏**は1338(南朝・延元3／北朝・暦応元)年に，北朝の光明天皇より**征夷大将軍**に任ぜられ，幕府を開いた(☞p.148)。弟の**直義**と政務を分担し，**二頭政治**を行ったが，政治の方針をめぐり，やがて兄弟は対立した。

1. 足利尊氏…尊氏は，征夷大将軍として全国の武士との間に結んだ主従関係を掌握し，全国武士の頂点として君臨した(**主従制的支配**)。**執事**(のちの管領)の**高師直**が尊氏を補佐した。
2. 足利直義…尊氏の弟**直義**は，幕府機構を掌握し，行政・訴訟をうけもち，鎌倉幕府的で組織的・官僚的な統治体制を担った(**統治権的支配**)。

注意　室町幕府の初代の将軍はもちろん足利尊氏，3代目は**義満**。では2代目は誰か。**義詮**である。意外に見落とされるので注意しよう。

参考　観応の擾乱では，尊氏・直義がともに南朝側と一時的に手を結んだため，南朝が勢力をもりかえし，内乱は激化した。

❷**観応の擾乱** 1350(南朝・正平5／北朝・観応元)年，高師直と足利直義の対立から**観応の擾乱**が勃発した。まずは高師直が殺害され，1352(南朝・正平7／北朝・文和元)年，直義は尊氏に毒殺され，乱は一旦終わった。

❸**内乱の全国波及** 観応の擾乱後，尊氏とその子**義詮**派と，直義の養子の**直冬**(尊氏の庶子)派が対立した。直冬には南朝方が加わり，全国の**守護**・**国人**★3も在地の支配をかけて両派についたので，内乱は複雑化し，全国に波及した。

▼南北朝対立の略年表

年	できごと
1336	足利尊氏の入京 光明天皇の即位 後醍醐天皇が吉野へ脱出
1338	尊氏が征夷大将軍となり，室町幕府を開く
1339	後醍醐天皇が死去する 北畠親房『神皇正統記』を著す
1350	観応の擾乱
1358	尊氏が死去し，義詮が2代将軍となる
1363	山名氏が幕府に降伏
1368	足利義満が3代将軍となる
1378	幕府を室町の花の御所へ移す
1391	明徳の乱
1392	南北朝の合体

3 南北朝の合体

❶**南北朝の合体** **明徳の乱**(☞p.151)の結果，幕府支配がようやく安定した。そこで3代将軍**足利義満**の**1392**(南朝・元中9／北朝・明徳3)**年**に，幕府は南朝の**後亀山天皇**に対して和平を申しいれ，三種の神器が北朝の**後小松天皇**に譲られて**南北朝の合体**がなった。

❷**南北朝内乱の意義** 幕府・守護・国人・農民らがいり乱れての対立のなかから，守護・国人が領主化して支配を強めた。**貴族・寺社の勢力は次第に失われ，農民は荘園支配の枠を越えて団結**するようになった。

4 守護大名の出現と成長

❶**守護大名の成立** 鎌倉時代に諸国に設置された**守護**は，国司とちがって任期がなく，南北朝の内乱を通じて任国の地元との関係を深めるとともに，その国の国人や**地侍**と主従関係を結んでいった。こうして成立したのが**守護大名**である。

★3 国人 鎌倉時代末期より，地頭・荘官・有力名主らが，荘園制を利用しつつ，各地に小規模な領主制を形成したもの。いわば小武士団といったもので，「その国にいる人」という意味で**国人**・**国衆**とよばれた。

TOPICS

バサラ大名

南北朝時代の代表的な武将に，**佐々木導誉**(**高氏**)がいる。彼は，人を驚かせるパフォーマンスが得意であった。たとえば，自然の桜の木の周りを囲いこむように金属の花瓶を鋳造して，生け花に見立て，その巨大な花瓶の前で大量の香をたいた，というエピソードが残っている。

導誉の大胆な行動の背景には，天皇や朝廷といった伝統的な権威を否定する発想があり，高師直なども同様の考えをもっていた。彼らは**バサラ大名**とよばれ，はなやかで奇抜な服装や行動を好んだだけでなく，茶道や能，連歌などをたしなみ，当時の文化の中心的な役割を担った。

バサラとは派手，ぜいたくを意味するが，一説によれば，その語源は，サンスクリット語(梵語)でダイヤモンドのことだという。権威におもねらない自由な精神が，南北朝時代の人々の目に，ダイヤモンドのように鋭くきらめいて映ったのかもしれない。

❷守護の権限強化　守護は，鎌倉時代に規定されていた**大犯三箇条**(☞p.113)に加えて，**刈田狼藉**(不法な作物の刈り取り)の取り締まりや**使節遵行**(判決を実力で守らせる)の権限を与えられ，幕府の行政を現地で担当することとなった。

❸守護大名の荘園侵略　守護大名は，任国の荘園を**半済令**・**守護請**・**守護段銭**などを梃にして侵略し，その勢力を強めた。

1. **半済**…荘園や公領の年貢の半分を**兵粮米**★4として守護が徴発すること。**足利尊氏**が**観応の擾乱**の直後の1352(南朝・正平7／北朝・文和元)年に**近江**・**美濃**・**尾張**に1年に限り臨時に施行したことから始まった。のち1368(南朝・正平23／北朝・応安元)年の**応安の半済令**で全国に拡大され，恒常化した。守護は半済をてこに徐々に国内の武士を自己の支配下に組みいれていった。
2. **守護請**…守護が荘園領主や知行国主から任国の荘園・国衙領の経営をまかされて一定額の年貢を請け負うこと。
3. **守護段銭**…守護が，田畑の段別に課した臨時税。

❹守護領国制の展開　守護大名による領国の支配を，**守護領国制**とよぶ。領国は世襲に近く，有力な守護大名のなかには数カ国の守護を兼ねる者もいた。中国地方の**大内氏**は6カ国の守護を兼任し，**山名氏**は**時氏**の代に日本全国66カ国のうち中国・近畿の11カ国の守護を兼ねて，**六分一殿**とよばれた。

★4 **兵粮米**　兵士の食料や軍事費として賦課される米。兵粮米にあてるための土地を**兵粮料所**という。

注意　**半済**と**守護請**は守護に経済的権益を与えたもので守護大名の成長と荘園制の崩壊を促進していった。

参考　**在京の守護**　有力な守護は幕府で重職を務めるために在京が原則であった。このために領国の統治は守護代が執行した。

史料　半済令

次に近江・美濃・尾張三ケ国の本所領半分の事，兵粮料所として，当年一作，軍勢に預け置くべきの由，守護人等に相触れ訖んぬ。半分に於いては，宜しく本所に分かち渡すべし。若し預人①事を左右に寄せ，去渡さざれば，一円に本所に返付すべし。　**『建武以来追加』**

次に，近江・美濃・尾張の三国の本所領の半分については，兵粮料所として，今年一年に限り，軍勢に預け置くことを守護人に通知した。残りの半分については，本所に渡しなさい。もし，預かった者があれこれいいのがれをして半分を渡さない場合には，該当の土地全部を本所に返還させることとする。

注釈　①本所領の半分を預けられた武士。

視点　半済令は，**足利尊氏**によって**近江**・**美濃**・**尾張**の3カ国に出されたもので，試験では，史料名・発布年・実施された国名がよく出される。

POINT!

[南北朝の内乱]

- 北朝…足利尊氏・高師直vs.足利直義→観応の擾乱
- 南朝…後醍醐天皇・北畠親房

・守護は半済令・守護請を利用して守護領国制へ
・足利義満が南北朝の合体を実現

室町幕府の成立と守護

▶ **室町幕府**は，３代将軍**足利義満**のとき統治機構を整え，**南北朝の合体に成功**し，守護大名を抑えて全国支配を確立した。しかし，将軍の経済的・軍事的基盤は，一部の時期を除いて強くなく，**有力守護大名の連合政権的な性格**が強かった。

1 室町幕府の成立と方針

❶室町幕府の創設　**1336**(南朝・延元元／北朝・建武３)**年**，後醍醐天皇軍を破って入京した**足利尊氏**は，**建武式目**を制定し，**1338**(南朝・延元３／北朝・暦応元)**年**には**光明天皇**より**征夷大将軍**に任ぜられて，**京都に幕府を開いた**。

注意　室町幕府の開設は，南北朝の内乱中であることに注意。

史料　建武式目

鎌倉元の如く柳営①たるべきか，他所たるべきや否やの事
鎌倉を元のように幕府の所在地とするか，あるいは他所にすべきか否かのこと

政道の事……其の最要粗左に註す。
政治のあり方の事……その要点について，大ざっぱに書くことにする。

一　倹約を行はるべき事……
倹約につとめるべきこと……

一　群飲佚遊を制せらるべき事……
多勢の人が集まって酒盛りすることや勝手気ままな遊興を禁ずべきこと……

一　私宅の点定を止めらるべき事。……
民家のさしおさえをやめるべきこと。……

一　京中の空地，本主に返さるべき事。……
京都市中の空地は元の所有者に返還されるべきこと。……

一　無尽銭②・土倉③を興行せらるべき事。……
無尽銭や土倉などの金融業者の営業を盛んにするべきこと。……

一　諸国の守護人，殊に政務の器用を択ばるべき事……
諸国の守護人は，特に政治の練達者から選ばれるべきこと……

以前十七箇条④，大概斯くの如し。……遠くは延喜・天暦両聖⑤の徳化を訪ひ，近くは義時・泰時父子⑥の行状を以て，近代の師となす。殊に万人帰仰の政道を施されば，四海安全の基たるべきか。よって言上件の如し。
これらの一七ヵ条，大略は以上の通りである。……古くは延喜・天暦時代の両天皇の徳ある政治をよくみて，最近では北条義時・泰時父子の治績をもって近代の(政治の)手本とする。ことにすべての人がしたがい仰ぐ(よい)政治を行うことが国内の平和の基本として大事なことであろうか。そこで以上のように申し上げる。

建武三年十一月七日　　真恵　是円⑦

注釈　①幕府のこと。②憑支(頼母子)(☞ p.123)。③金融業者。④建武式目。⑤平安時代の醍醐・村上天皇の時期。⑥鎌倉幕府執権の北条義時・泰時。⑦中原(二階堂)是円。なお，真恵は是円の弟。

視点　**建武式目**は，尊氏の政治方針を示したもので，**17**条よりなる。是円らが答申する形で出され，具体的な法令ではない。室町幕府は，具体的法令としては**御成敗式目**(☞ p.117)をそのまま用い，必要に応じて新令を加えた。その追加法令を**建武以来追加**という。

②義満の全国支配と室町幕府の呼称　3代将軍**足利義満**は**南北朝の合体**を成功させ，有力守護の山名氏・大内氏らの勢力を抑えて(☞p.151)，全国支配を確立した。また，生前より将軍職を義持に譲ってみずからは**太政大臣**となり，幕府・朝廷両方の頂点を極めた。さらに，諸国から**段銭**を徴収したり，京都の市政権を朝廷から吸収するなど，その権力を強固なものにした。義満はまた，京都の**室町**に**花の御所**とよばれる華麗な邸宅をつくり，ここで政務をとったので，足利氏の幕府は**室町幕府**とよばれる。

▲足利義満

2 室町幕府の政治機構

①政治機構の概要　室町幕府の政治機構は，だいたい鎌倉幕府の制度をそのまま踏襲していた。

②中央機構

1 **管領**…幕府の最高責任者。元は執事とよばれた。将軍の補佐役で政務を総括する。任命される家系は足利氏の一門の**細川**・**斯波**・**畠山**の3氏に限られていたので，三管領とよばれた。

2 **侍所**…武士の統制と京都の警備・裁判にあたった。鎌倉幕府では政所・問注所と並ぶ職であったが，室町幕府では3つの中で最も重要なものとなった。この長官を**所司**といい，**山名**・**赤松**・**一色**・**京極**の4氏の中から任じられたので，**四職**という。また所司は**山城国守護も兼ねた**。

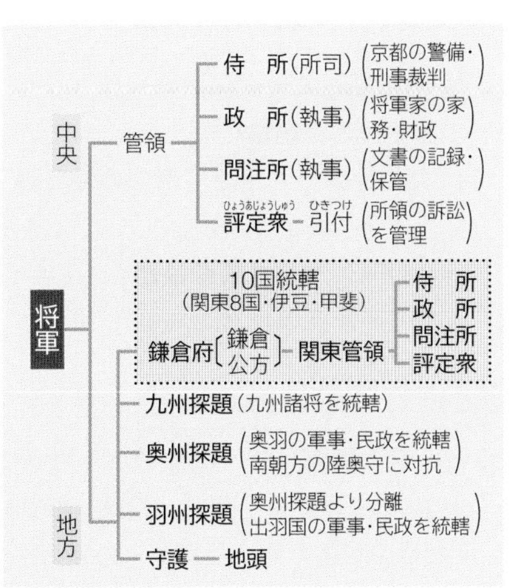

▲室町幕府の職制

3 **政所**…幕府の財政を担当した。長官を**執事**といい，おもに伊勢氏が任命された。

4 **問注所**…文書記録の保管や訴訟の証拠の鑑定を行った。

> 注意　**管領**は，鎌倉幕府の**執権**にあたるが，執権にくらべて権限は弱かった。義満のころから，幕府の組織が整ってきたことに注意しよう。

③地方機構

1 鎌倉府…武家政権の発祥地である関東を重視して設置された。幕政の代行機関であり，伊豆・甲斐と関東8カ国，計10カ国を統轄した。尊氏の二男**基氏**の子孫が代々鎌倉公方となり，関東管領の**上杉氏**がこれを補佐した。

2 **奥州探題**…守護に代わる職制として設置され，陸奥国(奥州)の軍事・民政を統轄した。

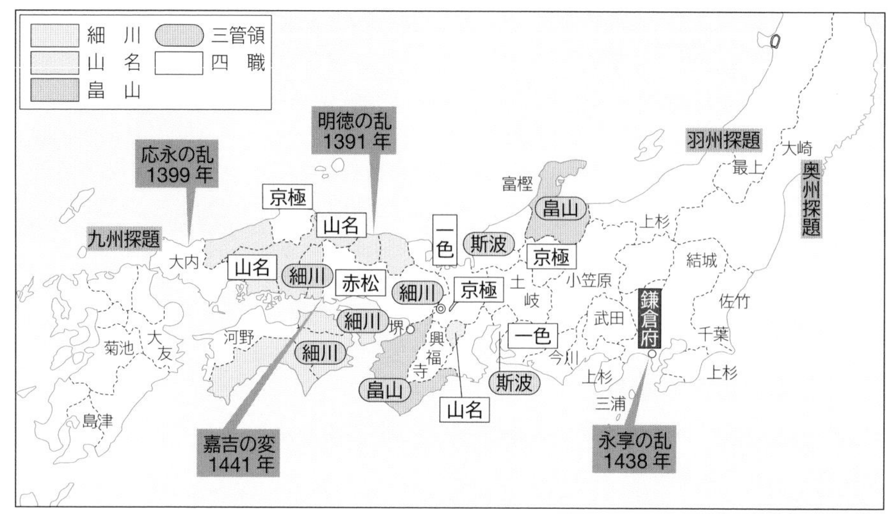

▲15世紀前半ごろの守護大名の配置

3 **羽州探題**…奥州探題から分立した。出羽国(羽州)の軍事や民政を統轄した。

4 **九州探題**…九州では南朝の**懐良親王**の勢力が強く，**今川了俊**(**貞世**)が任命されて懐良親王を圧倒した(☞p.145)。当初は**鎮西探題**ともいい，その後今川氏に代わり渋川氏の世襲となった。

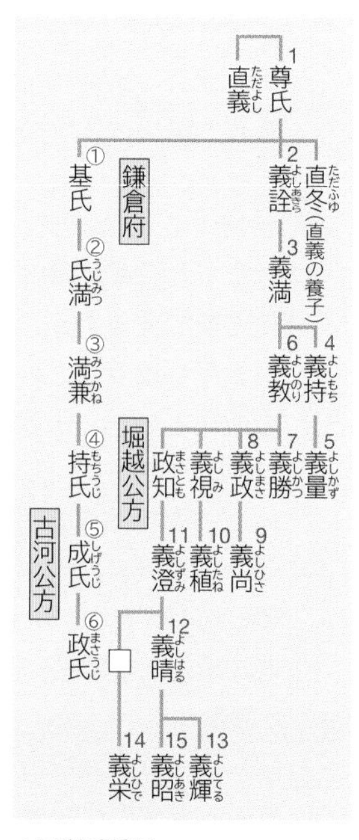

▲足利氏系図

1～15室町将軍。

①～⑥鎌倉公方。

足利氏は**源氏**の流れをくむ名門であった。

3 室町幕府の財政基盤

❶弱い財政基盤　幕府財政のおもなものは，**御料所**，**土倉役**(**倉役**)・**酒屋役**，**関銭**，**段銭**，**棟別銭**・**津料**，および**日明貿易の利益**であったが，その経済基盤は強くはなかった。

❷御料所　幕府の**直轄領**で，足利氏勢力が得た土地を集積したもの。畿内を中心に全国に分散しており，規模も小さかったので幕府の大きな財源とはならなかった。将軍の親衛軍である**奉公衆**などによって管理された。

❸土倉役・酒屋役　京都で，高利貸しを営む**土倉**や**酒屋**(金融業を兼ねる酒造業者)を保護するかわりに徴収した**営業税**のこと。最初は臨時であったが，のち政所の納銭方が定期的に徴収した。幕府の最も重要な財源であった。

❹段銭　段別に課せられた**土地税**で，本来は臨時であったが，室町時代には恒常化した。寺社の修理や朝廷費用の捻出を名目として守護が徴収にあたり，幕府に納めた。

❺棟別銭　家1軒ごとに賦課する**戸別税**。

❻関銭・津料　陸上交通の要衝に関所が設置され，通行者から関銭を徴収した。また津(港湾)の利用者からは津料を徴収した。

❼日明貿易　明との間で行われた日明貿易の利益も，有力な財源となった。**朝貢貿易**の形をとったので，日本は明の皇帝に臣下の礼をとらねばならなかったが，そのかわりに下賜という形で与えられる品々は莫大であった。

注意　室町幕府の財政基盤を区別しておこう。
①**直轄地経営**…御料所
②**業者課税**｛土倉役(倉役)・酒屋役｝
③**庶民課税**｛段銭・棟別銭｝
④**通行課税**…関銭・津料
⑤**貿易収益**…日明貿易

参考　日明貿易の輸入税を**抽分銭**という。

[室町幕府の成立]
① 足利尊氏は建武式目を制定し，1338年に征夷大将軍に就任
▶三管領…細川・斯波・畠山，▶四職…山名・赤松・京極・一色
② 鎌倉府の長官は鎌倉公方，補佐役は関東管領
③ 室町幕府の財源…土地(御料所)のほかに，さまざまな貨幣収入
→土倉役・酒屋役，段銭・棟別銭，関銭・津料，抽分銭など

4 幕府の動揺

❶守護大名抑制政策　領国内の軍事・警察権を有する守護は，南北朝の内乱を通じて領主化をすすめた。3代将軍**足利義満**以降，強大化した有力守護大名の勢力削減がおこなわれた。

❷義満の抑圧政策

1. **土岐康行の乱**…1390(明徳元)年，美濃(岐阜県)・尾張(愛知県)・伊勢(三重県)を支配していた有力守護である土岐氏の**土岐康行**を倒し，土岐氏の勢力を美濃国のみに縮小した。
2. **明徳の乱**…1391(明徳2)年，11カ国の守護を兼ね，**六分一殿(衆)**とよばれた山名氏の中心人物**山名氏清**(☞p.147)が，義満の挑発により滅ぼされた。これによって山名氏の勢力は大きく後退した。★1
3. **応永の乱**…1399(応永6)年，周防・長門(ともに山口県)を中心に6カ国の守護を兼ねた**大内義弘**の反乱。義弘は，鎌倉公方の**足利満兼**と呼応して堺(大阪府)で挙兵したが，敗れた。義弘は日明貿易・日朝貿易の港である**堺・博多**を掌握していたので，大内氏の勢力削除は室町幕府にとって，日明貿易を行う上で，大きな意味があった。

参考　**管領家の統制**　2代将軍義詮のとき，管領斯波家が強大化したため，義満は細川頼之を管領にすえて斯波氏を抑えた。のちに，畠山氏を加え，三管領として，特定の家が大きな権力をもてないようにした。

★1 明徳の乱の後，山名氏の支配地はわずか3カ国となった。

3 武家社会の展開

❸鎌倉府の内乱と謀殺 4代義持は朝廷との融和に努め幕政は安定期を向かえたが，鎌倉府で内紛が発生した。6代義教は籤により将軍となり，「万人恐怖」とよばれる専横をすすめ，**嘉吉の変**で播磨国の守護赤松満祐により謀殺された。

1 **上杉禅秀の乱**…1416(応永23)年，前関東管領の**上杉禅秀(氏憲)**が鎌倉公方の**足利持氏**に対して乱をおこした。翌年4代義持は持氏に援軍を送り，乱を終結させた。

2 **永享の乱**…1438(永享10)年，幕府に反抗的な鎌倉公方の足利持氏は，それを諫める関東管領の**上杉憲実**と関係が悪化した。持氏が憲実討伐を企図するとそれを知った6代義教は憲実に援軍を送り，持氏を自害に追い込んだ。

3 **嘉吉の変**…1441(嘉吉元)年，播磨国の守護赤松満祐は6代義教を京都の自宅で謀殺した(**嘉吉の変**)。播磨へ逃れた赤松満祐は，幕府軍を率いた**山名持豊(宗全)**の追討軍に討伐された。

参考 **結城合戦** 永享の乱後，足利持氏の遺児を保護した常陸の**結城氏朝**が挙兵したが，1440(永享12)年に関東管領**上杉憲実**に鎮圧された。

参考 **古河公方と堀越公方** 永享の乱で足利持氏が自害すると，関東管領の**上杉氏**が鎌倉府の実権を握った。上杉氏は持氏の子の**成氏**を鎌倉公方として迎えたが，1454(享徳3)年，成氏は上杉憲忠を殺害し鎌倉を追われた(**享徳の乱**)。成氏は下総の古河に館を構えて**古河公方**とよばれた。一方，1457(長禄元)年，将軍義政の弟**政知**が鎌倉公方にむかえられたが，政知は鎌倉に入れず，伊豆(静岡県)の堀越にとどまった(**堀越公方**)。

SECTION 5 応仁の乱

▶ 嘉吉の変以降，将軍の権力が弱体化してゆくなか，将軍家内部で**足利義政**の後継者争いがおこった。加えて有力守護家でも争いがおこり，**応仁の乱**(応仁・文明の乱)が勃発した。戦乱は京都から全国に波及し，**下剋上**の風潮が生まれた。

1 応仁の乱の原因

❶室町幕府の弱体化 15世紀なかば，**足利義政**が8代将軍となった。しかし，義政は政治への意欲に欠け，出費と遊興を重ねた[★1]。そのうえ，管領の細川勝元と，四職の山名持豊(宗全)とが幕府の実権をめぐって対立するようになった。

❷守護大名の家督争い 家督争いが管領家である**斯波・畠山**両氏で生じた。斯波氏では，**義敏**に対して重臣(国人)たちが新しく**義廉**を立てた。畠山氏では，養子の**政長**と実子の**義就**が対立した。これに幕府内での主導権の確立をねらう細川勝元と山名持豊が介入し，それぞれを援助して対立した。

★1 義政は幼少で将軍となってから，約30年間その職にあった。しかし，寛正年間(1460～66)の深刻な飢饉をもかえりみず，ぜいたくな生活にふけり，土木工事を行った。義政の在職中には土一揆が頻発したので，1代で13回もの徳政令を出したほどであった。

❸将軍家の継嗣争い　最初，子のなかった義政は，弟の**義視**を後継者とした。しかし，のち妻の**日野富子**★2に**義尚**が生まれると，富子は義尚を将軍にしようとして山名持豊に頼り，義視は細川勝元に頼って双方の対立は激化した。

★2 **日野富子**　公家の日野家の出身(3代将軍義満以降，将軍夫人は日野家より出た)である。米相場や大名への高利貸を行い，京都の入り口に関所を設けて関銭を徴収したりしたため，人々の不評を買った。また，わが子義尚を将軍につけたいと願うあまり，幕政を乱したという見方も強いが，政治・外交および経済活動への積極性と手腕には，評価すべき点がある。

2 応仁の乱の経過

❶応仁の乱の発生と経過　細川勝元・山名持豊の両者に，それぞれ対立する勢力がついて，**1467**(応仁元)**年**，戦乱が起こった。勝元中心の**東軍**と持豊中心の**西軍**とが京都を戦場として戦い，やがて戦乱は全国に広がり，11年間におよんだ。

❷乱の終息　1473(文明5)年，両軍の総帥の細川勝元と山名持豊が相ついで病死したため，京都に出陣していた諸将の多くも帰国して，1477(文明9)年に乱は終わった。

▼応仁の乱関係図

将軍家	対立関係	斯波氏	畠山氏	中心人物
足利義視	**東軍**(細川方)	義敏	政長	細川勝元
(足利義政) ‖― 足利義尚 日野富子	**西軍**(山名方)	義廉	義就	山名持豊(宗全)

開戦後に東軍が義政・富子・義尚をかつぐと，1468(応仁2)年11月に西軍は義視を引きいれ，開戦前の結びつきは入れ替わった。

参考　東軍の細川方は室町邸に陣どり，24カ国16万の兵を集めた。西軍の山名方は，**西陣**に陣どり(**西陣織**の名のおこり)，20カ国11万人の兵を結集して争った。この両陣営の間は，1kmほどしか離れていない。

史料　応仁の乱

応仁丁亥ノ歳，天下大ニ動乱シ①，ソレヨリ永ク五畿七道悉乱ル。其起ヲ尋ルニ，尊氏将軍ノ七代目ノ将軍義政公ノ天下ノ成敗ヲ有道ノ管領ニ任セズ，タダ御台所或ハ香樹院，或ハ春日局ナド云，理非ヲモ不弁，公事政道ヲモ知リ給ハザル青女房，比丘尼達ノ計トシテ酒宴淫楽ノ紛レニ申沙汰セラレ……計ラズモ万歳期セシ花ノ都，今何ンゾ狐狼ノ伏土トナラントハ，適残ル東寺・北野サヘ灰土トナルヲ。古ニモ治乱興亡ノナラヒアリトイヘドモ，応仁ノ一変ハ仏法・王法トモニ破滅シ，諸宗皆悉絶ハテヌルヲ，感歎ニ勘ヘズ，飯尾彦六左衛門尉②，一首ノ歌ヲ詠ジケル。

汝ヤシル都ハ野辺ノ夕雲雀　アガルヲ見テモ落ルナミダハ　『応仁記』

1467年，天下は大いに動乱し，それから長い間五畿七道がことごとく乱れた。その起こりを訪ねてみると，尊氏から七代目の将軍である義政が，天下の成敗をしっかりとした管領に任せず，ただ夫人の日野富子，あるいは香樹院，あるいは春日局などという，理非をわきまえない，公事・政道を知らない若い女房・比丘尼たちの考えで，政治は酒宴・淫楽のまぎれにとりきめられていた。計らずも京都が，現在荒れ果てた土地になってしまい，たまたま残った東寺や北野のような古い寺院や神社さえも荒廃している。昔から治乱興亡の歴史を持つこの地でも，応仁の乱では，仏法や王法も崩壊し，諸宗派もことごとく絶え果てている。このような状況に耐えられず，飯尾彦六左衛門尉という人物は一首の歌を詠んでいる。

ひばりよ，お前は知っているか。京都はこの大乱で無残にも荒れ果ててしまった。そんな都の夕空にお前が舞い上がる姿を見ているだけでも，私の涙は流れ落ちていくよ。

注釈　①応仁・文明の乱のこと。②飯尾清方。幕府の重臣。

3 応仁の乱の結果

❶**京都の荒廃**　**足軽**などの略奪や放火により平安・鎌倉時代の重要な建築物や町並みが焼失するなど，京都は大きな被害を受けた。

❷**下剋上の風潮**　守護大名が領国を離れているとき，現地にいる**守護代**や**国人**が実力を蓄え，**下の者が上の者を倒す下剋上**★3の風潮が支配的となって，戦国時代にはいっていった。

❸**文化の地方普及**　応仁の乱や戦国の争乱によって京都をのがれた貴族が地方に脱出し，**京都の文化が地方に伝播した**(☞p.170)。大内氏の城下町**山口**など，後に小京都とよばれ，京都をモデルとした都市建設も行われた。

★3 **下剋上**　身分の下の者が上の者に剋つという意味で，応仁の乱以後とくにさかんになった。

参考 **明応の政変**　応仁の乱後，幕府はただちに無力化したわけではなく，足利義尚が1487(長享元)年に近江に出陣した際には，有力守護も動員に応じている。しかし，義尚の死後の1493(明応2)年に，管領細川政元(勝元の子)が将軍義材(義稙)を廃して義澄を立てたことで，幕府の権威は低下した。これを，**明応の政変**とよぶ。

◀**応仁の乱のようす**　下級の雇われ兵である**足軽**が，真如堂で略奪をしているようすが描かれている。足軽は，長槍を使った集団戦法で活躍し，戦国時代には合戦の主力となった。『真如堂縁起』より。

SECTION 6 東アジア世界との交流

▶ モンゴル襲来後，中国・朝鮮と私的な貿易を行う人々の一部が海賊化して略奪なども行い，**倭寇**とよばれた。**足利義満**は，**明**(1368～1644)と国交を開き，公式に貿易を行って利益を得た。この**日明貿易**には倭寇と区別するために**勘合**が用いられたので，**勘合貿易**とよばれた。

1 倭寇の活動

❶**天龍寺船の派遣**　モンゴル襲来によって中国との貿易は中断したが，室町幕府を開いた**足利尊氏**は元との貿易に力を注ごうとした。その試みは1342(南朝・興国3／北朝・康永元)年の**天龍寺船**で実現した。足利尊氏・直義兄弟は夢窓疎石★1のすすめで，後醍醐天皇の冥福を祈るため，**天龍寺**の建立を企画し，その造営費用捻出のため，元に天龍寺船を派遣した。

★1 **夢窓疎石**　後醍醐天皇や足利尊氏・直義が帰依した**臨済宗**の禅僧で，京都に**天龍寺**を開く。足利直義に禅を説いた法話である『**夢中問答**』などの著作がある。

❷**前期倭寇の活動** 14世紀のなかばから，対馬・壱岐・松浦地方を根拠地とし，海賊をも行う人々が朝鮮半島や中国沿岸を襲い，食料や民衆を略奪することがあった(一部高麗(コリョ)の人々も参加)。これを倭寇という。

参考 倭寇の船は「ばはん船」ともよばれた。「八幡大菩薩」という旗印を立てていたためといわれるが，異説もある。

❸**後期倭寇** 倭寇は一時沈静化するが，16世紀に再度活発となる。中心は中国人で，密貿易をおこなった。頭目のひとり**王直**は，種子島への鉄砲伝来へも関与したとされる。

2 日明貿易

❶**日明貿易の開始** 明の太祖**洪武帝**(朱元璋)は，3代将軍足利義満に，倭寇の禁圧と朝貢を促す使者を派遣した。義満は九州探題に倭寇を取り締まらせるとともに，1401(応永8)年に僧祖阿と博多商人の肥富を明に派遣し，国書を提出した。翌年の明からの返書に「**日本国王源道義**」★2とあり，義満は日本国王に冊封された。★3

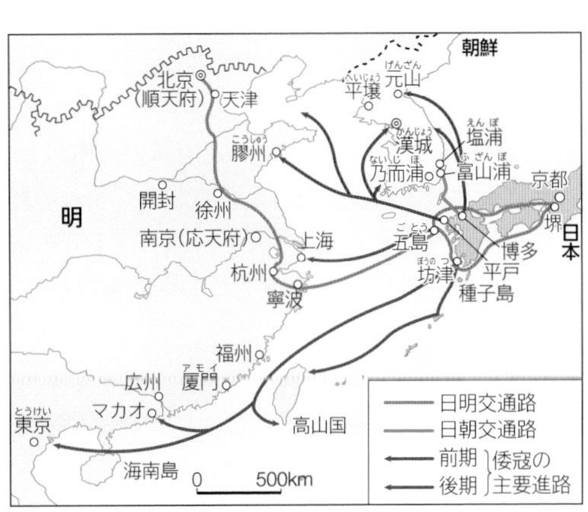

▲倭寇と対明・対朝鮮主要交通路

❷**日明貿易の背景**

1 倭寇を恐れた明の**海禁政策**に対して，日本では明との貿易の要望が高まっていた。

2 足利尊氏による天龍寺船が，幕府に利益をもたらしたので，義満も日明貿易に目をつけた。

補説 **明と南朝** 義満以前，明は大宰府を支配していた南朝の懐良親王(☞p.145)を「日本国王」として冊封した。

❸**日明貿易の形態** 日明貿易は日本が臣下の礼をとるという**朝貢貿易**の形式で，倭寇と区別するため**勘合**という証票を用いたので，この貿易を勘合貿易という。

❹**日明貿易の中断** 日明貿易の利益は莫大なもので，室町幕府の財政を大きく助けた。しかし，明に臣従した義満の朝貢貿易というやり方には当時から批判があった。そこで，4代将軍義持は，**1411**(応永18)**年**に明との貿易をいったん中止した。

★2 義満は1403(応永10)年の明への国書に「**日本国王臣源表す**」と書き，明へ臣従する姿勢を示した。

★3 中国との国交は遣唐使停止(894年)以来であり，中国による冊封は5世紀の倭の五王以来であった。

⑤日明貿易の再開と推移 6代将軍**義教**は，貨幣経済の発展による**明銭**の必要性と，貿易の利益に着目して，1432(永享4)年から国交を再開した。再開後の日明貿易には，土倉・酒屋などが資本を出し守護大名・大寺社が船を派遣することが多くなった。★4 応仁の乱後，博多商人と結んだ大内氏と，堺商人と結んだ細川氏とが貿易の実権をにぎった。

⑥寧波の乱 大内氏と細川氏の対立に堺商人と博多商人の対立が加わり，1523(大永3)年，中国の**寧波**で両方の貿易船が争いを起こした。これが寧波の乱で，このため，貿易は一時中断した。

⑦日明貿易の終了 その後，細川氏の没落によって貿易の権利は**大内氏の独占**となった。しかし，明が貿易にきびしい制限を設けたこともあって，1547(天文16)年を最後とし★5，大内氏の滅亡(1551年)とともに日明貿易は終了した。

3 日朝貿易

①朝鮮の成立 1392年，倭寇の鎮圧などに活躍した李成桂が，高麗(コリョ)を倒して朝鮮を建国した。

②日朝貿易の開始 朝鮮が倭寇の取り締まりを求めてくると，義満もこれに応じて朝鮮との間に国交が開かれた。

③日朝貿易の形態 **文引**★6を用いて，**富山浦・乃而浦・塩浦**の3港(三浦)で貿易が行われ，3港と漢城(現ソウル)には，**倭館**★7が置かれた。

④宗氏の統制権 日朝貿易は守護・国人や民間商人などによって行われたが，朝鮮に近い**対馬**の宗氏を仲介とし，宗氏がその統制権をにぎっていた。★8

⑤応永の外寇 1419(応永26)年，朝鮮は倭寇の本拠地とみなした対馬を200隻あまりの軍船で襲った。これを応永の外寇といい，**宗貞盛**は九州の武士たちの協力のもと，これを撃退した。

⑥三浦の乱 16世紀前後から，朝鮮は貿易をきびしく制限したが，これに不満をもった三浦の日本居留民(**恒居倭**)との間に1510(永正7)年に衝突が起こった。これを三浦の乱といい，その後，日朝貿易はおとろえた。

4 琉球貿易と蝦夷地との交易

①琉球王国の建国 沖縄では，1429年，中山王の尚巴志が

★4 幕府は，彼らに貿易による利益の一部を**抽分銭**(☞p.151)として納入させた。

参考 日明貿易品
①**輸出品**…銅・刀剣・**硫黄**・金・工芸品など。
②**輸入品**…**生糸**・絹織物・**銅銭**(明銭)・薬品・書画など。

★5 1547年の最後の勘合船の使節は策彦周良。臨済宗の僧で，大内義隆の帰依をうけていた。その日記(『策彦入明記』)は日明貿易の実態を知る貴重な史料。

★6 **文引** 対馬の**宗氏**が朝鮮への通交者へ与えた渡航許可証。宗氏は文引の発行手続きで利益を得た。

★7 **倭館** 日本の使節の接待と貿易のために建てられた施設。

★8 1443(嘉吉3)年に対馬の領主**宗貞盛**と朝鮮との間に**嘉吉条約**(**癸亥約条**)が結ばれた。

参考 日朝貿易品
①**輸出品**…銅・硫黄・工芸品。蘇木・香木(琉球貿易で得た南方の特産品)など。
②**輸入品**…**綿布**(**木綿**)・高麗版大蔵経など。木綿の輸入は，日本人の生活に大きな影響を与えた。

参考 琉球は，11世紀ごろから**按司**とよばれる小領主が**グスク**(城)を拠点に地域を支配していた。

中山・山北・山南の3王国を統一し，首里を首都，那覇を外港として，琉球王国を建てた。

❷**琉球王国の貿易**　琉球王国の商船は，明や日本，朝鮮だけでなく，東南アジア諸国間とも中継貿易を行った。王国はその利益をもとに明や日本の文化をも吸収し，繁栄した。

❸**アイヌ交易の始まり**　13世紀末以降，津軽半島の十三湊(青森県五所川原市)に拠点を置く安藤(安東)氏が，アイヌ交易の中心に成長した。

❹**渡島半島へ進出**　14世紀末以降，安藤氏の配下の和人らが蝦夷ヶ島の南端沿岸部に館★9を築いて拠点とし，アザラシ皮・貂皮やオホーツク海の特産物を交易した。

❺**コシャマインの戦い**　1457(長禄元)年，アイヌの少年が和人に刺殺されたことを契機にアイヌの首長コシャマインが蜂起し，大規模な戦いに発展した。茂別館と花沢館を残して攻め落とされたが，花沢館の蠣崎氏の客将武田信広が鎮圧し，以降，蠣崎氏は道南地域の支配者に成長した。

★9 **道南十二館**　蝦夷ヶ島南端の渡島半島に築かれた12の和人の館群。東端の志苔館跡からは宋銭など約39万枚が入った大甕が出土している。

▲道南十二館とその周辺

[室町時代の内乱と対外関係]

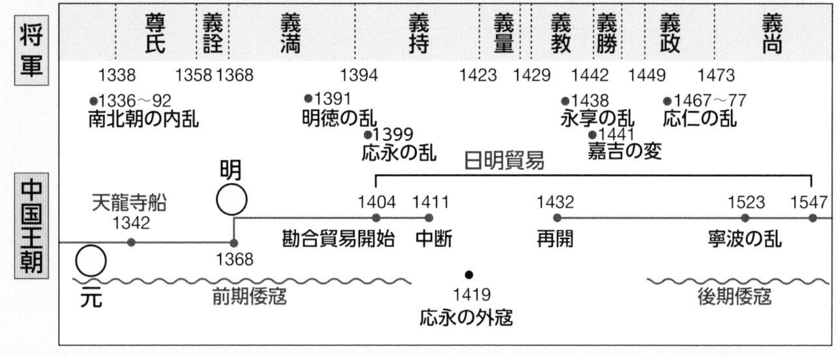

民衆の台頭

▶ 鎌倉時代後期から室町時代にかけて，農民の台頭が見られ，荘園や公領には，**惣**とよばれる自治的組織が形成されていった。これを**惣村**という。惣村の内部では，**惣掟**が定められ，**自検断**・**地下請**などが行われた。

1 惣村の形成

❶惣とは　鎌倉時代の村落では名主層のみが特権を有していた。鎌倉時代中・後期から生産力が高まるなかで，**中小農民の台頭**が見られ，近畿地方をはじめ各地の村落は，中小農民による自治組織(**惣**)をもつようになった。惣を中心として結合し，荘園領主や守護大名の支配への抵抗拠点ともなる自治的性格の強い村落のことを，**惣村**という。★1

❷惣の組織　惣の指導者である有力農民はみずから武装していた(**地侍**という)。彼らの名称は地域により異なるが，**沙汰人**・**おとな**・**番頭**・**年寄**などが一般的であった。

❸惣の活動　①**寄合**…村堂や神社で行う会議。**惣掟**★2の決定などを行う。②**宮座**…村落内の神社の氏子組織。惣結合の中心的役割を果たし，祭礼の運営も行った。③**地下請**(**百姓請**・**村請**)…年貢を一括して請け負い，荘園領主の村落への介入を排除した。④**自検断**(**地下検断**)…犯罪者を領主ではなく，惣村みずからの手で逮捕して，判決を下した。

★1　惣と惣村は，同じ意味で用いられることも多い。荘園・公領といった支配単位や地域ごとのまとまりでつくられた結合体も，**惣荘**や**惣郷**とよんだ。

★2　**惣掟**　日常生活に関する自治規約で，違反者は寄合への出席停止，罰金などに処せられた。

参考　**惣での差別**　村に住んでいながら惣から排除される者もおり，特定の家筋の者しか指導者になれない惣も多かった。

注意　惣の自治のあり方は，地域やそれぞれの惣によって大きく異なっていた。琵琶湖北岸の菅浦は惣村の代表的事例である。

史料　惣掟

定む　条々掟之事
箇条書きの掟を定めること

一　諸堂・宮・菴(庵)室において，バクチ諸勝負堅く禁制なり。
諸堂・宮・庵室など宗教的な公共施設で，賭博などの勝負ごとを行うことを厳禁する。

一　惣・私の森林の咎の事は，マサカリキリハ三百卅文，ナタ・カマキリハ二百文，手ヲリ木ノ葉ハ百文の咎なり。
惣の共有林と私有林に関する罰則は，まさかりで木を伐った者は，罰金三三〇文，なたや鎌で伐った者は，罰金二〇〇文，手で木の葉を折り取った者は，一〇〇文の罰金とする。

一　菜地畠ニテ，ソキ草・ヨせ土は停止し畢んぬ。
菜園で，(他人の)野菜を削ぎとったり，土を掘り動かして，自分が割り当てられた栽培区画を広くしようとすることは禁止した。

一　万の作毛，拾うト号し，猥の事，停止畢んぬ。
いろいろな作物を，「拾った」と称したり，身勝手な振舞は禁止した。

右，衆儀に依って定むる所，件の如し。
以上，衆議でこのように定めた。

永正十七庚辰年十二月廿六日
1520年12月26日

『今堀日吉神社文書』

2 一揆の展開

❶領主への抵抗　①愁訴…百姓申状をしたためて自分たちの要求を提出した。②強訴…大挙して領主のもとに押しかけて交渉を行い，場合によっては座りこみも行った。③逃散…惣の全員で村落から退去し，耕作を放棄した。

補説 **惣の団結**　一揆の際には，誓約の言葉を書いたものに全員署名して神にささげ(**起請文**)，鎮守社の神水を飲みかわして，惣としての団結をかためた。このような行為を**一味神水**という。

参考 **郷**(郷村)　惣がいくつか集まったもので，土一揆や国一揆の基盤となった。郷と惣には，大きな違いはない。

❷一揆の種類　その目的・相手によって，①**荘家の一揆**，②**土一揆**，③**国一揆**，④**一向一揆**に分類できる。

❸荘家の一揆　荘園領主に対して，年貢の減免や荘官の罷免などを要求した。多くは1つの荘園内で行われた。

❹土一揆　多くの惣が，属する荘園をこえて広範囲に団結して立ち上がったもの。**徳政令**の発布★3を求める**徳政一揆**がその代表である。

補説 **都市部の自治**　都市部では，領主からの課税などの際，四方を道路で区切られた**町**という単位が用いられていた。室町時代後期には，京都などで，商売をするために道路の重要性が高まり，道路をはさんだ両側の商工業者が結びついて1つの町を形成し(**両側町**)，自治を発展させた。その構成員は**町衆**とよばれた。

★3 徳政令の発布は，酒屋・土倉から営業税をとっていた幕府財政にも影響を与えた。1454(享徳3)年以後，幕府は質入れした者が土地を取りもどす場合には**分一銭**(10分の1の意)の納入を求め，幕府財政を補塡した。

3 武家社会の展開

史料 正長の徳政一揆

(正長元年)九月　日，一天下の土民蜂起す。徳政①と号し，酒屋・土倉・寺院②等を破却せしめ，雑物等ほしいままにこれを取り，借銭等悉くこれを破る。管領これを成敗す。凡そ亡国の基，これに過ぐべからず。日本開白以来，土民蜂起是れ初めなり。　『大乗院日記目録』

1428年9月　日。一天下の土民が蜂起した。「徳政だ」と叫んで，酒屋・土倉・寺院などを襲って破壊し，質入れした物品などを思うままに略奪し，借金証文などをすべて破り捨てた。管領(畠山満家)がこれを取り締った。総じて国が亡ぶ始めとして，これ以上の事件はない。日本の国が始まって以来，土民たちが立ちあがったというのは，これがはじめてのことである。

注釈 ①借金の帳消し。②酒屋・土倉・寺院とも中世の金融業者。寺院は**祠堂銭**(死者の冥福を祈る祠堂の修復のために寄進された金銭)を貸し付けて高利貸を営んでいた。

視点 正長の徳政一揆に関連して，**柳生郷**(奈良市)では，村の入り口の「ほうそう地蔵」に一揆の成果を刻んだ(柳生徳政碑文)。春日神社領であった大柳生・坂原・小柳生・邑地の神戸4カ郷の郷民が記したもので，「**正長元年ヨリサキ者カンへ四カンカウニヲヰメアルへカラス**(**正長元年以前に関しては，神戸四カ郷に負債があってはならない**)」と，負債帳消しを宣言している。

▲柳生徳政碑文(覆屋のかかる前の写真)

1 **正長の徳政一揆**…1428(正長元)年に起きた一揆は，近江の**坂本**(滋賀県大津市)の**馬借**による徳政要求の行動から始まった。これに呼応して京都・奈良をはじめ近辺の農民も立ち上がった。しかし，幕府は徳政令を出さなかったので，一揆は土倉・酒屋・寺院(当時，寺院は金融業もしていた)を襲い，借用書を破り，質物を取り戻した(**私徳政**)。★4

2 **播磨の土一揆**…1429(永享元)年に播磨国(兵庫県)で起きた。播磨一国全体の民衆が，「**国中に侍あらしむべからず(存在してはならない)**」というスローガンを掲げ，守護である赤松氏の被官(家臣)の追放をねらった。しかし，**赤松満祐**の軍により鎮圧された。

3 **嘉吉の徳政一揆**…1441(嘉吉元)年，将軍義教が殺害された直後に発生した。数万の農民・都市民が京都の入り口を封鎖し，さらに寺院に立てこもって，酒屋・土倉を襲い，徳政令を要求した。この一揆により，**室町幕府最初の徳政令**が発布された。

補説 **「代始の徳政」** 嘉吉の土一揆のときに一揆側が要求した徳政は，将軍が義教から義勝にかわることにちなんだ徳政であった(代始の徳政)。為政者の代がわりには，「徳政(徳のある政治)」が行われるべきだという観念があったためである。

★4 **私徳政** 幕府による公的な徳政ではなく，一揆側により，一方的に実施される徳政のこと。

注意 正長の徳政一揆は，将軍が義持から義教にかわる不安定な時期に起きた。義教がくじ引きで決められた将軍であったことからも，当時，幕府が混乱していたことがわかる。このときに，最初の大規模な土一揆が起こったことに注意しよう。

5 国一揆 国人と惣が広範囲に連帯して，守護大名の支配を排除しようとしたのが国一揆である。

・山城の国一揆…応仁の乱ののち，**畠山政長**が勢力を張っていた南山城(京都府南部)に，河内(大阪府)を根拠にする**畠山義就**が攻めこみ，戦闘がつづいていた。そこで1485(文

史料　山城の国一揆

(文明十七年十二月十一日)，今日山城国人集会す。上は六十歳，下は十五・六歳と云々。同じく一国中の土民等群集す。今度両陣の時宜を申し定めんが為の故と云々。然るべきか。但し又下極上の至り也。

1485年12月11日，今日，山城の国人が集会をした。その年齢は上が60歳，下が15，6歳という。同じく山城国中の土民たちが群れ集まった。今度の(畠山)両陣の処理を相談して決めるためだという。もっともなことであろう。ただし，これは下剋上がきわまったものだ。

(文明十八年二月十三日)，今日山城国人，平等院に会合す。国中の掟法猶以て之を定むべしと云々。凡そ神妙。『大乗院寺社雑事記』

1486年2月13日，今日，山城の国人が平等院で会合した。山城国一国中を統治するための掟をさらに定めるのだという。まことに感心なことだ。

史料　加賀の一向一揆

(長享二年六月二十五日)……今晨，香厳院に於いて叔和西堂語りて云く。今月五日越前①府中に行く。其れ以前越前の合力勢②賀州に赴く。然りと雖も，一揆衆二十万人，富樫が城③を取り回く。故を以て，同九日城を攻め落さる。皆生害④して，富樫一家の者⑤一人これを取り立つ。

『蔭涼軒日録』⑥

1488年6月5日……今朝，香厳院で叔和西堂が次のように話してくれた。「私は今月5日に越前の府中に行った。この日より前に越前の守護朝倉氏の援軍が加賀国へ向かって出発していた。しかし，一向一揆の軍勢20万人が富樫氏の高尾城を包囲した。そのため今月9日には城は攻め落とされ，城中の富樫一族の者はみな殺されて，一向一揆側は富樫一族の者一人を加賀国の守護にとりたてた」。

泰高ヲ守護トシテヨリ，百姓取立テ富樫ニテ候アヒダ，百姓等ノウチツヨク成テ，近年ハ百姓ノモチタル国ノヤウニナリ行キ候。

『実悟記拾遺』⑦

富樫泰高を守護にしてから，百姓が仕立てた富樫だということで，百姓らが力を持つようになり，近年では農民が主導する国のようになってしまった。

注釈　①福井県。②一揆を攻めるために加勢した**朝倉敏景**の軍勢。③加賀国の守護の**富樫政親**の居城。④自殺。⑤一揆勢は，富樫氏一族の**富樫泰高**を名目上の守護とした。⑥1435(永享7)～93(明応2)年までの京都相国寺の蔭涼軒における公用日記。⑦**実悟**(蓮如の子)の本願寺関係記録である『実悟記』を補ったもの。

明17)年，南山城の国人が集まり，惣も集会を開いて，**両畠山軍の南山城からの撤退を要求し，これを実現させた**。宇治(京都府)の**平等院**で国掟を定め，以後8年間にわたって守護大名にかわって支配を行った。★5

❻一向一揆　浄土真宗(一向宗，開祖親鸞)は，15世紀に**蓮如**★6が出て，その勢力を近畿・北陸を中心に飛躍的に拡大した。

・加賀の一向一揆…**1488(長享2)年**，加賀国(石川県)では守護家の内紛に乗じて守護**富樫政親**を攻め滅ぼした。その後約100年間にわたって，僧侶・国人・農民の合議体制による支配が行われ，**「百姓のもちたる(支配する)国」**といわれた。このような支配体制は，織田信長の家臣の**柴田勝家**が加賀を制圧するまで，約100年間つづけられた。

❼惣の衰退　戦国時代になると，国人や惣の指導者たちは，武士化して戦国大名の家臣となっていった。そのため，次第に惣の力は弱まっていった。

★5　一揆は**三十六人衆**とよばれる**国人**を中心に，自治を行った。

★6　**講と御文**　蓮如は越前**吉崎**に道場を開いて，**講**(法話や飲食)や**御文**(蓮如自筆の手紙)を使い，近隣に布教活動をおこなった。

[一揆の種類]

① 荘家の一揆…強訴・逃散
② 土一揆…正長の徳政一揆，播磨の土一揆，嘉吉の徳政一揆
③ 国一揆……山城の国一揆
④ 一向一揆…加賀の一向一揆

SECTION
8 産業・経済の発達

▶ 南北朝時代から室町時代にかけて，農業生産力は大きく向上した。農民にも経済的な余裕が生まれ，また**商品用の作物**もさかんに生産されるようになった。こうしたことが背景となって，産業がいっそう発達し，それにつれて**商品流通**も発展した。

1 農業

❶農業技術の発達

1 **稲作**…二毛作が東日本にもおよび，**早稲・中稲・晩稲**など，その土地の風土に適した品種もあらわれた。また，**牛馬の使用**が前代よりも一般化し，より深く耕すことのできる犂も普及した。

2 **肥料**…従来からの**刈敷**・**草木灰**だけでなく，人の屎尿(**下肥**)を施肥することも始まった。

3 **その他**…灌漑用水の施設が整備され，**水車**が使われた。

❷商品作物の増加★1 生産力が向上するにつれて，農民の生産物にも余剰ができ，それらを販売用にふりむけることが可能になってきた。こうして，京都・奈良近郊の農村の蔬菜を中心に，各地で商品作物が栽培され，地方で**特産物**も生まれた。商品作物には，**大豆・小豆・茶・荏胡麻・漆・桑・藍・楮**などがある。

参考 **応永の外寇**（☞p.156）後の1420(応永27)年に朝鮮から来日した**宋希璟**(４代将軍足利義持に国書を持参した)の著書『**老松堂日本行録**』には，畿内では**米・麦・ソバの三毛作**が行われていたことが記されている。

★1 **商品作物の栽培** **桑**は養蚕に，楮は和紙に利用され，手工業の原料となった。茶の栽培も，山城の**宇治**や**大和**などでさかんとなった。

2 漁業と製塩業

❶漁業 漁法も大きく進歩した。網が使われ，漁獲高も増加した。また，各地で**魚市**が開かれるようになった。

❷製塩業 天然の塩づくりは瀬戸内地方を中心に発展し，**揚浜式塩田法**★2が一般化した。のちには**入浜式塩田法**★3も始まった。

★2 **揚浜式塩田法** 塩田に海水を汲みあげ，日光と風で水分を蒸発させてから煮つめて塩をとる方法。

★3 **入浜式塩田法** 潮の干満を利用した塩田で灌水して塩をとる方法。

3 鉱業

❶鉱業の発展 15世紀にはいると，銅が多量に輸出されるなど，**鉱山**の重要性が高まってきた。**戦国大名**（☞p.175）も富国強兵策の一環として**新しい鉱山の発見とその直轄支配**に力をいれ，その結果，**鉱業**も大きく発展した。

❷代表的な鉱山 **石見銀山**(大内氏が開発)・**生野銀山**(山名氏)・**甲斐金山**(武田氏)などがこのころ発見され，大規模な採掘が行われた。

参考 **採掘・精錬技術の発達** 製鉄では，良質の真砂砂鉄を原料とする**鉧押法**(たたら製鉄)が16世紀に採用された。また，銀では，博多の貿易商人の**神谷寿禎**が明の技術をとりいれ，**灰吹法**によって**石見銀山**で銀製錬を行った。

4 手工業

❶鍛冶・鋳物業　輸出品ともなった刀剣，日用品の鍋・釜，農具の鍬・鎌などが大量につくられた。下野(栃木県)・能登(石川県)・筑前(福岡県)・河内(大阪府)などの**鋳物師**が有名であった。戦国時代には，**鉄砲鍛冶**が出現した。

❷織物業　**絹織物**は，明の高級織物の金襴・緞子・縮緬などの輸入が刺激となって，西陣(京都市)・博多(福岡県)・丹後(京都府)・足利(栃木県)・桐生(群馬県)などでさかんとなった。木綿も朝鮮からの影響で三河(愛知県)で始まり，**麻織物**では越後(新潟県)・越中(富山県)・信濃(長野県)が有名であった。

❸製紙業　生活の向上にともなって紙の需要は増加し，播磨(兵庫県)の**杉原紙**，越前(福井県)の**鳥子紙**，美濃の**美濃紙**など，それぞれ特徴のある紙が特産品として知られた。

❹醸造業　室町時代ごろから酒造業がさかんになり，京都では多数の酒屋が生まれ，幕府に**酒屋役**を出していた。その他，摂津(兵庫県)・河内(大阪府)・大和(奈良県)などの酒が有名であった。

❺製油業　荏胡麻を原料とした。山城(京都府)の**大山崎**の油座(石清水八幡宮が本所)は有名である。

❻製陶業　尾張(愛知県)の**瀬戸**★4・**常滑**，備前(岡山県)の**伊部**，近江(滋賀県)の**信楽**などが知られる。とくに瀬戸が有名で，中国の宋磁の影響をうけて，釉薬をかけた美しい陶磁器がつくられた。

❼漆器業　蒔絵が発達し，京都では**高蒔絵**がつくられた。また，堺では漆工の春慶が**春慶塗**を始めた。

▲鍛冶師

参考　**室町時代の職人**　鍛冶師・番匠(大工)・研師・鎧師・鋳物師・紙すき・塗師・経師などがいる。「職人尽歌合絵巻」「七十一番職人歌合」などに描かれている。

参考　**紙の種類**　**杉原紙**は薄く，慶弔・目録用に使われた。**鳥子紙**はなめらかで光沢があり，書状・公文書に使われた。**美濃紙**は強くて厚く，文書・書状の包み紙に使われた。

注意　**酒屋**は，多くが金融業者を兼ねていた(☞p.165)。

★4　**瀬戸焼**は**せともの**として，全国に大量に売り出されていた。

TOPICS
大山崎の繁栄と油座

中世の大山崎(京都府)は，都市であった。鎌倉時代に藤原定家(ていか)は，大山崎の油売りの家に宿泊しながら，はなやかな辻祭りを見物している。この祭りは，都市住民の団結力を誇る共同体としての祭りであった。彼らが勢力をもつことができたのは，大山崎とは淀川をはさんで対岸にある本所の**石清水八幡宮**から**神人**に任じられていたからだけではなく，地元の**大山崎離宮八幡宮**を中心として，強く団結していたからでもあった。

▲離宮八幡宮

5 商業

❶**市の発達** 戦国時代になると，月3回の**三斎市**から，月6回開かれる**六斎市**が一般的になり，都市では常設の店舗(**見世棚**)や，特定の商品をあつかう**専門市場**★5も発生した。また，**振売**や**連雀商人**などの行商人も活動した。行商人には，**大原女**・**桂女**など，女性の姿もみられた。

▲**京都の店** 魚屋が並び，天びんをかつぐ振売や，米を運ぶ馬借も見られる。「京洛月次扇流図屛風」より。

★5 **専門市場** 京都三条の米市場や淀の魚市場が有名である。

❷**市の運営** 市はその多くが寺社や有力国人の支配下にあり，商人は市銭・寺銭・市座銭を支払って，市の販売座席である**市座**と専売権とを得た。

❸**問屋の発生** 水陸交通の要衝にあたる物資の集散地には，平安時代末期に成立した**問**(**問丸**，☞p.123)がさらに発達して，室町時代には**問屋**ができた。問屋は，卸売や商人宿を兼ね，遠隔地の商品の中継取引に活躍した。

❹**座の発達** 商業が発達してくると，商人や手工業者は，大寺社や天皇家から**神人**や**供御人**の称号を与えられ，販売などを独占する集団(座)が現れてきた。座は平安時代末期に成立し，とくに流通の中心である京都・奈良に多数組織された。有力な貴族や寺社を**本所**(保護者)として，販売や仕入れの独占権を得るかわりに**座役**(労働奉仕や負担金)を納めた。

▼代表的な座

座名	所在地	本所
木工座	奈良	東大寺
鋳物師座	〃	興福寺
駕輿丁座	京都	四府(左右兵衛 左右近衛)
綿座	〃	祇園社
酒麹座	〃	北野天満宮
油座	山城	石清水八幡宮
油座	博多	筥崎八幡宮

❺**座の特権**

①一定地域の商品仕入れの独占。

②販売権の独占。③課税免除の特権など。

❻**座の衰退** 座が営利団体として発展するにつれて排他的・独占的な性格が強まり，活力がおとろえてきた。その一方で，座に属さない新儀商人(新興商人)が急激に増加し，対立が生じた。応仁の乱以後，本所であった寺社勢力が没落したこともあって，戦国大名には，新興商人を保護し，自由に営業を許可する**楽市**・**楽座**(☞p.178)の方向をとる者が現れた。

参考 **四府駕輿丁座** 駕輿丁とは天皇の鳳輦(乗り物)や祭礼の神輿を担いだ雑色である。左右の近衛府と左右の兵衛府に属したことから，四府駕輿丁座とよばれる。おもに米や呉服などの専売を行った。

6 貨幣経済の進展

❶**貨幣の流通** 商品流通が発達し，日明貿易での大量の貨幣の流入によって貨幣の流通はいっそうさかんとなった。年貢

や公事も貨幣で納めることが多くなり★6，土地も**貨幣で換算した年貢高**(貫高)であらわされることが増えた(**貫高制**)。

❷**貨幣の種類** 中世日本では貨幣の鋳造は行われず，中国から輸入した銅銭，とくに**永楽銭**(**永楽通宝**)・**洪武銭**・**宣徳銭**などの**明銭**が従来の宋銭・元銭とあわせて使われた。このほか，民間鋳造の粗悪な**私鋳銭**(鐚銭)も流通した。

❸**撰銭と撰銭令** 良銭と悪銭(私鋳銭や一部欠損した貨幣)が混合して流通したため，商取り引きや年貢納入に混乱をきたした。16世紀には，**銭の良悪に応じて価格差をつけたり，悪銭をうけとるのを避ける風潮**が生まれた。これを**撰銭**という。そこで，室町幕府や**織田信長**(☞p.186)は，**撰銭令**を出して，貨幣相互の交換基準を決めたりした。しかしこれらの方法も，江戸時代の**寛永通宝**(☞p.240)の発行によって終わった。

❹**為替制度の盛行** 流通経済の発達によって，鎌倉時代以来の為替は，いっそうさかんとなった。また**割符**(為替手形)も米・銭の取り引きや輸送にさかんに使われた。

❺**金融業者の隆盛** 金融業者の**土倉**・**酒屋**も幕府の保護をうけて，さかんとなった。また，寺院も**祠堂銭**(☞p.159，史料)の名目で高利貸しを行った。そのため，これらの金融業者は土一揆の襲撃にたびたびおびやかされた。

❻**頼母子(憑支)・無尽の盛行** 鎌倉時代以来の**頼母子**(**無尽**，☞p.123)もさかんとなり，講のメンバーが救済費や寺院参詣費として一定の金銭や米を積み立てた。

7 交通の発達

❶**海上交通** 湊町同士を定期的に結ぶ**廻船**が，問(問丸)と結びついてさかんになった。

❷**陸上交通** 貨物運送を正業とする**馬借**・**車借**が栄えた。

補説 **馬借と車借** 馬借は馬による輸送業者。大津・坂本(いずれも滋賀県)などの交通の要地に発達し，**土一揆**の主体ともなった。車借は牛馬を使った荷車による輸送業者である。

❸**関所の設置** 熊野詣・伊勢詣など寺社への参詣がさかんとなり交通が発達した。また，幕府や寺社は交通の要地に関所を設けて**関銭**，**津料**を徴収した(☞p.151)。

★6 **夫銭**(夫役のかわりに納める銭)・**地子銭**(領主に納める耕作料，または家屋敷に対する税)などがあげられる。

▲**永楽通宝** (日本銀行貨幣博物館所蔵)

参考 **永楽銭**が最も流通したので，貫高制においては，永楽銭によって土地の年貢の量をあらわす**永高**がおもに用いられた。

注意 **撰銭令**は，勝手な撰銭を禁じるのがねらいであって，撰銭を促すものではない。

参考 **廻船と日本最古の海商法** 鎌倉～室町時代には「**廻船式目**」という海商法が作成された。海難事故の際の処理の方法などについての規定が記された。

▲**馬借** 「洛中洛外図屏風」より。

SECTION

9 南北朝文化

▶ 南北朝時代は，公家・武家・農民らが入り乱れての大きな社会変動の時期であったので，文化面では**公家・武家の両文化がそれぞれ独自に，あるいは融合して開花**した。また，集団で楽しむ**連歌・田楽**などの**民衆芸能**も高揚した。

1 歴史文学

❶**軍記物語**　14世紀後半ごろ成立した『**太平記**』がある。これは南北朝の内乱を**南朝側に同情的な立場**に立って描いたもので，小島法師の作ともいわれる。のち**太平記読**とよばれる講釈師によって庶民の間に広まった。このほか『**義経記**』（源義経の一代記）や『**曽我物語**』（曽我兄弟の仇討物語）がある。

❷**南朝側に立つ歴史書**　北畠親房が常陸（茨城県）の**小田城**で執筆し，**後村上天皇**に献じた『**神皇正統記**』★1が有名。これは神代より後村上天皇の即位までを描き，**南朝の正統性**を主張したものである。そのほか，『**増鏡**』は，南朝に同情的な公家が著したものとされ，**四鏡**（☞p.131）の最後にあたる。

❸**北朝側に立つ歴史書**　『**梅松論**』は足利尊氏の側近の武将が，幕府成立の正当性を主張するために著したもので，比較的史実に正確だとされる。

❹**有職故実の研究**　官位昇進の順序や職掌の内容，年間行事などに関する先例（有職故実）の研究がさかんとなった。後醍醐天皇の『**建武年中行事**』や，北畠親房の『**職原抄**』が有名である。

★1『**神皇正統記**』　従来は，北畠親房が年少の後村上天皇の参考にするために書いた一種の帝王学の書であるといわれていたが，近年では東国武士を味方につけるために書かれたとの説が有力である。

注意　**有職故実**は単なる懐古趣味ではなく，公家政治の振興を目的とした研究である。そのため，承久の乱の直前や，この建武の新政期にさかんとなった。

2 連歌と茶道

❶**連歌の発達**　連歌は和歌の余技として発生したものであるが，南北朝・室町時代にはいると庶民文化を形成する文芸のひとつとなった。

❷**連歌振興の中心人物**　連歌が文芸の中心となることに大きな役割を演じたのが，**二条良基**である。良基は鎌倉時代後期の連歌師救済の弟子で，関白として政治にあたりながら，『**菟玖波集**』『**応安新式**』を編修した。★2

❸**茶道**　各地で茶を飲む会合（**茶寄合**）が行われ，また茶の種類を飲み分けて，かけ物を争う勝負ごとの**闘茶**が流行した。

参考　南北朝期の和歌集では，宗良親王（後醍醐天皇の皇子）撰の『**新葉和歌集**』などが知られる。

★2『**菟玖波集**』は，古くからの連歌をおさめて連歌の最初の準勅撰となり，『**応安新式**』は連歌の規則を集め，以後の連歌の基本文献となった。

SECTION 10 北山文化

▶ **足利義満**が建てた**金閣**に象徴される文化である。従来からの公家文化と武家文化がいっそう融合し，水墨画など，禅宗を通しての**中国文化**(**宋**・**元**・**明**)の影響が強く見られる。鎌倉幕府以来の武家の禅宗保護は，**五山文学**の全盛につながった。また，民衆文化の台頭が見られ，**猿楽能**や**狂言**などが発達した。

1 建築

❶**金閣の造営**　足利義満が1397(応永4)年，京都の**北山第**に建てた建物で，金箔でおおわれているので，この名がある。**北山文化**を代表する建物で，義満の死後，**鹿苑寺**となった。

❷**金閣の構造**　3層からなり，初層は**寝殿造**風，中層が**観音殿**，上層が**禅宗様**となっている。公家・武家文化の融合と，中国文化の影響を示している。

▲鹿苑寺金閣
1950(昭和25)年に放火で焼失したが，復元再建された。

2 仏教

❶**臨済宗の隆盛**　臨済宗は，足利将軍家の帰依をうけて繁栄し，1386(南朝・元中3／北朝・至徳3)年，**義満**のときに**五山**・**十刹**の制度が確立されると，幕府の手あつい保護によって発展した。

❷**五山・十刹の制**　**夢窓疎石**のすすめで全国に**安国寺**と**利生塔**★1が建てられた。また義満は南宋の官寺の制にならい，臨済宗五山派寺院を官寺とし，保護・序列化した。これを五山・十刹の制という。

❸**僧録の設置**　**僧録**とは禅宗寺院を管轄し，その人事をつかさどる僧職をいう。義満がこの僧録に夢窓疎石の弟子の**春屋妙葩**を任命したのが始まりで，**僧録司**はその役所である。のち相国寺内の**鹿苑院**の住持が僧録を兼ねた。当初は禅宗寺院すべてを管轄する予定であったが，実質上は五山・十刹とその系統の禅寺に限られた。

注意　**十刹**は，寺が固定されたものではなく，その数も，必ずしも10カ寺とは限らなかった。

★1　夢窓疎石のすすめで足利尊氏らが建立した寺院と塔。南北朝の内乱の戦死者の菩提を弔うためのものとされる。

▼五山一覧
南禅寺はとくに五山の上(別格)とされた。

京都五山(開山僧)	鎌倉五山(開山僧)
南禅寺(無関普門)	
天龍寺(夢窓疎石)	建長寺(蘭渓道隆)
相国寺(夢窓疎石)	円覚寺(無学祖元)
建仁寺(明庵栄西)	寿福寺(明庵栄西)
東福寺(円爾弁円)	浄智寺(兀庵普寧)
万寿寺(東山湛照)	浄妙寺(退耕行勇)

❹五山文学 五山の禅僧を中心に漢詩文がさかんとなり，これを**五山文学**という。また五山では**宋学**(**朱子学**)の研究もおこなわれ，宋から伝わった印刷術で**五山版**と称する出版もおこなわれた。

補説 **臨済宗以外の諸宗派の動き**

①**真言宗**…醍醐寺座主の**満済**が義満・義持・義教の３代の将軍にわたって信任され，幕府の顧問になった。

②**曹洞宗**…地方武士を中心に広まり，徐々に庶民にも浸透した。**永平寺**(越前)がその中心であった。

③**浄土宗**…教義をめぐる対立から**鎮西派**と**西山派**★2に分裂し，振るわなかった。

④**浄土真宗**…**専修寺派**★3・**仏光寺派**★4・**本願寺派**に分かれて対立し，大勢力になるのは**蓮如**(☞p.173)まで待たなければならなかった。

★2 鎮西派はおもに九州で，西山派はおもに畿内で布教した。

★3 **専修寺派** 真宗高田派ともいう。親鸞が下野(栃木県)の高田に建てた寺を，1465(寛正６)年に真慧が伊勢の一身田(三重県津市)に移し，専修寺とした。

★4 **仏光寺派** 京都の仏光寺を本山とする。

3 絵画

❶水墨画の発達 この時代の絵画では，水墨画が栄えた。これは，墨の濃淡で立体感・色感をあらわす単色画で，**山水**を主題とした。禅宗寺院を中心に発達した。

参考 **黙庵と可翁**

どちらも南北朝時代の人。黙庵は日本最初の水墨画家で，「**布袋図**」が代表的な作品。可翁は「**寒山図**」が代表的な作品である。

❷水墨画の発展につくした僧侶 東福寺の明兆や「**瓢鮎図**」を描いた相国寺の如拙によって水墨画の基礎が築かれ，相国寺から出た如拙の弟子**周文**によって発展した。

瓢鮎図▶

1410年頃の作品。「瓢箪で鮎(なまず)をおさえる」という禅の公案(参禅者への課題)を描いたもの。画面手前を流れる水流の中を泳ぐ鯰を，瓢箪で捕まえようとする人物が描かれている。

4 芸能

❶能の誕生 この時代に，猿楽の能・田楽の能などをもとに，演劇的要素を加えた総合演劇としての能という独特の芸能が生まれた。

❷能の発展 能は初め，猿楽が神事に関係が深いところから，寺社の保護をうけて発展した。**大和猿楽四座**★5(**興福寺**の保護)と**近江三座**(**日吉神社**の保護)が代表的なものである。やがて上級武士の保護をうけるようになり，なかでも将軍義満のあつい保護をうけた**観世座**から**観阿弥**・**世阿弥**父子があらわれて，

▲能の舞台

猿楽能を完成させた。

❸**世阿弥の著作**　世阿弥は『**風姿花伝(花伝書)**』『**申楽談儀**』(世阿弥の言葉を子の元能が筆録)などの能楽論を著し，能を大成させた。

❹**狂言の発展**　狂言は能の幕間に演ずる寸劇で，**おかしみ**が主眼。また，題材の多くは庶民生活のなかに求められ，大名や僧侶などを風刺したので，庶民にもてはやされた。

★5　**大和猿楽四座**
次の四座をいう。
①**観世座**…もと結崎座。
②**宝生座**…もと外山座。
③**金剛座**…もと坂戸座。
④**金春座**…もと円満井座。

★6　**足利学校**　勉学者には，武士のほかに禅僧が多く，漢籍や兵法など，高度な教育がほどこされた。

5 学問

❶**足利学校の再興**　鎌倉時代に足利氏一族のためにつくられた**足利学校**★6は1439(永享11)年，関東管領**上杉憲実**によって再興された。中世の学校施設として，「**坂東の大学**」の名で宣教師を通じてヨーロッパにも知られた。

▲**足利学校**(栃木県足利市)

POINT!

[北山文化]
① **足利義満**…**金閣**(のちに**鹿苑寺**となる)を建てる
② **臨済宗寺院の保護と統制**…**五山・十刹の制**
③ **観世座の観阿弥・世阿弥**…**能(猿楽能)を完成**
　世阿弥の代表著作…『**風姿花伝(花伝書)**』

史料　世阿弥の芸術論

凡，此道①，和州②・江州③において，風体④変れり。江州には，幽玄⑤の境を取り立てて，物まね⑥を次にして懸りを本とす。和州には，まず物まねを取り立てて，物数を尽くして，しかも幽玄の風体とならんと也。然ども，真実の上手は，いづれの風体なりとも，漏れたるところあるまじきなり。一向の風体ばかりをせん物は，まこと得ぬ人のわざなるべし。

『風姿花伝』

注釈　①**猿楽能**の道。②**大和四座**。③**近江三座**。④芸の方法。⑤深い趣きや情緒。⑥人に対する写実的な表現。

視点　**世阿弥**と父**観阿弥**は能役者であり，能の脚本である**謡曲**の作者でもあった。観阿弥は観世座の始祖であり，将軍義満の庇護をうけた。世阿弥は，観阿弥の芸能観をもとに，彼自身の体験や意見を加えた能楽論を展開し，能の大成につとめた。

SECTION 11 東山文化

▶ 足利義政が建てた銀閣に象徴される文化である。禅宗の影響が強く，「わび」「さび」を尊ぶ幽玄の趣きがあり，逃避的な傾向もあったが，能・狂言・御伽草子・連歌・茶などが大きく発展した。戦国期には，地方の大名たちの間に文化が普及していった。

1 建築・庭園

❶**銀閣の造営**　足利義政が1489(延徳元)年，京都の**東山山荘**に建てた建物をいう。のち**慈照寺**となり，現在は，**銀閣**と**東求堂**が残っている。

1. **銀閣の構造**…2層からなり，初層は**書院造風**，第二層は禅宗様の清楚な建物である。
2. **東求堂**…義政の持仏堂。東北隅の四畳半の**同仁斎**は，**書院造**の形式をとっている。

補説　**書院造**　室町時代に成立した住宅の様式。玄関・書院・床・違い棚を設け，ふすま・明障子をつけた武家住宅の様式で，以後の和風住宅の基本様式となった。

▲慈照寺東求堂同仁斎の内部

▲慈照寺銀閣

参考　室町期の寺院建築　禅宗の発達にともない，唐様建築が多くなった。とくに南北朝時代の**永保寺開山堂**(岐阜県)が有名。また，唐様と和様をあわせた**折衷様**(**新和様**)も発達した。

❷**庭園の発達**　池水を配した回遊式庭園が前代より引きつづきつくられたが，この時代の代表的な造園様式は，水を用いず，石と白砂で山水を表現した**枯山水**である。

❸**代表的な庭園**★1

1. **枯山水庭園**…**龍安寺**・**大徳寺大仙院**。
2. **回遊式庭園**…**西芳寺**(**苔寺**)・**天龍寺**・慈照寺・**鹿苑寺**。

補説　**被差別者の活躍**　東山山荘の庭園をつくった**善阿弥**のように，**河原者**とよばれた身分の低い人々が作庭にたずさわった。なお，義政の周辺では，僧体で**阿弥**の称号(**阿弥号**)をもつ**同朋衆**とよばれる人々が，さまざまな芸能の分野で活躍した。

★1 これらの庭園は，いずれも京都市にある。

2 絵画・工芸

❶**水墨画の隆盛**　禅僧が中心となった水墨画は，前代の人物・花鳥を題材とするものから，風景画ともいうべき，山水を題材とする**山水画**に移り，**雪舟**が大成した。雪舟の代表作品には，「**四季山水図巻**(**山水長巻**)」「**秋冬山水図**」「**天橋立図**」などがある。

▲「秋冬山水図　冬景図」

参考　**雪村**　東国で活躍し，「風濤図」を描いた。

❷**狩野派の台頭**　大和絵でも再興の機運が生まれ，**土佐光信**

が将軍義政のころ**土佐派**をおこした。戦国期には，**狩野正信・元信**父子が大和絵に水墨画の技法を加え**狩野派**を開いた。

❸**工芸**　金工に**後藤祐乗**があらわれ，すぐれた刀剣の飾り金具をつくった。また，**蒔絵**(高蒔絵)の技術も発展した。

3 文芸

❶**正風連歌の確立**　南北朝時代ごろから流行し始めた連歌は，宗祇によって**正風連歌**[★2]として確立し，最盛期をむかえた。宗祇と，彼の弟子宗長・肖柏の3人が詠んだ『**水無瀬三吟百韻**』と，宗祇が編修した『**新撰菟玖波集**』(準勅撰集)が有名。

❷**俳諧連歌の誕生**　連歌はやがて，複雑な規則にしばられて，自由な気風を失っていった。そこで，おもしろさや風刺を中心として，庶民の生活感覚を基にした**俳諧連歌**が生まれた。

❸**俳諧連歌の確立**　俳諧連歌は，**宗鑑**(山崎宗鑑)によって確立された。内容的には凡庸であったとされるが，近世俳諧の成立母体となった。宗鑑の編修した『**犬筑波集**』が有名である。

★2 **正風連歌**　連歌は和歌の余技として発達したので，集団で楽しむ，娯楽的な性格をもっていた。これを深みのある芸術的なものに高めたのが宗祇である。

参考　**連歌普及の理由**
①表現が自由で，着想が新奇だったため，人々の共感を得た。
②**連歌師**が各階層に出入りし，全国を遍歴して，連歌の会をもよおした。
③文芸に親しむ余裕のある庶民層が成長してきた。

TOPICS

『物くさ太郎』

『物くさ太郎』というのは徹底した「なまけ」人間に関する物語である。どれほどなまけ者かといえば，自分の食用の最後の1つの餅が道にころがり出ても，取りに行こうともしない。餅は犬やカラスのついばむままである。

その後，物くさ太郎は誠実になり，実は天皇の子であったというオチまでついていて，下剋上の世相によくマッチした話である。

▲**物くさ太郎**　円形の白い物が餅。

❹**御伽草子の流行**　この時代は御伽草子がさかんとなった。これは広く庶民生活に取材し，また庶民を読者とする**平易な短編文学**であった。『物くさ太郎』『浦島太郎』などが有名である。

❺**御伽草子の題材**　御伽草子には，下剋上の乱世や惣の結合での経験を通じて生まれた，実力尊重や立身出世の考え方が見られる。これは，当時の社会のありかたを反映している。

❻**小歌**　民間で歌われたごく短い歌謡をいう。公家にも普及し，小歌を集めた歌集の『**閑吟集**』もつくられた。

▼御伽草子の作品分類

題材	代表作品
僧侶	三人法師・高野物語
貴族	桜の中将・鉢かづき
武士	酒呑童子・羅生門
庶民	文正草子・一寸法師・物くさ太郎・浦島太郎
動植物	鼠の草子・十二類絵巻

4 芸能

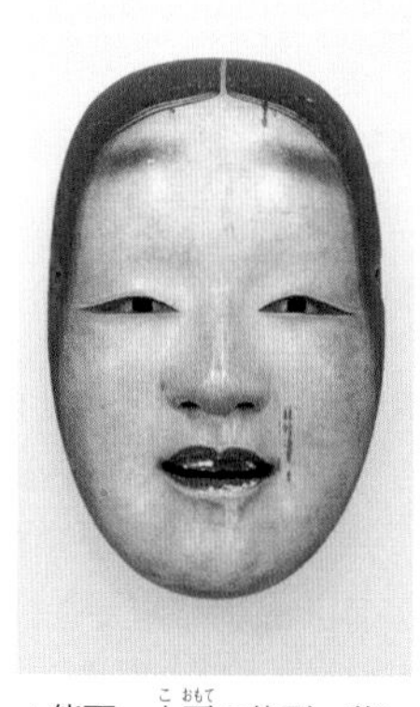

▲**能面** 小面の能面。若い女性をあらわしている。

❶**能の広まり** 能は世阿弥の死後，**金春禅竹**(世阿弥の娘婿)・禅鳳らによって発展した。応仁の乱後は，畿内の町衆・庶民の間に広まった。能に用いられる仮面を，**能面**といい，鬼神・男・女・老人・霊の5種に大別できる。

❷**民間芸能** 庶民は，争乱の世に対する不安と，みずからの力に対する自信のはざまで，**風流踊り**・**盆踊り**・**念仏踊り**・**幸若舞**・**古浄瑠璃**などの芸能を育んだ。

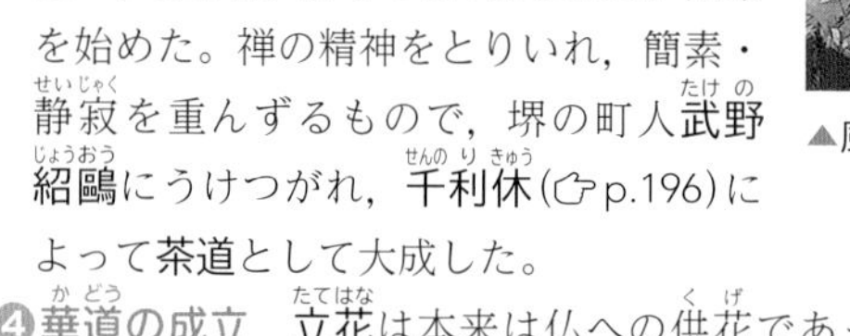

補説 **風流踊り・念仏踊り・盆踊り・幸若舞・古浄瑠璃** 風流とは，仮装やはなやかなつくりのことで，そのような服装での踊りを**風流踊り**といい，神社の祭礼などで行われた。**念仏踊り**は念仏などを唱えながら踊るもので，空也・一遍に始まる。**盆踊り**は風流踊りと念仏踊りから発達した。**幸若舞**は，室町時代の武将の桃井直詮(**幸若丸**)が始めたとされる。**古浄瑠璃**は語物で，『浄瑠璃姫物語』の好評からこの名がついた。

▲風流踊り(安土桃山時代)

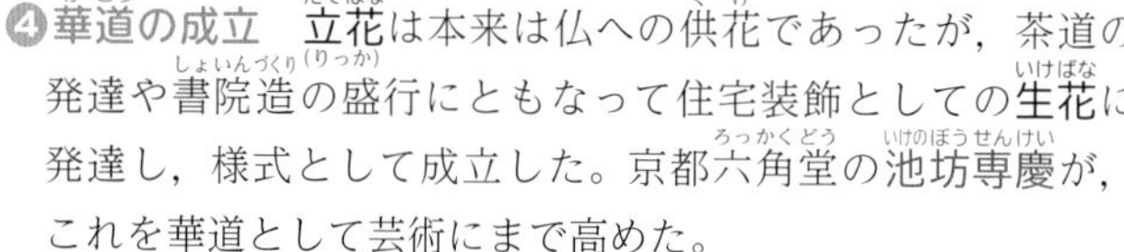

❸**茶道の成立** 闘茶・茶寄合の流行を背景に，奈良称名寺の僧**村田珠光**が**侘茶**を始めた。禅の精神をとりいれ，簡素・静寂を重んずるもので，堺の町人**武野紹鷗**にうけつがれ，**千利休**(☞p.196)によって**茶道**として大成した。

❹**華道の成立** **立花**(りっか)は本来は仏への供花であったが，茶道の発達や書院造の盛行にともなって住宅装飾としての**生花**に発達し，様式として成立した。京都六角堂の**池坊専慶**が，これを華道として芸術にまで高めた。

注意 茶道や華道など現代にまで伝わる文化の基礎が，この時代につくられたことに注意しよう。

5 宗教

❶**臨済宗の変化** 臨済宗は繁栄をつづけたが，応仁の乱後，五山諸寺に衰退が見られ，かわって妙心寺・**大徳寺**(京都市)など五山に属さない寺院が勢いを増した。

❷**代表的な禅僧**

1. 五山系…**瑞渓周鳳**がいる。**日本最初の外交史書**である『**善隣国宝記**』の著者として有名である。
2. 大徳寺派…**一休宗純**がいる。五山の腐敗した禅を批判した。応仁の乱後，堺商人の援助で大徳寺を復興した。

参考 **林下** 五山系に対し，民間にはいって布教につとめた禅宗の一派を林下という。臨済宗では大徳寺や妙心寺が林下である。

注意 曹洞宗では，**永平寺**のほかに，能登(石川県)にも**総持寺**が建てられ，能登本山となった。

❸一向宗の発展

1. 一向宗(浄土真宗)は，本願寺派に**蓮如**が出て全国でさかんになった。
2. **蓮如の布教**…本願寺八世の蓮如は京都を追われ，越前吉崎に道場(御坊)を建て，北陸地方に広く布教した。布教には，「**御文**」という平易な仮名文によって教義を説き，**講**という組織で庶民を掌握した。

❹日蓮宗の発展　日蓮宗(法華宗)は，『**立正治国論**』を著した**日親**が京都を中心に布教した。とくに商工業者の**町衆**にうけいれられ，**法華一揆**により京都の町政を掌握するなど発展したが，1536(天文5)年，**天文法華の乱**★3で，京都を追われた。

❺唯一神道の成立　応仁の乱後，吉田神社(京都市)の神官**吉田兼倶**は，**反本地垂迹説**(☞p.130)を説き，**神道を中心とした儒仏の統合**を主張する**唯一神道**を確立した。

❻民間信仰の隆盛　大黒天・恵比須などの神を信仰する**福神信仰**，**西国巡礼**★4や**四国巡礼**★5で有名な**観音信仰**，**御師**(おんし)(**伊勢神宮**への集団参詣を勧誘したり案内したりする者)の活躍による**伊勢参宮**のほか，**地蔵信仰**など，**庶民の多様な生活に対応した雑多な信仰**がさかんになった。

★3 **天文法華の乱**　日蓮宗は，布教の過程で本願寺派や延暦寺としばしば衝突した。これを**法華一揆**という。1536年，延暦寺との激突で京都の日蓮宗21カ寺が延暦寺の衆徒によって襲われ，破却された。これが**天文法華の乱**である。

★4 **西国巡礼**　観音菩薩を本尊とする近畿地方を中心とする33カ寺を巡拝する。

★5 **四国巡礼**　四国にある空海ゆかりの霊場88カ寺を巡拝する。巡礼の際に唱える歌が**御詠歌**である。

6 学問と教育

❶有職故実研究の隆盛　**有職故実**(☞p.166)の研究がいちだんとさかんとなった。**一条兼良**(かねら)の著『**公事根源**』は有名である。

❷古典研究　**一条兼良**の『**花鳥余情**』(よじょう)★6など。

❸政治論　**一条兼良**は，9代将軍**義尚**の諮問に答え，政治の要諦を説いた『**樵談治要**』を著した。

❹古今伝授の完成　歌道の聖典とされた『**古今和歌集**』に関する故実・解釈などを秘伝として，弟子に伝える**古今伝授**が完成した。古今伝授は，1471(文明3)年に**東常縁**が宗祇に伝授して，さらに宗祇から**三条西実隆**に伝授された。

❺朱子学の地方普及　五山の禅僧により研究された**朱子学**(宋学)は，応仁の乱後，地方に広まった。とくに肥後(熊本県)の**菊池氏**や**薩摩**(鹿児島県)の**島津氏**に招かれた**桂庵玄樹**は，朱子の『大学章句』を出版するなど，のちの**薩南学派**の祖となった。また，**南村梅軒**は土佐(高知県)の吉良氏に仕えたといわれる。

★6 『**花鳥余情**』　源氏物語の注釈書。『**河海抄**』(四辻善成著)の誤りを訂正した。

参考 **文化の地方普及**
戦国大名は，城下町に京都の文化を移植するため，応仁の乱後には中央の文化人を招いた。西の京とよばれた**大内氏**の城下町**山口**などが有名である。

3 武家社会の展開

❻民衆教育の教科書

1. 『庭訓往来』…手紙文を12カ月順に配列した書簡形式の教科書。このような書簡形式の教科書を往来物という。
2. 『いろは歌』…手習いの手本。
3. 『実語教』…道徳・学問の大切さを説いた教科書。
4. 『節用集』…日常語句を類別した辞書。饅頭屋宗二が出版。

参考　**出版事業の隆盛**
五山版(☞p.168)のほか，大内版がある。大内氏は，日明貿易の富を背景に京都から招いた公家・僧侶に儒仏典籍を刊行させた。

▼南北朝・室町時代の文化(まとめ)

区分	南北朝文化 14世紀なかば	北山文化(義満の時代) 14世紀後半〜15世紀前半	東山文化(義政の時代) 15世紀なかば〜16世紀なかば
特色	公家・武家の両文化が開花。内乱を背景に，歴史書や軍記物語がさかんで，連歌・田楽などの民衆芸能も芽生える。	公家・武家文化と，禅宗などの中国文化とが融合。金閣に代表される豪奢・優美な文化。猿楽能や狂言など民衆文化が発達。	北山文化が洗練され，銀閣に代表される簡素・幽玄な文化。一方では能・狂言・御伽草子・連歌などの民衆文化が開花。
建築	永保寺開山堂(岐阜県) …禅宗様	鹿苑寺金閣…寝殿造・禅宗様 興福寺東金堂…和様 庭園…鹿苑寺，西芳寺，天龍寺	慈照寺銀閣…書院造・禅宗様 慈照寺東求堂同仁斎…書院造 庭園…枯山水(龍安寺・大徳寺大仙院)
宗教	臨済宗…安国寺 禅僧…中巌円月，夢窓疎石，春屋妙葩，絶海中津，義堂周信，宗峰妙超	臨済宗…五山・十刹，僧録の設置	臨済宗…一休宗純 浄土真宗(一向宗)…蓮如 日蓮宗(法華宗)…日親 唯一神道…吉田兼倶
文芸	五山文学の発達 連歌…『菟玖波集』『応安新式』(いずれも二条良基) 和歌…『新葉和歌集』(宗良親王撰)	五山文学の全盛 和歌…古今伝授(東常縁→宗祇)	正風連歌…宗祇『新撰菟玖波集』『水無瀬三吟百韻』 俳諧連歌…山崎宗鑑『犬筑波集』 古今伝授…宗祇→三条西実隆 御伽草子の流行 小歌…『閑吟集』
絵画		水墨画…明兆，如拙，周文	水墨画…雪舟，雪村 土佐派…土佐光信 狩野派…狩野正信・元信
学問	軍記物語…『太平記』『義経記』『曽我物語』 史書…『増鏡』，『梅松論』，『神皇正統記』(北畠親房) 有職故実…『建武年中行事』(後醍醐天皇)，『職原抄』(北畠親房) 朱子学…中巌円月	足利学校…上杉憲実が再興	有職故実…『公事根源』(一条兼良) 政治論…『樵談治要』(一条兼良) 朱子学…薩南学派(桂庵玄樹) 教育…『庭訓往来』『節用集』 史書…『善隣国宝記』(瑞渓周鳳)
芸能	田楽	猿楽能…大和四座，近江三座 能の大成…観阿弥・世阿弥 世阿弥『風姿花伝』 狂言の発達	能…金春禅竹(象徴能へ発展) 狂言のさらなる発展 民間芸能…古浄瑠璃・幸若舞，風流踊り・念仏踊り→盆踊り
茶道 華道	茶寄合，闘茶	茶寄合，闘茶 立花の流行	侘茶…村田珠光→武野紹鷗→千利休 華道…池坊専慶

SECTION 12 戦国の動乱と諸地域

▶ **下剋上**の風潮のなかからあらわれた**戦国大名**は，国人・地侍を強力な家臣団に組織し，農民を直接支配した。そのため，強力な拘束力をもつ**分国法**を定めて，独自の地域的封建支配の確立をめざすとともに，全国支配の主導権をめぐって，互いにはげしく争った。

1 戦国大名の出現

❶戦国時代　応仁の乱後，しばらくすると，室町幕府はほとんど名目的なものとなった。朝廷・公家の勢力もおとろえ，守護大名も**戦国大名**にとってかわられて，戦乱が全国的に広まった。このような室町時代後半にあたる時期を戦国時代とよぶ。

❷戦国大名出現の理由　応仁の乱で，守護大名が領国を離れて京都で戦うなか，領国では**守護代**がこれにかわり，実力を伸ばしていった。やがて守護代は，守護大名を追放，または打倒して，戦国大名となった。また有力な**国人**のなかにも，実力を蓄え，守護大名を打倒して戦国大名にのしあがる者があらわれた。

❸各地のおもな戦国大名

1. **東北地方**…陸奥に伊達氏・南部氏・蘆名氏，出羽に最上氏。**伊達氏**は伊達政宗のとき東北最大の戦国大名となる。
2. **関東地方**…鎌倉公方家が**古河公方**と**堀越公方**に分裂し，鎌倉府内部では扇谷上杉家と山内上杉家が対立した。その中で，今川氏の下にあった**伊勢盛時**(宗瑞，北条早雲★1)が1493(明応2)年に堀越公方を滅ぼし，相模国(神奈川県)**小田原**に城を築き，関東支配に乗り出した。その子**北条氏綱**，孫の**氏康**の時代に古河公方と上杉氏を滅ぼし，関東の大半を支配した。

参考　**戦国大名出現の地域性**　東北や九州では国人層が成長しにくく，守護大名がそのまま戦国大名となった。また，下剋上による戦国大名が多く出現した地域は，荘園領主勢力の強くない中間地域であった。

細川氏⇩三好氏(家臣)⇩松永氏(家臣)
斯波氏⇩{朝倉氏(家臣)＝越前／織田氏(守護代)＝尾張}
京極氏⇩{浅井氏(国人)＝近江／尼子氏(守護代)＝出雲}
大内氏⇩陶氏(守護代)⇩毛利氏(国人)
山内上杉氏⇩長尾氏〈上杉氏〉(守護代)
土岐氏⇩斎藤氏(守護代)
赤松氏⇩浦上氏(守護代)⇩宇喜多氏(国人)
⇩は実権の推移を示す。

▲下剋上の実例

★1　**北条早雲**　伊勢盛時は，出家して早雲庵宗瑞と号した。

注意　鎌倉幕府の執権の**北条氏**と混同をさけるため，戦国時代の北条氏を**後北条氏**ともいう。

補説　**堀越公方と古河公方**　関東管領上杉氏は**永享の乱**の後に鎌倉府の実権を握り，足利持氏の子の成氏を鎌倉に迎えた。しかし成氏は，上杉憲忠を**享徳の乱**で殺害したことで鎌倉を追われ，下総国古河に館を構えた(古河公方)。古河公方はその後，政氏・高基・晴氏と続いたが，1554(天文23)年に北条氏康に攻められ滅亡した。一方，8代将軍義政の庶兄**政知**は鎌倉公方として下向するも，鎌倉に入れずに伊豆国堀越に館を構えた(**堀越公方**)。堀越公方は，1493(明応2)年に政知の遺児茶々丸が伊勢盛時に攻められて滅亡した。

補説　**鎌倉府と上杉氏の滅亡**　享徳の乱で対立していた扇谷上杉家と山内上杉家は，北条氏の台頭で協力関係を築いたが，1546(天文15)年，扇谷上杉家が北条氏康に滅ぼされた。また山内上杉家の最後の当主**上杉憲政**は，北条氏康に攻められ，越後に落ち延び，1561(永禄4)年に越後守護代の**長尾景虎**(上杉謙信)に苗字と関東管領職を譲った。

③ **中部地方**…越後の**上杉謙信**(**長尾景虎**)は信濃にも勢力をのばし，甲斐の**武田信玄**(**晴信**)とは**川中島**で戦った。★2 駿河では**今川義元**，尾張では**織田氏**，三河では**松平氏**(のちの**徳川氏**)がいた。越前には**一乗谷**を本拠とする**朝倉敏景**(**孝景**)がおり，美濃では**斎藤道三**が勢力をのばしていた。

④ **近畿地方**…室町幕府は有名無実となり，管領細川氏，その家臣**三好長慶**，さらにその家臣**松永久秀**に実権が移った。久秀が1565(永禄8)年に将軍足利義輝を殺害し，幕府の権威は失墜した。近江北部には**浅井氏**，南部に六角氏が台頭した。

⑤ **中国地方**…山陰の出雲・石見には**尼子氏**がいた。山陽の周防・長門に勢力をもった**大内氏**は，**義隆**の代にその家臣**陶晴賢**に滅ぼされた。1555(弘治元)年には**毛利元就**が**厳島の戦い**(広島県)で陶氏を破り，やがて尼子氏をも破って中国地方を統一した。

⑥ **四国地方**…土佐に**長宗我部元親**が出て，国人・地侍を組織して四国を統一した。

⑦ **九州地方**…豊後で**大友義鎮**(**宗麟**)，肥前で**龍造寺氏**，南九州では鎌倉時代以来の守護出身の**島津氏**が勢力をもった。

★2 **川中島の戦い**　信濃の支配権をめぐる**上杉謙信**と**武田信玄**との数度の戦い。犀川と千曲川との合流点の川中島(長野県)を主戦場とし，1553(天文22)年から1564(永禄7)年までに5度の対戦があったが，勝敗は容易に決せず，やがて両人が病死するにおよんで戦いは自然に収束した。

▲**川中島古戦場跡**(長野県)

注意　近畿地方は奈良の興福寺など大寺院が領主化して勢力をもっていた。とくに，浄土真宗の**本願寺顕如**(**光佐**)が**石山本願寺**(大阪市)を中心に**織田信長**に対抗した(☞p.187)。

2 戦国大名の分国支配

❶**領地支配**　戦国時代は実力がものをいう世の中であったため，戦国大名は，実力を蓄え拡大していくことに注力した。戦国大名の領国は**分国**とよばれた。

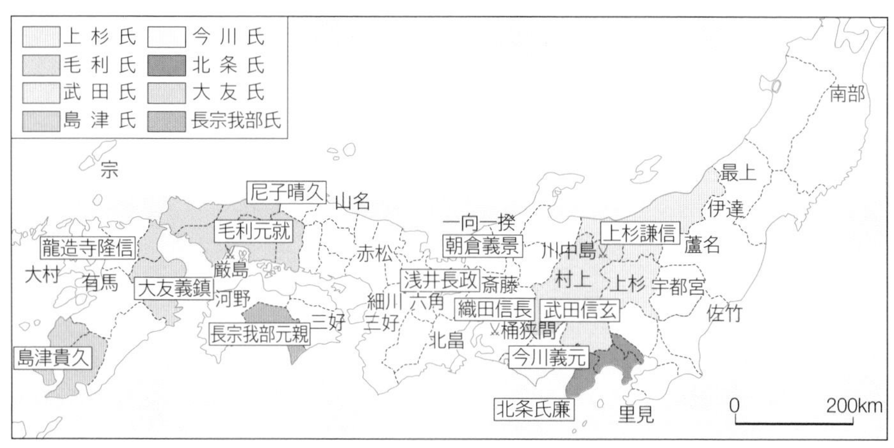

▲**戦国大名の分布**(16世紀なかばごろ)

❷支配の構成　戦国大名は，現地の武士・土豪を家臣に編成して城下町に移住させ，土地・領民のすべてを大名が一元的に支配しようとした。★3

1. **家臣の編成**…家臣を**一族衆**(大名の一族)，**国衆**(新しく家臣に編成された土着の武士)，**外様衆**(新参衆ともいう。他領からきて家臣となった者)に分け，その下に足軽・中間(仲間)・小者がいた。
2. **家臣団の主従関係**…家臣団は**軍奉行**の下に，槍組，鉄砲組などに分けられ，有力武士が寄親として，寄子(新たに編成された家臣)を支配した。これは主従関係を親子関係に擬したもので，平時にも活用された。
3. **家臣団編成の限界**…家臣のすべてが当初から従属していたわけではなく，独立性の強い家臣には反乱の可能性もあった。また戦国大名の権力がおよびにくいところでは，中小の領主が一揆を結成した例もある。これを**惣国一揆**とよぶ。

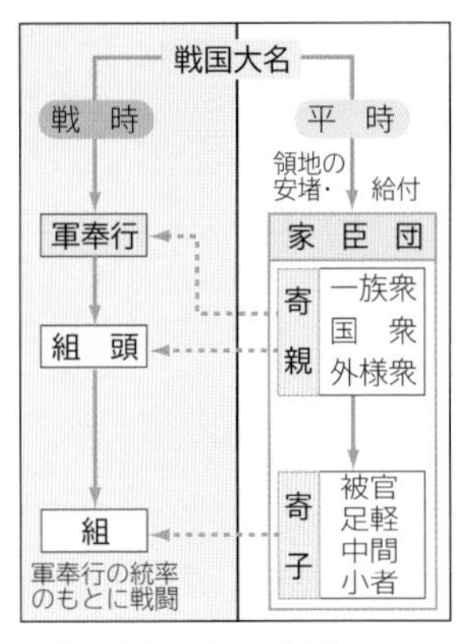

▲戦国大名の家臣団編成

★3　戦国大名は，家臣に**知行地**として領地を給付したが，この領地・人民の支配権は大名がにぎり，家臣にはその収入のみを与えた。

❸分国法の制定　分国(領地)支配のための法律が**分国法**である。家法・壁書などともいわれた。

❹分国法の内容　**御成敗式目**(☞p.117)の影響をうけた。

1. 家臣が知行地を自由に売買することを禁じ，**嫡子(惣領)**の**単独相続**とする。また，**女性の相続権は認めない**。

史料　おもな分国法

一　朝倉が館之外，国内□城郭を構させまじく候。惣別分限あらん者，一乗谷へ引越，郷村には代官計置かるべき事。　『朝倉孝景条々』

わが朝倉の城郭のほかには，領国内に城郭を構えさせてはならない。すべて所領のある者は，一乗谷に移り住み，郷村には代官だけを置くべきであること。

一　喧嘩の事，是非に覃ばず成敗を加ふべし。但し取り懸ると雖も堪忍せしむるの輩に於いては，罪科に処すべからず。……　『甲州法度之次第』

喧嘩のことについては，どちらがよいか悪いかにかかわらず，罪科とする。但し(相手から)仕掛けられたけれども怒りをこらえた者については，処罰しない。……

一　駿・遠両国の輩，或わたくしとして他国よりよめを取，或ハむこに取，むすめをつかハす事，自今以後これを停止し畢んぬ。

駿河・遠江両国の(今川氏の家臣の)者は，あるいは勝手に他国から嫁をとったり，あるいは婿を迎えたり，娘を(他国へ嫁に)つかわすことは，今後は禁止した。

一　不入の地の事，……只今ハをしなべて，自分の力量を以て，国の法度を申付け，静謐する事なれば，しゆごの手入間敷事，かつてあるべからず。兎角の儀あるにをいてハ，かたく申付くべきなり。　『今川仮名目録』

守護使不入の地のことについては，……現在はすべて自分(今川義元)の力量によって分国支配の法を命じ，それで国内平和が保たれている状態なので，守護(今川氏)の支配権がおよばない土地であるという主張は決して許されるものではない。あれやこれやと文句をいう場合には，厳しく命令する。

2 訴訟の裁決には**喧嘩両成敗**を原則とする。

3 個人の罪が家族・一族におよぶ**縁座**制，また，農民の租税滞納や逃散などは村全体で連帯責任をとらせる**連座**制がとられた。

4 家臣の婚姻は，領主の許可制とした。

5 守護の**不入権を否定**し，それまでの守護とは異なる権力であることを示した。

❺経済力の強化　戦国大名は，強大な経済力を必要としたため，治水事業などを行って農業生産力の増大につとめた。また，鉱山の開発，**撰銭令**(☞p.165)，**楽市・楽座**，**関所の撤廃**などを行って商工業の発展につとめ，**経済の活性化**をはかった。

補説　**楽市・楽座**　楽市は，従来の座の特権廃止，新興商人(**新儀商人**)への市場税・営業税の免除をいう。楽座は，座そのものの廃止をいう。

▼おもな分国法

分国法	領国
相良氏法度	肥後
大内氏掟書	周防
今川仮名目録	駿河
塵芥集(伊達氏)	陸奥
甲州法度之次第（武田氏）	甲斐
結城氏新法度	下総
六角氏式目	近江
新加制式(三好氏)	阿波
長宗我部氏掟書	土佐
朝倉孝景条々	越前
早雲寺殿廿一箇条（北条氏）	相模

❻軍事力の整備　戦国の争乱を勝ちぬくには強力な軍事力が必要であった。大名は家臣を城下に居住させて**常備軍**とし，**足軽**を使った集団戦法を採用した。そのうえ，**長槍**や**鉄砲**などの新しい武器を積極的にとりいれた。

❼戦国大名と商人　戦国大名は富国強兵策や武器入手のため商工業者を保護し，彼らを城下町に住まわせた。また，有力な商人を武器・弾薬・食料などの調達に利用した。

補説　**戦国大名と一揆**　戦国大名は，国人・地侍を家臣にして農村から切り離し，惣(惣村)の自治は認めながらも，土一揆を弾圧した。しかし，一向一揆は規模も大きく，戦国大名を圧倒する場合もあった。このため，逆に一向一揆の力を借りる大名もいた。

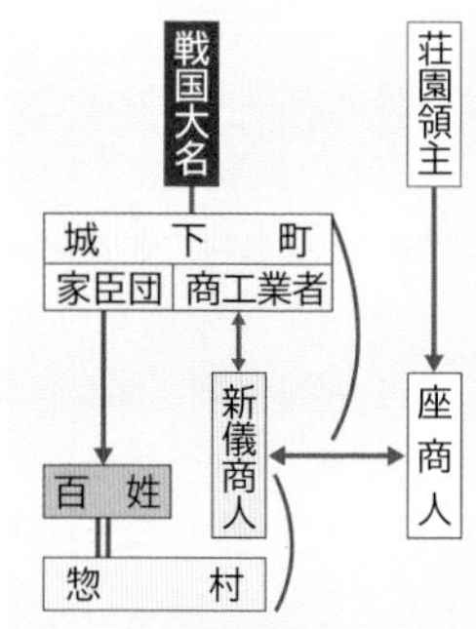

▲大名の領国支配

3 都市の発達

❶都市が発達した理由　商工業の発達により，戦国時代にはいると，全国各地に以下のような各種の都市が生まれた。

❷城下町　城下には，家臣のおもな者が集められ，商工業者も集住して，戦国大名の領国の政治・経済・文化の中心地となった。とくに，明との貿易で富強となった**大内氏**は，京から下ってきた公家・文化人を保護したため，城下町の**山口**では文化が栄えた。

❸門前町　大寺社には多くの僧侶・神官が住み，人口も多く，門前ではしばしば市が開かれた。さらに宗教の民衆化によって参拝者が増加し，これを対象とする宿舎や商店もできてき

て，次第に門前町を形成した。

❹寺内町 浄土真宗の門徒は，防衛のため，寺や家を濠や土塁で囲んだ一種の城郭都市である寺内町をつくり，自治的な生活をいとなんだ。**石山本願寺**のほか，越前の吉崎，河内の富田林(大阪府)，和泉の貝塚，大和の今井(奈良県)が有名である。また，日蓮宗の寺内町もあった。

❺港町 国内産業・海外貿易・水陸交通の発達にともなって，水陸交通の要地に多くの港町が成立した。

補説 **草戸千軒** 広島県福山市を流れる**芦田川**の中洲にあった港町。室町時代に最も栄えたが，江戸時代に洪水で水没した。発掘により，館跡や町割りの遺構が確認されているほか，中国南方の**景徳鎮窯**や**龍泉窯系**の陶磁器なども出土しており，中国との交易がさかんであったことがうかがえる。

❻宿場町 宿駅を主体として**宿場町**もつくられた。とくに，京都～鎌倉間の東海道では，島田(静岡県)・矢作(愛知県)などが有名である。

❼自治都市の成立 商工業の発達によって商工業者の力が増大するにつれ，町衆が自治組織の町組をつくり，行政権や裁判権を自治的に運営するようになった。このような都市を自治都市という。

参考 **築城形式の変化**

中世の城は，領国を守るために，領国の周辺の山の上に築かれる**山城**が多かった。戦国時代にはいると，城が領主の住む館としての性質を帯びると，平野のなかの見通しのよい丘陵などに，城が築かれるようになった(**平山城**)。

適当な丘陵がない場合などは，平坦な場所に，濠や土塁で周囲を囲んだ城がつくられた(**平城**)。このような平城は，戦国大名の権威を示すものでもあり，安土桃山時代にさかんに建築された(☞p.194)。

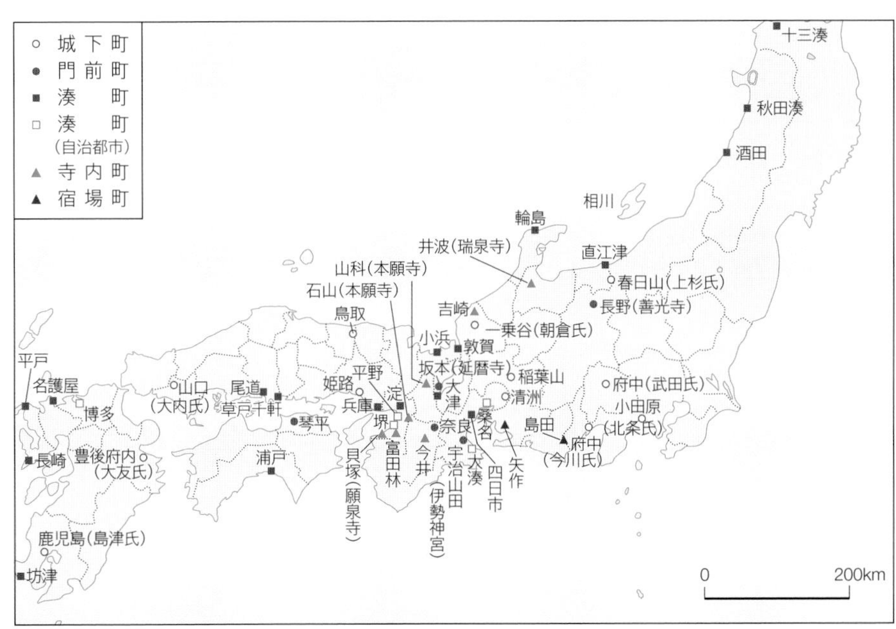

▲戦国時代のおもな都市

❽**代表的な自治都市** **堺**・**平野**(大阪府)，**京都**，**博多**(福岡県)などが有名である。

❾**京都・堺・博多の自治組織** **京都**では，上京・下京が惣町を形成し，町衆から選ばれた月行事が自治的な運営を行った。港町として発達した**堺**と**博多**では，貿易に活躍した豪商らのなかから，堺では36人の**会合衆**，博多では12人の**年行司**が選出され，彼らの合議で市政が運営された。また，自衛のための**傭兵**(雇われ兵)もかかえた。

補説 **自治の崩壊** 中世日本の自治都市では，市民１人１人が民主的に自治に参加するのではなく，一部の特権的な豪商が自治組織をにぎっていた。また，戦国大名の対立をたくみに利用して獲得した自治だけに，全国統一をめざした織田信長・豊臣秀吉の強大な軍事力に対抗することができなかった。

参考 **京都・奈良の再生** 京都・奈良は政治都市の性格が強かったが，中世にはここに居住する荘園領主(貴族や寺社)のもとに物資が流入し，経済的都市として再生した。

参考 **堺の自治の終わり** 1568(永禄11)年，織田信長が**矢銭**(軍用金)２万貫を堺に要求した際，堺は平野とともに拒否したものの，結局は屈服した(☞p.188)。豊臣秀吉が大坂城下へ堺商人を強制移住させたことで衰退した。

▼戦国時代の代表的な都市

	城下町(大名)	門前町(寺社)	寺内町(寺社)	港町(所在)
代表的な都市	小田原(北条氏)=神奈川	坂本(延暦寺)=滋賀	石山(本願寺)=大阪	淀(淀川)
	山口(大内氏)	長野(善光寺)	吉崎(吉崎坊)=福井	坂本・大津(琵琶湖)
	府中(今川氏)=静岡	宇治(伊勢神宮=内宮)	山科(本願寺)=京都	兵庫・堺・尾道(瀬戸内海)
	豊後府内(大友氏)=大分	山田(伊勢神宮=外宮)	貝塚(願泉寺)=大阪	小浜・敦賀(日本海)
	鹿児島(島津氏)	奈良(興福寺)	井波(瑞泉寺)=富山	桑名・四日市・大湊(伊勢湾)
	春日山(上杉氏)=新潟	琴平(金刀比羅宮)=香川	富田林(興正寺別院)=大阪	博多・平戸・坊津(九州)
	一乗谷(朝倉氏)=福井		今井(称念寺)=奈良	

史料 堺の繁栄

日本全国，当堺の町より安全なる所なく，他の諸国において動乱あるも，此町にはかつて無く，敗者も勝者も，此町に来住すれば皆平和に生活し，諸人相和し，他人に害を加ふる者なし。市街においては，かつて紛擾起こることなく，敵味方の差別なく，皆大いなる愛情と礼儀をもって応対せり。市街には悉く門ありて番人を付し，紛擾あれば直ちにこれを閉づることも一つの理由なるべし。……町は甚だ堅固にして，西方は海を以って，又他の側は深き堀を以って囲まれ，常に水充満せり。

日本全国の中でこの堺の町より安全な所はない。他国で合戦があってもこの町にはあったことはなく，他国の合戦で敗れた者も勝った者もこの町では皆平和に暮らしている。人々は仲良く，他人へ危害を与える人もいない。町中ではもめごともなく，敵味方の差別なく，皆大きな愛情と礼儀をもって応対している。町にはすべて門があり，番人が警備し，もめごとがあればすぐに門を閉じることも安全な町の理由である。……堺の町は，大変守りが堅く，西の方は海があり，またその他は深い堀によって囲まれ，それにはいつも水が満されている。

「1562(永禄５)年，ガスパル＝ヴィレラ書簡」

『耶蘇会士日本通信』

SECTION 13 ヨーロッパ人の来航

▶ 1543年に**ポルトガル人**が最初に来日して，**鉄砲**(てっぽう)を伝えた。ついで**スペイン人**が来日した。1549年には**フランシスコ＝ザビエル**が**キリスト教**を伝え，以後**南蛮貿易**(なんばんぼうえき)がさかんとなった。

1 鉄砲の伝来

❶ヨーロッパ人のアジア進出　ヨーロッパでは，**ルネサンス**や**宗教改革**を終え，封建社会から絶対王政に移りつつあり，香辛料を求めてアジアに進出してきた。15～16世紀の**大航海時代**には，**ポルトガル**はインドのゴアや中国の**マカオ**を，**スペイン**はフィリピンの**マニラ**を根拠地として，アジアに進出した。こうしたアジア全体の状況のもとで，**ヨーロッパ人の日本来航**がなされた。

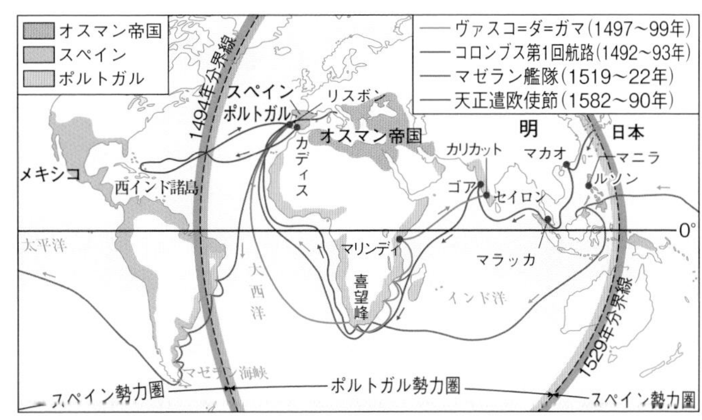

▲15～16世紀の世界

❷ポルトガル人の種子島(たねがしま)**漂着**　1543(天文(てんぶん)12)年★1，ポルトガル人をのせた中国船★2が**種子島**(鹿児島県)に漂着した。これが，日本人とヨーロッパ人との最初の交渉である。

★1　1542(天文11)年とする説もある。

★2　中国人の密貿易商である王直(おうちょく)の船と見られる。

❸鉄砲(てっぽう)**の伝来**　漂着したポルトガル人は，領主の種子島時尭(ときたか)に，鉄砲を伝えた。このとき，時尭は鉄砲を2挺(ちょう)入手し，家臣にその使用法と製造法を学ばせた。

❹鉄砲の生産　戦いにあけくれていた**戦国大名**(せんごくだいみょう)は，きそって鉄砲を求めた。鉄砲は伝えられるとまもなく，**和泉**(いずみ)(大阪府)の**堺**(さかい)や**近江**(おうみ)(滋賀県)の**国友**(くにとも)，**紀伊**(きい)(和歌山県)の**根来**(ねごろ)・**雑賀**(さいか)などで大量に生産された。この大量生産を可能にしたのは，当時の製鉄技術や鍛造(たんぞう)・鋳造(ちゅうぞう)技術などの水準の高さであり，戦国時代の技術革新の結果であった。

❺鉄砲伝来の影響

1. 戦術が，**足軽鉄砲隊**(あしがるてっぽうたい)を中心とする**集団戦法**へと変わった。
2. 集団戦法による機動性を高めるため，家臣が**城下**に集中されるようになった。

参考　鉄砲伝来の数年後には，畿内で鉄砲を利用した戦いが行われ，10数年後には，全国的に鉄砲が普及した。鉄砲によって，短期間で戦いの勝敗が決するようになり，全国統一が早まったという見方もある。

③ 鉄砲に対応するため，城壁が堅固になった。

補説　**長篠の戦い**　1575(天正3)年，**織田信長・徳川家康**の連合軍と**武田勝頼**(信玄の子)との戦い。この戦いで織田・徳川軍が勝利したのは，鉄砲隊をたくみに用いたためだといわれる。

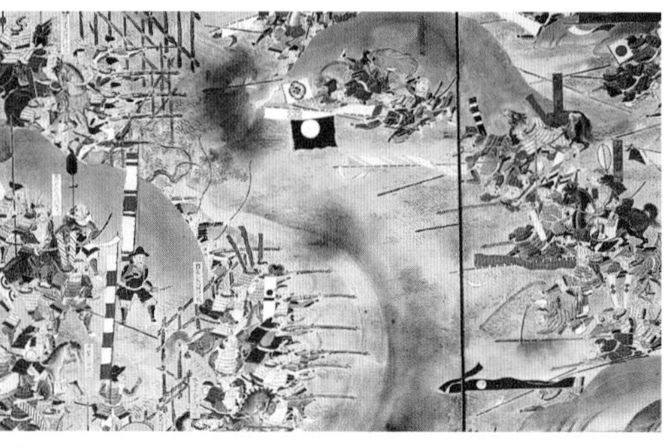

▲「長篠合戦図屏風」　左側が織田・徳川軍，右側が武田軍。

2 キリスト教の伝来

❶**キリスト教の伝来**　**1549**(天文18)**年**，イエズス会(**耶蘇会**)創立者の一人であったスペイン人フランシスコ=ザビエルは，日本人アンジロウの案内で**鹿児島**に来航し，日本に初めて**キリスト教**(カトリック)を伝えた。

補説　**イエズス会の成立とカトリックのアジア布教**　イエズス会は，スペインの貴族である**イグナティウス=ロヨラ**が中心となって結成された。**プロテスタント**(**新教**)に対抗して**カトリック**(**旧教**)の発展をはかるため，新大陸や東洋に広く布教した。このためイエズス会は，スペイン・ポルトガル両国が各地に進出する際の，先兵的な役割をも果たすことになった。

▲フランシスコ=ザビエル

❷**ザビエルの布教**　ザビエルは薩摩の領主**島津貴久**の許可を得て領内で布教した後に上洛した。しかし京都は戦乱により布教を断念し，周防の**大内義隆**や豊後の**大友義鎮**(**宗麟**)の保護をうけ，中国・九州各地で布教した。2年後に，中国の広州で死去した。

❸**ザビエル以後の宣教師**

① **ガスパル=ヴィレラ**…ポルトガル人。堺で布教した。

② **ルイス=フロイス**…ポルトガル人。**織田信長**から布教の許可を得た。『**日本史**』を著し長崎で死去した。

③ **オルガンティーノ**…イタリア人。京都に**教会堂**★3(**南蛮寺**)，安土(滋賀県)に**セミナリオ**★4(神学校)を建てた。

④ **ヴァリニャーニ**…イタリア人。**天正遣欧使節**の派遣を提案し，その案内をした。**活字印刷機**の輸入にも尽力した。

❹**キリスト教の普及**　布教は九州・中国・近畿から始まって関東・東北におよんだ。宣教師たちは各地に**教会堂・セミナリオ・コレジオ**★5を建てて，布教につとめた。このキリスト教および信者を，**キリシタン**(**吉利支丹**のち**切支丹**)とよぶ。

❺**キリスト教が普及した理由**

① 戦国大名は，南蛮貿易の利益や武器輸入を期待して貿易

★3 **教会堂**　**南蛮寺**ともよばれ，**山口**に建てられた**大道寺**が最初。仏寺風のものが多く，京都の南蛮寺は有名である。

★4 **セミナリオ**　日本人のための神学校。**安土**(滋賀県)や**有馬**(長崎県)に建てられた。

★5 **コレジオ**　聖職者の養成施設で，ヨーロッパの文化を移植する役割を果たした。**豊後府内**(大分県)に建てられた。

船を領内に招こうとし，宣教師を保護した。

2 庶民は，キリスト教の天国の思想にひかれた。

3 宣教師たちは，日本語で話しかけるなど，布教に熱心であった。また，慈善事業や教育事業にも力をそそいだ。

❻**キリシタン大名**　戦国大名は貿易の利益や武器を求め，宣教師が領内で布教することを認めた。また自らもキリスト教に入信する大名(**キリシタン大名**)も現れた。**大友義鎮**(豊後)・**有馬晴信**(肥前)・**大村純忠**(肥前)・**黒田如水**(豊前)・**小西行長**(肥後)・**高山右近**(摂津)・**細川忠興**(豊前)などである。

❼**天正遣欧使節の派遣**　**大友義鎮・有馬晴信・大村純忠**の3大名は，宣教師ヴァリニャーニのすすめで，1582(天正10)年にローマ教皇のもとに**伊東マンショ・千々石ミゲル・中浦ジュリアン・原マルチノ**らの少年使節を送った[★6]。

注意　キリスト教信者の数は，1582年ごろには九州で12万人以上，畿内では約2万5000人に達した。

★6　ゴア・リスボンを経てローマに到着し，教皇グレゴリウス13世に会い，1590(天正18)年に帰国した。しかし豊臣秀吉のバテレン追放令により，帰国後の布教は困難であった。

3 南蛮貿易

❶**スペイン船の平戸来航**　ポルトガル人の種子島漂着から約40年後，1584(天正12)年に，スペインの貿易船が初めて**平戸**(長崎県)に来航した。

❷**南蛮貿易の開始**　これ以後，ポルトガル・スペイン両国と日本との貿易が始まった。彼らを南方の外国人という意味から**南蛮人**[★7]とよんだので，この貿易を**南蛮貿易**とよぶ。

❸**南蛮貿易の特色**　貿易の実態は**中継貿易**である。当時の明は**海禁政策**をとり，一般の貿易を許可していなかったので，**マカオ**や**マニラ**を拠点とした両国が，中国産生糸などの商品を中継して日本にもちこみ，利益を得た。

❹**おもな貿易港**　**貿易船を誘致するためにキリスト教を認めた戦国大名**の港が貿易港となった。島津氏の**鹿児島**，松浦氏の**平戸**，大友氏の**府内**(大分市)，大村氏の**長崎**。

❺**おもな貿易品**

1 **輸入品**…**中国産生糸**・香料・絹，西欧の鉄砲・火薬など。

2 **輸出品**…**銀**・刀剣・工芸品など。

★7　**南蛮人**　一般に，南蛮人はポルトガル人とスペイン人のことで，オランダ人とイギリス人は紅毛人とよばれた。

① 鉄砲の伝来…1543年，ポルトガル人が種子島に伝える→戦術の変化

② キリスト教の伝来…1549年，フランシスコ＝ザビエルが伝える

③ 南蛮貿易…中継貿易，貿易と布教が一体化

☑ 要点チェック

CHAPTER 3 武家社会の展開		答
□ 1	鎌倉時代なかばから，天皇家は大覚寺統と何統に分かれたか。	1 持明院統
□ 2	「此比都ニハヤル物…」で始まる風刺文を何というか。	2 二条河原落書
□ 3	足利尊氏・高師直と足利直義とが争った内乱を何というか。	3 観応の擾乱
□ 4	南北朝の合体を実現させた室町幕府の3代将軍は誰か。	4 足利義満
□ 5	室町幕府の三管領は，細川氏・畠山氏と何氏か。	5 斯波氏
□ 6	山名・赤松・一色・京極氏らの，管領につぐ重職を何というか。	6 四職
□ 7	1441年，足利義教が赤松満祐に殺害された事件を何というか。	7 嘉吉の変
□ 8	応仁の乱が発生した応仁元年は，西暦では何年か。	8 1467年
□ 9	応仁の乱後の，下の者が上の者を倒す風潮を何というか。	9 下剋上
□ 10	中世に，朝鮮・中国沿岸で略奪などを行った集団を何というか。	10 倭寇
□ 11	日明貿易に際し，日本船が携行した証票を何というか。	11 勘合
□ 12	1523年に，中国大陸で大内氏と細川氏が争った事件を何というか。	12 寧波の乱
□ 13	朝鮮の三浦とは，乃而浦・塩浦と，もう1つはどこか。	13 富山浦
□ 14	1429年，沖縄で中山王尚巴志が建てた王国を何というか。	14 琉球王国
□ 15	鎌倉時代末ごろから，荘園や公領のなかにできた自治的な組織を何というか。	15 惣
□ 16	1428年に近江などで起きた一揆を何というか。	16 正長の徳政一揆
□ 17	大内氏が開発した中国地方の銀山を何というか。	17 石見銀山
□ 18	室町時代，月に6日開かれる市のことを何とよんだか。	18 六斎市
□ 19	銭の良悪に応じて価格差をつけることを何というか。	19 撰銭
□ 20	『菟玖波集』などで連歌を大成した南北朝時代の関白は誰か。	20 二条良基
□ 21	父の観阿弥とともに，猿楽能を大成した人物は誰か。	21 世阿弥
□ 22	銀閣の隣の東求堂にある，書院造の部屋を何というか。	22 同仁斎
□ 23	水墨画を大成し，「四季山水図巻」を描いた人物は誰か。	23 雪舟
□ 24	「御文」で浄土真宗の布教につくした人物は誰か。	24 蓮如
□ 25	伊達氏の分国法を何というか。	25 塵芥集
□ 26	浄土真宗の門徒などが形成した，寺や家を濠で囲んだ町は何か。	26 寺内町
□ 27	中世，堺の町政を指導したのは，何とよばれる人々か。	27 会合衆(え)
□ 28	ポルトガル・スペインとの貿易を何というか。	28 南蛮貿易
□ 29	フランシスコ=ザビエルは，どこの国の出身か。	29 スペイン
□ 30	ヴァリニャーニのすすめで，ローマに派遣された使節団は何か。	30 天正遣欧使節

第 3 編

近世

CHAPTER 1 織豊政権と幕藩体制の確立

CHAPTER 2 幕藩体制の展開と産業の発達

CHAPTER 3 幕藩体制の動揺

• CHAPTER

1 » 織豊政権と幕藩体制の確立

時代の俯瞰図

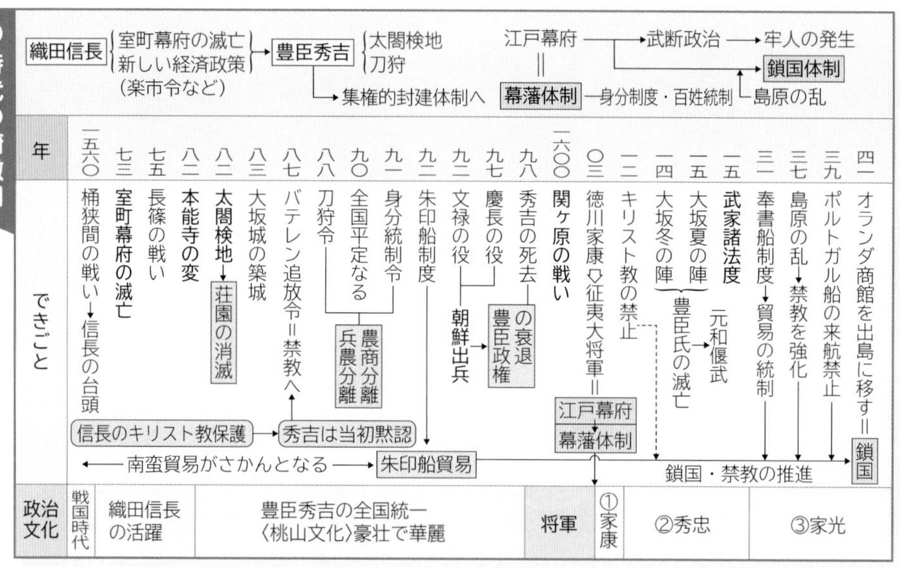

織田信長
室町幕府の滅亡
新しい経済政策
(楽市令など)
豊臣秀吉
太閤検地
刀狩
集権的封建体制へ
江戸幕府
武断政治
牢人の発生
鎖国体制
幕藩体制
身分制度・百姓統制
島原の乱
年
一五六〇 七三 七五 八二 八二 八三 八七 八八 九〇 九一 九二 九二 九七 九八 一六〇〇 〇三 一二 一四 一五 一五 三一 三七 三九 四一
できごと
桶狭間の戦い→信長の台頭
室町幕府の滅亡
長篠の戦い
本能寺の変
太閤検地→荘園の消滅
大坂城の築城
バテレン追放令＝禁教へ
刀狩令
全国平定なる
身分統制令
兵農分離 農商分離
朱印船制度
文禄の役
慶長の役
朝鮮出兵
豊臣政権の衰退
秀吉の死去
関ヶ原の戦い
徳川家康⇨征夷大将軍＝
江戸幕府
幕藩体制
キリスト教の禁止
大坂冬の陣
大坂夏の陣
豊臣氏の滅亡→元和偃武
武家諸法度
奉書船制度→貿易の統制
島原の乱→禁教を強化
ポルトガル船の来航禁止
オランダ商館を出島に移す＝鎖国
信長のキリスト教保護→秀吉は当初黙認
←南蛮貿易がさかんとなる→朱印船貿易
鎖国・禁教の推進
政治文化
戦国時代
織田信長の活躍
豊臣秀吉の全国統一
〈桃山文化〉豪壮で華麗
将軍
①家康
②秀忠
③家光

SECTION

1 織田信長の統一事業

▶ 戦国大名の争乱は約1世紀におよぼうとした。彼らの中から**織田信長**が全国統一にのり出し，各地の戦国大名を倒して京都にはいり，将軍**足利義昭**を追放して室町幕府を滅ぼした。信長は新しい政治を行おうとしたが，**明智光秀**に殺され統一事業は途中で挫折した。

1 信長の統一事業

❶**織田氏の台頭**　織田氏はもともと尾張(愛知県)の守護**斯波氏**の守護代であった。下剋上の世の中で**織田信秀**★1が戦国大名として台頭し，その子信長の代に至って強大となった。

❷**信長の台頭**　信長は尾張の**清洲**を居城とし，1560(永禄3)年，入京をめざして西進してきた**駿河**(静岡県)の戦国大名**今川義元**を**桶狭間の戦い**(愛知県)で破り，一躍その名を知られるようになった。

❸**信長の入京**　信長は美濃(岐阜県)の**斎藤氏**を破り，近江(滋賀県)の**浅井氏**と姻戚関係を結んで京都への道を固めた。1568年には，**足利義昭**を奉じて入京し，義昭を将軍職につ

★1 信秀は織田氏でも庶流(支流)であった。

注意 応仁の乱以来の長い戦乱の時代は，16世紀末になって，ようやく統一の機運が生まれてきた。この動きを助けたのは，鉄砲であった。各地の戦国大名は，一方で鉄砲をできるだけ多量に入手して戦争に勝とうと努め，他方では朝廷や幕府の存在する京都にはいって，天皇や将軍の権威を利用して全国統一をはかろうとしていた。

け，自ら「天下布武」の印章を用いて全国統一の意志を示した。

❹室町幕府の滅亡　15代将軍となった**足利義昭**★2は，信長の勢力が強く，実権をもてないことに反発し，武田・毛利・上杉氏や，本願寺と結んで信長を除こうとした。これに対して，1573(天正元)年，信長は義昭を京都から追放し，ここに室町幕府は滅亡した。

❺信長の統一戦争　信長は，1570(元亀元)年に**姉川の戦い**(滋賀県)で浅井長政・朝倉義景を破り，翌年には中世的権威の象徴であり，信長に敵対した**延暦寺を焼打ち**にした。さらに，1575(天正3)年に**長篠の戦い**(愛知県)で武田勝頼を大敗させた(☞p.182)。

❻安土城の築城　信長は，1576(天正4)年，京都・東海・北陸をにらむ要衝，近江(滋賀県)の安土に5重7階(地下1階)の天守(主)閣をもつといわれる安土城を築いて居城とした。城下に商人を集めて楽市令(楽市，☞p.178)を出して自由な売買を保障し，また**セミナリオ**(☞p.182)の建築を許した。

❼一向一揆との戦い　信長の統一に最も強く抵抗したのが，大坂の石山本願寺を中心とする一向一揆であった。信長は，越前・伊勢長島・和泉・紀伊などでこれらの一向一揆と戦った(**石山戦争**)。しかし，1580(天正8)年，石山本願寺と和睦し，法主の本願寺顕如(光佐)を退去させた。

★2 **足利義昭**　12代将軍義晴の子で，13代将軍義輝の弟。

参考　**信長が統一事業に成功できた理由**
①京都に近い肥沃な濃尾平野を根拠地としたこと。
②武将の領地替を行い、在地から切り離し、寺院などの旧勢力を弾圧し，キリスト教を保護するなど，新しい政策をとったこと。
③鉄砲隊による集団戦法などを採用したこと。

▼信長の天下統一への経過

年	できごと
1560	**桶狭間の戦い**(今川義元を破る)
1567	美濃攻略(斎藤龍興を破り岐阜進出)
1568	**足利義昭**を奉じて入京
1570	**姉川の戦い**。石山戦争開始
1571	**延暦寺の焼打ち**
1573	将軍義昭追放(**室町幕府の滅亡**)
1574	伊勢長島の一向一揆平定
1575	**長篠の戦い**。越前一向一揆平定
1576	**安土城**完成
1580	石山戦争終わる(本願寺の屈伏)
1582	**本能寺の変**(信長自殺)

TOPICS

「地上の神」信長

信長・秀吉・家康の3人に共通した特徴として，いずれも神になったということがある。**秀吉**が**豊国大明神**に，**家康**が**東照大権現**にと，いずれも死後に神として祀られたことは有名だが，信長が生きているうちにみずから神になったことは，それほど知られていない。

信長は死の直前，1582(天正10)年5月に**安土**の山に全国の神像・仏像を集めた。それはこれらの神仏を拝むためではなく，逆に神仏をして自分を崇拝させるためであった。信長の保護をうけた宣教師**ルイス＝フロイス**の報告によると，安土に建立させた**総見寺**の神体は信長自身であった。「信長はおのれみずからが神体であり生きた神仏である。世界には他の主なく，彼の上に万物の造主もないといい，地上において崇拝されんことを望んだ」という。

いったい，信長は自分自身を神仏の上にたつ唯一絶対者に仕立てあげることによって，何をねらったのであろうか。それは既成の旧体制の下における諸権威・諸秩序にかわる新しい世界観，新しい政治的社会秩序・権威をうち出そうとし，その中核に唯一絶対者として自分自身を置こうとしたものといわれる。

❽**本能寺の変**　1582(天正10)年，信長は中国の毛利氏を討つため(**中国攻め**)，京都にはいり，[★3]本能寺に泊まったが，ここで家臣の**明智光秀**に襲われて自殺した。これを**本能寺の変**という。

★3　羽柴(豊臣)秀吉が毛利輝元を攻めており，秀吉を助けるために信長は京都にはいっていた。

2 信長の政策

❶**指出検地の実行**　信長は入京以来，検地を行った。その方法は，各地域の領主に土地の面積・作人・年貢量などを申請させる指出検地であった。なかでも，奈良の興福寺の支配する大和に家臣を派遣して，指出を強制したことは有名である。

注意　信長ははじめ室町幕府を擁したが，その滅亡後，右近衛大将に昇進し(のち辞任)，武家の棟梁となった。また正親町天皇の皇太子である誠仁親王の第5皇子を彼の猶子(養子)とするなど，朝廷を利用した。

❷**商業・都市政策**

1. **楽市令(楽市・楽座)**…信長は，城下町の安土などに自由な売買を保障する**楽市令**を出し，新興商人(新儀商人)を集める**楽市・楽座**を行った。これによって**城下の発展**をめざした。
2. **関所の廃止**…信長は入京後，**関所の撤廃**[★4]を行った。通行税である関銭の徴収を目的にたくさんつくられた関所が，人と物資の通行を妨げていたからである。
3. **撰銭令の発布**…信長は，貨幣の流通を円滑にするために**撰銭令**(☞p.165)を出した。
4. **鉱山の掌握**…信長は，但馬(兵庫県)の**生野銀山**を直轄地として，その鉱産物を財源とした。
5. **都市の掌握**…信長は，都市の経済力に早くから注目した。**堺**には**矢銭**(軍用金)を要求し，これが拒否されると武力を行使してその自治を奪い，さらに堺・大津・草津・京都を直轄地とした。

★4　土一揆の多くが，関所廃止を要求していたことに注意しよう。

❸**宗教政策**　信長は，延暦寺を焼き，一向宗と戦ったほか，大寺院にも指出を命じ，領地の内容を調査するなど，宗教勢力をも従わせようとした。**安土宗論**では，浄土・日蓮両宗の法論を裁定し，京都の町衆に影響があった日蓮宗をおさえた。一方，仏教との対抗と貿易の利から**キリスト教を保護**した。

▲**織田信長像**
信長の肖像のうちでは最も代表的なもので，死後1年の1583(天正11)年に，狩野元秀によって描かれた。

SECTION 2 豊臣秀吉の全国統一

▶ 織田信長の家臣**豊臣秀吉**は，明智光秀を山崎の合戦で破り，信長の後継者として全国統一に着手した。秀吉は関白に就任し，**惣無事令**をてこに全国を平定した。兵農分離を推し進め，**太閤検地**や**刀狩**など歴史的に重要な政策を打ち出した。

1 秀吉の登場

❶秀吉の台頭　信長が本能寺の変で自害したため，その全国統一事業は中断した。毛利氏と合戦中であった羽柴秀吉は，急いで毛利氏と和睦して京都に帰り，**山崎の合戦**(京都府)で明智光秀を破った(1582年)。この結果，秀吉は信長の後継者としての地位を獲得し，全国平定にのりだした。

▲**豊臣秀吉像**
秀吉死後半年の作で，狩野山楽によって描かれたと伝えられている。

❷秀吉の統一戦争

1. 1583(天正11)年…北陸地方に勢力を張っていた信長の家臣の**柴田勝家**を琵琶湖の北，**賤ケ岳の戦い**(滋賀県)で破った。そして，同年，全国統一の拠点として，もとの石山本願寺の跡地で**大坂城**の建築に着手した。
2. 1584(天正12)年…信長の子の織田信雄(のぶかつ／のぶお)と**徳川家康**との連合軍に対し，**小牧・長久手の戦い**(愛知県)後に和睦した。
3. 1585(天正13)年…四国の**長宗我部元親**を降した。そして同年，正親町天皇より**関白**に任ぜられた。諸大名に惣無事令★1を出した。
4. 1586(天正14)年…**後陽成天皇**より**太政大臣**に任ぜられ，同時に朝廷から**豊臣**の姓を与えられた。
5. 1587(天正15)年…九州の**島津義久**を降伏させた(九州平定)。
6. 1590(天正18)年…小田原の**北条氏政**を滅ぼし(小田原攻め)，**伊達政宗**ら東北地方の諸大名を服属させ(奥州平定)，さらに徳川家康を関東に移らせた。ここに，**秀吉の全国平定は完成**した。

注意　現在の**大阪**は，明治以前までは「大坂」と書いた。明治時代に入って「坂」は士が反すると読めるところから，「大阪」となったといわれる。

★1　**惣無事令**　無事とは平和の意味。戦国大名に領土紛争は秀吉の裁定に従い，戦争を即時に停止するよう命じた。これに違反した場合は，島津氏や後北条氏のように，秀吉により武力で「征伐」された。

補説　**太閤の呼称**　秀吉は豊臣姓を与えられて以後，**太閤**の称を好んで用いるようになった。太閤は摂政・太政大臣の尊称だったが，のち関白の位を譲った人にも使われた。

補説　**後陽成天皇の聚楽第行幸**　秀吉は京都に城郭風の邸宅を営み，これを**聚楽第**(☞p.195)と称した。秀吉は1588(天正16)年にここへ後陽成天皇をむかえ，天皇の前で諸大名に秀吉への服従を誓わせた。

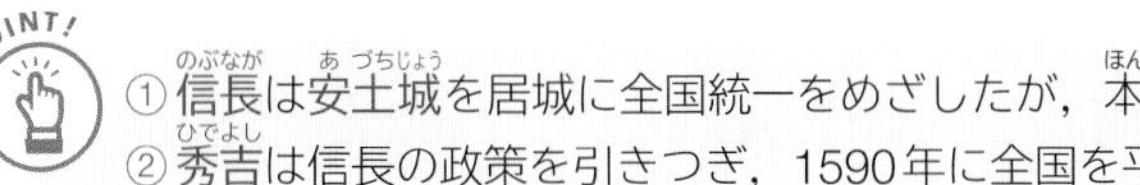
POINT!
① 信長は安土城を居城に全国統一をめざしたが，本能寺の変で倒れた
② 秀吉は信長の政策を引きつぎ，1590年に全国を平定した

2 豊臣政権の基礎

❶朝廷との関係　秀吉は，関白，太政大臣に就任するなど，律令制の枠組みや天皇・朝廷の権威をたくみに利用しながら，全国支配を実現していった★2。

★2　秀吉は，地侍であった木下弥右衛門の子。征夷大将軍にならず，関白や太政大臣など朝廷の官職についた。

❷大名の統制 秀吉は，畿内や中部地方に一族や子飼いの大名を配置したり，大名の転封を行って，反抗を未然に防いだ。また，大名の婚姻には秀吉の了解を得ることを命じた。

❸統治組織 秀吉は，信任の厚い家臣を五奉行★3に任じて，政務一般にあたらせた。また，有力な大名から五大老★3を選んで，死後の重要政務を託そうとした。

❹経済基盤 秀吉は，直轄地(蔵入地)220万石を主要財源とした。また，京都・大坂・堺・伏見・長崎などを**直轄都市**として**豪商**を統制下に置いた★4。さらに，石見銀山・佐渡金山・生野銀山などの**鉱山**を直轄にし，天正大判などの貨幣を鋳造した。

補説 **秀吉の商業政策** 信長の政策を継続させたものが多く，**楽市令の発布**，**関所の撤廃**などを行った。そのほか，街道に**一里塚**(1里＝約4kmごとに設けられた路程標。のち江戸幕府が整備した)を創設して交通を便利にした。

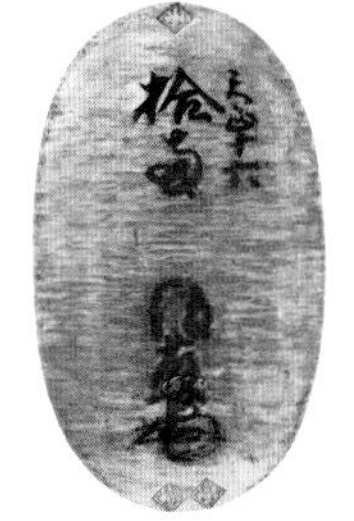

▲天正大判 (日本銀行貨幣博物館所蔵)

3 検地と刀狩

❶検地の実施 秀吉は，新しく獲得した領地に役人を派遣して面積や年貢量などを調べる検地(太閤検地)を実施した。天皇に献納するためと称して，全国の大名に国郡別に**石高**を書上げた**御前帳**と国郡単位の絵図(**国絵図**)の提出を命じた★5。

❷太閤検地の内容 検地の結果は，村ごとに検地帳に記載された。

1. **単位の統一**…これまで不統一であった長さや面積の単位を統一した。すなわち，**6尺3寸**(約191 cm)四方を**1歩**，**30歩**を**1畝**，**10畝**を**1段**(反)，**10段**を**1町**とした。
2. **京枡の採用**…これまで不統一であった枡の大きさを京枡(現在の枡)で計るようにして，計量を統一した。
3. **石盛の制定**…田畑の等級を上田・中田・下田・下々田に分けて**石盛**★6をし，その**石高**によって年貢★7を負担させた。
4. **一地一作人制の確立**…**一地一作人**の原則を確立して，作人を年貢納入の責任者と決めた。これにより，中世の複雑な権利関係を清算した。

★3 **五奉行と五大老**

五奉行	五大老
浅野長政(司法)	徳川家康
前田玄以(宗教)	前田利家
石田三成(行政)	宇喜多秀家
長束正家(財政)	毛利輝元
増田長盛(土木)	上杉景勝

大老は初め**小早川隆景**をふくむ6人であったが，隆景の死後に五大老とよばれた。

★4 堺の**千利休**・**小西隆佐**(小西行長の父)・**今井宗久**・**津田**(天王寺屋)**宗及**，博多の**島井宗室**・**神谷宗湛**らの豪商の力を利用し，政治・軍事などにその経済力を活用した。

★5 **検地帳**では，**石高**で統一することが求められ，その結果，全国の生産力が米の量で換算された**石高制**が確立した。さらに，すべての大名の石高が正式に定まり，大名はその領知する石高にみあった軍役を負担する体制ができあがった。

★6 **石盛** 段あたりの標準収穫量をいう。上田数カ所の坪刈りを行い，1坪の平均収穫量を出して，1段に換算する。中田以下は上田を基準に計算し，この石盛が租税をかける基となった。

★7 **百姓の年貢** 村ごとに負担額が決定され，原則として収穫の3分の2を生産物地代，つまり米で徴収した。

補説 **太閤検地への抵抗** 太閤検地はきびしく，これまでの地方の慣習を無視することもあったので，国人や農民などがしばしば一揆で抵抗した。しかし，秀吉は武力でおさえ，検地を強行していった。

❸**太閤検地の結果** 検地帳に耕作者として記載された者(**名請人**)は，年貢納入の責任をもつかわりに土地に対する権利が保証された。これにより**荘園制は完全に解体**されるとともに，名請人は百姓身分となり，**兵農分離が確定**していった。

❹**刀狩の実施** **刀狩**は秀吉の独創ではなく，すでに柴田勝家も行っていた。しかし，**秀吉が全国的に行ったこと**は重要である。1588(天正16)年に，京都の**方広寺**★8の大仏殿を造営するという口実で百姓のもつ武器を提出させ，没収する**刀狩令**を出した。この後も何回か同種の法令が出され，これによって百姓が刀をもつ権利は奪われていった。

❺**刀狩の目的** 百姓らに武器を捨てさせ，一揆を防止し，それぞれの身分に応じた職務に専念することを求めた。

注意 これまでの荘園では，土地の権利(職)が何人もの人に重層的に所有され複雑化していた。しかし，太閤検地の**一地一作人の原則**によって，1つの土地を保持・耕作するのは，1人の百姓のみとなった。

★8 **方広寺** 秀吉が建立した寺院で，6丈3尺の木像大仏が安置されていた。のち，豊臣秀頼(秀吉の子)のつくった同寺の鐘の銘が**大坂の陣**の原因となる(☞p.199)。

補説 **百姓** 百姓は，本来は民衆一般を意味したが，中世前期には名主，南北朝以降自立してきた小農民(小百姓)を指す用例がみられるようになった。太閤検地の結果，検地帳に登録された者が本百姓とされ，町人と区別されたが，漁民も百姓に含まれていた。

史料 刀狩令

一 諸国百姓，刀，脇指①，弓，やり(槍)，てつはう(鉄砲)，其外武具のたぐひ(類)所持候事，堅く御停止候。
諸国の百姓が，刀・脇指・弓・槍・鉄砲その他の武具の類を所持することは厳しく禁止する。

其子細②は，入らざる道具をあひたくはへ，年貢所当③を難渋せしめ，自然④一揆を企て，
その理由は農耕に不要な武器を持ち，年貢やその他の税を出し渋り，もしも，一揆を企て，給人に対してけしからぬ行為をなすようになれば，

給人⑤にたいし非儀の動⑥をなすやから(族)，勿論御成敗あるべし。
そのような者は，当然処罰される。……

一 右取(置)をかるべき刀，脇指，ついえ⑦にさせらるべき儀にあらず候の間，今度大仏⑧御建立
このように集めた刀・脇指は無駄にするのではないので，今度，大仏を建立するにあたって，その釘や鎹につくりなおすのである。

の釘，かすがひに仰せ付けらるべし。然れば，……来世までも百姓たす(助)かる儀に候事。
そうすれば，現世はいうに及ばず，来世までも百姓は助かるのである。

一 百姓は農具さへもち，耕作専に仕り候へハ，子々孫々まで長久に候。百姓御あはれミ(憐)を
百姓は農具さえ持ち，耕作に専念しておれば子孫末代まで幸せなのである。秀吉公はこのように百姓のこ

もって，此の如く仰せ出され候。誠に国土安全万民快楽の基也。
とを思って命令された。まことに国土安全，万民安楽の基となるものである。

天正十六年七月八日 (秀吉朱印) 『小早川家文書』
1588年 (秀吉印)

注釈 ①短い刀のこと。②理由。③年貢・雑税など。④もしも。⑤大名の家臣となった武士。⑥不法な行動。⑦むだ。⑧京都方広寺の大仏。

視点 中世の百姓が武士と同様に武器を所有する存在であったのに対して，武器の使用者＝武士，武器の使用を許されない者＝百姓，という**兵農の身分的分離**にあった。それは，1591(天正19)年の**身分統制令**とともに，**兵農分離・農商分離**の身分法令的な性格を強くもっていた。

❻**身分統制令の実施**　1591(天正19)年，秀吉は**3カ条の朱印状**を出して，武士に仕える武家奉公人が都市や村に居住して町人や百姓になることや，百姓が町人になることを禁じ(**身分統制令**)。さらに翌1592(文禄元)年，朝鮮出兵に動員する武家奉公人や人夫確保のために，関白**豊臣秀次**(秀吉の甥で養子)が人掃令を出し，戸口調査を実施し戸数・人数を調べた。これらの法令や調査により，**武士・百姓・町人身分の確定**がしだいに進んでいった。

注意　3カ条の朱印状と人掃令は，朝鮮出兵に関係した法令と考えられる。

4 秀吉の外交政策

❶**朱印船貿易の開始**　秀吉は，海外貿易の利益にも着目し，1592(文禄元)年から正規の商船に**朱印状**を与える朱印船貿易を始めたといわれる。朱印船貿易は，江戸時代にはいって17世紀初めに全盛期をむかえた(☞p.214)。

❷**キリスト教の禁止**　秀吉は，当初，信長と同じくキリスト教の布教を黙認していたが，九州に出陣し島津氏を降伏させた1587(天正15)年，教会がキリシタン大名を通じて力をもち始めていることを知り，キリスト教を禁止し★9，宣教師(バテレン)に国外退去を命じるバテレン追放令を出した。しかし，外国との貿易は積極的に認めたので，追放令は徹底されなかった。

★9　キリスト教をすてなかった播磨国(兵庫県)明石城主の**高山右近**は，領地を没収された。

参考　**サン=フェリペ号事件**　1596(慶長元)年，土佐(高知県)に漂着したスペイン船サン=フェリペ号の乗組員が「スペインはまず宣教師を送りこみ住民を手なずけて，次に軍隊を派遣して植民地にする」という発言をしたという。このため，秀吉はポルトガルやスペインを警戒するようになった。

参考　**秀吉がバテレン追放令を発布した理由**　①教会とキリシタン大名が結びついて力をもち始めたことに警戒したこと。②ポルトガル人が日本人奴隷を海外に売ったこと。③キリスト教は，日本国は神国であるとする神国思想と矛盾したこと。

史料　バテレン追放令

一　日本ハ神国たる処，きりしたん国より邪法を授け候儀，太以て然るべからず候事。
日本は神国であるから，キリシタンの国から邪悪な教え(キリスト教)を布教することは，たいへんよろしくないことである。

一　その国郡の者を近付け門徒になし，神社仏閣を打破るの由，前代未聞に候。
大名が自分の領地の国郡の者に奨めて信者にし，神社仏閣を壊しているということであるが，前代未聞である。

一　伴天連その知恵の法を以て，心ざし次第に檀那を持ち候と思召され候へハ，右の如く日域の仏法を相破る事曲事に候条，伴天連の儀，日本の地ニハおかせられ間敷候間，今日より廿日の間ニ用意仕り帰国すべく候。
宣教師は，その教義やいろいろな知識をもって人々に布教し，その者たちは自分の意思で信者になっていると秀吉公は思われていたが，右のように日本の仏教を破壊したりしていることはけしからぬことであり，これでは宣教師を日本に置いておくことはできない。

一　黒船の儀ハ商売の事に候間，各別に候の条，年月を経，諸事売買いたすべき事。
南蛮船については商売が目的なので特別である，以後，年月を経ても諸取引をするようにせよ。

天正十五年六月十九日　『松浦文書』

補説 **26聖人殉教**　1596(慶長元)年，**サン＝フェリペ号事件**を知った秀吉は，キリスト教の布教は植民地への第一歩であると考えた。そのため，長崎で6名のスペイン宣教師と20名の日本人信者を処刑した。これを**26聖人殉教**といい，日本における最初のキリシタン受難として有名である。

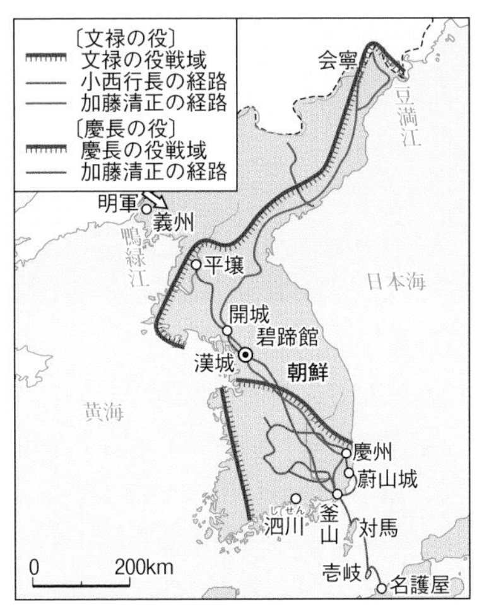

▲文禄・慶長の役要図

③秀吉の対外政策　1588(天正16)年，**海賊禁止令**(**海賊取締令**)を出し，船頭・漁師らの海賊行為を禁止した。これにより倭寇の活動は鎮静化した。秀吉は，海外発展に積極的で，1591年にインドの**ゴア**(ポルトガル政庁)と**ルソン**(スペイン政庁)へ，さらに，1593年に台湾(高山国(たかさごくに))へ入貢を要求したが，失敗に終わった。

④朝鮮侵攻　秀吉は，1585(天正13)年ころから大陸侵攻の意思を示し，1587年には朝鮮に服属と明征服の先導役を要求した。★10 朝鮮が拒否したので朝鮮に出兵し(年号をとって**文禄・慶長の役**という。朝鮮側は**壬辰・丁酉倭乱**とよぶ)，明を征服して天皇を北京に移すという東アジア征服を構想した。

1. **文禄の役**…1592(文禄元)年，加藤清正・小西行長ら16万の軍を朝鮮に派遣し，秀吉みずから**名護屋**(佐賀県)に本陣をかまえた。日本軍は漢城(現ソウル)を陥落させたが，朝鮮水軍の活躍★11や朝鮮義民軍(**義兵**)の抵抗，さらには明の朝鮮援助★12で苦戦におちいり，1593(文禄2)年の**碧蹄館**(漢城の北方)**の戦い**を機に停戦し，日明講和交渉にはいった。
2. **慶長の役**…文禄の役の講和交渉で，秀吉の「明の降伏と朝鮮の割譲を要求する」講和条件は非現実的であったため，講和を急ぐ小西行長らは正確に伝えなかった。そのため，明は「秀吉を日本国王として朝貢を許す」という伝統的な態度で返答し，秀吉は怒り，講和交渉はたちまち破れた。1597(慶長2)年に再度14万の軍を朝鮮に出兵させた(**慶長の役**)が，戦果があがらない中で1598(慶長2)年に秀吉が死去し，五大老・五奉行が軍を引き上げさせた。

参考 **秀吉が朝鮮侵攻を行った理由**
①諸大名の領土的野心を海外に向けさせようとした。
②戦争にかり立てて諸大名の統制を強めようとした。

★10 朝鮮への仲介は，慣例にしたがって**対馬**の**宗氏**を通じて行われた。

★11 朝鮮水軍は，**亀甲船**を用いた**李舜臣**(イスンシン)に率いられ，日本の海上補給線を大いにおびやかした。

★12 明の援軍の責任者は**李如松**であった。明はこののち弱体化していった。

▲亀甲船

求内附情
既堅於恭
順恩可靳
於柔懷茲
特封爾為
日本國王
錫之誥命
於戲寵貴
芝函襲冠
裳於海表
風行卉服
固藩衛於
天朝爾其

◀明の皇帝の国書
文禄の役の講和交渉のさい，明の使者が秀吉に提出した国書。右から5～6行目に「秀吉を日本国王に封じる」とある。上質の綾絹を黄・青・赤・白・鼠の五色に染め，雲鶴の模様を織り出した立派なものである。

❺朝鮮侵攻の結果

1. 朝鮮の人びとを戦火にまきこみ，**多くの被害を与えた。**
2. 撤兵のさい仏像や金属活字などの**文化財を略奪した。**
3. 製陶・印刷技術者や朱子学者をはじめ数多くの民衆を捕虜として日本に強制連行した。
4. 連行された朝鮮人陶工により，有田焼・唐津焼・萩焼・薩摩焼などの朝鮮系製陶がおこされた。
5. 連行された**朱子学者**が**藤原惺窩**らの**日本人儒者**と交流し，江戸時代の**朱子学に大きな影響を与えた。**
6. 莫大な戦費と兵力を無駄についやし，豊臣政権の支配力は急速に弱まっていった。

注意 印刷技術も伝わり，日本最初の活字本である**慶長版本**(**慶長勅版**，☞ p.197)がつくられたことに注意しておこう。

POINT!

① 秀吉の政治…秀吉の統治組織は，五奉行と五大老が中心
太閤検地と刀狩令・人掃令の実施→兵農分離・農商分離が完成
② 秀吉の外交…キリスト教の禁止と2度の朝鮮侵攻(文禄・慶長の役)

SECTION 3 安土桃山文化

▶ 信長・秀吉の天下統一によって新しい文化，**安土桃山文化**(**桃山文化**)が生まれた。この文化の特徴は，全国を統一した権力者が豪華・壮大な**城郭**や**障壁画**により威光を示そうとしたこと，さまざまな外来文化の影響をうけていることにある。

1 建築

❶**城郭建築** 封建権力の象徴ともいうべき**城郭建築**が桃山文化の第一の特色である。安土城・大坂城・伏見城・姫路城(**白鷺城**)が代表的なものである。城郭には高層の楼閣である**天守閣**がそびえ，城

姫路城(兵庫県姫路市)▶

主の居館として書院造の広大な部屋があった。聚楽第(☞p.189)は城郭に準ずる邸宅である。

❷現存する城郭建築の遺構　城郭建築は姫路城などを除いて，当時の全容を伝えるものが少ない★1。江戸幕府の一国一城令や明治維新の際に破壊されたからである。伏見城と聚楽第の遺構が右表の寺社に移建されて，現存する。

❸茶室建築　茶室建築にも注目すべきものがあり，とくに妙喜庵待庵(京都府)と西芳寺(苔寺)湘南亭(京都市)が有名である。

★1 近世初期の城郭で現存するものには，**姫路城**(兵庫県)・**彦根城**(滋賀県)・**犬山城**(愛知県)・**松本城**(長野県)・**松江城**(島根県)などがある。

▼伏見城と聚楽第の遺構

	現存の遺構
伏見城	西本願寺書院と唐門(京都) 都久夫須麻神社本殿(滋賀)
聚楽第	西本願寺飛雲閣(京都) 大徳寺唐門(京都)

2 絵画と工芸

❶障壁画の発展　寺院や大名・商人の住宅のふすまに描かれた障壁画が発達し，書院の壁を絵で飾ることが流行した。

❷障壁画の画題とその手法　障壁画では画題を仏教的なものに求めず，山川草木や花鳥などを画題にした。その手法には，金銀泥や群青・緑青などを用いて，絵の具を金碧に濃く厚く盛りあげる濃絵(金碧画)の手法が用いられた。

▲「唐獅子図屛風」狩野永徳

注意　障壁画には，濃絵による金碧濃彩画ばかりでなく，水墨画手法の絵もあることに注意しよう。

❸障壁画の代表的画家　障壁画で活躍したのは**狩野派**である。狩野永徳は，狩野派の画風を大成し，「唐獅子図屛風」を描いた。永徳の養子の**狩野山楽**は，永徳没後の代表的画家で，「牡丹図」「松鷹図」を残した。

❹水墨画とその代表的画家　水墨画も前代からつづいて描かれ，水墨画家も時代の影響で濃絵を描くようになった。**長谷川等伯**★2や**海北友松**★3が有名である。

❺風俗画の流行　都市民衆の台頭を背景として，町衆の生活や風俗を描く**風俗画**もさかんとなった。「洛中洛外図屛風」や「職人尽図屛風」★4が有名であり，南蛮人の風俗を描いた「南蛮屛風」も貴重である。

❻陶芸の隆盛　茶道の流行を背景にして，京都楽家の長次郎が焼いた**楽焼**と，古田織部の意匠による**織部焼**がつくられた。また，朝鮮侵略で連行した朝鮮人陶工が西日本の大名領内でお国焼きとよばれる**薩摩焼**(島津氏)・**有田焼**(鍋島氏)・**平戸**

★2 **長谷川等伯**　水墨画と金碧濃彩画の両方に秀作を残している。前者には「松林図屛風」，後者には「**智積院襖絵**」がある。

★3 **海北友松**　代表作には，「山水図屛風」がある。

★4 **「職人尽図屛風」**　いろいろな職人が働いているようすを描いたもの。とくに，狩野吉信が描いた喜多院(埼玉県川越市)のそれは有名である。

1 織豊政権と幕藩体制の確立

焼(松浦氏)・萩焼(毛利氏)などのすぐれた陶磁器を生産した。

3 芸能

❶茶道の大成　堺の千利休(宗易)は，村田珠光・武野紹鷗が始めた侘茶(☞p.173)を発展させて芸術性の高いものとした。利休が山崎(京都府)につくった草庵風の簡素な2畳茶室妙喜庵待庵は，現存する唯一の利休茶室である。

❷茶道の流行　茶道は，信長や秀吉が好んだため，武士・豪商の間に大流行した。その結果，楽焼・織部焼の茶器や，書院造から発展した数寄屋造による茶室建築も発達した。

補説　北野大茶湯　1587(天正15)年，秀吉は，千利休・今井宗久・津田宗及ら堺の豪商や茶人の指導のもと，京都・北野神社の境内を中心に大茶会を開き，貴賤貧富の別なく1000人以上の民衆を参加させた。

❸かぶき踊りの発生　この時代にかぶき踊りが発生した。かぶき踊りは，室町時代以来の能・狂言の影響をうけ，歌と踊りを中心とした新しい芸能で，出雲大社の巫女と称する出雲お国(阿国)が始めた。

❹歌舞伎への発展　お国が始めたかぶき踊りは，念仏踊り(☞p.172)をとりいれたもので，阿国歌舞伎とよばれた。やがて歌舞伎は，遊女が男装して行う女歌舞伎から，少年による若衆歌舞伎→野郎歌舞伎と変わっていった。

❺浄瑠璃の発展　室町時代におこった語りものの古浄瑠璃(☞p.172)は，この時代に三味線★6の伴奏で，庶民の間に普及した。

❻隆達節の創始　堺の薬屋の高三隆達は，小歌に節をつけた隆達節を始めた。これは恋愛を主題とし，近世小唄などの先駆をなした。また，盆踊りや念仏踊りが流行した。

4 生活

❶住居　屋根は，板葺から瓦葺が多くなり，繁華街の住宅は2階にも居住部分をもつ2階建が多くなった。

❷飲食　従来の1日2食から，1日3食となった。

❸衣服　男女とも開放的な小袖がふつうとなり，衣服の色も華美なものが多くなった。

参考　彫刻の推移
仏像彫刻がすたれ，書院の欄間彫刻がさかんとなった。

★5 千利休(宗易)　堺の豪商で，武野紹鷗に侘茶を学び，信長や秀吉に仕えた。1591(天正19)年に京都・大徳寺山門上に自分の木像を置いたことから，秀吉の怒りにふれて切腹させられた。

▲阿国歌舞伎の舞台

★6 三味線　中国の三絃が戦国時代末期に琉球から伝来し，胴に蛇の皮を使ったため蛇皮線と呼ばれた。日本では猫皮を利用し，三味線となった。

参考　人形浄瑠璃の成立
傀儡などの操り人形芝居と浄瑠璃が結合して人形浄瑠璃が成立した。江戸時代に大発展する。

注意　日常食に米を食べたのは公家や武士だけで，庶民の常食は雑穀に野菜をたきこんだものであった。また，仏教思想の関係で肉食は普及しなかった。

TOPICS

民衆の生活文化

右の図は「洛中洛外図屏風」の室町通りの1場面である。室町通りは，当時の京都のメインストリートであった。民衆の衣服には**小袖**が一般に用いられ，男性は**袴**をつけることが多く，素材は麻から主に**木綿**にかわっている。男女ともに**結髪**するようになり，図の女性たちは，引っ詰め髪にしている。住居は従来からの**板葺**屋根であるが，京都などでは2階建ての住居や瓦屋根もめずらしくなくなった。

5 南蛮文化(南蛮キリシタン文化)

❶**南蛮文化の成立**　南蛮貿易や宣教師の布教が活発になるにつれて，天文学・地理学・暦学・医学などのヨーロッパの新しい知識が伝えられた。油絵や銅版画の技法が伝来すると，日本人によって西洋画風の**南蛮屛風**も描かれた。★7

❷**活字印刷術**　ヴァリニャーニ(☞p.182)は，金属製の**活字印刷機**を伝え，★8 宗教書のほかに『伊曽保(イソップ)物語』や『平家物語』『日葡辞書』などのローマ字本を出版した。これをキリシタン版または**天草版**という。

補説　**信長・秀吉時代の文学**　この時代の文学には，ほとんど見るべきものはない。わずかに，古今伝授をうけた**細川幽斎**(信長・秀吉に仕えた武将。本名は細川藤孝)と**里村紹巴**(連歌師)の2人が知られるぐらいである。

❸**生活の中の南蛮文化**　民衆のなかにも，たばこを吸ったり，ヨーロッパ風の衣服を身につけるものがでてきた。また，ポルトガル語の**カステラ・パン・タバコ・カッパ**(レインコート)・**シャボン**(石けん)・**カルタ・ラシャ・ジュバン・ビロード・コンペイトウ**などの言葉が現在も残るように，これらの食物や衣服なども，南蛮文化とともに伝えられた。

★7「世界地図屛風」などの南蛮地図屛風が描かれ，これまでの世界観を一変させた。信長や秀吉は，宣教師の携行した地球儀をみて，ヨーロッパと日本の距離や世界の大きさに驚嘆したといわれている。

★8 朝鮮侵略のさいに朝鮮からも活字印刷術が伝えられ，慶長年間，後陽成天皇の勅命で木製の活字により数種の書物が出版された(**慶長版本，慶長勅版**)。

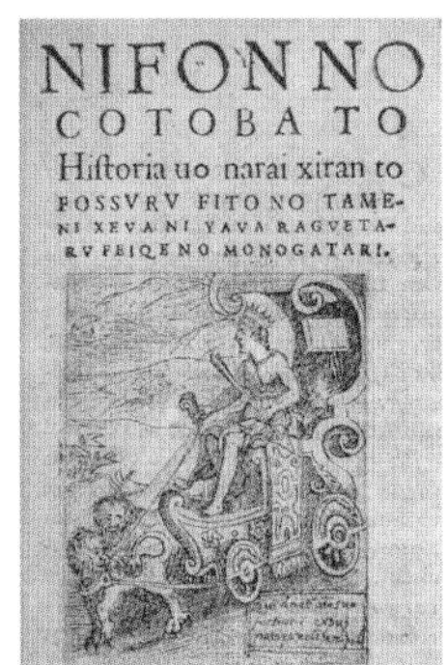
NIFON NO
COTOBA TO
Historia uo narai xiran to
FOSSVRV FITO NO TAME-
NI XEVA NI YAVA RAGVETA-
RV FEIQE NO MONOGATARI.

キリシタン版『平家物語』▶

POINT!

[安土桃山文化]
① 建築では城郭(姫路城など)，絵画では障壁画が流行
② 芸能では千利休の茶道の大成と，出雲お国の歌舞伎の創始が重要

SECTION 4 江戸幕府の成立

▶ 小田原の北条氏の滅亡後，**徳川家康**は東海より関東に移り，**江戸**を根拠とした。そして，**関ヶ原の戦い**の結果，覇権を確立した。征夷大将軍職を2年で**秀忠**に譲り，**大御所**となって政治をとり，**大坂の陣**で豊臣氏を滅ぼして全国統一を完成した。

1 徳川家康の台頭

❶**徳川家康**　家康は三河(愛知県)の岡崎城主であった松平広忠の子である。幼いときから今川・織田両氏の人質となり苦労した。しかし，桶狭間の戦い(☞p.186)後に自立した。

❷**家康の台頭**　次のような経過を経て台頭した。

1 織田信長と同盟して，三河統一を果たし，つづいて5カ国を領有する大名となった。

2 豊臣秀吉に臣従して，関東に移り，江戸★1を本拠として250万石を領有する大名となった。

3 豊臣政権では**五大老の筆頭**になった。

▼家康台頭に関する年表

年	できごと
1560	桶狭間の戦い→家康の自立
1564	三河の一向一揆を平定→三河統一
1572	三方ヶ原の戦い(武田信玄に敗北)
1584	**小牧・長久手の戦い**
1590	小田原攻め，関東転封
1595	五大老に就任
1598	秀吉の死
1600	関ヶ原の戦い
1603	征夷大将軍に就任
1605	秀忠2代将軍就任，家康は大御所
1614	**方広寺鐘銘事件，大坂冬の陣**
1615	**大坂夏の陣，豊臣氏滅亡**

補説　**家康の戦歴**　1560(永禄3)年の**桶狭間の戦い**(愛知県)で**今川義元**が敗れたのち，家康は，織田信長と結んで**三河の一向一揆**を平定し，三河を統一するとともに遠江へも進出した。1572(元亀3)年には**三方ヶ原の戦い**(静岡県)で**武田信玄**に敗れたが，信長と同盟したり，秀吉に臣従したりして，力を蓄えていった。さらに，信長と連合して**長篠の戦い**(愛知県)で信玄の子**武田勝頼**を破り，遠江を支配した。1584(天正12)年の**小牧・長久手の戦い**(愛知県)は，秀吉・家康両雄の対戦であったが，講和した。このころには家康の勢力も大きくなり，「海道一の弓取り」といわれた。1590(天正18)年の小田原の**北条氏征伐**では秀吉と結んで出陣し，北条氏の滅亡後は関東に移り，関東6国を領地とした。家康は肥前(佐賀県)の名護屋には出陣したが朝鮮出兵はまぬがれ，**江戸**を本拠として領国経営につとめ，豊臣政権の五大老の筆頭となった。

★1 **江戸**　鎌倉時代に江戸氏が支配し，室町時代に**太田道灌**が江戸城を築いた。家康は江戸城を改築し，町に道路をつくり，小田原から商人をよびよせた。江戸は，幕府開府とともに政治都市となった。

《　》…三家
〔　〕…三卿

1 家康
- 2 秀忠
  - 3 家光
    - 4 家綱
    - 綱重 ― 6 家宣 ― 7 家継
    - 5 綱吉
  - 正之（保科氏）
- 《尾張家》義直
- 《紀伊家》頼宣 ― ○ ― 8 吉宗
  - 9 家重
    - 10 家治
    - 重好〔清水家〕
  - 宗武〔田安家〕― 定信（松平氏）
  - 宗尹〔一橋家〕― ○ ― 11 家斉
    - 12 家慶 ― 13 家定
    - ○ ― 14 家茂
- 《水戸家》頼房 ― 光圀
  - 斉昭 ― 15 慶喜

▲徳川氏略系図　数字は将軍の代数。

▲徳川家康

2 江戸幕府の開設

❶**主導権争い**　豊臣秀吉の死後，豊臣政権を支えた五大老の筆頭として第一人者にのし上がった徳川家康と上杉景勝・石田三成らが，政権の主導権をめぐって対立した。★2

❷**関ヶ原の戦い**　家康は，この対立を利用し，政権を獲得しようとした。このため，天下分け目の戦いと称される関ヶ原の戦い(岐阜県)が起こった。

1 **経過**…**石田三成**は五大老の1人毛利輝元を盟主に挙兵した(**西軍**)。これに対し，家康の率いる**東軍**とが**1600**(慶長5)**年**，美濃国関ヶ原で衝突した。戦いは1日で終わり，家康方(東軍)が三成方(西軍)を破った。★3

2 **結果**…戦後，家康は大規模な改易(取潰し)・減封などを行って諸大名を圧倒し，★4 秀吉の子**豊臣秀頼**を摂津・河内・和泉65万石の一大名に落とした。

❸**江戸幕府の開設**　家康は朝廷から，**1603**(慶長8)**年**に征夷大将軍に任ぜられ，武士を指揮する伝統的な正統性を得て，江戸に幕府を開いた。これを江戸幕府といい，以後260余年間を**江戸時代**という。

❹**大御所政治**　1605(慶長10)年，家康は将軍職を子の秀忠(在職1605～23)に譲り，みずからは**駿府**(静岡県)で**大御所**(隠居した将軍)として政治をとった。これは，**徳川氏が将軍職を世襲すること**を全国に明示するためであった。

❺**豊臣氏の滅亡**　豊臣秀頼は大坂城に拠って，秀吉の残した豊富な金銀や遺臣の団結などで独自の勢力を保った。そこで，家康は**方広寺鐘銘事件**★5を口実として，戦争をしかけた(大坂の陣)。

1 **大坂冬の陣(1614年)**…家康は大坂城を攻めたが，堅固な大坂城は落ちなかったため，いったんは講和した。

2 **大坂夏の陣(1615年)**…しかし，家康は講和条件を破り，城の外堀ばかりか，内堀までも埋めたので，再び戦争となった。大坂城は陥落して，淀殿・秀頼の母子は自殺し，豊臣氏は滅んだ。ここに平和が回復したので，**元和偃武**★6という。

★2 豊臣家の家臣のなかにも，**石田三成**や**小西行長**と**福島正則**や**加藤清正**らの対立が深まった。なお，秀吉の正妻**北政所**は家康を支持した。

★3 **家康方**(東軍)は9万，**三成方**(西軍)は8万であったが，西軍の**小早川秀秋**の裏切りで勝敗がついた。

★4 改易された大名90名(440万石)，減封された大名4名(221万石)にのぼった。これらの地は徳川氏が直轄したり，関ヶ原の戦いで武功のあった家臣に与えられたりした。

参考 **東照大権現**
家康は，大坂夏の陣の翌年(1616年)に死去した。遺体は**久能山**(静岡市)に葬られ，翌1617年**日光**(栃木県)に改葬し，**東照大権現**として神格化された。

★5 **方広寺鐘銘事件**
京都の方広寺(☞p.191)の大仏再興の際，同寺の鐘の銘に「国家安康・君臣豊楽」と彫ってあった。これを見た家康は，「家康の字が分割されており，これは自分をのろうものである」と，いいがかりをつけた。

★6 **元和偃武**　偃とは，とめる，やめるの意。

POINT!
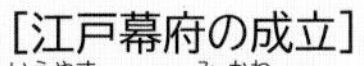
[江戸幕府の成立]
家康は，三河統一→5カ国領有→関東転封250万石領有と力を伸ばす
→関ヶ原の戦いに勝って覇権を確立し，江戸に幕府を開いた

SECTION 5 幕藩体制の構造

▶ 江戸幕府の支配は，強力な領主権をもつ将軍と大名(**幕府**と**藩**(はん))が全国の土地と人民を支配するという方式であった。このような支配体制を**幕藩体制**という。幕府がその頂点に立ちつづけるため，大名を強力な統制下に置いた。

1 江戸幕府の武力と経済力

❶武力の基礎　幕府の軍事力は，諸大名に賦課(ふか)する軍役と，将軍直属の家臣団である旗本(はたもと)・御家人(ごけにん)からなり，圧倒的な軍事力であった。

- **旗本**…将軍にお目見えの資格がある。
- **御家人**…将軍にお目見えの資格がない。

❷経済の基礎

1. **幕府領(幕領(ばくりょう)，天領(てんりょう))**…幕府の直轄領は元禄(げんろく)時代には400万石に達し，幕府の経済的基礎の主要なものである。このほか，旗本領も300万石あり，両者をあわせると全国石高(こくだか)の4分の1が幕府の領地であった。
2. **重要鉱山の直轄**…**佐渡(さど)・石見大森(いわみおおもり)・但馬生野(たじまいくの)・伊豆(いず)**などの重要鉱山を直轄支配し，**貨幣鋳造(ちゅうぞう)権**を独占した。
3. **重要都市・港湾の直轄**…**京都・大坂・奈良・堺(さかい)・長崎**などの重要都市を直轄し，商工業や貿易を統制した。

参考 **旗本八万騎(はちまんき)**　旗本・御家人の数は，享保年間(1716～35年)には，旗本が5204人，御家人が1万7309人で，これらの家来(陪臣(ばいしん))をあわせると6～7万人となった。江戸時代を通じて旗本八万騎といわれ，これは10万石の大名40家分に相当した。

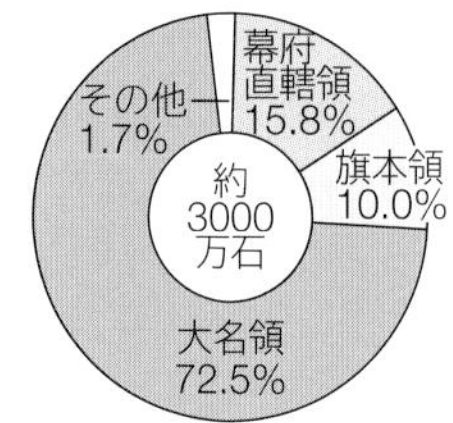

▲領地の割合(18世紀初頭)

2 幕府の職制

❶幕府の支配機構　将軍を頂点に全国支配のための職制が，3代将軍家光(いえみつ)のころに整備され，譜代(ふだい)大名と旗本(はたもと)が職務を担った。

❷中央機構　**将軍**のもとに次のような組織が置かれた。

1. **大老(たいろう)**…常置ではないが，最高の職であった。
2. **老中(ろうじゅう)**…常置の最高執行機関。政務を総括し，数名ずつ交代して1カ月ごとの**月番(つきばん)**となった
3. **若年寄(わかどしより)**…老中を補佐し，旗本・御家人を統率した。
4. **寺社奉行(じしゃぶぎょう)**…寺社・寺社領や神官・僧侶の支配。**関八州(かんはっしゅう)**★1以外の私領の訴訟を担当した。
5. **町(まち)奉行**…江戸の行政・司法・警察を担当した。南北2つの奉行所が交代であたった。
6. **勘定(かんじょう)奉行**…幕府財政の管理と幕領支配および関八州と全国幕領の裁判を担当した。

参考 **幕府政治の特色**
①全ての権力が将軍に集中。
②多くの職が数名で構成され，**合議制・月番制**を採用して権力の集中を防止。
③重職は**譜代大名**と**旗本**が独占。

★1 **関八州**　相模(さがみ)・武蔵(むさし)・安房(あわ)・上総(かずさ)・下総(しもうさ)・常陸(ひたち)・上野(こうずけ)・下野(しもつけ)の関東8カ国をいう。

7 **大目付**…老中の下にあり，はじめは大名の監察にあたったが，のちに触書の伝達が主になった。

8 **目付**…若年寄の下にあり，旗本・御家人を監察するとともに，幕府政治全般に関与した。

9 **評定所**…三奉行★2が個々で決裁できない重大事や管轄のまたがる訴訟を扱う最高司法機関。

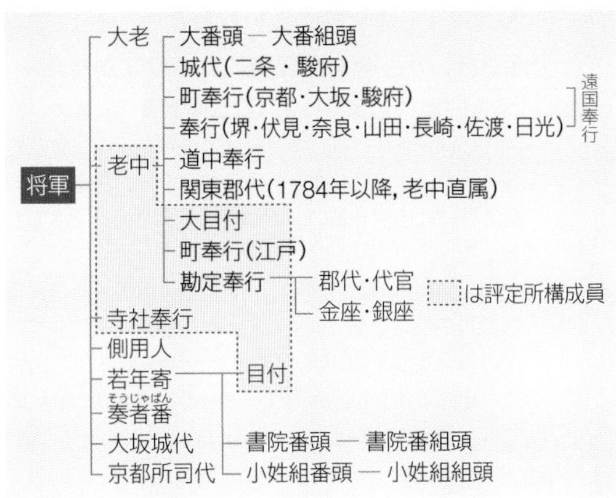

▲江戸幕府の職制表

❸地方機構 地方には，次のような組織が置かれた。

1 **京都所司代**…朝廷の警備・監視と西国大名の監督にあたる。

2 **城代**…二条(京都)・大坂・駿府の城を守る。

3 **郡代・代官**…郡代は関東・飛騨・美濃・西国(豊後)の4地域の広大な幕府領を，代官はその他の幕府領を管轄した。

4 **町奉行**…京都・大坂・駿府などにあり，民政をつかさどる。

5 **奉行**…佐渡・長崎・山田・日光・堺などの民政をつかさどる。

★2 三奉行 寺社奉行・町奉行・勘定奉行をあわせたよび名。

参考 **遠国奉行** 地方機構中の町奉行や奉行のような地方の奉行を総称して遠国奉行という。

[幕藩体制の構造]

政治組織

① 中央…将軍を頂点に要職は譜代大名の中から指名

② 地方…藩が置かれ大名が統治。要地は幕府領として，幕府が統治

経済基盤…幕府領400万石と旗本領300万石

3 大名の種類

❶大名の定義 大名とは，将軍から1万石以上の領知(知行)を与えられたものをいう。★3

❷大名の種類 親藩・譜代・外様の3つに区分された。

1 **親藩**…徳川氏一門の大名。そのうち**尾張・紀伊・水戸**は**御三家**として重んじられ(将軍からは三家と呼ばれる)，将軍家の分家を**御家門**，御三家の分家を**御連枝**という。

2 **譜代(大名)**…三河以来の徳川氏の家臣であった大名。比較的小禄だが，幕府の要職につくことができた。★4

★3 大名の数は，時期により一定しなかったが，ほぼ260～270家前後であった。

★4 老中には2万5000石以上の譜代大名が任命された。安定期の昇進コースは，奏者番から寺社奉行となり，大坂城代，京都所司代を経て老中となった。

③ 外様(大名)…関ヶ原の戦い以後に徳川氏に従った大名。大藩が多いが，幕府の要職にはつけなかった。

補説 **大名の地位と家臣・百姓との関係** 大名は，かなり大幅に領内の政治を任され，参勤交代で江戸在府中以外は絶対の権力を振るった。大名は将軍1代限りの家臣で，将軍がかわるごとに誓紙を捧げて忠誠を誓い，所領安堵の朱印状をうけて主従関係を更新した。

封地は幕府の都合で変更され(**転封**。**国替**・**所替**・**移封**ともいう。賞と罰の場合がある)，家臣はその都度つき従って移住した。伊勢の津藩主藤堂高虎は，「百姓は土地をもつが，大名は浮き草のようなものだ」と述べたほどである。改易(取潰し)のときは，家臣は全員牢人(浪人)となった。

❸**各藩の政治組織** 大名の統治組織を**藩**というが，各藩の政治組織は，幕府のものと類似していた。老中にあたるものとして**家老**が置かれ，藩政を総括した。家老は2～3名で，国元と江戸詰があった。若年寄にあたるものには中老や用人があった。ほかには，目付・町奉行・郡奉行・代官などがあった。

参考 当時は藩という呼称はなく，「**国**」や「**国元**」，「**○○家中**」とよんだ。江戸中期以後，儒者たちが中国の封建制になぞらえて，幕府を守りたすける意味の「藩屏」から，大名の領地や支配機構を「藩」と称した。藩が公称となるのは，1868(明治元)年，維新政府が旧幕府領を府・県に改め，旧大名領を藩と称したのが最初で，廃藩置県まで存続した。

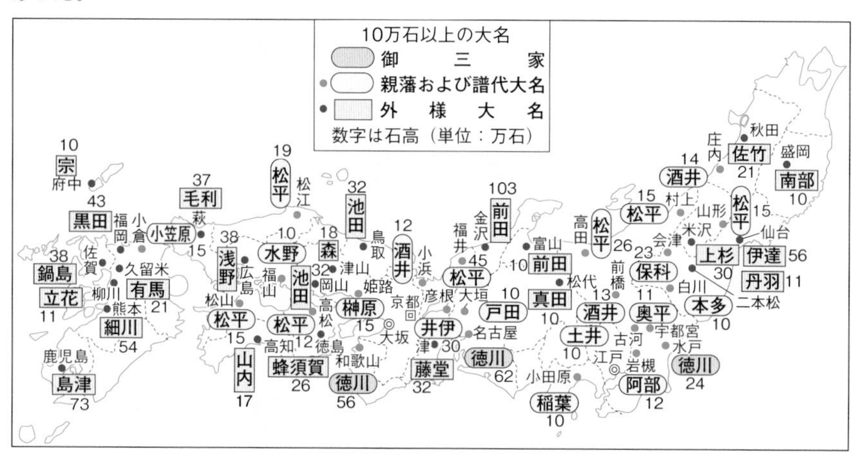

▲おもな大名の配置図(1664年ごろ)

4 大名の統制

❶**大名の統制と配置** 全国の大名を江戸城の修築と市街地の造成，駿府城や名古屋城の築城工事に動員して主従関係を確立し，**武家諸法度**を出して，法により大名を統制した。**全国の要地を親藩・譜代の大名で固め，外様の大大名を東北・中国・九州に配置**した。また，大坂の陣後，大名の居城を1つに限る**一国一城令**を出した。★5

★5 領内の支城を拠点にして藩主に対抗できるような有力武士を弱体化させる効果もあった。

史料　武家諸法度

一　文武弓馬ノ道，専ラ相嗜ムベキ事。……
文武弓馬の道に，ひたすら励むようにせよ。

一　諸国ノ居城修補ヲ為スト雖モ，必ズ言上スベシ。況ンヤ新儀ノ構営堅ク停止令ムル事。
諸国の居城はたとえ修理であっても必ず幕府に報告せよ。　まして，新規に築城することは厳重に禁止する。

慶長廿年卯七月

一　大名小名，在江戸交替，相定ル所也。毎歳夏四月中参勤致スベシ。従者ノ員数近来甚ダ多シ，且ハ国郡ノ費，且ハ人民ノ労也。向後其ノ相応ヲ以テ，之ヲ減少スベシ。……
大名・小名が国元と江戸とを参勤交代するよう定めるものである。毎年夏の四月中に江戸へ参勤せよ。しかし，参勤に来る大名の供の者の人数がたいへん多くなっている。これは治めている国や郡の無駄な出費であり，人々の苦しむところとなる。これからは供の人数を地位に応じ減らすことが必要である。

一　五百石以上ノ船停止ノ事。
五〇〇石積み以上の船をつくることは禁止する。

寛永十二年①六月廿一日　　『御触書寛保集成』②
1635年

注釈　①元和の全13条を寛永では全19条にする。②1744(延享元)年に完成した幕府編纂の法令集。

❷武家諸法度の発布　1615(元和元)年，幕府は大坂城の落城直後に2代将軍秀忠の名で諸大名を伏見城に集め，大名・武士の守るべき大綱として武家諸法度を定めた。[★6] 1635(寛永12)年，3代将軍家光のときに改められ，それ以後，将軍代がわりごとに少しずつ修正を加えた。その内容は次の通り。

1. 城郭の新築を禁じ，修理にも幕府の許可を必要とする。
2. 大名が勝手に婚姻を結び，また同盟を結ぶことを禁止する。
3. 参勤交代の制度を法令化する。
4. 大型船の建造を禁止する。

★6　最初の武家諸法度(元和令)は，家康が，南禅寺金地院(京都)の崇伝に起草させたものである。これを秀忠の名で公布した。

注意　武家諸法度には，このほかに政治上・道徳上の訓戒，治安維持上および儀礼上の注意などが説かれている。

❸大名への制裁　幕府は，大名統制策の貫徹のため武家諸法度に違反した大名や，跡つぎのない大名を改易・減封・転封(国替)などに処した

補説　**改易・減封・転封**　改易とは士籍を除き，石高・家屋敷を没収することで**取潰し**ともいう。減封は石高を減ずることで，転封をともなうことが多い。おもな例としては，福島正則(広島50万石改易)・加藤忠広(熊本52万石より庄内1万石)・本多正純(宇都宮15万石改易)・松平忠直(越前67万石改易)などがある。徳川一門の松平忠直の改易は，一般の大名をおそれさせた。なお，没収分は幕府領としたり，功臣の増封分となったりした。このうち，跡つぎがないための断絶は58件489万石であった。

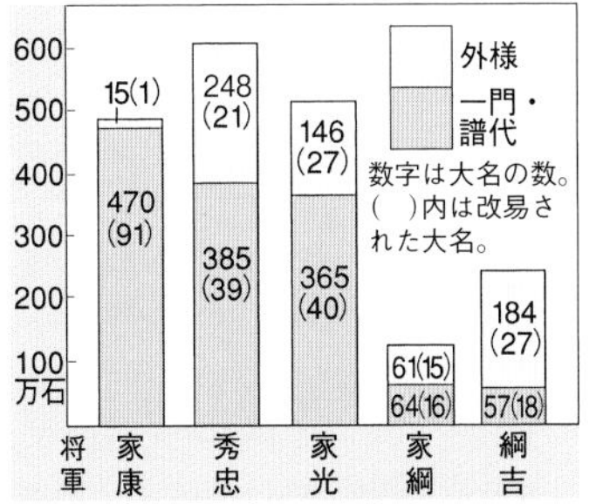

▲大名の改易と没収された石高

❹参勤交代の制度化　参勤交代は，諸大名が1年ごとに江戸に出て将軍に仕えるもので，大名の妻子は江戸常住とした。この参勤交代は，大名の奉公の根幹をなすものであり，1635(寛永12)年，家光によって制度化された。

❺参勤交代の効果　江戸と本国との二重生活で大名の財政が圧迫された。反面，貨幣経済や交通の発達が促進された。

補説　**参勤交代に要した費用**　肥前鍋島藩(36万石。従者500人)の場合

内訳	銀(匁)　〔小判換算〕	米(石)
参勤交代旅費	472,000〔約9,440両〕	1,200
江戸藩邸経費	731,430〔約14,629両〕	453
大坂蔵屋敷の経費		3,345
下関での経費		468
国元での経費	88,916〔約1,778両〕	31,237.44
	1,292,346〔約25,847両〕	36,703.44

〈1655(明暦元)年〉

❻大名の負担　将軍と大名の主従関係の基本は，軍事奉仕の**軍役**★7である。しかし，平和の到来とともに**大河川の普請工事**★8などへの動員が主になっていった。これをお手伝い普請という。

注意　参勤交代は原則として1年交代であったが，**水戸藩と役付大名は江戸常住，対馬の宗氏は3年に1度，**関東の諸大名は半年交代であった。

★7 **軍役**　大名の義務のうち，参勤交代とならんで重要なものに**軍役**があった。これには，直接戦陣に参加するだけでなく，城郭などの普請もふくんでいた。秀吉が石高制による軍役基準を定め，徳川氏はこれを改定した。寛永10年の軍役では，1000石に23人，持鑓2本，弓1張，銃1挺となっている。

★8 宝暦年間(18世紀なかば)の**薩摩藩**による**木曽・長良・揖斐**の3川の治水工事(**宝暦治水**)が有名。

TOPICS

大御所と将軍―天下人になる―

家康は「天下分け目の戦い」(**関ヶ原の戦い**)に勝利して天下人として将軍職についた。2年後に**秀忠**に将軍職を譲ったのは，徳川氏の将軍世襲制を明示するのが狙いであり，家康は**大御所**として実権をにぎった。家康と側近による大御所政治と，江戸の秀忠と門閥譜代による将軍政治とは，異なる編成原理をもち自己矛盾をはらんだものであったが，西国で勢力をもつ豊臣系大名を制圧するためには有効な政治形態であったといわれる。

家康の死後，1617(元和3)年2代将軍秀忠は，大名・公家・寺社に領地の確認文書を一斉に発給する。全国の土地領有者としての地位を明示するとともに，権力は将軍に一元化された。さらに1619(元和5)年，福島正則を武家諸法度違反で改易し，将軍が年功の外様大名をも処分できる力量を示した。こうして，将軍秀忠は名実ともに天下人となった。その秀忠も，1623(元和9)年将軍職を**家光**に譲り，大御所として幕府権力の基礎がためを行った。

秀忠の死後，1632(寛永9)年3代将軍家光も肥後の外様大名加藤氏を処分した。また1634(寛永11)年の30万余りの軍勢を率いた上洛は，全国の譜代から外様に至る大名に，統一した軍役を賦課して権力を示したものである。ここに，将軍家光も名実ともに天下人となった。

このように，将軍職を譲っても大御所は天下人でありつづけた。この時期の大名(領主)たちにとっては，将軍であることより天下人であることのほうが圧倒的に重要な事柄であり，将軍となった者にとって，いかに天下人になるかが課題であった。

[大名の統制]

①大名の種類…徳川氏とのつながりによって分類
→親藩・譜代(大名)・外様(大名)

②大名の統制
- 配置…親藩・譜代→要地，外様→遠隔地
- 武家諸法度…参勤交代の制度化。違反した大名に改易・減封・転封(国替)などの制裁

5 朝廷の統制

❶天皇の地位 江戸時代には，天皇は現実政治からまったく離れた存在であった。そのうえ，その領地(禁裏御料)もきわめて少なかった。しかし，天皇が将軍を任命したので，形式的には朝廷は幕府から尊崇された。★9

❷朝廷の統制 幕府は朝廷を尊崇しつつ，きびしい統制を加えた。

[1] **禁中並公家諸法度の発布**…1615(元和元)年に発布した。この内容は，天皇に「天子諸芸能の事，第一御学問なり」と学問をすすめるいっぽう，皇族や公家の席次・服制・任免などを規定したものであった。

[2] **京都所司代の設置**…朝廷や公家を監視するために**京都所司代**(☞p.201)を設置した。また，朝廷と大名が接近するのをおそれて，大名が参勤交代の際に京都を通過することを禁じた。

★9 **幕府の朝廷への尊崇** 京都の御所を修理したり，禁裏御料1万石を3万石にしたりした。**新井白石**は，**正徳の政治**(☞p.227)で幕府の典礼・儀式を整え，**閑院宮家**(親王家)の創設を認め，朝幕間の融和をはかった。

史料 1615(元和元)年7月の禁中並公家諸法度

一 天子諸芸能の事，第一御学問也。
天皇が修めなければならないことの第一は学問である。

一 摂家①たりと雖も，其の器用無き者は，三公②・摂関に任ぜらるべからず。況んや其の外をや。
五摂家出身の人物であっても，能力のない者は三公・摂関に任命してはならない。ましてやそれより下の家柄の者はいうまでもないことである。

一 武家の官位は，公家当官の外たるべき事。
武家に与える官位は，公家の在官者とは別に扱うこととする。

一 改元は，漢朝の年号の内，吉例を以て相定むべし。
年号を改めることについては，中国の年号から，縁起の良いものを定めよ。

一 紫衣の寺は，住持職，先規希有の事也。近年猥りに勅許の事，……甚だ然るべからず。
紫衣を許される寺の住職は，以前はきわめて少なかった。しかし，近頃はやたらに勅許されている。……はなはだけしからぬことである。

慶長廿年乙卯七月　『徳川禁令考』
1615年

注釈 ①近衛・九条・二条・一条・鷹司の五摂家。 ②太政大臣・左大臣・右大臣。

❸**朝廷の懐柔**(かいじゅう) 幕府は朝廷へ統制を加えるとともに，朝廷の内部にも幕府の意向が確実に伝わるように努めた。

1 **和子入内**(じゅだい)…1620(元和6)年，秀忠は娘**和子**(まさこ・かずこ)を後水尾天皇の中宮(**東福門院**)とした。★10

2 **武家伝奏**(ぶけてんそう)…朝廷と幕府とをつなぐ窓口として，**京都所司代**と緊密に連絡をとり，朝廷に幕府側の指示を伝えた。公家から2人選ばれ，幕府から役料をうけた。

6 寺社の統制

❶**寺社の情勢** 江戸時代の寺社は，その経済的基盤であった荘園を失って勢力が著しくおとろえていた。

❷**寺社の統制** 幕府は，寺院法度(はっと)★11を制定し，寺請(てらうけ)制度を実施して寺社を民衆支配のための道具とした。

1 **寺院法度の制定**…幕府は，**寺院法度**を発布して寺院の活動を規制し，宗派ごとに**本山**(ほんざん)と**末寺**(まつじ)の関係(本末制度)を定めて，本山を通じて末寺統制ができるようにした。

2 **寺請制度の実施**…幕府は，**島原の乱**(しまばら)(☞p.216)以後，キリシタン探索のため宗門改め(しゅうもんあらため)を実施し，**宗門改帳**を作成して，民衆すべてを寺院(檀那寺(だんなじ))の**檀家**(だんか)とし，寺院(檀那寺)に檀徒がキリシタンでないことを証明させた。この制度を**寺請制度**という。

3 **処罰**…日蓮宗(にちれんしゅう)の一派**不受不施派**(ふじゅふせ)は，こうした統制に従わなかったために禁止された。

❸**寺院法度・寺請制度の結果** 寺院は，全国民を信徒とすることとなり，経済的に安定した。しかし，民衆は結婚・旅行・奉公などにも寺院発行の宗旨(しゅうし)手形を必要としたから，寺院は，幕府の庶民支配の末端機構と化した。

参考 **紫衣**(しえ)**事件** 幕府は天皇が高僧に与える紫衣の濫授(らんじゅ)をいましめていたが，**後水尾天皇**が幕府の許可なしに高僧に紫衣を与えると，幕府はこれを取り消した(1627年)。抗議した大徳寺(だいとくじ)の**沢庵**(たくあん)は処罰され，天皇も**憤慨**(ふんがい)して皇女に譲位し，**明正天皇**(めいしょう)が即位(1629年)。これを**紫衣事件**という。

★10 和子の娘は**明正天皇**(めいしょう)(称徳(しょうとく)天皇以来860年ぶりの女性天皇)となった。

★11 **寺院法度** 1601～16年にわたって各宗に個別的に出された。起草者は**崇伝**(すうでん)である。1665(寛文(かんぶん)5)年には，各宗共通の法度が出された。

注意 寺社の監督には，**寺社奉行**があたっていた。

注意 幕府にとって寺社の宗教的権威は利用価値の高いものであったので，一面ではこれを保護することを忘れなかった。寺社朱印地(しゅいんち)は，年貢や課役が免除されたし，伊勢神宮(いせじんぐう)や春日(かすが)神社(奈良)などの神官には，高い位が与えられた。

参考 神社の神職は，1665年**諸社禰宜神主法度**(しょしゃねぎかんぬしはっと)で統制された。

[天皇と寺社の統制]

① 天皇の統制…禁中並公家諸法度(きんちゅうならびにくげしょはっと)，京都所司代(しょしだい)の設置
朝廷の懐柔(かいじゅう)(和子入内(まさこじゅだい)，武家伝奏(ぶけてんそう)) } 形式的には朝廷を尊崇

② 寺社の統制…寺院法度(はっと)の制定，寺請(てらうけ)制度の実施

SECTION 6 幕藩社会の支配構造

▶ 幕藩体制の根幹は，武士・百姓・町人の身分制度にあり，各身分内の上下関係もきびしかった。とくに，幕藩体制をささえる農民支配は強固をきわめるものであった。

1 身分制度

❶身分の序列 武士・百姓・町人の3身分がおもなもので，儒者はこの身分制度を「**士農工商**」とよんでいる。

❷士身分 支配身分として政治や軍事を独占した。

1 **武士の特権**…武士には**苗字**・**帯刀**が許され，百姓や町人に無礼な行為があったと判断された場合に**切捨御免**が認められた。

2 **武士の階層**…将軍を頂点にして，直参(将軍直属)の**旗本**・**御家人**(☞p.200)，および**大名**がいた。その下に侍・徒士・中間・小者・足軽などの**軽輩**があった。大名は，家臣を城下に住まわせ，一部を土着のまま**郷士**★1とした。なお，主君を失った武士を**牢人**(**浪人**)という。

❸百姓身分 農民だけでなく，林業や漁業に従事する人々もふくめられ全人口の約85%を占めた。儒教の理念では，生産に従事するため被支配身分の中で最も尊いとされたが，幕府による経済面・法律面での束縛が厳しかった(☞p.208)。

❹町人身分 職人(工)と商人(商)からなり，多くは都市に居住して**町人**とよばれた。町人にも，農村の村方三役に相当する**町名主**・**町年寄**があり，町政を担当した。また，**五人組**も置かれていた。

1 **町人の階層**…**地主**・**家持**と**地借**・**店借**★2，土地家屋の管理者である**家守**(**大家**)などに分かれていた。職人は親方→徒弟，商人は主人→番頭→手代→丁稚の縦の関係があった。

2 **町人の負担**…屋敷地にかかる**地子銭**などで，百姓の負担にくらべて，きわめて軽かった。しかし，営業すれば**運上**・**冥加金**が課せられた(☞p.237)。

❺賤民身分 賤民は，社会的に最下層の身分とされた人々。**穢多**・**非人**とよばれ，居住地や服装などすべてにわたって差別された。穢多は，牛馬の死体の処理や皮革業を営み，農業にも従事した。非人は，吉凶(婚礼・葬儀など)のさいの**勧進**(物乞い)や雑芸能を行った。幕府や藩は，穢多・非人に皮革の上納や行刑役・牢番などをつとめさせた。

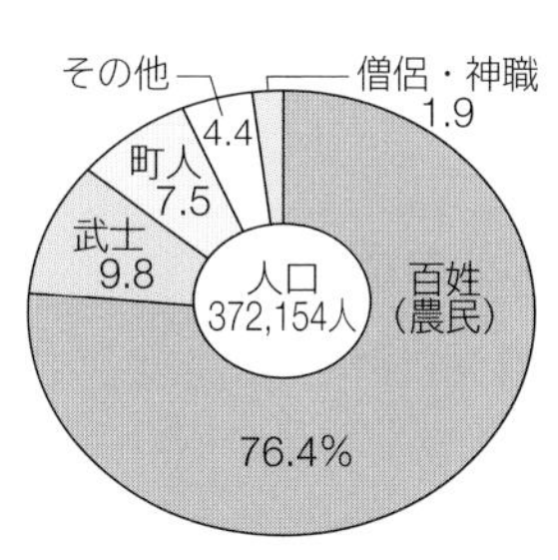

▲**身分別人口構成**
1849(嘉永2)年の秋田藩のもの。その他は医者・鉱山労働者など。

参考 **陪臣** 将軍から見て大名の家臣を陪臣とよぶ。直臣に対する語である。彼らは，主君から**知行地**を与えられ(**地方知行制**)たり，**俸禄米**を与えられたりした(蔵米取・切米取)。しだいに後者が一般化した。

★1 **郷士** 農村に住んでいるが，武士身分であり，藩では農村支配に彼らを利用した。薩摩と土佐の郷士が有名である。

★2 町人といえば家屋敷をもつ地主・家持を意味し，**町法**(**町掟**)を定めて，町を運営した。長屋などに住む借家人は，店借とよばれ，土地を借りる者を**地借**といった。

参考 **その他の身分**
公家・僧侶・神官・儒者・医者などで，武士に準ずる地位を与えられた。

補説　**差別された人々**　穢多・非人の呼称は中世から見られた(穢多は，戦国時代から近世初期には，**かわた**とよばれた)が，江戸幕府の身分支配のもとで，蔑称として17世紀後半に全国に広められた。また，貧困や刑罰により非人となることもあった。

[武士]支配階層,苗字帯刀・切捨御免
- 将軍　旗本・御家人
- 大名　藩士(知行取・蔵米取)郷士

[その他の身分]公家・僧侶・神官・医者
[百姓]本百姓　水呑　名子
[町人]
- 工…親方　徒弟
- 商…主人　番頭　手代　丁稚

◀江戸時代の身分制度

2 家族制度

❶**家長の絶対的権限**　家を代表する家長は，絶対的な権限をもった。家名・家格などを示す「家」は，通常は**嫡子**(長子)の**単独相続**で継承され，二・三男や女性の地位は低かった。

❷**男尊女卑**　男尊女卑の考えが強く，女性は幼くしては親に従い，嫁しては夫に従い，老いては子に従うという**三従の教え**が美徳とされた。また，妻の地位は低く，夫から一方的に離縁状(**三行半**)を渡されて離婚されることもあった。★3

❸**親子関係**　子は親(家長)に対して孝行をつくすことが大切とされ，従わない場合は**勘当**をうけて親子の縁を断たれた。

★3 夫は「都合により」とか「家風にあわず」という理由で離婚することができた。妻のほうからは離婚を要求できなかったが，親類などの仲介で離婚する例も多かった。また，**縁切寺**(鎌倉の**東慶寺**が有名。東慶寺には不遇な女性を救済する寺法があった)に駆けこんで，離婚が成立するのを待つこともあった。

[封建的秩序]
① 身分制度…武士・百姓・町人，穢多・非人
② 封建的な家族制度…家長の絶対的権限，男尊女卑→三従の教え

3 農村の統制

❶**農村の性格**　村は，生産と生活のための共同体であるとともに，幕藩領主の支配の単位であった。村は自治的に運営されたが，領主は**村方三役**である村役人を置き，村民を五人組に編成して支配した。

補説　**村の数と規模**　幕府や藩は，太閤検地以後，あらためて領内の検地を行い，年貢負担者の掌握や村域を確定した(村切り)。こうして中世の惣村や郷村が分割されたり，**新田開発**によって，17世紀末には全国で6万余もの村をかぞえるに至った。総石高は約2500万石で，1村平均は400石余であった。村高・村数の大小や地域差も大きいが，1農村はだいたい50〜100戸の規模で，ほぼ共通する特徴をもった近世的な村が成立した。村は農村が大半であったが，漁村や山村もあり，生業のあり方や地理的条件により性格が違っていた。

▲種まきをする百姓
「人倫訓蒙図彙」より。

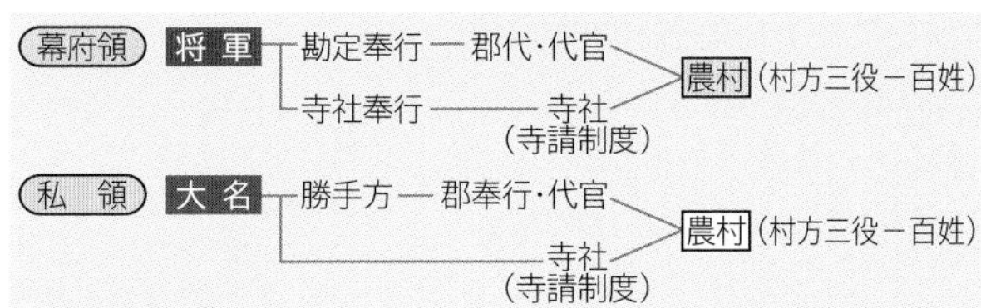

▲農村支配の関係

★4　村方三役の諸費用は，百姓の分担する村入用でまかなわれた。

❷百姓の階層

1 **村役人**(村方三役)…村役人である村方三役とは次のものをいう。★4

①**名主**(**庄屋**・**肝煎**)★5＝村の最高責任者で1村1名。

②**組頭**(**年寄**)＝名主の補佐役で，1村に3～5名。

③**百姓代**＝名主らを監視し，1村に1～3名。

2 **本百姓**(**高持**)…田畑家屋敷をもち，年貢・諸役をつとめ，村政に参加した。また，本家と分家など家の序列があった。

▲**年貢米の査定**　「四季耕作図」より。

3 **水呑**(**無高**)…土地をもたず，**田畑を小作**したり，日用(日雇)仕事に従事した。

4 **名子**…有力な本百姓と隷属関係にあった。地域によっては被官・譜代・家抱・門ともよぶ。

★5　**名主**(**庄屋**・**肝煎**)　**名主**は関東で多く用いられた称で，関西では**庄屋**，東北では**肝煎**といった。なお，荘園制での名主は，「みょうしゅ」と読む。

❸百姓の税負担　領主が年貢・諸役を村に割り当てると，村役人を中心に村の責任でまとめて納入した。これを**村請制**という。

1 **本途物成**…田畑にかけられる本年貢。米で納めるのが原則。

①**税率**＝初期は**四公六民**★6中期以降は**五公五民**となった。

②**課税法**＝初期は**検見法**★7，中期以降は**定免法**★8に変わった。

2 **小物成**…**雑税**の総称。山林原野や河海からの収益産物にかけられた。

3 **夫役**…労働が原則だが，しだいに米・銭で納めることが多くなった。

①**陣夫役**＝戦争のさいの物資輸送。

②**国役**…河川の土木工事や朝鮮通信使(☞p.219)の接待などのため，臨時に特定の国を指定して，石高に応じて賦課した。

★6　**四公六民**　税率が40%という意味である

★7　**検見法**　毎年役人が出張して，その年の作柄を調べて税率を決める方法。

★8　**定免法**　豊凶に関係なく，過去5～10年の収穫高を基準として税率を決める方法。この方法は享保時代の8代将軍吉宗のときから用いられた。

③**助郷役**…宿駅の人馬が不足したとき，街道沿いの村々に村高に応じて一定の人馬を出させた(☞p.234)。

❹**百姓統制の法令**　農業は幕藩体制の基盤であったから，幕府は百姓に対し，下表にあるようなきびしい統制を加えた。

注意　百姓統制の法令とされる**慶安の触書**は，これまで1649(慶安2)年に出されたとされてきたが，幕府はその年に「慶安の触書」を出していない。18世紀後半から19世紀前半ころに作成された，百姓への教諭書ではないかと考えられる。

▼江戸時代の農民統制の法令

年代	名称	内容
1643年(寛永20)	田畑永代売買禁止令	貧しい百姓が田畑を売り，豊かな百姓がそれを買うことで起こる階層分化を禁じたが，田畑の質入れは行われた。1872(明治5)年に廃止された。
1673年(延宝元)	分地制限令	分割相続により経営規模が零細化し，年貢負担能力が低下するのを防ぐため，**10石以下の百姓の分割を禁止**した。
数次	田畑勝手作の禁令	**木綿・たばこ**などの商品作物栽培がさかんとなると，田を畑に変えてまで作ったから，年貢米や食料を確保するため，それらの栽培を制限することがあった。

◀稲こき・脱穀・俵入れ　江戸時代初頭の有様を示すもので，女たちが手でこきおろし，それを唐臼でひいて脱穀し，箕で籾をふり分け俵に入れている。「俵かさね耕作絵巻」より。

史料　田畑永代売買禁止令，田畑勝手作の禁令

〔1643(寛永20)年3月の田畑永代売買禁止令〕

一　身上能き百姓は田地を買い取り，弥宜く成り，身体成らざる者は田畠を沽却せしめ，猶々身上成るべからざるの間，向後田畠売買停止たるべき事。　『御触書寛保集成』

暮し向きの良い農民は田地を買い取ってますます裕福になり，家計の苦しい農民は田畑を売却して，さらに暮し向きが悪くなるので，今後，田畑の売買は禁止する。

〔1643(寛永20)年8月26日の田畑勝手作の禁令〕

一　来年より御料私領共ニ，本田畑にたばこ作申間敷旨，仰せ出だされ候。若し作候ものハ，自今以後，新地を開き作るべき事。

来難より幕府領・旗本領ともに，田畑にたばこを作ること禁止する。仮に作る場合は今後，新しい田畑を開いて作ること。

一　田畑共ニ，油の用として菜種作申間敷事。　『徳川禁令考』

田畑ともに，油に用いる菜種を作ることを禁止する。

❺百姓の生活　百姓は相互の協力関係が非常に強く，村内の結びつきを離れては生活できなかった。

1. **村法(村掟)**…村は自治的に運営された。村の本百姓による**寄合**で村法(村掟)が定められ，これに違反すると，火事と葬儀以外はつきあいを絶たれる，いわゆる**村八分**に処せられた。
2. **五人組**★9…幕府が，百姓の連帯責任の組織としてつくらせた。**5戸1組**が基準である。村での生活における**隣保**共助のほか，年貢納入の共同責任，犯罪・キリシタンに対する相互監視をねらったものである。
3. **相互協力**…百姓は，田植え・井戸掘り・屋根ふきなど，一時に多大の労力を要するときは，**ゆい・もやい**とよばれる数戸の共同作業で助けあった。
4. **講組織**…信仰を同じくする者は，**講**をつくって互いに励ましあった。講には伊勢講・戎講・庚申講などがあり，ときには金銭を積み立てて，交代または集団で，寺社の参詣をも行った。なお，金融機関としての**憑支講**(☞p.165)もいっそう発達した。

▲「水入れ」の図
農民が協力して助けあっている。「俵かさね耕作絵巻」より。

★9 **五人組**　**家光**時代の1633年ごろに整備された。この制度は農村(百姓)だけではなく，町(町人)にもつくられた(☞p.207)。

参考　農村の青年(15～30歳)は，**若者組**という集団をつくって，共同で生活したり，夜警や祭礼などに活動した。**若衆組**ともいう。

TOPICS

百姓の負担

「百姓は天下の根本也。是を治むるに法あり。先ず一人一人の田地の境目をよく立て，さて一年の入用作食をつくらせ，其余を年貢に収むべし。百姓は財の余らぬように，不足なきように，治むること道なり」。これは，家康の側近，**本多正信**が政治に関する意見書『**本佐録**』で述べた一説である(著者については異説もある)。

実際，百姓の生産物は，百姓が余裕をもたぬよう，飢渇しないようにぎりぎりの線まで収奪しようとした。江戸時代初めの百姓の様子について，江戸中期の兵学者大道寺友山が著した『**落穂集**』という書物に，「家康公が関東に入国されたとき，郷村の百姓のありさまは目もあてられないありさまで，名主でさえも畳を敷いた家はなく，男女ともに麻布を着て腹帯をしめ，わらで髪を束ねていた」と述べている。

江戸時代を通じて，幕府は，百姓が自活できて，そのうえ年貢も負担できるようにするため，1戸1町の平均的な百姓の育成をはかった。このため，農村を自給自足の経済状態とし，また，貨幣経済の浸透による階層分化を阻止しようとしたのである。

[百姓の統制]
① 階層…本百姓(高持)→水呑(無高)→名子
② 税負担…本途物成・小物成・夫役(陣夫役・国役・助郷役)
③ 統制法令…田畑永代売買禁止令・分地制限令・田畑勝手作の禁令
④ 生活…村法(村掟)・五人組・ゆい・もやい・講組織

SECTION 7 江戸時代初期の対外関係

▶ 当時の東アジア最大の交易品は，**日本産の銀**と**中国産の生糸**で，その利益はポルトガルの独占状態にあった。徳川家康は貿易の利に注目し，積極的な平和外交を進めようとした。そこで，前代からの**ポルトガル・スペイン(イスパニア)**のほか，新たに**オランダ・イギリス**とも貿易を開始するとともに，東南アジア諸国とは，豊臣秀吉の始めた**朱印船貿易**をおし進めた。

1 江戸時代初期の外交

❶リーフデ号の漂着　1600(慶長5)年，オランダ商船**リーフデ号**が豊後の臼杵(大分県)に漂着した。徳川家康は同船の航海士のイギリス人**ウィリアム=アダムズ**とオランダ人**ヤン=ヨーステン**の2人[★1]を外交顧問としてむかえ，オランダ・イギリスとの貿易を仲介させた。

★1 ウィリアム=アダムズは三浦半島(神奈川県)に領地を与えられたので，三**浦按針**と称した。按針は水先案内人の意味。ヤン=ヨーステンは耶楊子と名のり，のちには貿易に従事した。

❷オランダとの貿易　1609(慶長14)年，**東インド会社**の船が平戸港(長崎県)にきて，幕府から貿易許可の朱印状を与えられた。それ以後，オランダは平戸に商館を置き，日本と貿易を始めた。

❸イギリスとの貿易　イギリス船は，1613(慶長18)年に平戸にきて，同様に貿易を始めた。オランダとイギリスは商業圏拡大のためにはげしく競ったが，結局イギリスは敗れ，1623(元和9)年，平戸のイギリス商館を閉鎖して日本から撤退した。

補説 **オランダ・イギリスの東洋進出**　オランダは宗主国スペインに対抗して1581年に独立，世界貿易にのりだした。イギリスは，1588年にスペインの無敵艦隊を破って海上権をにぎり，世界進出の気運にもえていた。イギリスは1600年，オランダは1602年に，それぞれ**東インド会社**を設立し，国家の保護下に東洋各地に進出した。日本貿易の主導権も，ポルトガル・スペインからオランダ・イギリスに移った。

▼江戸初期の対外関係年

年	できごと
1600	リーフデ号が豊後漂着
1604	糸割符制の開始
1609	日蘭貿易開始
	日朝間に己酉約条成立
	島津家久が琉球制圧
1610	田中勝介ノヴィスパンへ
1613	支倉常長スペインへ
	日英貿易開始
1620	支倉常長帰国
1623	平戸のイギリス商館閉鎖
1624	スペインの来航禁止
1639	ポルトガルの来航禁止

❹ポルトガル貿易と糸割符制　ポルトガルは，中国産の生糸(白糸・唐糸)を中国の広東から日本へ運び，莫大な利益を得ていた。幕府は，ポルトガル商人の暴利を抑えるために，1604(慶長9)年に糸割符制をつくり，**堺・長崎・京都**(のち**江戸**と**大坂**も参加して5カ所となる)の商人★2に，生糸の一括買取権を与えた。これにより日本側の買いたたきが可能となり，ポルトガルの日本貿易は大きく揺らいだ。糸割符制は，のち中国・オランダにも適用された。

❺スペインとの関係　豊臣秀吉がスペインの宣教師を処刑(☞p.193)して以来，両国の関係は悪化していたが，徳川家康は国交回復に努め，その支配地ルソン(フィリピン)に使節を送ったりした。

❻メキシコとの貿易要請　幕府は1610(慶長15)年，上総(千葉県)に漂着したスペイン船に，京都の商人**田中勝介**(勝助)を同行させてノヴィスパン(メキシコ)に貿易を要請した。1613(慶長18)年には，仙台藩の**伊達政宗**も**支倉常長**をスペインに送り，ノヴィスパンとの貿易を望んだが，実現しなかった(**慶長遣欧使節**)。

補説　**田中勝介と支倉常長の渡航**　1609(慶長14)年に漂着したスペイン船に搭乗していた前ルソン臨時総督**ドン=ロドリゴ**は，翌年，家康に船を与えられてメキシコへ向かった。このとき，**田中勝介**が同行した。翌1611(慶長16)年，田中勝介は答礼使**ビスカイノ**とともに帰国した。ビスカイノは日本近海で伝説上の金銀島を探した。1613(慶長18)年，ビスカイノの帰国に際し，**伊達政宗**は，家臣**支倉常長**に宣教師**ルイス=ソテロ**を同行させてスペインに派遣した。支倉常長は，スペイン国王フェリペ3世やローマ教皇パウロ5世に謁見して政宗の書状と贈物を渡し，洗礼をうけた。洗礼名はドン=フィリッポ=フランシスコという。ローマで公民権を与えられ，1620(元和6)年に帰国したが，貿易を開くことはできなかった。

★2　**糸割符仲間**　輸入生糸の専売権の証札を糸割符といい，これをもった商人を**糸割符仲間**とか**五カ所商人**といった。**幕府**は，糸割符仲間を通じて貿易の支配権をにぎった。

注意　メキシコは**ノヴィスパン**とよばれていたが，これは**新イスパニア**の意味である。スペイン(イスパニア)の植民地になっていたことに注意。

▲支倉常長

参考　**徳川家康が西洋貿易を進めた理由**　家康は，西洋船の来航を歓迎した。オランダ・イギリスからは軍需品の鉛・火薬・大砲を買いつけたが，ポルトガルからは，**生糸**を商人の買い入れに優先して買い上げ，それを値段の高いときに売って大もうけをした。

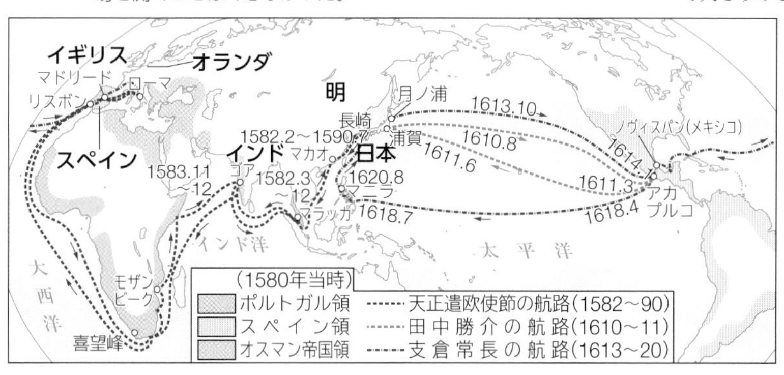

◀**遣欧使節の航路**　支倉常長の航路と，天正遣欧使節(☞p.183)の航路をくらべてみよう。

2 朱印船貿易

❶朱印船貿易　近世初期，海外渡航許可の朱印状(異国渡海朱印状)をうけた貿易船(**朱印船**)による貿易を，朱印船貿易という。豊臣秀吉のときに始まるが(☞p.192)，徳川家康のときに制度として完備され，鎖国をするまで行われた。

注意　朱印船の船主のうち，京都の**角倉了以**，**茶屋四郎次郎**，大坂の**末吉孫左衛門**は，とくに有名であるから覚えておこう。

❷朱印船の船主　下表のような幕臣や各地の**大商人**のほか，**島津氏・松浦氏・有馬氏**らの西南大名が有名である。

また，ウィリアム＝アダムズ・ヤン＝ヨーステンなどの外国人もいた。

▼代表的な貿易商

所在	氏　名
長崎	村山等安(幕臣)
〃	末次平蔵(幕臣)
〃	荒木宗太郎
京都	角倉了以
〃	茶屋四郎次郎
大坂	末吉孫左衛門
堺	納屋助左衛門
松坂	角屋七郎兵衛

▲**朱印船**　角倉船(角倉了以の船)。「清水寺絵馬」より。

補説　**朱印船貿易発達の理由**

①徳川家康は，東南アジア諸国に国書を送り，**朱印状**を携帯する商船の保護を求めた。これに対し，各国も朱印船貿易に便宜を与えたこと。

②公式の日明貿易がとだえたため，密貿易が南方で活発となったこと。

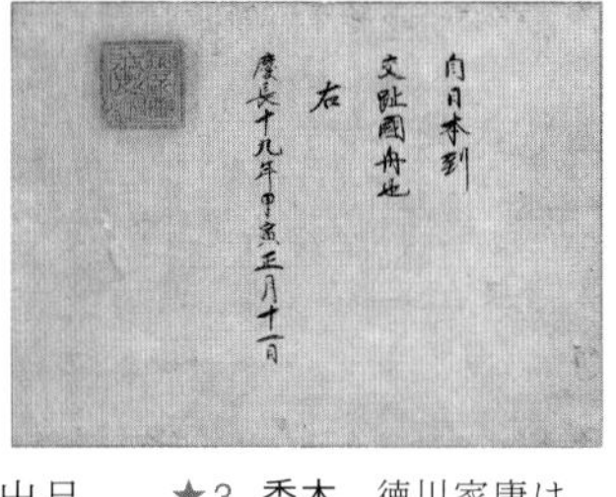

家康が安南渡航を許可した▶朱印状(慶長9年＝1604年)

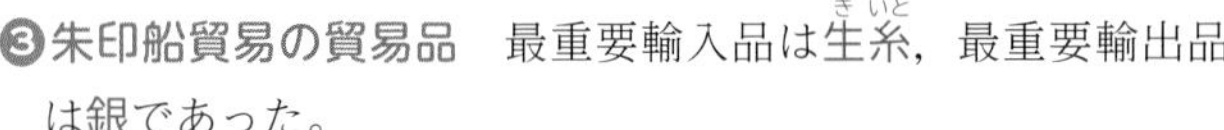

❸朱印船貿易の貿易品　最重要輸入品は**生糸**，最重要輸出品は銀であった。

1 **輸入品**…中国産の**生糸**・絹織物，南方産の皮革・砂糖・象牙・鉛・**香木**★3など。

2 **輸出品**…**銀**★4・銅・硫黄などの鉱産物，樟脳，陶器・扇子・蒔絵などの工芸品，米，麦などの農産物など。

★3　**香木**　徳川家康は，南洋諸国に香木を求める手紙を出した。香木は香料として珍重されたもので，沈香・伽羅(沈香の優良品)が代表的。

❹日本町　朱印船貿易がさかんになるにつれて，商品を買いつけるため海外に移住する日本人がふえ，東南アジア各地に自治制をとった**日本町**ができた。

1 **おもな日本町**…ルソン(フィリピン)の**マニラ**郊外にあるサンミゲルやディラオ，シャム(タイ)の**アユタヤ**，安南(ベトナム中部)の**ツーランやフェフォ**，カンボジアのプ

★4　**銀**　当時の日本の銀輸出額は世界の銀産出額の3分の1に及んだ。金銀の大量流出は多くの金山・銀山を枯渇させるほどであった。

ノンペンやピニャルーなどが有名。

2 山田長政…駿河(静岡県)の出身といわれる。アユタヤの日本町の代表として活躍した。シャム王女と結婚したが，リゴールの太守(地方長官)時代に王位をめぐる争いのため毒殺された。

［江戸時代初期の対外関係］

① 初期外交…平和外交を推進

② 朱印船貿易…東南アジア諸国との貿易，各地に日本町。輸出品は銀，輸入品は生糸中心

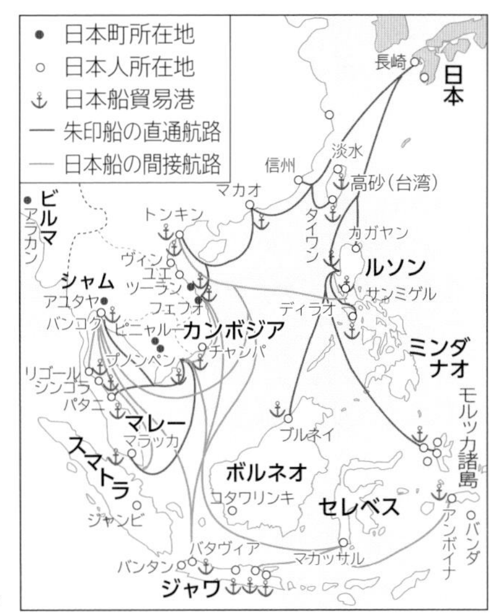

朱印船の航路と日本町▶

8 朱印船貿易の衰退

▶ 順調に見えた朱印船貿易だが，オランダなどの進出を前に後退を余儀なくされたり，山田長政のように日本人が紛争に巻きこまれたりして衰退していった。しかも，幕府にとって，キリスト教の隆盛による封建秩序の乱れと，貿易による西南大名の富強化は，最も恐れるところであった。このため，幕府は貿易を独占してキリスト教禁止を強化するために朱印船を廃止し，**鎖国政策**をおし進めることになる。

1 禁教令と貿易の制限

❶初期のキリスト教　幕府は，海外貿易を奨励し，キリスト教を黙認したため，宣教師の潜入はあとをたたず，布教が進み，信者が増加した。著名な信者に，幕臣の**村山等安**・**末次平蔵**，大名の**有馬晴信**・**細川忠興**・**高山右近**★1などがいた。

❷キリスト教の禁止　やがて幕府は，キリスト教禁止を強化し，1612(慶長17)年に**直轄領に禁教令**を発して教会を破壊し，宣教師を追放した。翌1613(慶長18)年これを全国に広めた。

補説　**キリスト教を禁止した理由**　①神の前にすべての人が平等であるとする観念は，主従上下の身分秩序を重んじる封建道徳と矛盾する。②日本を神国だとする**神国思想**と矛盾した。③信徒の団結心の強さは，一向一揆(☞p.161)の経験から支配層に不安を起こさせた。④仏教や神道との論争は，社会不安を起こすことになる。⑤布教・貿易の背後に，スペイン・ポルトガルの領土的野心を恐れた(イギリス・オランダの中傷もあった)。

★1 **高山右近**　高槻(大阪府)のち明石(兵庫県)城主でもあったが，禁教令以後も改宗を拒否し，1614(慶長19)年にルソンに追放され，そこで一生を終えた。

❸**貿易の制限**　幕府は，キリスト教の拡大と西南大名の貿易による富強化を恐れ，1616年に中国船以外の外国船の来航を平戸(ひらど)と長崎に限った。

❹**奉書船**(ほうしょせん)　3代将軍**家光**(いえみつ)は，1633(寛永(かんえい)10)年には，朱印状のほかに老中(ろうじゅう)が発行した許可証(**老中奉書**)をもつ**奉書船**以外の海外渡航を禁じた。これによって海外渡航は，老中と長崎奉行の完全な指揮監督下にはいった。

❺**日本人の渡航・帰国の禁止**　1633年，海外居住5年以上の日本人の帰国を禁止。1635年には日本人の海外渡航・帰国を全面的に禁止(学術・商業上の海外渡航を許可したのは1866年)。

❻**出島**(でじま)**の構築**　1636(寛永13)年，ポルトガル商人を隔離して長崎に出島をつくって住まわせた。

補説　**出島**　1636(寛永13)年，ポルトガル人を日本人から隔離するために長崎湾につくられた扇形の築島(☞p.218)。面積は約131α(アール)。周囲は石垣で固められ，出島橋を通じて本土とつながっていた。ポルトガル船の来航禁止後は，オランダ商館が出島に移され，オランダ人もここにとじこめられた。現在の出島は，周囲を埋められ，長崎の市街にとりかこまれてしまっているが，内部を復元している。

▼禁教と鎖国の経過

年	できごと
1612(慶長17)	直轄領に**禁教令**→教会破壊→伝道禁止・宣教師追放
13〈秀忠〉	全国に禁教令
14	改宗を拒否した明石城主高山右近ら300名をルソンに追放
16(元和2)	中国船以外の外国船の来航を，長崎・平戸に限る
23	イギリス人の退去
24	スペイン人の来航禁止
29	絵踏(えぶみ)を開始
33(寛永10)	**鎖国令**…奉書船以外の日本船の海外渡航禁止，海外居住5年以上の日本人の帰国禁止
34	出島構築(35年完成)
35	**鎖国令**…日本人の海外渡航一切厳禁，在外日本人の帰国禁止，中国船の長崎以外の出入禁止
36〈家光〉	**鎖国令強化**…ポルトガル人を出島に隔離
37	島原の乱(10月～38年2月)
38	キリシタン厳禁
39	鎖国令…ポルトガル船来航禁止
40	宗門改役(しゅうもんあらためやく)設置
41(寛永18)	**オランダ商館を，平戸から長崎の出島に移す**…鎖国の完成

2 島原(しまばら)の乱と鎖国

❶**島原**(しまばら)**の乱**　1637(寛永(かんえい)14)～38(寛永15)年，肥前(ひぜん)**島原半島**と肥後(ひご)**天草島**のキリスト教徒を中心にして起こった反乱を**島原の乱**(島原・天草一揆ともいう)という。

❷**島原の乱に至る情勢**　幕府のキリスト教徒への迫害が強化されると，改宗者(転(ころ)び)も多くなったが，かえって団結を固める者もあらわれた。とくにキリシタン大名有馬晴信(ありまはるのぶ)・小西行長(こにしゆきなが)らの遺領の島原・天草地方には，信徒のほか牢人(ろうにん)(浪人)も多かった。そのうえ，島原では藩主**松倉重政**(まつくらしげまさ)・勝家(かついえ)父子の重税★2・**禁教政策**★3がきびしいものであった。

❸**島原の乱の勃発**　1634(寛永11)年以来の凶作に対して救済策がとられなかったため，1637(寛永14)年10月，島原の百姓が蜂起すると，天草の百姓もこれにつづいた。一揆勢は

★2　百姓には，田畑の年貢のほかにたばこ・なすのような**小物成**(こものなり)はもとより，子どもが生まれても税金，葬式にも税金を課した。未納者は，妻子の人質，水牢や「みの踊り」の刑に処せられた。「みの踊り」とは，両手を綱で縛り，みのを体にまきつけ，火をつけて苦しめる刑である。

★3　**禁教政策**　キリスト教徒は，残虐の限りをつくして弾圧された。それでも改宗しない者は，地獄とよばれた島原半島の雲仙岳(うんぜんだけ)の火口に投げこまれた。

史料　1633(寛永10)年〜39(寛永16)年の鎖国令

〔1633年令(寛永10年令)〕

一　奉書船の外に，日本人異国え遣し申す間敷候。……

奉書船以外の船を異国へ派遣することは厳重に禁止する。

〔1635年令(寛永12年令)〕

一　異国え日本の船これを遣すの儀，堅く停止の事。

異国へ日本の船を派遣することは厳重に禁止する。

一　異国え渡り住宅仕りこれ有る日本人来り候はば，死罪申し付くべき事。

異国へ渡航して住みついていた日本人が帰国したならば死罪に処する。

〔1636年令(寛永13年令)〕

一　南蛮人①子孫残し置かず，詳に堅く申し付くべき事。

南蛮人の子孫は日本に残し置かないようにはっきりと厳しく申し付けるものである。

〔1639年令(寛永16年令)〕

一　自今以後，かれうた②渡海の儀，これを停止せられ畢んぬ。此上若し差渡におゐては，其船を破却し，幷乗来る者速に斬罪に処せらるべきの旨，仰せ出さるる所也。仍執達件の如し。　『徳川禁令考』

今後ポルトガル船の来航はこれを禁止する。これ以後来航してきた場合は，その船を破壊し，乗組員は即座に処刑される旨，(幕府が長崎奉行・西国の大名へ)命じられた。よって，このように通達する。

注釈　①ポルトガル人・スペイン人。②Galeotaのことで，荷物船のこと。ここではポルトガル船をさす。

視点　鎖国は日本を外国から鎖すのではなく，幕府による極めて制限的な貿易体制である。「鎖国」という用語は19世紀初めから日本で使われ始めた。

小西氏の遺臣益田甚兵衛の子益田(天草)四郎時貞を盟主とし，一時は島原半島・天草島を占領して，有馬氏の旧城であった**原城**に拠った。

❹**幕府軍の出動**　幕府は，参勤中の一部大名を江戸から帰国させ，領国を警戒させた。**板倉重昌**を上使として派遣し，近隣大名を指揮して鎮圧にあたらせた。しかし，原城は容易に落ちず，板倉重昌は戦死した。

❺**原城の陥落**　1638(寛永15)年1月，上使の老中**松平信綱**★4が到着して，オランダ船の砲撃の力をも借り，2月に原城を陥落させて，一揆勢を皆殺しにした。

❻**島原の乱の結果**　島原の乱には宗教一揆の側面もあるが，百姓一揆の面が強い。幕府はこれをキリスト教徒の一揆とみなし，キリスト教の禁止と鎖国体制をさらに強化した。

★4 **松平信綱**　将軍家光の近侍から武蔵川越藩主・老中となり，島原の乱，慶安の変(☞p.224)，明暦の大火(☞p.226)処理に功がある。伊豆守であったことから，「智恵伊豆」と称された。

❼キリスト教対策　1640(寛永17)年，幕府に**宗門改役**を置き，キリスト教徒摘発を任務とした(☞p.206)。1671(寛文11)年からは毎年**宗門改帳**(**宗門人別改帳**)をつくらせた。また，長崎では**絵踏**★5が強化された。

★5　**絵踏**　1629(寛永6)年ごろ**長崎**で始まったキリスト教徒摘発法。キリストやマリアの画像(**踏絵**)を踏むか否かなどで，信者を見分けた。島原の乱後は，強化された。信者の中には，踏絵を踏みつつ，陰で神に許しを乞う者もおり，**隠れキリシタン**として明治まで信仰を伝えていった。

▲絵踏のようす

▲踏絵

❽鎖国の完成　1639(寛永16)年，**ポルトガル船の来航を禁止**し，1641(寛永18)年には**平戸**のオランダ商館を長崎の**出島**に移した。こうして**1641(寛永18)年，いわゆる鎖国の状態になった。**

▲出島

[鎖国の完成]

① 禁教令の徹底，貿易の独占→島原の乱後，鎖国を完成
　ポルトガル人の来航を禁止，オランダ商館を出島に移す

② 鎖国後は，長崎でオランダ・中国(清)とのみ貿易

3 鎖国下の国際関係

❶鎖国下の4つの窓口　鎖国といっても国を閉ざしたわけではなく，**長崎**で**オランダ・中国**，**対馬**(長崎県)を通して**朝鮮**，**薩摩**(鹿児島県)を通して**琉球**，**松前**(北海道)を通して**アイヌ**との関係を維持した。この制限された対外関係が長期につづき，18世紀末になるとこれを鎖国と解釈し，祖法とみなすようになった。なお，オランダ・中国とは商人たちが来日するのみの貿易関係だったので**通商の国**，朝鮮・琉球とは国家間の外交関係にあったので**通信の国**とよんだ。

注意　鎖国という用語は，ドイツ人医師**ケンペル**の著書『**日本誌**』の一部を，1801(享和元)年に蘭学者である**志筑忠雄**が『**鎖国論**』として訳したことから生まれ，以後今日まで用いられている。なお，幕府による貿易独占などの政策を，中国の海禁政策と共通したものとする理解もある。

❷対オランダ貿易　オランダは，ジャワのバタヴィア(現ジャカルタ)に置いた東インド会社の支店として長崎の**出島**に商

館を置き，貿易に従事し，海外事情を記した『オランダ風説書』★6を提出した。来航した商館長は，江戸に行き将軍に拝謁した（**江戸参府**）。

❸対中国貿易 中国では，1644（正保元）年に明が滅んだ後，明船にかわって清の船が長崎に来航し，貿易額も年々増加した。幕府は1688（元禄元）年，清船の来航を年間**70隻**に限定して貿易の増加をおさえた。また翌年，清国人の住居を新設した唐人屋敷に限定した。

❹宗氏と朝鮮通信使 徳川家康は朝鮮との講和を希望し，1609（慶長14）年，対馬藩**宗氏**と朝鮮王朝は己酉約条を結んだ。これにより，釜山（プサン）に**倭館**が設置され，対馬藩は，年間**20隻**の貿易船の派遣が認められ，朝鮮との貿易を独占した。将軍の代がわりごとに朝鮮から朝鮮通信使★7が来日して，国書を交換した。

❺島津氏と琉球 **琉球**は，1609（慶長14）年，薩摩の**島津家久**に征服され，その従属下にはいった。薩摩藩は，琉球にも検地・刀狩を行い，農村支配を確立するとともに，琉球産の砂糖を上納させた。中国との冊封関係を維持させ，**朝貢貿易**により中国産物を入手して利益を得た。また，琉球は国王の代がわりごとに謝恩使★8を，将軍の代がわりごとに慶賀使★8を幕府に派遣した。

❻松前氏と蝦夷地 蝦夷地は，蠣崎氏が**松前氏**と改称し，1604（慶長9）年，徳川家康からアイヌとの交易独占権を保障され，藩政をしいた。藩財政の基盤は，アイヌの生産の場である漁場（**商場・場所**）での交易に置かれ，家臣たちにもアイヌとの交易権が知行として与えられた（**商場知行制**）。

アイヌとの取引では，和人の側に不当な行為が多かったので，1669（寛文9）年，染退（北海道新ひだか町）の総首長**シャクシャイン**がアイヌを率いて松前氏に反抗した（シャクシャインの戦い）。松前藩は武力で鎮圧し，以後アイヌは松前藩に服従させられた。18世紀以後は，多くの商場が和人商人の請負（**場所請負制度**）となり，アイヌは漁業労働に使われるようになった。

補説 **商場知行制** 漁場を与えられた家臣は，アイヌ集落の首長を通じて交易し，その利潤が収入になった。交易品は，アイヌ側が干し鮭・干し鰊・干し鱈・昆布・串鮑，松前藩側は米・糀・古着・酒・木綿・鍋・鎌・椀などであった。

★6『オランダ風説書』 オランダ通詞が翻訳して幕府に差し出した海外事情報告書。この報告は，一部の幕府の高官しか見ることができなかったが，ある程度の海外知識を幕府当局者や洋学関係者に与えることになった。なお，中国船からは『**唐船風説書**』が出され，海外情報を得た。

参考 **おもな貿易品** オランダからは，毛織物・絹織物や薬品・時計・砂糖・書籍などを，中国からは，生糸・絹織物や書籍・砂糖などを輸入した。日本からの輸出品は，金・銀・銅の鉱産物を中心にして，漆器・海産物などであった。とくに**銀**で決済することが多かったため，銀の海外流出をまねいた。

★7 朝鮮通信使 1607（慶長12）年に始まり，1811（文化8）年まで12回来日。1回300～500人。初期には，文禄・慶長の役（☞p.193）の残留朝鮮人捕虜の返還が大きな目的となっていた。

★8 謝恩使・慶賀使 その風俗は中国風のものに強制され，「異国」「異民族」としての琉球人が将軍に入貢するように見せた。

注意 幕府は蝦夷地を，外国でも日本でもない，夷（野蛮人）の住む領域と位置づけていた。

SECTION 9 寛永期の文化

▶安土桃山文化と元禄文化の間に位置する寛永期(1624～43)の文化は，下剋上が終わりをつげ，元和～寛永期の幕藩体制が確立するという時代を反映している。安土桃山文化の自由で華麗な傾向を残しながらも，秩序と落ち着きを取りもどした姿がある。

1 美術・建築

❶**絵画** 狩野派・土佐派が幕府や朝廷の御用絵師となり，画風は停滞した。しかしそのなかでも，土佐派を下じきに新たな画法を生み出した**俵屋宗達**，狩野派の伝統に反抗して人間味のある作品を残した**久隅守景**が出た。

❷**陶芸** 有田焼の**酒井田柿右衛門**が華麗な**赤絵**を，また**京焼**の**野々村仁清**が優美な**色絵**を完成させた。

❸**美術工芸** **本阿弥光悦**は京都町衆の芸術家で，書道・**蒔絵**・陶芸などで活躍した。

▼おもな絵師・工芸家

	作者	作品・業績
絵画	狩野 探幽	永徳の孫。幕府御用絵師
	土佐 光起	朝廷の専属画家。土佐派の確立
	住吉 如慶	子具慶とともに幕府御用絵師
	俵屋 宗達	「風神雷神図屏風」
	久隅 守景	「夕顔棚納涼図屏風」
工芸	酒井田柿右衛門	「色絵花鳥文深鉢」。赤絵磁器
	野々村仁清	「月梅文茶壺」。京焼の祖
	本阿弥光悦	「舟橋蒔絵硯箱」

❹**建築** **権現造**と**数寄屋造**が新様式として完成された。

1 **権現造**…徳川家康をまつる**日光東照宮**(栃木県)の権現造が，霊廟建築の一類型となった。

2 **数寄屋造**…従来の書院造に茶室建築を加味したもので，別荘建築として好まれた。京都の**桂離宮**・**修学院離宮**が有名。

参考 本阿弥光悦の芸術村
徳川家康から重んじられた**光悦**は，京都・洛北の**鷹ケ峰**に土地を与えられ，一族や**尾形光琳**などの芸術仲間と移り住んだ。

◀風神雷神図屏風(風神)

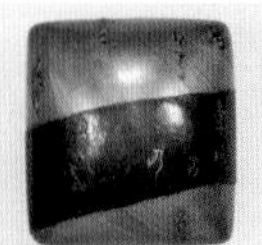
▲舟橋蒔絵硯箱

夕顔棚納涼図屏風▶

◀日光東照宮陽明門

桂離宮の書院▶

☑ 要点チェック

CHAPTER 1 織豊政権と幕藩体制の確立		答
□ 1	織田信長・徳川家康が武田軍を撃破した1575年の戦いは何か。	1 長篠の戦い
□ 2	一向一揆の中心として，織田信長と10年間抗争した寺院は何か。	2 石山本願寺
□ 3	織田信長が出した，市での自由な商売を許可した法令は何か。	3 楽市令
□ 4	信長の統一事業を挫折させた1582年の家臣の反逆事件は何か。	4 本能寺の変
□ 5	秀吉が1582年に明智光秀を討った戦いを何というか。	5 山崎の合戦
□ 6	秀吉と対戦し，1583年に賤ヶ岳で敗北した武将は誰か。	6 柴田勝家
□ 7	豊臣政権で重要政務を合議した５人の有力大名を何というか。	7 五大老
□ 8	秀吉が行った検地の呼称を何というか。	8 太閤検地
□ 9	秀吉が全国的に行った，農民からの武器没収の政策を何というか。	9 刀狩
□ 10	1591年に出された，身分を固定し兵農分離を進めた法令は何か。	10 身分統制令
□ 11	秀吉が宣教師の国外退去を命じた，1587年の法令を何というか。	11 バテレン追放令
□ 12	2度にわたる秀吉の朝鮮侵攻を，日本では何というか。	12 文禄・慶長の役
□ 13	城郭の中核をなす高層の楼閣を何というか。	13 天守閣
□ 14	安土桃山時代にふすまや屏風などに描かれた豪華な絵を何というか。	14 障壁画
□ 15	「唐獅子図屏風」を描き，その画流を完成した絵師は誰か。	15 狩野永徳
□ 16	水墨画と金碧画で活躍した「智積院襖絵」の作者は誰か。	16 長谷川等伯
□ 17	侘茶を大成させた堺の商人は誰か。	17 千利休(宗易)
□ 18	かぶき踊りを始めた出雲大社の巫女と称する女性は誰か。	18 出雲お国(阿国)
□ 19	ヨーロッパ伝来の活字印刷機で作られた，宗教書や辞典・日本古典などの書物を何というか。	19 キリシタン版(天草版)
□ 20	徳川氏の覇権が確定した，1600年の戦いを何というか。	20 関ヶ原の戦い
□ 21	家康が征夷大将軍となったのは西暦何年か。	21 1603年
□ 22	通常置かれる，江戸幕府の最高職を何というか。	22 老中
□ 23	三奉行のなかで，江戸の行政・司法・警察を担当したものは何か。	23 町奉行
□ 24	大名の監察にあたる役職を何というか。	24 大目付
□ 25	重要政務や広域事件を扱う幕府の最高司法機関を何というか。	25 評定所
□ 26	朝廷の監視や西国大名の統轄をつかさどった職を何というか。	26 京都所司代
□ 27	幕府領の民政を行う，勘定奉行支配下の役職(2つ)を何というか。	27 郡代，代官
□ 28	徳川氏一門の大名を何というか。	28 親藩
□ 29	20以前から徳川氏の家臣だった大名を何というか。	29 譜代(大名)

	問題	解答
□30	大名の居城以外の城の破却を命じた，1615年の法令を何というか。	30 一国一城令
□31	大坂の陣後，秀忠の名で出された大名統制の法令を何というか。	31 武家諸法度
□32	幕府が諸大名に命じた在国・在府１年交代の制度を何というか。	32 参勤交代
□33	1615年に発布された，幕府が朝廷・公家の統制のために制定した法令を何というか。	33 禁中並公家諸法度
□34	33の法令違反による，1627～29年の沢庵流罪事件を何というか。	34 紫衣事件
□35	幕府と朝廷とをつなぐ窓口として設けられた役職を何というか。	35 武家伝奏
□36	寺請制度のもとで年々実施されるようになった調査を何というか。	36 宗門改め
□37	都市の商工業者に課せられた税をあげよ(2つ)。	37 運上，冥加金
□38	農村に置かれた村役人を総称して何というか。	38 村方三役
□39	検地帳に登録され，年貢を負担する基本的な百姓を何というか。	39 本百姓(高持)
□40	百姓の負担のうち，田畑に対する正税の呼称を何というか。	40 本途物成
□41	宿駅の人馬の不足時に，村々に人馬を提供させる夫役を何というか。	41 助郷役
□42	39の没落を防ぎ，年貢徴収高を維持するために，田畑の売買を禁じた1643年の法令を何というか。	42 田畑永代売買禁止令
□43	田畑の細分化を防止するための1673年の法令を何というか。	43 分地制限令
□44	百姓に，年貢納入や犯罪防止の連帯責任を負わせる制度は何か。	44 五人組
□45	イギリス・オランダが商館を開いたのは，どこか。	45 平戸
□46	1604年に定められた，輸入生糸を一括購入する制度を何というか。	46 糸割符制
□47	伊達政宗がスペイン・ローマに派遣した家臣は誰か。	47 支倉常長
□48	幕府が貿易許可状を与えた貿易船を何というか。	48 朱印船
□49	鎖国政策を強化させたキリシタンや百姓の一揆を何というか。	49 島原の乱
□50	鎖国後，オランダ商館はどこに置かれたか。	50 出島(長崎)
□51	オランダ商館長が提出した海外情報の報告書を何というか。	51 オランダ風説書
□52	17世紀初め，宗氏が朝鮮と結んだ通商条約を何というか。	52 己酉約条
□53	朝鮮から将軍の代がわりごとに来日した使節を何というか。	53 朝鮮通信使
□54	琉球から将軍の代がわりごとに来日した使節を何というか。	54 慶賀使
□55	家臣にアイヌとの交易権を与える松前藩の制度を何というか。	55 商場知行制
□56	「風神雷神図屛風」を描いた江戸初期の京都の絵師は誰か。	56 俵屋宗達
□57	肥前国で有田焼の赤絵を大成した陶工は誰か。	57 酒井田柿右衛門
□58	京都鷹ケ峰に芸術村をつくった多才な芸術家は誰か。	58 本阿弥光悦
□59	京都の桂川のほとりに造営された数寄屋造の建築物を何というか。	59 桂離宮

CHAPTER 2 » 幕藩体制の展開と産業の発達

時代の俯瞰図

産業の発達（農業，商業，手工業）→ 経済の発展（都市の発達……大坂・江戸／交通の発達……五街道など）→ 町人勢力の台頭 → 町人文化の発達＝元禄文化
町人勢力の台頭 → 幕藩体制の弛緩

おもな事項		
産業の発達	農業生産力の高まり，商品作物栽培の始まり	→ 経済の発展 → 町人勢力の台頭 → 幕藩体制の弛緩
	手工業の発達…農村家内工業から問屋制家内工業へ	
	年貢米の流通（蔵屋敷・蔵元・掛屋・札差など） 貨幣制度の整備，金融機関（両替商など）の発達 ｝商業の発達（大坂中心）	
文化	儒学の興隆（朱子学・陽明学・古学），諸学問の発達 → 元禄文化（上方中心）→	

年	できごと
一六四三	田畑永代売買禁止令
	田畑勝手作の禁令
五一	慶安の変
	家綱⇨4代将軍
	文治政治
五七	明暦の大火
七三	分地制限令
八〇	綱吉⇨5代将軍
八五	生類憐みの令
八八	柳沢吉保⇨側用人
九〇	湯島に聖堂を移す
九五	元禄の改鋳
一七〇一	赤穂事件
〇九	家宣⇨6代将軍
	正徳の政治（新井白石）
一〇	閑院宮家の創設
一三	家継⇨7代将軍
一五	海舶互市新例
一六	吉宗⇨8代将軍

将軍：③家光／④家綱／⑤綱吉／⑥家宣／⑦家継

SECTION 1 文治政治の展開

▶ 4代将軍家綱のころから，幕府支配と身分制秩序を法・制度・儀礼・教化により維持しようとする政治が展開した。その傾向は，とくに**新井白石**の**正徳の政治**に強く示されて，以後の幕府政治の基調となった。3代家光までの武力で威圧する政治を**武断政治**，4代家綱以降の政治を**文治政治**ともよんでいる。

1 文治政治への転換

❶**家光政権の幕政**　幕藩体制は，3代将軍**家光**の寛永期に確立した。家光の側近には，**松平信綱**・**阿部忠秋**などが仕えた。家光までの3代は，幕府権力の集中と安定のため武力で威圧し，改易・減封など強圧的な方法で諸大名を服従させる**武断政治**の傾向が強かった。

❷**牢人・旗本の無頼化問題**　大名の改易は，幕府に対する反抗的行動だけでなく，跡継ぎのいない大名が臨終に急養子を願いでて相続人とする**末期養子の禁**や，将軍に近侍した大名の殉死によっても起こった。こ

▲牢人のけんか　「江戸名所記」より。

のため，改易で生じた牢人(浪人)は多数にふくれあがり[★1]，その不満が深刻化した。また，合戦の手柄による出世ができなくなった幕臣のなかにも無頼化する者[★2]があらわれるなど，政情不安が増大した。

❸慶安の変(由井正雪の乱)　1651(慶安4)年家光が死ぬと，老中の堀田正盛らが殉死し，**家綱**が11歳で4代将軍となった。そして，家光の弟で家綱の叔父である会津藩主**保科正之**が，家光の遺言により家綱を補佐した。その直後，兵学者**由井正雪**が，**丸橋忠弥**らとはかり反乱を計画したが，発覚して未遂に終わった。これを**慶安の変(由井正雪の乱)**という。また翌1652(承応元)年には，牢人**別木(戸次)庄左衛門**が老中を暗殺しようとした**承応事件**があった。

❹文治政治の採用　慶安の変の後，ただちに**末期養子の禁を緩和**[★3]し，改易を少なくし転封も最小限にとどめることにした。こうして幕府は法律や制度を整備し，社会秩序を保ちつつ，幕府の権威を高める**文治政治への転換**[★4]をはたした。

❺家綱政権の幕政　1663(寛文3)年，家綱は代がわりの武家諸法度を発布し，**殉死の禁止**を命じた[★5]。1664(寛文4)年には，すべての大名に一斉に**領知宛行状**(朱印状)の発給(**寛文印知**)を実施し，以後，将軍がかわるごとに行われた。また，幕府領の検地も行って，幕府の財政収入の安定をはかった。

さらに1665(寛文5)年には，大名が幕府に重臣の子弟を人質にさしだす**証人の制**を廃止した[★5]。こうして，戦国期以来の遺風が制度的にも払拭され，文治政治の傾向が強く打ち出された。しかし，家綱の晩年，保科正之の引退後は，**酒井忠清**が大老として権力をふるい，「下馬将軍」[★6]といわれ，幕政は一時混乱した。

★1　このとき，牢人(浪人)は，総数40万人にのぼるといわれた。

★2　江戸初期の「かぶき者」の系譜をひき異様な姿でかわったふるまいをした。旗本・御家人の無頼者を旗本奴・六方とよび，これに対抗した市井の遊侠無頼の者を町奴・男伊達とよんだ。町奴の頭領の幡随院長兵衛はのち芝居に脚色された。

参考　1651年，三河刈谷藩主の**松平定政**が旗本救済を主張して所領を幕府に返上し，みずからは托鉢の行に出るという事件も起きた。

★3　17～50歳の大名には末期養子を認めた。

★4　ただし，幕府は武家軍事政権であり，武断政治を否定したわけではない。

★5　**殉死の禁止**と**大名の証人の制の廃止**は，**寛文の二大美事**といわれた。

★6　酒井忠清の邸宅が，江戸城下馬札の近くにあったことに由来したもの。

史料　1663(寛文3)年5月23日の殉死の禁止

殉死は，いにしへより不義・無益の事也といましめ置くといへども，仰出されこれなき故，近年追腹①のもの余多これあり。向後左様の存念②これあるべきものには，常々其の主人より殉死仕らざる様に堅く申し含むべく候。若し以来これあるに於ては，亡主の不覚悟・越度③たるべし。跡目④の息も抑留⑤せしめざる儀，不届⑥に思食させられるべき者なり。

『御当家令条』⑦

注釈　①殉死の別称。②考え。③死んだ主人の過失。④家督相続人。⑤思い止まらせる。⑥過失。⑦私撰の幕府法令集。

補説 **殉死の禁止**　主人の死後は，跡継ぎの新しい主人に奉公することが義務づけられ，将軍と大名，大名と家臣との関係において，主人の家は代々主人でありつづけ，従者は主人の家に代々奉公する主従の関係を明示することになった。

▼文治政治の採用

創業期	家綱時代
末期養子の禁	→1651　禁制緩和
改易・減封厳重	→　減少
殉死は美徳	→1663　殉死の禁止
転封さかん	→1664　寛文印知で固定化
大名の証人の制	→1665　廃止

2 元禄時代

❶**元禄時代**　家綱には子がなく，弟で上野(群馬県)館林藩主であった綱吉が5代将軍になった。綱吉は学問を好み，文治政治の傾向をますます強めた。経済・文化の面でも大きな発展が見られた綱吉の時代を，当時の年号をとって元禄時代という。

❷**元禄文化**　綱吉の時代を中心に，おもに上方で町人の文化が栄えた。これを元禄文化(☞p.244)という。

❸**綱吉の初期の政治**　大老**堀田正俊**の補佐により，学術を奨励し，将軍の権威を高めようとした。

1. **礼儀による秩序**…1683(天和3)年に，綱吉の代がわりの武家諸法度が出され，第1条が「文武忠孝を励まし，礼儀を正すべきこと」に改められた。「弓馬の道」の武道にかわって，主君に対する忠，父祖に対する孝の**忠孝の道徳**，それに**礼儀**による秩序をまず第一に要求したものであった。
2. **学術の奨励**…綱吉は儒学を好み，**林鳳岡(信篤)**を大学頭に任じ，江戸忍岡の林家の私塾と孔子廟とを湯島に移して**聖堂学問所**と**聖堂**とした。また，**北村季吟**を歌学方に，**渋川春海(安井算哲)**を天文方に任じた(☞p.244)。
3. **将軍の権威高揚**…失政と判断した大名や旗本に対して，改易や減封を断行したため，将軍の権威は高揚した。

❹**綱吉の後期の政治**　**側用人**★7の**柳沢吉保**が重用されて，将軍との個人的つながりをもとにする，側用人政治といわれる時代となった。また，綱吉の母桂昌院や夫人たちの権勢化，商品生産の発達(☞p.231)による**元禄風**とよばれる華美な生活，**生類憐みの令**などで政治は混乱した。そのうえ，金・銀の産額も減り，幕府財政が赤字となった。

▲徳川綱吉

★7 **側用人**　常時将軍の側近にあり，その命令を老中などに伝える職。老中に準ずる待遇をうけた。1684(貞享元)年に大老の堀田正俊が暗殺されてから，側用人の権勢が高まった。5代将軍綱吉の側用人**柳沢吉保**以下，6代家宣・7代家継の**間部詮房**，10代家治の**田沼意次**，11代家斉の**水野忠成**などが名高い。

参考 **赤穂事件**　1701(元禄14)年勅使の江戸下向にあたり接待役となった赤穂藩主**浅野長矩(内匠頭)**は，礼式指南の**吉良義央(上野介)**に江戸城中で切りつけたため，切腹を命じられ，所領は没収となった。家老**大石良雄(内蔵助)**を中心に復讐を誓った浅野家の47人の牢人は，1702年12月，義央を襲って主君の仇を討った。その処分には多くの議論があったが，切腹と決まった。人形浄瑠璃や芝居の『仮名手本忠臣蔵』で，民衆に愛好された。この事件は，秩序が重視され，儀礼が重い意味をもつようになった中で，天皇の勅使を饗応する場面で発生したところに，この時代ならではの空気が伝わっている。

史料　1687(貞享4)年4月の生類憐みの令

一　鳥類・畜類人の疵付候様なるは，唯今迄の通り相届くべく候。その外友くひ，又はおのれと痛煩い候計にては届くるに及ばず候。随分養育致し，主これあり候はゞ，返し申すべき事。

鳥類・畜類で，人が傷つけたと思われるものは今までのように届け出よ。共食いまたは自ら傷つけたと思われるものは届け出る必要はない。それらを育て，飼い主がいれば返すようにせよ。

一　主なき犬，頃日は食物給させ申さず候様に相聞え候。畢竟食物給させ候えば，その人の犬の様に罷成り，以後迄六ケ敷事と存じ，いたはり申さずと相聞え，不届に候。向後左様これなき様相心得るべき事。　『御当家令条』

飼い主がいない犬に日ごろ食べ物をあたえない者がいると聞く。それは食べ物をあたえれば，その人の飼い犬のようになって面倒だと考え，いたわらないでいるらしいが，よくないことである。これからはそのようなことがないように心得よ。

補説　**生類憐みの令**　1685(貞享2)年から20年余りにわたり，犬にかぎらず生類すべての殺生を禁じた。その理由としては，綱吉の嗣子徳松の死後男子がなく，世継ぎ誕生を加持祈禱に頼ったときに僧**隆光**がすすめたとの説と，綱吉の病気全快・長寿の祈禱のためとの2説がある。とくに綱吉は生年が戌年であったため，犬を大切にし，「**犬公方**」といわれた。江戸近郊に犬小屋をつくって野犬を収容し，犬を殺生したものは厳罰に処せられ，民衆から悪評と反感をうけた。

❺幕府の財政窮乏　家康の蓄財で，幕府財政は余裕があったが，家綱時代の**明暦の大火**★8や**旗本救済策**，綱吉時代の寺社造営や世上の華美によって，1695(元禄8)年には赤字に転落した。このころには，金・銀鉱山の産出量が激減してきたことも，赤字の要因となった。

❻元禄の改鋳　幕府は，**勘定吟味役**(のち**勘定奉行**)荻原重秀の意見を用いて，1695(元禄8)年から貨幣を改鋳した。この改鋳で，約452万両の差益(**出目**)を得て一時の急をしのいだが，貨幣品位の低下は新貨幣の信用を低め，物価の高騰を招いて，人々の不満を高めた。

参考　**忠孝の道徳の奨励**　綱吉は「忠孝を励まし」で始まる高札を出し，忠孝の者を表彰するなど，教化による民衆支配も強化した。また，1684(貞享元)年に出された**服忌令**(近親者に死者があったときに，喪に服したり忌引をする日数を定めた)とともに殺生や死を忌みきらう風潮を強化した。

★8　**明暦の大火**　1657(明暦3)年1月18日，本郷丸山の本妙寺から出火し，3日3晩つづいた大火災。江戸城をはじめ武家屋敷も多く焼け，10万人以上が焼死した。江戸全市の55%が焦土となった。

▲**金座のようす**　「金座絵巻」(日本銀行貨幣博物館所蔵)より。

◀**江戸の町屋**　明暦の大火以前のようすで，板葺き屋根である。

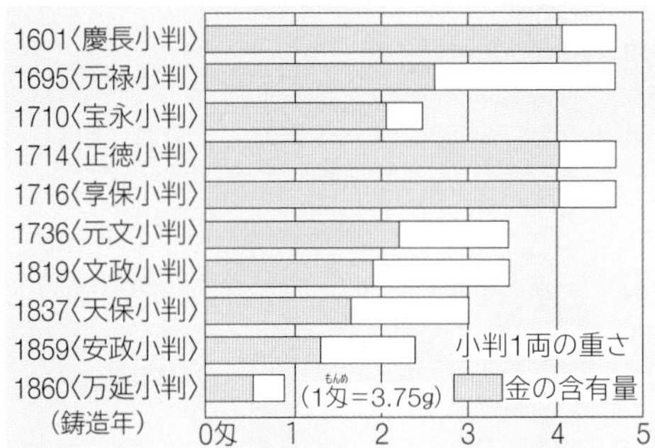

◀**金貨の成分の推移**　幕府は**荻原重秀**の財政再建策を採用し，金銀の品位を落としてその差益を吸収する**元禄の改鋳**を断行した。ところが，金銀の改悪鋳はそのまま**物価高騰**を招いたため，1714(正徳4)年に**新井白石**がほぼ慶長金銀の重量・品位に戻し(**正徳の改鋳**)，物価の安定をはかった。

以後，幕府は元文・文政・天保・安政・万延年間と改鋳をくりかえしたが，**万延の改鋳**は開港で大量の金貨が海外に流出するのを防ぐためであった(☞p.297)。

3 正徳の政治

❶**将軍家宣・家継**　綱吉にもあとつぎがなかったので，甥の徳川綱豊が6代将軍**家宣**となった。家宣のあとは，その子**家継**がわずか4歳で7代将軍となった。

❷**正徳の政治**　家宣・家継の時代は，儒学者の新井白石が中心となって，前代からの**文治政策**を継承・発展させた。側用人には**間部詮房**が登用された。この政治を，正徳の政治(正徳の治)という。

▼正徳の政治

	年	できごと	
文治策	1709	生類憐みの令を廃止	家宣
	10	**閑院宮家創設**	
		幕府の典礼儀式を整備	
財政策		貨幣改鋳(**乾字金**…復旧)	
	11	**朝鮮通信使の待遇**の簡素化	
	12	荻原重秀を罷免	
		勘定吟味役再置	
	14	貨幣改鋳(**正徳金銀**)	家継
	15	**海舶互市新例**	

❸**政令の改正**　新井白石は，**生類憐みの令を廃し**，側用人の柳沢吉保を退けた。

❹**幕府の権威高揚**　新井白石は，儒学者としての立場から，幕府の儀式・典礼を整えて，将軍の権威高揚をはかった。**朝鮮通信使の待遇を簡素化**したのも，この目的からであるが，同時に経費の軽減をはかろうとした(1711年)。

▲新井白石

補説　**朝鮮通信使**　朝鮮からの使節を，朝鮮通信使または来聘使といった。将軍の代がわりに際し，朝鮮国王から派遣され，江戸時代の間に12回の使節が来日した。**新井白石**は待遇を簡素化したが，8代将軍吉宗は旧にもどして丁重にもてなした。

❺**朝幕関係**　新井白石は新しい宮家の**閑院宮家の創設**を進言し，朝幕関係の融和をはかった(☞p.205)。

朝鮮通信使　「江戸図屏風」より。▶

史料　1715(正徳5)年正月11日の海船互市新例

一　唐人方商売の法，凡一年の船数，口船・奥船合せて三拾艘，すべて銀高六千貫目に限り，其の内銅三百万斤を相渡すべき事。

中国(清)との貿易は，来航する中国船の船数を，寧波船・南京船合わせて年間30艘に制限すること。貿易額を銀高6000貫目とすること。そのうち，銅の輸出を300万斤とすること。

一　阿蘭陀人商売の法，凡一年の船数二艘，凡て銀高三千貫目に限り，其の内銅百五拾万斤を渡すべき事。　『徳川禁令考』

阿蘭陀との貿易は，来航するオランダ船の船数を年間2艘に制限すること。貿易額を銀高3000貫目とすること。そのうち，銅の輸出を150万斤とすること。

❻**正徳の改鋳**　悪貨鋳造の責任者であった**荻原重秀**を退け，良質の**乾字金**，ついで正徳金銀を鋳造し，貨幣の信用を高めて物価の高騰を抑制しようとした。★9

❼**長崎貿易の制限**　長崎貿易により日本の金・銀が外国に流出していたため，1715(正徳5)年に海舶互市新例(長崎新令・正徳新令)を出して，貿易制限を行った。

❽**海舶互市新例の内容**　貿易船を年間，**清30隻**，**オランダ2隻**とし，貿易額もそれぞれ**銀6000貫**と**3000貫**に制限した。輸入品の支払いはなるべく**銅**で支払い，**俵物**(☞p.232)や陶磁器・工芸品の輸出を奨励した。

❾**正徳の政治の評価**　儒学に基づく政治と儀礼や制度の整備によって将軍の権威を強める政策は，元禄期の政治を引き継いで推進し，8代将軍吉宗の享保の改革にも受け継がれた。長崎貿易の改革は，幕末まで維持された。

★9 **荻原重秀を退けた理由**　元禄の改鋳による低品質の貨幣は経済界の信用を得られず，貨幣への不信感と物価の上昇を生んでいた。

参考 **勘定吟味役の再設置**
勘定吟味役は，勘定奉行につぐ地位で，奉行以下の行政を監察するために1682(天和2)年に置かれた。**荻原重秀**が勘定吟味役から勘定奉行になると，1699(元禄12)年に廃止された。しかし，重秀罷免ののち，再設置された。

家綱の政治…①大名改易の緩和→末期養子の禁を緩和し，牢人増加を防止
②戦国遺風の廃止…殉死・証人の制を廃止

元禄の政治…綱吉と側用人の柳沢吉保による政治
①学問の興隆→湯島に聖堂学問所と聖堂を建設，林鳳岡…大学頭，北村季吟…歌学方，渋川春海(安井算哲)…天文方に採用
②生類憐みの令　③財政の悪化→貨幣経済の発達，家綱時代の明暦の大火後の江戸再建など幕府の支出の増大

正徳の政治…新井白石による政治
①生類憐みの令を廃止　②朝鮮通信使の待遇を簡素化　③閑院宮家を創設
④貨幣の改鋳　⑤海舶互市新例を発し，貿易を制限

＼ TOPICS ／

将軍権力と文治政治

2代将軍秀忠ー12年。3代将軍家光ー11年。4代将軍家綱ー13年。5代将軍綱吉ー4年。6代将軍家宣ー3年。8代将軍吉宗以降ー1年～1年半。7代将軍家継は幼くして亡くなったため行えなかった。

上は，将軍宣下をうけてから**領知宛行状**(**朱印状**)を発給するまでに要した年数一覧である。3代家光から4代家綱の将軍代がわりまで，大名との主従関係は決して自動継続的ではなかったことを示している。ところが，4代から5代将軍への代がわりに際しては，それまでにないスピードアップがはかられている。8代将軍吉宗以降は，将軍になると，自動継続的に統一的知行体系の頂点に立ち，諸大名と主従関係を結ぶことを意味している。

スピードアップがはかられたのは，殉死の禁止のように，将軍から見たとき従者である大名は，主人である将軍の死後も，主家つまり将軍家に自動継続的に奉公するのが当然となるような政策を進めた結果である。綱吉・家宣・家継の時代に文治政策が展開されるなかで，将軍・大名間の主従関係は固定された。その意味で，**文治政治の展開は，将軍権力を強化させる役割を果たした**といえよう。

4 諸藩の文治政策

❶**諸藩の政治**　幕政が文治政策を進めるにつれ，諸藩においても儒学者などを招き[★10]，文治政策が推進された。名君といわれて，藩政に治績をあげる大名も出た。

❷**会津藩**　藩主**保科正之**は，**山崎闇斎**を招いて朱子学を学び，藩校稽古堂(のち日新館)を建て，新田開発や殖産興業に努めた。

❸**水戸藩**　藩主**徳川光圀**は，江戸の藩邸に**彰考館**を設立し，明の学者**朱舜水**らを用いて，『**大日本史**』の編修に着手した(☞p.241)。また，国内の朱子学者を招いて藩士の教育に力をそそぎ，**水戸学派**の基礎をつくった。

❹**加賀藩**　藩主**前田綱紀**は，**木下順庵**について朱子学を学び，**室鳩巣**を招いて和漢古書の収集に努めた。また，**稲生若水**を招いて殖産に努めた。

❺**岡山藩**　藩主**池田光政**は，陽明学者**熊沢蕃山**を用いて政治改革に努力した。諸藩に先がけて，藩校の**花畠教場**を設け，また，庶民教育のための**閑谷学校**を開いた(☞p.286)。

❻**土佐藩**　藩主山内忠義の家老**野中兼山**は，朱子学者**谷時中**に学び，新田開発・殖産興業・土木工事に敏腕をふるった。

★10 **諸藩が儒学者を招いた理由**　社会が安定してくると，秩序の維持は，単なる慣習ではなく，普遍的な原理としての法や道徳に求められるようになった。このような要請にこたえたのが，朱子学を中心とする儒学者であった。

▲**閑谷学校**(岡山県備前市)

SECTION 2 農業生産の進展

▶ 幕府や諸藩は，封建支配の経済的基盤として農業を重視し，用水路をつくったり，新田畑の開発を奨励したりした。それにともない，農業技術も進歩し，生産力は高まっていった。また，商品作物の生産がさかんになり，**貨幣経済**が農村にまで浸透した。

1 農業生産力の高まり

❶新田の開発 新しく開発された田畑は，本田(古田)に対して**新田**とよばれた。近世初頭の大開発により，耕地面積は飛躍的に増大した。[★1]

補説 **新田の種類** 初期には，領主の代官がみずから行う**代官見立新田**が多かったが，元禄以降には，富農・豪商の請負う**村請新田**・**町人請負新田**が多くなった。代官見立新田では，幕府の代官伊奈忠次の武蔵野台地の開発，町人請負新田では，**鴻池屋**(☞p.240)の鴻池新田(大阪府)が有名である。

❷農業技術の進歩

1. **用水路や溜池の建設**…戦国末から発達した築城や鉱山での土木技術をとりいれ，治水灌漑工事[★2]が各地で行われた。
2. **農具の改良・発明**…深耕用の**備中鍬**，脱穀用の**千歯扱**(別名「後家倒し」。夫と死に別れた女性から仕事を奪ったため)，籾を選別する**唐箕**・**千石簁**などの農具が考案された。
3. **灌漑・揚水具の普及**…水車・**龍骨車**[★3]・**踏車**が普及して，乾燥地や荒地の耕作が可能になった。
4. **金肥の使用**…従来の刈敷堆肥や草木灰など自給肥料のほか，**油粕**・**干鰯**などの**金肥**[★4]が用いられるようになった。

★1 江戸時代の初期には約160万町歩(160万ha)だった耕地は，中期になると約300万町歩(300万ha)に拡大したと推定されている。

★2 武蔵野台地に水を引く**玉川上水**，芦ノ湖を水源とする**箱根用水**，利根川から分水する**見沼代用水**などが知られる。

★3 **龍骨車** 中国伝来の揚水具。破損が多く，18世紀中ごろに**踏車**にかわった。

★4 **金肥** 金銭を支払って買う肥料。**油粕**・**干鰯**が代表的。油粕は綿実や菜種から油をしぼった残りもの。干鰯は，脂をしぼった鰯を干したものである。

▲当時の農具と農作業のようす

❸**農業知識の普及**　米や商品作物の栽培技術を説く**農書**が登場した。17世紀なかばの『**清良記**』，1697(元禄10)年に刊行された**宮崎安貞**の『**農業全書**』★5がその代表で，広く普及し，よく読まれた。

★5『**農業全書**』　五穀・菜類・果樹などを10巻に分け，**宮崎安貞**自身の体験・見分をもとに著した，日本最初の体系的農学書。

2 商品作物の栽培と農村の変化

❶**商品作物栽培の始まり**　**綿・たばこ**などの**商品作物**の栽培が始まり，各地に特産品が生まれた。灯火用の**菜種**，庶民衣料である木綿の原料の綿作，高級衣料である絹の原料となる**養蚕**が普及した。とくに**国産生糸**は，貿易の中心であった輸入生糸を17世紀末に圧倒し，幕末の開港以降，代表的輸出品となる基礎がつくられた。

❷**四木三草**　諸藩の領主が奨励した商品作物をいう。四木は**桑・茶・漆・楮**，三草は**藍・麻・紅花**のこと。このほか，**綿花・いぐさ・たばこ・あぶらな(菜種)**などが重要である。

❸**貨幣経済の浸透**　農業生産力が高まり，余剰生産物が売買され，商品作物の栽培もさかんになると，都市近郊の農村では，生産物を貨幣に換えて利潤を得るようになり，貨幣経済にまきこまれるようになった。

❹**農村の変化**　17世紀なかばに小農経営が全国的に確立し，商品生産が活発化して農業生産が発展したことで，近世社会は発展した。しかし，商品経済の発展は富裕化する農民と没落する農民とを生みだし，社会の矛盾を深める契機となった。

▼おもな農産物の産地

農産物	主要産地
桑	上野・下野・山城
茶	山城(宇治)・駿河
漆	能登・会津・飛騨
楮	美濃・越前・土佐
藍	阿波・淡路
麻	越後・大和・薩摩
紅花	出羽(最上川流域)
綿花	三河・摂津・河内
いぐさ	備前・備中・備後
たばこ	薩摩

参考　**江戸・大坂付近の野菜栽培**　江戸や大坂などの近郊農村では，野菜の栽培が行われた。江戸の練馬だいこん・大坂の天王寺かぶらなどが有名。

① 農業生産力の高まり…新田開発と農具・農業技術の改良など
② 商品作物の栽培…四木(桑・茶・漆・楮)・三草(藍・麻・紅花)と綿花・いぐさ・たばこ・あぶらな(菜種)

SECTION 3 諸産業の発達

▶ 農業の進歩・発達に支えられて，諸産業も大いに発展した。藩単位の経済にもかかわらず，商工業は，需要の拡大によって，**全国的な経済圏を確立した**。18世紀になると，産業の一部では，前資本主義的な生産様式が始まっていた。

1 水産業・林業・鉱山業の発達

❶**漁法の進歩**　**地引網**や大規模な網漁法が各地に普及した。これは，**上方漁法**が関東漁場に伝わったためである。

注意　網漁法の発達は，旧来のわらにかわって，麻の網が登場したことによる。

❷経営の特色 漁法の大規模化にともない，網や船をもつ**網主(網元)**が，零細漁民を**網子**として使い，漁場を支配した。

❸海産物 **鰯**(九十九里浜★1)・**鰹**(土佐)，**鰊**や**昆布**・**俵物**(蝦夷地)，**鯨**(紀伊・土佐)，**塩**(赤穂・撫養・坂出・竹原など瀬戸内海沿岸の**十州塩**と下総の行徳)などが有名である。

補説 **塩の生産** 浜と海を堤防で区画し，潮の干満を利用して浜に塩水を導入して製塩する**入浜塩田**で生産された。赤穂(播磨)が先進地で，瀬戸内地方でさかんになった。塩田経営で**浜主**・**浜子**の関係が生まれた。

補説 **俵物** いりこ(なまこをゆでて干したもの)・干しあわび・ふかのひれなど，俵につめた海産物のこと。18世紀中ごろから，**清国への重要な輸出品**となった。

★1 九十九里浜の鰯は，綿花栽培の速効性肥料の干鰯に加工された。

▲九十九里浜の地引網
「上総九十九里地引網大漁猟正写之図」より。

❹林業の発達 城や城下町の建築資材として需要が高まった。**木曽の檜**，**秋田の杉**など，幕府や藩が直轄林として山林を管理し，伐り出した。山林経営するうえで，**山主**・**山子**の関係も見られた。

❺鉱業の発達 戦国時代にひきつづき，金・銀・銅山の開発が進んだ。鉄は，砂鉄による**たたら製鉄**が中国・東北地方を中心に行われた。19世紀には，東北の釜石鉄山や九州の唐津炭田・三池炭田が採掘を始めたが，産額は多くはなかった。

補説 **鉱業の発達した理由** 貨幣経済の進展と貿易支払いのための金・銀・銅の必要から，鉱山の開発が進められた。また，**南蛮吹き**といわれる西洋式精錬法(粗銅中の金銀を採る方法)が伝わったこともあり，金属，ことに金・銀では，世界有数の産出国になった。しかし，17世紀後半になると，金・銀の産出量が低下したため，かわって銅の採掘が進められた。

▼おもな鉱山

金	佐渡・伊豆
銀	佐渡・石見・生野(但馬)・院内(秋田藩)
銅	足尾(下野)・阿仁(出羽)・尾去沢(南部藩)・別子(伊予・大坂の住友)
鉄	釜石(陸中)・山陰の砂鉄

2 手工業の多様化

❶経営形態 手工業は，はじめ都市の職人によって行われていた。しかし，農村でも副業として**農村家内工業**が始まり，**絹・麻・木綿**の織物業が発達した。麻は奈良の晒し布，木綿は河内木綿・尾張木綿などの名産品が生まれ，絹織物では京都**西陣**★2で高度な技術により独占的に生産されていたが，18世紀なかばにその技術が広まり，北関東の**桐生**・**足利**などで

★2 **西陣** 西陣では，高度な技術を必要とする高機が使われていた。

も生産されるようになった。

さらに19世紀になると，都市の問屋商人が資金や原料を農民や都市職人に前貸しして製品をつくらせ，それを買い上げる**問屋制家内工業**が一般化した。とくに，絹織物業や綿織物業の分野で広まった。

❷特産物　各地でそれぞれの風土に適した特産物が生まれた。朝鮮から伝わった技術をもとに陶磁器生産がさかんとなり，佐賀藩の保護をうけた**有田焼**，尾張藩の専売品となった**瀬戸焼**など**藩の専売制**がしかれ，藩の財政を潤した。また，**越前奉書紙**や**美濃紙**など各地で和紙生産が発展した。

▼江戸時代の各地の特産物

種類		産地
織物業	絹織物	西陣・博多・堺・桐生・足利・伊勢崎・八王子・秩父・米沢・仙台・近江長浜
	麻織物	奈良晒・近江蚊帳・小千谷縮・薩摩上布・越後上布
	綿織物	久留米絣・小倉織
染物		京都の友禅染・鹿子絞・尾張の有松絞
陶磁器		九州の有田(伊万里)，京都の清水・粟田，尾張の瀬戸，加賀の九谷
漆器		京都，能登の輪島塗，岩代の会津塗，能代(出羽)と高山(飛騨)の春慶塗
製紙業		越前(奉書紙・鳥ノ子紙)・播磨(杉原紙)・土佐・美濃・伊予・石見
醸造業		酒－灘・伊丹・池田・西宮・伏見 醤油－銚子・野田・龍野

① 水産業の発達…上方漁法の網漁が各地に広がる
② 俵物・銅…対清貿易の輸出品
③ 鉱業・手工業…幕府や藩の奨励により発達した

SECTION 4 交通の整備と発達

▶ 平和の持続によって諸産業が発達し，これにともなって交通網も整備された。幕府は主要な街道とそれにつながる**脇街道**を整備した。また，**河村瑞賢**により，**日本海と太平洋の沿岸航路が整備**された。

1 陸上交通

❶交通発達の理由　参勤交代や，商品流通にともなう物資の輸送などがさかんになったことによる。

❷主要道路　主要街道の五街道と，その支線の脇街道(脇往還)である。五街道は幕府の直轄下におかれ，**道中奉行**によって管理された。

❸主要施設

1 **一里塚**…1里(約4km)ごとにつくられた。
2 **宿駅(宿場)**…2～3里ごとにおかれた。

注意　**五街道の起点と終点**
起点は江戸日本橋。終点は必ずしも明確ではなく，奥州道中は青森までとする説もある。

▼五街道と主要関所

	区間	宿駅	主要関所
東海道	江戸～京都	53	箱根・新居
中山道	江戸～草津	67	碓氷・福島
日光道中	江戸～日光	21	栗橋
奥州道中	江戸～白河	27	白河
甲州道中	江戸～下諏訪	44	小仏

❹宿駅の設備

1 **問屋場**★1…問屋などの宿役人による公用人馬や公用文書の継ぎ立て所。
2 **本陣**…大名・公家・幕府役人の宿泊所。
3 **脇本陣**…一般武士の宿泊所。
4 **旅籠・木賃宿**…庶民の宿泊所。旅籠は食事つきであった。
5 **その他**…宿駅の人馬が不足した場合は，近隣の村から人馬を補充した。このような課役を**助郷役**★2といった。

★1 **問屋場** 人馬を常備することが義務づけられていたが，員数は街道ごとに異なっていた。たとえば，東海道では人・馬とも各100，中山道では各50であった。継飛脚の仕事も重要。

★2 **助郷役** 常時課される**定助郷**のほか，臨時のものもあった。百姓の負担は大きく，百姓を疲弊させ，百姓一揆の大きな要因のひとつとなった。

❺交通の制限

軍事・警察の目的で，各所に**関所**をおいた。大河川には架橋せず，渡渉・乗船などの渡しで済ませた。

1 **関所**…関所の通行には関所手形(旅行許可証)が必要であった。とくに「**入鉄砲に出女**」をきびしくとりしまった。
2 **渡し**…大井川・天竜川・富士川などの渡しが有名。

補説 **入鉄砲に出女** 入鉄砲とは，大名が反乱のための武器を必要以上に江戸にもちこむことをとりしまったもの。出女とは，江戸住まいの大名の妻子がひそかに脱出することを監視したもの。

❻飛脚制度

手紙・貨幣・小荷物を送り届けるもの。

1 **継飛脚**…幕府公用の飛脚。宿駅ごとにリレーで運ばれた。
2 **大名飛脚**…大名がその江戸藩邸と領地との間に設けた飛脚。
3 **町飛脚**…民間の飛脚。**三都(江戸・大坂・京都)**の商人が請負って始めたものが有名で，毎月3度大坂を発し，三都を6日で走った★3。実際の業務は**飛脚問屋**が行った。

参考 **継飛脚の速度** 江戸～京都間を80～90時間，急行で約68時間を要した。

★3 このため，彼らを**定六**ともいった。

2 海上・河川交通

❶西廻り・東廻り海運

日本海沿岸から**下関**★4経由で大坂に至るのが西廻り海運，**津軽海峡**経由で江戸に至るのが東廻り海運である。江戸の商人**河村瑞賢**により整備された。幕府は瑞賢の提案をいれて，海岸に番所や灯台を設け，港を整備して倉庫をつくり，航路の安全をはかった。

★4 瀬戸内海の兵庫や下関，日本海の敦賀・新潟・酒田などの**港町**が栄えた。

❷南海路と船

江戸～大坂間の主要航路を**南海路**といい，**菱垣廻船**と**樽廻船**が有名である。運搬する物資を取り扱う問屋は，商品別に，江戸では**十組問屋**，大坂では**二十四組問屋**を結成した。

▲菱垣廻船

注意 江戸時代の陸上交通では，駕籠や馬のようなものしかなく，車両運輸が発達しなかった。このため，物資の輸送は多く船運によったことをつかんでおこう。

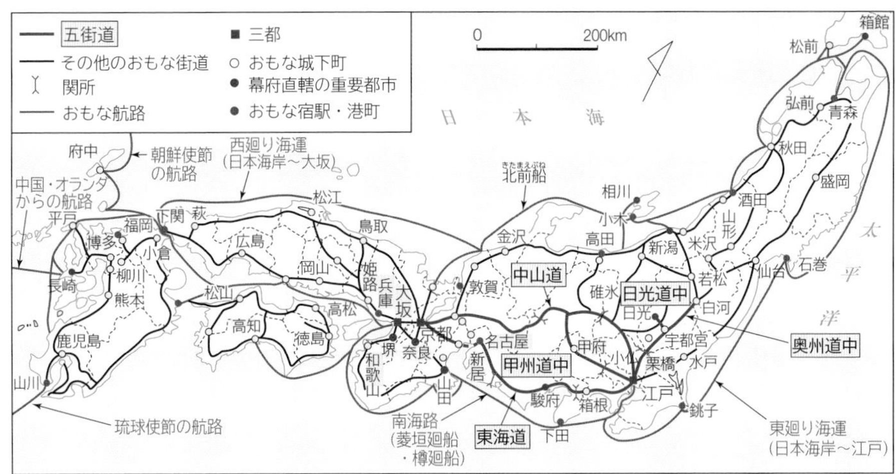

▲江戸時代の交通と都市

補説 **菱垣廻船と樽廻船**　廻船とは鎌倉初期に始まった海上輸送の定期船。菱垣廻船は1619(元和5)年に**堺商人**が始め，**江戸・大坂間**を定期的に就航し，米・綿・油・醤油・塩・紙などを運送した。積荷の転落防止のため，舷側に竹で菱形の垣をつくったので，この名がある。

樽廻船は17世紀なかばに始まり，初め**伊丹**や**灘**の酒樽を専門に運んだので，この名がある。両者は積み荷などで争ったが，樽廻船のほうが船足が早かったので，菱垣廻船はしだいに圧迫されていった。

参考 **海上交通の危険**　海運業者は，中世海賊のなごりで，船を難破させて積み荷を横領することもあった。その一方，貧しい村は，遭難した船を容赦なく略奪したから，陸上からも危険が多かった。

❸河川交通の発達　利根川・阿武隈川・北上川・最上川などの多くの河川や，琵琶湖・霞ヶ浦などの湖沼は，内陸部の物資の輸送に重要な役目を果たした。

▲高瀬川(京都市)

❹河川の水路を整備した人物

1 **角倉了以**…京都の商人で，幕命により，**富士川**(静岡県)や**保津川・高瀬川**(京都府)，**天竜川**の水路を開いた。

2 **河村瑞賢**…幕命により，淀川の新水路である**安治川**(大阪市)を開いた。

補説 **過書船**　江戸時代初期，京都の伏見と大坂間の淀川に**過書船**が往来していた。過書船は，1603(慶長8)年に家康が設けた淀川貨客船の制度で，**過書**(関所通行許可書)を与えられた船をいう。上り1日，下り半日かかったという。

①陸上交通…五街道が整備され，宿駅の設備も充実した
②海上交通…南海路に菱垣廻船・樽廻船が就航し，物資を輸送した

TOPICS

北前船の運んだもの

東北地方の日本海側の物資を江戸に輸送するために始まった**西廻り海運**は，酒田(山形県)を出発点として小木(佐渡)・温泉津(島根県)・下関・大坂を経て江戸へ行く。全長713里，米百石の運賃が21両であった。うち，大坂～江戸間の航路を南海路という。

一方，**東廻り海運**は417里と距離は短かったが運賃が23両と高く，それに航路の難しさもあって，西廻り航路がさかんに利用されるようになった。

さらに江戸時代も後期になると蝦夷地(北海道)とも結んで交易がさかんとなるが，この航路で活躍した廻船を**北前船**とよんだ。北前船の船主は，大坂で酒や塩のほか，綿織物や木綿の**古着**を大量に買いこんだ。古着でも使えないものは，切り裂いて，麻糸をたて糸に，ボロ布を横糸にして織り直した。この裂織は丈夫で暖かく，寒い北国では労働着となった。北前船は，立ち寄る港で商売をしながら蝦夷地につくと，今度は鮭や昆布，あわび，いりこなどの**海産物**を仕入れ，上方へ向かった。商売のうまい船主は，大坂と蝦夷地を2回往復すると，新しい船をつくるだけの儲けがあったという。

SECTION 5 商業と都市の発達

▶ 諸産業が発展し始めると，生産物が商品として流通するようになり，商業の範囲は全国的な規模で広がった。商品の消費地・集散地としての都市も各地に栄えた。商業の中心は，江戸と大坂で，とくに大坂は「**天下の台所**」といわれて，大きな役割を果たした。

1 商業の発達

❶商業が発達した理由と結果

1 **理由**…大名・武士は，年貢米や諸物産を換金しなければならなかった。また，産業の発達によって商品生産が活発となり，商業が発達した。

2 **結果**…全国的流通圏が成立し，流通機構が整備された。

❷蔵物・蔵屋敷 大名が年貢として取り立てた米や国産品(特産物)は，大坂★1や江戸に設けた蔵屋敷に運んで市場に出された。これを蔵物(蔵米)という。

❸蔵元・掛屋★2 蔵物を保管売却する町人を蔵元，その代金を保管輸送する町人を掛屋といった。

❹札差 江戸の浅草蔵前に店をかまえ，旗本・御家人に支給される禄米の受け取り・売却にあたった商人を札差(**蔵宿**)という。禄米を担保に金融業を営み，巨利を得ていた。

❺株仲間の成立 商人のなかには，営業の独占や価格の決定などを目的に，同業組合(**仲間**)をつくるものもあらわれた。

★1 天保期に大坂では124もの蔵屋敷があり，船便のよい川筋の**中之島**や**堂島**付近に集中していた。また，京都・長崎・大津などの要地にも蔵屋敷が設けられた。

★2 **蔵元・掛屋** 蔵屋敷には蔵役人・蔵元・掛屋がいた。蔵元は，初期には藩の蔵役人があたったが，のちに商人がなった。蔵元・掛屋を兼務する豪商も多く，蔵物を担保に**大名貸し**を行い，それによっても大きな富を積んだ。

史料　貨幣経済の浸透

……当時ハ旅宿ノ境界ナル故，金無テハナラヌ故，米ヲ売テ金ニシテ，商人ヨリ物ヲ買テ
今の時節，武士は旅の宿にいるような不安定な状態なので，お金がなくてはたちゆかないから，米を売ってお金にして商人より物を買って日々を

日々ヲ送ルコトナレバ，商人主ト成テ武家ハ客也。故ニ諸色ノ直段，武家ノ心儘ニナラヌ事也。
送っている。そこで，商人が主で武家は客である。　したがって，いろいろな品物の値段は武家の思うようにはならないのだ。

武家皆知行処ニ住スルトキハ，米ヲ売ラズニ事スム故，商人米ヲホシガル事ナレバ，武家主
武家が皆知行地に住んでいるときは，米を売らなくてもすむので，商人が米を欲しがるから武家が主となり，商人は客となる。

ト成テ商人客也。去バ諸色ノ直段ハ武家ノ心マヽニナル事也。是皆古聖人ノ広大甚深ナル智
ゆえに，いろいろな品物の値段は武家の思うままになる。　これは皆，昔の聖人の広大甚深の知恵より生まれた

恵ヨリ出タル万古不易ノ掟也。右ノ如クシテ米ヲ至極ニ高直ニスルトキハ，御城下ノ町人皆
万古不易の掟である。　右のように米をたいへん高値にすれば，城下町に住む町人は皆雑穀を食べるようになるであろう。

雑穀ヲ食スル様ニ成ルベシ。　『政談』

◀大坂中之島の蔵屋敷

参考 蔵物と納屋物・舶来物　生産者から商人の手で流通した商品を**納屋物**，長崎から輸入された商品を**舶来物**といった。蔵物に対するいい方であるが，商品として流通したのは，蔵物が圧倒的に多かった。

幕府は，物価安定を目的に，1721(享保6)年にこれを公認した(株仲間)。江戸の**十組問屋**，大坂の**二十四組問屋**などが代表。

補説 **十組問屋**　江戸の荷受問屋の組合で17世紀末に結成された。当時，上方から菱垣廻船で物資が江戸に運ばれたが，廻船業者や船頭のなかには，故意に船を沈め，荷物を奪ったり，積荷を盗むことがあり，荷主である問屋は多大な被害をうけていた。そこで塗物・薬・綿・酒など10種の問屋が，輸送途上のトラブル解決のため，組合をつくった。同様に**大坂**では，江戸向け荷積問屋が**二十四組問屋**を結成した。

❻運上・冥加金　株仲間の公認や営業許可に対して課された税のこと。**運上**は諸営業に課した税，**冥加金**は営業特権に対する税であるが，混同されることもある。

❼卸売市場の成立　江戸・大坂などには，特定の商品を専門的に扱う卸売市場ができた。大坂**堂島の米市場**が有名。

注意 **株仲間**　幕府は初め，秤座・枡座・金座・銀座・糸割符仲間・酒屋・質屋のほかは株仲間の結成を認めなかった。株仲間は**享保の改革**時に**公認**され(☞p.254)，**田沼時代**に**大幅認可**された(☞p.257)。

それが，**天保の改革**の際には**解散**を命じられたが(☞p.270)，改革の失敗で再興され，明治になって廃止された(1873年)。以上の経緯に注意しよう。

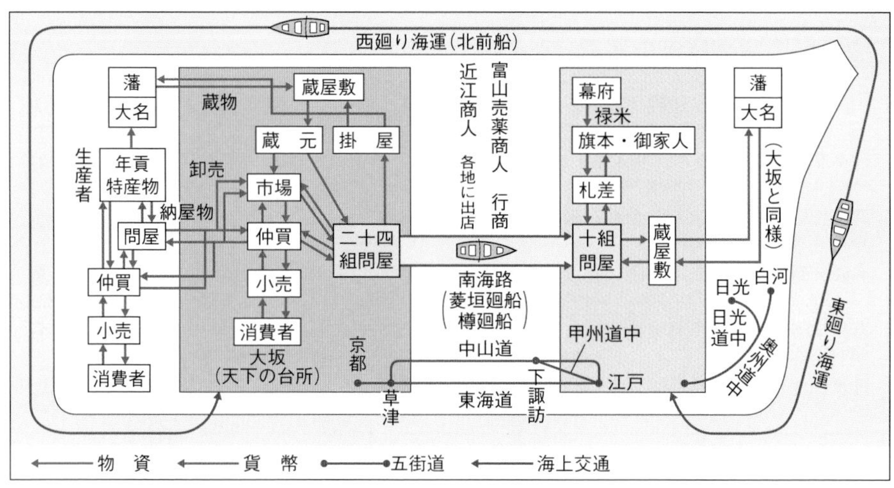

▲江戸時代の陸海交通路と全国の商品流通図

補説　代表的な卸売市場
①大坂…堂島の米市場，雑喉場(雑魚場)の魚市場，天満の青物市場を三大市といった。堂島の米相場は，全国の米市場の価格を左右するほどの力があった。また，1730(享保15)年からは，投機的な延取引(数か月先の価格をつけ，現物ぬきで取り引きする)も行われた。
②江戸…小網町の米市場，日本橋の魚市場，神田の青物市場など。

参考　京都の室町筋　京都の室町筋には，絹織物問屋が集中し，全国の絹織物は京都に集められ，御用達商人の手で，朝廷や幕府・諸藩に売りさばかれた。

2 都市の発達

❶城下町の発達　江戸時代の大名は，300人ほどおり，俗に三百諸侯という。大名は城郭をつくり，城下に武士と町人を集住させたため，多くの城下町が生まれた。

❷三都の繁栄　**江戸・大坂・京都**の三都は，人口が集中し，政治・経済・文化の面で中心的地位にあった。

補説　江戸・大坂・京都の町の特色
①江戸…**幕府所在地**で，幕臣や大名などの**武家屋敷**が集中した。俗に江戸八百八町というが，18世紀に1000町近くになり，人口は**100万人前後の世界最大の都市**になった。武家屋敷や寺社の敷地が広く，町方人口は約50万人であったが，町屋面積は約20%にすぎなかった。
②大坂…**全国の大名の年貢米と特産物を販売する市場**であり，古くから発達した瀬戸内海航路によって，九州・四国・日本海側の産物が集中し，「**天下の台所**」といわれ，日本の経済の中心となった。人口約35万人のうち，大部分は町人で，商工業に従事していた。
③京都…**朝廷**の所在地で，長い間文化の中心地であったから，伝統的な工芸技術が栄えた。西陣織・友禅染・清水焼などは，超一流品として全国でもてはやされた。人口は，35万～40万人ほどであった。

注意　城下町の規模　各地の城下町の人口は，江戸・大坂・京都にくらべればずっと少なかった。金沢・名古屋が10万人，鹿児島が6万人，仙台・岡山・広島・徳島・熊本が4万～5万人で，他は，たいてい1万人にもみたなかった。その規模は，ほぼ大名の石高に比例していた。

\ TOPICS /

三都くらべ

江戸・京都・大坂，この三都は，今でもよくくらべられる。その都市の，または住民の気質についても比較され，お互い，自分の住む所が最良と思っている。江戸時代後期の歌舞伎作家西沢一鳳も，三都くらべを『皇都午睡』に書いている。

「皇都は長袖(公家)と職人多く，大坂は商人多く，江戸は武家のみ多し。夫故京都は風儀神妙にして和やかに花車なるを本体として男子にも婦女の風儀あり。大坂は唯我雑にて花やかに陽気なることを好み，任侠の気風あり。東都は表向立派を好み，気性強きと思へば根もなく又心も解易き所有て，その土地がら広く人多ければ自らと惰弱なる所もあり。」

さて，一鳳は大坂の生まれであった。今でも大阪の人は東京(江戸)に辛らつといわれるが，このころからの伝統なのだろうか。

▲大坂雑喉場のにぎわい　「浪華百景」より。

❸諸都市の発達　港町・宿場町・門前町などが発達した。

1 **港町**…堺・長崎・博多・兵庫・新潟・酒田・敦賀など。

2 **宿場町**…品川・神奈川・小田原・三島・草津など。

3 **門前町**…長野・日光・山田・奈良・琴平・成田など。

4 **その他**…桐生・足利・八王子・松坂などの産業都市。

補説　**在郷町**　商品経済の進展で，農村のなかにも商工業者の集落が形成されてきた。これを**在郷町**という。摂津平野・河内富田林(大阪府)や近江八幡(滋賀県)などが有名。

★3　**堺・長崎**　人口は，ともに5万～6万人を数え，全国でも有数の大都市であった。

SECTION 6 貨幣・金融制度の発達

▶ 中世には中国の銭貨が用いられ，日本独自の貨幣は鋳造されなかった。豊臣政権が天正大判をつくったように，近世にはいり統一政権の樹立とともに独自の全国貨幣が鋳造された。江戸幕府は**貨幣鋳造権**を独占し，慶長小判をはじめ各種の**金・銀・銭貨**を鋳造した。その貨幣は信用ある正貨として全国に流通し，商品流通・貨幣経済の発展を促した。

1 貨幣制度

❶貨幣の発行　貨幣の鋳造権は，幕府が独占した。幕府は，**金座・銀座・銭座**をつくり，金座は**初代後藤庄三郎(光次)**いらい**後藤家**が，銀座は**大黒常是**いらい**大黒家**が，それぞれ鋳造を世襲し，貨幣を発行した。★1

★1　貨幣には，金銀改役の刻印がおされ，品質が証明された。

2 幕藩体制の展開と産業の発達

❷貨幣の種類　**大判**(10両)・**小判**(1両)などの金貨，**丁銀**・**豆板銀**などの銀貨，**寛永通宝**などの銭貨があった。中期以後，紙幣(**藩札**・私札)も，大名や富商によって発行された。

❸貨幣の換算　金貨は**1両＝4分＝16朱**という計数貨幣であったが，銀貨は1貫＝1000匁という**秤量貨幣**で，目方で取引した。

金1両＝4分，1分＝4朱 → 金1両＝銀50匁
銀1貫＝1000匁 → 銀50匁＝銭4貫
銭1貫＝1000文
［1609(慶長14)年現在］

▲**貨幣の換算率**
金・銀の交換率は，金1両が銀50匁(のち60匁)と定められたが，実際はそのときの相場にしたがった。

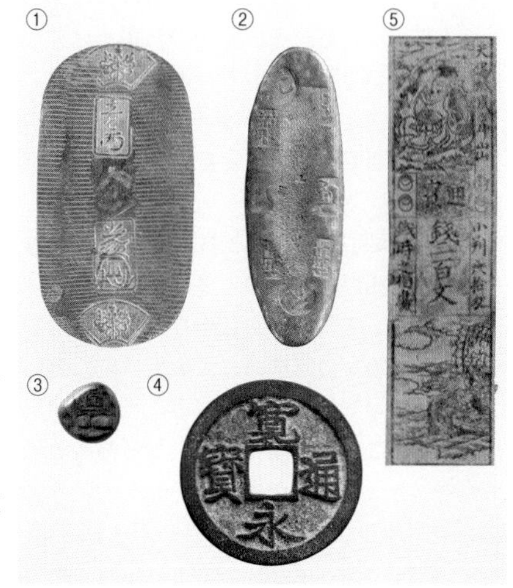

江戸時代の貨幣と藩札▶
①慶長小判，②元禄丁銀，③宝永豆板銀，④寛永通宝(一文銭)，⑤紀州和歌山藩の銀1匁札。(③と⑤は日本銀行貨幣博物館所蔵)

補説　**幕府鋳造の貨幣**　幕府は金座と銀座を設けて**慶長金銀**を鋳造し，寛永期には，銭座を設けて銭貨の**寛永通宝**を大量に発行した。これらは信用ある**正貨**として全国に流通した。

2 金融制度

❶両替　両目(量目)替のことで，金銀銭貨の交換を扱うこと。これを行ったのが両替商★2で，**江戸の三井**，**大坂の鴻池**が有名である。

❷両替商　両替のほか，今日の銀行業務(預金・貸付・公金取り扱い・**為替**など)を行った。大坂では，金銀を扱う信用と資本力の大きな**本両替**(**十人両替**★3)があらわれ，銭の売買・両替を業務とした**銭両替**(**脇両替**)も存在した。

❸札差　札差は，旗本・御家人を相手に金融業を営んでいた(☞p.236)。

❹庶民金融　質屋・高利貸のほか，積立金に基づく相互金融制度として**憑支**(☞p.123)がさかんに行われた。

★2　**両替商があらわれた理由**　①金・銀・銭の交換率が常に変動したこと。②関西以西は銀建て中心(**銀遣い**)，関東以北は金建て中心(**金遣い**)で，金貨と銀貨の流通圏がちがっていたこと。

参考　**両替商の預金と貸付**
両替商の預金はふつう無利息であった。貸付は大名貸と町人貸を行った。

★3　**十人両替**　大坂で，本両替仲間から選ばれ，全両替仲間をとりしまった。**天王寺屋**・**平野屋**・**鴻池屋**などで，多くは蔵元・掛屋をかねた豪商であった。

POINT!
① 年貢米が米市場に出るまでのルート(藩→蔵屋敷→蔵元など)を確認
② 三都(江戸・大坂・京都)の特色と役割を整理
③ 貨幣は，金貨・銀貨・銭貨の三貨と紙幣。銀貨は秤量貨幣

SECTION 7 学問と宗教

▶ 武士が戦闘者から為政者としての立場を自覚すると，その政治と生活を支える学問への関心が高まった。それに応えたのが**儒学**である。中国・朝鮮で**宋学**が官学であったこともあり，朱子学が歓迎されたが，朱子学を批判する**陽明学**・**古学**もおこった。幕藩体制の確立とともに歴史への関心が高まり，さらに日本の古典の研究も始まった。

1 儒学の興隆

❶儒学三派　まず**朱子学**がさかんになり，つづいて**陽明学**や**古学**がおこった。これら儒学三派の傾向は，次の通り。

1. **朱子学**…宋の**朱熹**が大成した儒学。理論的で，**君臣・主従の身分秩序を重視**した。★1
2. **陽明学**…明の**王陽明**の始めた儒学の一派で，室町時代に伝来した。実践的で，**知行合一**を重視し，社会的実践を説いた。
3. **古学**…清の考証学の影響が強い。儒学の古典を原文で読み，解釈することを重んじた。

❷朱子学の学派　京都で発生した**京学**，土佐で発達した**南学**(海南学派)，水戸で発達した**水戸学**が有名。

1. **京学**…**藤原惺窩**を学祖とする学派，その弟子の**林羅山**とその子孫が幕府の儒官となった。
2. **南学(海南学派)**…**山崎闇斎**が土佐から京都に帰って広めた。闇斎は**垂加神道**も開き，**尊王論**の傾向が強い。
3. **水戸学**…**徳川光圀**が，明の学者**朱舜水**を用いて基礎を築いたもの。『**大日本史**』の編修が著名。これは大義名分論の立場に立ち，幕末の尊王攘夷論に大きな影響を与えた。

★1 **朱子学がさかんになった理由**　君臣・主従の身分秩序を重視する点などが，封建支配下の政治学・道徳学として有用性を認められ，保護推奨されたからである。徳川家康は，**藤原惺窩**の講義をうけ，その高弟で朱子学者の**林羅山**を江戸に招いた。

注意 『大日本史』は，1657(明暦3)年から編修が始まり，完成は1906(明治39)年である。江戸の**彰考館**に学者を集め，朱子学派の大義名分論を中心とする史観に基づき，中国の正史にならった紀伝体で，神武天皇から後小松天皇までを編修した。全397巻。

TOPICS

崎門のスパルタ教育

儒学を学ぶ者が多くなるにつれ，三都では儒学を教える私塾がはやった。そのうちでも，**山崎闇斎**が京都で開いた塾では，数千人の門弟が教育をうけ，この派は**崎門派**といわれた。

彼の教育法はきわめて厳格で，師弟というより主従のようであった。**佐藤直方・浅見絅斎・三宅尚斎**の3人の弟子がとくに傑出して，崎門の**三傑**といわれたが，その佐藤直方が「先生の家の入り口に至ると心細くて牢獄にはいる気持ちがし，戸口を出ると虎口を脱したような感じがした」と述べている。弟子をきびしくしかりつけるスパルタ教育であったが，闇斎は門弟を愛し，学問が進むと喜びほめたので，弟子もそれにつられてこの師に従ったという。

山崎闇斎▶

補説 **垂加神道** 山崎闇斎が，これまでの神道の諸流派を融合したもの。垂加は闇斎の別号。神儒合一・尊王思想などが特色。

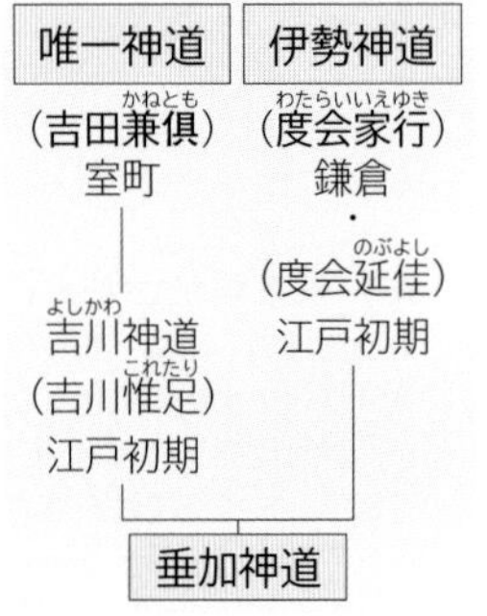

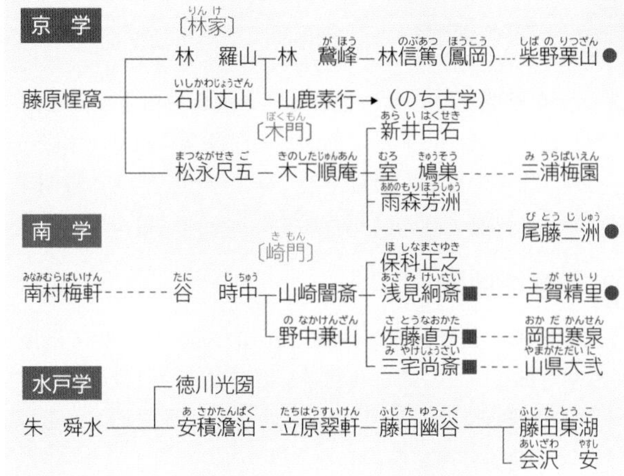

▲朱子学のおもな流派と学者 ■崎門三傑 ●寛政の三博士
（古賀精里のかわりに岡田寒泉を加えることもある）

❸**陽明学** 中江藤樹★2とその弟子**熊沢蕃山**★3が有名。幕府は陽明学を排したため，系統的には発展しなかったが，幕末には，**大塩平八郎・佐久間象山・吉田松陰**らの実践家を出した。

❹**古学** 山鹿素行が，『**聖教要録**』で朱子学を批判した。のち，**古義学**(堀川学派)と**古文辞学**(蘐園学派)が有力になった。

1. **古義学**…京都堀川に塾**古義堂**を営んだ伊藤仁斎・東涯父子の学派。町人を中心とする門下生は3000人を数えた。
2. **古文辞学**…江戸に**蘐園塾**を開いた荻生徂徠の学派。徂徠は将軍吉宗の諮問に応じて『**政談**』を献じ，時勢を論じた。弟子の**太宰春台**には『**経済録**』の著がある。

★2 **中江藤樹** 近江(滋賀県)の**藤樹書院**で，武士・農民を問わず教育にあたり，**近江聖人**といわれた。『翁問答』などの著書がある。

★3 **熊沢蕃山** 岡山藩主池田光政に登用され藩政にあたった。『**大学或問**』で幕府の政策について論じたため，幕府にとがめられた。

陽明学

中江藤樹─熊沢蕃山─三宅石庵─○─中井竹山┬佐藤一斎┬佐久間象山
　　　　　　　　　　　　　　　　　　　　　└山片蟠桃└横井小楠

古学

〔古義学派〕
山鹿素行　伊藤仁斎┬伊藤東涯┬伊藤東所
　　　　　　　　　└稲生若水└青木昆陽

〔古文辞学派〕
荻生徂徠┬太宰春台
　　　　└服部南郭

▲陽明学・古学のおもな流派と学者

参考 **蘐園塾の蘐** 荻生徂徠の住んだ江戸・日本橋茅場町の茅→萱→蘐の字による。

2 諸学と宗教

❶**史学** 幕藩体制の安定により，歴史への関心が高まり，次のような史書が編修された。

1. 『**本朝通鑑**』…幕府が林家に命じて編修させた史書。**林羅山**と**林鵞峯**により，1670(寛文10)年に完成した。

2 『大日本史』…(☞p.241)。

3 『古史通』『読史余論』『藩翰譜』…新井白石の著。★4 道徳的な解釈を排して，実証主義・合理主義に基づく解釈を示した。

4 『中朝事実』…山鹿素行が赤穂(兵庫県)に配流されているときに記した歴史書。中国崇拝を排し，日本こそ中華であると主張した。

❷和学　古典研究・注釈や有職故実の学問であるが，のちに学問的に深化し，国学とよばれるようになった(☞p.282)。

1 戸田茂睡…中世以来の和歌の因習や古今伝授を批判した。

2 下河辺長流・契沖…『古今和歌集』や『新古今和歌集』にくらべて軽んじられていた『万葉集』の研究を行い，その高い価値を実証した。なかでも契沖は，徳川光圀の依頼で『万葉代匠記』を著した僧侶として有名である。

3 北村季吟…『源氏物語湖月抄』や『枕草子春曙抄』など，古典の註釈書を著し，平安時代の女性による文学の質の高さを説いた。

★4 新井白石の著書　『古史通』は神代から神武天皇までの神話の歴史的な解釈を示したもの。『読史余論』は，「本朝天下の大勢九変して武家の代となり，武家の代また五変して当代に及ぶ」として政権の推移と徳川幕府の正統性を述べた史論書。『藩翰譜』は，大名の事蹟を集録したもの。自叙伝『折たく柴の記』は，江戸中期の政治資料としても重要である。

史料　新井白石の天下九変五変論

本朝天下の大勢，九変して武家の代となり，武家の代また五変して当代におよぶ総論の事……
日本の政権は，公家政権が9回変わり武家政権となった。武家政権は5回変わって徳川氏の政権となったことを全体的に述べてみよう。

武家は源頼朝幕府を開て①，父子三代天下兵馬の権を司どれり。凡三十三年〈一変〉。
武家は源頼朝が幕府を開いて，父子3代天下の武力を掌握した。約33年間〈一変〉。

平義時②，承久の乱後天下の権を執る。そののち七代凡百十二年，高時が代に至て滅ぶ〈二変〉。
北条義時は承久の乱後，天下の実権を握った。その後，7代112年間たって北条高時の時代に至り，滅亡した〈二変〉。

……後醍醐中興ののち，源尊氏反して天子蒙塵。尊氏，光明院を北朝の主となして，みづから幕府を開く。子孫相継て十二代におよぶ。凡二百卅八年〈三変〉
後醍醐天皇が親政を再開したが，足利尊氏がそむいて天皇は都から逃れた。尊氏は光明天皇を立てて北朝の主として，自ら幕府を開き，子孫が続いて12代におよんだ。約238年間〈三変〉

……足利殿の末，織田家勃興して将軍を廃し，天子を挾みて天下に令せんと謀りしかど，事未だ成らずして凡十年がほど其臣光秀に弑せらる。豊臣家，其故智を用ひ，みづから関白となりて天下の権を恣にせしこと，凡十五年〈四変〉。
足利家の後に，織田家(信長)が台頭して将軍を廃し，天皇を擁して天下に号令しようと謀ったが，成就しないうちにおよそ10年間で家臣明智光秀によって殺された。豊臣家は古人の知恵を利用して自ら関白となって，天下の権力を思いのままにしたのが，約15年間であった〈四変〉。

そののち終に当代の世となる〈五変〉。
その後，とうとう徳川家の世となった〈五変〉。

『読史余論』

注釈 ①武家の棟梁として征夷大将軍となった。②北条義時。

❸**本草学** 漢方医療に必要な薬用植物・鉱物などの研究を中心とする博物学の一種である。貝原益軒の『**大和本草**』[★5]，稲生若水の『**庶物類纂**』などが有名である。

❹**天文暦学** 渋川春海(安井算哲)は，元の**授時暦**を改訂した**貞享暦**をつくり，1685(貞享2)年から使用された。

補説 **暦の作成** 律令制では陰陽寮が天文・暦をつかさどっていたが，平安中期以降，天文は安倍家，暦は賀茂家の担当になった。渋川春海は，平安以来の**宣明暦**の誤りを修正し，元の授時暦をもとに**貞享暦**を作成した。これは**日本人がつくった初めての暦**で，渋川春海は幕府天文方に任ぜられた。貞享暦は1755(宝暦5)年に**宝暦暦**にかわるまで使用された。

❺**医学** 18世紀なかば，**山脇東洋**は死体解剖の結果，日本最初の解剖図録『**蔵志**』を著した。

❻**和算** 実用的な数学が発達した。実用計算の解説書として**吉田光由**の『**塵劫記**』，代数学の書として関孝和の『**発微算法**』がある。

❼**宗教**

1 **仏教**…明の僧隠元が，禅宗の一派**黄檗宗**を伝えた。[★6]

2 **その他**…神道(☞p.242)や民衆宗教(☞p.288)などが活発であった。

★5 『**大和本草**』 本草学は中国で古くから発達したが，明の**李時珍**の著した『**本草綱目**』が江戸初期に日本に伝えられ，日本でも本草学が研究されるようになった。福岡藩医の**貝原益軒**は，高齢まで全国を歩き回って動・植物を観察し，日本の物産1362種の名称・起源・形・生産・効用を論じて16巻からなる『大和本草』を著した。

★6 **黄檗宗の伝来** 隠元は，1654(承応3)年に来日した。本山は宇治(京都府)の**万福寺**で，3代住職の鉄眼は，『**大蔵経**』を刊行した。

SECTION 8 元禄文化

▶ 戦乱にあけくれた時代の庶民にとって，現世は「**憂き世**」であり，来世にこそ極楽があると考えられたが，金をためこんだこの時期の町人にとって，現世は「**浮き世**」であった。このような町人の浮き世の文化が**元禄文化**で，中心は**上方**(大坂・京都)にあった。

1 元禄文化の成立と特色

❶**元禄文化成立の理由**

1 **元和偃武**(☞p.199)以来の平和の継続。

2 産業が発達し生活が向上したため，町人層を中心に，文化を楽しむ余裕がでてきた。

3 文化の愛好者・保護者が生まれてきた。

注意 元禄という年号そのものは，1688(元禄元)年から1703(元禄16)年までの16年間。のち，宝永・正徳とつづく。

❷**元禄文化の特色**

1 大坂・京都など**上方を中心にした文化**。

2 文化の中心的な担い手は**町人**。

3 商工業の発展を背景に，現実主義的で，人間性を肯定し，華麗で洗練された美を追求している。

2 文芸

◀松尾芭蕉

参考 『奥の細道』 松尾芭蕉が門人の曽良をともない，東北・北陸地方を旅行した際の紀行文。1694(元禄7)年に完成した。

❶**俳諧** 連歌の発句が独立したものである。**松尾芭蕉**は，**貞門**派などの俳諧を学び，さらに芸術性を高めて，さび・わび・軽みを理念とする**蕉風(正風)**を完成させた。

❷**浮世草子** 室町期の**御伽草子**が，江戸初期に**仮名草子**に発展し，さらに変化したもの。**井原西鶴**が代表的作家である。大坂の町人であった西鶴は，はじめ談林派の俳諧師であり，浮世草子は余技として始めたが，町人の愛欲や金銭欲を肯定する作品を次々と発表し，人気を博した。

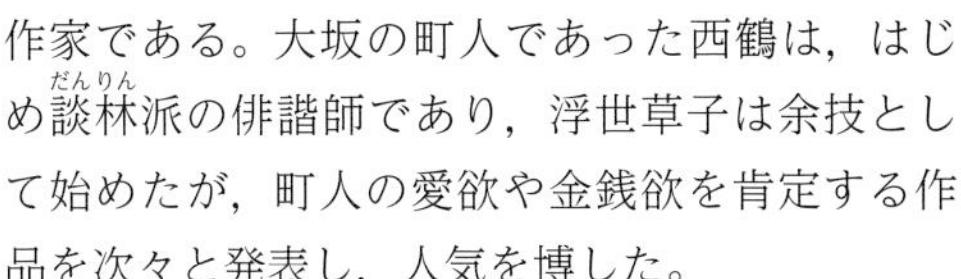

▲人形浄瑠璃の舞台(現代の文楽)

❸**人形浄瑠璃** **竹本義太夫**が大坂で竹本座をおこし，脚本家の**近松門左衛門**は義太夫のために，義理と人情の板ばさみに苦しむ人間を描いた脚本を書いて，当時の町人の熱狂的な支持を得た。人形浄瑠璃は，現在の**文楽**に継承されている。

❹**歌舞伎** **出雲の阿国**の始めた**かぶき踊り**は，美少年による**若衆歌舞伎**にかわったが，風俗を乱すとの理由で禁止され，男性のみによって演じられる**野郎歌舞伎**となった。上方に**和事**(恋愛劇)の**坂田藤十郎**，江戸に**荒事**(武勇劇)の**市川団十郎**が出て，大きく発展した。

▲「歌舞伎図屏風」(伝菱川師宣)

▼元禄期の文学者とおもな業績

	人物	業績
俳諧	松永貞徳	貞門派。『新増犬筑波集』
	西山宗因	談林派。自由・平易
	松尾芭蕉	蕉風。『曠野』『猿蓑』などの七部集 『奥の細道』などの紀行文
井原西鶴		好色物…『好色一代男』『好色五人女』 町人物…『日本永代蔵』『世間胸算用』 武家物…『武道伝来記』
近松門左衛門		世話物…『心中天網島』『曽根崎心中』 『冥途の飛脚』 時代物…『国性(姓)爺合戦』

▲井原西鶴

▲近松門左衛門 (早稲田大学演劇博物館所蔵「近松巣林子像」00287)

3 美術

❶**絵画**　京都の豪商**尾形光琳**が俵屋宗達の画風をとりいれて独創的な装飾画を描き，**琳派**をおこした。代表作に，「**紅白梅図屛風**」・「燕子花図屛風」がある。また，当時の風俗を描いた**菱川師宣**の肉筆浮世絵「**見返り美人図**」は有名である。

❷**陶芸**　光琳の弟**尾形乾山**は，色絵楽焼に傑作を残した。

❸**染色**　染物では**宮崎友禅**が，多彩で華麗な模様を染める**友禅染**を始め，**元禄小袖**(振袖)の流行をもたらした。

▲「見返り美人図」
菱川師宣の肉筆浮世絵。

▲「紅白梅図屛風」(尾形光琳)

「銹絵観鷗図角皿」(尾形乾山)▶
絵は尾形光琳。

☑ 要点チェック

		CHAPTER 2　幕藩体制の展開と産業の発達	答
□	1	文治政治への転換をはかった4代将軍は誰か。	1 徳川家綱
□	2	慶安の変後，改易や転封を減らすために緩和されたことは何か。	2 末期養子
□	3	将軍の側近として，老中につぐ待遇をうけた役職を何というか。	3 側用人
□	4	5代将軍綱吉の出した，極端な動物愛護令を何というか。	4 生類憐みの令
□	5	幕府財政難の一因となった，1657年におこった大火を何というか。	5 明暦の大火
□	6	綱吉のもとで，貨幣改鋳を献策した勘定吟味役は誰か。	6 荻原重秀

	問題		解答
□ 7	新井白石を登用した6代将軍は誰か。	7	徳川家宣
□ 8	新井白石が，貿易統制のため制定した法令を何というか。	8	海舶互市新例
□ 9	水戸藩主で『大日本史』の編修を命じたのは誰か。	9	徳川光圀
□ 10	熊沢蕃山を登用し，藩政改革を実施した岡山藩主は誰か。	10	池田光政
□ 11	岡山藩が庶民教育のために開いた郷学は何か。	11	閑谷学校
□ 12	谷時中に朱子学を学んだ土佐藩の家老は誰か。	12	野中兼山
□ 13	町人の出資により大規模に開発された新田を何というか。	13	町人請負新田
□ 14	田の荒起しなど深耕用に改良された鍬を何というか。	14	備中鍬
□ 15	能率的な脱穀具で，別名「後家倒し」ともよばれるものは何か。	15	千歯扱
□ 16	本格的農書の『農業全書』を著した人物は誰か。	16	宮崎安貞
□ 17	商品作物として重視された四木三草の三草を答えよ。	17	藍，麻，紅花
□ 18	清国向け輸出品で，俵につめた海産物を何というか。	18	俵物
□ 19	西廻り・東廻り海運を整備した江戸初期の商人は誰か。	19	河村瑞賢
□ 20	積荷の落下防止のため両舷に菱形の垣をつけた廻船を何というか。	20	菱垣廻船
□ 21	大坂の江戸向け荷積問屋で，商品別に組織した組合を何というか。	21	二十四組問屋
□ 22	大名が年貢米を販売するため，大坂や江戸に置いた倉庫は何か。	22	蔵屋敷
□ 23	蔵物を保管売却する商人，その代金を管理する商人を何というか。	23	蔵元，掛屋
□ 24	金貨は4進法である。その単位を答えよ。	24	両，分，朱
□ 25	幕藩体制を維持する思想として官学となった儒学の一派は何か。	25	朱子学
□ 26	家康の侍講として仕え，林家の祖となった朱子学者は誰か。	26	林羅山
□ 27	「近江聖人」といわれた日本の陽明学の祖は誰か。	27	中江藤樹
□ 28	将軍吉宗に『政談』を献し，蘐園塾を開いた古学者は誰か。	28	荻生徂徠
□ 29	新井白石の史論書で，幕府の歴史的正統性を述べた著作は何か。	29	読史余論
□ 30	『万葉代匠記』を著した僧侶は誰か。	30	契沖
□ 31	漢方薬の材料となる植・鉱・動物を研究する学問を何というか。	31	本草学
□ 32	和算(日本独自の数学)の大成者で『発微算法』の著者は誰か。	32	関孝和
□ 33	さび・軽みを理念とする蕉風俳諧を完成させたのは誰か。	33	松尾芭蕉
□ 34	『世間胸算用』を著した大坂の町人は誰か。	34	井原西鶴
□ 35	34が大成した，町人社会の生活・風俗などの小説を何というか。	35	浮世草子
□ 36	人形浄瑠璃や歌舞伎の脚本を書き，名声を博した作家は誰か。	36	近松門左衛門
□ 37	元禄期の上方歌舞伎で和事の代表的俳優は誰か。	37	坂田藤十郎
□ 38	「紅白梅図屏風」を描いた装飾画家は誰か。	38	尾形光琳
□ 39	肉筆浮世絵の傑作「見返り美人図」を描いた画家は誰か。	39	菱川師宣

CHAPTER

3 » 幕藩体制の動揺

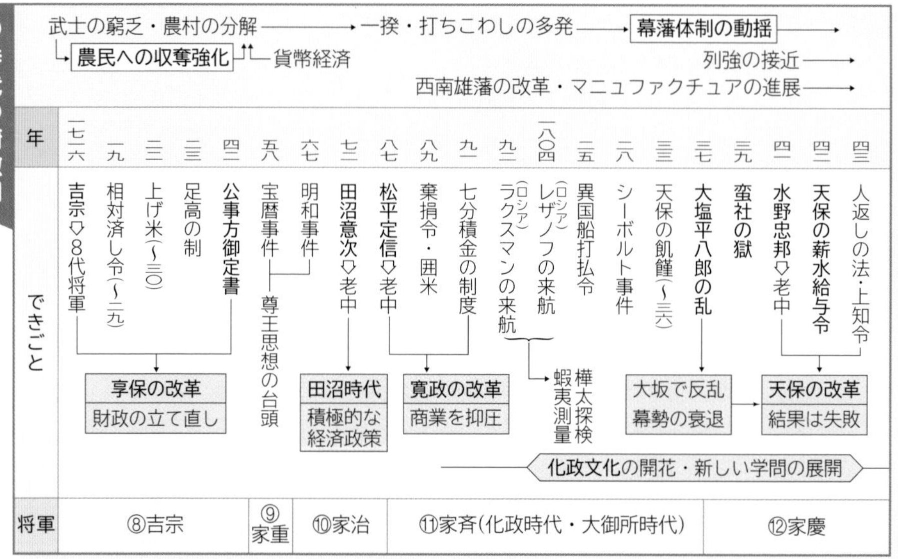

SECTION

1 農村の変動と武士の窮乏

▶ **18世紀**になると，農村では，商品生産が展開して経済的に発展したが，しだいに貨幣経済に巻きこまれ，**農民の階層分化**が進んでいった。幕府や諸藩では**財政が窮乏化**し，武士も経済的に苦しむようになった。

1 本百姓層の分解

❶農村の変化　商品生産がさかんとなり，経済的に発展していった。しかし，貨幣経済に巻きこまれたために，本百姓は，**豪農**と**貧農・小作人**へと分解が進み，本百姓中心の村の構造は変化していった。**豪農**は，商品生産と流通を担うとともに，田畑を抵当にした金融により**質流れ**というかたちで土地を集め，**小作人に貸して小作料をとる地主**となった。田畑を手放した百姓は，**小作人**となるほか，都市・農村への**年季奉公**や**日用稼ぎ**(日雇)で賃金を得るようになった。

❷凶作と飢饉　農村の貧農や小作人は，気候不

注意　江戸時代，農民の土地売買は禁止されていたが，貨幣経済の浸透により，元禄期には田畑の**質入れ・質流れ**という形で事実上の売買が行われた。

参考　**本百姓の分解**　下の河内国下小坂村(東大阪市)の例で見てみよう。

	5石未満	5～20石	20石以上
1657年	17.2	65.5%	17.3
1730年	43.2	48.3	8.5
1841年	60.9	26.1	13

史料　天明の飢饉の様相

出羽①・陸奥②の両国は，常は豊饒の国なりしが，此年③はそれに引かへて取わけの不熟にて，南部④，津軽⑤に至りては，余所よりは甚しく……父子兄弟を見棄ては我一にと他領に出さまよひ，なげき食を乞ふ。されど行く先々も同じ飢饉の折から成れば……食ふべきものの限りは食ひたれど後には尽果て，先に死たる屍を切取ては食ひし由，或は小児の首を切，頭面の皮を剥去りて焼火の中にて焙り焼き，頭蓋のわれめに箆さし入，脳味噌を引出し，草木の根葉をまぜたきて食ひし人も有しと也。……恐ろしかりし年なりし。　『後見草』⑥

注釈　①今の山形・秋田両県。②今の福島・宮城・岩手・青森の4県。③1784(天明4)年。④今の岩手県。⑤今の青森県西部。⑥杉田玄白の編著。3巻よりなる。

順や天災を原因とする凶作に襲われ，しばしば飢饉による壊滅的打撃をこうむった。大規模な飢饉は江戸時代に30回以上発生した。とくに享保・天明・天保の**三大飢饉**は，幕藩体制を根底から揺るがせた。

▼江戸時代の三大飢饉

名称	年次，被害の中心
享保の飢饉	1732年，西日本
天明の飢饉	1782～87年，東北地方
天保の飢饉	1833～36年，全国

補説　**天明の飢饉**　天明年間(1781～89)は，冷害や**浅間山の噴火**による泥水・日照量不足などで全国的飢饉におちいった。なかでも，天明2(1782)年から天明7(1787)年にかけて，**東北地方**の被害はとくにはなはだしく，草の根はもとより牛馬・犬猫・死人の肉まで食うというありさまであった。当時**津軽藩**(青森県)では8万人もの餓死者を出した。

2 百姓一揆の発生

❶一揆の発生と飢饉　江戸時代に騒動・騒立てなどとよばれた**百姓一揆**は，約3200件起こっている。18世紀にはいるとその数は増加するが，とくに発生件数が年間100件をこえたのは**天明・天保期**，そして**幕末期**であった。

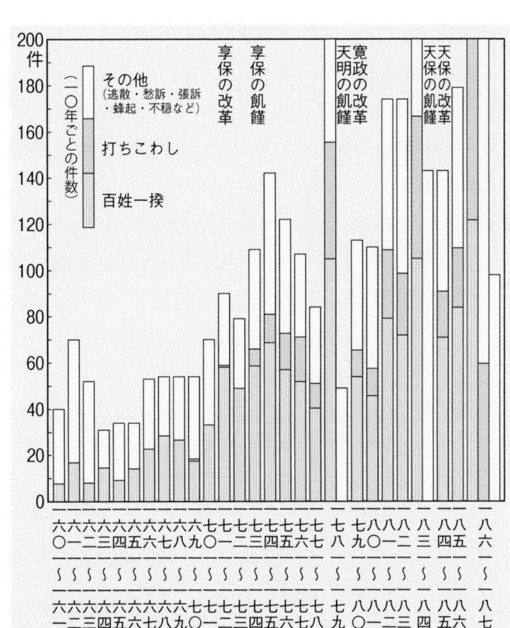

百姓一揆の件数▶

3 一揆の推移

❶ **百姓一揆の型**　江戸時代の一揆は，時期・参加者と規模・行動や目的から，①17世紀の**代表越訴型**★1，②18世紀の**惣百姓型**，③19世紀の**世直し型**，の3つに分類される。

❷ **代表越訴型一揆**　年貢や諸役の減免，代官の不正などを，村人を代表して名主などの村役人が直訴した。要求を認められることも多かったが，代表は処刑され，**義民**としてまつられた。下総(千葉県)の**佐倉惣五郎**や上野(群馬県)の**磔茂左衛門**，若狭(福井県)の**松木荘左衛門(長操)**らが有名。

❸ **惣百姓一揆**　18世紀にはいると，領主による年貢の増徴や助郷の拡大，商工業への課税や流通統制に反対して村民全員が参加する**惣百姓一揆**がふえ，**強訴**や**打ちこわし**をともなった。藩領全域で起こったものを**全藩一揆**とよび，藩領をこえる規模でも起こるなど，大規模な一揆となった。

補説　**幕府や藩の対応**　幕府や藩はこのような徒党を禁止して，処罰を強化し，頭取(指導者)の密告を奨励したり，鎮圧のために鉄砲の使用を許可した。

❹ **世直し一揆**　農民層分解により没落した**貧農・小作人が中心**となって，小作地や質地の返還(質地騒動)，豪農・商人の**特権排除**，村役人の**選挙**(入札)などを掲げて，豪農や商人を打ちこわした。18世紀末から見られるが，一般化するのは**幕末・維新期**であった。

❺ **村方騒動**　農民層分解による豪農と貧農・小作人との間に，小作料や村の運営などをめぐって対立が生まれ(**村方騒動**)，田沼時代のころから頻発した。

❻ **国訴**　特権的な株仲間商人の流通独占などに反対し，豪農を先頭にして1郡や1国の規模の**百姓が結集して幕府に訴願**する合法的な農民闘争を**国訴**といい，おもに豪農や**在郷商人**★2の指導によって行われた。畿内の菜種・木綿の流通統制に反対した国訴が有名である。

補説　**大坂の国訴**　1823(文政6)年，大坂の特権的な株仲間商人が，肥料・菜種・木綿の価格を統制するのに対して，摂津・河内・和泉の1307カ村の農民が，在郷商人の指導で連合して流通独占に反対する国訴を行い，成功した。これは，訴訟という合法的な手段である。

★1 **越訴**　正式な手続きをふまずに，下級役人をとびこえて上級権力者に訴状を直接提出すること。**直訴**ともいわれ，厳禁されていた。

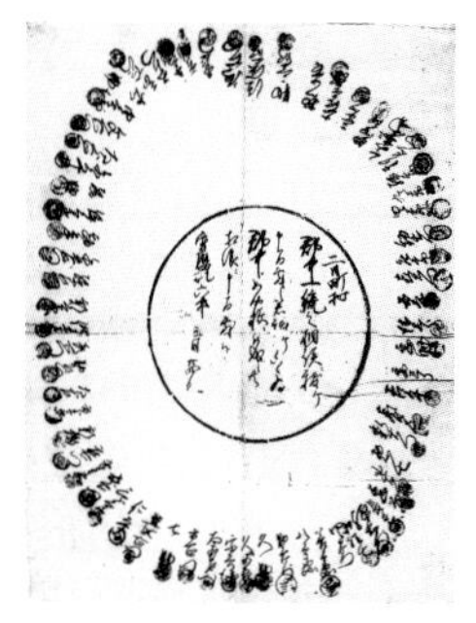

▲郡上一揆の傘連判状

参考　**傘連判状**　1754(宝暦4)年，年貢増のための検見に反対して，郡上藩(岐阜県)で大規模な百姓一揆が起こった(郡上一揆)。この際，二日町村の百姓66人が署名し，郡中で決定したことに背かない旨を署名し，捺印をした。人名を円形に書くことで，一揆参加者の平等を示すとともに，頭取をわからなくした**傘連判状**である(上図)。

★2 **在郷商人**　農村内に形成された在郷町(☞p.239)で成長した商人。**在方商人**ともいう。在郷町を中心に，都市の株仲間や問屋らの市場独占に抵抗しながら成長した。

❼都市の打ちこわし　貧農の一部が**潰れ百姓**となって都市に流入し，凶作・飢饉のときにはすぐに生活苦におちいる裏店借の貧しい下層民(「その日暮らしの者」「その日稼ぎの者」とよばれた)が増加した。1787(天明7)年には，江戸・大坂をはじめとする全国30余の都市で，**天明の飢饉**による米価高騰で生活苦におちいった下層住民を中心に，はげしい打ちこわしが起こった。農村の百姓一揆や都市の打ちこわしは，対外的な危機(☞p.264)もあって，幕藩体制そのものを揺るがした。

4 武士の窮乏

❶幕藩財政の窮乏　18世紀になると，幕府と諸藩で財政が窮乏化した。財政再建のために，政治・財政の改革を行った。

❷幕府の財政窮乏の理由

1. 鉱山収入の激減。
2. 明暦の大火(☞p.226)後の復興に巨額の支出。
3. 元禄期の寺社造営などの支出。

❸諸藩の財政窮乏の理由

1. 物価上昇と年貢収入の頭打ち。
2. **参勤交代**と江戸藩邸での経費の増大。
3. 幕府が命じる城郭・河川工事などの**お手伝い普請**による出費増。

❹赤字財政への対策

1. 新田畑を開発する。
2. 貢租を増徴し，**検見法**を定免法にかえる(☞p.254)。
3. 運上・冥加金(☞p.237)をとりたてる。
4. 領内の**特産品**(**国産物**)の生産を奨励し，専売制をしく。
5. 大坂の豪商から借金をする(**大名貸し**)。
6. 藩士の俸禄を，**半知**(半分しか支給しないこと)・**借り上げ**(**借知**)と称して削減する。

参考　**伝馬騒動**　1764(明和元)年に信濃・上野・武蔵の中山道沿いの幕領の農民20万人が，**助郷役**の増加に反対して起こした一揆。藩を越えた大規模な惣百姓一揆として有名である。

参考　**渋染一揆**　1856(安政3)年，岡山藩内53の被差別部落の人々が，無紋・渋染の着衣の強制に反対して起こした一揆。**身分差別反対の一揆**として有名。

参考　江戸幕府の三大改革
①**享保の改革**…18世紀初め，8代将軍**吉宗**が行った。財政立て直しに一時的に成功(☞p.253)。
②**寛政の改革**…18世紀末，老中**松平定信**が行った。農村再建に努めたが，成功しなかった(☞p.259)。
③**天保の改革**…19世紀中ごろ，老中**水野忠邦**が行ったが，短期間のうちに失敗に終わった(☞p.269)。

▼おもな藩の専売品

藩名	専売品
仙台	塩・漆
米沢	織物
松江	鉄・銅・にんじん
宇和島	紙・蝋・するめ
徳島	藍・塩
土佐	紙
薩摩	樟脳・黒砂糖

❺武士の困窮

1 兵農分離，城下集住による都市生活のため貨幣経済に巻きこまれたこと。

2 藩財政悪化にともなう藩が行った半知・借り上げによって収入減となったこと。

史料　武士階級の窮乏と町人からの借財

1　今ノ世ノ諸侯①ハ大モ小モ皆首ヲタレテ町人ニ無心②ヲイヒ，江戸・京都・大坂，其外処々ノ富商ヲ憑デ，其続ケ③計ニテ世ヲ渡ル，邑入④ヲバ悉ク其方⑤ニ振向ケ置テ，収納ノ時節ニハ子銭家⑥ヨリ倉ヲ封ズル⑦類ナリ。子銭家トハ，金銀ヲ借ス者ヲ云フ。……子銭家ヲ見テハ，鬼神ヲ畏ルヽ如ク，士ヲ忘レテ町人ニ俯伏シ⑧，……諸侯スラ然ルナリ。況ヤ薄禄ノ士大夫⑨ヲヤ，風俗ノ敗レ，悲ムニ余レリ。

『経済録』⑩

2　近来諸侯大小となく，国用不足して貧困する事甚し。家臣の俸禄を借る事⑪，少きは十分一，多きは十分の五，六なり。それにて足らざれば，国民より金を出さしめて急を救ふ。猶足らざれば，江戸・京・大坂の富商大賈⑫の金を借る事，年々に已まず。借るのみにて還すこと罕なれば，子⑬又子を生みて宿債⑭増多すること幾倍といふことを知らず。

『経済録拾遺』⑮

注釈 ①**大名**。②借金。③金銭の援助。④年貢収入。⑤担保。⑥**高利貸**。⑦年貢を差し押さえる。⑧頭を下げる。⑨旗本・御家人・藩士。⑩1729(享保14)年，**太宰春台**の著。⑪**借知**。⑫大商人。⑬利息。⑭つもりつもった債務。⑮太宰春台の著。

視点 17世紀後半からの経済的発展にもかかわらず，なぜ武士階級が窮乏化したかを考えさせる問題が，この史料などを使って頻出している。**窮乏化の原因**をつかんでおこう。

TOPICS

武士の生活

「すべて武士は高禄の者も小禄の者も経済的にゆきづまってきたが，とくに小禄の者は，生活が見るにしのびないほどになってきた。先祖伝来の武具や，先祖が戦場で使った武器，そのほか大切な物品を売り払い，主君より拝領の品も質に入れたり売り払ってしまう。……もっとひどいのは，勤務の日は，それまで質屋に入れていた衣装を質屋に偽りをいって取り寄せ着用し，勤務が終わると再び質屋へもどす，という芸当をする者もいる。……小禄の武士・徒士・足軽などに至っては，勤務のあい間に内職で，傘に紙を張り，提燈を作り，下駄の鼻緒をつくったり，さまざまな仕事をし，妻子までも内職にかかり，町人のおなさけをうけて，生活のたしにしている。」

▲武士の内職

上の文章は，武陽隠士(江戸在住の匿名の武士)の『**世事見聞録**』(1816年)の一節であるが，貨幣経済に巻きこまれて窮乏する武士の生活の内幕をよく示している。

①農民の階層分化…少数の豪農と，多くの貧農・小作人に分化
②江戸期の三大飢饉…享保の飢饉，天明の飢饉，天保の飢饉
③百姓一揆の形態…越訴・強訴・打ちこわし
④百姓一揆のピーク…天明・天保・慶応(幕末期)
⑤百姓一揆の3つの型…代表越訴型→惣百姓型→世直し型
⑥幕藩財政の窮乏…武士の窮乏→農村支配の強化へ

SECTION 2 享保の改革

▶8代将軍徳川吉宗(在職1716～45)は，幕府財政の再建をめざして享保の改革を行った。そのため，倹約による財政緊縮と収入増加のための年貢増徴・新田開発の奨励，さらに物価安定策が中心となったほか，人材登用や勘定奉行所の強化，法・裁判制度の整備などに取り組んだ。

1 財政の立て直し

❶上げ米　吉宗は大名から，**石高1万石につき100石の米**を献上させ，かわりに参勤交代制を緩め大名の**江戸滞在期間を半年に短縮**する上げ米を行った。1722(享保7)年に始まり，1730(享保15)年に財政上の効果があったとして廃止された。

注意　享保の改革の中心は，元禄期以来の財政問題にあった。

史料　1722(享保7)年7月の上げ米令

一　御旗本ニ召し置かれ候御家人，御代々段々相増し候。御蔵入高も先規よりハ多く候得共，御切米御扶持方①，其外表立ち候御用筋渡方ニ引合い候ては，畢竟年々不足の事ニ候。……今年ニ至て御切米等も相渡し難く，御仕置筋の御用も御手支えの事ニ候。それニ付，御代々御沙汰これなき②事ニ候得共，万石以上の面々より八木差上げ候様ニ仰せ付けらるべしと思召し，左候ハねば御家人の内数百人，御扶持召放さるべきより外はこれなく候故，御恥辱を顧みられず仰せ出され候。高壱万石ニ付八木百石積り差上げらるべく候。……これに依り在江戸半年充御免成され候間，緩々休息いたし候様ニ仰せ出され候。『御触書寛保集成』

将軍直属の旗本として召し抱えられている御家人(家臣)は，将軍の代を重ねるごとにだんだん数が増えた。幕府の貢租収入も前よりは多くなったが，切米・扶持その他主要な経常支出の支払高と比べれば，結局毎年不足する。今年にいたって切米の支給も困難となり，政治向きの費用も支障をきたしている。そのため，代々このような沙汰はなかったことであるが，万石以上の大名より米を上納するよう命じようとお考えになった。そうしなければ御家人の内数百人に暇をとらせるより他はないので，恥辱もかえりみずお命じになったものである。石高一万石について米100石の割合で上納せよ。この上げ米の代わりとして参勤交代の江戸滞在を半年ずつ免除されるので，国元でゆっくり休息するようにと仰せ出された。

注釈　①幕府の蔵入米から支給される俸禄。知行地を持たない小禄の家臣に，春夏秋の三期に何俵という形で給されるのが切米，何人扶持という形で与えたのを扶持米という。一人扶持は一日玄米五合。②歴代将軍に前例がない。

❷年貢の増徴　従来の**検見法**にかえて，年貢率を一定させて，いちじるしい不作以外は年貢減免をしない**定免法**(免は年貢率のこと)を採用するとともに，綿作の発展した西日本では畑年貢をふやして年貢増徴を実現した。

❸勧農　新田開発を奨励し，商人資本による**町人請負新田**(☞p.230)が行われ，耕地を増加させた。また，朝鮮人参や甘藷(サツマイモ)・菜種など主穀以外の作物の栽培を奨励した。

❹物価政策　米の収入が増加しても，「米価安の諸色高」の状況では財政収入の増加にならなかった。

1. **株仲間の公認**による**物価統制**。
2. 大坂の**堂島米市場**の公認による**米相場対策**。
3. はじめ良質な享保金銀を鋳造したが，貨幣の品位を落とした**元文金銀**を鋳造(☞p.227)。

▲**徳川吉宗**　(徳川記念財団蔵)
吉宗は，**紀州藩主**として藩財政の再建に成功していた。7代将軍家継が死去し将軍家の血筋が絶えたため，8代将軍として将軍職に就任した。家康を手本とすることを信条とし，改革政治を行い，**幕府中興の英主**といわれた。

2 行政の整備

❶側用人政治の廃止　5代将軍から7代将軍まで**側用人**が幕政の実権をにぎり，譜代大名の不満が強まった。吉宗は側用人政治を廃し★1，譜代大名層を重視して改革を進めたが，**御用取次**という側近をたくみに使った。

▲**元文金銀**
元文小判と元文丁銀

❷人材登用

1. **足高の制**の採用。役職ごとに役高を定め，有能だがそれに満たない禄高の者が就任したとき，その差額を在職中に限り支給した。
2. **大岡忠相**★2や**田中丘隅**★3らを登用した。

❸相対済し令　金銀貸借の訴訟(**金公事**)を受理せず，当事者間で解決させようとする法。1719(享保4)年発令。金公事がそれ以外の裁判を遅滞させるほど増加したため，裁判の迅速化をはかった。

★1　吉宗は，将軍になるとすぐ，**新井白石**や側用人**間部詮房**を罷免した。

★2　**大岡忠相**(**越前守**)　吉宗にとりたてられ，町奉行を経て大名になった。町奉行として裁判の公正と市政の整備に心を配った。大岡裁きで名を知られているが，大岡政談は後世の創作。

★3　**田中丘隅**　農政家で東海道川崎宿の名主。吉宗にとりたてられ，民政や治水事業で功績。著書に，民政に関する意見や見聞をまとめた**『民間省要』**がある。

史料　公事方御定書

盗人御仕置の事(第五六条)
盗みをした者への処罰

一　人を殺し，盗致し候者　引廻しの上　獄門
人を殺して盗みをした者　江戸中を引廻した上で斬首し，さらし首とする。

一　追剝致し候物　獄門
往来の人をおそって金品を奪った者　斬首の上で，さらし首とする。

一　手元ニ之有る品をふと盗取候類
近くにあった品物を盗んだ者

金子ハ拾両より以上，雑物ハ代金ニ積十両位より以上ハ　死罪
金10両かそのほかの品物は代金に換算して10両以上になるものを盗んだ者は死刑。

金子ハ十両より以下，雑物ハ代金ニ積十両位より以下ハ　入墨敲
金10両以下，またはそれ以下の値段の品物を盗んだ者　腕に入墨を入れ，杖でたたくこと。

人殺幷疵付等御仕置の事(第七一条)
殺人や傷害をおこした者への処罰

一　主殺　二日晒，一日引廻，鋸挽の上　磔
主人を殺した者　2日間さらし者にした上で，1日江戸を引廻し，竹鋸で往来人に身体をひかせた上ではりつけ刑。

一　親殺　引廻の上　磔
親を殺した者　江戸市中引廻しの上はりつけ刑。

一　人を殺し候者　下手人　『棠蔭秘鑑』
人を殺した者は斬首刑とする。

視点　公事方御定書は上巻81条・下巻103条からなる江戸幕府の成文法規集。関係者のみ閲覧が許される非公開であった。下巻は，刑罰や刑事訴訟に関する規定がおさめられ，『御定書百箇条』とよばれた。

❹**司法の整備**　重要法令と刑事事件の判例を集め，刑罰の客観的基準を定めた『公事方御定書』を制定し，裁判の公正化をはかった。

❺**都市問題**

1 江戸の大火を防ぐため，**広小路・火除け地**を設け，**町火消し**★4をつくった。

2 医療をうけられない貧民のため，**小石川養生所**を設置した。

★4 **町火消し**　町人による消防組。**いろは47組**(のち48組)がつくられ，町奉行が監督した。

3 文教政策

❶**民衆教化**　**儒学を民衆教化の軸**にすえ，儒教の徳目を説いた『**六諭衍義大意**』★5を版行し，**寺子屋**の手習いの手本とさせた。

❷**儒者の活用**　**荻生徂徠**(『**政談**』)や**室鳩巣・太宰春台**(『**経済録**』)ら儒学者の意見を政治の参考にした。

★5 **『六諭衍義大意』**　明の教育勅諭(『六諭』)の注釈書(『六諭衍義』)の大意をやさしく説明したもの。室鳩巣らがつくった。

▲江戸の町火消し

❸**目安箱の設置**　**改革政策の参考**にするため，評定所門前に設置し，庶民は，要求や不満をこの箱に投書した。**小石川養生所**の設立や**町火消し制度**として活かされた。

❹**実学の奨励**　殖産興業のための**実学**を奨励し，中国で洋書を漢文に翻訳した漢訳洋書のうち，**キリスト教と関係ない書籍の輸入を許可**した。**青木昆陽**・**野呂元丈**にオランダ語の学習を命じ，**洋学**(**蘭学**)**がさかんになる基礎**をつくった。

［享保の改革］

①上げ米…幕府財政の急場しのぎ
②年貢の増徴…定免法による年貢徴収の安定化
③勧農…新田開発や商品作物による年貢収入の増大
④物価の安定…株仲間の公認と米相場の安定
（①〜④）徳川吉宗が実施
⑤江戸の都市政策…小石川養生所と町火消し
⑥実学の奨励…漢訳洋書の輸入解禁により洋学の発達を促進

3 田沼時代

▶ 10代将軍**徳川家治**(在職1760～86)の治世を，初め**側用人**，ついで**老中**として幕政をにぎった**田沼意次**にちなんで**田沼時代**という。意次は，享保の改革の年貢増徴策が行き詰まり，ふたたび困難となった幕府財政を打開するため，**発展してきた商品生産・流通に新たな財源**を見いだし，さらに**大規模な新田開発と蝦夷地開発**を試みた。しかし，賄賂が横行し，自然災害が多発するなどして幕藩体制の危機を打開することはできなかった。

1 田沼意次とその政策

❶**田沼意次の進出**　9代家重・10代家治に仕えて側用人から老中となった田沼意次と，その子の**意知**が権力をにぎった。

❷**田沼意次の経済政策**　幕府財源を年貢増徴だけにたよらずに，吉宗の商業資本の利用や殖産興業政策を徹底させて，財政難を切り抜けようとした。①**株仲間の大幅認可**，②**専売制の実施**，③**新田の開発**，④**蝦夷地の開発計画**，が主要政策。

❸**株仲間の大幅認可**　商品生産・流通を統制し，物価を引き下げるため，都市や農村の**商人や手工業者の仲間組織**を株仲間として公認した★1。それに**運上**・**冥加金**などの税をかけた。

★1　経済の発展にそった政策として評価される一方，賄賂が横行した。

補説　**田沼の賄賂政治の風刺絵**　右の図は，田沼意次のまいない(賄賂)政治を風刺した絵である。右側に「此鳥金花山に巣を喰ふ。名をまいなゐ鳥といふ。常に金銀を喰ふ事おびたゝし。…」とあり，左側に「此虫常は丸之内にはひ廻る。皆人銭だせ金だせ，まひなゐつぶれといふ」とある。『古今百代草叢書』より。

▲「まいない鳥」の図

❹**専売制の実施**　幕府は，銅座・(朝鮮)人参座・真鍮座などの座を設けて**専売制**を実施し，流通の統制をはかるとともに，その利益の吸収をはかった。

参考　**専売の1例…(朝鮮)人参座**　薬用の朝鮮人参は一般に珍重されていたので，朝鮮人参座が認められ，品質の維持と統制を行わせた。

❺**貨幣制度の革新**　銀を使って金貨の単位を表示し，秤量する必要のない**南鐐弐朱銀**(8枚で小判1両)を大量に鋳造した。金中心の貨幣制度への一歩といわれる。

❻**新田の開発**　大坂や江戸の商人の出資で，下総(千葉県)の**印旛沼・手賀沼の干拓**を進めた。工事は完成間近になって利根川の洪水で失敗し，さらに田沼の失脚で中止された。

❼**蝦夷地の開発**　貨幣鋳造に必要な金銀を輸入する政策を実施し，中国の望む**銅**や**俵物**を積極的に輸出しようとした。また，蝦夷地の新田開発にものりだし，南下するロシア人(☞p.263)との交易も構想した。

補説　**蝦夷地開拓計画**　このころシベリアに進出したロシア人は，千島にも南下してきた。仙台藩医**工藤平助**は，1783(天明3)年，『**赤蝦夷風説考**』を著し，ロシアとの通商と蝦夷地の開拓を田沼意次に建言した。意次はこれを採用し，1785(天明5)年には，**最上徳内**らを派遣して蝦夷地を調査させて，大規模な開拓計画を立てたが，意次の失脚で実現しなかった。

▲正装した蝦夷地のアイヌ

❽**田沼政治の結果**　田沼時代には，**商品経済の発展に対応した政策**が試みられた。しかし，意次に過度に権力が集中したため，その一族や縁者に賄賂を贈る風潮が強まり，**武士の倫理を退廃**させたとの批判も高まった。

また，商品経済の発展により，都市と農村では住民の階層分化が進み，幕府から負担を強いられた**民衆の不満と反発**は強まった。1784(天明4)年，若年寄の**田沼意知**を江戸城内で斬殺した旗本の**佐野善左衛門**(**政言**)は，世間から「**世直し大明神**」ともてはやされた。さらに**浅間山の噴火**などの災害と多くの餓死者を出した**天明の飢饉**がかさなり，各地で大

▲田沼意次　(牧之原市史料館所蔵)

TOPICS

田沼意次の出世

田沼意次の父は紀州藩主吉宗の小姓で，吉宗が将軍職をついだとき，これに従い旗本(600石)に取り立てられた。意次は，吉宗の長男家重の小姓になり，その後，小姓組番頭・側衆・側用人を経て，ついに老中にまでなった。禄高は1734(享保19)年の600石をふりだしに，その後10回の加増があって，5万7000石の大名になった。1772(明和9)年，10代家治のときに老中になったが，10回の加増のうち7回までが家治時代のことで，いかに意次が将軍の信頼をうけていたかがよくわかる。

これに対して側用人として有名な柳沢吉保は，老中にはならず，老中格・老中上座であった。意次が老中になったときに，将軍は，側用人のときと同様に将軍の側近者としての役目も果たすよう命じたため，意次は幕府の最高職についただけでなく，側用人の地位をも保ったのである。

このように権力の表裏をにぎった意次に対して，とくに譜代大名たちの羨望と憎悪の感情ははげしかった。賄賂のことをはじめとして，意次が腐敗悪政の典型のように伝えられる背景には，彼に対する強い羨望・憎悪感があったことを忘れてはならない。

規模な一揆・打ちこわしが頻発して，幕藩体制は深刻な危機におちいった。

❾田沼意次の失脚　意次の政策は，民衆の不満と反発で行き詰り，1786(天明6)年，将軍家治の死去とともに老中を罷免された。領地もほとんど没収され，わずか1万石になった。

参考　**天明年間の社会のようす**　1781(天明元)年に幕府や諸藩をゆるがす百姓一揆が起こったが，1783(天明3)年には東日本を中心に数十件の百姓一揆や打ちこわしが起こった。これは，浅間山の大噴火による降灰と関連する凶作や冷害→**天明の飢饉**(☞p.249)が引き金となったものである。

さらに1786(天明6)年には，100件を超える百姓一揆や打ちこわしが続発した。

[田沼意次の政治]
① 商業資本を利用した財政再建
…株仲間の公認。専売制
② 印旛沼などの新田開発・蝦夷地開発計画→賄賂政治への批判・天明の打ちこわしで失脚

寛政の改革

▶ 1787(天明7)年，老中首座となった**松平定信**は，**寛政の改革**を断行した。しかし，はげしい一揆・打ちこわしに示されるように幕藩体制の動揺ははげしくなっていった。このころ，イギリス・フランス両国は世界的規模で植民地争奪戦を始め，ロシアもシベリア開発を進めて北太平洋に進出した。**ラクスマン**来日に示された対外的危機が発生し，さらには**尊号一件**(**尊号事件**)に示された天皇・朝廷問題も発生する。

1 寛政の改革政策

❶**田沼派の失脚** 田沼意次の罷免後も，幕政は田沼派の幕閣により運営されていた。ところが1787(天明7)年5月，江戸市中で打ちこわしが始まり，米屋など商家1000余軒が打ちこわされ，江戸は一時無政府状態におちいった。こうした**天明の打ちこわし**の中で，ようやく田沼派は失脚した。そして，同年6月，11代将軍**家斉**のもとで**松平定信**が**老中**に就任した。

❷**農村再建策** 幕藩体制の基礎である本百姓体制の再建をめざし，①都市に流入した農村出身者の帰村を奨励する旧里帰農令★1，②農村からの出稼ぎの制限，③間引き禁止と養育資金給与などにより，農村人口の回復をはかった。さらに，綿や菜種以外の商品作物の栽培を抑制し，貨幣経済の浸透を抑えようとした。

❸**商業・流通策** **両替商**など江戸の新興商人を**勘定所御用達**に登用し，資金と手腕を米価調節などに活用した。他方，旗本・御家人の**札差**からの借金の返済を免除する棄捐令を出し，江戸の代表的豪商である札差に打撃を与えた。

❹**飢饉・打ちこわし対策** 天明の飢饉と天明の打ちこわしの再現を阻止し，米価を調節するため，**備荒貯蓄策**がとられた。①農村には**郷蔵**，②諸藩には囲米を命じ，さらに各地には**社倉・義倉**★2をつくることを命じた。③江戸には**町入用の節約分の7分(70%)**を積み立てる七分積金をつくり，**町会所**を設けて米と金を蓄え，飢饉や病気流行などの際に，貧民の救済と貸付に使った。

❺**人足寄場の設置** 江戸の石川島に設けられた矯正所である。飢饉などで江戸に流入した難民のうち，犯罪をおかしていない無宿者(浮浪人)で帰郷できない者を収容して，職業につけるよう指導した。該当者の数は毎年200名以上もあったが，この制度のねらいは，一種の徒刑＝強制労働により治安を維持することにあった。

❻**倹約令・奢侈禁止** とくに農民に対して，倹約令を出して倹約を勧め，奢侈をいましめたが，それを強制したため反発も強かった。★3

▲**松平定信**
吉宗の孫で陸奥白河藩主。天明の飢饉の際にも領内から餓死者なしといわれ，藩政改革の手腕を買われて老中となる。著書に『宇下人言』がある。

★1 **旧里帰農令** 都市に出稼ぎにきている人々に対し，旅費・食料を与えて，帰郷を奨励したものである。しかし，希望者は少なかった。

注意 相対済し令(☞p.255)は，金銭貸借についての訴権(訴訟)は認めないが，債権は認めていた。棄捐令は，訴権はもちろん債権も破棄させるものである。

★2 **社倉・義倉** 社倉は，住民が貧富に応じて供出した穀物倉のこと。義倉は，富裕者の供出による穀物倉のことである。

★3 松平定信の政治は，大変きびしかったので，「白河(定信は陸奥の白河藩主)の清きに魚のすみかねて，もとの濁りの田沼恋しき」とか，「世の中に蚊ほどうるさきものはなし，ぶんぶ(文武)といふて夜も寝られず」というように皮肉った狂歌もできた。

史料 棄捐令

此度御蔵米取御旗本・御家人勝手向御救のため，蔵宿借金仕法御改正仰せ出され候事。
今度，蔵米取りの旗本・御家人の家計を救うため，札差からの借金の仕方について改正を命じられた。

一 御旗本・御家人蔵宿共より借入金利足の儀は，向後金壱両ニ付銀六分宛の積り，利下ケ申し渡し候間，借り方の儀ハ，是迄の通蔵宿と相対に致すべき事。
旗本・御家人が札差より借りた借金の利息は，以後，金一両について銀六分の計算で，利息を下げるよう申し渡したので，借りるときはこれまで通り札差と話し合って借りるようにせよ。

一 旧来の借金は勿論，六ケ年以前辰年までニ借請候金子は，古借・新借の差別無く，棄捐の積り相心得べき事。
昔の借金はもちろん，六年前の天明四(一七八四)年の辰年までに借りた金は，古い借金と新しい借金の区別なく，債権は破棄されることを承知せよ。

史料 囲米令

〔1789(寛政元)年9月の囲米令〕

近年，御物入相重り候上，凶作等打続き，御手当御救筋莫大に及び候に付き，追々御倹約の儀仰せ出され候得共，天下の御備御手薄ニこれ有り候ては相済まざる儀ニ思召し候。……
近年は幕府の支出が重なったうえ，凶作などが相次ぎ，その救済のために多額の穀物や費用がいるので倹約令なども出しているが，国中の備えが手薄なので，そのままにしておくわけにはいかない。

然しながら広大の御備の儀ニ候得ば，当時の御倹約のミを以て，其の手当ニ仰付けらるべき様もこれ無く候間，高壱万石ニ付五十石の割合を以て，来る戌年より寅年迄五ヶ年の間，面々領邑ニ囲穀いたし候様に仰出され候。 『御触書天保集成』
しかし，広大な国全体に対する備えのことなので，当面の倹約ではとても対応策には間に合わないので，大名の石高1万石につき50石の割合で，1790(寛政2)年の戌年から寅年まで5年間，それぞれの大名が領内に囲米をするように命令を出された。

◀寛政の改革におけるおもな施策

政策	内容
旧里帰農令	農村復興策
囲米	備荒貯蓄
人足寄場	無宿人(浮浪人)対策。石川島に設置
社倉・義倉	備荒貯蓄
七分積金	備荒貯蓄。町入用節約分の10分の7
寛政異学の禁	朱子学を正学，他学派を異学とする
棄捐令	札差からの借金の帳消し
思想統制	林子平『海国兵談』→版木没収
出版統制	山東京伝らを処罰

2 文教政策

❶**寛政異学の禁** 寛政異学の禁を出して，**朱子学**を正学(官学)，それ以外を異学とし，**湯島の聖堂**★4で朱子学以外の講義と研究をすることを禁止した。また，**寛政三博士**として有名な**柴野栗山・尾藤二洲・岡田寒泉**を幕府儒者に登用した。

▲孔子を祀った聖堂の大成殿(東京都文京区湯島)

補説 **寛政三博士の入れ替り** 寛政三博士は当初，柴野・尾藤・岡田の３人であったが，のち岡田にかわって**古賀精里**がなった。(☞p.242)

★4 林家の**聖堂学問所**を1797(寛政9)年に官立とし，**昌平坂学問所**とした。

❷教育と学問の振興策

1 朱子学の振興と人材の発掘をはかるため，幕臣を対象に朱子学の理解を試す**学問吟味**という試験制度を始めた。

2 賀茂真淵の門人**塙保己一**を援助して，**和学講談所**を建てさせた。

3 幕府直轄の**医学館**を設け，医学教育の充実をはかった。

4 **『孝義録』**の編修を始め，孝行を軸とした生き方の模範を示し，民衆教化に役立てようとした。

❸言論出版の統制 現実の幕政に批判的な文学や思想が登場したので，幕府は**出版統制令**を出して抑圧した。

1 遊里を描いた**洒落本**★5と世相をあげつらう**黄表紙**★5をとりしまり，代表的作家の**山東京伝**と出版元の**蔦屋重三郎**を処罰した。

2 **『三国通覧図説』『海国兵談』**で対外的危機を説いた**林子平**を弾圧した。

補説 **林子平** 寛政の三奇人の１人(他に高山彦九郎・蒲生君平)として有名。長崎に遊学し，江戸では蘭学者と交わり，海外事情に通じた。『三国通覧図説』で，朝鮮・琉球・蝦夷の３国の地理を述べ，とくに南下するロシア人に対抗するため，蝦夷地の開拓の必要性を説いた。次いで，『海国兵談』では，日本の国防は海防であり，「江戸の日本橋より唐・阿蘭陀まで境なしの水路なり」と述べて，安房・相模の沿岸の防備の重要さを力説した。

★5 **洒落本・黄表紙** 洒落本は元禄期の浮世草子をひきつぐ系統の文芸書で，遊里の生活を写実的に描いた。黄表紙は，風刺滑稽を主とする。ともに**山東京伝**が代表的作家である。

注意 **海防論**を説いたものとして，**工藤平助**の**『赤蝦夷風説考』**，**林子平**の**『海国兵談』『三国通覧図説』**が代表的である。ぜひ覚えておくこと。

史料 1790(寛政2)年5月の寛政異学の禁

朱学の儀は，慶長以来御代々御信用の御事にて，已に其方家代々右学風維持の事仰せ付け置かれ候儀に候得ば，油断なく正学相励み，門人共取立申すべき筈に候。然る処，近来世上種々新規の説をなし，異学流行，風俗を破り候類これ有り，全く正学衰微の故に候哉，甚だ相済まざる事にて候。……此度，聖堂御取締厳重に仰せ付けられ，柴野彦助・岡田清助儀も右御用仰せ付けられ候事に候得ば，能々此旨申し談じ，急度門人共異学相禁じ，猶又自門に限らず他門に申し合せ，正学講窮致し人材取り立て候様相心掛け申すべく候事。

朱子学は，慶長以来，将軍家が代々信用してきた学問で，すでにおまえの家(林家)が代々その学風を維持するよう命じられているのであるから，油断することなく正学である朱子学を学び研究し，門人たちを取り立てるべきものである。ところが最近，世間ではいろいろな新しい学説を唱え，異学が流行し，風俗を乱す者がいる。まったく，正学が衰えたためであろうか，このままでは放置できない。今度，聖堂の取り締りを厳重にすることを仰せ付けられ，柴野栗山・岡田寒泉も，右の御用を命じられたことであるので，十分に手おちなくこの趣旨を話し伝えて，門人が異学を学ぶことをきびしく禁じ，そしてまた，自分の門下に限らず他の門派とも話し合い，正学を講義・研究し，人材を取り立てるように心がけよ。

『徳川禁令考』

3 幕藩体制の動揺

史料 林子平の海防論

細かに思へば江戸の日本橋より唐・阿蘭陀迄境なしの水路也。然るを此に備へずして長崎にのみ備るは何ぞや。小子が見を以てせば安房・相模の両国に諸侯を置て，入海の瀬戸に厳重の備を設け度事也。

よく考えてみれば，江戸の日本橋より，中国・オランダまでは境のない水路でつながっている。それなのに，江戸の防衛に備えないで長崎の防衛をのみ考えるのはどのような理由があるのか。私の意見を言うなら，千葉と神奈川の両方に大名を配置して湾の入り口に厳重の備えを設けたいということです。

『海国兵談』

3 天皇・朝廷政策

❶**尊王論の登場** 幕府は統治を正当化するために天皇の権威を利用したが，幕藩体制は動揺しつづけた。このため18世紀なかばごろから，天皇を主君として尊ぶ**尊王論**が登場した。

1 **垂加神道**を学んだ**竹内式部**は，京都で若い公家たちに『日本書紀』を講義し，1758(宝暦8)年，尊王論を説いて追放された(宝暦事件)。

2 垂加神道の影響をうけた**山県大弐**は，江戸で兵学を講義し，1767(明和4)年，尊王を主張して死刑に処された(明和事件)。

3 寛政期には，尊王を唱えて全国を行脚した**高山彦九郎**，天皇陵を研究した**蒲生君平**らも出た。

❷**朝廷の新しい動き** 次のような動きが見られた。

1 天明の飢饉のさいに貧民救済を幕府に申し入れ。

2 朝廷の儀式や神事を復古させ，御所の重要な建物(紫宸殿・清涼殿)を平安時代の内裏と同じ規模に造営。

3 **光格天皇**が実父に太上天皇の尊号を宣下しようとしたのを幕府が拒絶し，関係した公家を処罰した**尊号一件**(**尊号事件**)。★6

❸**大政委任論** 幕府が政治を行う正統性の根拠を，天皇からの政務委任に求める政治論で江戸時代の初めからある。**松平定信**は改めて**大政委任論**の立場を表明し，幕府と朝廷の関係と幕藩体制の安定をはかった。

★6 1789(寛政元)年，**光格天皇**が実父閑院宮**典仁親王**に太上天皇の尊号を贈ろうとしたが，定信は皇統を継がない者に尊号を与えることはできないと反対し，光格天皇に断念させた。この事件を**尊号一件**(**尊号事件**)という。この事件は朝幕関係にひびを入れる原因となった。

4 対外的危機の浮上

❶**ロシアの接近とアイヌの蜂起** ロシアはシベリアからアラスカに進出し，さらに千島列島を南下して蝦夷地に接近してきた。1789(寛政元)年には，クナシリ・メナシ(国後島と知床半島の目梨)のアイヌが蜂起した。

❷ラクスマンの根室来航　1792(寛政4)年，ロシアの使節ラクスマンが漂流民**大黒屋光太夫**らをともなって**根室**に来航し，**通商を要求**した。幕府は，新規に外国と関係をもつことを禁じた国法があると回答したが，紛争を回避するため通商の可能性をほのめかし，**長崎入港**を許可する信牌(入港許可証)を与えた。

❸海岸防備　対外的危機に備えるため，諸大名に海岸の防備を命じ，江戸湾や蝦夷地の防備を構想[★7]した。

5 諸藩の藩政改革

❶藩政改革　18世紀後半の**宝暦期**から**寛政期**にかけて，多くの財政窮乏した藩が，藩財政の建て直しをめざして藩政改革に取り組んだ[★8]。改革政策は，①**農村の復興**と本百姓分解の阻止，②特産物生産の奨励，藩の専売制の実施，③**藩校**の設立や拡充による有能な藩士の育成，などである。

❷名君の輩出　藩政改革を指導した藩主のうち，熊本藩主**細川重賢**，松江藩主**松平治郷**，米沢藩主**上杉治憲(鷹山)**，秋田藩主**佐竹義和**などは名君と評された。

[寛政の改革]　松平定信が実施

① 本百姓体制の再建…旧里帰農令・出稼ぎ制限

② 飢饉・打ちこわし対策…郷蔵・囲米，七分積金，人足寄場

③ 旗本・御家人対策…棄捐令，倹約令，文武奨励

④ 文教政策…寛政異学の禁，和学講談所

⑤ 出版統制…洒落本・黄表紙の取締り，林子平の弾圧

SECTION 5 大御所時代

▶ 寛政の改革後の文化・文政期(1804～30)は，将軍**家斉**の時代(**大御所時代**ともいう)で，国内的危機(**内憂**)と対外的危機(**外患**)が進行した時期である。

1 対外的危機の進行

❶欧米列強の進出　18世紀後半からのイギリスの産業革命，アメリカの独立とフランス革命に示された近代市民社会の発展，それを基盤としたイギリス・フランス両国の世界的規模での植民地争奪戦とイギリスの勝利，ロシアのシベリア開発と北太平洋進出，アメリカの西部開発などという，**近代世界**

参考 **ラクスマンの連れてきた漂流民**　ラクスマンは，伊勢の船頭大黒屋光太夫ら3人(内1人は根室で死去)を連れてきた。ロシアを流転すること10余年で，故国にもどった2人に対し，幕府は審問のうえ，軟禁した。外国のようすを巷間に流布させないためであった。**桂川甫周**らの蘭学者は，光太夫から外国の知識を得ていた。桂川甫周は光太夫の見聞をまとめ，**『北槎聞略』**を著した。

★7　青森に**北国郡代**を新設し，盛岡・弘前両藩を警備に動員することが計画された。

★8　藩政改革のなかで，藩を1つの国家とする意識が強まってきたことに注意しよう。

への本格的な展開が始まった。資本主義的世界市場の形成に向けた欧米列強の勢力が，しだいに東アジアにのび，ロシアやイギリスの船が日本近海にも姿をあらわすようになった。

❷ロシアの接近と蝦夷地　ロシアの接近により北方の対外的緊張が強まり，幕府は蝦夷地政策を本格化させた。そのなかで，①1798(寛政10)年，**近藤重蔵**・**最上徳内**が**千島列島**を，②1808(文化5)年に**間宮林蔵**が**樺太**(サハリン)を調査し，樺太が島であることを発見した。③幕府は1799(寛政11)年に，松前藩から蝦夷地の支配権を取り上げ，1821(文政4)年に返還するまで**松前奉行をおいて直轄政策**をとった。

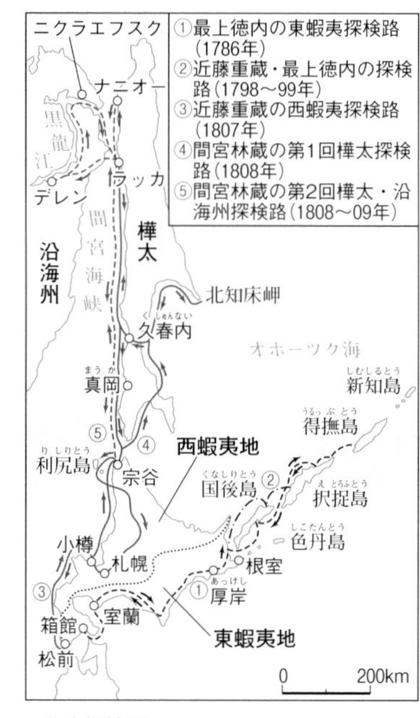

▲北方探検図

❸ロシアとの紛争　①1804(文化元)年，**ロシア使節レザノフ**が，**ラクスマン**のもち帰った信牌をもって長崎に来航した。幕府は，朝鮮・琉球・中国・オランダの4カ国以外とは新たに通信・通商の関係を許さないのが**祖法**であると回答し，固く拒絶した。これを契機に，②ロシア軍艦が樺太・択捉などを襲撃する事件が起こった。そして，③1811(文化8)年，**ロシア軍艦**艦長**ゴローウニン**らを国後で捕らえ，箱館・松前に監禁するゴローウニン事件が起こった。このため，ロシアも幕府御用商人**高田屋嘉兵衛**を捕らえた。

❹フェートン号事件　1808(文化5)年，**イギリス軍艦**フェートン号が長崎に侵入して，食料などを強要し退去した。長崎奉行**松平康英**は，責任をとって自殺した。

補説　**フェートン号事件の背景**　フランスと敵対していたイギリスは，ナポレオンに征服されフランスの同盟国となったオランダの，アジアでの権益を奪う軍事行動を展開していた。その一環として，オランダ商館のある長崎の出島を奪おうとした事件である。

❺異国船打払令(無二念打払令)　イギリスとアメリカの捕鯨船が，日本近海の太平洋岸で操業し，しばしば沿岸に接近した(☞p.272)。幕府は，それまで食料や燃料を与えて退去させてきたが★1，1824(文政7)年に，イギリス捕鯨船員が常陸(茨城県)の大津浜に上陸したことなどをきっかけに，翌1825(文政8)年に異国船打払令(無二念打払令★2)を出して，外国船の撃退を命じた。異国船打払令は，武力によって，

参考　ゴローウニン事件　1807(文化4)年以来，幕府はロシアの南下に備え，すべての蝦夷地を直轄地にして，松前奉行の支配下に置いていた。1811(文化8)年，幕吏が国後でロシアの艦長**ゴローウニン**を捕らえたのに対し，ロシア側は報復として**高田屋嘉兵衛**を捕らえ，カムチャツカに連行した。その後ともに釈放され，事件が解決して事態は落ちつき，蝦夷地はもとの松前藩にもどされた。

★1　**文化の撫恤令**　日本に近づいた外国船を穏便に退去させ，薪や食料を要求してきたら与えるという法令。1806(文化3)年に発令。**薪水給与令**ともいう。

★2　異国船打払令が実行された事件として，1837(天保8)年の**モリソン号事件**(☞p.267)がある。

史料　異国船打払令(無二念打払令)

異国船渡来の節取計方，前々より数度仰出されこれ有り，をろしや船の儀に付ては，文化の度改て相触れ候次第も候処，いきりすの船，先年長崎において狼藉に及び，近年は所々へ小船にて乗寄せ，薪水食糧を乞ひ，去年に至り候ては猥に上陸致し，或は廻船の米穀，島方の野牛等奪取候段，追々横行の振舞……

外国船が渡来してきたときの取り扱い方は，以前から数回ご命令が出されている。ロシア船のことについては，文化の折(1806年)にお触れを出したことがあったが，イギリス船が先年長崎において乱暴をし，近頃は各地に小船で乗り寄せて薪水・食料を求め，昨年は勝手に上陸して廻船の米穀や島の野牛などを奪い取るというように，しだいに乱暴な振舞いがつのり……

一体いきりすに限らず，南蛮西洋の儀は御制禁邪教の国に候間，以来何れの浦方におゐても異国船乗寄候を見受候はば，其所に有合候人夫を以て，有無に及ばず一図に打払い，逃延候はば追船等差出に及ばず，其分に差置き，若し押して上陸致し候はば，搦捕又は打留候ても苦しからず候。……尤唐・朝鮮・琉球などは船形人物も相分かるべく候得共，阿蘭陀船は見分も相成かね申すべく，右等の船万一見損い，打誤り候共，御察度は之有間敷候間，二念無く打払を心掛け，図を失はざる様取計ひ候処，専要の事に候条，油断無く申し付けらるべく候。　『御触書天保集成』

もともとイギリスに限らず，南蛮・西洋の国々は，日本で禁止している邪教のキリスト教国であるから，今後どこの海辺の村においても外国船が乗り寄せてきたことを発見したならば，その場に居あわせた人々で，有無を言わさずただちに打ち払い，逃げた場合は船を出して追う必要はなくそのままで良い。もし強硬に上陸してきたならば捕縛しても打ち殺しても構わない。もっとも中国・朝鮮・琉球などは船の形，人物などの見分けも付く，オランダ船は見分けがつきにくく，これらの船を万一見誤っても咎めはないので，迷うことなく打ち払うことを心掛け，時機を失することなく処置することが大切であるので，油断することのないよう申しつける次第である。

清・オランダ以外の外国船の渡来を阻止する策である。

2 文化・文政期の政治と社会

❶**家斉の政治**　松平定信が罷免されたのちも，文化末年(1817年)までは寛政の改革を担った老中(「寛政の遺老」といわれる)たちが改革政治を引きついだ。しかしその後，**家斉**は側近を重用して幕政を混乱させ，1837(天保8)年に**家慶**に将軍職を譲ったのちも，死ぬまで幕府の実権をにぎりつづけた。★3

❷**幕府財政の悪化と貨幣改鋳**　家斉の55人におよぶ子女の縁組費用や**蝦夷地直轄政策**の経費などで，幕府財政が極度に悪化したため，幕府は，1818(文政元)年から質の悪い**文政金銀**を毎年大量に鋳造した。これにより，年平均50万両もの利益を得て財政を補塡することができたが，物価の高騰を引き起こした。

❸**社会の治安の悪化**　農村で農民の階層分化が進み，とくに関東では治安が乱れて無宿者や牢人が横行した。このため幕府は，1805(文化2)年に**関東取締出役**を設けて巡回させ，幕領・藩領の区別なく犯罪者の取締りを行った。さらに

★3　家康・秀忠も大御所(隠退した将軍の尊称)とよばれたが，とくに11代将軍家斉の治世を**大御所時代**という。家斉は1837(天保8)年，将軍職を家慶に譲ったのちも，大御所として，死ぬまで実権をにぎっていた。

史料 大御所時代の風刺

●水の①出てもとの田沼②となりにける （付句）
●そろそろと柳③に移る水の①影 （付句）
●びやぼんを吹けば出羽どんどんと④ 金が物いふいまの世の中 （落首）
●或人売薬の功能書を示す。最も奇薬にして人或は其の効顕を云者あり。唯寛政丹⑤の法今絶たるを歎ずるのみ。立身昇進丸，大包金百両，中包金五十両，小包金十両……沢瀉⑥，尤も肥後⑦の国製法にてよろし。奥女丹⑧，此のねり薬持薬に用ひ候へば精力を失ふことなく，いつか功能あらはるゝなり。隠居散⑨，この煎薬酒にて用ゆ。 『甲子夜話』

注釈 ①老中**水野忠成**が掛けてある。②**田沼意次**が掛けてある。③**柳沢吉保**が掛けてある。④びやぼんとは鉄製の笛で，1824(文政７)年ごろから玩具として流行した。その擬声に忠成の受領名の出羽守を掛けてはやしたものだという。⑤寛政の改革。⑥忠成の家紋。⑦若年寄の林肥後守忠英。⑧大奥の女中。⑨将軍家斉の愛妾お美代の養父，中野清茂(碩翁)。

1827(文政10)年，その下部組織として近隣村々で**寄場組合**(改革組合村)をつくらせ，村々の協力による治安の維持や風俗の取締りを行った。

❹経済の発展

1 **商品生産の発展と流通の変化**…一般民衆まで貨幣経済に巻きこまれ，**商品生産と流通は活発化**した。それを担う，**株仲間に加わっていない商人と海運業者などが成長**した。
2 **問屋制家内工業の発展**…問屋や商人[★4]が生産者に原材料や道具を前貸しし，その製品を引き取る仕組みの生産形態。
3 **マニュファクチュア(工場制手工業)の登場**…作業場に奉公人(賃金労働者)を集めて生産する仕組みで，資本主義生産の初期の様式とされる生産形態。**大坂周辺や尾張の綿織物業**，**北関東の桐生・足利の絹織物業**の一部に登場した。
4 **農村・農業政策**…**大蔵永常**は『**広益国産考**』『**農具便利論**』などの農書を著し，すぐれた品種や栽培法が紹介された。農業経営の改善のために農村にはいって指導した**二宮尊徳**(**金次郎**)・**大原幽学**などの農政家もあらわれた。

▲徳川家斉 （徳川記念財団蔵）

★4 商品生産が進んだ農村では，**豪農**や**在郷商人**(☞p.250)が問屋商人やマニュファクチュアの経営者の役割をはたした。

3 内憂外患の深刻化

❶天保の飢饉と大一揆 天保期にはいると凶作・飢饉がつづき，1836(天保７)年はとくにひどかった。甲斐都留郡の**郡内騒動**，三河加茂郡の**加茂一揆**などの**大一揆**があいついだ。

注意 **水戸藩主徳川斉昭**は，1838(天保９)年に『**戊戌封事**』を書いて，内外の危機に対処するため幕政改革の断行を主張した。そのなかで，幕藩体制が直面している危機を**内憂外患**と表現した。

TOPICS

将軍家斉と大奥

将軍家斉は毎朝6時ごろ起床し，洗面をすませ，仏間で位牌を拝し，8時ごろ朝食にかかる。食事をとりながら小姓が髪を結い，ほかの小姓が軍記や史書を読むのを聞くという，忙しい朝食であった。朝食後，昼までは儒者の講義を聞いたり，剣術・馬術などに汗を流したりした。昼食がすむと1時ごろから政務を見た。老中の報告や伺書を決裁し，4時ごろに終了する。政務が終わると入浴し，夕食は大奥でとった。

大奥は，将軍の妻(御台所)と妾の居所で，将軍以外は男子禁制であった。将軍付と御台所付の奥女中の総数は500〜600人といわれ，このうち家斉の側妾は40人で，子は55人(男28人・女27人)もいたという。家斉は，若いころ松平定信に性生活を抑制され，定信のあとをついだ松平信明も家斉のわがままを許さなかった。これらの硬骨の老中たちに内心反発した家斉は，信明の死後，自分に迎合する側近や愛妾の縁者らを取り立て，放漫な政治を行った。

3 幕藩体制の動揺

❷**大塩平八郎の乱** 1837(天保8)年，**元大坂町奉行所与力**で**陽明学者**の大塩平八郎が，幕府の腐敗や豪商の米買占め，そして大坂町奉行所による米の江戸回送に怒り，門人ら300余人とともに窮民救済をかかげて武装蜂起した。半日で鎮圧されたが，この事件の噂はまたたくまに全国各地に広まり，社会に深刻な影響を与えた。★5 また，国学者の**生田万**が，大塩門弟を自称して，桑名藩越後柏崎陣屋(新潟県)を襲った(**生田万の乱**)。

補説 **大塩平八郎** 平八郎(号は中斎)の家は，大坂東町奉行所の与力を代々つとめ，彼も14歳で与力見習をつとめてから与力となった。1830(天保元)年，職を辞してからは**陽明学**の研究に専念し，私塾**洗心洞**を開いて子弟の教育にあたった。著書に『**洗心洞劄記**』などがある。

★5 **大塩平八郎が乱を起こした理由** 天保の飢饉が起こると，幕府は大坂で米を買い集めたので，市中の米が品薄となり，価格は暴騰して多くの市民が食料確保に苦しんだ。

大坂町奉行所は，幕府の買米を助けるため，市中に少額の買米にくる人を厳しくとりしまったが，役人と結託し豪遊を重ねる富商は見逃した。飢饉がつづいているのに，窮民対策はきわめて緩慢であった。大塩平八郎は見かねて奉行所に窮民救済を願ったが拒否され，自分の蔵書を売った代金千余両を窮民に施した。こうして「救民」の旗をかかげたのである。

❸**モリソン号事件** 1837(天保8)年に，漂流民送還のため浦賀(神奈川県)に渡来したアメリカ商船モリソン号を，浦賀奉行所が**異国船打払令**に従って砲撃し退去させた事件。

補説 **モリソン号事件が起こった背景** 中国に進出していたイギリス商人たちが，漂流民送還をかねて対日貿易交渉を計画したが，本国政府の許可を得られなかったので，アメリカ商船が渡来することになった。オランダ商館長が，誤ってイギリス船と伝えた。

❹**蛮社の獄** 渡辺崋山は『**慎機論**』，高野長英は『**戊戌夢物語**』を書いて，モリソン号事件での幕府の打払策を批判した。幕府は，崋山らが小笠原諸島へ渡航を計画したと容疑をねつ造して捕らえ，幕政批判の罪で処罰した。この事件を蛮社の獄という。★6

★6「蛮社」とは「蛮学社中」の略である。

史料 大塩平八郎の檄文

此節ハ米価愈高直に相成，大坂の奉行幷諸役人共万物一体の仁を忘れ得手勝手の政道を致し，江戸へハ廻米の世話致し①，天子御在所の京都へハ廻米の世話をいたさゝる而已ならず，五升壱升位の米を買に下り候者共を召捕抔致し……其上勝手我儘の触書等を度々差出し，大坂市中遊民計を大切に心得候は，……甚以厚か間敷不届の到り，……是に於て蟄居の我等最早堪忍成難く湯武の勢ひ孔孟の徳ハなけれども拠無く天下の為と存じ血族の禍ひ侵し，此度有志の者と申合せ，下民を悩し苦しめ候諸役人共を誅戮致し，引続き驕に長じ居候大坂市中金持の町人共を誅戮致すべく候間，右の者共穴蔵に貯へ置き候金銀銭幷諸蔵屋敷内へ隠し置候俵米，夫々分散配当致し遣し候間，摂，河，泉，播の内田畑所持致さざる者，たとへ所持致し候共父母妻子家内の養方出来難く候程の難渋者へハ，右金米取らせ遣し候間，何日にても大坂市中に騒動起り候と聞得候ハヽ，里数を厭ず一刻も早く大坂へ向け一馳せ参ず可く候面々へ右米金分遣し申すべく候。……

この頃は米価がますます高値になり，大坂町奉行や諸役人どもはすべてに仁愛をおよぼすということを忘れ，自分勝手な政治をしている。江戸へは廻米の世話をするが，天皇がおられる京都へは廻米の手配をしないばかりか，五升一斗ぐらいのわずかな米を買うために大坂に下って来た者まで召し捕える。その上，勝手でわがままな触書などをたびたび出して，大坂市中の働かなくても良い金持ばかりを大切に考えているのは，大変身勝手で道にそむいている。ここにいたって，蟄居していた我々も，もはや我慢できなくなり，湯王や武王のような勢いや孔子・孟子の徳はないけれども，しかたなく天下のためと思い，罪が一族に及ぶこともかえりみず，このたび，有志の者と申し合わせて庶民を悩まし苦しめる役人たちを倒し，さらに奢り長じている大坂市中の金持町人を倒すつもりであるので右の者共が穴蔵に貯えた金銀銭や蔵屋敷内に隠し置いた米俵をそれぞれに分配してつかわすので，摂津・河内・和泉・播磨で田畑を所持していない者，また，たとえ，所持していても父母・妻子を養いかねている困窮者には，右の金や米を与えるつもりであるので，いつであろうと，大坂市中で騒動が起きたと聞いたならば，距離を気にせず，一刻も早く大坂へ駈け集った者へ，右の金と米を分け与えるものである。

摂，河，泉，播村々　庄屋・年寄・小前百姓共江
摂津・河内・和泉・播磨の村々庄屋・年寄・小前百姓共へ

天保八丁酉年月日
1837年

『改定史籍集覧』

注釈 ①当時大坂でも飢饉のため米の入荷が少なかったが，もっぱら江戸への廻米を促進した。

❺**アヘン戦争**　1840～42年の**中国とイギリスの戦争**である**アヘン戦争**の情報は，いちはやくオランダ船や中国船から伝えられた。大国とみていた中国の敗北，上海などの開港，香港の割譲などを知った幕藩領主や知識人に深刻な対外的危機感を生み出し，以後の**幕府の対外政策に大きな影響を与えた**。

注意 長崎町年寄で西洋式砲術家の**高島秋帆**は，幕府に西洋砲術の導入を建言し，老中**水野忠邦**は，アヘン戦争を「自国の戒め」とすることを表明した。

補説 **アヘン戦争**　イギリスは中国(清)に対し，アヘンの売りこみで大きな利益をあげていた。しかし，清国政府は，アヘンによる銀の大量流出や中毒患者の激増を懸念して，アヘンの没収・焼却をはかった。これに対してイギリスは，武力にうったえて清国をやぶり，**南京条約**を強要し，中国が半植民地化する道を開いた。

▲アヘン戦争のようす

ロシア……ラクスマン(根室)→レザノフ(長崎)→ゴローウニン事件
(千島・樺太調査の要因をつくった国)
イギリス…フェートン号事件→捕鯨船員の略奪事件
(イギリスは異国船打払令の要因をつくった国)
危機の深刻化…国内(大塩平八郎の乱)・国外(アメリカ船モリソン号の打払い事件→蛮社の獄，アヘン戦争)

天保の改革

▶ 家斉の死後，老中**水野忠邦**が**天保の改革**を断行したが，失敗に終わり，幕府の衰退が明白となった。

1 天保の改革

❶水野忠邦が中心　1841(天保12)年，大御所家斉が死去するや，12代将軍**家慶**の信任を得た**老中**の水野忠邦が，改革を断行した。これを天保の改革という。

❷改革の特徴　享保・寛政の政治への復古を打ち出したが，それにとどまらず，直面していた**内憂外患の危機**に積極的に対応しようとした点に特徴がある。

❸風俗統制

1 **倹約令**…高価な菓子・料理や豪華な衣服の禁止。
2 **寄席の制限**…江戸に211軒あった寄席を15軒に減らし，内容も軍書講談・昔話などに制限。
3 **歌舞伎の統制**…風俗悪化の元凶として，中村・市村・森田の**江戸三座**(☞p.278)を浅草の場末に強制移転させた。
4 **出版統制令**…すべての出版物を幕府が事前に検閲する制度。人情本作者為永春水，合巻作者柳亭種彦が処罰された。

補説　**作家の受難**　寛政の改革では，山東京伝が黄表紙・洒落本とともにとがめられ，手鎖50日の刑ですっかり意気消沈してしまった(☞p.261)。天保の改革では，当時流行した人情本がまずとがめられた。**為永春水**は，情婦のかせぎに頼る男の生活を『**春色梅児誉美**』に描き，風俗を乱すとして手鎖50日の刑を言い渡され，その翌年に病没した。**柳亭種彦**は，家斉の大奥生活をモデルにして『**偐紫田舎源氏**』を書き，召喚された。彼は執筆禁止だけで罪は免れたものの，まもなく病没した。

▲水野忠邦

▲『偐紫田舎源氏』に描かれた江戸城大奥の女中

❹**株仲間解散令** 1841(天保12)年に発令された。大きな問題となっていた物価高騰は，十組問屋など株仲間商人による流通の独占に原因があるとして，株仲間の解散を命じた。しかし，物価高騰の原因は，質の悪い貨幣の大量鋳造と商品流通の構造変化にあったため，解散令の効果はなかった。★1

❺**人返しの法** 1843(天保14)年に発令。江戸の下層人口を減らして農村人口の回復をはかり，荒廃した農村を復興させようとした法を人返しの法という。農民が江戸に出て新たに住民となることを禁止し，出稼ぎも許可制とした。

★1 株仲間を解散しても物価が下がらなかった理由
当時，株仲間の機能は，①在郷市場の形成，②諸藩の専売，③脇売買(大坂へ送られてくる商品が途中で売買される)の増加，などで低下していた。つまり，商品その他が株仲間の手を経ずに江戸に直送される場合が多かったので，物価引き下げにつながらなかった。

史料 株仲間解散令

〔1841(天保12)年12月の株仲間解散令〕

菱垣廻船積問屋共より是迄年々冥加上納金致し来り候処，問屋共不正の趣も相聞え候ニ付，以来上納ニ及ばず候。尤，向後右仲間株札ハ勿論，此外共都て問屋仲間幷組合抔と唱候儀は，相成らず候間其段申し渡さるべく候。『天保法制』

菱垣廻船積問屋共からこれまで毎年冥加金を上納してきたが，問屋たちが不正をしているということが伝わってきたので，以後上納にはおよばないこととする。当然，今後は仲間としての株札はもちろん，この他すべて問屋・仲間および組合などを唱えることも禁止するのでそのことを申し渡す。

視点 十組問屋(菱垣回船積問屋)への申渡書。翌年すべての株仲間に解散が命じられた。

史料 人返しの法

〔1843(天保14)年3月の人返しの法〕

一 在方のもの身上相仕舞い，江戸人別①ニ入り候儀，自今以後決して相成らず。……
農村の者が所帯をたたんでやって来て，江戸の人別に登録することは，以後，絶対してはいけない。

一 近年御府内江入込み，裏店等借請け居り候者の内ニハ，妻子等も之無く，一期住み同様のものも之有るべし。左様の類ハ早々村方江呼戻し申すべき事。…… 『牧民金鑑』②
近頃，江戸へ入り込み，裏通りにある貸長屋などを借りている者の中には，妻子もなく1年契約の奉公人同様の者がいるであろう。そのような者は，ただちに村へ呼び戻すようにせよ。……

注釈 ①江戸町方の戸籍②幕府代官荒井顕道が編修した江戸時代の地方民政史料集で，1853(嘉永6)年成立。

❻**御料所改革** 幕領農村の田畑とその収穫量を調査し，年貢増徴をねらった策。

注意 株仲間は，1851(嘉永4)年に再興された。

❼三方領知替えの撤回 1840(天保11)年，幕府は**川越藩・庄内藩・長岡藩**を玉突き式に所替する三方領知替えを命じたが，有力外様大名の反発と庄内藩領民の反対運動により，翌年に撤回した。所替を命じて実行できなかったことは，幕府権力の弱体化を示した(☞p.273)。

▼江戸幕府の推移年表

年		将軍	できごと
1600	確立期(武断)	家康	1603 幕府開設
1620		秀忠	
1640		家光	寛永時代
1660	安定期(文治)	家綱	
1680		綱吉	
1700		家宣	元禄時代
		家継	正徳時代
1720	動揺期(改革)	吉宗	享保の改革(新井白石)
1740		家重	
1760		家治	明和・安永・天明 時代(田沼意次)
1780			寛政の改革(松平定信)
1800		家斉	
1820			文化・文政時代
1840	崩壊期	家慶	天保の改革(水野忠邦)
		家定	
1860		家茂	
		慶喜	1867 大政奉還

❽対外的危機への対応策

1. **上知(上地)令**…1843(天保14)年に発令された。**江戸・大坂城周辺の私領約50万石を直轄地**にしようとした。幕府財政の収入増加策であるとともに，江戸・大坂周辺の支配強化により対外的危機に備えようとした策でもある。大名・旗本・領民の反対で撤回された。
2. **薪水給与令**…1842(天保13)年に発令された。アヘン戦争終結後にイギリスが日本に通商を要求する軍艦を派遣するという情報がはいったので，戦争を回避するため異国船打払令を撤回して，**薪水給与令**を出した。
3. **印旛沼掘割工事**…外国艦船が江戸湾にはいる廻船を妨害し，江戸に物資がはいらなくなるような事態を恐れ，江戸湾を使わずに利根川から印旛沼(千葉県)を経て品川に達する物資輸送の水路を造成するために工事を行った。

補説 **その他の対応** このほか，諸大名に海岸防備の強化を命じた。

❾改革の結果 内憂外患の危機に積極的に対応しようとしたが，改革の諸政策には，大名や旗本，百姓・町人らの抵抗が強く，多くの政策は中途で挫折した。水野忠邦も失脚して改革自体も失敗に終わり，**幕府権力のおとろえを明白に**示すことになった。

▲**印旛沼掘割工事の図** 尾張(愛知県)からきた黒鍬(幕府に雇われた人足〔労働者〕)が工事にあたっている。

2 アヘン戦争と列強への対応緩和

19世紀にはいって，ロシアのほかイギリスとアメリカも日本近海に接近してきた。

❶**イギリスの進出**　1808(文化5)年の**フェートン号事件**(☞p.264)は対外的危機をつのらせた大きな出来事であった。そののち，1825(文政８)年に**異国船打払令**(**無二念打払令**)が出されたのである(☞p.265)。

❷**アメリカの進出**　18世紀後半にイギリスの植民地から独立したアメリカは，**アラスカの毛皮貿易と，太平洋の捕鯨業での薪水補給や難破時の避難所**としての必要性から，日本の開国を望むようになった。**モリソン号**(☞p.267)の来航では，目的を果たすことができなかったが，西部開拓の進行につれて，アメリカの日本に対する開国要求は強まった。

❸**対応の緩和**　1842(天保13)年に発令された**薪水給与令**は，清国がアヘン戦争(☞p.268)に敗北した情報を知った幕府が，列強との戦争をさけるためにとった策である。

▼**対外関係年表**　露はロシア，英はイギリス，中は中国，米はアメリカ合衆国を示す。

年	できごと
1792(寛政４)	(露)ラクスマン根室来航
1798(〃 10)	**近藤重蔵**択捉島探検
1799(〃 11)	東蝦夷を幕府直轄
1800(〃 12)	**伊能忠敬**蝦夷地を測量
1802(享和２)	蝦夷(箱館)奉行を設置
1804(文化１)	(露)レザノフ長崎に来航
1806(〃 ３)	**文化の撫恤令**
1807(〃 ４)	蝦夷地をすべて直轄
1808(〃 ５)	(英)**フェートン号事件** **間宮林蔵**樺太探検
1811(〃 ８)	(露)**ゴローウニン事件**
1818(文政１)	(英)ゴルドン浦賀に来航
1824(〃 ７)	(英)英船常陸・薩摩に来船
1825(〃 ８)	**異国船打払令**
1828(〃 11)	シーボルト事件
1837(天保８)	**モリソン号**浦賀に来航
1839(〃 10)	**蛮社の獄**
1840(〃 11)	(英・中)アヘン戦争(～42)
1842(〃 13)	**天保の薪水給与令**
1844(弘化１)	(蘭)国王，開国を勧告
1846(〃 ３)	(米)ビッドル浦賀に来航
1853(嘉永６)	(米)ペリー浦賀に来航

▲**「西洋婦人図」　平賀源内**画。列強が日本近海にあらわれる以前，18世紀後半ごろ，平賀源内(☞p.279)はすでに西洋画法を学び，こうした洋画を描いていた。

▲**アメリカ船捕鯨図**　アメリカやイギリスは太平洋の捕鯨に進出し，薪水を求めて各地で衝突していた。

[天保の改革]

① 風俗の取締り…為永春水・柳亭種彦を処罰
② 株仲間解散令
③ 上知(上地)令…大名・旗本の反対で撤回
④ 薪水給与令

}水野忠邦が実施

TOPICS

三方領知替えの中止

天保の改革が始まってすぐの1841(天保12)年7月，いきおいこんでいた水野忠邦の足元が揺らぐ決定がなされた。前年11月に発した三方領知替え令の中止である。川越・庄内・長岡の3藩の封地をそれぞれいれかえるという三方領知替えは，将軍の大名に対する絶対的な権力を示すためにも，厳然と実施されるはずであった。この領知替えで最も不利と考えられた出羽庄内藩でも転封の覚悟をきめ，藩主酒井忠器はその準備にはいっていた。ところがこの転封をはばんだのは，庄内藩の領民による反対運動であった。庄内藩の農民や町人は，国替による移転費用や人足(労働者)の徴集，新藩主の収奪強化への警戒から領知替え反対一揆を起こし，領民の代表による幕閣への駕籠訴までして嘆願した。

領民のねばり強い運動に，幕府はついに敗北したのである。幕府が大名に所替を命じて，それが中止になる例はかつてなかった。それも幕府に忠実な譜代大名に対してでさえ強行できなかったことは，事態としては重大である。そして上知(上地)令が失敗するのは，その2年後のことである。

SECTION 7 近代への道

▶ 幕藩体制が動揺をきたした18～19世紀に発達したマニュファクチュアは，封建経済そのものを否定する性格を内包していた。同じころ，幕府の改革が失敗するなかで，財政再建につとめた西南諸藩は，幕末の政局に大きな発言力をもつことになった。

1 近代工業のおこり

❶資本主義生産のおこり　**問屋制家内工業**(☞p.233，266)につづいて，19世紀には，工場制手工業[★1]＝マニュファクチュアに類似した様式があらわれた。この2つの生産様式は，資本主義生産の初期の形態といわれ，工業の面の近代化が始まった。

❷民間でのマニュファクチュアの展開　民間の経営によるマニュファクチュアとしては，すでに江戸時代前期(17世紀)に，大坂周辺の摂津の伊丹・池田・灘の**酒造業**でマニュファクチュアに類似した経営が行われていた。18世紀末になる

★1 **工場制手工業**　地主や問屋商人たちが，資本家として工場を設け，奉公人(賃金労働者)を集めて，分業による共同作業で生産を進める様式である。

と，大坂周辺や尾張の**綿織物業**，北関東の桐生・足利の**絹織物業**，川口(埼玉県)の**鋳物業**などにもみられるようになった。しかし，鎖国のために販路が限られ，農民に対する統制がきびしいことや，諸藩の専売制などのため，あまり大きくは発展しなかった。

▲結城縞機屋の図　「尾張名所図会」より。

③藩営工場の展開　幕末になると，幕府も諸藩もマニュファクチュア経営を進め，西洋技術を導入して工場をつくった。これらの幕府や藩の直営工業は，明治維新後の官営工業の母体になった(☞p.321)。

1 **肥前藩(佐賀藩)の大砲製造所**★2…藩主**鍋島直正**による。
2 **水戸藩の石川島造船所**…幕命によって，水戸藩が江戸に建設した。
3 **薩摩藩の集成館**…藩主**島津斉彬**により設けられた洋式工場群。造船所・ガラス製造所・ガス灯製造所，イギリス人の指導による**藩営洋式機械工場**として有名な**鹿児島紡績工場**などをふくむ。
4 **幕府の長崎製鉄所**…オランダから機械を購入して建設した。
5 **幕府の横須賀製鉄所**…フランス人の指導で建設した。

▲佐賀藩の大砲製造所

参考　**結城縞**　江戸時代でも元禄以降になると木綿が急速に普及し，とくに縞木綿が流行した。天明のころから結城(茨城県)の結城縞が有名になった。ここでは，マニュファクチュアに似た経営が行われていた。
　なお，左図は尾張に広まった結城縞の工場で働く女性たちの姿を描いている。糸を巻く者，それを織り手に運ぶ者など，分業による協業である。技術を伝習する作業場といわれる。

参考　**江川英龍(太郎左衛門)**　号は坦庵。伊豆の幕領代官で，**高島秋帆**から砲術を学んだ。伊豆沿岸防備を献言し，**韮山**(静岡県)に**反射炉**を建設した。

★2　鍋島直正は日本で最初の反射炉を築いて大砲製造所を設けた。

2 雄藩の改革

❶藩政改革　諸藩も，一揆・打ちこわしや，巨額の借金による財政窮乏などで本格的な危機に直面していた。このため，人材登用や殖産興業などにより，財政再建と藩権力の再強化，軍事力の強化をめざす藩政改革が，幕府の天保の改革と前後して，多くの藩で行われるようになった。そのような藩が雄藩として，幕末の政局に強い発言権と実力をもって登場する。

❷薩摩藩の改革　薩摩藩では藩主の祖父**島津重豪**のもと，下級武士出身の家老調所広郷を中心として藩政改革にあたった。

1. 三都商人からの藩の借財500万両を，250年賦で支払う方法をむりやり承諾させ，実質上のふみ倒しを行った。
2. 奄美三島(大島・徳之島・喜界島)特産の**黒砂糖の専売制**を強化した。
3. 俵物をひそかに買いつけて支配地の琉球を通じて清国に売り，唐物を国内に売却する**密貿易**により，利潤を得た。
4. 長崎の高島秋帆★3のもとに藩士を留学させ，洋式砲術を学ばせ，軍制の改革によって軍事力を強化した。

❸長州藩の改革　藩の専売に反対する防長大一揆(1831年)のあと，藩主**毛利敬親**は村田清風を登用して，藩政の改革にのりだした。

1. 一揆の原因となった専売制を緩和する一方，下関に**越荷方役所**★4を設置して，藩自身が商業活動を行い高収入を得た。
2. 周布政之助・高杉晋作・桂小五郎(のち木戸孝允)ら有能な中下級武士を登用し，藩政に参画させた。

❹佐賀藩の改革　肥前の佐賀藩では，藩主鍋島直正がみずから改革を指導した。

1. 国産方を設け，伊万里焼(有田焼)の陶磁器を専売制にした。
2. 地主から没収した小作地を小作人に与える**均田制**を実施し，本百姓体制の再建をはかった。
3. 日本で初の**反射炉**★5を建設して大砲製造を行い，軍事力の強化をはかった。

❺その他　山内豊信(容堂)の土佐(高知)藩では，吉田東洋らの改革派を登用して緊縮による財政の再建が進められた。伊達宗城の宇和島藩，松平慶永(春嶽)の越前(福井)藩などでも，有能な中・下級藩士

★3 **高島秋帆**　長崎の町年寄をつとめていたが，洋式砲術について研究を深めていた。幕府も，1841(天保12)年に江戸郊外の徳丸ヶ原で実弾演習を行わせた結果，これを採用した。

★4 **越荷方役所**　領外からの船荷物(越荷)を担保にして，金融業や倉庫業などを営む役所。下関に設置され，豪商が運営に参加した。下関を通過して大坂にはいる米・綿・塩・干鰯などの積み荷を担保にして金を貸した。

★5 **反射炉**　鉱石の製錬または金属の熔鉱に用いる熔解炉の一種。日本の反射炉はオランダから学んだもので，1850(嘉永3)年の佐賀藩の反射炉を最初とし，ついで1856(安政3)年に薩摩・水戸や韮山(静岡県の幕領)などで竣工し，のち長州・鳥取藩などでも設立した。

▲韮山に残る江川英龍がつくった反射炉

を要職に抜擢し，富国強兵・殖産興業政策を推進して財政再建と藩権力の強化をはかった。**水戸藩**では，**徳川斉昭**が**弘道館**を設置して，**藤田東湖**や**会沢安**(**正志斎**)などの**水戸学者**らを登用して改革を進めたが，はげしい藩内抗争のためうまく進まなかった。

注意　藩政改革による諸藩の自立化は，幕藩体制が解体する要因となった。

雄藩の改革
- 薩摩藩…調所広郷の登用→藩債500万両の250年賦償還
- 長州藩…村田清風の登用→越荷方役所の設置
- 肥前藩…藩主の鍋島直正が中心→均田制，反射炉

SECTION 8 化政文化

▶ 元禄文化が，幕藩制社会の発展に支えられた文化であったのに対して，文化・文政期(化政期)を中心とした近世後期の文化は，内外の危機に直面し幕藩体制の行きづまりが明白になってきた段階の文化である。江戸を中心とするが，全国的な広がりをもち，その内容はすこぶる豊富である。

1 化政文化の成立と特徴

❶文化の特色

1. 文化の中心が江戸に移ったことから，**江戸を中心とした文化**である。しかし，商品流通の発展が人と情報の交流を活発化させ，**都市と地方の文化的交流がさかん**になったので，**全国的な広がり**をもつ。
2. 幕藩体制の行きづまりを反映して，政治と社会の現実を批判し，**改革を論じる思想や実践**が登場した。
3. 元禄期に生まれた国学や洋学などの諸学問が発展した。

❷文化の担い手

1. 商品生産の発展により，豊かになった**町人**や**百姓**のほか，都市生活者となった**武士**が担い手となった。
2. 教育の普及にともなう識字率の向上により一般民衆が文化を享受したので，**文化の民衆的性格が強くなった**。

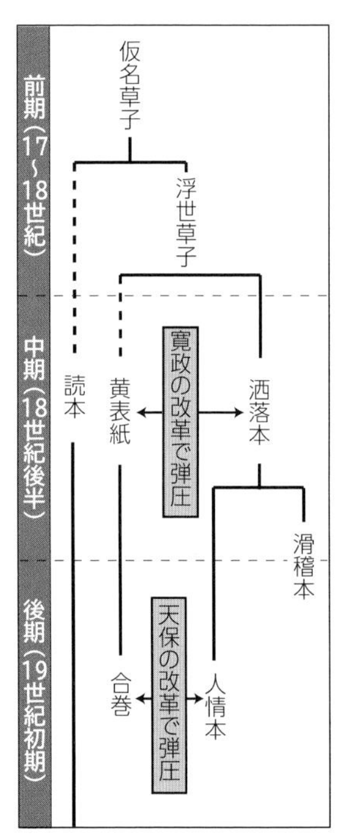

▲近世小説の系譜

2 文芸

❶小説　江戸町人の生活を中心とした各種の**戯作文学**が流行した。この戯作文学の流行の背景には，庶民教育の場としての**寺子屋**の普及による読者層の広がりと，版木技術の発達，江戸・大坂での**貸本屋**の隆盛があった。

◀『偐紫田舎源氏』 38編152冊が刊行された。合巻はさし絵文学ともいわれ，著者の注文をうけて画工がさし絵を描いた。

▼小説類の分類とおもな作家・作品

名称	内容	おもな作家と作品
洒落本	遊里生活を描く	山東京伝(☞p.261)『通言総籬』『仕懸文庫』
黄表紙	風刺・滑稽など	山東京伝『江戸生艶気樺焼』，恋川春町『金々先生栄花夢』
人情本	恋愛生活	為永春水『春色梅児誉美』(☞p.269)
合巻	黄表紙の合本	柳亭種彦『偐紫田舎源氏』(☞p.269)
読本	勧善懲悪	上田秋成『雨月物語』，滝沢馬琴『南総里見八犬伝』『椿説弓張月』
滑稽本	滑稽の中に教訓と風刺をきかす	十返舎一九『東海道中膝栗毛』，式亭三馬『浮世風呂』『浮世床』

❷**俳諧**　全国的に普及し，天明ごろ京都に**与謝蕪村**★1がでて新境地を開き，文化・文政期には信濃に**小林一茶**★2がでて，生活詩的な句で人間の素朴な心をよんだ。

❸**狂歌・川柳**　狂歌は和歌の形式で，洒落と滑稽を生命とし**天明期に大流行**した。幕府役人の**大田南畝**(**蜀山人**，**四方赤良**)が名高い。川柳は**柄井川柳**が始め，俳句の形を借りて政治や世相などを皮肉った★3。

❹**和歌**　国学(☞p.282)の発達によりさかんとなった。**香川景樹**は**桂園派**の祖となり，『桂園一枝』を編修した。越後の僧**良寛**のよんだ純真な歌も名高い。このほか，将軍吉宗の二男で三卿の**田安宗武**，国学者の**橘曙覧**も万葉調のすぐれた和歌を残している。

▼おもな脚本作家と代表作(☞p.278)

作者名	作品
竹田出雲	『菅原伝授手習鑑』『仮名手本忠臣蔵』
近松半二	『本朝廿四孝』『妹背山婦女庭訓』
並木五瓶	『金門五三桐』
鶴屋南北	『東海道四谷怪談』
河竹黙阿弥	『白浪五人男』

★1 **与謝蕪村**　俳諧集としては，『**蕪村七部集**』が有名。蕪村は**文人画家**としても知られる(☞p.279)。

★2 **小林一茶**　俳書としては，『**おらが春**』が名高い。

参考 **狂歌師**　狂歌をよくした人を狂歌師といい，**大田南畝**(**蜀山人**・**四方赤良**)・**宿屋飯盛**(**石川雅望**)らが有名である。

★3 川柳を集めたものとしては，『**誹風柳多留**』がある。

3 芸能

❶**浄瑠璃**　**竹本義太夫**のあと**竹田出雲**らが出たが，歌舞伎におされた。

❷**歌舞伎**　社会の出来事を歌舞伎の脚本に仕立てていたが，のちには社会の方が芝居の真似をするといわれたほど，民衆の文化や風俗に強い影響を与えた。竹田出雲(二世)が18世紀なかばに書いた『**仮名手本忠臣蔵**』『**菅原伝授手習鑑**』が人気を博し，19世紀にはいると，**鶴屋南北**(四世)の『**東海道四谷怪談**』など，町人社会の事件に題材をとる写実性の強い生世話物や怪談物が観客を集めた。江戸では，**中村・市村・森田**の**江戸三座**が幕府公認の劇場として栄えた。

❸**寄席**　諸職人，日用など下層町人の娯楽の場となった。夜間に興行し，落語，講談，物まねなどを安い料金で楽しめた。1841(天保12)年に，江戸市中に211カ所もあった。

参考　**歌浄瑠璃**　人形操りを離れて座敷で歌われる方向に進んだ，歌謡味豊かな浄瑠璃を，歌浄瑠璃という。**常盤津節・新内節・清元節**などがあって，広く庶民に愛好された。

注意　歌舞伎におされた浄瑠璃の復興をめざし，寛政年間に淡路(兵庫県)の**植村文楽軒**が大坂の道頓堀に劇場をつくった。これが現在の**文楽座**のおこりである。

▲**歌舞伎の劇場**(江戸の中村座)

▲『**仮名手本忠臣蔵**』**に描かれた大石良雄**(☞ p.225)**の茶屋遊び**

POINT!　**化政文化は，江戸中心の庶民文化。享楽的・民衆的性格をもつ文芸に，戯作・狂歌・川柳が登場する**

4 美術

❶**絵画**　**写生画・文人画**のほか，**浮世絵**が広く普及するようになった。また，**洋画**も移入された。

❷**写生画**　**円山応挙**がでて写生を重んじ，洋画の遠近法・陰影法を加味した**円山派**を開いた。「**雪松図屛風**」が代表作。門人の**呉春**(**松村月渓**)は叙情性を重んじ，**四条派**をたてた。

参考　浮世絵の製作には，紙に絵を描く絵師と，絵に合わせて版木を彫る彫師と，1枚の紙に色がずれないように刷る摺師との3者による共同作業があった(☞ p.280)。

❸**文人画(南画)**　文人画とは，詩人・文人・学者のような教養人が描いた絵のことで，中国(明・清)の南宗画の影響をうけ，18世紀後半から**南画**とよばれてさかんになった。とくに**池大雅**と**与謝蕪村**らが有名である。

▲「十便十宜図」

補説　**文人画の画家**　池大雅が自然の妙を得た精神的な絵をもって文人画の地歩を確立し，俳人**与謝蕪村**の軽妙な俳画と並び称された。両人の合作である「**十便十宜図**」は有名である。豊後(大分県)の**田能村竹田**，備中(岡山県)の**浦上玉堂**も文人画にすぐれた。江戸では，**谷文晁**が狩野派から独立し，その弟子**渡辺崋山**は西洋画法による人物画にもすぐれた。

❹**浮世絵**　浮世絵は，化政期にピークをむかえた。一般庶民の生活や，遊女・役者などを題材とした風俗画のことで，版画によって広く普及した。★4 次の画家が有名である。

1. 鈴木春信…**多色刷版画**＝**錦絵**を創始した。「**弾琴美人**」は有名である。
2. 喜多川歌麿…**美人画**を描いて頂点をきわめた。代表作に「婦女人相十品」があり，そのなかの「**ポッピンを吹く女**」(☞p.281)はとくに有名。
3. 東洲斎写楽…**役者絵**・相撲絵などの絵をわずか1年間に約140点も描いた。役者絵の「**市川鰕蔵**」(☞p.281)はとくに有名。
4. 葛飾北斎…**風景版画**に「**富嶽三十六景**」(☞p.281)を残すが，庶民を描いた「**北斎漫画**」も注目すべき作品である。
5. 歌川広重…「**東海道五十三次**」・「名所江戸百景」などで，人気を博した。安藤広重★5という名は俗称である。なお，**歌川国芳**は風景版画のほか，**風刺版画**を残した。

❺**洋画**　蘭学の興隆にともない，西洋画法も導入された。**平賀源内**は蘭書で洋画の手法を身につけ，親交のあった司馬江漢★6は銅版画★7を創始した。代表作に「**不忍池図**」(☞p.281)がある。同じく源内に学んだ秋田藩士の**小田野直武**は，『解体新書』(☞p.283)のさし絵を描いた。また，白河藩主松平定信に仕えた**亜欧堂田善**も独自に洋風画や銅版画を始めた。

★4 **浮世絵とフランス印象派とのつながり**　浮世絵における印象的手法は，海外にも影響を与えて，フランス印象派のおこる一因ともなった。

注意　歌麿・写楽は，上半身肖像様式の**大首絵**で人気を集めた。

★5 安藤徳右衛門の子であったため，安藤広重とよばれてきた。

★6 司馬江漢は前野良沢(☞p.283)から**蘭学**を学び，**地動説**も紹介している。

★7 **銅版画**　絵画を銅版面にきざんで印刷したもの。薬品で腐蝕させてつくった。

① 浮世絵の人気…鈴木春信が多色刷版画＝錦絵を創始してから
② 代表的画家…美人画の喜多川歌麿，役者絵の東洲斎写楽，
　風景画の葛飾北斎・歌川広重

TOPICS

山師，平賀源内

平賀源内は1728(享保13)年に讃岐(香川県)高松藩の米倉の番人の子として生まれ，禄高は武士として最下位であった。長崎で本草学を学び，江戸で物産会(標本交換会)を開いて本草学者として知られるようになり，高松藩を辞して浪人となる。

浪人となった源内は，自分の才能だけで生きるしかなかった。**火浣布**(耐火石綿布)をつくり，西洋式製陶法や綿羊飼育法を讃岐に伝え，箱型の**摩擦発電器**(エレキテル)で電気療法を考えたり，各地で鉱山採掘を試みたりした。しかし，事業としてはすべて失敗し，**山師**(さぎ師)とののしられた。滑稽本『風流志道軒伝』で，新しいものを理解しない世相を風刺し，浄瑠璃の台本を書いたり，西洋画法を修得したりしたが，その才能は世間にうけいれられなかった。そのいらだちからか，殺傷事件を起こして1779(安永8)年に牢死した。非凡な才能をもちながら，不遇な生涯だった源内を，「早すぎた万能の天才」という人もある。

◀平賀源内とエレキテル
(郵政博物館収蔵)

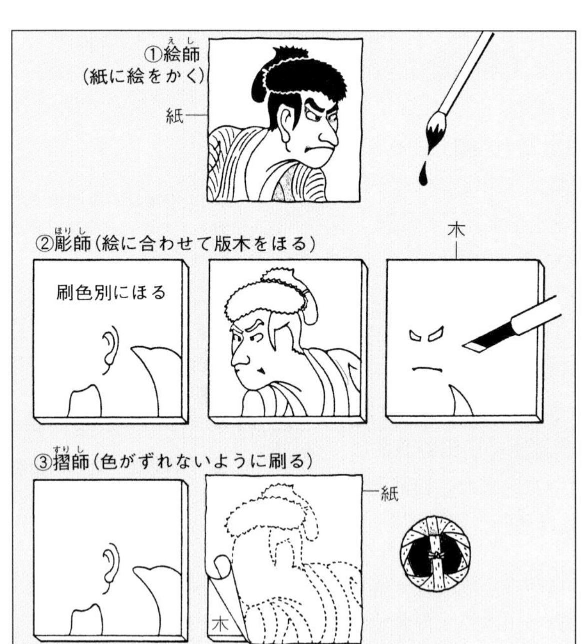

▲浮世絵版画のできるまで

▼おもな美術作品

〔浮世絵〕	
「弾琴美人」	鈴木春信
「婦女人相十品」	喜多川歌麿
「高名美人六家撰」	喜多川歌麿
「市川鰕蔵」	東洲斎写楽
「富嶽三十六景」	葛飾北斎
「東海道五十三次」	歌川広重
〔写生画〕	
「雪松図屛風」	円山応挙
「柳鷺群禽図屛風」	呉春
〔文人画〕	
「十便十宜図」	池大雅・与謝蕪村
「亦復一楽帖」	田能村竹田
「公余探勝図」	谷文晁
「鷹見泉石像」	渡辺崋山
〔西洋画(洋風図)〕	
「不忍池図」	司馬江漢
「西洋風俗図」	司馬江漢
「浅間山図屛風」	亜欧堂田善

▲富嶽三十六景「凱風快晴」(葛飾北斎)

▲不忍之池(司馬江漢)

▲東海道五十三次日本橋(歌川広重)

▲雪松図屛風(円山応挙)

▲鷹見泉石像(渡辺崋山)

▲婦女人相十品「ポッピンを吹く女」(喜多川歌麿)

▲「市川蝦蔵」の竹村定之進(東洲斎写楽)

SECTION 9 新しい学問

▶ 幕藩体制擁護の任をおびた儒学が停滞し始めたころ，新しい学問として**国学**と**洋学**が興ってきた。国学はやがて尊王運動の思想的な支柱となり，自然科学を中心とする洋学は幕末の軍事・技術改革を進めた。また封建制を批判する思想もあらわれた。

1 国学の発展

❶**復古主義の主張** 古典研究により日本古来の道の探求をめざした国学は，実証的な文献研究とともに，儒学や仏教などの外来思想にとらわれない古代人の思想を理想とする復古主義の傾向をもった。京都伏見の神官**荷田春満**は，『古事記』などを研究して復古を説き，国学の学校の創設を幕府に訴えた。

❷**賀茂真淵** 荷田春満に学び，『万葉集』の本質を雄々しい「ますらをぶり」にあるとし，儒教や仏教がはいってくる以前の日本人の心の情意の表現であると，高く評価した。彼は，『**国意考**』を著して古語の解明につとめた。

❸**本居宣長** 賀茂真淵の門にはいり，**国学を大成**した。30余年をかけて大著『古事記伝』を著した。

補説 **本居宣長の考え** 伊勢松坂の医師で，鈴屋塾を主催した。『源氏物語』を研究し『源氏物語玉の小櫛』において，文学の本質は「**もののあはれ**」を表現すべきものであり，儒教や仏教の影響をうけた勧善懲悪的な小説を排斥した。そして，『古事記』にこそ，漢意のまじらない，日本固有の精神があるとした。武家政治以前の古代を理想とし，武士・庶民の区別は絶対的なものでないと説いた。また，儒仏の教えを，「漢心」「ほとけごころ」として排斥し，「**やまとごころ**」を至高のものとしたが，ここには，古道を神の道とする信仰の境地が示されている。

▲本居宣長

▼国学の四大人
大人とは，すぐれた学者。

人名	おもな著書
荷田春満	『創学校啓』
賀茂真淵	『国意考』 『万葉考』
本居宣長	『古事記伝』 『玉くしげ』
平田篤胤	『古史伝』

史料 本居宣長の説く国学の本質

万葉集をよくまなぶべし。此書は歌の集なるに，二典①の次に挙げて，道をしるに甚益ありといふは，心得ぬことに人おもふらめども，わが師大人②の古学のをしへ，専ここにあり。其説に，古の道をしらんとならば，まづいにしへの歌を学びて，古風の歌をよみ，次に古の文を学びて，古ぶりの文をつくりて，古言をよく知りて，古事記，日本紀をよくよむべし，古言をしらでは，古意はしられず，古意をしらでは，古の道は知りがたかるべし。

『うひ山ぶみ』

注釈 ①2つの古典，つまり『古事記』と『日本書紀』。②賀茂真淵のこと。

❹国学の発展　宣長死後の門人**平田篤胤**になると，排外的傾向が強まり，彼の始めた**平田神道**(復古神道)は，幕末の尊王攘夷運動の原動力ともなった。また，宣長の高弟の**伴信友**は文献的研究にすぐれた。**塙保己一**は，盲人ながら幕府の保護で**和学講談所**を開き，また小篇の古書の散逸を憂えて，『**群書類従**』★1という大編修出版事業をなしとげた。

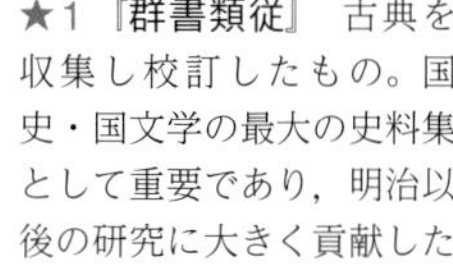

★1『**群書類従**』　古典を収集し校訂したもの。国史・国文学の最大の史料集として重要であり，明治以後の研究に大きく貢献した。

★2 **西川如見**　天文暦学者として知られたが，経済にもくわしく，将軍吉宗に招かれて長崎から江戸に下った。長崎通詞(通訳)として得た海外事情の知識をもとに『**華夷通商考**』を著した。ほかに『百姓囊』『町人囊』の経済論がある。

2 洋学(蘭学)

❶蘭学の始まり　**西川如見**★2・**新井白石**らの海外地理研究が発端をなした。将軍**吉宗**は漢訳洋書の輸入を許可し，**青木昆陽**・**野呂元丈**らに蘭学を研究させた(☞p.256)。

補説　**新井白石とシドッチ**　シドッチはイエズス会士で，屋久島(鹿児島県)に潜入したところを捕らえられ，江戸で監禁された。新井白石はシドッチを尋問して，西洋研究書『**西洋紀聞**』や世界地理書『**采覧異言**』を著した。『西洋紀聞』は，国際的な視野を広げるのに役だった。

❷解体新書　前野良沢・杉田玄白・桂川甫周・中川淳庵ら7人が協同で翻訳した医学書。1774(安永3)年に刊行された。これ以後，オランダ書から西洋の学問を学ぶ糸口が開けた。

補説　**解体新書と蘭学事始**　解体新書の原書は，ドイツ人**クルムス**の『解剖図譜』を，オランダのジクチンがオランダ語に訳した『ターヘル=アナトミア』である。翻訳の苦心談は，杉田玄白の『**蘭学事始**』にくわしい。

▼蘭学者とその業績

区分	人名	著書と業績など
医学	前野良沢	『**解体新書**』(1774年)
医学	杉田玄白	『**解体新書**』(1774年)
一般	杉田玄白	『**蘭学事始**』(1815年)
一般	大槻玄沢	**芝蘭堂**で門人教育 『**蘭学階梯**』(1788年)
語学	稲村三伯	『**ハルマ(波留麻)和解**』…宇田川玄真も協力
医学	緒方洪庵	**適塾**で門人教育
医学	宇田川玄随	『**西説内科撰要**』(1793年)
天文	志筑忠雄	『**暦象新書**』…引力説・地動説を紹介(1802年)
天文	高橋至時	寛政暦(1798年実施)
地理	伊能忠敬	『**大日本沿海輿地全図**』…実測図(1821年)
化学	宇田川榕庵	『**舎密開宗**』
物理	青地林宗	『**気海観瀾**』

❸蘭学入門書の刊行　杉田玄白の弟子**大槻玄沢**は，**芝蘭堂**で門人を教育したほか，入門書『**蘭学階梯**』を著した。大槻玄沢の門人**稲村三伯**は蘭和辞書『**ハルマ(波留麻)和解**』★3を著した。これらによりオランダ語の学習が容易になった。

❹蘭学の発展　医学では**宇田川玄随**が，天文学では『**暦象新書**』を書いて**万有引力説**や**地動説**を紹介した**志筑忠雄**，地理学では『**大日本沿海輿地全図**』を作成した**伊能忠敬**らが，すぐれた業績をあげた。

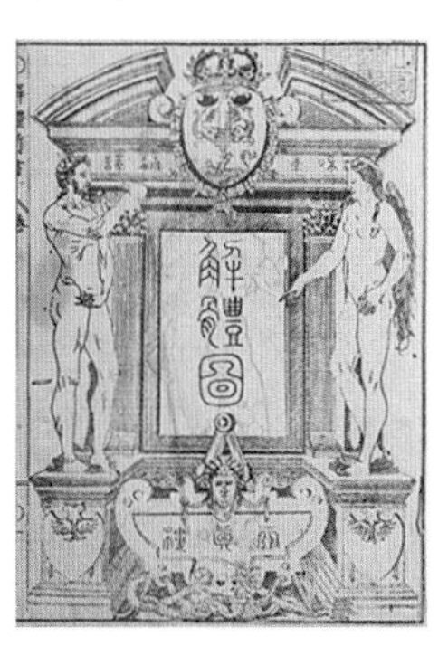

◀『解体新書』の扉絵

★3『**ハルマ和解**』　ハルマの『**蘭仏辞典**』を翻訳したもので，別名『**江戸ハルマ**』という。長崎ではヅーフが通詞と協力して『ヅーフハルマ』を刊行した。こちらを**長崎ハルマ**という。

TOPICS

オランダ正月

1794(寛政6)年閏11月11日(太陽暦1795年1月1日)，江戸の蘭学者たちが，**大槻玄沢**の**芝蘭堂**に集まり，新年を祝って**新元会**を催した。いわゆる**オランダ正月**である。長崎出島のオランダ商館で毎年行われていた祝賀の会を，江戸の蘭学者もこの年から始めたのだ。

3つのテーブルを囲んで談笑している蘭学者が28人，そしてこの席に招待された椅子に座る洋服の人物は，ロシアから帰った**大黒屋光太夫**(☞ p.263)である。机の上には洋酒らしき瓶があり，各自の前にはナイフとフォークが並べられている。それにしても，**太陰暦**がもっぱら行われていた江戸時代(今から200年以上も前)に，**太陽暦**で正月を祝った人々が日本にもいたのである。

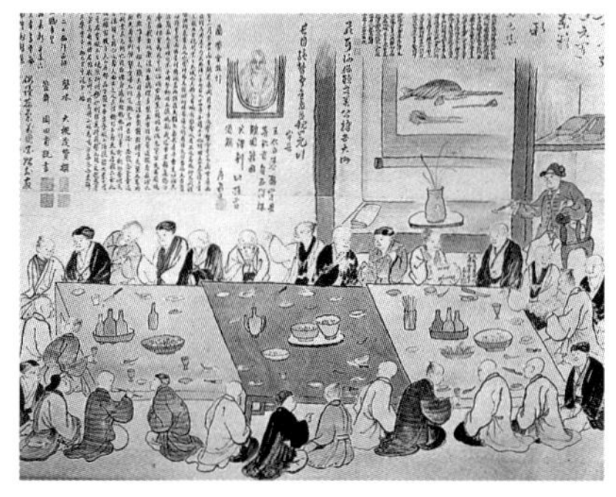
▲「芝蘭堂新元会の図」

❺幕府の統制と抑圧　幕府は**蘭学**の有用性に着目して，1811(文化8)年に**蛮書和解御用**★4を設け，大槻玄沢らを登用して翻訳・出版を進めた。しかし，幕藩体制に批判的になると弾圧を加えた。その代表に，**シーボルト事件**と**蛮社の獄**(☞ p.267)がある。

▲伊能忠敬

補説　**シーボルト事件**　オランダ商館付のドイツ人医師**シーボルト**は，長崎郊外鳴滝村に住むことを許され，この**鳴滝塾**で医学・博物学を講じた。1828(文政11)年の帰国に際し，門人の**高橋景保**(幕府天文方)は，国禁の日本の地図を餞別に贈って処罰された。これを**シーボルト事件**という。シーボルトは著書『**日本**』で日本を紹介した★5。間宮海峡の名を世界に紹介したのもシーボルトである。

補説　**種痘所**　天然痘予防の種痘を行った民間施設。1858(安政5)年に神田(東京都)に設立。幕府が接収し，のち**医学所**と改称した。

史料　蘭学の発達

其翌日，良沢が宅に集り，前日の事を語合ひ，先ッ，彼ターフルアナトミイの書に打向ヒしに，誠に艫・舵なき船の大海に乗出せしが如く，茫洋として寄べきかたなく，ただあきれにあきれて居たるまでなり。……

(死刑囚の解剖を見て「ターヘル・アナトミア」の翻訳を語った)翌日，前野良沢家に集まって，前日のことを語り合い，まず「ターヘル・アナトミア」の本を訳そうとしたが，艫や舵のない船で大海にのり出したように何が何だか全くわからず，ただただ皆であきれはてたるばかりであった。

『蘭学事始』

3 政治・社会思想の発達

❶政治・社会への批判　幕藩体制の矛盾が深まるなかで，政

治や社会に対する批判や改革論が多面的に登場した。

❷安藤昌益　陸奥八戸(青森県)の町医者安藤昌益は，『自然真営道』『統道真伝』を書いて，武士が百姓から年貢を収奪する社会を「法世」として批判し，万人がみずから耕作する「自然世」を理想として，農本主義的な平等社会を主張した。

❸山片蟠桃　大坂の町人学者山片蟠桃は『夢の代』で科学的合理的思考を徹底させ，**地動説**や**無神論**(**無鬼論**)を展開した。

★4　**蛮書和解御用**　高橋景保の建議で幕府天文方に設置された。のち，**蕃書調所**→**洋書調所**→**開成所**に発展した。

★5　**日本を海外に紹介した外国人**　長崎に来たドイツ人医師**ケンペル**(『日本誌』)やスウェーデン医師**ツンベルグ**(『日本植物誌』)ら。

▼おもな社会批評家とその業績

人名	著書	思想の要点
安藤昌益(1707？～1762)	『自然真営道』『統道真伝』	万人が直耕する「**自然世**」を理想とし，農民以外の階級や忠孝思想を否定。
海保青陵(1755～1817)	『稽古談』	武士の非生産性を指摘。商業蔑視を否定し商品経済の発展・商行為を是認。
本多利明(1743～1820)	『西域物語』『経世秘策』	**重商主義**を展開。商工業・貿易・蝦夷地開発を奨め，学問の封建性を批判。
山片蟠桃(1748～1821)	『夢の代』	**合理主義**を主張。社会的分業と貿易を説き，**無神論**を展開。地動説を説く。
司馬江漢(1747～1818)	『春波楼筆記』	合理的精神を尊重し，偏狭な国民性を批判。
佐藤信淵(1769～1850)	『経済要録』『宇内混同秘策』	産業の国有と国民皆労の理想社会を提唱。『宇内混同秘策』は**海外侵略**を説く。

❹経世論　幕藩体制の改良を説く改革論。

1. **海保青陵**…商品経済に依拠した積極的な殖産興業策を主張した。
2. **本多利明**…開国交易と蝦夷地開発による富国策を説いた。
3. **佐藤信淵**…産業の国家統制と貿易による強力な国家権力の創出を論じた。

史料　安藤昌益の階級社会批判

上無ければ下を責め取る奢欲も無く，下無ければ上に諂ひ巧むことも無し，故に恨み争ふことも無し。故に乱軍の出ることも無く，……各耕して子を育て，子壮になり，能く耕して親を養ひ子を育て，一人之を為れば万万人之を為て，貪り取る者無ければ貪らるる者も無く，転定①も人倫も別つこと無く，転定生ずれば人倫耕し，此の外一点の私事無し。是れ自然の世の有様なり。　『自然真営道』

上の者がいないので下の者を責め取る欲望もなく，下の者がいないので上の者にへつらい，またはよからぬことをたくらむこともない。それ故，恨み争うことも無く，反乱や一揆の起こることも無く，各自が耕作して子供を育て，子が大人になり一生懸命耕作して親を養い，また，その子を育て，一人がこれを行えばみんながこれを行い，奪い取る者がないので奪い取られる者も無い。天地と人々は常に一緒で，天と海が一体となると(陽が昇れば)，人々は耕作を始める。これ以外に一切のかくしごとはない。これが自然の世の様子である。

注釈　①天地の意味。転は回転する天，定は静止する海で，天と定は一体となって万物を生成するととらえる。

TOPICS

安藤昌益の思想

安藤昌益は秋田に生まれ，陸奥八戸で町医者を開業していた。彼の経歴はほとんど不明であるが，本草学(博物学)と医学を修めていたようである。『自然真営道』と『統道真伝』の著書は明治になって発見され，その思想の独自性がわかってきた。

「聖人は不耕にして(耕さず)，衆人の直耕耕業の穀を貪食し(奪いとり)，口説を以て直耕転職(天職)の衆人を誑かし，自然の転下(天下)を盗み，上に立ちて王と号す」「真の仁は，直耕して奪者の聖人に与えて徳を転(天)と同じくする者にして，是れ衆人なり」というように，天皇・貴族・武士などの支配層は，むかし万人が耕作に従っていた平和安逸の世に，邪智奸言をもってあらわれ，支配権を手中にした者の末で，本当の聖人とは，汗を流して耕作に従事する農民にこそふさわしい称である，と主張している。封建的身分制や商業などを否定した農本主義者である。

❺**尊王攘夷論**　水戸学者の**会沢安**(**正志斎**)は『**新論**』を書き，尊王論と攘夷論を結びつけた尊王攘夷論を説いて，幕末の尊王攘夷運動に大きな影響を与えた。

▲『自然真営道』のさしえ

補説　**攘夷論**　排外思想のことをいう。外国人を排除し，入国させないもので，江戸末期に**尊王論**と結びつき，**尊王攘夷論**を形成した。**攘夷**は，夷狄を攘けるという意味である。

POINT!

① 宣長以後の国学→古道探求の平田篤胤と古典研究の塙保己一に分裂
② 享保の改革での漢訳洋書輸入の解禁が，洋学の発達を促す
③ 尊王論が倒幕論と結びつくのは，幕末になってから

SECTION 10 教育と信仰

▶ 18世紀末になると，**藩校・私塾・寺子屋**などの数がふえ，教育が普及し，識字率は高くなった。この教育の普及は，文化が地方に広がる基礎ともなり，のちに明治政府の義務教育策を定着させる下地になった。また，明治以後発展する**教派神道**(☞p.288，327)の基礎が，この時期に形成された。

1 教育の普及

❶**藩校の設立**　幕府の昌平坂学問所に対し，諸藩でも，18世紀末ごろまでに藩士教育のために**藩校**(**藩学**)を設立した。

❷**郷学**　庶民教育のためのもので，岡山藩の**閑谷学校**★1が有名である。

★1　**閑谷学校**　17世紀後半，岡山藩主**池田光政**が閑谷村(岡山県)に建てた郷学(郷校)で，郷学のはしりといわれる。

❸**儒学中心の私塾**

[1] **懐徳堂**…大坂町人が出資してつくった学校で，合理主義を尊び，**富永仲基**や**山片蟠桃**(☞p.285)らの町人学者を生んだ。

[2] **松下村塾**…長州の萩で**吉田松陰**が2年ほど主宰し，高杉晋作・伊藤博文・山県有朋など，明治維新の人材を多く出した。

[3] **咸宜園**…豊後(大分県)では，**三浦梅園**・**帆足万里**・**広瀬淡窓**の儒学者が出た。広瀬淡窓は日田に咸宜園をおこした。

▼おもな藩校と郷学

藩	校名
秋田	明徳館
庄内	致道館
米沢	興譲館
仙台	養賢堂
会津	日新館(稽古堂)
水戸	弘道館
尾張	明倫堂
加賀	明倫堂
岡山	花畠教場…最古の藩校 閑谷学校…郷学
長州	明倫館
福岡	修猷館
熊本	時習館
薩摩	造士館

▼おもな私塾

場所	学主	塾名	区分
近江	中江藤樹	藤樹書院	陽明学
京都	伊藤仁斎	古義堂	古学
江戸	荻生徂徠	蘐園塾	古学
大坂	三宅石庵	懐徳堂	儒学他
〃	中井竹山	〃	〃
豊後	広瀬淡窓	咸宜園	儒学
松坂	本居宣長	鈴屋	国学
江戸	平田篤胤	気吹之舎	国学
江戸	大槻玄沢	芝蘭堂	蘭学
大坂	大塩平八郎	洗心洞	陽明学
大坂	緒方洪庵	適々斎塾	蘭学
長崎	シーボルト	鳴滝塾	蘭学
萩	吉田松陰	松下村塾	一般

❹**国学の私塾**　**本居宣長**の**鈴屋**(松坂)(☞p.282)と，**平田篤胤**の**気吹之舎**(江戸)が有名である。

❺**洋学の私塾**　**緒方洪庵**の適々斎塾(大坂)が，福沢諭吉・橋本左内・大村益次郎らの人材を出したことで，とくに名高い。

❻**心学**★4　京都の**石田梅岩**が始めた町人哲学である。神儒仏思想を混合し，倹約と正直を説き，町人の営利行為を道徳的に正当化した。講話は易しく，他の塾と異なり女性の聴講も認めたから，京都・大坂の町人層に大いにうけいれられた。ただし，身分秩序や封建道徳は肯定・尊重した。

❼**心学舎**　石田梅岩の死後，門人の**手島堵庵**や**中沢道二**が心学の普及につくし，心学舎は近畿を中心に全国に広まった。

❽**寺子屋**　民間につくられた初等教育施設である。生徒数は，だいたい20～30人ぐらいの小規模なものであった。19世紀初めから全国的に数がふえた。

❾**寺子屋の教育内容**　読み・書き・算盤を教えた。教材としては**童子訓**，『**庭訓往来**』『**女大学**』などが使われ，庶民の識字率は高くなった。

★2 **三浦梅園**　豊後の儒学者で，『玄語』(哲学原理)・『価原』(物価論)などの著書がある。

★3 **帆足万里**　豊後日出藩の藩校教授をつとめた儒学者。『**窮理通**』で西洋自然科学の世界観を説き，『東潜夫論』で経世策を述べた。

★4 **心学**　石門心学ともいう。石田梅岩には『斉家論』『**都鄙問答**』の著書がある。

▲寺子屋　渡辺崋山「一掃百態」より。

補説 寺子屋で使われた教材

①童子訓…児童教育書。貝原益軒の『和俗童子訓』など。

②『庭訓往来』…手紙のやりとりの形式で武士・庶民の日常生活に必要な用語を網羅。室町初期の成立という。

③『女大学』…徹底した封建道徳による女性の教訓書。

▲お蔭参り(歌川広重)

2 信仰と生活

❶神仏への信仰 神仏に対して，現世の利益を願う傾向★5が高まり，神仏の区別なく信仰された。

❷信仰に結びついた行事 日の出を待つ**日待**，月の出を拝する**月待**，庚申の夜に集会する**庚申講**などの行事は，民間信仰として成立したものであるが，茶菓や酒を飲みながら談笑をかわす大きな娯楽でもあった。

❸寺社への参詣 伊勢の御師(おんし)(☞p.173)によって伊勢信仰が広まり，各地で伊勢参宮のための**伊勢講**がつくられた。出雲講や修験道系の**大峰講・富士講**★6もさかんであった。また，**善光寺詣**や**金毘羅参り**★7も流行した。これらは，信仰心を満足させたほか，旅行という楽しみを与えた。

補説 **お蔭参り** 伊勢神宮のお札が降ったうわさなどで，大挙して自由に伊勢神宮へ参詣したもので，**抜け参り**ともいった。1705(宝永2)年に最初に起こり，以後約60年ごとにくり返された。身分と格式によってしばりつけ，旅行するにも申請・許可を必要とする幕藩体制の抑圧に対する，庶民のエネルギーの発散であった。

❹寺社の祭礼・縁日 本来は信仰の対象であった寺社の祭礼・縁日や地方の有名寺社の**出開帳**には，露店や各種の芸能を興行する小屋がならんだ。相撲も人気を博し，寺社の興行する**富くじ**などがさかんに行われた。

❺地方文化の広がり 旅の流行は地方への関心を高めた。数多くの名所記・名所図会・評判記が出され読まれた。また，出羽(秋田)の自然と農民の生活を記録した**菅江真澄**や，越後の雪国での生活を**『北越雪譜』**に著した**鈴木牧之**は，地方の自然と生活を，愛着の目で実証的に描き，紹介した。

❻民衆宗教 社会の変動に生活の不安をつのらせ，苦しい生活からの救済を願う民衆に応え，民衆救済を唱える新しい**民衆宗教**(のちに**教派神道**★8)が各地に生まれ，急激に広まった。

1 **黒住教**…1814(文化11)年，岡山の**黒住宗忠**が創始した。

2 **天理教**…1838(天保9)年，奈良の**中山みき**が創始した。

3 **金光教**…1859(安政6)年，岡山の**川手文治郎**が創始した。

★5 大出雲の神は縁結び，えびす・大黒は福の神，稲荷・不動は商売繁盛，八幡神は武芸，鬼子母神・地蔵は子育てなどというように，神仏の霊験が特定化された。

★6 **大峰講・富士講** 修験道系(☞p.108)では，**大峰山**(大和)・**富士山**などへの信仰が有名で，各地で講が組織された。

★7 **善光寺詣**は長野の善光寺，**金毘羅参り**は讃岐(香川県)の金毘羅大権現(金刀比羅宮)へそれぞれ団体で出かけたことをいう。

参考 **富くじのしくみ** 寺社などの興行主が，数万にわたる**富札**を発行し，それと同数の番号札を富箱に入れ，きりで突き刺して取り出したものを当たり番号として多額の賞金を出した。なお，江戸では谷中天王寺・目黒不動・湯島天神のそれを三富といった。

★8 **教派神道** 明治になり公認された神道を教派神道という。13の教派があった。

☑ 要点チェック

CHAPTER 3　幕藩体制の動揺

	CHAPTER 3　幕藩体制の動揺	答
□ 1	浅間山大噴火につぐ洪水や冷害による大飢饉を何というか。	1　天明の飢饉
□ 2	名主から水呑まで村民全員が参加する一揆を何というか。	2　惣百姓一揆
□ 3	享保の改革を推進し，米公方といわれた８代将軍は誰か。	3　徳川吉宗
□ 4	参勤交代の軽減と引き換えに，大名に献米を命じた政策は何か。	4　上げ米
□ 5	標準禄高以下の者に在職中だけ不足分を支給する制度は何か。	5　足高の制
□ 6	金銀貸借の訴訟を当事者間で解決させる，1719年発令の法令は何か。	6　相対済し令
□ 7	３の命で編修された２巻からなる幕府の基本法典を何というか。	7　公事方御定書
□ 8	18世紀，積極的な経済政策により財政再建をめざした老中は誰か。	8　田沼意次
□ 9	寛政の改革を行った白河藩主の老中は誰か。	9　松平定信
□ 10	９が無職者に資金を与え，農村に帰るよう奨励した法令は何か。	10　旧里帰農令
□ 11	飢饉に備え，米穀の貯蓄を諸藩に命じた政策を何というか。	11　囲米
□ 12	旗本・御家人救済のため，札差に借金を放棄させた法令は何か。	12　棄捐令
□ 13	町々の町費を節約させ，その７割を積み立てさせた政策は何か。	13　七分積金の制
□ 14	江戸の石川島に設けられた無宿者収容所を何というか。	14　人足寄場
□ 15	湯島聖堂で朱子学以外の講義や研究を禁じた政策を何というか。	15　寛政異学の禁
□ 16	幕府の海防政策を批判し，発禁となった林子平の著作は何か。	16　海国兵談
□ 17	竹内式部が，京都で尊王論を説いて追放された事件を何というか。	17　宝暦事件
□ 18	1792年，根室に来航して通商を求めたロシア使節は誰か。	18　ラクスマン
□ 19	1804年，長崎に来航したロシア使節は誰か。	19　レザノフ
□ 20	1811年，国後島で捕らえられたロシア軍艦の艦長は誰か。	20　ゴローウニン
□ 21	1808年，長崎で薪水・食料を強要したイギリス軍艦を何というか。	21　フェートン号
□ 22	幕府の窮民対策の遅れに反対し挙兵した旧幕吏の陽明学者は誰か。	22　大塩平八郎
□ 23	1837年，異国船打払令でアメリカ商船が撃退された事件は何か。	23　モリソン号事件
□ 24	23を批判した渡辺崋山・高野長英らが処罰された事件は何か。	24　蛮社の獄
□ 25	天保の改革の指導者は誰か。	25　水野忠邦
□ 26	『偐紫田舎源氏』(天保の改革で絶版)を著した合巻作者は誰か。	26　柳亭種彦
□ 27	物価高騰の抑制のために，解散を命じられた組織は何か。	27　株仲間
□ 28	天保の改革で行われた強制的帰農政策を何というか。	28　人返しの法
□ 29	江戸・大坂城周辺の私領を幕府領にしようとした政策は何か。	29　上知(上地)令
□ 30	藩政改革に成功し，幕末に力をもった諸藩を何というか。	30　雄藩

	問題	解答
□31	薩摩藩の家老で，藩財政建て直しを担当した人物は誰か。	31 調所広郷
□32	専売制の改革など，財政の再建を行った長州藩士は誰か。	32 村田清風
□33	徳川斉昭が創設した水戸藩の藩校を何というか。	33 弘道館
□34	文化・文政時代に江戸を中心に発達した文化を何というか。	34 化政文化
□35	『仕懸文庫』などを著し，寛政期に手鎖50日に処された作家は誰か。	35 山東京伝
□36	天保期に『春色梅児誉美』を著し処分された作家は誰か。	36 為永春水
□37	伝奇小説集『雨月物語』を著した読本作家は誰か。	37 上田秋成
□38	錦絵とよばれる多色刷りの浮世絵版画を創始した人物は誰か。	38 鈴木春信
□39	「婦女人相十品」などの美人画を描いた浮世絵師は誰か。	39 喜多川歌麿
□40	役者の大首絵を100種以上残し，画筆を絶った画家は誰か。	40 東洲斎写楽
□41	「富嶽三十六景」などの風景版画の作者は誰か。	41 葛飾北斎
□42	「東海道五十三次」などの風景版画の作者は誰か。	42 歌川広重
□43	日本の銅版画を創始した画家は誰か。	43 司馬江漢
□44	エレキテル(発電機)の作製など多方面で活躍した人物は誰か。	44 平賀源内
□45	荷田春満の門人で『国意考』『万葉考』を著した人物は誰か。	45 賀茂真淵
□46	伊勢松坂の医者で，国学を大成した人物は誰か。	46 本居宣長
□47	46の影響をうけ，復古神道を始めた人物は誰か。	47 平田篤胤
□48	塙保己一が日本の古書を集大成した書物を何というか。	48 群書類従
□49	前野良沢・杉田玄白らにより翻訳された西洋医学書を何というか。	49 解体新書
□50	大槻玄沢の著した蘭学入門書を何というか。	50 蘭学階梯
□51	日本最初の蘭和辞書『ハルマ和解』をつくったのは誰か。	51 稲村三伯
□52	「大日本沿海輿地全図」を作成した人物は誰か。	52 伊能忠敬
□53	『自然真営道』で万人直耕の世を理想とした思想家は誰か。	53 安藤昌益
□54	『夢の代』を著した大坂の町人学者は誰か。	54 山片蟠桃
□55	『経済要録』を著し，産業国営化と貿易振興を説いた人物は誰か。	55 佐藤信淵
□56	岡山藩主池田光政が建てた郷学(郷校)を何というか。	56 閑谷学校
□57	18世紀に大坂町人の出資で建てられた私塾を何というか。	57 懐徳堂
□58	幕末，長州の萩で吉田松陰が教えた私塾を何というか。	58 松下村塾
□59	緒方洪庵が大坂に開いた蘭学塾を何というか。	59 適々斎塾
□60	町人の生活哲学を説く心学を始めた人物は誰か。	60 石田梅岩
□61	読み・書き・そろばんを教えた庶民の教育施設を何というか。	61 寺子屋
□62	川手文治郎を教祖とする民衆教派神道を何というか。	62 金光教

第4編

近代・現代

• CHAPTER

1 » 近代国家の成立

時代の俯瞰図

開国 → 貿易開始｛安政の大獄／物価の騰貴｝→ 公武合体派 × 尊王攘夷派 →（挫折）→ 尊王倒幕派の形成 → 明治政府 → 中央集権化の推進｛版籍奉還・廃藩置県／徴兵令・地租改正｝

尊王倒幕派の形成 → 江戸幕府が滅ぶ（1867年）

年	できごと
一八五三	（アメリカ）ペリーが浦賀に来航
五四	日米和親条約 → 開国
五六	（アメリカ）ハリスが下田に着任
五八	日米修好通商条約 → 安政五カ国条約 → 貿易の開始
	安政の大獄＝井伊直弼の弾圧
六〇	桜田門外の変
六一	和宮降嫁へ
六二	坂下門外の変
六三	長州攘夷決行・薩英戦争
	八月一八日の政変
六四	禁門の変 → 長州征討
六五	第2次長州征討指令
六六	薩長連合
六七	大政奉還 ↔ 王政復古の大号令
六八	戊辰戦争・五箇条の誓文
六九	版籍奉還
七一	廃藩置県
七三	徴兵令・地租改正条例＝財政確立
七六	秩禄処分＝武士団の解体
七七	西南戦争＝西郷隆盛らの反乱
八一	松方正義のデフレ政策

（桜田門外の変・和宮降嫁へ → 幕府が公武合体をはかる）＋（八月一八日の政変）→ 公武合体派と攘夷派の対立が激化 ⇨ 攘夷運動挫折 ⇨ 倒幕派形成 ⇨ 明治政府成立

版籍奉還・廃藩置県 → 中央集権化の推進 ⇧ 明治政府成立

〈西洋思想〉

将軍	⑬家定	⑭家茂	⑮慶喜	（1868年＝明治元年）

SECTION 1 ペリー来航と開国

▶ 18世紀末からのロシア船の来航(☞p.264)についで，イギリス・アメリカの艦船が来航(☞p.272)した。そして，アメリカの**ペリー**の来航と**日米和親条約**の締結によって開国，ついで**日米修好通商条約**によって貿易が始まり，資本主義的世界市場に組みこまれた。

1 欧米諸国のアジア進出

❶オランダ国王の開国勧告　1844(弘化元)年，オランダ国王ウィレム2世は，日本に親書を送り，**アヘン戦争**(☞p.268)を教訓にして世界の大勢を説き，中国の二の舞をさけるよう勧告した。しかし，幕府は，厚意には感謝したものの鎖国という「祖法」を理由として，開国を拒否した。

❷ビッドル提督の来航　アメリカは中国貿易に力をいれ，その商船や捕鯨船の寄港地として日本に関心をもっていた。1846(弘化3)年，アメリカの東インド艦隊司令長官ビッドルが，軍艦2隻を率いて浦賀(神奈川県)に来航した。彼は通商を要求したが，幕府はこれも拒絶して，態度を変えなかった。

参考　琉球への開国要求
1844(弘化元)年と1845(弘化2)年，フランス船とイギリス船が琉球に来航して，琉球の開国を要求する事件が起こっている。

2 ペリーの来航と和親条約

❶ペリー来航の目的　アメリカ大統領**フィルモア**の国書を手渡し，日本を開国させることにあった。

補説 **大統領フィルモアの国書**　その内容は，①日本沿岸での遭難アメリカ船員の救助と保護，②日米両国の自由貿易，③カリフォルニア・中国間の定期船のための貯炭所設置，などであった。

❷ペリー来航の航路および状況　ペリーはアメリカから東廻りで大西洋・インド洋を経て香港・上海に達し，さらに，4隻の軍艦を率い琉球・小笠原諸島を経て，**1853(嘉永6)年6月，浦賀**沖に姿をあらわした。あらかじめ日本の事情を詳細に研究し，かたい決意で来航したペリーは，長崎へ回航するようにという幕府の命令をきかず，強硬な態度を示して国書をうけとらせ，回答をうけとるために，翌年再来日することを予告して去った。

❸幕府の対策とその結果　老中首座の**阿部正弘**(備後福山藩主)は，事態を朝廷に報告したあと，幕府の役人や諸大名★1の意見を徴した。幕府は，朝廷や諸大名らと意思を一致させることで，対外的な危機を乗りこえようとしたのである。しかし，結果は，朝廷や諸大名の政治的発言力の強化を招き，国論を分裂させることになった。

❹諸藩の態度　戦争を回避する手段としての開国論から，水戸前藩主の**徳川斉昭**に代表される強硬な鎖国・攘夷までのさまざまな意見が出された。

❺ペリーの再来日　いったん中国に去ったペリーは，プチャーチン★2の来日の報に接するや，翌1854(安政元)年1月に再来日した。今回は軍艦7隻を率い，江戸湾内を測量し，軍事的圧力を加えながら，前年の国書に対する回答を要求した。

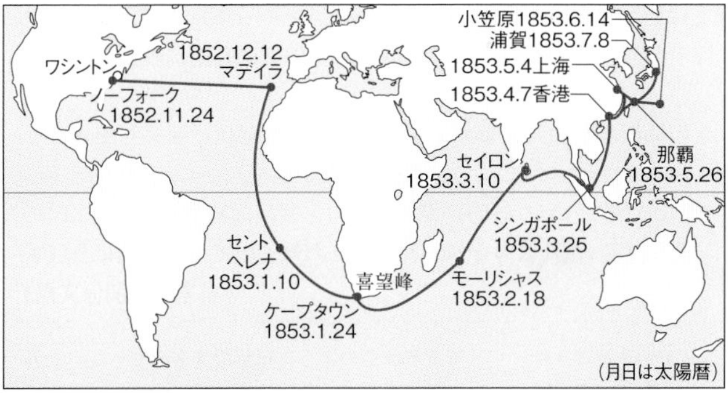

▲ペリー艦隊の来航図

★1 **諸大名との提携**　12代将軍家慶はペリーが立ち去ると間もなく死去。そのあと将軍となった**家定**は病弱であった。このため，老中**阿部正弘**は外様の雄藩とも提携しようとした。また，大船建造の解禁，台場(砲台)の構築，洋式訓練の採用などの改革を実施した。

★2 **プチャーチン**　ロシア海軍提督プチャーチンは，ペリー来航より1カ月後，軍艦4隻を率いて長崎に来航した。北方の国境画定と通商を要求したが，幕府は，これを拒否した。当時ロシアは**クリミア戦争**中で，イギリス・フランスの艦船にあうと交戦の危険があったので，プチャーチンは交渉なかばで退去した。彼は，その後も長崎・箱館・下田(静岡県)などにたびたび来航し，1854(安政元)年，ペリーにつづいて**日露和親条約**の調印にあたった。

○あめりかの米より喰ぬ国なれど
　日本人はあわをくふなり
○陣羽織異国から来て洗いはり
　ほどいて見れば裏が(**浦賀**)大変
○泰平の眠りをさます上喜撰(**蒸気船**)
　たった四はい(**四隻**)で夜もねむれず

▲開国前後の落首
ペリーの軍艦(**黒船**)に驚いているようすがわかる。上喜撰は高級茶の一種。

❻日米和親条約の締結　幕府はやむなく**神奈川**(現在の横浜市中区)にペリーをむかえ，大学頭の**林韑**らを交渉にあたらせた。この結果，**1854**(安政元)**年3月，日米和親条約**(**神奈川条約**ともいう)が結ばれた。

❼日米和親条約の内容　全文12条からなり，重要な点は次の4点である。★3

1. 難破船の乗組員を救助すること。
2. 下田・箱館2港を開き，薪水・食料・石炭の供給地とすること。
3. アメリカに一方的な**最恵国待遇**★4を与えること。
4. 下田に**領事**の駐在を認めること。

❽イギリス・ロシア・オランダとの交渉　日米和親条約につづいて，日英・日露・日蘭条約が，長崎の開港のほか，ほぼ同じような内容で結ばれた。

❾北辺の国境画定　**日露和親条約によって，両国の国境は択捉島と得撫島の間**に設定されたが，**樺太は，両国雑居の地**とされた(☞p.318)。

❿幕府と藩の動向　幕府は国防を充実させるため，①大名に武家諸法度で禁止した**大船建造**を許可，②**伊豆韮山代官**の**江川太郎左衛門**(**坦庵**)に，品川沖の**台場**(**砲台**)築造と韮山(静岡県)の**反射炉**建設を命令(☞p.274)，③長崎に**海軍伝習所**，江戸に洋学の教育と翻訳機関の**蕃書調所**(のち**開成所**となる)，

★3　日米和親条約は，貿易を認めたものでないことに注意しよう。

★4　**日米和親条約の最恵国待遇**　他の国と結んだ条約において，日本がアメリカに与えたよりも有利な条件を認めたときは，アメリカにも自動的にその条件が認められる。しかし，アメリカに最恵国待遇を認めただけで，アメリカは日本に最恵国待遇を認めないので，この点で，一方的であり，**不平等**であった。

注意　日米和親条約で開港された箱館は，現在の函館にあたる。文字が異なることに注意。箱館の名は，15世紀中ごろから使われていたが，1869(明治2)年，開拓使が置かれたときに函館と改名された。

史料　日米和親条約

第一条　日本と合衆国とは，其人民永世不朽の和親を取結ひ，場所・人柄の差別これなき事。

第二条　伊豆下田・松前地箱館①の両港は，日本政府に於て，亜墨利加船薪水・食料・石炭欠乏の品を，日本にて調候丈は給し候為め，渡来の儀差免し候。……

第三条　合衆国の船，日本海浜漂着の時扶助いたし，其漂民を下田又は箱館に護送し，本国の者受取申すべし。……

第九条　日本政府，外国人え当節亜墨利加人え差免さず候廉相免し候節は，亜墨利加人えも同様差免し申すべし。……

第十一条　両国政府に於て拠なき儀これ有り候時は模様により，合衆国官吏②のもの下田に差置候儀もこれ有るべし。尤も約定③調印より十八ヶ月後にこれ無く候ては，其儀に及ばず候事。

『幕末外国関係文書』

注釈　①下田は即時，箱館は1855(安政2)年3月から開港された。なお，いまの函館は，明治初年まではこのように箱館の文字を使った。②外交官のこと。③条約のこと。

幕臣に軍事教育を行う**講武所**の設置，④天然痘の予防接種を行う**種痘所**を直轄し，西洋医学の教育と研究を行う**医学所**と改称(☞p.284)，などの対応をとっていった。

諸藩でも，①**薩摩藩**では積極的に殖産興業政策を進め，反射炉や造船所，**集成館**とよばれる**洋式工場群**を建設し，外国商人から洋式武器を購入して藩軍事力の強化をはかり，②**水戸・長州・佐賀藩**などでも，反射炉の築造，大砲の製造，武器や軍艦の輸入による軍事力の強化につとめた(☞p.274)。

3 通商条約をめぐる交渉

❶ハリスの来日　**日米和親条約**に基づき，1856(安政3)年7月，初代総領事としてハリスが来日し，下田にやってきた。ハリスの主たる任務は，通商条約の締結にあった。

▲ハリス

❷通商条約の交渉　ハリスは，着任の翌1857(安政4)年将軍に謁見し，阿部正弘にかわった老中首座の**堀田正睦**(下総佐倉藩主)らに世界情勢を説き，アメリカと条約を結べば，イギリス・フランスの日本侵略を防ぐことができるとして，通商条約の調印を迫った。

❸条約の勅許問題　幕府は，通商条約の調印に反対する攘夷派を抑えるため，勅許(天皇の許可)を得ることにした。しかし，**将軍継嗣問題**がからみ事態は紛糾し，勅許は得られなかった。

補説　**将軍継嗣問題**　13代将軍家定は病弱で子がなく，そのあとつぎ(継嗣)をめぐって対立が起こった。血筋の最も近い紀伊藩主の**徳川慶福**(12歳)をおす幕臣や譜代大名の**南紀派**と，聡明で年長の徳川斉昭の子**一橋**家の**徳川慶喜**(21歳)をおす親藩や外様大名中心の**一橋派**が対立していた。それまで幕政から排除されてきた親藩・外様の諸大名は，対外問題を機会に幕政に関与しようとしたのである。

▲当時の伊豆下田の玉泉寺

アメリカ総領事館があった。

❹通商条約の締結　条約の勅許が得られなかったことで，幕府の権威がゆらいだ。そのため南紀派の代表で彦根藩主の**井伊直弼**が大老となり，**1858**(安政5)**年**6月，勅許を得ないまま幕府の独断で調印した。[★5] これが**日米修好通商条約**である。ついで**慶福**を将軍継嗣に決定，家定の死去により慶福は**家茂**と改名し，14代将軍になった。

★5　中国(清)では，アロー戦争→天津条約(1858年)で植民地化が進んだ。ハリスはイギリス・フランスの脅威を説き条約締結を迫った。

❺日米修好通商条約の内容　全文14条からなり，重要なのは次の5点である。**治外法権を認め，関税自主権をもたない不平等条約**で，後日，**条約改正**が明治政府の重要な外交課題と

なった。

1 **神奈川・長崎・新潟・兵庫**の開港★6と江戸・大坂の開市。

2 通商は自由貿易とすること。

3 開港場に**居留地**をさだめ，一般外国人の居住・営業は認めるが，国内旅行を禁止すること。

4 **領事裁判権**を認める→**治外法権を認めたこと**。

5 関税は相互で決定する→**関税自主権がないこと**。

❻安政の五カ国条約 日米修好通商条約についで，**オランダ・ロシア・イギリス・フランス**とも同様の条約を結んだ。これらをまとめて**安政の五カ国条約**という。

❼安政の大獄 井伊直弼による幕府の独断専行を非難した一橋派の人びとに対しては，大弾圧が加えられた。徳川斉昭・松平慶永(越前藩主)らは隠居や謹慎を命じられ，越前藩士の**橋本左内**，長州藩士の**吉田松陰**(☞p.287)，もと若狭小浜藩士の梅田雲浜，頼三樹三郎らは処刑された(1858年7月～59年)。

❽桜田門外の変 井伊直弼の処置に憤慨した水戸脱藩士たちは，**江戸城桜田門外で井伊を殺害**した(1860年3月)。

★6 条約による開港
和親条約で開港された港のうち，下田は閉港されることになったので，**箱館・神奈川・長崎・新潟・兵庫**の5港の開港が決められた。ところが，**神奈川**は**横浜**にすりかえられ，兵庫(1868年開港)・新潟(1869年開港)の開港は遅れたので，初めは，**箱館・横浜・長崎**の3港で貿易した。

注意 **日米修好通商条約の成立と勅許** 1860(万延元)年に，日米修好通商条約の批准書交換のために日本の使節がワシントンに派遣され，**勝海舟**(**義邦**)らは別に軍艦**咸臨丸**で随行した。条約はその後，1865(慶応元)年に勅許された。

史料 日米修好通商条約

第一条 向後日本大君①と，亜墨利加合衆国と，世々親睦なるべし。……

第三条 下田・箱館港の外，次にいふ所の場所を，左の期限より開くべし。

神奈川 西洋紀元1859年7月4日 ／長崎 同断 ／新潟 1860年1月1日／

兵庫 1863年1月1日 神奈川港を開く後六ヶ月にして，下田港を閉鎖すべし。

江戸 1862年1月1日 ／大坂 1863年1月1日

右二ヶ所②は亜墨利加人，唯商売を為す間にのみ，逗留する事を得べし。…… 双方の国人，品物を売買する事総て障りなく，其払方等に付ては日本役人これに立合はず。……

第四条 総て国地に輸入輸出の品々，別冊③の通，日本役所へ運上④を納むべし。

第六条 日本人に対し法を犯せる亜墨利加人は，亜墨利加コンシュル⑤裁断所にて吟味の上，亜墨利加の法度を以て罰すべし。亜墨利加人へ対し法を犯したる日本人は，日本役人糺⑥の上，日本の法度を以て罰すべし。……

第十三条 今より凡百七十一箇月の後<即1872年7月2日に当る>双方政府の存意を以て，両国の内より一箇年前に通達し，此の条約並に神奈川条約⑦の内存し置く箇条及び此書に添たる別冊共に，双方委任の役人実験の上談判を尽し，補ひ或ひは改る事を得べし。

『幕末外国関係文書』

注釈 ①江戸幕府の**将軍**。②江戸・大坂。③**貿易章程**。④関税。⑤領事。⑥取り調べ。⑦**日米和親条約**。

4 開国の影響

❶**貿易の形式**　**居留地**で**外国商人**と**売込商・引取商**とよばれた日本人商人との間で，銀貨を用いて行われた。

❷**貿易の状況**　貿易額は横浜，相手国はイギリスが圧倒的。★7 **輸出品**は，**生糸**が**80%**，ついで**茶**・**蚕卵紙**・**海産物**などの半製品や**食料品**，**輸入品**は，**綿織物**・**毛織物**などの**繊維製品**が**70%**，ついで**鉄砲**・**艦船**など**軍需品**。はじめ輸出が多く，まもなく輸入超過となったが，貿易全体は急速に拡大し，国内の産業と流通に大きな影響を与えた。

❸**産業への影響**　輸出品の大半を占めた生糸生産地では，マニュファクチュア経営も一部で生まれたが，国内生糸が不足して価格が高騰し，京都西陣などは打撃をうけた。機械生産の**安価な綿織物の大量輸入**は，農村で発展していた**綿作**や**綿織物業に大打撃**を与えた。

★7 **イギリスが主要貿易相手国となった理由**　イギリスは当時，世界一の繊維工業国で，市場を日本に求めた。アメリカは，国内の**南北戦争**(1861～65)による影響や，産業発展が十分でなかったこと，中国への中継港や捕鯨の根拠地として日本を位置づけたこと，などのため，貿易額はイギリスより少なかった。

★8 **水油**　種油ともいう。菜種からしぼったもので，おもに灯火用として利用された。

❹**流通への影響**　生産地と直結した在郷商人が，輸出品を都市の問屋商人を通さず開港場に直送したため，江戸をはじめ大都市の問屋商人を中心とする**従来の流通機構はしだいに崩れ**，さらに，急速に増大した輸出のため**物価は高騰**した。

❺**五品江戸廻送令**　貿易の統制と江戸の需要を確保するため，1860(万延元)年，幕府は**雑穀**・**水油**★8・**蝋**・**呉服**・**生糸**の五品の**横浜直送を禁止**し，**江戸の問屋を通す**ように命じた。在郷商人の抵抗と，欧米列強から自由貿易を妨害する措置であると抗議され，効果はあがらなかった。

❻**金貨の海外流出**　金銀の比価が，**欧米では1：15**，**日本では1：5**であったから，外国商人は**銀**を金貨と交換し，国外にもち出した。**10万両以上の金貨が流出**したので，幕府は，金貨の品位を大幅に落とした**万延小判**を鋳造して対処したが，貨幣価値の下落は物価の高騰に拍車をかけ，民衆や下級武士の生活を苦しくした。

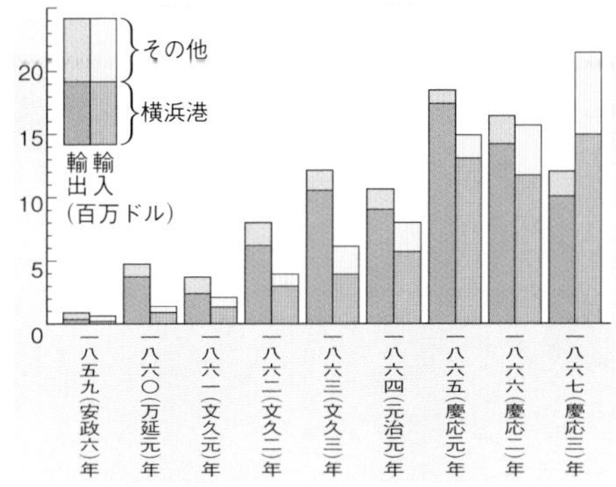

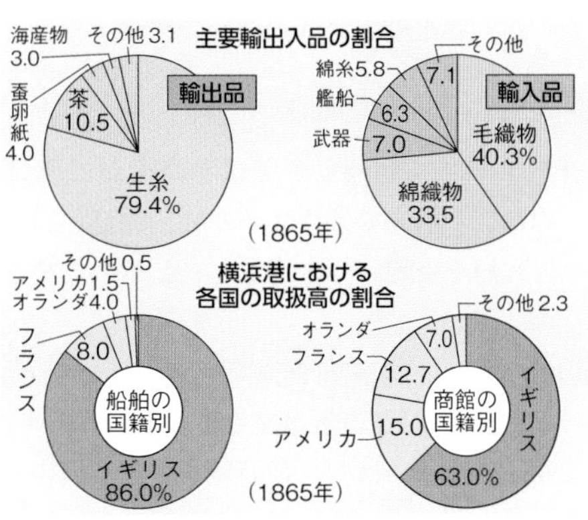

▲幕末における貿易の発展

上の貿易額推移のグラフの額は横浜・長崎・箱館の輸出入の合計額である。

❼**攘夷運動の激化**　物価高騰による生活苦は，貿易への反感を強めて攘夷運動を激化させることになった。**ヒュースケン暗殺事件**，**東禅寺事件**，**生麦事件**，**イギリス公使館焼討ち事件**など，外国人を襲う事件があいついだ。★9

補説　**生麦事件**　**島津久光**(薩摩藩主島津忠義の父)は，1862(文久2)年3月，藩兵を率いてまず京都にはいり，急進派を伏見の寺田屋で鎮圧(**寺田屋事件**)したのち，6月に江戸に着いた。8月に江戸からもどる途中，**生麦事件**が起こった。これは武蔵の生麦村(横浜市)で，久光の家臣が行列の前を横切ったイギリス商人らを殺傷した事件である。この賠償をめぐって，翌1863(文久3)年，**薩英戦争**が起こった(☞p.301)。

★9　**外国人襲撃事件**　1860(万延元)年，ハリスの通訳であったオランダ人**ヒュースケン**が殺害された事件など。彼は，日本人のできる外国語がオランダ語に限られていたことから，ハリスとともに来日していた。また，1861(文久元)年に東禅寺に置かれたイギリス公使館が水戸浪士に襲撃され，1862(文久2)年にも**イギリス公使館**(品川御殿山に建設中)が焼討ちされた。

[不平等条約]
ペリー来航(1853年)→日米和親条約(1854年)＝開国
ハリス来日(1856年)→日米修好通商条約(1858年)＝貿易開始(1859年)
[将軍継嗣問題]
南紀派(譜代)＝大老井伊直弼…条約調印・将軍家茂(1858年)
安政の大獄→桜田門外の変(1860年)
一橋派(外様・親藩)…慶喜を支持

公武合体と尊王攘夷

▶ **桜田門外の変**で権威のゆらいだ幕府は，**公武合体策**により**尊王攘夷派(尊攘派)**の幕政批判をそらそうとした。薩摩藩主の父**島津久光**も，国政に関与しようとして公武合体を推進した。尊王攘夷派は鎖国への復帰・攘夷を主張した。

1 公武合体の動き

❶**公武合体**　朝廷との関係を修復して反対派をおさえ，幕府の権威と権力を回復するため，**朝廷(公)と幕府(武)が合体**して政局を安定させようとした。その象徴が，**和宮降嫁**であった。

❷**和宮降嫁**　井伊直弼暗殺後は，老中**安藤信正**(磐城平藩主)らが，和宮(仁孝天皇第8皇女，孝明天皇の妹)の降嫁を強く朝廷に働きかけた。朝廷側も，**岩倉具視**らが中心となり，反対論を押さえて推進役となった。1860(万延元)年10月，降嫁の勅許が出され，翌1861(文久元)年10月，和宮は中山道を江戸へ下った。★1

▲和宮

★1　和宮と家茂の正式婚儀は，1862(文久2)年2月のことであった。

❸**坂下門外の変**　和宮降嫁という政略結婚は，**尊王攘夷派**を強く刺激し，1862(文久2)年1月，安藤信正は水戸藩浪士らによって江戸城の**坂下門外**で襲われ，重傷を負って失脚した。これにより幕府の権威はおとろえ，かわって雄藩諸侯の発言力が強まった。

❹**島津久光の上洛**　とくに，薩摩藩主島津忠義の父**島津久光**は，公武合体による幕政改革を唱えていた。1862(文久2)年には兵を率いて上洛し，さらに勅使**大原重徳**に随行して江戸にはいり，朝廷の権威を背景に改革を要求した。幕府は，やむなく**幕政の改革(文久の改革)**を行った。

❺**文久の幕政改革**　**徳川慶喜**を**将軍後見職**，**松平慶永**を**政事総裁職**に任命するとともに，次の改革を実施した。

1. **参勤交代**を緩和して**3年に1回**とし，また，江戸にいる妻子が国元へ帰ることを許可した。
2. 京都の治安維持のため，京都所司代の上に**京都守護職**を置いて**松平容保**(会津藩主)を任命し，尊攘派弾圧のための**新選組**をその指揮下にいれた。

参考　島津久光と寺田屋事件　薩摩の島津久光の上洛は，あくまで幕政を改革し，公武合体を実現するためのもので，倒幕などということは，思いもよらぬことであった。ところが，薩摩藩の急進的な尊王攘夷派は，久光の上洛を機に不穏な動きを見せた。このため，久光は剣客を派遣し，京都伏見の寺田屋に集まっていた急進派を鎮圧した。これが**寺田屋事件**である。

2 尊王攘夷運動の展開

❶**長州藩の動き**　初めは公武合体を藩の方針としていたが，**吉田松陰**の**松下村塾**(山口県萩市)に学んだ**志士**★2らが藩主に迫って，1862(文久2)年7月，藩論を攘夷に変更させた。そして，京都の尊王攘夷派の公家と結び，幕府に鎖国への復帰・攘夷を実行させる尊王攘夷運動の中心となった。

補説　尊王攘夷運動をささえた人々　尊攘派の基盤は，中・下級武士層を中心とし，浪士(浪人の武士)・郷士(農村在住の武士)や，地方の豪農・富商・神官・国学者・医師・僧侶など，封建社会の中間層であった。彼らは草莽の志士ともいい，幕藩体制の矛盾を敏感に感じとり，政治の激動のなかに主体的に参加していった。

★2 **志士**　幕末期では，**尊王攘夷**をめざして政治活動をした人をいう。

❷**朝廷の攘夷決定**　朝廷では，1862(文久2)年9月，幕府に対して攘夷を行うよう命じることになり，勅使**三条実美**が江戸に下った。これは，長州藩の急進派の強い働きかけによるものであった。

❸**幕府の対応**　攘夷の勅使をむかえた**徳川慶喜**や**松平慶永**ら幕閣は，結局，**天皇の攘夷方針を了承**し，将軍家茂は上洛して**攘夷の方法について天皇に説明しなければならない**状況に追いこまれた。

参考　国事周旋と薩長の対抗　外様雄藩の大名や藩士が，藩の力をバックに政治活動をすることを**国事周旋**といった。薩摩藩の島津久光による国事周旋に対して，長州藩は，攘夷論を**藩論**とする方針をとって中央政界に進出した。このように，両藩の対抗意識はきわめて強かった。

❹尊攘運動の激化　1862(文久2)年末には，江戸の品川御殿山に建設中のイギリス公使館が，**長州藩士らによって焼討ち**にされた。★3 また，京都では，翌1863(文久3)年にかけて，幕府の手先とみなされた者に対する暗殺が続発した。京都守護職は，配下の**新選組**などを使ってこれに対抗しようとした。

❺将軍家茂の上洛　1863(文久3)年，将軍家茂の上洛に際し，幕府は，京都の攘夷論の高まりを抑えようとして，公武合体派の巨頭島津久光らとその勢力回復策をはかったが，幕府と雄藩大名とは，意見の一致を見ずに終わった。★4

❻幕府の攘夷決定　1863年，上洛した家茂は朝廷から攘夷の決行を迫られ，心ならずも同年5月10日をその開始の日とした。しかし，もともと幕府には攘夷の意志はなかった。

❼長州藩の攘夷決行　長州藩は，5月10日を期して関門海峡を通る**アメリカ・フランス・オランダ**などの船を一方的に砲撃した。これに対してアメリカ・フランス軍艦はしばしば**報復攻撃を行い**，長州藩の軍艦は大破し，**砲台を占拠**された。

❽長州藩の奇兵隊　アメリカ・フランス軍艦によって手痛い報復をうけた長州藩では，藩士高杉晋作が小銃で武装した近代的部隊をつくろうとした。高杉は下級武士を中心に，武士と百姓・町人が半数ずつの有志による奇兵隊を編成した。武器・俸給は藩から支給された。

★3 **イギリス公使館焼討ち事件**　長州藩士の**高杉晋作**や**久坂玄瑞**が襲った事件である。

★4 薩摩藩の島津久光は，自説が実現しないと見てとるや，鹿児島に帰ってしまった。同じく京都にきていた山内豊信も土佐に帰り，政事総裁職の松平慶永も辞表を提出して無断で越前福井に帰ってしまった。結局，京都に残った雄藩は，尊攘派の長州藩だけになってしまった。

注意　長州藩の攘夷決行に対し，幕府はこれを詰問し，朝廷はこれを称賛するというありさまであった。

[公武合体運動]　幕府＝老中安藤信正…和宮降嫁→坂下門外の変
　薩摩藩＝島津久光…幕府へ改革要求＝文久の改革(1862年)
　　寺田屋事件…尊攘派弾圧
　　生麦事件→薩英戦争
　　{将軍後見職＝徳川慶喜 / 政事総裁職＝松平慶永 / 京都守護職＝松平容保}
[尊王攘夷運動]　長州藩中心…吉田松陰の松下村塾の影響
　　攘夷決行・奇兵隊の創設(高杉晋作)

SECTION 3　攘夷から倒幕へ

▶ 尊王攘夷派の**長州藩**では，朝廷からの追放，諸外国の下関砲撃で攘夷は不可能との考えが広まった。幕府の長州征討といった事態の中から，**尊王倒幕派**が成長した。公武合体派は解体し，**薩摩藩**と長州藩は倒幕の同盟を結んだ。倒幕派に対し，徳川慶喜は**大政奉還**(1867年)によって幕府がなくなったあとも，少年天皇を擁して主導権をにぎろうとした。しかし倒幕派は**王政復古**により徳川家の国政支配にとどめをさし，薩長の主導権を確保した。

1 公武合体運動と攘夷運動の挫折

❶**薩英戦争**　**生麦事件**(☞p.298)の犯人逮捕と賠償金支払いを要求したイギリス代理公使ニール(公使**オールコック**は帰国中)の率いる艦隊7隻が，1863(文久3)年7月，鹿児島湾にあらわれた。薩摩藩は要求を拒否し，戦端を開いたが，艦砲射撃で砲台は破壊され，鹿児島市中は大火に包まれた。

❷**薩英戦争の結果**　薩摩藩は攘夷の不可能なことを知り，以後急速にイギリスに接近し，尊攘派の長州藩に対抗して公武合体を進めようとした。また，イギリスも薩摩藩の力を評価し，幕府支持の方針を転換した。★1

❸**公武合体派の動き**　薩摩藩は，天皇と公武合体派の公家，および京都における幕府勢力の中心であった京都守護職の**松平容保**(会津藩主)とはかって，まき返しをねらった。

❹**八月十八日の政変(文久三年の政変)**　**1863**(文久3)**年8月18日**未明，**幕府**と**薩摩藩・会津藩**によるクーデタが成功し，尊攘派は京都朝廷から追放された。★2

補説　**新選組と池田屋事件**　八月十八日の政変後も京都に残った尊攘派志士に対し，京都守護職配下の**新選組**が弾圧にあたった。1864(元治元)年6月，京都三条の池田屋に集まっていた志士を襲撃した**池田屋事件**がきっかけで，長州藩は京都に兵を進めることになり，まもなく**禁門の変**が起こった。

❺**尊攘派の衰退**　八月十八日の政変に前後して，尊攘派は，但馬(兵庫県)での**生野の変**などの挙兵事件を起こしたが，いずれも鎮圧された。

補説　**尊攘派の挙兵**　まず土佐藩の**吉村寅太郎**らが大和で挙兵した**天誅組の変**が起こった。このとき，天皇の**大和行幸**を機に倒幕軍を起こすことまで計画された。**生野の変**は，天誅組の挙兵に応じて福岡藩士**平野国臣**らが但馬の生野代官所を襲った事件。ほかに，**水戸藩**の尊攘派である天狗党の起こした**天狗党の乱**がある。

❻**禁門の変(蛤御門の変)**　1864(元治元)年7月，勢力回復をはかった**久坂玄瑞**らの率いる長州藩兵は京都にはいり，御所を守る幕府や薩摩・会津両藩兵と交戦したが敗北した。この戦いを禁門の変あるいは**蛤御門の変**とよぶ。

❼**第1次長州征討**　朝敵となった長州に対し，1864年7月24日，幕府は西南34藩の大名に「**長州征討**」を命令した。

❽**四国艦隊下関砲撃事件(下関戦争)**　前年(1863年)の長州の攘夷決行に対する報復として，1864(元治元)年8月5日，イギリス・フランス・オランダ・アメリカ4カ国の軍艦が，

★1　薩摩藩では，薩英戦争後の1865(慶応元)年に，藩士をイギリスに派遣して経済的・外交的関係を強めようとした。**寺島宗則**は，使節として**森有礼**ら留学生を率いて渡欧した。

★2　8月18日未明，**三条実美**以下7名の急進派公卿の参内を禁止し，長州藩の宮門警護の任を解く勅旨が発表されたことから，尊攘派は京都を退き，三条実美らは長州へ落ちのびた(**七卿落ち**)。**孝明天皇**は過激な攘夷運動を快く思っていなかったこともありクーデタを支持し，尊攘派は敗退した。

下関を砲撃した。長州は敗北し，イギリスから帰国した伊藤博文らの意見もあり，攘夷をすてて4カ国と講和した。幕府には恭順を誓った。

参考 長州藩では，四国艦隊下関砲撃事件の前年の1863(文久3)年に伊藤博文・井上馨ら5名の藩士が，イギリスに密航していた。そこで，長州藩は日本と列強との国力の差を知り，攘夷が不可能であると痛感した。

❾**列国の動き**　イギリス・フランス・オランダ・アメリカの4カ国は，貿易の拡大には条約の勅許が必要であると考え，1865(慶応元)年に兵庫沖まで大艦隊を送って圧力をかけ，ついに勅許を得た。ついで翌1866(慶応2)年には，関税率を列国に有利なように改めた改税約書★3を幕府におしつけた。

★3 **改税約書**　安政の五カ国条約では平均約20%の関税率であったが，これを一律5%に引き下げた。

2 倒幕運動の展開

❶**長州藩の藩論変更**　長州藩では幕府に降伏したのち幕府に恭順したが，**高杉晋作**が**奇兵隊**(☞p.300)を率いて1864(元治元)年末に挙兵し，藩政を奪い返した。さらに，翌1865(慶応元)年には**桂小五郎**(**木戸孝允**)・**大村益次郎**らが藩政を主導し，幕府への抵抗のため軍備強化を進めた。

❷**薩摩藩の転換**　薩摩藩でも，1864(元治元)年になると，**西郷隆盛**や**大久保利通**らが実権をにぎり，開国の方針に転じた。

❸**英仏の動向**　イギリス公使**パークス**は，開国政策をとるようになった薩摩・長州などの雄藩に近づいた。これに対してフランス公使**ロッシュ**は，幕府支持の立場をとってイギリスに対抗した。★4

★4 フランスは内政・外交上の助言，600万ドルの借款，横須賀製鉄所の建設などを行った。

❹**薩長連合の成立**　土佐藩の公武合体論に不満で脱藩していた**坂本龍馬**・**中岡慎太郎**が仲介し，1866(慶応2)年1月，薩摩藩の**西郷隆盛**と長州藩の**木戸孝允**らが**相互援助の密約**(薩長連合，薩長同盟)を結び，幕府に抵抗する姿勢を固めた。

参考 **坂本龍馬**　土佐藩の郷士出身。1864(元治元)年に長崎で海運・貿易商社として**亀山社中**(のち**海援隊**と改称)を組織して軍事品の売買を行い，1866(慶応2)年には**薩長連合**を斡旋した。1867(慶応3)年，「**船中八策**」を起草し，**公議政体論**・**大政奉還**を提唱して活動している最中，京都で中岡慎太郎とともに暗殺された。

❺**第2次長州征討**　第1次長州征討後の長州藩の動向が，降伏の条件に反するとして，幕府は，1865年，諸藩に第2次長州征討を命じた。しかし，薩摩藩をはじめ出兵しない藩も多く，そのうえ幕府軍は，**大村益次郎**らによって訓練された長州軍に各地で敗れた。1866年，**将軍家茂の死を機に撤兵**した。

❻**一揆・打ちこわしと「ええじゃないか」**　1866(慶応2)年は，輸出急増と貨幣改鋳に加え，長州征討にともなう**米の買占めと凶作がかさなって**，**物価が高騰**した。その影響で**一揆**や**騒動**が激化し，百姓一揆件数が100件をこえた。**武州世直し一揆**や陸奥信夫・伊達両郡一揆(**信達騒動**)では**世直し**が叫ばれ，江戸・大坂では**打ちこわし**が頻発した。民衆の間に長

州びいきが広く見られ，民衆が幕府政治に強い不満をもっていることをあらわした。

また，1867(慶応3)年，「ええじゃないか」と連呼しながらの民衆の乱舞が東海地方から始まり，またたくまに近畿・四国地方へ広がった。民衆の社会変革への強い願望が示されたのである。

▲「ええじゃないか」の乱舞　空から伊勢神宮のお札が舞い，男性は女装，女性は男装して踊りくるっている。

⑦徳川慶喜の挽回策　15代将軍となった徳川慶喜は，**フランス**の援助と人材の登用で鋭意改革を急ぎ，その成果は見るべきものがあった。[★5]しかし，1866(慶応2)年12月，幕府との提携を重視する**孝明天皇**が急病死し，幕府に大きな打撃となった。[★6]

⑧大政奉還の策　**土佐藩**の**後藤象二郎**は，**坂本龍馬**とはかって，**公議政体論**[★7]にそった**大政奉還**を策した。彼は，**薩土盟約**を結んで倒幕派の動きを一時おさえる一方で，前藩主**山内豊信**を動かして，将軍**慶喜**に大政奉還の策を説いた。

⑨大政奉還　将軍徳川慶喜は，土佐藩の大政奉還論に便乗して，名を捨てて実を取ることにし，1867(慶応3)年10月14日，大政奉還の上表を提出した。

⑩討幕の密勅　公卿の**岩倉具視**らの密謀で，薩長両藩は，**討幕の密勅**を，慶喜の上奏と同じ日にうけていた。しかし，この密勅は朝廷の正式な手続きを経ないものであり，大政奉還の上奏が正式な手続きで許可されたため，武力倒幕の大義名分が失われ，倒幕派は一時的後退を余儀なくされた。

★5　幕府の勢力挽回をおそれた薩長両藩は，土佐藩などに働きかけ，**武力倒幕**を進めようとはかった。

★6　**孝明天皇**は，頑固な攘夷主義者と見られたが，実際は攘夷は困難と知っており，開国を推進した幕府を中心に政治をしていこうとする公武合体論者だった。倒幕派に毒殺されたともいわれるが，事実ではない。

★7　有力藩主らの諸侯会議を核とする国家権力の構想。薩長中心の政治体制よりも，有力藩の意見が反映され易い。徳川慶喜はその中心になると考えられた。

POINT!

① 薩摩藩…公武合体から倒幕へ転換
薩英戦争→イギリスとの接近
西郷隆盛・大久保利通らの藩政掌握

② 長州藩…攘夷から倒幕へ
八月十八日の政変・池田屋事件→禁門の変→幕府による2度の長州征討，四国艦隊下関砲撃事件，
高杉晋作・木戸孝允らの藩政掌握

③ 土佐藩…坂本龍馬が薩長連合の仲介(1866年)
後藤象二郎・山内豊信が慶喜に大政奉還を提案

参考　**船中八策**　坂本龍馬が船中で考えた8カ条の国家構想。朝廷を中心とした政府，上下二院制議会，公議による政治運営などを示していた。

注意　**大政奉還**の策は，武力倒幕という事態をさけ，幕府はなくなるが，少年天皇を戴き徳川慶喜を中心とする徳川家の権力を持続させようという方策であったことに注意しよう。

年	外国関係	幕府	朝廷	雄藩など	その他
1853（嘉永6）	6.ペリー来航 7.露プチャーチン来航 12.露プチャーチン再来	国書受理，答書を来年に約す。諸侯に国書処理を諮問 6.将軍家慶死去 11.第13代将軍に家定	報告をうける		クリミア戦争（露×オスマン帝国）
1854（安政元）	1.ペリー再来 3.日米和親条約調印 8.日英，12.日露和親条約調印	開国にふみきる			
1855	12.日蘭和親条約調印				
1856	7.米ハリス着任	2.蕃書調所設立			アロー戦争（英仏×清）
1857（安政4）	10.将軍家定，ハリスを引見 12.～通商条約交渉，諸侯に可否諮問				
1858（安政5）	6.日米修好通商条約調印 7.蘭・露・英と条約調印 9.仏と条約調印	1～3.堀田正睦条約勅許を奏請 4.井伊直弼大老就任 将軍継嗣問題 6.将軍継嗣は慶福 7.将軍家定死去 10.第14代将軍に家茂	3.不許可 条約勅許問題 安政の大獄	7.徳川斉昭・松平慶永・一橋慶喜らを処分	
1859（安政6）	5.貿易開始	10.橋本左内・吉田松陰ら処刑			
1860（万延元）	1.勝義邦ら条約批准のため渡米 12.ヒュースケン殺害	3.桜田門外の変 [3].五品江戸廻送令 7.和宮降嫁を奏請	公武合体派と尊王攘夷派の対立		物価高騰・一揆頻発
1861	5.東禅寺事件	10.和宮東下			アメリカ南北戦争
1862（文久2）	8.生麦事件 12.イギリス公使館焼討ち事件	1.坂下門外の変 7.慶喜将軍後見職 松平慶永政事総裁職 [8].文久の改革	2.和宮婚礼 6.大原重徳東下 9.朝議攘夷に決定	4.島津久光入洛 4.寺田屋事件 6.島津久光東上 7.長州藩攘夷を藩論とする	
1863（文久3）	5.長州攘夷決行 7.薩英戦争	2.将軍家茂入洛 4. 5/10を攘夷期日と決定 12.公武合体派が参預会議を形成	8.八月十八日の政変 尊攘派追放	8.天誅組の変 10.生野の変	
1864（元治元）	3.仏ロッシュ着任 8.四国連合艦隊下関砲撃	3.参預会議解体 7.長州征討	7.禁門の変	3.天狗党の乱 6.池田屋事件 攘夷運動の挫折	
1865（慶応元）	[5].英パークス着任 9.列国条約勅許を強要	5.第2次長州征討	10.条約勅許	1.長州藩高杉晋作の挙兵成功 長州尊王倒幕へ	
1866（慶応2）	5.改税約書調印	6.長州征討戦開始 7.将軍家茂死去 12.第15代将軍に慶喜	12.孝明天皇急死	1.薩長連合 5.江戸・大坂の大打ちこわし 6.武州一揆	
1867（慶応3）		10.大政奉還 江戸幕府滅ぶ	1.明治天皇即位 10.討幕の密勅 12.王政復古	5.薩土盟約 10.山内豊信大政奉還を建議	ええじゃないか

●事項の前の数字は，月。□の中は閏月を示す。
●入洛は京都，東上・東下は江戸へはいること。
●米はアメリカ，露はロシア，英はイギリス，蘭はオランダ，仏はフランス

明治維新

▶ 徳川慶喜ら公議政体派を打倒するため，武力倒幕派は**王政復古のクーデタ**を行い，ついで，鳥羽・伏見の戦いから箱館戦争に至る**戊辰戦争**で，旧幕府勢力を一掃した。こうして，武力倒幕派の勝利のうちに，1868(明治元)年3月，**五箇条の誓文**が発布され，新政府の施政方針とされた。

1 新政府の成立と国内の統一

❶**小御所会議** 1867(慶応3)年12月9日夜，京都御所内の**小御所**で最初の会議が開かれ，**徳川慶喜**の**辞官納地**[★1]が決定された。

❷**王政復古(十二月九日の政変)** 小御所会議は，大久保利通ら**薩摩藩**や**岩倉具視**ら旧来の倒幕派のクーデタであり，王政復古の**大号令**が発せられた。これにより慶喜ら旧幕府側の排除を目指し，天皇を中心とする新政府が樹立された。[★2]

補説 **王政復古の大号令** その内容は，①慶喜の政権返上と将軍職辞退を許す，②摂政・関白・将軍を廃し**総裁**・**議定**・**参与**の三職を置く。③政治の根本を**神武創業**のはじめに復古し，朝臣らが身分の別なく至当の公議をつくす，ということであった。三職は，総裁に**有栖川宮熾仁親王**，議定に皇族・公卿のほか，**徳川慶勝**(尾張)・**松平慶永**(越前)・**山内豊信**(土佐)・**島津忠義**(薩摩)ら10名が任ぜられた。参与には**岩倉具視**ら5名の公卿のほか，前出4藩や他藩士が加わった岩倉・大久保・**西郷隆盛**や間もなく参与となる木戸孝允らが政府の実権をにぎった。

❸**旧幕府側の対応** 旧幕府側は，辞官納地といった慶喜処分に憤慨し，慶喜は大坂城を引きあげ，新政府と対決した。

★1 **辞官納地**とは，官(内大臣)を辞し，領地を一部朝廷にさし出させること。松平慶永・山内豊信らは慶喜の復権をねらい，岩倉・大久保らと対立した。

★2 社会の動揺から倒幕，新政権が近代国家建設に成功し，一応安定するまでの社会変革の過程を，総称して**明治維新**という。

史料 王政復古の大号令

徳川内府①従前御委任ノ大政返上，将軍職辞退ノ両条，今般断然聞シ食サレ候。抑癸丑②以来未曽有ノ国難，先帝③頻年宸襟④ヲ悩マサレ候御次第，衆庶⑤ノ知ル所ニ候。之ニ依リ叡慮⑥ヲ決セラレ，王政復古，国威挽回ノ御基立テサセラレ候間，自今摂関・幕府等廃絶，即今先ズ仮ニ総裁・議定・参与ノ三職ヲ置カレ，万機⑦行ハセラルベシ。諸事神武⑧創業ノ始ニ原キ，縉紳⑨・武弁⑩・堂上⑪・地下⑫ノ別無ク，至当ノ公議ヲ竭シ，天下ト休戚⑬ヲ同シク遊サルベキ叡慮ニ付キ，各勉励，旧来驕惰⑭ノ汚習ヲ洗ヒ，尽忠報国ノ誠ヲ以テ奉公致スヘク候事。

『法令全書』

注釈 ①内大臣。ここでは**徳川慶喜**のこと。②**1853(嘉永6)年**で，6月**ペリー**，7月**プチャーチン**の来航をさす。③**孝明天皇**。④天皇の心。⑤人民。⑥天皇の考え。⑦すべての政治。⑧初代天皇とされる**神武天皇**のこと。⑨**公家**。⑩**武士**。⑪昇殿を許された五位以上の殿上人。⑫六位以下の人。⑬喜び悲しみ。⑭おごり怠けること。

④戊辰戦争　1868(明治元)年から翌年５月までつづいた，旧幕府軍と新政府軍との間の一連の戦争。

1. **鳥羽・伏見の戦い**…1868(明治元)年１月，慶喜を擁した会津藩・桑名藩などの旧幕府軍が大坂から京都に進撃したが，鳥羽・伏見の戦いで薩摩・長州藩兵らに敗れ，慶喜は海路江戸にのがれた。
2. **官軍東征**…慶喜追討の口実をつかんだ新政府軍は，薩長藩兵を主力とする東征軍を江戸に送り，江戸城を開城させた。★3
3. **旧幕臣の反抗**…一部の旧幕臣は，**彰義隊**を結成して江戸の**上野**で反抗し，会津藩を中心とする東北諸藩も，新政府軍に抵抗をつづけたが，まもなく鎮圧された。

補説　**東北戦争**　反薩長派は，会津藩を中心に**奥羽越列藩同盟**(東北25藩が盟約，越後６藩が参加)をつくり戦い，最後の会津藩も1868年９月に降伏した。

4. **箱館戦争**…1869(明治２)年５月，新政府軍は，箱館の**五稜郭**に拠る旧幕府海軍副総裁**榎本武揚**らを降伏させた。

★3　**江戸城の無血開城**　官軍による江戸城総攻撃は，一大決戦になるはずであった。しかし，慶喜は恭順の意を表し，フランス公使**ロッシュ**の援助を断った。横浜貿易への影響をおそれた**イギリス公使パークス**は，官軍に圧力をかけた。官軍の参謀**西郷隆盛**は，旧幕臣の**勝海舟**(**義邦**)と談判し，江戸城は無血開城となった。

参考　**徳川家の処分**　慶喜は水戸に隠退し，徳川家は駿河・遠江両国に70万石を与えられた。

史料　五箇条の誓文

〔由利公正の原案〕

議事之体大意

一　庶民志ヲ遂ゲ，人心ヲシテ倦マサラシムル①ヲ欲ス。

一　士民心ヲ一ニシテ，盛ニ経綸②ヲ行フヲ要ス。

一　知識ヲ世界ニ求メ，広ク皇基③ヲ振起スヘシ。

一　貢士④期限ヲ以テ賢才ニ譲ルヘシ。

一　万機⑤公論ニ決シ，私ニ論スルナカレ。

『由利公正伝』

〔福岡孝弟の修正案〕

会盟⑥

一　列侯⑦会議ヲ興シ，万機公論ニ決スヘシ。

一　官武一途庶民ニ至ル迄各其志ヲ遂ゲ，人心ヲシテ倦マサラシムルヲ欲ス。

一　上下心ヲ一ニシテ，盛ニ経綸ヲ行フヘシ。

一　智識ヲ世界ニ求メ，大ニ皇基を振起スヘシ。

一　徴士⑧期限ヲ以テ賢才ニ譲ルヘシ。

『由利公正伝』

〔木戸孝允により公布された誓文〕

一　広ク会議ヲ興シ万機公論ニ決スヘシ

一　上下心ヲ一ニシテ盛ニ経綸ヲ行フヘシ

一　官武一途庶民ニ至ル迄各其志ヲ遂ケ，人心ヲシテ倦マサラシメンコトヲ要ス

一　旧来ノ陋習⑨ヲ破リ天地ノ公道⑩ニ基クヘシ

一　智識ヲ世界ニ求メ大ニ皇基ヲ振起スヘシ

『法令全書』

注釈　①飽きさせない。②国家統治の方策。③天皇の国家の基礎。④1868(明治元)年に設置。**各府県・各藩選抜の議事参加者。**⑤政治のすべて。⑥会合して誓う。⑦諸大名。⑧1868年に設置。**各藩士や民衆で有能な者から選ばれた議事参加者。**⑨悪い習慣。具体的には攘夷論をさす。⑩国際的に公正な道理。

2 新政府の施政方針

❶**五箇条の誓文**　江戸城総攻撃をひかえた新政府は，1868(明治元)年3月，天皇★4が神に誓うという形で五カ条にわたる方針を定めた。これは**公議世論の尊重**と，**開国和親**などをうたっている。

補説　**五箇条の誓文**　初め，越前藩の**由利公正**が諸侯会盟の規約(「議事之体大意」)として起草し，土佐藩の**福岡孝弟**が修正し，長州藩の**木戸孝允**が完成させた。

❷**五榜の掲示**　一般庶民に対しては，儒教道徳を説き，徒党や強訴を禁じ，**キリスト教を邪教**とした5枚の高札を掲げた。

補説　**五榜の掲示の意味**　五箇条の誓文は，開明進取の方針を示していたが，翌日に出された五榜の掲示では，旧幕府の民衆統治政策の継続を表明している。

❸**政体書**★5　1868(明治元)年閏4月，**福岡孝弟・副島種臣**らが起草した政治の基本的組織を定めた法。内容の中心は次の通り。

1 **太政官に権力を集中統一**すること(**中央集権**)。

2 そのもとで**三権分立**をとること★6。

3 全国を新政府が直接統治する府・県とそれまでの諸藩の統治する地域に分けること。

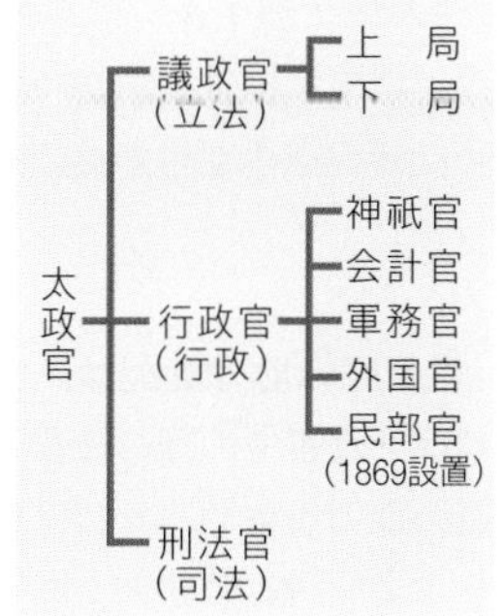

▲政体書による官制

❹**改元**　明治天皇は，1868年8月に即位式をあげ，9月に**明治**と改元した。これ以後，天皇1代は1元号とする**一世一元**制が定められた。

❺**東京遷都**　1868(明治元)年7月，江戸を**東京**と改めた。天皇は翌年，東京に居を移し，東京がなしくずし的に日本の首都となっていった。

POINT!

① 王政復古の大号令…大政奉還に対抗
小御所会議…慶喜への辞官納地→戊辰戦争

② 新政府の政策…天皇の利用と公論の重視・五箇条の誓文・政体書(太政官制の復活)・明治改元(一世一元制)・東京遷都・五榜の掲示(キリスト教禁止の継続)

★4 天皇は維新の新政権ができたとき，わずか15歳で政治の実権はなく，国家統一の象徴的存在であった。

注意　**五箇条の誓文**の第一で，「広く会議をおこし」とある**会議**とは，旧案では**列侯会議**になっていた。つまり，近代的な立憲思想を示した会議ではないことに，注意しよう。

★5 立法機関として設けられた**議政官**の**上局**は**皇族・公卿・藩士**からなり，立法・重要政務の決定を任務とした。**下局**は**各藩代表の藩士**からなり，上局の命をうけて，諸種の政務を任務とした。諸藩の協力を得て新政府の基盤を固めるための議事機関として設けられたが，有効に機能しなかった。

★6 三権分立は形式的に行われただけであった。

参考　民衆は明治維新の中に世直しを期待し，とくに年貢の減免を求めた。新政府は，当初，民衆の支持を得ようとして年貢の半減などを宣伝したが，戦局が有利に進展するとともに，財政収入の不足もあってそうした政策を撤回し，民衆を失望させた。

▲江戸城へ向かう明治天皇

天皇の行幸は，新政府発足の象徴的な行事であった。

SECTION 5 中央集権体制の確立

▶ 戊辰戦争の勝利で旧幕府勢力を一掃することに成功した新政府であったが，各藩の支配は江戸時代と変わらず，統一国家にはほど遠かった。そこで，**版籍奉還**から**廃藩置県**・**秩禄処分**・**徴兵令施行**に至る一連の改革が行われ，中央集権体制が確立された。

1 版籍奉還

❶版籍奉還とそのねらい　新政府の地方支配は，旧幕府領には府や県を置き，それ以外はそれまでの藩のままという，**府藩県三治制**であった。政府の権力を強めるため，**領地(版)**と**人民(籍)**を朝廷に返還させること(奉還)が考えられた。

注意　版籍奉還の版は版図＝領地のこと，籍は戸籍＝人民のことをさす。**藩籍奉還**ではない点に注意すること。

❷版籍奉還の願い出　1869(明治２)年１月，**大久保利通**・**木戸孝允**・**板垣退助**・**大隈重信**らは，それぞれが属する薩摩・長州・土佐・肥前(佐賀)各藩の藩主に，まず，版籍奉還を奏請させた。その後，他藩もこれにならった。

❸版籍奉還の実施　戊辰戦争後の1869(明治２)年６月から，逐次，版籍奉還を認め，旧藩主を政府任命の知藩事とし，３府26県262藩の行政区分が成立した。

❹版籍奉還の結果　土地・人民が，形式的には封建領主の支配を脱して，**新政府の統一支配下**にはいった。しかし，旧藩主を知藩事とし，藩士に

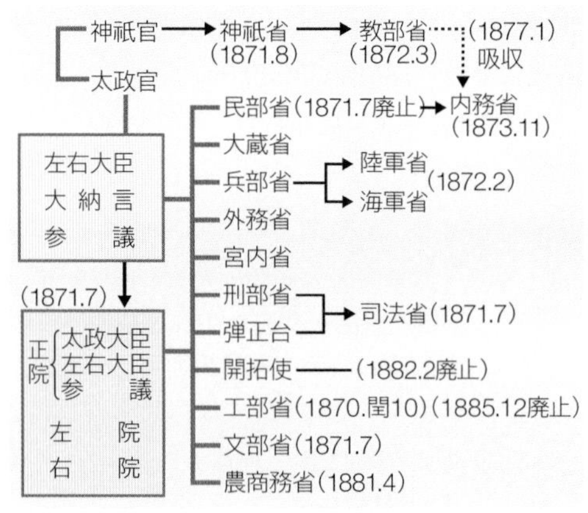

▲明治初年の官制(1869年以降)

は旧俸禄同様の家禄を与えたため，**藩体制はそのまま維持**された。財政破綻により廃藩を願う藩が出る一方，改革がうまくいって権力を強化した藩のなかには，政府の統制が十分におよばない事態も生まれた。

❺版籍奉還後の官制改革　版籍奉還にともない，1869(明治2)年7月，前年の政体書による官制を改めて，**二官六省**を置いた。この改革では，祭政一致・天皇親政の方針を打ち出し，従来太政官のもとにあった**神祇官**を太政官の上に置き，国学派などの**復古的勢力への配慮**がなされた。

参考　**諸藩の状況**　いくつかの藩はすでに財政が破綻して，みずから廃藩を政府に願い出ていた。また，政府の政策の先をいくような改革を行う藩も出てきた。

注意　版籍奉還のときと違って，政府は一方的に詔を出して廃藩置県を断行した。この詔で，列国と対抗するための改革の必要性を説いた。

2 廃藩置県

❶廃藩置県の前提　新政府は，財政・民政・兵制・司法・教育などの全般にわたり，全国的に統一した改革を行うため，**廃藩置県**(藩を廃して県を置くこと)が必要であると考えるようになった。問題はその時期と方法であった。

❷御親兵の編成　**大久保利通**・**木戸孝允**・**岩倉具視**らが**薩長・土**3藩から精兵約1万名の**御親兵**を募って，新政府直属の軍事力として差し出し，**兵部省**(政体書の軍務官を1869年に改称)がこれを管轄した。御親兵は，1872(明治5)年に**近衛兵**，1891(明治24)年には**近衛師団**と改称された。

参考　**廃藩置県と薩長**　**薩摩・長州・土佐・肥前**の4藩は，版籍奉還を主導した。これは藩閥形成の一要因となった。廃藩置県は，長州藩の**木戸孝允**や薩摩藩の**西郷隆盛・大久保利通**の決断によって断行された。岩倉具視でさえ直前にはじめて知らされ，また，土佐藩には事前に知らされることもなかった。

補説　**廃藩置県前後の世相**　開国論者・公武合体論者として知られ，新政府の参与となった熊本藩士の**横井小楠**は，1869(明治2)年に暗殺された。同年，**大村益次郎**も，士族の特権の廃止，廃刀や徴兵令，フランス式訓練を構想したことが士族の反感をかって襲われ，その傷が原因で死去した。また，奇兵隊をはじめとする**長州の諸隊**は，将来士族に取りたてられることを夢みて参加した農民・町人が多かったので，戊辰戦争が終了すると解散されることになり，憤慨して反乱を起こした。

この反乱は間もなく鎮定されたものの，大量の太政官札や藩札，さらには贋金による物価の高騰と混乱，1869(明治2)年の凶作と厳しい年貢の取立てなどが原因で，竹槍や斧などで武装したはげしい一揆が各地で起こった。

太政大臣	三条実美(公卿, 1871〜85年)
右大臣	岩倉具視(公卿, 1871〜83年)
参議	木戸孝允(長州, 1871〜74年)
	西郷隆盛(薩摩, 1871〜73年)
	大隈重信(肥前, 1871〜81年)
	板垣退助(土佐, 1871〜73年)
内務卿	大久保利通(薩摩, 1873〜78年)
外務卿	副島種臣(肥前, 1871〜73年)
	寺島宗則(薩摩, 1873〜79年)
大蔵卿	大久保利通(薩摩, 1871〜73年)
	大隈重信(肥前, 1873〜80年)
陸軍卿	山県有朋(長州, 1873〜74年)
海軍卿	勝海舟(旧幕臣, 1873〜75年)
司法卿	江藤新平(肥前, 1872〜73年)
文部卿	大木喬任(肥前, 1871〜73年)
工部卿	伊藤博文(長州, 1873〜78年)

▲**藩閥政府の要人**(数字は在任年)

三条・岩倉ら少人数の公卿以外は，薩長土肥の実力者が実権をにぎった。

❸廃藩置県の断行　一挙に藩を廃止すれば不測の事態が生じるので，政府は**薩摩**・**長州**・**土佐**3藩からなる8,000名の御親兵を整え，**1871(明治4)年**7月，廃藩置県を断行した。藩を廃

史料 廃藩置県の詔

朕①惟フニ，更始ノ時②ニ際シ，内以テ億兆③ヲ保安シ，外以テ万国ト対峙④セント欲セバ，宜ク名実相副ヒ，政令一ニ帰セシムベシ。朕曩ニ諸藩版籍奉還ノ議ヲ聴納⑤シ，新ニ知藩事ヲ命ジ，各其職ヲ奉セシム。然ルニ数百年因襲ノ久キ，或ハ其名アリテ其実挙ラザル者アリ。何ヲ以テ億兆ヲ保安シ，万国ト対峙スルヲ得ンヤ。朕深ク之ヲ慨ス⑥。仍テ今更ニ藩ヲ廃シ，県ト為ス。是務テ冗ヲ去リ，簡ニ就キ⑦，有名無実ノ弊ヲ除キ，政令多岐ノ憂⑧無カラシメントス。汝群臣其レ朕ガ意ヲ体セヨ。

『法令全書』

注釈 ①天皇の自称。**明治天皇**のこと。②改革のとき。③人民。④ならび立つ。⑤許可。⑥嘆く。⑦無駄を省く。⑧法令や命令が分散する恐れ。

して府・県を置き，知藩事を罷免して中央から**府知事**・**県知事(県令)**を派遣する**集権的な体制**となった。諸藩の負債を政府が肩がわりすることとし[★1]，また，旧藩兵を解散させた。

❹廃藩置県の意義 新政府の中央集権体制の基礎が確立し，諸藩の連合政権から**中央集権的な政権**へと移行した。

❺廃藩置県後の官制改革 太政大臣・左右大臣・参議からなる**正院**を中心に**左院**(法令の審議機関)・**右院**(各省長官・次官による連絡機関)の**三院制**となった。また，神祇官は神祇省に格下げされた。ここに復古調は清算され，中央政府の機構が強化された。**参議**や**卿**(省の長官)・**大輔**(次官)には，**薩摩・長州・土佐・肥前**の4藩出身者が任命され，**藩閥政府**の土台がつくられた。

★1 廃藩置県後，政府は，政府年収の約2倍にものぼる多額の藩債を引きついだことと，士族に従来通りの家禄を支給したために，財政上の大きな負担に苦しんだ。

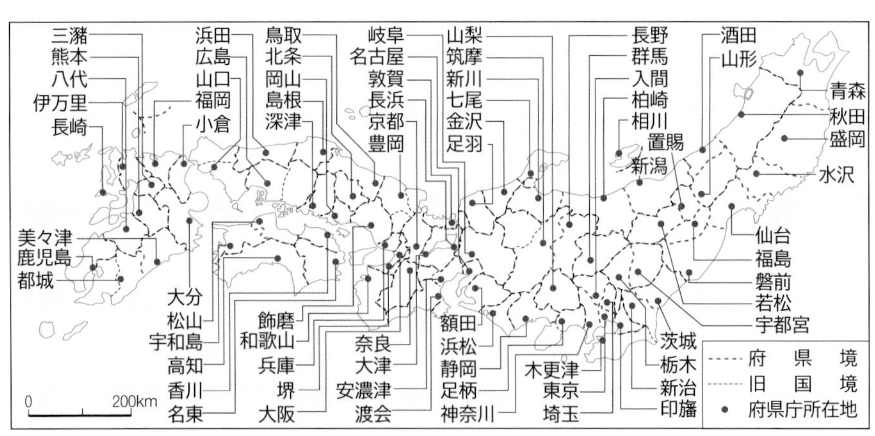

▲廃藩置県(1871年当時，3府72県。表中の県名は県庁所在地名と異なる場合もある)

3 新しい身分制の成立

❶**四民平等**　**四民平等**というかけ声のもとに，江戸時代以来の身分制の廃止がとりくまれたものの，華族・士族・平民という新しい身分制度ができた。

1. **華族**★2…もとの公家・諸侯。
2. **士族**…もとの武士。このうち，足軽などは士族と区別して**卒族**とされたが，のち士族と平民に分けられた。
3. **平民**…華族・士族以外の身分。

▼身分制度の変革に関する年表

年・月	できごと
1869. 6	公家・諸侯を**華族**とする
12	一般藩士などを**士族**・**卒族**とする
1870. 9	平民の苗字を許可する
1871. 4	平民の乗馬を許可する
8	農工商・賤民を**平民**とする
	散髪・**脱刀**を許可する
	華士族・平民間の結婚を許可する
1872. 1	卒族を士族・平民に編入する
4	僧侶の肉食妻帯を許可する
12	職業の自由を認める
	裁判にあたっての尊卑の別を廃止する
1873. 2	仇討ちを禁止する
	華士族・平民間の養子を許可する
1876. 3	帯刀を禁止する(**廃刀令**)

❷**四民平等の内容**　1870(明治3)年，**平民に苗字を許可**し，翌年，華士族・平民間の結婚も許可した。このほか，切捨御免や土下座の悪習が廃止され，人身売買も一応廃止された。また，1872(明治5)年には身分を問わず国民を同一の戸籍に編成する**戸籍法**(**壬申戸籍**)がつくられた。

❸**穢多・非人呼称の廃止**　1871(明治4)年8月，いわゆる賤民・賤称を廃して，平民に編入する措置がとられ，江戸時代以来の差別は，制度の上では撤廃された。

❹**解放令の問題点**　解放令は出されたものの「穢多・非人」身分に対する長い間の差別は，一度の布告では容易に改まらなかった。そのうえ，他の身分の人々による解放令反対の一揆さえあった。また，その後の資本主義勃興期には，皮革産業などを専業としてきた産業が，一般の資本家に奪われるなどのため，社会的な差別は根強く残った。

❺**四民平等の問題点**　**士族**は旧武士の身分的特権はなくなったが，依然として**家禄**などの俸禄が与えられ，**華族**には社会的にも高い地位が保証された。

★2　版籍奉還後，知藩事(旧藩主)を**華族**として優遇したのは，反乱などをおそれた妥協策であった。華族はのち，長く「**皇室の藩屏**(皇室の守護)」として保守勢力の拠点となった。しかも華族は世襲制であったから，凡庸な人物やその一族も社会的に高い地位を占めることになるなど多くの点で問題があった。

4 秩禄処分

❶**士族の社会的地位**　明治初年の士族は約30万戸・200万人(全人口の約6%)で，旧支配層として社会的な勢力は強かったが，**廃藩置県**や**徴兵令**で無用化していた。

❷**家禄奉還規則**　新政府は士族・華族に対する**秩禄**★3をひきついだが，国家財政支出の**30%**を占め，大きな負担となった。そこで1873(明治6)年に，秩禄の返上を申し出た者に対し，禄高に応じて数年分の現金と**秩禄公債**を一時に支給した。こ

★3　**秩禄**　家禄および**賞典禄**のこと。家禄は主君が家臣に与えた俸禄。賞典禄は，王政復古や戊辰戦争に功労のあった者に与えられた(現米給付)。

れは，開業資金を与えて秩禄の返上をはかったものである。

❸**秩禄処分** 1875(明治8)年，これまで米で支給していた秩禄を金にかえ，**金禄**と名づけた。**廃藩置県**と**徴兵令**によって政治と軍事という士族の独占的な職分がなくなり，家禄支給の根拠がなくなったとして，1876(明治9)年の金禄公債証書発行条例により**金禄公債証書**を交付して，いっきょにすべての秩禄を廃止する**秩禄処分**を行った。★4

❹**金禄公債支給後の士族** 下級士族は，生活苦から公債を手放す者が多かった。★5 彼らのなかには官吏・軍人・巡査・教員あるいは実業家へと転身する者がいたが，商業に転じた者は，不慣れな仕事のために失敗することが多く，「**士族の商法**」と嘲笑された。

▼**金禄公債交付の状況**(丹羽邦男『明治維新の土地変革』より)

区分	人数	公債の種類	公債総額	1人当たり
華族など	519	5分利付	31,413,586円	60,527円
上中級武士	15,377	6分利付	25,038,957円	1,628円
下級武士	262,317	7分利付	108,838,013円	415円
その他	35,304	1割利付	9,347,657円	265円
合計	313,517		174,638,213円	557円

5 徴兵令

❶**新政府による兵権の掌握** 版籍奉還後に**兵部省**が設置され，廃藩置県を前に**御親兵**を整えた。1871(明治4)年には，全国の城や兵器・弾薬を接収し，大・中藩の兵約1万人を**4鎮台**に集めた。★6 御親兵は廃藩置県後に**近衛兵**と改称し，一方で小藩の兵は解散させて，兵権を一手ににぎった。

❷**徴兵令の発布** **大村益次郎**の遺志をついだ山県有朋は，廃藩置県後，**国民皆兵**を理想として徴兵令を出す準備をし，1872(明治5)年末に**徴兵の詔勅・告諭**を出して徴兵の趣旨を説いた。そのうえで，1873(明治6)年1月に徴兵令を発布し，4月から実施した。

❸**徴兵令の内容** **国民皆兵**を主旨とし，**満20歳以上の成年男性**に兵役の義務を課した。徴兵検査を経て3年間の兵役に服することを義務づけたが，大幅な**免役規定**★7があり，1874(明治7)年では，満20歳の徴兵対象者のうち，81％の免役者が出た。徴兵令は，士族にとっては特権の剥奪を，農民にとっては負担の増大を意味し，いずれからも反感をもたれた。

★4 **金禄公債証書の内容** 秩禄の種類と禄高によって，その**5年分以上14年分**までに相当する額面の公債を発行した。利子も秩禄の種類と禄高によって4種がある。その利子は毎年2回に分けて払われ，元金は5年間すえ置きのあと，1882年から1906年まで毎年1回の抽選で償還した。

★5 華族や一部の上級士族は，公債を資本に，株主や大地主となって高額所得者に転化した。

★6 **東京・大阪・東北(仙台)・鎮西(小倉)**の4鎮台が置かれた。鎮台とは陸軍の軍団のこと。

参考 **軍制改革計画の推進** 兵部省大輔(次官)の**大村益次郎**は国民皆兵の構想を進めたが，士族の反感をかって暗殺された。その意図をついだ**山県有朋**は，西郷隆盛の弟西郷従道とともにヨーロッパの兵制を視察した。

★7 **免役規定** 兵役を免除される規定で，**戸主・長男・学生・官吏・官公立学校生徒**や**270円以上の納金者**が該当した。家族制度の温存が免役の主眼となっていた。この規定は1889(明治22)年の改正で，範囲がせばめられた。

❹**徴兵令に対する農民の反応**　徴兵令は主として農家の二・三男を対象にしていたから，農家にとっては労働力を失うことになった。そのため，徴兵告諭のなかにあった「血税」という言葉の誤解もからんで，**血税騒動**★8とよばれる徴兵令反対の一揆が起こった。

❺**兵制の整備**　徴兵令発布後，4鎮台は6鎮台★9となった。1878(明治11)年には軍令(軍の指揮命令など)機関として**参謀本部**ができ，のちに，軍が政府から独立する(**統帥権の独立**)もととなった。

1. **陸軍**…はじめフランス式兵制を採用，のち**ドイツ式**に転じた。1885(明治18)年よりドイツ陸軍の**メッケル**少佐を招請した。
2. **海軍**…イギリス兵制を採用。長く陸軍に従属した形であった。

❻**警察制度の整備**　1871(明治4)年，東京府に**邏卒**(巡査の旧称)を置き，司法省，ついで1873(明治6)年新設の内務省に全国の警察権を掌握させた。1874(明治7)年になると，東京には，帝都の治安維持のために**警視庁**が設置された。こうした警察力によって，内務省は強力な国内支配を行った。

★8 **血税騒動**　徴兵告諭の文中に，「報国のためにはすべて税があり，人もまた心力尽くして国に報いねばならぬ。西洋人はこれを血税という。その生き血をもって国に報いるのである」との意味が書かれ，生き血をとられると解釈して，一揆を起こしたといわれる。

★9　東京・大阪・熊本・仙台・広島・名古屋の6鎮台が置かれた。なお，1888(明治21)年に**鎮台**は拡張されて**師団**と改称された。

▲『徴兵免役心得』

徴兵をのがれる方法を書いたガイドブック。当時の人々はむさぼり読んだ。

POINT!

① 中央集権化…版籍奉還→廃藩置県
② 封建制解体…四民平等と新しい身分制・賤民解放令
　　　　　　　徴兵令・秩禄処分→士族の不満
③ 政府の藩閥化…薩長土肥出身者の優位

SECTION 6 明治初期の外交

▶ 明治新政府は，日本の正統政府として国際的な承認を得るため，欧米諸国にいち早く，**五箇条の誓文**などで**開国和親**の方針を伝えた。しかし，攘夷主義の風潮や欧米諸国への屈服に対する批判は強く，政府は**条約改正**にとりくむとともに，たえず国威の発揚を掲げなければならなかった。さらに，特権を失った士族層の政府への不満のはけ口として，外国との事件が利用されることもあった。また，近世にはあいまいなままだった領土と国境の画定や，中国・朝鮮など近隣諸国と近代的な外交関係の確立をはかった。

1 岩倉使節団

❶岩倉使節団の派遣 廃藩置県後まもない1871(明治4)年11月，**岩倉具視**を全権大使とし，**大久保利通**・**木戸孝允**・**伊藤博文**らを副使として約50名からなる**使節団**が，**米・欧諸国**に派遣された[★1]。使節団は，1年10カ月にわたって米・欧11カ国を歴訪し，1873(明治6)年9月に帰国した(大久保，木戸はそれぞれ同年5月，7月に帰国)。

★1 岩倉使節団とともに，約50名の留学生も米・欧に送られた。そのなかには，**津田梅子**(当時7歳)ら5人の女子留学生をはじめ，**中江兆民**・**団琢磨**らがふくまれていた。彼らは，帰国後にさまざまな分野で活躍することになる。

補説 **留守政府の政策** 岩倉使節団の不在中の留守政府は**三条実美**・**西郷隆盛**・**大隈重信**・**江藤新平**・**板垣退助**・**後藤象二郎**らによって担われ，学制・地租改正・徴兵令・太陽暦の採用などの開化政策があいついで行われた。また，**征韓論**も政治問題化した。

❷使節派遣の目的

1. 欧米諸国との友好のために国書をもって訪問する。
2. 翌1872(明治5)年に改訂期限が迫っていた条約改正に関して準備が整うまでの延期を通知する[★2]。
3. 条約改正のために制度や法律を欧米式に改める必要があり，そのために欧米の現状を視察する。

★2 アメリカに到着してから方針が変更され，条約改正の交渉にはいることになった。大久保と伊藤が改正交渉の全権委任状を取りにいったん帰国したが，その後，アメリカとの個別の交渉では不利益をもたらすことがわかり中止された。

❸使節団の意義 政府の中枢をなす人物が，直接欧米の政府や社会・文化にふれたことで，産業発展の重要性，欧米各国のそれぞれの独自性と伝統の重視，国際関係の現実などについて認識を深めたことにより，その後の施策に大きな影響を与えた。彼らの体験は，帰国後に**久米邦武**によって『**特命全権大使米欧回覧実記**』として公刊された。

2 征韓論と士族反乱

❶朝鮮への開国要求 1868(明治元)年末，日本は**朝鮮**に対し，対馬藩がもっていた朝鮮外交の権限を取り上げ，新政府成立通知書を送って**外交関係の樹立**を要求したが，その書式が旧来のものと異なるという理由で拒否された[★3]。

★3 江戸時代には，幕府と朝鮮政府との間には，**対馬藩**を介して外交関係があった。このときの日本側の国書に使用された「皇」「勅」などの語は，日本の天皇を朝鮮国王の上位に置くものとうけとられた。

❷当時の朝鮮 当時の朝鮮では，**中国**を**宗主国**とし，国王の父**大院君**(テウォングン)が鎖国政策をとり，1871年には来襲したアメリカ艦船を撃退して意気があがり，攘夷思想がさかんになっていた。

❸征韓論の高まり 岩倉使節団が外遊中の1873(明治6)年，外務卿**副島種臣**の開国要求に対しても，朝鮮は，日本を蛮夷と交際する無法の国として拒絶したので，士族の不満をそらすためにも**征韓論**が高まった。同年8月，朝鮮と開戦も辞さぬ決意で，西郷隆盛を朝鮮に派遣することになった[★4]。

★4 **征韓論**と派閥争いが急速に高まっていたところ，薩長の有力者の**大久保利通**や**木戸孝允**は**岩倉具視**に随行して，欧米視察中であった。**板垣退助**・**後藤象二郎**・**江藤新平**ら土佐・佐賀の各参議は**西郷隆盛**を擁して薩長に対抗する勢力を築こうとしていた。

❹征韓派と内治派　1873(明治6)年，欧米視察から帰国した**岩倉具視**と**大久保利通**・**木戸孝允**らは，同年10月，内治の急を唱えて太政官制下の内閣の決定を天皇の名でくつがえし，征韓論を抑えた。そのため，西郷ら征韓派の参議は下野して故郷に帰った(**征韓論政変**)。以後，**大久保利通**と**岩倉具視**が政権の中心に立った。★5

補説　**新政府の分裂**　明治政府は，国威を海外に張ることを理由として**積極的な開国を合理化**した。その政府が朝鮮との外交関係の樹立に失敗することは，国家の威信をはなはだしく傷つけられることを意味し，列強から日本が見くびられ，日本の安全にもかかわると考えられた。こうした点が，開化政策によって特権を奪われつつあった士族層の不満をつのらせたのである。**西郷を朝鮮に派遣**するということは，いったんは留守政府の方針として決められたが，帰国した岩倉や，大久保・木戸らが天皇の支持を得る形でくつがえし，政府は分裂した。

★5 **大久保利通**は，**伊藤博文**・**大隈重信**らの協力を得つつ，以後，地租改正・殖産興業策の推進など近代化政策に敏腕を発揮したが，西南戦争の翌1878(明治11)年に暗殺された。

参考　**太政官制の参議**　太政官制下の内閣は，太政大臣・左大臣・右大臣と数人の参議によって構成され，政府の意思決定をした。したがって参議は，近代的な内閣の閣僚にあたる。各省の卿(長官)を兼任することが多い。

❺不平士族の反乱　秩禄処分や徴兵令・廃刀令などの新政府の改革は，士族の特権喪失・経済的窮乏につながった。新政府に失望した士族は，政府が公論を無視した政策を実行しているとして各地で反政府運動を起こした。**佐賀の乱**，**敬神党の乱**(**神風連の乱**)，**秋月の乱**，**萩の乱**，**西南戦争**である。

▼不平士族によるおもな反乱

乱の名	年・月(日)	首謀・中心	内容
佐賀の乱	1874. 2	江藤新平	佐賀の反政府反乱
敬神党の乱	1876. 10. 24	太田黒伴雄	熊本で廃刀令に反対
秋月の乱	10. 27	宮崎車之助	福岡旧秋月藩士族の反乱
萩の乱	10. 28	前原一誠	長州(萩)士族の反乱
西南戦争	1877. 2～9	西郷隆盛	薩摩士族の大反乱

注意　新政府の施策に反対する運動としては，秩禄処分や徴兵制などの武士団の解体に対する不平士族の武力反乱と，言論を通じて公論徹底を求めることから始まった，**自由民権運動**とがある。自由民権運動は，西南戦争を機会に農民層をも加え，より広範な諸権利を求める運動へと発展したことに注意しよう。

❻西南戦争　1877(明治10)年，**西郷隆盛**を擁した反乱である。士族反乱としては最大規模であった。しかし，徴兵令による政府軍に敗れ，西郷は自決した。

補説　**西南戦争と西郷隆盛**　**西郷隆盛**は，**大久保利通**・**木戸孝允**とともに維新の三傑といわれたが，戊辰戦争(☞p.306)後は下野していた。1871(明治4)年には参議となり，廃藩置県に協力したが，士族の没落には同情的であり，征韓(朝鮮出兵)によって，士族たちの不平をなだめようとした。しかし，征韓論に敗れると下野して故郷の鹿児島に帰ってしまった。鹿児島では**私学校**をおこし，士族の子弟を教育した。鹿児島県政の要職は西郷の一派が占め，その声望は旧藩主を圧し，「**西郷王国**」とさえいわれ，新政府の支配はここにはおよばなかった。そのため，新政府もその動向を警戒していたが，密偵(スパイ)事件を契機に，ついに兵を動かした。

参考　**西南戦争と日本赤十字社**　佐賀藩出身の**佐野常民**は，西南戦争に際して**博愛社**を創設して両軍の負傷者を看護・治療した。博愛社は，のち**日本赤十字社**と改称し，佐野が社長となった。

❼西南戦争の結果　**武力反乱はあとを絶ち**，明治政府は全国土を完全に支配下にいれることができた。しかし，戦争のため紙幣を乱発することによって**インフレーション**を招いた。

3 朝鮮の開国

❶江華島事件　征韓論争後も，政府は征韓を求める不平士族への対策もあり，1875(明治8)年，示威行動を起こし，朝鮮を挑発した。この挑発事件を，江華島事件という。

補説 **江華島事件**　1875(明治8)年9月，日本軍艦雲揚は朝鮮西南海岸を測量しながら北上し，ついに首都漢城(ソウル)防衛の要地**江華島**付近の領海深くに進入した。このため，朝鮮の砲台から砲撃をうけた。雲揚はただちに反撃して**江華島の砲台を占領**した。

▲朝鮮要図

❷日朝修好条規の締結　江華島事件の処理ならびに朝鮮と国交を結ぶため，政府は1876(明治9)年，**黒田清隆**を全権として派遣した。軍事力を背景に強圧的な態度で交渉を進めた結果，**日朝修好条規(江華条約)**が結ばれた。

❸日朝修好条規のおもな内容

1. 朝鮮を自主独立の国として承認する(当時の朝鮮は清の朝貢国の地位にあった)。
2. **釜山・仁川・元山**の3港を開港する。開港地には日本が領事裁判権をもつ。
3. 外交使節を交換する。

❹日朝修好条規の意義　**日本が外国に初めて強制した不平等条約**で，これにより朝鮮は開国した。

注意 **朝鮮の首都の呼称**　正式には，**韓国併合**までは**漢城**，併合以後は**京城**，第二次世界大戦後は**ソウル**。一般の朝鮮人は早くから都の意味をもつソウルとよんでおり，日本人は中国の影響を感じさせる漢城をさけて京城とよんだ。入試で混乱したら，ソウルとしておけば無難だろう。

4 中国と沖縄

❶中国(清)との関係　日清貿易は江戸時代の無条約のままだったので，日本側の申し出で，1871(明治4)年7月に，天津で**伊達宗城**と**李鴻章**との間に**対等な内容**の**日清修好条規**が結ばれた。しかし，その後，日本と清とは**琉球(沖縄)帰属**

史料 日朝修好条規

第一款　朝鮮国ハ自主ノ邦ニシテ日本国ト平等ノ権ヲ保有セリ。……

第五款　京圻・忠清・全羅・慶尚・咸鏡五道①ノ沿海ニテ通商ニ便利ナル港口二箇所ヲ見立タル後，地名ヲ指定スベシ②。開港ノ期ハ日本暦明治九年二月ヨリ朝鮮暦③丙子年正月ヨリ，共ニ数ヘテ二十個月ニ当ルヲ期トスベシ。

第十款　日本国人民，朝鮮国指定ノ各口ニ在留中，若シ罪科ヲ犯シ朝鮮国人民ニ交渉スル事件ハ，総テ日本国官員ノ審断④ニ帰スベシ。　**『日本外交年表竝主要文書』**

注釈 ①朝鮮国の地方区分。東海岸(咸鏡道，慶尚道)・南海岸(全羅道の一部)・西海岸(京圻，忠清，全羅道の南半部)をさす。②**釜山・仁川・元山**の3港。③朝鮮では太陰暦を使用。④審判と決定。

問題などで対立していくことになる。

❷琉球の帰属 琉球は江戸時代，島津氏に支配されるとともに，中国とも朝貢・冊封関係をもつという，いわば**両属関係**にあった。★6 明治政府は，1872(明治5)年，琉球王国を**琉球藩**に改め，国王**尚泰**を**藩王**とすることにより，明治政府に編入した。

❸台湾出兵(征台の役) 1871(明治4)年11月，琉球の漂流民約50名が台湾で殺害されたが，清は責任を回避した。そのため1874(明治7)年，征韓中止後も継続した士族の不満を抑えるため，政府は軍の責任者**西郷従道**の主導で台湾出兵を行った(**征台の役**)。

❹台湾出兵の収拾 **木戸孝允**は，この台湾出兵に反対して下野したが，**大久保利通**は，みずから全権として収拾のための交渉にあたった。さらに，駐清イギリス公使**ウェード**の仲裁もあってやがて解決した。★7

❺琉球の廃藩置県 1879(明治12)年，両属関係の持続を望む琉球に軍隊を送り，首里城を接収して廃藩置県を断行し，**沖縄県**を置いた(**琉球処分**)。清はこれに抗議したが，来日中のアメリカ前大統領**グラント**が調停にはいり，1895(明治28)年に**日清戦争**の勝利により自然解決となった。

★6 **琉球王国**は17世紀初め以来薩摩藩の従属国で，国政は薩摩藩の役人に監督され，貢租を納めていた。しかし，琉球は，薩摩に従属する以前から中国の歴代王朝にも朝貢し，形式的には，中国王朝から琉球王に封じてもらっていた。

★7 **清**は，日本の出兵を「義挙」と認め，遭難者への賠償金と日本の台湾における施設費の合計50万両(当時の金額で約67万円)を支払うことを約束した。

▼明治初期の外交年表

年	できごと
1871(明治4)	日清修好条規
1873(明治6)	征韓論政変
1874(明治7)	台湾出兵
1875(明治8)	樺太・千島交換条約
〃	江華島事件
1876(明治9)	小笠原諸島の帰属
〃	日朝修好条規
1879(明治12)	琉球を沖縄県とする

5 国境の画定

❶小笠原諸島の帰属 **小笠原諸島**★8は1827(文政10)年，イギリスが領有し，アメリカ人が居住していたが，1861(文久元)年，江戸幕府が領有を宣言し，イギリス・アメリカと帰属を争った。1876(明治9)年，政府はイギリス・アメリカ両国に小笠原諸島はわが領土である旨を通告したが，両国とも異議がなく，ここに日本領と確定した。

●中国(清)
1871 日清修好条規①
1874 台湾出兵②
●朝鮮
1873 征韓論おこる
1875 江華島事件③
1876 日朝修好条規④
●ロシア
1875 樺太·千島交換条約⑤
●小笠原諸島
1876 日本が領有を宣言⑥
●沖縄
1871 鹿児島県へ編入⑦
1872 琉球藩を置く⑦
1879 沖縄県を置く⑦

★8 **小笠原諸島** 1593(文禄2)年に，安土桃山時代の武将である小笠原貞頼が発見したといわれる。しかし，確証がなく，長く無人島と通称された。

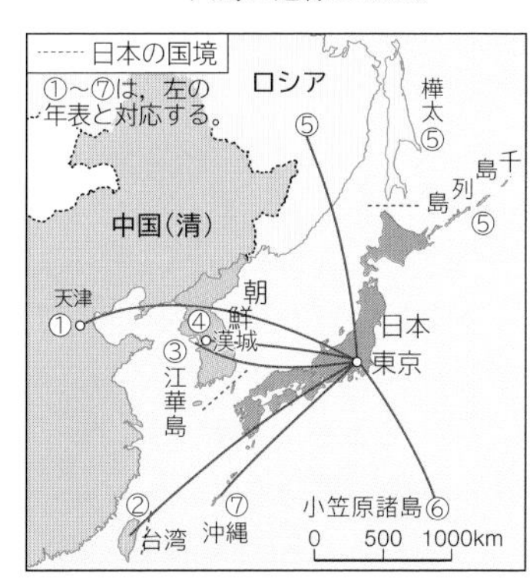

▲日本の領土の変化

❷樺太・千島問題の再燃★9　ロシアはクリミア戦争(1853～56)後，**樺太(サハリン)**に積極的に進出した。日本も箱館戦争後の1869(明治2)年に，開拓使を置いて北海道・樺太の経営にのりだし，樺太の帰属をめぐりロシアとの紛争がつづいた。

❸領土の画定　ロシアとの戦争を恐れる政府は，開拓使次官の黒田清隆の意見から樺太放棄を決定し，1874(明治7)年に**榎本武揚**★10を公使としてロシアに派遣して交渉させた。その結果，翌年に樺太・千島交換条約を結び，**樺太をロシア領，千島列島全体を日本領**とした。

★9　幕末のロシアとの日露和親条約(1854年)では，千島列島の**択捉島**以南は日本領，**得撫島**以北はロシア領，樺太は**両国雑居**の地とした。

★10　**榎本武揚**は，箱館戦争(☞p.306)で新政府に抵抗したが，降伏後は，明治政府の高官として活躍した異色の人物である。とくに，**北海道開拓**に尽力した。

POINT!

① 岩倉使節団と留守政府…征韓論をめぐる対立→西郷・板垣・江藤ら下野
→ {不平士族の反乱…佐賀の乱～西南戦争(1877年)
　 {民撰議院設立の建白書(☞p.330)→自由民権運動
② 朝鮮：江華島事件→日朝修好条規(1876年)…朝鮮に不平等条約
③ 清国：日清修好条規(1871年)　台湾：台湾出兵(1874年)
④ 国境の画定…沖縄県設置，小笠原諸島の領有宣言，
　　　　　　ロシアと樺太・千島交換条約(1875年)

SECTION

7 地租改正と殖産興業

▶ 政治の中央集権化とともに，財政経済の近代化も新政府の重要な課題であった。明治政府は，**地租改正**により土地制度を改革して財政収入を安定させ，資本主義の保護育成(**殖産興業**)によって産業の発展を企図した。また，貨幣の統一，交通・通信の近代化なども推進された。

1 地租改正

❶地租改正の概略　明治政府による国家財政を確立させるための**土地制度および土地税の大変革**をいう。旧来の農民保有地に私的所有権を認めて地券を発行し，地価に対して一定割合の金納地租を課した。

❷地租改正の理由

1 戊辰戦争の戦費をはじめ，新国家建設に多額の費用を要した。

2 旧来の貢租は**現物納**であるため，手数がかかるうえ，地域によって貢租率が異なり，

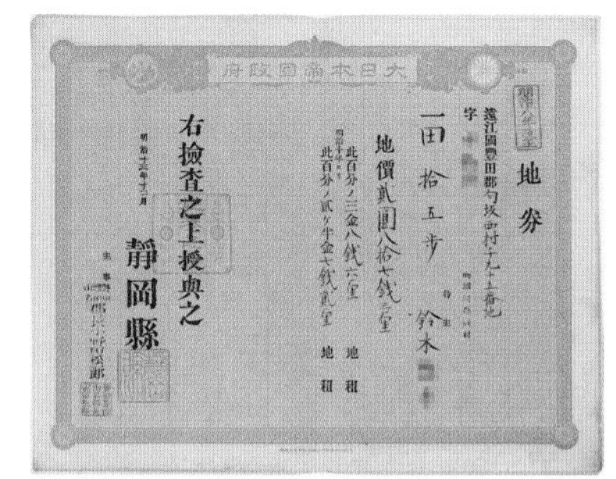

▲**地券**　土地の所在・所有者・地目・面積・地価を記載。1886(明治19)年に登記法実施により廃止された。

また豊凶によって収入が一定しないため，正確な予算をたてることができなかった。

❸**田畑勝手作りの許可**(でんぱたかって) 1871(明治4)年，政府はまず作物栽培の自由を正式に認めた。これは，地租を米から金にかえるので，年貢米の確保は必要でなくなるからである。

❹**地券の発行** 地租納入者を，年貢米の生産者ではなく，土地の所有者とするため，土地所有権を公認することになった。その証拠として，**地券**(**壬申地券**(じんしん))を発行することにし，1871(明治4)年に東京府から始め，翌年から全国におよぼされた。

❺**田畑永代売買の解禁**(えいたい) 明治政府は田畑の所有権を公認したうえで，1872(明治5)年，田畑永代売買の禁止を正式に解いた。

❻**地租改正の実施** 1873(明治6)年，明治政府は地租改正条例[★1]を出して，改正に着手した。その内容は，次の通り。

1 課税対象を，これまでの収穫高から地価に変更する。
2 税率は，全国一率とし，**地価の3%**[★2]とする。
3 納税法は，これまでの現物納から金納に変更する。
4 納税者は，これまでの耕作者から土地所有者に変更する。

❼**地価算出の実際** 地価は，地租額決定の基準となるもので，田畑面積・収穫高・平均米価などに基づいて算出されることになっていた。しかし，実際には，政府の決定した目標額に達するように高い地価がおしつけられた。

▼地租改正の要点

項目	改正前	改正後
課税対象	収穫高	地価
税率	一定せず	地価の3%
納税法	現物納	金納
納税者	耕作者	土地所有者

★1 条例発布直後はあまり進行しなかったが，1875(明治8)年に**地租改正事務局**ができてから促進された。全事業の終了は1881(明治14)年であった。

★2 政府には地租以外の収入はほとんどなかったため，税率は3%という高率になった。地価は，当初設定した地価を5年間すえ置き，後は時価によるとした。政府は，地租を価格の1%にしたいが，他の税が設けられるまで3%とする，と説明した。

注意 **地租改正**に際して課税の対象となった地価は，土地の売買価格ではないことに注意しよう。地価は，土地の収益などから計算されたが，税率とともに，「旧来の歳入を減ぜざること」という従来の年貢量を維持する方針に基づいて政治的に決定されたもので，土地の売買価格とは関係ない。

史料 地租改正条例(ちそかいせい)

第六章 従前地租ノ儀ハ，自(おのずか)ラ物品ノ税家屋ノ税等混淆(こんこう)致シ居候(おりそうろう)ニ付，改正ニ当(あた)テハ判然区分シ，地租ハ則(すなわち)地価ノ百分ノ一ニモ相定ムベキノ処，未ダ物品等ノ諸税目興(おこ)ラザルニヨリ，先(ま)ヅ以(もっ)テ地価百分ノ三ヲ税額ニ相定候得共(あいさだめそうらえども)，向後，茶・煙草(たばこ)・材木其他ノ物品税追々発行相成，歳入相増，其収入ノ額二百万円以上ニ至リ候節ハ，地租改正相成候土地ニ限リ，其地租ニ右新税ノ増額ヲ割合，地租ハ終(つい)ニ百分ノ一ニ相成候迄漸次(ぜんじ)減少致スベキ事。

『法令全書』

補説 **山林原野の地租改正** 政府は，地租改正にあたって土地所有権を公認していったが，旧領主の直営の山林原野および農民が所有してきたことを立証できない土地は，すべて国有にした。1村あるいは数カ村が，共同で下草を刈る，材木を伐採するなどしてきた入会地も例外ではなく，また，いったん国有にされると，そこの一木一草もとることを許されなかった。

▲三重県下における地租改正反対一揆

❽地租改正の結果

1 新政府の財政は，**歳入の80%ほどが地租**という安定した財源に依存することができるようになった。

2 地主が優遇されて，**寄生地主**が生まれる素地をつくった。

❾地租改正反対一揆 地租改正後も，農民の負担は軽くならなかった。そのうえ，物価高騰や入会地の国有化などにより，農民の生活は困窮していた。そのため，地租改正に反対する**農民一揆**が頻発した。とくに，1876(明治9)年には，地租改正反対の大一揆が，茨城県(**真壁暴動**)，および三重県(**伊勢暴動**)から岐阜・愛知・奈良の各県にかけて広がった。

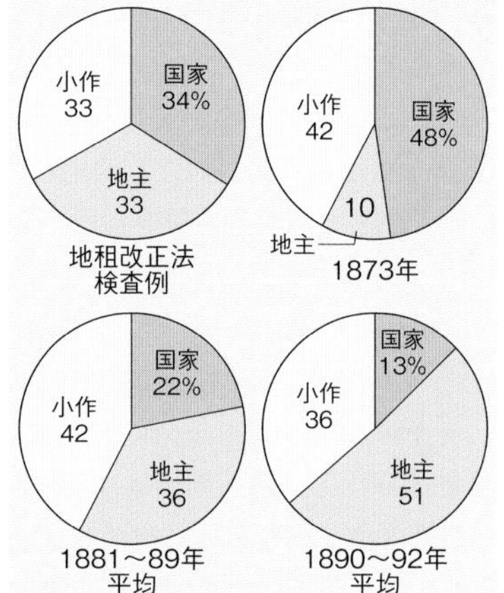

▲小作農の労働生産物の分配比率
米価の上昇(地租は金納で一定)で，地主の取り分がしだいに大きくなっているようすがよくわかる。

❿税率の引き下げ 農民一揆が士族反乱と結びつくことを恐れた政府は，農民側に譲歩し，1877(明治10)年，**税率を3%から2.5%に引き下げた**。「竹槍でどんとつき出す2分5厘」という川柳は，このときの勝利の凱歌を詠んだものである。

2 殖産興業

❶殖産興業の目的 **富国強兵**は明治新政府のスローガンであったが，その目的達成のためには，西洋型の資本主義的産業を新しく育成する必要があった。

❷封建遺制の廃止 政府は，全国的な経済流通機構の確立を妨げている**封建遺制を廃止**していった。★3

★3 1868(明治元)年には，**株仲間や座の特権を廃止し，藩の専売事業を廃止**するとともに，1869(明治2)年には関所・津留をとりやめた。さらに1871(明治4)年には，華族・士族や農民が商業にたずさわることを許可した。

TOPICS

島崎藤村と地租改正

島崎藤村晩年の名作『**夜明け前**』は，故郷の木曽馬籠を舞台に，幕末から明治への歴史の流れを，彼の父をモデルとする主人公に託して描いている。その中で，地租改正の始まる前からすでに，山林の所有および使用をめぐって，農民と政府官吏の間にあつれきがあったことが記されている。

地租改正では，所有者のはっきりしない入会地を国有地にしていった。しかし，室町時代からの伝統である入会の慣行は，農民の日常生活を維持するための重要な基盤で，これを奪われることは，農民にとって大きな痛手であった。このような政府の動きに対して，『夜明け前』の主人公青山半蔵は，付近の農民の意見をとりまとめ，昔からの農民の入会権を主張するのだが，待っていたのは，戸長免職という処分だけであった。現在でいう村長の地位を一方的に奪われる処分をうけた半蔵は，「御一新がこんなことでいいのですか」と述懐するが，明治維新を農民の側から鋭く批判した言葉として，文学以上の価値があるのではないだろうか。

③官営事業の目的とその資金

1 **目的**…近代工業の育成や技術水準の引き上げをはかり，輸入を減らして輸出を増大させる。

2 **資金**…農民が納めた**地租**が投入された。

▲**官営模範工場**(富岡製糸場)

④官営模範工場　最も重視する殖産興業政策として，政府直営の官営模範工場をつくり，洋式技術の伝習と普及につとめた。**繊維・軍需工業**が重点で，東京の千住製絨所(毛織物)・深川セメント製造所・品川硝子製造所や群馬県の富岡製糸場が有名である。

補説 **政商**　政府と密接な関係をもつ資本家。戊辰戦争での新政府軍の東征に，家運を賭して**御用金**を提供し，以後政府との結びつきを強め，新政府の財政を委ねられるなど，新政府の財政的支柱となった。**島田組**・**小野組**は政府から預かった公金を流用して破産したが，**三井組**は，高福・高朗父子の努力で**第一国立銀行**・**三井銀行**・**三井物産会社**などの開設に成功し，豪商から近代的資本家に転身した。**三菱**の創始者**岩崎弥太郎**は，土佐の郷士の出身ながら，**九十九商会**(のち**三菱商会**)を創立し，海運業に進出した。三菱は，**台湾出兵**(☞p.317)の軍事輸送を引きうけて以来，政府の保護で，海運に独占的地位を築いた。

⑤政府機関の整備　1870(明治3)年には，**工部省**が設置され，**お雇い外国人**の技術指導や留学生の派遣により**鉄道**・**鉱山**など欧米の工業を移植する政策をすすめた。初代工部卿は**伊藤博文**。1873(明治6)年設置の**内務省**は紡績・海運・開墾・牧畜などで，国内産業の改良による発展に力点を置いた。

参考 **官営模範工場とお雇い外国人**　官営模範工場では，機械制工業の技術を広めるために，**お雇い外国人**を大量に高給で雇い，フランスなど外国の技術を導入した最新式の工場が建設された(富岡製糸場ではフランス人**ブリューナ**が指導)。とくに重視されたのは，**製糸業**と**紡績業**であった。

❻北海道の開拓　新政府は，1869(明治２)年に**開拓使**を置き，第３代長官**黒田清隆**を中心にアメリカから大農法を導入した。指導者として**ケプロン**を招き，**札幌農学校**(北海道大学)を創設し，巨費を投じて開拓にあたった。

▲屯田兵のようす

補説　**屯田兵派遣**　北辺の防衛と士族授産の目的をかねて，1874(明治７)年から貧困士族を**屯田兵**として北海道に移住させた。しかし，寒冷地での不慣れな農業のため，多くは失敗した。

❼貨幣制度の整備　幕末以来，貨幣制度の混乱がはげしかったので★4，政府発行の貨幣に統一することになった。

1. 1868(明治元)年，藩札の流通を禁じて**太政官札**(金札)を発行し，翌年**大阪**に**造幣局**(一時期**造幣寮**と改称)を設置して，1871(明治４)年に貨幣の鋳造を開始した。
2. 1871年，在米中の**伊藤博文**の建議で新貨条例を発布して，**円・銭・厘**の**10進法**に改め，金本位制★5を採用した。また，翌年から新紙幣も発行した。

❽金融制度の整備　貨幣制度の整備と平行して，金融制度も整備され，銀行が設立された。

1. **為替会社**…1869(明治２)年に設立され，政府の保護監督のもと，預金・紙幣発行・為替・両替などの業務を行った★6。
2. **国立銀行条例**…1872(明治５)年，**渋沢栄一**らの努力で国立銀行条例が公布され，銀行の設立が許可された。これにより**第一国立銀行**など，多くの銀行ができ，兌換紙幣を発行した(1876年に兌換制を停止)。また，1880(明治13)年には貿易上の金融を目的とする**横浜正金銀行**もできた。

❾通信機関の整備　電信は，1869(明治２)年に**東京・横浜**間に開通したのが最初で，以後全国各地に架設が進められていった。1879(明治12)年には，**万国電信条約**に加入した。国外との通信では，1871(明治４)年に長崎・上海間に海底電線が敷設された。

補説　**電話事業**　電話は，1890(明治23)年，東京・横浜間で一般の使用が始まった。なお，電話事業は，軍事的要請から電信事業とともに官営とされた。

★4　幕末の貨幣の流通状況は，①金・銀・銭の３貨，②各藩発行の藩札(約1800種)，③洋銀(貿易決済により外国から流入した銀貨)などが混在していた。

★5　このときの金本位制は不完全なもので，実際は**金銀複本位制**であった。金本位制は，1897(明治30)年になって名実ともに確立した(☞p.364)。

★6　**為替会社**は，従来の両替商にかわって東京・大阪など８カ所に設立された。

注意　国立銀行条例によってできた国立銀行は，国が設立を許可したという程度のもので，実際は**民間の株式会社**であったことに注意しよう。最終的には153行まで設立が許可された。

⑩**郵便制度の発達** 郵便制度は，前島密の建議で洋式が採用された。1871(明治４)年から東京・京都・大阪間に開始され，翌年全国に拡張された。1877(明治10)年には，**万国郵便連合**に加盟した。

⑪**鉄道の建設** 1872(明治５)年，東京**新橋**と**横浜**間が開通し，当時は**陸蒸気**とよばれた。その後も，1874(明治７)年に大阪・神戸間，1877(明治10)年に京都・大阪間と進み，1889(明治22)年には**東海道線**が全通した。

注意 鉄道事業は官営で着手されたが，のち民間資本の進出がめざましく，私鉄も増加した。

3 民間企業の発達

❶**インフレ高進** 西南戦争後はインフレーションの高進がいちじるしく[★7]，輸入超過と正貨の流出によって国家財政は困難となり，物価高騰が国民生活を苦しめた。

❷**松方財政** 1881(明治14)年，**大蔵卿**となった松方正義は，紙幣整理に着手し，**軍事費以外の歳出の節減，新税の設置，増税などの徹底した緊縮政策**をとった。また，1882(明治15)年に中央銀行として国立の日本銀行を設立して，唯一の紙幣発行銀行とし，不換紙幣の回収につとめ[★8]，財政整理を行った。

▲松方正義

❸**官営工場の払い下げ** 政府は，財政整理の一環として，経費節減をはかるため，軍需・造幣工場を残し，**官営工場の払い下げ**を決め，1884(明治17)年から順次，民間の**政商**(☞p.321)に払い下げていった。

❹**官営工場払い下げの意味** 特権的政商にきわめて安価に払い下げられ，**民間産業の発達**[★9]をうながすことになった。また，産業を官営から民営に移すことを意味し，政府が大資本に重点的に保護を加えて育成する方針であることが示された。

❺**民間企業の発達** 官営工場の払い下げが始まったころ，民間でも近代産業が発達してきた。なお，1871(明治４)年以降の**京都博覧会**，1877(明治10)～1903(明治36)年までに５回開かれた**内国勧業博覧会**も，産業の発達に貢献した。

補説 **民間企業** **郵便汽船三菱会社**は，半官半民の共同運輸会社と合併し，**日本郵船会社**となった。**日本鉄道会社**は上野・青森間の鉄道を建設し，業績を上げた。その他，田中製造所・大阪紡績会社などが設立された。

★7 **西南戦争後にインフレが高進した理由**
維新以来，政府は殖産興業，秩禄処分と士族授産，西南戦争など士族の反乱に対する戦費など，出費がかさんだ。これをまかなうため，多額の不換紙幣を発行したためである。

★8 国立銀行は，1883(明治16)年の条例改正で普通銀行に転換されることになり，1899(明治32)年に完全に消滅した。

▼主要な払い下げ鉱山・工場

事業所	払い下げ先
高島炭坑	後藤→三菱
院内銀山	古河
阿仁銅山	古河
三池炭鉱	三井
佐渡金山	三菱
生野銀山	三菱
長崎造船所	三菱
兵庫造船所	川崎
深川セメント製造所	浅野
新町紡績所	三井
富岡製糸場	三井

★9 金融制度の整備や金禄公債などによる**資本の蓄積**，農村の窮乏化による**賃金労働者の発生**，などの条件が整っていた。

① 地租改正…政府の財政収入の安定が目的
準備…田畑勝手作りの許可・田畑永代売買の解禁
内容…土地所有の公認，金納，地価の３％の高額地租
　　地租改正反対一揆→2.5％
② 殖産興業…官営模範工場で政府主導の工業化
貨幣・金融…新貨条例(円・銭・厘)，国立銀行条例
北海道開拓…開拓使・屯田兵
③ 西南戦争→インフレの高進
→松方財政…デフレ政策・緊縮財政(日本銀行と銀兌換券の発行，官営工場の払い下げ，増税)

SECTION 8 西洋の衝撃への対応と文化の摂取

▶ 幕末において，内外の危機にいかに対処するかは，知識人の課題であった。そのなかで，天皇を結集の中心とした国家を作る目標が出てきた。維新後は，**文明開化**というスローガンのもとでさまざまなレベルで西洋文化の摂取が行われた。皮相的な面もあったので，反動として日本の伝統の復権も主張され，**国粋保存主義**などが生まれてくることになる。

1 幕末の政治思想と文化

❶後期水戸学　尊王敬幕を基本に，天皇・朝廷を将軍・幕府の上位におき，天皇・天皇家がつづいてきたことを理由に外国に対する日本の優位を主張した。

❷吉田松陰　武士は，藩での既得の特権意識を捨てて藩主のもとに結集すること，さらに，天皇のもとに万民が結集し，列強に対抗して国を守ることを主張した。長州藩の尊王攘夷運動から倒幕運動に大きな影響を及ぼした。

▲吉田松陰

❸佐久間象山　西洋学術を導入して近代化をはかり，儒教により国内思想を統一した。

▲佐久間象山

❹外国人の接触　アメリカ人宣教師で医者の**ヘボン**は，診療所や英学塾を開き，ヘボン式とよばれるローマ字の和英辞典をつくった。また，イギリス公使**オールコック**は，日本の美術工芸品を収集して，1862年のロンドン世界産業博覧会に出品した。幕府も1867年のパリ万国博覧会に葛飾北斎の浮世絵などを出し，日本の文化を西欧に紹介した。

2 維新後の生活洋風化と教育制度

❶文明開化 文化面での近代化も推進された。近代的国民を育成するため，政府は西洋近代の思想や生活様式をとりいれる**啓蒙政策**を展開した。民間でも翻訳書や雑誌・新聞などによる啓蒙が行われ，都市や一部知識人を中心に欧化の風潮が生まれた。これを文明開化とよぶ。東京銀座の**煉瓦街**，**人力車**や**馬車**，**洋服**や**ザンギリ頭**が普及した。

❷太陽暦の採用 従来の**太陰太陽暦**(旧暦)をやめ，**明治5年12月3日**を**明治6(1873)年1月1日**とした。太陽暦の採用により，それまでの太陰暦による民衆の伝統的な生活様式と民俗行事が禁止されたりした。

❸学制の制定 1872(明治５)年，**フランス**の制度にならって学制[★1]が制定され，近代学校教育制度の基礎がつくられた。教育の機会均等の原則と，現実の役に立つ**実学を強調**し，「学問は身を立てるの財本」と学問を立身出世と結びつけ，**国民皆学**の精神をうたった。

補説 **学制** 学費の負担と子の就学で労働力を奪われることから，学校建設や就学に反対する一揆が起こされた場合もあるが，京都など学制以前から小学校の建設に積極的な地域もあった。

❹教育令 学制の画一性は地方の実情に合わないことも多かったので，1879(明治12)年に学制を廃止して，新しく教育令を出した。これは**アメリカ**の制度にならって地方自治を尊重し，自由主義的なものであった。しかし，早くも翌年には改正され，政府の統制が強められた(改正教育令)。

参考 衣食住では，靴・帽子・洋服・牛乳・煉瓦造・ガス灯・人力車・汽車・散髪など，新しい様式がどっと流入した。ちょんまげをやめ，「ザンギリ頭をたたいてみれば文明開化の音がする」といわれた。

★1 **学制** 全国を８大学区とし，１大学区に32中学，１中学区に210小学区に分けるという計画であった。

▲明治初期の文明開化

史料 「被仰出書」で学制の理念を布告

人々自ラ其身ヲ立テ，其産ヲ治メ，其業ヲ昌ニシテ，以テ其生ヲ遂ル所以ノモノハ他ナシ。……サレバ，学問ハ身ヲ立ルノ財本①共云フベキ者ニシテ，人タルモノ誰カ学バズシテ可ナランヤ。……自今以後一般ノ人民華士族農工商及婦女子必ズ邑ニ不学ノ戸ナク，家ニ不学ノ人ナカラシメン事ヲ期ス。人ノ父兄タル者宜シク此意ヲ体認②シ，其愛育ノ情ヲ厚クシ，其子弟ヲシテ必ズ学ニ従事セシメザルベカラザルモノナリ。 『法令全書』

注釈 ①資本。②重要さを理解すること。

❺学校の設立

1. **師範(しはん)学校**…教員養成の学校で，1872(明治5)年に東京に設立されたのが最初である。
2. **東京大学**…江戸幕府の諸種の学校を統合して，1877(明治10)年に**東京大学**とし，医・法・文・理の4学科をおいた。
3. **私立学校**…私学も多く設立されたが，いまだ大学としては認められなかった。

▼主要な私立学校の設立年代と創立者
(　　　　)内は現大学名。

年	学校名	設立者
1868	慶應義塾(慶應大)	福沢諭吉(ふくざわゆきち)
1875	同志社英学校(同志社大)	新島襄(にいじまじょう)
1881	明治法律学校(明治大)	岸本辰雄(きしもとたつお)
1882	東京専門学校(早稲田(わせだ)大)	大隈重信(おおくましげのぶ)
1900	女子英学塾(津田塾大)	津田梅子(つだうめこ)

昌平坂学問所(しょうへいざかがくもんじょ) 1797 ――→ 昌平学校 1868 → (大学本校) 大学 1869
蕃書調所(ばんしょしらべしょ) 1856 → 洋書調所 1862 → 開成所 1863 → 開成学校 1868 → (大学分局) 1869
西洋医学所 ――→ 医学所 1863 → 医学校 1868 → (大学分局) 1869
→ 大学南校 1869 →…東京開成学校 → 東京大学 1877
→ 大学東校 1869 →…東京医学校 → 東京大学 1877

▲東京大学の成立　数字は設立年。

▲開智(かいち)学校
明治初期，長野県松本市に建てられた小学校。

▲福沢諭吉

▲新島襄

3 維新後の思想・宗教・文芸

❶外国思想とその紹介　**自由主義・共和主義・国家主義★2・キリスト教思想**などの思想が導入された。とくに，基本的人権は天賦(てんぷ)(生まれつき)のもので，権力により制限・束縛されるものではないという**天賦人権思想**が提唱され，のちに自由民権運動の指導的な思想となった。

❷明六社(めいろくしゃ)　1873(明治6)年，アメリカから帰国した**森有礼(もりありのり)**の主唱で設立された団体で，翌1874年『**明六雑誌**』を発行し，欧米の政治や文化を紹介した。参加者には**福沢諭吉(ふくざわゆきち)・中村正直(まさなお)・西周(にしあまね)・加藤弘之(ひろゆき)・津田真道(つだまみち)**らがいた。

★2 **国家主義**　ドイツ国家主義思想の流入により発展した思想。独立国家として諸外国と対等の関係を保ち，国力の充実をはかろうとするもので，とくに1880年代になると明治政府の方針ともなった。

▼外国の思想とその紹介

源流		紹介者・主要著書
イギリス 功利主義 自由主義	アダム=スミス J.S.ミル マルサス・リカード	福沢諭吉〔慶應義塾〕…『西洋事情』『学問のすゝめ』 中村正直〈敬宇〉…『自由之理』『西国立志編』 （ミル：“On Liberty”，スマイルズ：“Self Help”） 田口卯吉〔東京経済雑誌〕…『日本開化小史』
フランス 共和主義 （天賦人権思想）	ルソー ヴォルテール モンテスキュー	民権派：板垣退助・植木枝盛（『民権自由論』） 大井憲太郎・中江兆民（東洋のルソー，『民約訳解』） 〔東洋自由新聞〕…西園寺公望・中江兆民
アメリカ キリスト教	新島襄〔同志社〕	徳富蘇峰（『国民之友』） 安部磯雄（社会主義）
	クラーク（札幌農学校）	内村鑑三・新渡戸稲造
ドイツ 国家主義	シュタイン ブルンチュリ（『国法汎論』）	伊藤博文（明治憲法） 加藤弘之（『人権新説』）

❸新聞・雑誌　1870（明治3）年，最初の日刊新聞として**『横浜毎日新聞』**が発行され，雑誌の刊行も増加した。新聞や雑誌は政府の保護をうけて，国民の啓蒙に大きな役割を果たした。新しい思想や文化の紹介とともに政治問題を扱い，政府に批判的な評論も行った。全国的に普及するなかで民衆の政治への不満を代弁し，その政治的な成長をうながした。1875（明治8）年ころから，反政府派による激しい政府攻撃の手段となったため，同年，政府は讒謗律・新聞紙条例（☞p.332）を定めてとりしまった。

▲明治初期の新聞

参考　**雑誌の刊行**　幕末期の1862（文久2）年には『官板バタビヤ新聞』などがあり，維新後，**本木昌造**の**活版印刷**の創始によって新聞・雑誌が普及した。

❹宗教界　政府は，王政復古による祭政一致の立場をとり，神祇官を再興して国学者や神道家を登用し，神道国教化策を打ち出した。

1. **神道の興隆**…1868（明治元）年に**神仏分離令**が出され，神社を寺院から独立させた。そのうえ，神道は，1870（明治3）年の**大教宣布の詔**で栄えた。神社は国家によって保護され，国教的地位を得た。幕末の新興宗教も**教派神道**（☞p.288）として国家より公認された。
2. **仏教の衰退**…神仏分離令が出ると，各地で国学者や神官が仏寺・仏像・仏具などを破壊する**廃仏毀釈**が起こり，寺院数が半減するほどの打撃をうけた。
3. **島地黙雷の改革**…**島地黙雷**は，西洋の信仰の自由という考えをとりいれて仏教の改革運動を行い，仏教を社会の中核的な宗教の1つとして勢力を定着させた。

4 **キリスト教の伝道**…政府は，1868(明治元)年の**五榜の掲示**(☞p.307)で，キリスト教の信仰を禁じたが，**浦上信徒弾圧事件**★3への外国の抗議をうけ，また条約改正との関係もあり，1873(明治6)年には布教を黙認した。

補説 **神仏分離令と大教宣布**　仏教を憎む神道勢力が，神仏習合思想に基づく神仏合祀に反対して，政府に**神仏分離令**を出させた。さらに，1869(明治2)年神祇官に**宣教使**を置き，翌1870年の**大教宣布の詔**で神道による**天皇の神格化と国民教化**をはかった。

★3 **浦上信徒弾圧事件**　幕末に長崎の浦上村で**隠れキリシタン**が発見され，幕府により弾圧された。明治政府もこれを継承して，信徒3400人を34藩に預けて転宗をはかった。しかし，外国の抗議で，信徒の帰郷が許され決着した。

❺文芸　戯作・政治小説・翻訳小説がさかんであったが，文学的価値は乏しかった。

補説 **明治初期の文芸作品**　戯作としては，**仮名垣魯文**の『**安愚楽鍋**』(すき焼き風景)が有名。政治小説としては**矢野龍渓**の『**経国美談**』，**東海散士**の『**佳人之奇遇**』，**末広鉄腸**の『**雪中梅**』などがあり，自由民権運動(☞p.330)と結合し，明治10年代に流行した。

▲『安愚楽鍋』のすき焼き風景

❻美術　新政府は，工部大学校美術科に，絵画の**フォンタネージ**と彫刻の**ラグーザ**らのイタリア人を招いて洋風美術を指導させた。**高橋由一**(☞p.379)が明治初期の代表的な洋画家である。

POINT!

① 尊王攘夷から尊王倒幕へ…吉田松陰(長州藩)
② 生活習慣や衣食住の洋風化…太陽暦の採用など
③ 教育…学制→教育令→改正教育令，義務教育を目標，西洋思想の導入
④ 明六社…森有礼・福沢諭吉らの洋学者，『明六雑誌』
⑤ 新聞・雑誌の発行…『横浜毎日新聞』
⑥ 宗教…国家の保護をうけた神道を中心に仏教・キリスト教・教派神道
⑦ 文芸・美術…戯作・政治小説，洋画の導入

▲明治時代中ごろの銀座通り

☑ 要点チェック

	CHAPTER 1 近代国家の成立	答
□ 1	ペリー来航時の幕府の老中の代表者は誰か。	1 阿部正弘
□ 2	日米和親条約で開港することになった港は，どこか(2つ)。	2 下田，箱館
□ 3	アメリカの初代駐日総領事として来日した人物は誰か。	3 ハリス
□ 4	日米修好通商条約の締結を強行した大老は誰か。	4 井伊直弼
□ 5	松下村塾で教えたが，安政の大獄で処刑された人物は誰か。	5 吉田松陰
□ 6	幕末の貿易取引額では，どこの国が最も多かったか。	6 イギリス
□ 7	幕末の貿易で最も多かった輸出品は何か。	7 生糸
□ 8	老中安藤信正が尊攘派に襲撃された事件を何というか。	8 坂下門外の変
□ 9	薩英戦争の原因となった1862年の事件を何というか。	9 生麦事件
□ 10	長州藩で奇兵隊を組織した人物は誰か。	10 高杉晋作
□ 11	1864年，京都で尊攘派が新選組に襲撃された事件を何というか。	11 池田屋事件
□ 12	徳川慶喜の辞官納地が決定された会議を何というか。	12 小御所会議
□ 13	王政復古の大号令で設けられた三職とは何か。	13 総裁・議定・参与
□ 14	戊辰戦争の際，反薩長派の東北・北陸諸藩が結んだ同盟は何か。	14 奥羽越列藩同盟
□ 15	戊辰戦争の際，榎本武揚が拠点とした箱館の軍事施設は何か。	15 五稜郭
□ 16	新政府が一般庶民むけに出した高札を何というか。	16 五榜の掲示
□ 17	1868年閏4月に新政府が政治制度を定めた法を何というか。	17 政体書
□ 18	天皇1代に1つの元号とする制度を何というか。	18 一世一元制
□ 19	版籍奉還により，それまでの藩主が任命された職を何というか。	19 知藩事
□ 20	新政府が廃藩置県の前に薩・長・土から募った軍隊を何というか。	20 御親兵
□ 21	秩禄処分によって士族や華族がうけとった証書を何というか。	21 金禄公債証書
□ 22	徴兵令では，満何歳以上の男性に兵役の義務が課されたか。	22 満20歳以上
□ 23	江華島事件の結果結ばれた条約を何というか。	23 日朝修好条規(江華条約)
□ 24	地租改正により，地租は何を基準として課税されたか。	24 地価
□ 25	群馬県に設けられた代表的な官営製糸工場を何というか。	25 富岡製糸場
□ 26	北海道開拓のために，1869年に設置された行政機関を何というか。	26 開拓使
□ 27	円・銭・厘の10進法を定め，金本位制をとった法律を何というか。	27 新貨条例
□ 28	1872年に制定された，学区制を採用した教育法規を何というか。	28 学制
□ 29	森有礼らによって結成された啓蒙団体を何というか。	29 明六社
□ 30	神仏分離令の結果起こった仏教排撃運動を何というか。	30 廃仏毀釈

• CHAPTER

2 » 立憲国家の成立と条約改正

時代の俯瞰図

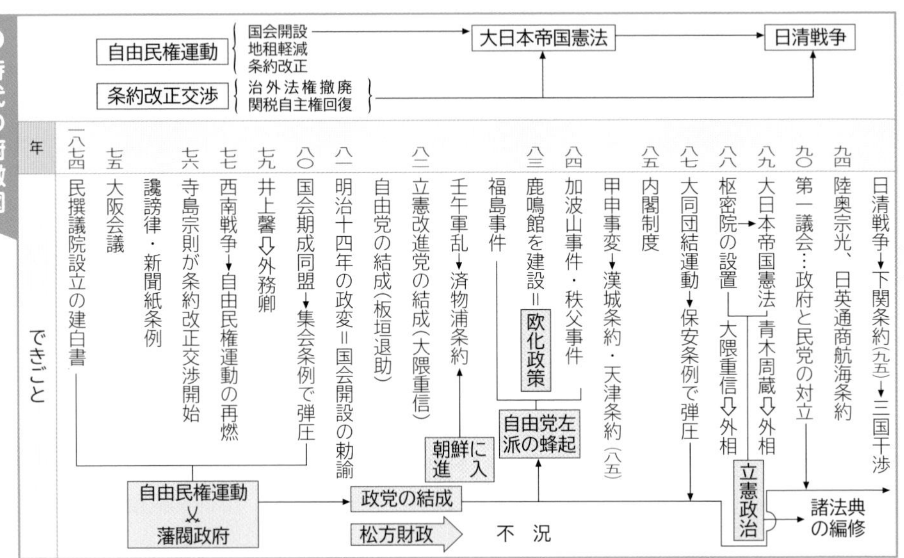

自由民権運動
国会開設
地租軽減
条約改正
大日本帝国憲法
日清戦争
条約改正交渉
治外法権撤廃
関税自主権回復
年
できごと
一八七四 民撰議院設立の建白書
七五 大阪会議
讒謗律・新聞紙条例
七六 寺島宗則が条約改正交渉開始
七七 西南戦争→自由民権運動の再燃
七九 井上馨⇩外務卿
八〇 国会期成同盟→集会条例で弾圧
八一 明治十四年の政変＝国会開設の勅諭
自由党の結成(板垣退助)
八二 立憲改進党の結成(大隈重信)
壬午軍乱→済物浦条約
朝鮮に進入
福島事件
八三 鹿鳴館を建設＝欧化政策
八四 加波山事件・秩父事件
自由党左派の蜂起
甲申事変→漢城条約・天津条約(八五)
八五 内閣制度
八七 大同団結運動→保安条例で弾圧
八八 枢密院の設置→大隈重信⇩外相
八九 大日本帝国憲法 青木周蔵⇩外相
九〇 第一議会…政府と民党の対立
九四 陸奥宗光、日英通商航海条約
日清戦争→下関条約(九五)→三国干渉
自由民権運動 ⚔ 藩閥政府
政党の結成
松方財政
不況
立憲政治
諸法典の編修

SECTION 1 自由民権運動の展開

▶ **自由民権運動**は，征韓論政変後，藩閥政府の専制に対する不平士族の反政府運動として始まり，**西南戦争**後になると，地方の豪農(有力農民)も参加して**国会開設・憲法制定**などを要求した。政府は種々の弾圧法令を出すが，1881(明治14)年ついに国会開設を約束した。

1 自由民権運動の始まり

❶**自由民権運動の理論的基礎** 理論的基礎は**天賦人権説**[★1]が中心で，理論家としては**植木枝盛**・**中江兆民**らが活躍した(☞p.326)。

❷**自由民権運動の第一歩** 征韓論(☞p.314)に敗れて下野した板垣退助・後藤象二郎らの前参議は，言論による政府批判を始めた。板垣と後藤は**江藤新平**・**副島種臣**らをさそい，1874(明治7)年1月，**大久保利通**の指導する政権を**有司専制**(藩閥官僚による専制)と攻撃して，**民撰議院設立の建白書**を左院に提出した。

★1 **天賦人権説** 人間の権利は，ひとしく天から与えられたものであるという主張。フランス共和主義の流れをくむ(☞p.327)。

参考 **民撰議院設立の建白書に対する民間の反応**
建白書は，イギリス人経営の『**日新真事誌**』にも発表されて賛否両論がまき起こった。**大井憲太郎**の即行論と，**加藤弘之**の時期尚早論の対立が有名である。

史料　民撰議院設立の建白書

臣等①伏シテ方今政権ノ帰スル所ヲ察スルニ，上帝室②ニ在ラズ，下人民ニ在ラズ，而シテ独リ有司③ニ帰ス。……而モ政令百端，朝出暮改④，政刑情実ニ成リ⑤，賞罰愛憎ニ出ヅ。言路壅蔽⑥，困苦告ルナシ。……臣等愛国ノ情自ラ已ム能ハズ，乃チ之ヲ振救スル⑦ノ道ヲ講求スルニ，唯天下ノ公議ヲ張ルニ在ルノミ。天下ノ公議ヲ張ルハ，民撰議院ヲ立ツルニ在ルノミ。

『日新真事誌』⑧

注釈 ①建白書を提出した**板垣退助**・**後藤象二郎**らのこと。②**天皇**。③**官僚**で，当時の政治を動かしていた**大久保利通**・**岩倉具視**らをさす。④政治の命令がばらばらで，変更がはなはだしい。⑤政治も刑罰も情実に左右されている。⑥ふさがっている。⑦救う。⑧出典の『**日新真事誌**』は，1872(明治5)年にイギリス人ブラックが東京で創刊した日本語の日刊新聞。

視点 **愛国公党**は1874(明治7)年1月に結成され3月に消滅した**最初の政党**。**愛国社**は1875(明治8)年2月結成の**全国的政社**。**立志社**は1874年4月に板垣らが**土佐**で結成した政社で，一貫して民権運動の中心を担った。

❸民撰議院設立の建白書に対する政府の処置　政府の要人もふくめ，国民のほとんどは，議会がどんなものであるか，またその運営がどれほど大変かを知らなかったので，政府は，時期尚早であるとして，これを取りあげなかった。

❹板垣退助による政治結社　**愛国公党**・**立志社**・**愛国社**をつくったが，長続きはしなかった。

1. **愛国公党**…**板垣退助**・後藤象二郎らが，1874(明治7)年，建白の直前，**東京**で組織した。天賦人権説を立党の趣旨とした。
2. **立志社**…1874年，建白書の提出後，**土佐**へ帰った**板垣**が，**片岡健吉**・**林有造**らと結成した。
3. **愛国社**…1875(明治8)年2月，愛国公党と立志社の人々が**大阪**に会合して結成し，東京に本部をおいた。のち自然消滅したが，1878(明治11)年に再建された。

❺大阪会議の開催　大久保利通は政権を安定させるため，1875(明治8)年2月に大阪で**木戸孝允**・**板垣退助**と会見した(**大阪会議**)。その結果，一時的に3者の妥協が成立し，木戸・板垣は参議に復帰した。★2

❻大阪会議後の諸政策　自由民権運動に対する大久保利通の譲歩として，三権分立の方向がとられることになり，**漸次立憲政体樹立の詔**が出された。

1. **立法機関**…従来の**左院**を廃止して**元老院**が設置された。

★2 **板垣退助**は，**征韓論**に敗れて下野し(1873年)，**木戸孝允**は，**台湾出兵**(征台の役)を不満として下野していた(1874年)。1875年3月，板垣が参議に復帰すると，できたばかりの愛国社は自然消滅となった。板垣は半年後，ふたたび参議を辞し，翌年3月，木戸も下野した。

▲大久保利通

2　立憲国家の成立と条約改正

また，**地方官会議**[★3]も開かれることになった。

2 **司法機関**…現在の最高裁判所にあたる**大審院**(司法省から独立)が設置された。

❼自由民権運動に対する弾圧　木戸孝允・板垣退助の参議復帰で危機を脱した大久保利通[★4]は，1875(明治8)年，**讒謗律**・新聞紙条例の公布や**出版条例の改正**などで，言論統制を行った。

補説　**讒謗律**　讒謗とは他人の悪口を言うことで，官吏攻撃などは罰せられることになり，言論機関は大きな制約をうけることとなった。

補説　**新聞紙条例**　前年発布の新聞紙条目を強化し，新聞発行の届出，筆者・訳者名の明記，危険思想・秘密書類の掲載禁止などを規定した。このため，発足まもない新聞は大打撃をうけた。

2 自由民権運動の発展

❶自由民権運動の再燃　自由民権運動は，政府の弾圧や士族の反乱などで一時停滞したが，西南戦争で西郷隆盛軍の敗戦が明らかになる1877(明治10)年6月から，再び活発化した。

❷立志社建白　1877(明治10)年6月，土佐の立志社総代片岡健吉の名で**国会開設を求める建白書**を天皇に提出しようとしたが却下された。しかし，このなかで，自由民権運動の基本的要求が出そろった。

❸自由民権運動の発展　農民の地租軽減要求や参政権要求をとりいれて，豪農(有力農民)の参加がふえた。この結果，自由民権運動は，藩閥政府に不満をもつ士族中心の運動から基盤が拡大した。

補説　**統一的地方制度の制定**　1878(明治11)年7月，政府は，最初の統一的地方制度である**地方三新法**を施行した。これは郡区町村編成法・府県会規則・地方税法の3つで，地方行政の系列を府知事・県令－郡長－町村戸長とし，**府県会**を設け，**地方税制**を確立するというものであった。地方税は，**2.5%**に減額した**地租**(☞p.320)の減収を補うためのものであった。地方税をとりやすくするため，府県会を設けて，豪農にある程度の政治的発言の場を与えようとした。しかし，府県会が開かれると，議員に当選した豪農たちは，税の軽減と地方自治権の拡大を要求した。

❹愛国社の再建　民権運動の再燃の中で，1878(明治11)年9月，愛国社が再建された。1880(明治13)年3月には，2府22県8万7000名余りの署名を集めて**国会開設の請願書を提出**した。

★3 **地方官会議**　地方官会議は，**府知事・県令**が地方制度の変革について議論し，決議した。第1回会議は木戸孝允を議長として，1875年6月に開催された。

注意　讒謗律や新聞紙条例が出された背景には，民権派が演説会や新聞・雑誌で政府をはげしく攻撃したことがある。

★4 1878(明治11)年5月，政府の最高首脳だった大久保は，東京の**紀尾井坂**で不平士族に暗殺された。

①**国会開設**…政治参加の拡大
②**地租軽減**…農民負担の軽減
③**条約改正**…対等条約

▲自由民権運動の基本的要求

★5 **集会条例**　政治結社や集会を，届け出制とし，屋外での政治集会を禁じた。また，政治集会に制服の警官を派遣し，集会の解散を命ずることができた。軍人・教員・生徒の政治結社・集会への参加も禁じた。

★6 **私擬憲法**　政府の要人が当局者の参考のため，または民間で政府案牽制のため試作された憲法草案のこと。立志社の「**日本憲法見込案**」，立志社系の**植木枝盛**が起草した「**東洋大日本国国憲按**」が有名である。

❺国会期成同盟の成立　国会開設の請願書の提出とともに，愛国社を国会期成同盟と改め(1880年)，全国的な請願署名運動を展開した。

❻政府の弾圧と国会期成同盟の発展　自由民権運動の高まりに対して，政府は1880(明治13)年4月集会条例★5を制定して運動を抑えようとした。しかし，国会期成同盟は非合法のうちに大会を開き，**憲法草案**★6をもちよった。

◀**自由民権運動**　演説会の様子。

参考 **交詢社私擬憲法**
交詢社は，福沢諭吉の慶応義塾出身者または縁故の実業家を主会員とする社交クラブ。1881(明治14)年4月，イギリス風の「**私擬憲法案**」を発表した。これは，二院制・政党内閣主義をとり，自由民権派の穏健派を代表した内容になっていた。

❼自由民権運動に対する政府内部の対立　集会条例などで抑えようとしても，運動は一向に下火にならなかった。こうした中で，**大隈重信**(参議兼大蔵卿)は国会の早期開設を秘密に上奏し，漸進論の**伊藤博文**(参議兼内務卿)らと対立するようになった。

参考 **大隈の積極財政**
大隈は西南戦争後の財政難に対して，外債を導入した積極財政を主張し，緊縮財政(デフレ政策)を構想する伊藤ら藩閥主流と対立した。

❽開拓使官有物払下げ事件　1881(明治14)年，北海道の開拓使官有物払下げ事件が起こると，民権運動はさらに高揚した。

補説 **開拓使官有物払下げ事件**　この事件は，**開拓使**(☞p.322)が12年間に1410万円を投じて経営した開拓使の官有物を，政府が，わずか39万円，しかも無利息の30年賦で**関西貿易会社**に払い下げようとしたのが発端である。同社の幹部**五代友厚**と開拓長官**黒田清隆**が，ともに薩摩出身であったから，**大隈重信**★7の一派の『横浜毎日新聞』は藩閥政府と**政商**の結託を攻撃した。

★7 **大久保利通**(薩摩)が暗殺された後，政府の最有力者のうち実力第一といわれたのは，**伊藤博文**(長州)である。これに対して，佐賀藩出身の**大隈重信**は，伊藤に対抗心を燃やし，2年後に国会を開く早期国会開設を主張して，民権派の支持を背景に政治の主導権をにぎろうとした。

❾明治十四年の政変　そこで，政府は伊藤博文を中心に，官有物の払下げを中止し，政府内部の反対派**大隈重信**を罷免した。同時に国会開設の勅諭を出して，来る**明治23(1890)年に国会を開く**，そのための憲法は天皇がつくる，と発表した。つづいて，大隈を支持していた官吏も辞職した。また，黒田清隆(薩摩)の権威もおとろえたので，**伊藤博文**を中心とする長州閥の指導力が強い**薩長の藩閥政府**となった。

注意 **明治十四年の政変**で，漸進的に立憲国家をつくる方向が確立したことを確認しておこう。

[自由民権運動]　士族・豪農らの政治参加拡大運動。天賦人権論
① 民撰議院設立の建白書(1874年)…板垣退助・後藤象二郎ら
　└→ 愛国公党・立志社(土佐)，愛国社(大阪，1875年)
② 大阪会議(1875年)→讒謗律・新聞紙条例の制定
③ 国会期成同盟(1880年)→政府は集会条例を制定
④ 明治十四年の政変(1881年)…大隈追放，国会開設の勅諭(10年後)

政党の結成と自由民権運動の推移

▶ 明治十四年の政変後，**自由党・立憲改進党**が結成された。政府は，この両政党を弾圧により切りくずし，**松方財政**の影響もあって自由民権運動の勢力は衰退した。しかし，1880年代末に近づくと，議会開設を意識して**大同団結運動**として高まった。

1 政党の結成

❶**自由党の結成**　1881(明治14)年，自由民権運動の急進派は，板垣退助を総理とする自由党を結成した。植木枝盛ら急進的な知識人が理論的指導者となった。

❷**立憲改進党の結成**　1882(明治15)年，明治十四年の政変で政府を追われた大隈重信は，**犬養毅・尾崎行雄・小野梓**らと立憲改進党を結成した。

❸**民権派の政党に対する政府の対抗策**　政府は，政府系新聞記者の**福地源一郎**に**立憲帝政党**をつくらせた(1882年)。

▼3政党の比較

党名	自由党	立憲改進党	立憲帝政党
結成年	一八八一	一八八二	一八八二
党首	板垣退助	大隈重信	福地源一郎
傾向	仏流急進	英流漸進	政府系
階級的基礎	士族・豪農・農民	豪農・知識層・商工業者	保守派

2 松方財政

❶**西南戦争後のインフレーション**　政府は西南戦争での軍事費を正貨(金・銀)と交換できない**不換紙幣**でまかなったのではげしいインフレーションとなった。

❷**政府の財政難**　政府の歳入は，定額金納の地租(地価の2.5%)を中心としていたので実質的に減少し，政府は財政難となった。また，明治初年からの**輸入超過**で，正貨も不足してきた。

❸**松方正義大蔵卿**　松方は，明治十四年の政変直後に大蔵卿に就任し，増税で歳入の増加をはかりながら，**軍事費以外の歳出を徹底的に緊縮**して不換紙幣の整理を行った。

❹**日本銀行の創立**　1882(明治15)年，松方は中央銀行として日本銀行を創立し，国立銀行から紙幣発行権を取りあげ，さらに銀兌換の銀行券を発行して**銀本位制**をととのえた。

❺**松方財政のねらい**　次の2点である。

1. 一時的なデフレーション(不況)状態にすることで正貨の流出を減少させ，**正貨の蓄積**を進める。
2. 日本銀行創立とあわせ，**財政・金融の基礎を固める**。

❻**松方財政と自由民権運動**　緊縮財政により全国に不況がおよび，米やまゆの価格が下がって農村は大打撃をうけた。このため，自作農から小作農に転落する者も多く，一部の豪農(有力農民)は，この状況を利用して，貸金と引きかえに土地

参考　**自由党**はフランス流の急進的議会政治を唱え，**立憲改進党**はイギリス流の漸進的議会政治の実現を目標にした。**立憲帝政党**は主権在君を唱えた。

参考　**自由民権運動の広がり**　京都の呉服商の娘であった**岸田俊子**(のち中島姓)や，**景山英子**(のち福田姓)らの一部の急進的な女性も，自由民権運動に参加するようになった(☞p.336)。

を集め，**地主**となった。自由民権運動の支持者であった豪農たちは，経営難のために運動から離脱する者と，没落して政治的に急進化する者とに分かれた。

3 自由民権運動の衰退

❶政府の自由民権運動懐柔策　政府は，集会条例を改正して弾圧を強化する一方，自由党の正副総理である**板垣退助・後藤象二郎**に外遊のさそいをかけた。板垣・後藤の両人は，一部幹部の反対を押し切って，1882(明治15)年11月に横浜を出発した。

参考　**板垣退助の外遊**　彼の外遊の費用は，井上馨が政商の三井から出させたものであった。この外遊には非難もあったが，板垣の視野は広まり，1890(明治23)年に議会が開設されると，議会における板垣の政党指導に役立った。

❷自由党と立憲改進党の対立　立憲改進党は，**三井**と結んだ板垣らの自由党を攻撃した。これに対して，自由党は，立憲改進党が政商の**三菱**から資金を得ている偽党であると攻撃し，両党による足の引っ張り合いがつづいた。

参考　立憲改進党も三菱との関係を絶たれて資金に窮した。総理の大隈重信と副総理の河野敏鎌は，党の解散を提案した。しかし，うけいれられなかったので2人で脱党した。こうして立憲改進党も分裂し，有名無実化した(1884年12月)。

❸自由党の解散　自由党は主流派と急進派に分裂した。

1. **自由党主流派**…1883(明治16)年ごろになると，豪農出身党員は，自由民権運動では地租軽減などの経済的要求の実現が困難であるとして，党から離れていった。また，急進派の行動の激化は大衆に恐怖心を与えたので，党主流派は，1884(明治17)年10月に党を解散した。
2. **自由党急進派**…一部の自由党員は政府の弾圧に反発し，松方財政下のデフレに苦しむ農民(中・貧農)と手を結んだ。関東地方や中部地方で高利貸などに対抗していた**困民党**や**借金党**[★1]の結成に加わった者もいた。

★1　**困民党・借金党**　松方財政が強行した紙幣整理による不況下で，高利貸に対抗した農民運動の組織。負債利子の減免や元金の年賦償却などを要求した。

❹自由民権運動の激化事件　県令と対立した農民を自由党が支援した福島事件(1882年)を最初とし，**群馬事件**，**加波山事件**，困民党による最大の武装蜂起である秩父事件(1884年)などを起こしたが，たちまち鎮圧され敗北した。

補説　**秩父事件の性格**　埼玉県秩父地方の農民は，松方デフレ政策による物価低落のため負債に苦しむ者が多く，**困民党**や**借金党**を組織して，高利貸に負債の減免を求めたりし，一部の自由党員もこれに加わった。1884年10月末，数万人の農民が蜂起し，高利貸や郡役所を襲い，政府は軍隊を派遣して鎮圧した。この事件への農民の参加は，近世の農民一揆と同様に村ぐるみ参加の形態がとられた。

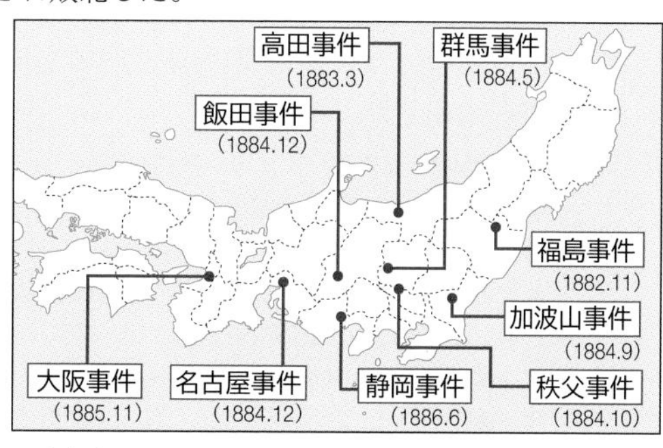

▲自由党員の激化事件

▼自由民権運動の激化

事件	年・月	概要
福島事件	1882.11	福島県令三島通庸が大規模な道路建設をするため賦役の強制をし，それに反対する数千人の自由党員と農民の蜂起。福島県会議長河野広中らは訴訟など穏健な手段で工事中止を求めたが，内乱を計画したという罪で処罰された。
群馬事件	1884.5	日比遜ら群馬自由党員が中心となって，専制政府を倒すことを目的に武力蜂起。高利貸を打ちこわし，警察署を占領した。
加波山事件	1884.9	栃木県令三島通庸の暗殺をはかる河野広躰(広中の甥)ら福島の自由党員と，栃木・茨城両県下の自由党員が政府転覆を計画。加波山頂に革命党ののろしをあげた。
秩父事件	1884.10	秩父地方の農民と自由党員が各地に困民党を組織，高利貸に対し借金の軽減などを要求して組織的に蜂起した。
大阪事件	1885.11	旧自由党急進派の代表者**大井憲太郎**らが，**朝鮮の内政改革**を策して民権運動の再起をはかろうとしたが，大阪などで逮捕された。

このほか，**高田事件**(1883年)・**名古屋事件**(1884年)・**飯田事件**(1884年)・**静岡事件**(1886年)がある。激化事件は，1880年代に東日本を中心に起こっている。(☞p.335)

補説　**大阪事件と景山(福田)英子**　自由民権運動に活躍した女性では，中島信行の妻の**岸田(中島)俊子**と**景山(福田)英子**が有名である。このうち景山は，このとき，大井憲太郎とともに参加して検挙された(☞p.350)。

❺大同団結運動　1886(明治19)年の秋，旧自由党の**星亨**らが，自由民権運動での党派的対立を乗りこえて，議会開設にむけて大団結をしようと唱え，**大同団結運動**[★2]を起こした。**後藤象二郎**も1887(明治20)年10月にこの大同団結運動に加わり，**井上馨外相の条約改正交渉**(☞p.348)への批判を契機に**三大事件建白運動**がもりあがった。

❻三大事件建白運動　三大事件とは，①**言論集会の自由**，②**地租軽減**，③**外交失策の挽回**の3つで，1887(明治20)年12月には，天皇に建白書を出すことを決めた。

❼民権運動の再燃に対する政府の対策　三大事件建白運動の高揚に際し，第1次伊藤博文内閣は1887(明治20)年12月に保安条例を出した。

補説　**保安条例**　東京は，三大事件建白を掲げた**星亨・片岡健吉**ら民権派の躍動するところとなった。そこで，政府は**保安条例**を施行した。保安条例は「内乱をくわだて，またはそそのかし，治安を乱すおそれがある」者を，皇居から**3里以遠**(東京市外)へ追放できるものである。1887年12月には，星亨・片岡健吉・中江兆民・尾崎行雄ら570人が追放の処分をうけた。1898(明治31)年に廃止。

★2　大同団結とは，小異を捨てて大同につく意。小さな相異点は別として，自由民権の大義のために団結しようと訴えた。

▼自由民権運動の推移と政府の対策

年	運動と政府の対策
1874	**民撰議院設立建白書**
1875	愛国社の設立
〃	**讒謗律・新聞紙条例**
1877	立志社建白
1880	国会期成同盟の成立
〃	**集会条例**
1881	**明治十四年の政変**
〃	**国会開設の勅諭**
〃	自由党の結成
1882	立憲改進党の結成
〃	福島事件
1884	群馬事件・加波山事件・自由党の解散・**秩父事件**
1887	三大事件建白
	保安条例

史料　保安条例

第四条　皇居又ハ行在所①ヲ距ル三里②以内ノ地ニ住居又ハ寄宿スル者ニシテ，内乱ヲ陰謀シ又ハ教唆③シ又ハ治安ヲ妨害スルノ虞アリト認ムルトキハ，警視総監又ハ地方長官④ハ内務大臣ノ許可ヲ経，期日又ハ時間ヲ限リ退去ヲ命ジ三年以内同一ノ距離内ニ出入寄宿又ハ住居ヲ禁ズル事ヲ得。　『法令全書』

注釈　①天皇の旅行のときの宿泊所。②約12km。③そそのかす。④**府県知事**などのこと。

❽大同団結運動の崩壊　後藤象二郎は，保安条例に屈せず，翌1888(明治21)年も全国遊説をつづけた。しかし立憲改進党の大隈重信は，第1次伊藤内閣のあとをうけた黒田清隆内閣の外相となり，**条約改正交渉**(☞p.348)にあたることになった。翌1889(明治22)年には，後藤象二郎も黒田内閣の逓信大臣となり，大同団結運動は四分五裂におちいり，壊滅した。

注意　政府は民権家の懐柔策として，大隈・後藤を入閣させて，大同団結運動を崩壊させたことに注意しよう。

[自由民権運動の推移]　民権運動の衰退と大同団結運動の盛り上がり

① 政党の結成
- 自由党(板垣退助，1881年)
- 立憲改進党(大隈重信，1882年)

② 松方デフレ政策下の事件…福島事件(1882年)・秩父事件(1884年)

③ 大同団結運動(1886～89)…三大事件建白運動の盛り上がり
　→ 保安条例(1887年)

SECTION 3 大日本帝国憲法の制定

▶ 政府は，民間の**私擬憲法**をいっさい問題にせず，憲法の制定を極秘のうちに進めた。これにともない，**華族令**の制定，**内閣制度**の創設，皇室の経済基盤の強化，**枢密院**の設置，地方制度の整備などをはかり，政府のペースで近代国家を形成していった。

1 憲法制定の準備

❶日本国憲按　**元老院**★1は，1880(明治13)年に「**日本国憲按**」を完成した。しかし，各国の憲法条文の寄せ集めで，憲法としての統一性がなく，**岩倉具視**らの反対で立ち消えた。

★1 **元老院**　大阪会議後の1875(明治8)年に，太政官の左院を廃して設置された(☞p.331)。

❷藩閥政府の方針　**明治十四年の政変**後も，藩閥勢力が主導する行政権の強い政治体制を維持することが政府首脳の間での方針であった。しかし，これまで政治的な実権のない天皇に，どのような役割を与えるかは決まっていなかった。**伊藤**

博文の憲法調査の重点もそこにあった。

❸**伊藤博文の憲法調査** 明治十四年の政変で薩・長中心の体制を確立した**伊藤博文**は1882(明治15)年に渡欧した。伊藤はベルリン大学教授**グナイスト**，とりわけウィーン大学教授**シュタイン**について，**ドイツ憲法**を研究した。★2

❹**君主機関説** 伊藤はシュタインから，主としてドイツ憲法を通して，**君主機関説**という憲法理論を学んだ。君主機関説は，主権は国家にあり，君主はその重要な機関の1つで，君主権は憲法により制限されるとするものである。この考えは，市民革命を経たヨーロッパで，君主主権説にかわって君主を位置づける最先端のものであった。

❺**憲法の起草** 伊藤博文の帰国後，宮中に**制度取調局**を設けて憲法草案の起草にとりかかった(1884年)。伊藤博文を中心に，**井上毅**・**伊東巳代治**・**金子堅太郎**らが直接に起草し，ドイツ人法律顧問の**ロエスレル**や**モッセ**らが指導した。

❻**枢密院の設置** 1888(明治21)年に憲法草案が完成すると，これを審議するために枢密院が置かれた。構成は，枢密顧問官と閣僚(顧問官を兼務)からなり，**伊藤博文**が初代議長となった。★3 こうして，憲法草案は発布まで公開されずに審議された。

補説 **枢密院** 枢密院は当初，大日本帝国憲法草案の審議のため置かれた。しかし憲法で「天皇の諮詢に応え重要の国務を審議す」と規定され，**条約の批准**や**緊急勅令**(議会閉会中の法律にかわるべき命令)の発布に関するなど，諮問事項は広範囲におよび，政党勢力や議会を抑制する官僚系勢力の重要な基盤となった。

❼**天皇の政治的役割** 憲法が発布されるまでに，天皇と伊藤は，天皇は日常は政治関与を抑制し，象徴的な役割を果たし，混乱が生じた場合にのみ政治に調停的に介入することで，合意ができていた。

★2 **伊藤博文がドイツ憲法を研究した理由**
伊藤は，イギリスを遠い将来の目標としながらも，遅れた日本の現状から，西欧の立憲国家のなかで議会の権限が弱いドイツ憲法が日本が学ぶに最もふさわしいと考えた(同じく遅れたロシアは議会すらない)。

▲伊藤博文

★3 憲法の枢密院での審議において，伊藤は保守派の反発をさけるため，主権は国家にあるとは明言せず，天皇からの大政委任という日本の伝統的な考え方で，天皇権力への制約を説明した。君主機関説の考え方で起草された大日本帝国憲法は，のちに**美濃部達吉**東大教授による体系的な解釈がなされ，それは**天皇機関説**とよばれた。(☞ p.392)

TOPICS

伊藤博文の構想と美濃部達吉

1882(明治15)年3月に東京を発った伊藤博文は，ベルリン大学教授**グナイスト**，そして，ウィーン大学教授**シュタイン**らにドイツ流の憲法を学んだ。

伊藤はシュタインから，憲法はその国の歴史の経過や発展段階に応じたものをつくるべきことを学んだ。その結果，理想に走りすぎる急進派の政治論・憲法論に対し，現実主義的な政治改革・憲法制定をすべきと考えた。

伊藤は当時の政党の状況に不信感を抱いたが，将来においての政党の発展の余地は否定しなかった。明治憲法が政党内閣制を容認する**美濃部達吉**の解釈(☞ p.392)を生んだのは，そのためであった。

2 諸制度の整備

❶**華族令の制定**　従来の華族に維新後の功臣を加え，★4 **公・侯・伯・子・男**の**五爵制**をとった(1884年)。これは，来るべき議会にそなえ，華族のうちから**貴族院**の議員を選び，衆議院に対抗させるねらいがあった。

❷**内閣制度の創設**　1885(明治18)年，**伊藤博文**が中心となり，**太政官制**をやめて内閣制度を創設した。この制度により，**総理大臣**以下各省大臣が事務を分担して統一的に行政を行い，天皇を補佐することになった。初代首相は**伊藤博文**で，明治十四年の政変以来の流れで**薩長藩閥の色彩が強い**。

❸**政府と宮中の分離**　内閣制度の創設とともに，閣外に**内大臣**と**宮内省**を設置して，**伊藤博文**は初代の**宮内大臣**を兼任し，宮中改革を推進した。

1. **内大臣**…国璽(国の印鑑)と御璽(天皇の印鑑)を管理し，閣外にあって常に天皇を補佐した。
2. **宮内省**…他の行政官庁から独立させて，宮廷と華族のことを管掌し，閣外の宮内大臣が管理することにした。

❹**皇室財産の確立**　皇室財産を国家財産と分離し，機会あるごとに増加をはかった。こうして，天皇は日本最大の大資本家・大地主となっていった。★5

❺**軍隊の統制と近代化**　1882(明治15)年，**軍人勅諭**を出し，天皇の軍隊という性格を強調した。★6 また，1885(明治18)年ドイツより**メッケル**少佐を陸軍大学校教官として招き，軍制改革を指導させた。ここに，陸軍はフランス式からドイツ式に変わった。1888(明治21)年には**鎮台**(☞p.312)を廃して，平時から戦時同様の戦略単位の**師団**に改めた。

❻**地方制度の改革**　**山県有朋**は，地方制度の改革に着手し，1888(明治21)年に**市制・町村制**，1890(明治23)年に**府県制・郡制**を公布し，第二次世界大戦までの地方制度の基本をつくった。★7

補説　**新地方制度の内容**　1888年に公布された**市制・町村制**では，市会・町会・村会の議決機関の選挙は，地租もしくは直接国税2円以上を納める者のみに選挙権が与えられる制限選挙であった。1890年に制定された**府県制・郡制**のもとでの府県会・郡会の議員は，住民の直接選挙ではなかった。府県会の場合，選挙権は市会議員・郡会議員などにしかなく，被選挙権者は，直接国税10円以上を納める者とされた。したがって，地方自治といっても地主層中心のものであった。

★4 このとき，合計509人に華族令によってそれぞれ爵位が与えられた。

▼初代の内閣閣僚

大臣	氏名	出身
総理	伊藤博文	長州
内務	山県有朋	長州
外務	井上　馨	長州
大蔵	松方正義	薩摩
司法	山田顕義	長州
文部	森　有礼	薩摩
農商務	谷　干城	土佐
逓信	榎本武揚	幕臣
陸軍	大山　巌	薩摩
海軍	西郷従道	薩摩

★5 **皇室財産の増加**　維新当時10万円ほどであった皇室財産は，1888年に788万円，1891(明治24)年には1295万円と，当時の国家予算の約15%にまでふえた。このなかには銀行・会社の株券860万円がふくまれている。また，1872(明治5)年には600町歩だった皇室の林野は，1890年には365万町歩(当時の民有林は700万町歩)に達した。

★6 1880年から81年にかけて高まった自由民権運動に対抗するため，軍隊を議会と政治から分離しようとした。

★7 ドイツ人**モッセ**を顧問としたので，自治というよりも，ドイツの制度を模範とする中央集権的な官僚指導の性格が強かった。自由民権運動への対抗を示すものである。

2 立憲国家の成立と条約改正

〔帝国憲法と諸制度の整備〕
1880年代後半に伊藤博文ら藩閥政府の主導

① 伊藤博文の憲法調査 { グナイスト（ドイツ）・シュタイン（オーストリア）／井上毅・伊東巳代治・金子堅太郎 }
② 内閣制度の創設（1885年）…伊藤博文が初代首相
③ 宮中の政府からの分離…内大臣・宮内大臣
④ 地方制度の改革（山県有朋）…市制・町村制，府県制・郡制

SECTION 4 大日本帝国憲法の発布

▶ 1889(明治22)年，**大日本帝国憲法**が発布された。この憲法は，君主権(天皇の権限)や行政権(政府)の強いものであったが，制限つきで国民の権利も認められた。それは**自由民権運動**の力によるものが大きかった。また1890年代中には，各種の法典が公布・施行され，日本は，条約改正実現の資格を備えた法治国家の体制を整えた。

1 帝国憲法の性格と内容

❶**大日本帝国憲法の発布**　**1889**(明治22)**年２月11日**，**紀元節**★1の日を期して大日本帝国憲法(**明治憲法**)が発布された。これは，天皇が国民に与えるという形態の**欽定憲法**であった。当時の総理大臣は，**黒田清隆**であった(伊藤は，憲法草案を審議するためにつくった**枢密院**の初代議長となっていた(☞p.338)。

❷**帝国憲法の実態**　君主権(天皇権力)と行政権(政府権力)が強大な形式になっていたが，藩閥政府は，行政権を君主権と議会の権限よりも強くする運用を考えた。

❸**天皇の地位**　天皇は万世一系で神聖不可侵であるとされ，統治権を総攬した(**天皇主権**)。国務大臣および官吏の任命権，陸海軍の**統帥権**★2，宣戦・講和・条約締結権など，法的には強大な権力(**天皇大権**)をもった。

補説　**天皇の権限**　形式的には天皇の権限が強かったが，天皇が実際の政治に関与することは少なかった。政府を主導する藩閥官僚が，行政府の権限を保持するために，君主権の強い憲法にしたのである。毎年議会を開き，法律と予算は議会を通過する必要があるなど，天皇は憲法に制約された。また，同時に制定された**皇室典範**(☞p.342)にも制約されている。このように，天皇は２つの成文法を発布したことで，自分の意思で２つの成文法に制約される存在であることを明らかにした。

★1 **紀元節**　明治政府が定めた建国祝日。『日本書紀』の神武天皇即位の日を太陽暦にふりかえて**２月11日**とした。敗戦後の1948(昭和23)年に廃止されたが，1966(昭和41)年に**建国記念の日**として祝日になった。

★2 **統帥権**　憲法上は天皇大権として規定されていたが，実際の軍政では，平時には陸軍省と海軍省がそれぞれ陸・海軍の行政・人事の実権をもち，軍を統制していた。戦時には，陸軍参謀本部と海軍軍令部が作戦・指導の中枢として大きな力をもち，軍を動かした。

史料　大日本帝国憲法

第一条　大日本帝国ハ万世一系ノ天皇之ヲ統治ス
第三条　天皇ハ神聖ニシテ侵スベカラズ
第四条　天皇ハ国ノ元首ニシテ統治権ヲ総攬シ此ノ憲法ノ条規ニ依リ之ヲ行フ
第八条　天皇ハ公共ノ安全ヲ保持シ又ハ其ノ災厄ヲ避クル為緊急ノ必要ニ由リ帝国議会閉会ノ場合ニ於テ法律ニ代ルベキ勅令ヲ発ス
第十一条　天皇ハ陸海軍ヲ統帥ス
第二十条　日本臣民ハ法律ノ定ムル所ニ従ヒ兵役ノ義務ヲ有ス
第三十七条　凡テ法律ハ帝国議会ノ協賛ヲ経ルヲ要ス
第四十一条　帝国議会ハ毎年之ヲ召集ス
第五十五条　国務各大臣ハ天皇ヲ輔弼シ其ノ責ニ任ス　『法令全書』

視点　維新後20数年にして，日本は**立憲国家**になったが，イギリスの立憲君主制と比べ，条文上は天皇の権限が強く，議会の権限が弱い。天皇の権限は**天皇大権**とよばれ，第8条で条件付だが，法律にかわる**緊急勅令**を出すこともできた。天皇の権限としての**統帥権**の名の下に内閣や議会は軍隊への関与を拒否されていった。しかし，第37条は，法律は帝国議会で可決されなければならず，第41条で帝国議会は毎年開くことを規定し，第55条で，天皇は国務大臣の補佐のもとで政治を行うことを規定している。このように，天皇も憲法で制約された存在であった。なお，首相の各大臣への指導権は憲法に明示されなかった。

❹**帝国議会の構成**　議会は**帝国議会**といわれ，国民の一部が選挙した議員からなる衆議院と，皇族・華族や，天皇が決めた勅選議員などからなる**貴族院**★3との**二院制**であった。

❺**帝国議会の特色**　衆議院に**予算案の先議権**があるほかは，貴族院と同じ権限をもっていた。その権限は，法律案・予算案の審議が中心で，議会の召集・停会・解散権は天皇に属していた。

❻**内閣の特色**　内閣は**天皇に対してのみ責任を負い，天皇大権を代行する行政府**の権限が強い。議会とは無関係に内閣が組織されることが原則であったが，憲法には政党内閣を否定する条文はなく，1925(大正14)年から1932(昭和7)年までは，政党内閣の慣例が定着した★4。

❼**国民の地位**　国民は，天皇の統治をうける**臣民**とされ，国民主権は認められなかった。基本的人権の保障は，「**法律ノ範囲内ニ於テ**」という制限がつけられた。

補説　**司法の問題**　大日本帝国憲法では，「司法権ハ天皇ノ名ニ於テ法律ニ依リ裁判所之ヲ行フ」とされていた。つまり，司法権も天皇の大権の一部であったので，裁判批判はほとんど不可能であった。また，司法大臣の権限が大きく，司法権の独立が不十分であった。

注意　統帥権は，軍隊の最高指揮権のことである。統師権としないように注意しよう。

★3 貴族院議員は，皇族・有爵議員(伯爵以下は互選)，勅選議員のほか，多額納税者議員などからなった。

★4 当初弱かった議会の権限が強まっていくのは，国民の意識の高まりに加え，藩閥政府が軍備拡張予算などの実現をはかるのに，衆議院・貴族院両院の承認が必要だったからである。こうして藩閥政府は，衆議院の意向にも配慮するようになった。

2　立憲国家の成立と条約改正

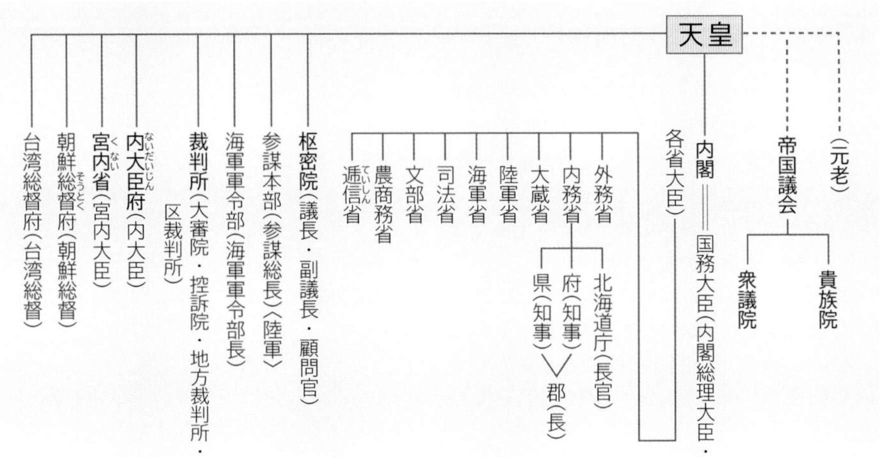

▲明治末期のおもな政治組織 (　　)内は長官または構成員。

2 諸法典の編修

❶皇室典範の制定 大日本帝国憲法と同時に制定された皇室典範には，皇位継承・即位など皇室に関することが定められ，皇室関係事項は議会の権限外とされた。

❷刑法の制定 1882(明治15)年には，フランス人ボアソナードを法律顧問として，**刑法**と治罪法が施行された(公布は1880年)。また1889(明治22)年，治罪法にかわるものとして**刑事訴訟法**ができた。

❸民法の制定

1. **ボアソナードの民法**…民法については，参考にする旧法典がなかったので，フランス人**ボアソナード**に起草を命じた。彼は，フランス民法をとりいれた草案をつくり，1890年に公布し，3年後に実施と定められた。
2. **民法典論争**…ボアソナードの民法は，日本の家族制度を破壊するという論争(**民法典論争**)を起こし，施行は延期された。やがて，反対論者の穂積陳重らが新民法を起草し，この民法が1898(明治31)年から実施された。★5

法典名	公布年	施行年
刑法●	1880	1882
治罪法	〃	〃
大日本帝国憲法●	1889	1890
皇室典範	—	1889
刑事訴訟法●	1890	〃
民事訴訟法●	〃	1891
民法●	〃	延期
商法●	〃	延期
(修正)民法	1896·98	1898
(修正)商法	1899	1899

▲おもな法典の制定(●は六法)

参考 **裁判所構成法の制定** 裁判所構成法という法律は，1890(明治23)年に施行された。裁判所を，大審院・控訴院・地方裁判所・区裁判所に分け，それぞれの組織と管轄を定めた。

参考 **大日本憲法と皇室典範の説明文の公表** 両法典の制定後，伊藤博文個人の著作という形で，条文とその説明文が出版された。したがって，皇室典範は形式上は公布されていないが，公布されたのと同様である。

★5 ボアソナードの民法は，夫婦中心の家族構成をもとにしていた。このため，東京帝大教授の**穂積八束**(陳重の弟)らは「民法出デテ忠孝亡ブ」と反対論を唱え，結局，**家長権の強い民法**につくりなおすことになった。

❹**民法の内容**　一家の家長である戸主の権限(**戸主権**)を強化して家督相続を重視するなど，家族制度の維持を重視した。このため，近代的家族生活の展開は抑えられた[★6]。

❺**商法の制定**　商法は，1890(明治23)年に公布されたが，これも日本の商慣習にあわないと批判された。このため，施行が延期，1893(明治26)年に一部実施され，ドイツ人ロエスレルの努力で，1899(明治32)年から施行された。

★6　戸主を筆頭として，戸籍に記された複合大家族を「**家**」とした。財産相続は，戸主の長男が全財産をうけつぐ**家督相続**とし，戸主は家族を扶養した。とくに女性は結婚によって夫の「家」にはいり，私有財産を夫に管理され，親権も認められず，差別をうけた。

[諸法典の整備]　1890年代末，近代日本の法体系が一応完成

① 大日本帝国憲法の発布(1889年)…黒田清隆内閣，欽定憲法

② 大日本帝国憲法の内容…天皇主権。天皇大権を代行する行政府の優位，二院制(衆議院と貴族院)

③ 民法の制定…フランス風民法(ボアソナード)→民法典論争→ドイツ風民法

SECTION 5　議会政治の発展

▶ 帝国議会が開かれると，政党が再建され，**民党**といわれた。藩閥政府は**超然主義**を唱え民党の意見を軽視したので，清国や列強と対抗するための軍備拡張をめざす藩閥政府と民党とが対立した。日清戦争後は，政府も政党の力を認め，政府と政党の提携が進展した。

1　第1回総選挙と第一議会

❶**第1回衆議院議員総選挙**　1890(明治23)年7月に行われた。選挙権は，**満25歳以上の男性で直接国税15円以上**を納める者に限られた**制限選挙**[★1]であった。有権者は地主階層を中心として45万人，**全人口の約1%**にすぎなかった。

★1　被選挙権は，**満30歳以上の男性**で，**直接国税15円以上**の納入者に与えられた。

❷**総選挙の結果**　第一議会の議席数300のうち，民党(野党)とよばれた反政府派の諸勢力が171の多数を占めた[★2]。

補説　**反政府派の連合**　当時民党とよばれた野党は，板垣退助らのつくった愛国公党，河野広中らのつくった大同倶楽部，大井憲太郎ら旧自由党左派が再建した自由党など旧自由党系諸派，および大隈重信を背景とする**立憲改進党**などであった。山県有朋内閣は民党系の大連合を妨害するため，**集会及政社法**を制定して政社の連合を禁じた。しかし，旧自由党系諸派は**立憲自由党**をつくって議会にのぞんだ。

★2　第一議会開会時の勢力は次の通り。
①**民党**…立憲自由党130，立憲改進党41。
②**政府系の吏党**…大成会79。
③**その他**…中立，政府支持派50。

❸**議会にのぞむ政府の態度**　政府は，議会の特定政党と支持関係をもたず，政党の外に超然とした内閣を組織する，という超然主義をとった。

❹第一議会での対立　山県有朋首相は，施政方針演説で軍備拡張を主張した[★3]。政府の超然主義に反対の民党は，「**政費節減・民力休養**(地租の軽減)」を主張，予算委員会において政府提出予算案の約1割を削減し，議会の権限を確保しようとした。

❺政府の対策　山県内閣は，立憲自由党員20余名を買収し，本会議では削減幅を小さくすることで妥協し，予算案を可決成立させた。こうして第一議会は無事終了した。

補説　**条約改正と妥協**　政府は，条約改正を成功させるため，欧米列強に日本がアジアで最初の本格的な立憲国家になったことを見せようとし，第一議会の解散による混乱をさけようとした。民党側の議員にも同様に考える者がいた。これが，植木枝盛・片岡健吉ら民権運動の闘士が政府との妥協に応じた理由である。中江兆民は妥協に怒り，議員を辞任した。

★3　**主権線と利益線**
山県有朋首相は，「主権線(国境)」と，その安全にかかわる「利益線」として，朝鮮における日本の勢力確保を主張した。

参考　**星亨の自由党改組**
第一議会では，代議士以外の自由党員が，暴力的に自由党代議士に圧力をかけた。このあと，立憲自由党は，**星亨**の指導のもとに大会を開いて**自由党**と改称した。星は，党則を改め，代議士中心の近代的な政党に発展させた。

◀帝国議会のようす

史料　黒田清隆首相の超然主義演説

今般憲法発布式を挙行ありて，大日本帝国憲法及び之に附随する諸法令①を公布せられたり。謹みて惟ふに，明治十四年十月，詔②を下して二十三年を期し，国会を開く旨を宣言せられ，爾来③，政府は孜々として④立憲設備の事を務め，昨年四月枢密院設立の後は，直に憲法及諸法令の草案を同院に下され，……唯だ施政上の意見は人々其所説を異にし，其の合同する者相投じて団結をなし，所謂政党なる者の社会に存立するは亦情勢の免れざる所なり。然れども政府は常に一定の方向を取り。超然として政党の外に立ち，至公至正の道に居らざる可らず。……

『大日本憲政史』⑤

注釈　①衆議院議員選挙法・貴族院令・皇室典範をさす。②明治十四年の政変で出された**国会開設の勅諭**(☞ p.333)。③それ以来。④励むようす。⑤反藩閥の立場の大津淳一郎の著。幕末からの政治史で，1927～28(昭和2～3)年の刊行。

視点　1889(明治22)年2月12日の**黒田清隆**首相の演説である。西欧の実情や自由民権運動から，藩閥勢力といえども，政党の存在を否定できなかった。政党の存在を容認しつつ，政党の動向に左右されず，政府はその上に立つ，というのが**超然主義**の立場である。

史料 山県有朋首相の「主権線」と「利益線」の演説

予算歳出額の大部分を占むるものは陸海軍に関する経費とす。……蓋し国家独立自衛の道は，一に主権線を守禦し，二に利益線を防護するに在り。何をか主権線と謂ふ。国疆①是なり。何をか利益線と謂ふ。我が主権線の安全と緊く相関係するの区域是なり。凡そ国として主権線を守らざるはなく，又均しく其利益線を保たざるはなし。方今列国の際に立ち，国家の独立を維持せんと欲せば，独り主権線を守禦するを以て足れりとせず。必や亦利益線を防護せざる可らず。……故に陸海軍の為に巨大の金額を割かざるべからざるの須要②に出るのみ。

『大日本憲政史』

注釈 ①国境に同じ。②重点。

視点 1890(明治23)年11月召集された最初の議会に，政府が提出した予算案の最大の眼目は，**陸軍と海軍の軍備拡張**であった。山県首相は，その理由を，日本1国の独立を守るには「**主権線**」だけでなく，「**利益線**」である**朝鮮半島**に勢力を伸ばさなければならないのだから，それに対応できる軍備拡大が必要だと力説した。

2 日清戦争前の藩閥と民党の対立

❶**第二議会での対立** 山県内閣をついだ**松方正義内閣**は，政府提案の軍艦建造費と製鋼所設立費をけずろうとする**民党**を抑えるため，議会を解散した。海相**樺山資紀**の**蛮勇演説**★4が有名。

❷**第２回総選挙と結果** 1892(明治25)年２月の第２回総選挙では，**松方正義内閣**は民党を抑えるため，内相**品川弥二郎**を筆頭に**はげしい選挙干渉**を加えた★5。それでも，民党は多数を占めた。

❸**内閣総辞職と民党のジレンマ** 松方内閣は，選挙干渉とその処分について閣内に意見の対立があり，第三議会での予算成立後，総辞職した。こうして，議会の支持を得ない超然内閣の危機が深刻になった。また，民党内部にも，貴族院の反対で地租軽減を実現できないという問題が認識された。

★4 **樺山資紀の蛮勇演説** 海軍の腐敗を批判された海相**樺山資紀**が，明治維新以来の功績を主張し，民党を批判した演説。議場は大混乱におちいり，解散のきっかけとなった。

★5 第２回総選挙は，政府の選挙干渉によって流血の総選挙といわれた。選挙干渉とは，政府が与党候補を有利にするため警察権力・金銭を利用して選挙に干渉を加えることをいう。この選挙では，死者25名，300名以上の重傷者を出した。

▼**初期議会の展開** 内閣の(Ⅰ)は第１次，(Ⅱ)は第２次を示す。

議会	期間	内閣	民党議席	議会の内容など
第一議会	1890.11～91.3	山県(Ⅰ)	171	政府の超然主義と民党の予算削減→政府の買収工作
第二議会	1891.11～91.12	松方(Ⅰ)	153	軍事予算削減→解散(→総選挙→選挙干渉)
第三議会	1892.5～92.6	〃	163	軍事予算削減→内閣総辞職
第四議会	1892.11～93.2	伊藤(Ⅱ)		軍事予算削減→詔勅で解決
第五議会	1893.11～93.12	〃		条約改正問題で紛糾→解散(→総選挙)
第六議会	1894.5～94.6	〃		条約改正問題で内閣弾劾→解散(→日清戦争)

❹第四議会での対立　民党の攻勢に危機感を深めた**伊藤博文**(ひろぶみ)は，山県有朋・**黒田清隆**(くろだきよたか)・井上馨(かおる)などの有力者を集め，**第2次伊藤内閣**をつくった。民党がふたたび軍艦建造費をけずると，伊藤内閣は天皇に頼り，**詔勅**(しょうちょく)★6できりぬけた。こうして，天皇の調停もあり政治の大きな混乱をさけることができた。

❺第五・第六議会での新たな対立　この両議会では，**条約改正問題**が対立の中心となった。野党の中心となった**立憲改進党**などは**対外硬派**を形成し，政府の条約改正姿勢をはげしく攻撃した。対外硬派は，治外法権(ちがいほうけん)撤廃，関税自主権獲得の**完全な条約改正と内地雑居反対**(ないちざっきょ)(外国人が国内に混住することに反対)を唱え，**陸奥宗光**(むつむねみつ)外相の条約改正交渉を困難にさせた。そこで伊藤内閣は，その危機を乗り切る必要からも日清開戦に積極的となった。対外硬派は開戦とともに熱烈な政府支持に変わり，陸奥外相の条約改正もうけいれられた。

★6「和協の詔勅」といわれるもので，天皇も建艦のため資金を出し，官吏も俸給の10%を出すから，議会は政府に協力せよ，という内容であった。

参考　**軍艦建造費と民党**
政府は清国や列強に対抗するため海軍の大拡張を始めており，民党も清国や列強に脅威を感じていたので，海軍拡張自体は必要と見ていた。しかし，民党は藩閥政府が腐敗し国費をむだづかいしていると考え，地租軽減も望んでいたので，自ら政府に参加し，海軍の腐敗を粛正しなければ，建艦費は認められないとした。

注意　民党系でも対外硬派に結集する**立憲改進党**など反藩閥色の強い政派は，藩閥内閣との妥協を考える**自由党**と異なり，日本の国力を過信する傾向があり，それが強硬な条約改正要求となった。

POINT!
[初期議会]
藩閥(はんばつ)内閣と民党(みんとう)の対立→日清戦争開戦後の協力
① 第1回衆議院議員総選挙(1890年)…有権者は満25歳以上の男性で直接国税15円以上の納入者
② 第一議会…山県(やまがた)内閣，民党側の民力休養
③ 第2回総選挙(1892年)…松方(まつかた)内閣の選挙干渉

SECTION 6　条約改正

▶ 幕末に結ばれた**安政の五カ国条約**は**治外法権**(ちがいほうけん)**を認め，関税自主権をもたない不平等条約**であったが，1894(明治27)年にイギリスとの間で治外法権の撤廃・関税自主権の部分回復に成功し，その後1911(明治44)年には**関税自主権の獲得**に成功した。

1 条約改正の努力

❶安政の五カ国条約の問題点

1 **治外法権の問題**(ちがいほうけん)…**治外法権を認めた**ため，外国人が日本で罪を犯しても，領事が自国の法律で裁判するから，軽い処分ですまされることが多かった。治外法権は領事裁判権ともいう。

2 **関税自主権の問題**…**関税自主権をもたない**ため，日本が輸入品に自主的に課税できなかった。それで関税収入が少なく，国内産業を保護しようとしても，困難であった。

参考　**岩倉具視**(いわくらともみ)**の条約改正の下交渉**　明治政府は，1871(明治4)年に岩倉具視を大使とした一行を欧米に派遣して，条約改正の下交渉を試みた。しかし，列強は近代化の進んでいない日本の要求を，まともに取り上げなかった。

❷寺島宗則の交渉　外務卿寺島宗則は，世界的な保護関税の動きと，日本の入超に苦慮して，1876(明治9)年から**関税自主権の回復**を第一目標として交渉を始めた。★1 しかし，1878(明治11)年に**アメリカ**とは調印までいったが，当時の世界最強国である**イギリス**は強く反対し★2失敗した。

❸井上馨の条約改正案　寺島のあとをついで外務卿(1885年から外務大臣)に就任した**井上馨**の改正案は，①関税率を引き上げる，②外国人の**内地雑居**(国内での自由な移動と居住など)を認める，③期間を限り，日本の裁判所に**外国人判事**(裁判官)を任用する，などであった。

❹井上馨の交渉方法　日本の近代化を印象づけるため，**欧化主義政策**を進めた。1883(明治16)年，東京の日比谷に国際社交場として洋風の**鹿鳴館**を建設し，各国外交官を招いて，毎夜のように西洋式の舞踏会を催した。

　また，国別交渉は行わず，1886(明治19)年に列国代表を集めた条約改正会議を開き，秘密交渉とした。

◀**鹿鳴館での舞踏会のようす**　東京の日比谷に建てられた鹿鳴館は，イギリスの建築家**コンドル**の設計による。華族・資本家・政府高官の夫人や令嬢などに洋装させて，風俗・習慣の欧化の象徴となった。この時代を**鹿鳴館時代**という。

❺井上馨の交渉に対する反対　井上馨の条約改正に対しては各方面から反対の声があがった。

1. 法律顧問**ボアソナード**が，井上案は現行条約より亡国的だと批判したことが外部にもれ，改正案が広く知れわたった。
2. 鹿鳴館に見られる極端な欧化政策に対する反感が広がった。
3. おりからの**ノルマントン号事件**(☞p.348)で，外国人判事に対する不信が広がった。

▲ノルマントン号事件

★1　日本には，まだ近代的法典が整備されていなかった実情から，治外法権の撤廃を求めるのは無理であると考えられた。

★2　イギリスは**清国との貿易を重視**しており，日本の条約改正を認めると清国から同様の要求が出ることをおそれた。

注意　**井上馨**と**井上毅**を混同しないように。井上馨は伊藤博文と親しい長州藩出身の最有力政治家で，条約改正などに努力した。一方，井上毅は伊藤博文の下で，大日本帝国憲法をはじめ多くの法律の起草に参与した。

注意　1887(明治20)年9月に，井上外相は辞職し，10月には，**言論集会の自由・地租軽減・外交失策の挽回**の3大目標で**三大事件建白書**が出された。しかし，12月には，**保安条例**で弾圧された(☞p.336)。

補説 **ノルマントン号事件** 1886(明治19)年，紀州沖(和歌山県)でイギリスの貨物船ノルマントン号が沈没した。船長はイギリス人のみを救助して日本人25名全員が水死した。この非人道的行為に対し，神戸のイギリス領事は海事裁判で船長を無罪とした。その後世論の高まりで，横浜領事館の審判で船長は禁固3カ月に処せられたが，賠償は認められなかった。国民の間からは，国家の主権の完全回復の声が高まった。

❻**井上馨の辞任** 井上案に反対する自由民権派は，**大同団結運動**(☞p.336)を起こし，憲法の制定と対等条約の締結を要求した。外交論争が憲法論争に転化することをおそれた井上外相は，1887(明治20)年，外相を辞任し，かわって1888(明治21)年，大隈重信が外相となった。

❼**大隈重信の交渉** 大隈重信は，井上案をうけついだが，井上案への批判を考慮し，**外国人判事を大審院に限って任用**しようとした。しかし，この案は違憲であるとの反対が強くなり，国粋主義者(対外硬派)の**玄洋社**の**来島恒喜**に爆弾を投げられ，片足を失って辞職した(1889年)。★3

❽**青木周蔵の交渉** 大隈のあとをうけた青木周蔵外相は，大隈案を修正して条約改正を実現させようとした。その要点は，外国人判事任用をやめ，**治外法権を撤廃**し，**内地雑居を認める**というものであった。

❾**イギリスの態度軟化** 青木案に対して，イギリスが好意を見せた。それは，ロシアの極東進出に対抗するものとして日本を利用しようとしたことによる。

❿**交渉の中断** 1891(明治24)年に起こった滋賀県大津での**大津事件**★4で，**青木周蔵**は外相を辞任し，イギリスとの交渉は中断された。

★3 秘密裏に進めた改正内容が**ロンドン＝タイムス**にもれ，国粋主義者(対外硬派)を刺激した。**玄洋社**は，**頭山満**を中心とした国粋主義の結社である。

★4 **大津事件** 来日中のロシア皇太子**ニコライ**が，大津で護衛の巡査(**津田三蔵**)に切りつけられた事件。政府(松方正義首相)はロシアとの戦争をおそれ，一時は津田三蔵の死刑を主張したが，大審院長**児島惟謙**は反対した。裁判の結果，津田は**無期刑**となった。児島はその後，行政権からの**司法権の独立**を守ったと主張した。

▲児島惟謙

2 条約改正の達成

❶**陸奥宗光の成功** 第2次伊藤内閣の外相となった陸奥宗光は，**1894**(明治27)**年**，**日英通商航海条約**の締結に成功した。主要な内容は次の2点で，1899(明治32)年に発効した。★5

1 **治外法権を撤廃する。**

2 **関税自主権を部分的に回復する。**

1と2の見返りに，内地を開放する(**内地雑居**)。

❷**条約改正の完全な成功** 第2次桂内閣の小村寿太郎外相が日露戦争の勝利を背景に交渉を進め，**1911**(明治44)**年**の改定交渉で**関税自主権を獲得**した。

★5 最強国**イギリス**の態度や，日清戦争での日本の勝利を見て，他の国もイギリスにならって，次々に治外法権を撤廃した。

注意 1858(安政5)年に**安政の五カ国条約**が結ばれて以来，平等条約が実現するまで約50年もかかった点に注意。

[条約改正交渉]

担当者	期間	改正案の概要	交渉経過
寺島宗則(てらしまむねのり)	1873〜79年	関税自主権の回復を第一とし，外国人の内地雑居(ないちざっきょ)を承認	アメリカは原則的に承認，イギリスの反対で失敗
井上馨(かおる)	1879〜87年	治外法権の撤廃と関税率の引き上げ，外国人を裁判官に任用，内地雑居を承認	イギリスが反対。欧化主義政策を採用。外国人判事任用問題で失敗。鹿鳴館(ろくめいかん)時代
大隈重信(おおくましげのぶ)	1888〜89年	井上案の継承。大審院(だいしんいん)に外国人裁判官任用。内地雑居の承認	各国別に極秘に交渉。大審院への外国人判事任用問題で失敗
青木周蔵(あおきしゅうぞう)	1889〜91年	治外法権撤廃。関税率の引き上げ。内地雑居承認。外国人裁判官は用いず	イギリスとの交渉を進めるが，大津(おおつ)事件で失敗
陸奥宗光(むつむねみつ)	1892〜96年	治外法権撤廃と関税自主権の部分回復	青木公使が日英通商航海条約の締結に成功。99年に実施
小村寿太郎(こむらじゅたろう)	1908〜11年	関税自主権の完全回復	まずアメリカ合衆国と交渉し，成功

TOPICS

イギリスとの条約改正交渉

外交交渉には，種々の要素がからみあって複雑な様相を呈(てい)することが，よく見られる。1894(明治27)年になってからのイギリスとの条約改正交渉も，その典型的な例である。

第五議会ならびにその後の総選挙でも，対外強硬を主張する野党が優勢であった。元勲(げんくん)内閣といわれた第2次伊藤内閣も危機に追いこまれ，**陸奥宗光**(むつむねみつ)外相はロンドンの**青木周蔵**(あおきしゅうぞう)公使に，「現在の危機を乗り切るためには，戦争か条約改正の成功しかない」という悲痛な手紙を送った。ところが，朝鮮の**甲午**(こうご)**農民戦争**(☞ p.351)をめぐる情勢が急転回し，日清間の緊張が高まった。イギリスは日本の軍事力を清(しん)国より上と評価しており，日本はついに治外法権を完全になくし，関税自主権を部分的に回復した**日英通商航海条約**の調印に成功した。7月16日の調印式の席上，イギリス外相は「この条約は，日本にとっては清国の大軍を敗走させたよりもはるかに大きい意味がある」と述べた。

こうして日本軍は朝鮮王宮を占領，7月25日には清国艦隊を奇襲し，**日清戦争**が始まる。

7 日朝関係の推移

▶明治初年以来，列強や日本は，朝鮮を開化の遅れた後進国とみなしていた。1880年代にはいると，将来のロシアの朝鮮侵入を警戒し，朝鮮を近代化して他国の侵入を防ごうと，日本の朝鮮への干渉の強化がさけばれた。

1 壬午軍乱・甲申事変

❶**壬午軍乱前の朝鮮国内の情勢** 朝鮮国内の政権をにぎっていた**閔妃**一派は日本にならって改革を進めるため，**開化派**をおこし，**金玉均**(親日派)らを中心にしだいに勢力を増した。★1 これに対し，国王の父**大院君**(**親清派**)一派の**守旧派**は，反発を強めていた。

❷**壬午軍乱** かねて閔妃の政治進出に不満であった大院君が，1882(明治15)年7月，軍隊の暴動を機に，軍隊の支持を得て起こしたクーデタである。漢城(ソウル)の日本公使館が襲撃された。**壬午事変**ともよぶ。

❸**壬午軍乱の結果** 日清両国は，朝鮮に軍隊を派遣したが，日本は清国の調停により朝鮮と**済物浦条約**(1882年)を結んだ。これにより，朝鮮は日本に賠償金を支払うこと，公使館護衛のため日本に駐兵権を認めること，などが定められた。★2

❹**壬午軍乱後の朝鮮国内の動向** 清国は閔妃一派を後援した。これに対し，金玉均ら改革派★3は**独立党**を結成して対抗したが，閔妃一派に圧せられた。

❺**甲申事変** 1884(明治17)年，独立党が日本と結んで政権をとろうとしたクーデタ。竹添進一郎公使の率いる日本軍の援護により一時王宮を占領したが，清国の派兵により2日間で鎮定された。日本公使館は焼き討ちされ，居留民に死傷者を出した。

❻**漢城条約と天津条約** 甲申事変に関して，1885(明治18)年に朝鮮と**漢城条約**，清国と天津条約を締結した。

1. **漢城条約**…朝鮮の謝罪と賠償金の支払いをとりきめた。
2. **天津条約**…伊藤博文が天津で李鴻章と交渉した。その内容は，朝鮮から日清両国軍の撤退，両国軍事教官派遣の停止，朝鮮への出兵には相互に事前通告すること，などである。★4

補説 **大阪事件** 甲申事変に際し，自由党急進派の指導者**大井憲太郎**らは，朝鮮で挙兵し，日本国民の対外エネルギーを国内改革に転用しようと考え，朝鮮へ渡航をはかったが，大阪や長崎で逮捕。

★1 王妃の閔妃は，閔氏一族の勢力を背景として，内政改革を進めようとした。

★2 そのほか，開港場を1港ふやすことも定め，日本の経済進出の道を広げた。

★3 **閔妃一派の転換** 朝鮮の改革派は，当初から日本の明治維新の近代化に注目していて，親日派が多かった。閔妃ら閔氏一族は，壬午軍乱のあと，国政改革推進から，清国の支援をうけた保守的政策に方針を転換した。しかし，金玉均は一貫して改革を主張した。

参考 **清仏戦争と甲申事変** ベトナム領有をめぐって，1884～85年に清国とフランスが争った(清仏戦争)。この状況を利用し独立党の**金玉均・朴泳孝**は時機到来とばかりに挙兵したのである(**甲申事変**)。

★4 **甲申事変後の朝鮮情勢** 天津条約で形式的には日本と清国の立場は平等になったものの，甲申事変で親日改革派が壊滅して日本の影響力は後退の一途をたどり，清国は軍事力強化を背景に，朝鮮支配を強めた。

2 列強の朝鮮接近と日朝貿易

❶**列強の朝鮮への接近** 日本では1880年代なかばになると，**ロシア**★5が朝鮮に侵入するという警戒感が強まった。また，1885(明治18)年，イギリス海軍が朝鮮海峡の巨文島を占領，1887(明治20)年まで居すわる事件も起きた(**巨文島事件**)。

★5 **ロシアとイギリスの対立** イギリスは植民地であるインド防衛をめぐりロシアと対立を深めており，日本は戦火が朝鮮に飛び火することをおそれた。

❷日朝貿易の問題点　対朝鮮貿易[★6]において，日本の輸入品は金と米が最重要品であった。朝鮮は1889(明治22)年に凶作にみまわれたので，朝鮮の地方官は，米穀(べいこく)や大豆(だいず)の搬出を禁止した防穀令(ぼうこくれい)を出して，日本商人の米穀輸出によって朝鮮に食料難が起こることを防ごうとした。日本政府は，防穀令を廃止させたうえで損害賠償(ばいしょう)を求め，1893(明治26)年までかかって交渉をし，朝鮮に賠償金を支払わせた(**防穀令事件**)。

★6　1890年ごろの日本の朝鮮への輸出額は，日本の総輸出額のわずか2%にも達しておらず，日本商品の輸出市場としての意味は，それほど大きくなかった。

[日朝関係の推移]
① 壬午(じんご)軍乱(1882年)…済物浦(さいもっぽ)条約
② 甲申(こうしん)事変(1884年)…漢城(かんじょう)条約(日本と朝鮮)・天津(てんしん)条約(1885年，日本と清(しん)国)
③ 防穀令(ぼうこくれい)事件(1889～93年)

SECTION 8 日清戦争

▶ 1894(明治27)年，朝鮮で**甲午(こうご)農民戦争**(**東学(とうがく)の乱**)が始まると，日本政府は，国内危機を乗り切り朝鮮を支配する好機と考えた。朝鮮への出兵を機に**日清戦争**が始まり，日本の勝利のうちに**下関(しものせき)条約**が結ばれたが，ロシア・フランス・ドイツの**三国干渉**が加えられた。

1 日清戦争の開始

❶甲午(こうご)農民戦争　1894(明治27)年2月，朝鮮では，**東学(とうがく)**[★1]を奉ずる一派の指導のもとに，全羅道(ぜんらどう)の農民が政府の圧政に抵抗して蜂起(ほうき)し，ソウルに迫る勢いを示した。これが**甲午農民戦争**で，**東学の乱**ともいう。

★1 **東学**　西学(カトリック)に対する呼称で，東洋の儒・仏・道教を根幹とした民衆宗教。**全琫準**(ぜんほうじゅん)(チョンボンジュン)が指導した。

❷日清両国の出兵　清(しん)国は，朝鮮政府から蜂起鎮圧のため出兵を求められて，これに応じた。日本政府も清国に対抗して出兵準備を進めた。**天津(てんしん)条約**に基づく清国の出兵通知が届くと，日本も出兵を通告し，陸軍を仁川(じんせん)(インチョン)に上陸させた。

❸日本の外交策謀　日本政府は，清国との戦争を覚悟しながら，清国に，共同で朝鮮の内政改革を行おうと提案した。これが拒否されると，単独で朝鮮政府に内政改革を要求し，なおも朝鮮に兵をとどめた。

参考　**金玉均(きんぎょくきん)(キムオッキュン)の殺害**　1894年3月，日本に亡命していた金玉均が，朝鮮の刺客に上海で誘殺され，遺体が漢城(ソウル)でさらしものになった。この事件は，日本の対朝鮮感情を悪くした。

補説　**開戦前の日清関係**　定遠(ていえん)・鎮遠(ちんえん)という東アジア最大の軍艦を備え，1880年代後半から軍事力に自信をつけた清国が，属国と見る朝鮮に日本の積極的な介入を認める気がないことは予想された。したがって，日本が朝鮮の内政改革を積極的に要求することは，清国が一方的に日本に屈服しない限り，日清開戦を意味した。

TOPICS

日清戦争の準備

壬午軍乱や甲申事変の反省の上に立って，海軍の大拡張計画が始められた。しかし，西南戦争で疲弊し松方財政で財政再建を行っている財政難の日本に比べ，清国の海軍拡張はめざましく，日本の海軍力は1880年代後半から1890年代初頭にかけて清国に対し劣勢となった。この間，陸軍は1888年**鎮台**を廃して**師団**を常時配置した。1889年には徴兵令を全面改定して戸主などの猶予を廃止し，国民皆兵がさらに徹底されるなど近代化が進展した。

1893年になると，すでにある陸軍の**参謀本部**に加え，海軍の**軍令部**も発足し，1894年には**大本営**(東京，のち広島も)も設置された。

▲東アジアの国際関係(ビゴー)

フランス人のビゴーは，日本と清が朝鮮(魚)をつろうとしており，ロシアがそれを横取りしようとしていると見た。現実には，ロシアは清国が強いと錯覚しており，日清戦争で清国が日本に敗北するまでは，朝鮮進出を考えていなかった。

❹**日清戦争の開始**　1894(明治27)年7月25日，日本海軍が豊島沖で清国艦隊を奇襲し，戦端が開かれた。宣戦布告は8月1日。

❺**日清戦争の経過**　日本の連合艦隊は，**黄海海戦**で清国の北洋艦隊を破り，陸軍もまた山県有朋・大山巌の指揮で満洲・山東半島に進撃し，北京にも迫ろうとした。清国は和平を求め，日本の勝利となった。

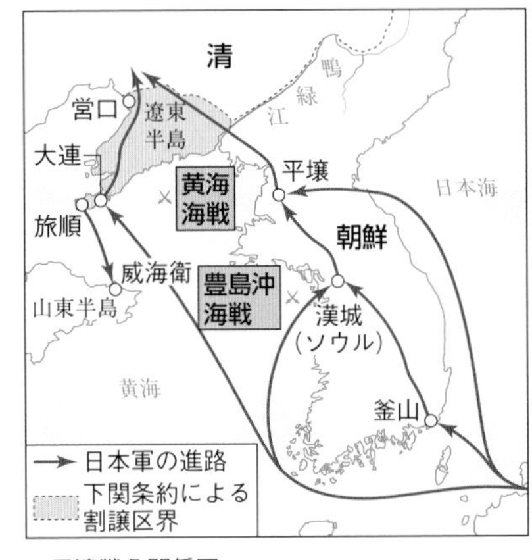

▲日清戦争関係図

補説　**戦争中の対朝鮮政策**　日清開戦前から日本政府は朝鮮政府に対し，清との宗属関係を破棄することなどを要求し(7月20日)，それがうけいれられないと日本軍は朝鮮政府を軍事的に支配した(7月23日)。戦争が始まると，日本政府は，軍の移動に便利なように交通・通信の整備をすることとし，朝鮮と攻守同盟を結んだ。こうして日本軍は物資・兵員の輸送や食料について便宜を与えられた。さらに内政改革の実行を迫ったが，朝鮮側の抵抗(サボタージュ)で成功しなかった。

注意　日清戦争が始まると，議会は一致して戦争を支持した。このように，国民の大陸膨張熱は高かった。

2 下関条約と三国干渉

❶**下関条約の締結**　1895(明治28)年3月，下関で日本側全権伊藤博文首相・陸奥宗光外相と，清国側全権李鴻章との間に講和会議が開かれた。そして翌4月，下関条約が結ばれた。

参考　**『蹇蹇録』**　陸奥宗光の著書『蹇蹇録』は，日清戦争や三国干渉などを回顧した貴重な史料である。

❷下関条約の内容

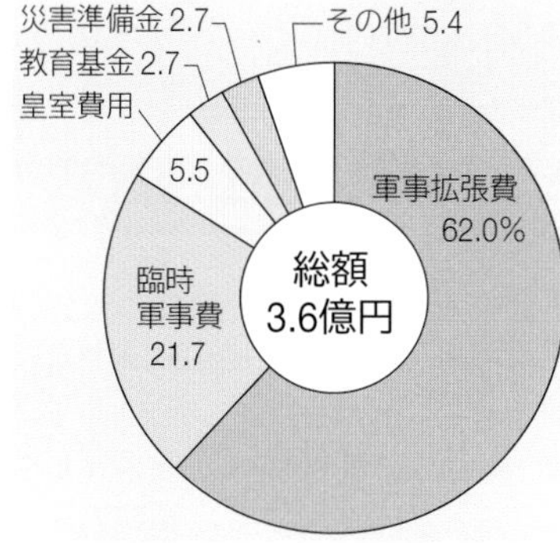

▲日清戦争の賠償金の使途

1. 清国は，**朝鮮の独立を承認**する。
2. 清国は，日本に**遼東半島**および**台湾**★2・**澎湖諸島**を割譲する。
3. 清国は，日本に**賠償金2億両**★3を支払う。
4. 清国は，欧米諸国と結んだ不平等条約を基準とした**日清通商航海条約**を結び，また日本に**最恵国待遇**を与える。
5. 新たに**沙市・重慶・蘇州・杭州**を開市・開港する。

❸三国干渉　下関条約締結の6日後，満洲への進出をねらったロシアは，フランス・ドイツを誘い，日本の遼東半島領有は東洋の平和に有害であるとして，清国に返還することを申し入れた。

❹三国干渉に対する日本の対応　イギリスは中立を宣言したが，独力で3国に対抗する力のなかった日本は，**遼東半島**を手放したかわりに，清国から3000万両の代償を得た。国内では，藩閥政府批判の声が高まったが，**臥薪嘗胆**★4の合言葉で，官民一致して軍備拡張をはかった。

❺日清戦争の影響

1. 巨額の賠償金と新市場の獲得により**産業革命が進展**し，貿易が拡大して**金本位制**が確立した(☞p.364)。
2. アジアの強国と認められ，**条約改正**も進んだ(☞p.348)。
3. 清国にかわり，ロシアが朝鮮に政治介入を強めたので，本来の目的であった朝鮮の政治的支配は達成できなかった。★5

★2　台湾では1895(明治28)年5月，日本の支配に反対して住民が蜂起したが，日本軍に鎮圧された。日本は，台湾統治のため，**台湾総督府**を設置した。

★3　2億両は，当時の約3億1000万円。これに遼東半島還付の代償3000万両を加えると，賠償金の合計は2億3000万両(邦貨にして約3億6000万円に相当)となる。このころ一般会計予算は年額約1億円で，戦費は約2億円だったので，日本は約1億円の利益を得た。

★4　**臥薪嘗胆**　薪の上に寝たり，胆をなめたりすること→苦しみを耐えしのんで仇を討つ，という意味である。

★5　三国干渉後，朝鮮では親ロシア派の**閔妃**(ミンビ)一派が政権をとり，日本の影響を排除しようとしたので，1895年10月，**三浦梧楼**公使らは閔妃を殺害した(**閔妃殺害事件**)。しかし，真相が列強や朝鮮に知れわたり，朝鮮における日本のロシアに対する政治的劣勢は明らかとなった。

[日清戦争]　朝鮮支配をめぐる日清間の戦争

① 日清開戦(1894年)…甲午農民戦争(東学の乱)がきっかけ
② 下関条約(1895年)…〈全権〉伊藤博文・陸奥宗光と李鴻章
　〈内容〉朝鮮の独立，遼東半島・台湾の割譲，
　賠償金2億両(約3.1億円)
③ 三国干渉(1895年)…ロシア・フランス・ドイツ，遼東半島の返還
④ 日清戦争の結果…産業革命の進展，金本位制の確立

☑ 要点チェック

CHAPTER 2 立憲国家の成立と条約改正		答
□ 1	自由民権運動の思想を支えた外来思想は何か。	1 天賦人権説
□ 2	1874年，板垣退助らが議会の開設を求めて提出した意見書を何というか。	2 民撰議院設立の建白書
□ 3	大阪会議の結果，設置された新しい議事機関は地方官会議と何か。	3 元老院
□ 4	1875年制定の言論などの弾圧を意図した法令は，讒謗律と何か。	4 新聞紙条例
□ 5	自由民権運動を弾圧するため，1880年に制定された法律は何か。	5 集会条例
□ 6	黒田清隆が開拓使官有物を払い下げようとした相手は誰か。	6 五代友厚
□ 7	明治前期の憲法草案を総称して何とよぶか。	7 私擬憲法
□ 8	福島事件で，県会議長の河野広中と対立した人物は誰か。	8 三島通庸
□ 9	1884年に関東地方で起こった，農民と自由党員の武装蜂起事件を何というか。	9 秩父事件
□ 10	自由民権運動を弾圧するため，1887年に制定された法律は何か。	10 保安条例
□ 11	伊藤博文が憲法理論を学んだウィーン大学教授は誰か。	11 シュタイン
□ 12	1888年，憲法審議のために設けられた機関を何というか。	12 枢密院
□ 13	憲法の制定にあたり助言したドイツ人法律顧問は，モッセと誰か。	13 ロエスレル
□ 14	1888年に地方制度にとりいれられた制度は何か(2つ)。	14 市制・町村制
□ 15	最初の民法制定に関係したフランス人法律顧問は誰か。	15 ボアソナード
□ 16	第1回衆議院議員総選挙の選挙資格は，どのような者に与えられていたか。	16 満25歳以上の男性で直接国税15円以上の納税者
□ 17	初期議会で，政府を支持した政党を総称して何というか。	17 吏党
□ 18	第一議会などで，民党が政府批判の際に唱えたスローガンは何か(2つ)。	18 政費節減・民力休養
□ 19	井上馨外務卿のとき東京日比谷に建てられた欧風の社交場は何か。	19 鹿鳴館
□ 20	井上馨外相のときに治外法権の不利を示した1886年の事件は何か。	20 ノルマントン号事件
□ 21	青木周蔵外相のときに起こったロシア皇太子襲撃事件は何か。	21 大津事件
□ 22	1894年，イギリスとの間で治外法権(領事裁判権)の撤廃と関税自主権の部分回復を実現した条約を何というか。	22 日英通商航海条約
□ 23	関税自主権の回復が実現したときの外相は誰か。	23 小村寿太郎
□ 24	日清戦争のきっかけとなった朝鮮での農民蜂起を何というか。	24 甲午農民戦争(東学の乱)
□ 25	下関条約での日本側全権は，伊藤博文と誰か。	25 陸奥宗光
□ 26	フランス・ドイツを誘い，日本の遼東半島領有に干渉した国はどこか。	26 ロシア

CHAPTER

3 » 立憲政治の発展と大陸進出

時代の俯瞰図

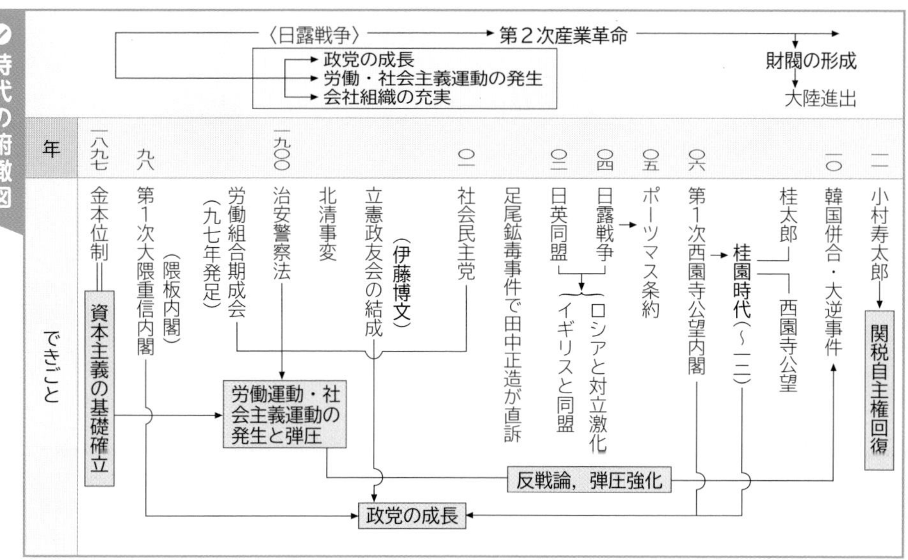

SECTION 1 立憲政治の発展

▶ 伊藤博文が創設した立憲政友会を背景に，日露戦争後に第１次西園寺公望内閣が成立し，以後数年の間，桂太郎と西園寺公望が交互に首相となる**桂園時代**が展開したように，政党勢力も伸長し，**政党政治の土台が形成された**。

1 政党の成長

❶藩閥政府と政党の提携　**第２次伊藤内閣**（☞p.346）は**自由党**と提携し，第九議会で軍備拡張を中心とする戦後経営予算を成立させた後，**板垣退助が内相として入閣した**（1896年4月）。ついで**第２次松方内閣**には，**進歩党**（旧立憲改進党など対外硬派で結成）から**大隈重信が外相として入閣した**（**松隈内閣**）。

補説　**内閣の維持と政党勢力との関係**　第２次松方内閣（松隈内閣）は，大隈重信が地租増徴に反対して辞職すると倒れた。次の**第３次伊藤内閣**も，**地租増徴案**で自由・進歩両党と対立し両党が合同して**憲政党**ができると，６カ月で倒れた。政党勢力の動向は，内閣の維持に大きな影響をもつようにまでなった。**伊藤博文**は，政府が頼みにできる政党をつくろうとしたが，超然主義に固執した**山県有朋**らは反対した。

参考　**元老**　天皇の最高顧問のこと。大日本帝国憲法では，天皇が後継首相を選択・任命することになっていた。しかし，実質的には，元老とよばれる**伊藤博文**・**山県有朋**・**黒田清隆**・井上馨・松方正義などの薩長の有力者が会合して**後継首相を選定**し，天皇に推薦して，天皇が任命することが慣例であった。この慣例は日清戦争後に定着したが，元老は1940（昭和15）年に**西園寺公望**の死によって消滅した。

❷**隈板内閣の成立** **憲政党**が衆議院で圧倒的多数を占めているため，元老内には政権をひきうける者がいなかった。そこで，大隈重信(旧進歩党)と板垣退助(旧自由党)の両者に組閣の命が下り，**大隈が首相**，**板垣が内務大臣**となった。1898(明治31)年，不完全ながら**日本初の政党内閣**である**第1次大隈重信内閣(隈板内閣)**が成立した。

❸**隈板内閣の崩壊** この内閣は，旧自由・進歩両派の対立がはげしく，**尾崎行雄**文相の**「共和演説」事件**[★1]に端を発した閣内対立のため，わずか4カ月で退陣した。憲政党は，旧自由党系の**憲政党**と旧進歩党系の**憲政本党**に分裂した。

❹**第2次山県内閣の政策** 第1次大隈内閣(隈板内閣)が倒れると，**第2次山県有朋内閣**が成立した。山県は，憲政党と結び，**地租増徴案**を成立させた。つづいて，**文官任用令の改正**[★2]，軍部大臣現役武官制[★3]など，一連の藩閥官僚支配強化策を実施した。また，選挙法改正に抵抗し，**選挙資格を15円から10円に引き下げる**にとどまり，治安警察法を発布したり**北清事変**(☞p.359)にも出兵した。

❺**憲政党の解党と立憲政友会の結成** 山県有朋と提携していた憲政党は，いったん解党し，**伊藤博文**の新党である**立憲政友会**に合流して，その主流勢力となった(1900年)。

補説 **立憲政友会創立の意義** **幸徳秋水**は「**自由党を祭る文**」を書き，憲政党(旧自由党系)が，藩閥最有力者の伊藤博文のもとにはせ参じたことを批判した。しかし，日清戦争後の産業革命の進展のなかで，社会の中核をなす地主層や商工業者層を中心とした国民は公共事業を求め，政策立案能力や政権担当能力のある政党を待望しており，政党は民権期以来のスローガンでは国民をひきつけられなくなっていた。憲政党は，このような国民の要望に対応しようとして，新党(政友会)に参加したのである。

❻**第4次伊藤内閣** 第2次山県内閣から政権をうけついだ第4次伊藤内閣は，政友会が結党直後で統一が不十分であったため，閣内不統一ではげしい対立が起こり，6カ月で退陣した。

❼**第1次桂内閣** 第4次伊藤内閣につづいて，1901(明治34)年に組閣した桂太郎(山県有朋系)は，**日英同盟**(☞p.360)を結び，**日露戦争**を勝ちぬいて4年半も政権を担当した。

2 桂園時代

❶**第1次西園寺内閣** 日露戦争後，第1次桂内閣をついだ**政友会**の**西園寺公望**は**鉄道国有化**・**南満州鉄道株式会社(満鉄)**

▲山県有朋

★1 **「共和演説」事件** 尾崎行雄が金権万能の世を批判し，かりに日本が共和制になれば，三井・三菱などの財力のある者が大統領になるだろうと演説したもので，不敬であると攻撃された。

★2 政府の試験に合格した者でなければ文官(高級官僚)になれないとして，これまでの高級官僚の自由任用を廃した。

★3 **軍部大臣現役武官制** 軍部大臣を現役の大将・中将に限定した。それまでは，建前として予備役でも大臣になれた。

参考 桂園とは，桂と西園寺をあわせた言い方である。桂太郎は長州の山県有朋系で陸軍出身。西園寺公望は公家の生まれだが，伊藤博文の後継者で政友会総裁，華族であった。

▼**明治期の内閣一覧**　(外)は外務，(内)は内務の各大臣で，交代した人物をふくむ。

首相	出身・提携	成立した年・月	主要閣僚	できごと
伊藤博文(Ⅰ)	長州	1885.12 (明治18)	(外)井上馨 (外)大隈重信 (内)山県有朋	1885　内閣制度(太政官制を廃止) 1887　三大事件建白運動 〃　保安条例(三大事件建白運動を弾圧) 1888　市制・町村制
黒田清隆	薩摩	1888.4	(外)大隈重信	1889　大日本帝国憲法の発布
山県有朋(Ⅰ)	長州・陸軍	1889.12 (明治22)	(外)青木周蔵	1890　府県制・郡制制(新地方制度) 〃　第1回衆議院議員総選挙→第一議会 〃　教育勅語(元田永孚・井上毅ら起草)
松方正義(Ⅰ)	薩摩	1891.5 (明治24)	(外)青木周蔵 (内)品川弥二郎	1891　大津事件(ロシア皇太子負傷事件) 〃　第二議会で政府と民党の対立激化 1892　第2回総選挙→政府の大選挙干渉
伊藤博文(Ⅱ)	長州 日清戦争後に 自由党と提携	1892.8 (明治25)	(外)陸奥宗光 (内)板垣退助	1893　第四議会，詔勅で妥協成立 1894　日英通商航海条約(治外法権を撤廃) 〃　日清戦争 1895　下関条約・三国干渉
松方正義(Ⅱ) (松隈内閣)	薩摩 進歩党と提携	1896.9 (明治29)	(外)大隈重信	1897　八幡製鉄所の設立→操業開始(1901) 〃　金本位制を実施
伊藤博文(Ⅲ)	長州	1898.1 (明治31)		1898　地租増徴案の否決→内閣総辞職 〃　憲政党成立(自由党と進歩党の合同)
大隈重信(Ⅰ) (隈板内閣)	佐賀・憲政党	1898.6 (明治31)	(内)板垣退助	1898　尾崎行雄文相の「共和演説」→内部対立で倒閣
山県有朋(Ⅱ)	長州 憲政党と提携	1898.11 (明治31)		1898　地租増徴案の成立 1899　文官任用令の改正 1900　治安警察法 〃　軍部大臣現役武官制の制度化 〃　北清事変→北京議定書(1901) 〃　立憲政友会成立(総裁伊藤博文)
伊藤博文(Ⅳ)	長州・立憲政友会	1900.10		1901　倒閣直後，社会民主党成立→すぐ禁止
桂太郎(Ⅰ)	長州・陸軍	1901.6 (明治34)	(外)小村寿太郎	1902　日英同盟→05改定，11改定，23廃棄 1904　日露戦争→ポーツマス条約(1905)
西園寺公望 (Ⅰ)	立憲政友会	1906.1 (明治39)	(内)原敬	1906　日本社会党成立(翌年解散) 〃　鉄道国有法(主要鉄道を国有化) 〃　南満洲鉄道株式会社(満鉄)設立
桂太郎(Ⅱ)	長州・陸軍	1908.7 (明治41)	(外)小村寿太郎	1910　韓国併合(朝鮮を日本に併合) 〃　大逆事件(社会主義運動を弾圧) 1911　条約改正の達成(関税自主権を回復) 〃　工場法(最初の労働立法)→施行(1916)
西園寺公望 (Ⅱ)	立憲政友会	1911.8 (明治44)	(内)原敬	1912　2個師団増設問題→第3次桂内閣

の設立などを推進し，また1906(明治39)年に結成された**日本社会党**を認める自由主義的な一面も示した(☞p.369)。しかし，恐慌で政策が行きづまり，山県らから社会主義運動への取締りの弱さを批判されて，第1次西園寺内閣は倒れた。

❷桂園時代　第1次西園寺内閣の成立後，**西園寺公望**と**桂太郎**が提携して交互に政権を担当した時代。この時代は，第2次西園寺内閣が**2個師団増設問題**で倒れて終わる。

❸第2次桂内閣　財政難の打開に努力し，**戊申詔書**を出して勤労と倹約を国民に訴え，各町村内の統一を強化して地方財政の再建をめざす**地方改良運動**を始め，また**韓国併合**(☞p.361)を進めた。しかし財政難は打開されず，社会不安は増大し，**大逆事件**(☞p.369)や**南北朝正閏問題**[★4]が起こった。

❹第2次西園寺内閣　行財政整理を中心に財政難を切り抜けようとしたが，陸軍が**2個師団増設**を強く要求したため，1912(大正元)年末に倒れ，**大正政変**のきっかけとなった(☞p.382)。

注意　桂園時代は表面上，第1次桂内閣の成立(1901年)から第3次桂内閣の倒壊(1913年)までに見えるが，桂内閣と政友会の提携は，第1次桂内閣末期にしか成立せず，実際には第1次西園寺内閣から第2次西園寺内閣までである。

　なお，政友会の実権は，のちに政友会総裁・首相となる**原敬**にあった。

★4 **南北朝正閏問題**　小学校の歴史の教科書が南朝と北朝を対等に記述していたのが問題とされた。政府は南朝を正統としていた。

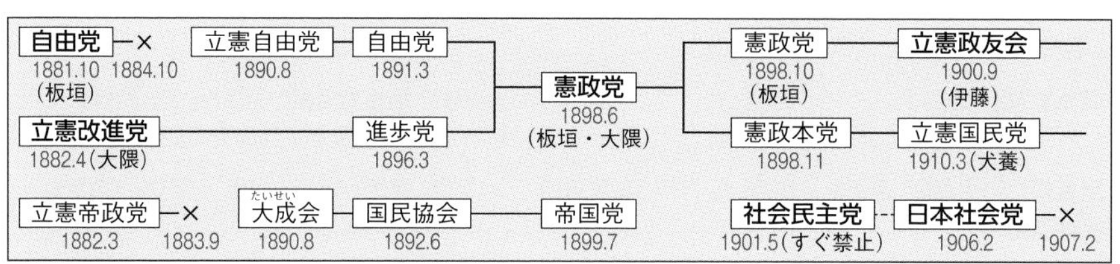

▲明治時代の政党の推移　×は解散を示す。

POINT!

[立憲政治の発展]

① 第1次大隈内閣(1898年)…隈板内閣(大隈首相・板垣内相)，憲政党
② 立憲政友会(1900年)…伊藤博文総裁・旧自由党系
③ 桂園時代…西園寺公望(政友会)と桂太郎(山県有朋系)，地方改良運動

SECTION 2 列強の中国分割と日露戦争

▶ **日清戦争**で清国が敗北すると，ヨーロッパ列強の中国分割が進み，その動きは，**北清事変**を契機にいっそう進展した。こうした情勢のなかで，大陸進出をめざす日本と，南下政策をとるロシアとの対立が深まり，1904(明治37)年に**日露戦争**が勃発した。

1 列強の中国分割

❶中国分割の開始　「眠れる獅子」といわれた清国が日本に敗れると，1898(明治31)年から列強の中国分割が始まった。

注意　1897年に朝鮮は，国号を**大韓帝国**と改めていたことに注意する。

❷**列強の勢力拡張**

[1] **ロシア**…**東清鉄道**敷設権，**旅順**・**大連**の25年間租借権，南満洲の鉄道敷設権などを得た。

[2] **フランス**…**広州湾**の99年間租借権を得た。

[3] **ドイツ**…ドイツ人宣教師が殺されたのをとらえ，**膠州湾**の99年間租借権，**山東半島**の鉄道敷設権・鉱山開発権などを得た。

[4] **イギリス**…**揚子江**(**長江**)沿岸の不割譲を約束させ，ドイツ・フランスに対抗して**威海衛**・**九龍半島**の99年間租借権を得た。

❸**日本の要求**　日本は，1898(明治31)年に台湾の対岸にあたる**福建省**の不割譲を約束させた。

❹**アメリカの対応**　1899年，国務長官ジョン=ヘイは，**モンロー主義**★1を放棄して，清国の**領土保全・門戸開放・機会均等**の3原則を提案し，アメリカの中国における発言権を得ようとした。

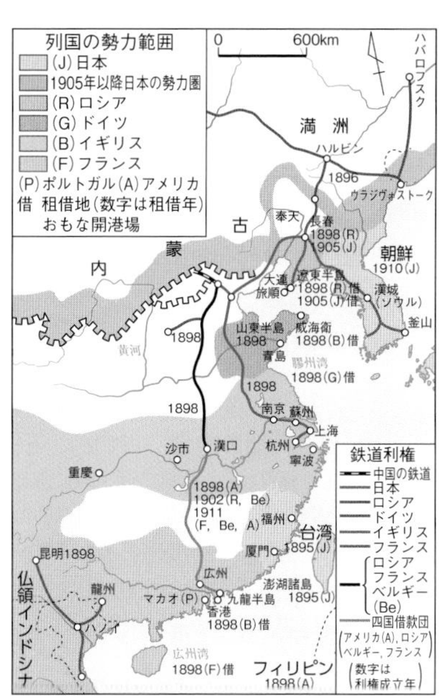

▲列強の中国分割

❺**義和団事件**　列強の侵略に対し，清国の宗教結社**義和団**★2は，1899年に「**扶清滅洋**(清朝を助け，西洋を滅ぼす)」を唱えて蜂起し，翌年には北京の各国公使館を包囲した。

❻**北清事変**　1900年，列強は協議のうえ，日本・ロシア軍を主力とする連合軍で義和団の蜂起を鎮圧した。清国は1901年，北京議定書で謝罪した。義和団蜂起に始まるこの北清事変によって，日本の東アジアでの発言力は強化された。

★1 **モンロー主義**　アメリカ大統領**モンロー**が，1823年に発したアメリカ大陸以外のことに干渉しないという外交原則。長くアメリカの外交原則となった。

★2 **義和団**　弥勒信仰を基礎とする白蓮教の一派。まじないを唱えるとわざわいを防ぐことができると教え，義和拳という拳法で弾丸も防げるとした。

★3 **満洲**　中国東北部の3省(遼寧省・吉林省・黒龍江省)をさす旧称。

2 ロシアと日本の対立

❶**ロシアの南下**　ロシアは，**朝鮮半島や満洲**★3**への南下政策**を進め，朝鮮の支配をめざす日本との対立を深めた。

[1] **ロシアの朝鮮進出**…日本が閔妃殺害(☞p.353)で朝鮮の民心の離反を招いている間，ロシアは朝鮮に勢力を増大した。日本は，**山県・ロバノフ協定**(1896年)，**西・ローゼン協定**(1898年)で朝鮮での日露の政治的地位の対等をかろうじて確保した。

[2] **ロシアの満洲進出**…ロシアは，**北清事変**を機に満洲を軍事占領し，事変後も撤兵しなかった。

❷**イギリスの対応**　ロシアの満洲支配に対抗するため，イギリスは日本との同盟を求めた。

❸日英同盟の締結　ロシアの満洲占領に対して，日本には2つの論が起こった。**伊藤博文**らはロシアとの対決をさける立場から**日露協商**の締結を主張した。これに対し，**山県有朋**や**桂太郎**首相・小村寿太郎外相らは，日英同盟を結んでロシアと対抗することを主張した。結局，**1902(明治35)年1月に日英同盟協約が締結**された。

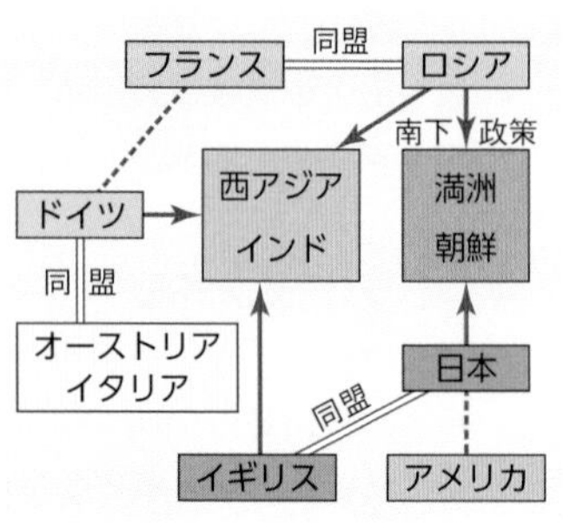

▲日露戦争前後の国際関係

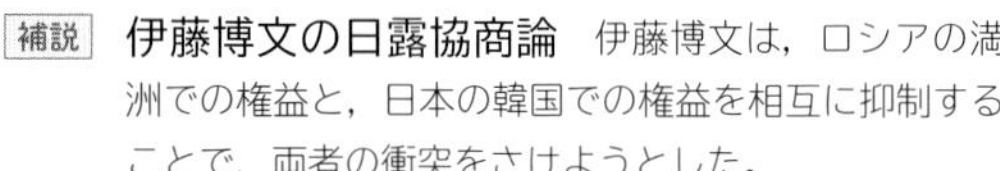
補説　**伊藤博文の日露協商論**　伊藤博文は，ロシアの満洲での権益と，日本の韓国での権益を相互に抑制することで，両者の衝突をさけようとした。

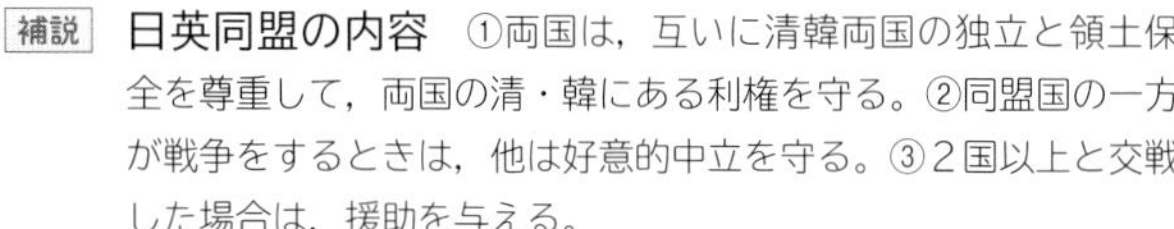
補説　**日英同盟の内容**　①両国は，互いに清韓両国の独立と領土保全を尊重して，両国の清・韓にある利権を守る。②同盟国の一方が戦争をするときは，他は好意的中立を守る。③2国以上と交戦した場合は，援助を与える。

❹日英同盟に対するロシアの対応　ロシアは，3回に分けて満洲から撤兵することを約束した。しかし，第1回撤兵を実行しただけで，以後は逆に南満洲に兵を増強した。★4

★4　ロシアの強硬策を見て，東大の**戸水寛人**ら7博士が対露開戦論を唱える(**七博士意見書**)など，日本国内で主戦論がもりあがった。一方，**キリスト教**の立場から**内村鑑三**らが，**社会主義**の立場から**幸徳秋水**・**堺利彦**らが戦争に反対した。

3 日露戦争

❶日露戦争の開始　1904(明治37)年2月8日，日本海軍は**旅順**のロシア艦隊を攻撃した。宣戦布告は10日になされた。

❷戦争の経過　陸軍は南満洲に進撃し，激戦の末，1905(明治38)年1月に**旅順**を陥落させ，3月に**奉天会戦**でロシア軍を敗走させた。同盟国のイギリスでさえ，開戦前はロシアの勝利を予想しており，日本の戦勝は幸運が重なったためである。この結果，5月に日本の連合艦隊(**東郷平八郎**司令官)は余裕をもって，遠来の**バルチック艦隊**との海戦に臨み，ほぼ全滅させた(**日本海海戦**)。

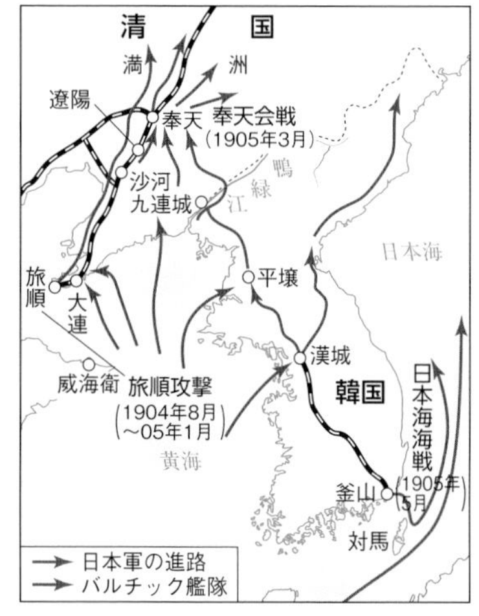

▲日露戦争関係図

❸日露のゆきづまり　日本は兵力や**外債**(イギリス・アメリカなど外国で発行する公債)にたよる戦費から見て，これ以上戦線を拡大する余裕がなかった。ロシアも，**革命運動**が激化し，戦争を終わらせたかった。

❹講和条約の締結　日本は，アメリカ大統領**セオドア=ローズヴェルト**に講和斡旋を依頼し，アメリカのポーツマスで講和会議が開かれた。1905(明治38)年9月，日本の小村寿太郎

参考　イギリスは，日露開戦を望まなかったが，ロシアが勝っても戦争で疲弊するなら，イギリスの国益になるとも考えた。

外相とロシアのウィッテとの間で，ポーツマス条約(日露講和条約)が結ばれた。

❺ポーツマス条約の内容　ウィッテは，日本の賠償要求などはかたく拒否し，次の4点で妥協した。

1. 日本の**韓国に対する一切の指導権**を認める。
2. **旅順・大連の租借権**，および**長春以南の東清鉄道**(**のちの南満洲鉄道**)**とその付属の利権**を日本に与える。
3. **樺太**の**北緯50度以南**を日本に割譲する。
4. 沿海州とカムチャツカ方面の漁業権を日本に与える。

❻日比谷焼打ち事件　多大な戦費[★5]がかかったにもかかわらず，ポーツマス条約で賠償金を得られなかったことなどの結果，桂内閣に対して**講和反対運動**が起こった。そして，1905(明治38)年9月には東京の**日比谷**を中心に，多数の警察署・交番が焼打ちされ，破壊された。

参考　**講和反対運動が起こった理由**　講和条約への反対は，日本の国力への過信，戦時の戦死などの犠牲や重税への不満，賠償金がとれなければ莫大な戦費をまかなうための戦時増税が継続されることへの不安，平素の官憲の横暴に対する怒りなどであった。

★5　**日露戦争の戦費**　総額は約17億円で，年間予算の6倍以上であった。そのうち約7億円を外債，約6億円を内債に依存し，約3億円が増税でまかなわれた。

[20世紀初頭のおもな条約]
① 列強の中国分割→義和団事件→北清事変(1900年)
② 日英同盟協約(1902年)…桂太郎内閣(小村寿太郎外相)
③ ポーツマス条約(1905年)…小村寿太郎外相・ウィッテ。韓国の指導権，旅順・大連の租借権，長春以南の鉄道→日比谷焼打ち事件(1905年)

日露戦争後の大陸進出

▶ 日露戦争後，日本は**財政難**となり，国民は重税に苦しんだ。対外関係では，日本はイギリス・ロシアなどの合意を得て1910(明治43)年，**韓国を併合**して大陸進出の基礎をかためた。

1 大陸政策と対外政策

❶韓国併合　日本は，日露戦争中から韓国への支配を強め，**第1～3次の日韓協約**(とくに，第2次日韓協約は**韓国保護条約**ともいい，統監府を置いた。初代統監は**伊藤博文**)。**1910**(明治43)年には**韓国を併合**して，**京城**(ソウル)に**朝鮮総督府**[★1]を置き，軍人の**総督**を任命した。初代総督は**寺内正毅**。

❷朝鮮に対する植民地政策　憲兵・警察機関を多くし，軍隊も置かれて軍事的・警察的支配による武断政治が行われた。また，学校で日本語が強要された。

❸満洲・関東州の経営　満洲では，戦前の宣言に反し，戦後

参考　**朝鮮人の義兵運動**　第3次日韓協約で韓国軍が解散させられると(1907年)，一部の旧軍人を中心に**義兵**(抗日ゲリラ)の活動がもりあがった(**義兵運動**)。

★1　日本政府は併合と同時に，韓国を旧称の**朝鮮**とよんだ。同時に漢城を**京城**に改めた(現ソウル)。

も陸軍が駐留して外国に開放せず，外国の抗議でようやく撤兵した。1906(明治39)年には旅順に**関東都督府**を置き，**関東州の管轄**や**南満洲鉄道株式会社(満鉄)の保護**にあたった。

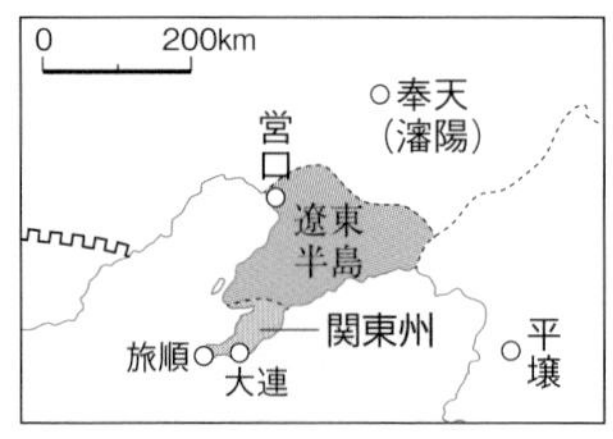

▲遼東半島の関東州

補説 **南満洲鉄道株式会社(満鉄)** ロシアから譲りうけた**東清鉄道**をもとに，1906年，**南満洲鉄道株式会社**を設立した。株式会社の形をとっていたが，公募は一部だけで，政府が半分を出資した**国策会社**であった。満鉄は鉄道経営だけでなく，撫順，煙台などの炭鉱，鞍山製鉄所なども経営した。そして，満鉄の警備には**関東都督府**(のち**関東庁**)があたり，満鉄の周辺は事実上，日本の植民地となった。初代の満鉄総裁は，台湾の民政長官から転じた**後藤新平**であった。

▼日本の対韓政策の推移(日露戦争～韓国併合)

協定・事件	年・月	内容
日韓議定書	1904.2	日露戦争遂行のための便宜供与を承認させ，内政干渉の自由を得た
第1次日韓協約	1904.8	韓国の外交権を制限し，財政の指導権をにぎる
第2次日韓協約	1905.11	外交権を奪う(**韓国保護条約**)。**統監府**を漢城(ソウル)に置き内政を指導。初代統監は**伊藤博文**
ハーグ密使事件	1907.6	韓国が，日本の内政干渉をハーグ**万国平和会議**に提訴(受理されず)
第3次日韓協約	1907.7	上の事件の処分として皇帝をかえ，内政の監督権を獲得
伊藤博文暗殺	1909.10	訪露途中の伊藤がハルビン駅で韓国人青年の**安重根**(アンジュングン)により暗殺
韓国併合条約	1910.8	韓国統治権を完全・永久に日本のものとし，**朝鮮総督府**を設けた。初代監督は**寺内正毅**

❹台湾の経営

日清戦争後の1895(明治28)年，日本は，台北に**台湾総督府**を設置し，鉄道・港湾の整備や**精糖業**の育成を進めた。その結果，日露戦争後には，台湾経営もいちおう軌道にのった。

参考 **アメリカの排日運動** アメリカでは日本人移民が，低賃金でアメリカ人労働者を圧迫するとして，日露戦争後に西部諸州で排日運動が頻発した。

▼20世紀初頭の日本の対外関係

	事項		年・月	おもな内容
米(アメリカ)	桂・タフト協定		1905.7	日本の**韓国支配**と，アメリカのフィリピン支配を相互に確認
	満鉄の日米合弁化提案(ハリマン計画)		1905.9	**満鉄**の経営にアメリカの鉄道資本を参加させようとして，日本に合弁会社とすることを提案。日本はこれを拒否して満鉄を独占
	高平・ルート協定		1908.11	両国の太平洋における現状維持を認めあい，対立を和らげようとした
	満鉄の中立化提案		1909.12	アメリカの満鉄中立化提案を，日本が拒否(1910年)→対立が深まる
露(ロシア)	日露協約(日露協商)	Ⅰ	1907.7	ロシアとの間に韓国・外蒙古の特殊権益を相互に確認
		Ⅱ	1910.7	アメリカによる満鉄中立化案を阻止するため，日露両国の満洲・内外蒙古における勢力の現状維持と，鉄道権益確保の協力を規定
		Ⅲ	1912.7	中国の**辛亥革命**に対応して外蒙古独立に対するロシアの支援や，内蒙古の利益範囲を両国で分割することを約束(一部密約)
仏	日仏協約		1907.6	両国のアジア大陸における権益や領土を相互に承認
英	日英同盟改定		1905.8	適用範囲を**インド**におよぼし，イギリスは日本の韓国支配を承認

[朝鮮の植民地化]

① 第2次日韓協約(1905年)…韓国の外交権を奪う
　　　　　　　　　　　　　統監府(初代統監は伊藤博文)
② 第3次日韓協約(1907年)…ハーグ密使事件→韓国の内政権を奪う
③ 韓国併合(1910年)…朝鮮総督府(初代総督は寺内正毅)
④ 南満洲鉄道株式会社の設立(1906年)

4 産業革命と社会問題

▶ 日本の資本主義は，**官営工場の払い下げ**(☞p.323)により民間の産業活動がようやく活発になり，**日清戦争後**に，紡績・製糸などの**軽工業**部門で，**産業革命**が大きく進展した。産業の発展を基礎に**金本位制**が採用され，**資本主義の基礎が確立**したが，それと同時に**社会問題**も発生した。また，**寄生地主制**も確立した。

1 近代都市の形成

❶**東京の人口回復**　江戸時代後半に江戸の人口は100万人をこえていたが，幕府が倒れ，武士が没落したので，明治維新後には，50万人ほどにまで減少した。しかし，1880年代後半には，ふたたび100万人をこえた。

❷**東京市区改正事業**　東京の人口は回復したが，人口が密集し，飲料水の水質も悪かったので，伝染病の流行がはげしく，大火もたびたび起こった。そこで，1888(明治21)年に**東京市区改正条例**が公布され，30年間にわたり**東京市区改正事業**がつづけられた。その内容は，道路を拡張し，市街鉄道を敷設し，上水道や下水道などを整備して近代都市をつくることであった。

❸**近代都市の広がり**　大阪市・京都市などでも，日露戦争後に，東京市のような都市整備事業が本格的に展開した。

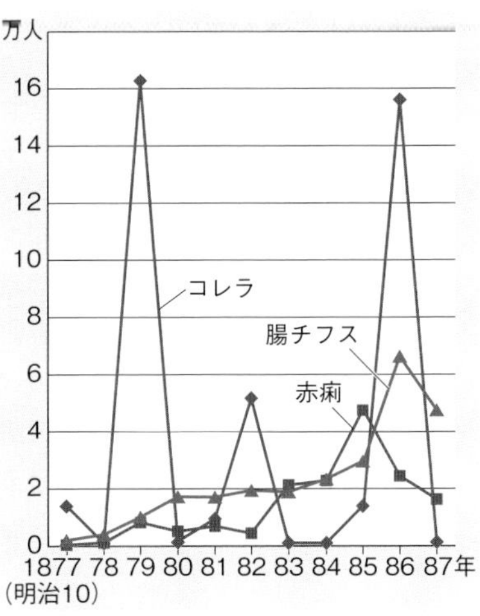

▲伝染病の患者数
(総務省統計局資料より作成)

2 産業革命の進行

❶**日本の産業革命**　産業革命とは，機械制大工業が成立し，産業資本が確立していく変革のこと。**日清戦争後に軽工業部門**で進展し，**日露戦争後には重工業部門**も成長して，**第一次世界大戦期**の日本の工業の飛躍的発展の土台を形成した。

❷紡績会社の設立　1883(明治16)年に，渋沢栄一らの努力で，それまでの規模をはるかに上回る設備をもつ**大阪紡績会社**が操業を開始した。以後1890(明治23)年までに，東京・鐘淵・平野・尾張・尼崎などの大規模な紡績会社が，あいついで設立された。

補説　**紡績機械の発明**　18世紀後半，イギリスで紡績機械の発明があいつぎ，産業革命が開始された。日本では，これより約100年遅れて，1873(明治6)年に長野の**臥雲辰致**が水力を利用するいわゆる**ガラ紡**を発明した。これは，1877(明治10)年の第1回**内国勧業博覧会**で最高の賞を与えられた。また，1897(明治30)年には，**豊田佐吉**が**国産力織機**を発明した。

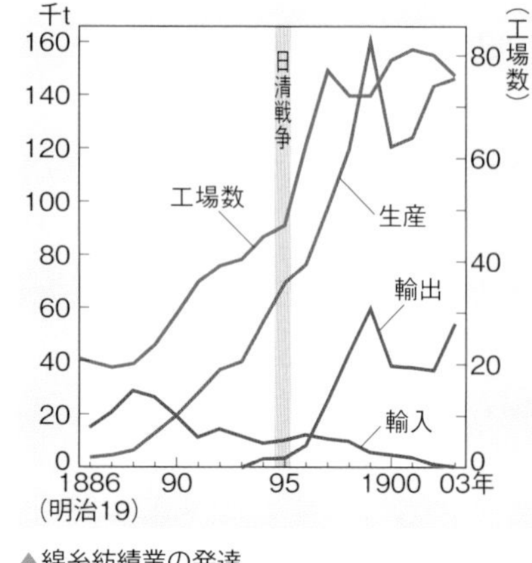

▲綿糸紡績業の発達
国内生産高が輸入高をこえたのは1891年，輸出高が輸入高を凌駕したのは，1897年。

❸製糸業の発達　輸出産業の中心である**製糸業**では，初めは**座繰製糸**で，ついで，輸入機械に学び在来の技術を改良した器械製糸によって生産された。**1894(明治27)年には器械製糸が座繰製糸をしのいだ**。日清戦争後には，片倉組・郡是製糸・岡谷製糸などの大規模な会社ができた。

❹織物業の発達　1890(明治23)年ごろに**力織機**が採用されて近代化し，紡績会社が**綿織物**まで手がけるようになって，綿織物の輸出もさかんになった。

▲明治中ごろの紡績工場の女性労働者

❺銀行資本の成長　政府の保護をうけた政商系の**三井**・**三菱**・**安田**・**住友**などの銀行は，日清戦争後に会社組織を確立し成長した。紡績業や製糸業の**産業資本**の急成長には，こうした**銀行資本**の支えがあった。政府も，日本勧業銀行(1897年)・日本興業銀行(1902年)などの特殊銀行を設立した。

注意　金融制度の基礎は，1882(明治15)年に**日本銀行**が設立された(☞p.323)ことによって，かためられた点に注意しよう。

❻寄生地主制の確立　日清戦争後になると，地主は小作料をもとに商工業への投資を行うようになり，明治30年代に**寄生地主制**★1が確立した。

❼金本位制の問題　日本は，1871(明治4)年に**新貨条例**を発布して**金本位制**★2を採用していたが(☞p.322)，実質的には**銀本位制**であった。1887(明治20)年ごろから世界的に銀価が下落したので，日本の為替相場は不安定となって物価が高騰し，日本の貿易が阻害された。

❽金本位制の確立　欧米列強と同様に金本位制を採用するこ

★1　**寄生地主**　自分では耕作せず，小作人に耕作させる地主のこと。

★2　**金本位制**　通貨の単位価値を一定量の金と対応させ，通貨と金の自由な兌換(交換)，および金の自由な輸出入を認める貨幣制度をいう。**銀本位制**は，金のかわりに銀とする同様の制度である。

とが急務となり，1897(明治30)年，**貨幣法**を制定し，実質的にも金本位制を確立した。必要な金準備は，**日清戦争の賠償金の一部**があてられた。

3 社会問題の発生

❶高島炭坑事件　1888(明治21)年，**三菱**の経営する**高島炭坑**(長崎県)の苛酷な労働条件が報道され，大きな社会問題になった。★3

❷足尾鉱毒事件　**古河市兵衛**の経営する**足尾銅山**(栃木県)の鉱毒で，渡良瀬川下流一帯が農耕不可能となり，衆議院議員**田中正造**は，鉱山側の対策の必要を訴えつづけ，1897(明治30)年に第十議会で足尾銅山の鉱業停止を訴えた。その後も，政府の対策を不十分と見た田中正造は1901(明治34)年，**天皇に直訴**しようとした。政府は鉱毒処理を命ずる一方，1907(明治40)年，谷中村の農民を立ちのかせて遊水池をつくった。この結果，多くの場所で，表立った鉱毒被害は減少した。

▲田中正造

❸労働問題の発生　産業革命の進展とともに，労働者の数が急増し，低賃金・長時間労働，衛生設備の不十分，年少者の労働といった**労働問題**が発生した。

❹日清戦争後の労働運動　1897(明治30)年，アメリカで労働運動を学んで帰国した**高野房太郎**らが**職工義友会**をつくって，労働者に労働組合の結成をよびかけた。同じ年，この会は片山潜らの参加を得て，労働組合期成会に発展し，活発な活動を始めた。

❺労働組合期成会の活動　労働組合期成会は，各地で演説会を開いて労働組合の結成を説き，同時に労働争議の解決にも関与して，鉄工組合・日本鉄道矯正会などの労働組合を組織・支援した。

❻社会主義運動の出現　1898(明治31)年，**片山潜・幸徳秋水・安部磯雄**らは，社会問題研究会(1897年結成)を**社会主義研究会**に発展させ，社会主義の原理を追究した。

❼政府の弾圧　労働組合期成会の活動が活発化すると，政府は労働運動が将来において拡大しないよう，前もってこれを

★3 **高島炭坑**は長崎港外の小島にあり，江戸時代から外国船に石炭を供給していた。明治にはいり，**後藤象二郎**，ついで**三菱**が経営した。坑夫の労働条件は牢獄に等しく，再三暴動が発生した。

参考 **日清戦争前後の工場労働者**　1890年ごろの工場労働者は約35万人で，その3分の2は繊維産業で働く女性であった。彼女たちは1日に12時間以上働かされ，そのうえ低賃金であった。

参考 **日鉄ストライキ**　1898(明治31)年に起こった日本鉄道株式会社のストライキは，その規模と統制ある行動で注目された。スト後，日本鉄道矯正会が組織され，労働組合期成会と密接な関係をもつようになった。

▼社会主義運動・労働運動関係年表

年	できごと
1894	大阪天満紡績スト
1897	**職工義友会**
	労働組合期成会
	社会問題研究会
1898	**社会主義研究会** ↓ **社会主義協会** (1900～1904)
	日鉄スト 日本鉄道矯正会 活版工同志懇話会
1901	**社会民主党**

弾圧することにした。**第2次山県有朋内閣**は，1900(明治33)年，これまでの治安立法を集大成した治安警察法を公布して，労働運動をとりしまった。このため，労働組合期成会は会員が減少し，1901(明治34)年に自然消滅した。

補説　**治安警察法**　集会条例(☞p.332)などをうけつぎ，集会・結社などを警察に届けさせた。とくにこれまでの治安立法とちがう点は，**労働者・農民のストライキ・小作争議を禁止**し，組合運動を制限したことであった。

参考　**キリスト教の社会運動家**　当時の社会運動家は，大部分がキリスト教の人道主義者であった。**矢島楫子**はキリスト教婦人矯風会を設立し，禁酒運動や公娼廃止運動を，**山室軍平**は免囚者保護や廃娼運動などを進めた。

❽社会主義政党の成立　1901(明治34)年，日本最初の社会主義政党として社会民主党が結成された。片山潜・幸徳秋水・安部磯雄・木下尚江らで結党したが，届出の翌日には**治安警察法**によって禁止された。しかし，幸徳秋水らは，日露戦争(☞p.360)に対し，反戦論を唱えた。

注意　治安警察法によって労働者の団結とストライキが抑制され，労働運動は大きな打撃をうけた。

補説　**社会民主党の綱領**　理想主義から社会主義の実現をめざした。治安警察法の廃止，労働組合法の制定と団結権の保障，8時間労働制などを運動の綱領とした。

[産業革命と社会問題・労働問題]

① 東京市区改正事業…近代都市の形成
② 産業革命の進展…金本位制，寄生地主制の確立
③ 足尾鉱毒事件…足尾銅山(古河市兵衛)。田中正造
④ 労働組合期成会(1897年)…片山潜・高野房太郎ら
⑤ 社会主義研究会(1898年)…片山潜・幸徳秋水ら
→社会主義協会(1900年)→社会民主党(1901年)
⑥ 治安警察法(1900年)…第2次山県有朋内閣

日露戦争後の諸産業の発展

▶ 日露戦争後には**重工業部門**も成長し，鉱業・機械工業・造船業・電気工業・化学工業などの諸産業も発展した。その結果，第一次世界大戦期に，日本の工業化が飛躍的に発展する土台が形成された。

1 鉱工業の発達と貿易

❶鉄鋼業の発達　官営の**八幡製鉄所**★1は，1901(明治34)年に操業を開始した。1906(明治39)年には，国産の**銑鉄**が輸入銑鉄をおさえ，日本の鉄鋼業が確立した。**日本製鋼所**などの製鋼会社も設立された。

★1 **八幡製鉄所**　中国の**大冶鉄山**の鉄鉱石と，九州の筑豊炭田の石炭とを使用して，製鉄を行った。

❷機械工業の発達　アメリカ式旋盤と同水準に達する旋盤を製作した**池貝鉄工所**など，民営の工場が多数出現した。

❸**造船業の発達**　官営・民間の造船所[★2]で大型船舶の建造が可能となり，明治末年に造船技術は世界的水準に近づいた。

❹**電気事業の発展**　水力発電が増加し，動力が蒸気から電気に切り替えられた。また，電灯が東京・大阪などの大都市の家庭に普及していった。

❺**貿易の伸長**　日露戦争後，**紡績・綿織物工業**は朝鮮・中国市場への進出をつづけ，**製糸業**はアメリカを中心に輸出を伸ばした。

★2　官営では呉・横須賀の海軍工廠，民営では石川島(東京)・川崎(神戸)・長崎などの造船所があった。

注意　全産業に占める重工業の割合は，このころでもなお低く，重工業のなかでも官営工場がはるかに大きな比重を占めていた。

2 財閥の形成と都市・農村

❶**財閥の形成**　日本経済は，日露戦争以来の重税と膨張した財政のもとで疲弊しており，**1907〜08年には恐慌が起こった**。その後も第一次世界大戦の開始までは不況と貿易赤字がつづいた。このなかで，**三井・三菱・住友・安田**などは，金融・貿易・運輸・鉱山業などを中心に多角的な経営を行い，**コンツェルン**(企業連携)の形をとりながら財閥を形成した。

補説　**財閥とコンツェルン**　資本力のある大企業や銀行が，各種の企業の株式をもち，資本のうえから支配していく形を**コンツェルン**という。

▲工場労働者の内訳(1909年)

❷**都市の発展と農村の疲弊**　日露戦争後に，東京・大阪など大都市[★3]が発展をとげる一方で，農業生産は停滞的で，農村は日露戦争の疲弊から十分に立ち直れないままの状態がつづき，都市と農村の格差が広がっていった。

★3　日露戦争期から戦後にかけて，東京・大阪両都市とも人口が100万人をこえた各都市で電力事業がおこり，大都市には電灯が普及した。

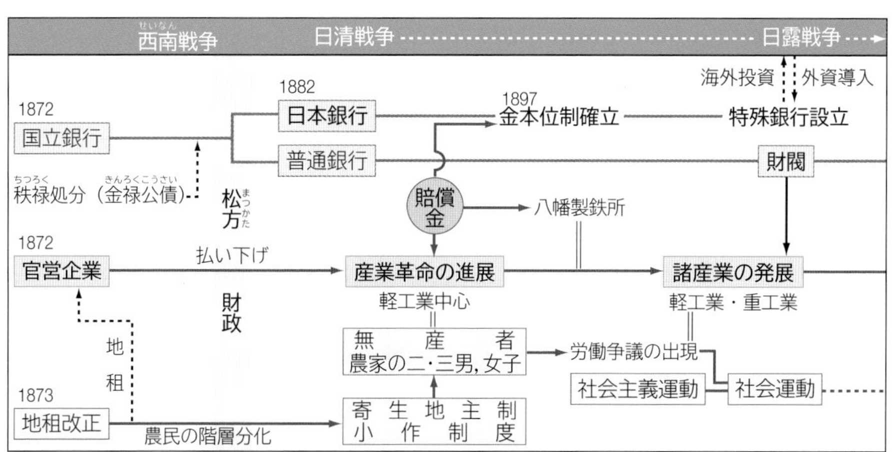

▲産業革命の進展

[日露戦争後の諸産業の発展と社会のようす]

① 八幡製鉄所…日露戦争前に創業，日露戦争後に発展(大冶鉄山)
② 財閥の形成…三井・三菱・住友・安田。コンツェルン
③ 地域による格差の拡大
農村…日露戦争による疲弊
都市…大都市の発展と電灯の普及。日露戦争後の電力事業の発展

SECTION 6 社会運動の展開

▶ **治安警察法**による弾圧にもかかわらず，労働運動は日露戦争後の社会不安が激化するなかで，社会主義思想と結びつき，一時的に高まった。しかし，政府の抑圧がはげしくなると，まもなく衰退し，**大逆事件**で壊滅した。

1 反戦論と平民社

❶反戦の動き　日露戦争(☞p.360)がさけがたい情勢になると，『万朝報』の創刊者である**黒岩涙香**は，非戦論を唱えたが，1903年秋，国民の多数が主戦論になるに至り，主戦論に転換した。

❷平民社の設立　『万朝報』が主戦論に変わったので，同社で記者をしていた社会主義者の**幸徳秋水**と**堺利彦**は退社し，安部磯雄・木下尚江・片山潜らと協力して，平民社を組織した(1903年)。そして，週刊**『平民新聞』**を発行して反戦運動を展開し，社会主義の宣伝を行った。

▲幸徳秋水

❸平民新聞の主張　平民新聞の論説は，暴力を否定し，平和革命論を説いて，万国の労働者の同盟を訴えている。

❹その他の反戦論・非戦論

1 **内村鑑三**が**キリスト教**の立場から平和論を説いた。
2 文学の面では，**明星派**歌人の**与謝野晶子**(☞p.376)が**「君死にたまふこと勿れ」**[★1]の反戦詩を書き，**大塚楠緒子**の長詩**「お百度詣で」**[★2]や木下尚江の小説『**火の柱**』も反戦の意をあらわした。

▲木下尚江

★1 **与謝野晶子**は，1904(明治37)年に日露戦争の反戦長詩「**旅順口包囲軍の中に在る弟を歎きて**」を発表した。そのなかの一句「君死にたまふこと勿れ」が有名である。また，「旅順の城はほろぶとも，ほろびずとても何事ぞ」とうたった。

★2 **「お百度詣で」**　1905年に発表された長詩。戦地に行った夫を思う妻の心を歌いあげた。

2 日露戦争後の運動の展開

❶労働者の生活　**横山源之助**の『**日本之下層社会**』(1899年)

と大正末に出版された**細井和喜蔵**の『**女工哀史**』(1925年)は，明治後期の労働者・農民の悲惨な生活の実態をくわしく報じた。この時期の代表的な労働調査としては，農商務省編『**職工事情**』(1903年)がある。

❷日露戦争後の労働運動　造船所や官営の軍需工場を中心に，労働者が賃上げを要求して，労働運動がさかんになった。

❸社会主義勢力の結集　**平民社**に集まっていた社会主義者は，解散後いくつかの派に分かれていたが，労働運動の高まりを背景に合同して，1906(明治39)年，**第1次西園寺内閣**のとき日本社会党を結成した。日本社会党は，国法の範囲内で社会主義を主張する，**日本最初の合法的社会主義政党**であった。政府は1907(明治40)年，治安警察法によって党を解散させた。

❹政府の弾圧強化　1910(明治43)年，**第2次桂内閣**のとき，大逆事件が起こった。この事件を機に，社会主義運動は，第一次世界大戦後まで窒息状態となり，「**冬の時代**」といわれる沈黙時代にはいった。

参考 **赤旗事件**　大逆事件以前の1908(明治41)年，**大杉栄**らが「無政府共産」と書いた赤旗をかかげて行進しようとして，警官ともみあった事件も起きている。

参考 **日本社会党**　日本のすべての社会主義者が合流していた日本社会党ではあったが，中に立場の相違がふくまれていた。初期には**安部磯雄・木下尚江**らのキリスト教社会主義の主張が大きな影響力を与えていた。その後，**幸徳秋水**らの**直接行動派**の勢力がふえた。幸徳秋水は，無政府主義(アナーキズム)の立場から，労働者のゼネスト(一斉ストライキ)による革命を唱えた。

補説 **大逆事件**　幸徳秋水一派の宮下太吉・**管野スガ**らが，天皇暗殺を計画し，長野県の山中で爆弾実験中を探知され，1910年5月逮捕された。政府は，これを機会に，幸徳秋水以下数百人を検挙し，幸徳が首謀者となって天皇暗殺をくわだてたという大逆罪をでっちあげて26人を起訴した。裁判は大審院で1回しか開かれず，非公開で，翌年24人を死刑とする判決が下り，幸徳ら12人は判決後まもなく処刑された(ほかの12人は無期懲役に減刑)。

❺女性解放運動の始まり　社会主義運動の一環として，女性の自覚を訴える運動が**福田(景山)英子**らによって進められた。さらに1911(明治44)年，**平塚明(らいてう)**らが**青鞜社**を結成し，雑誌『青鞜』を刊行した。『青鞜』第1号は，「**元始，女性は太陽であった**」と，因習打破などをよびかけた。

▲『青鞜』の表紙

❻工場法の制定　1911(明治44)年，**第2次桂内閣**のもとで工場法が成立した。この法律は，**日本最初の労働者保護法**であり，**12歳未満の者の就業を禁止**，少年・女子の就業時間を**1日12時間以内**とし，深夜業を禁止した。しかし，欧米に比べて技術が遅れているので国際競争力が弱まるという経営者の反対で，**適用範囲は15人以上を使用する工場**とされ，**施行は5年後の1916(大正5)年**に延ばされた。

桂内閣は，大逆事件のような弾圧をする一方で，不十分ながらも工場法を制定して労働者の保護を行うことで，国家の発展をめざしたのである。

史料 工場法

第一条 (適用)一，常時十五人以上ノ職工ヲ使用スルモノ
第二条 工業主ハ十二歳未満ノ者ヲシテ工場ニ於テ就業セシムルコトヲ得ズ。……
第三条 工業主ハ十五歳未満ノ者及女子ヲシテ一日ニ付十二時間ヲ超エテ就業セシムルコトヲ得ズ。主務大臣①ハ業務ノ種類ニ依リ本法施行後十五年間ヲ限リ前項ノ就業時間ヲ二時間以内延長スルコトヲ得。……

『法令全書』

注釈 ①内務大臣。工場法は内務省が主務官庁であった。

史料 青鞜社の結成

元始，女性は実に太陽であった。真正の人であった。

今，女性は月である。他に依って生き，他の光によって輝く，病人のやうな蒼白い顔の月である。偖てこゝに『青鞜』は初声を上げた。現代の日本の女性の頭脳と手によって始めて出来た『青鞜』は初声を上げた。……

『青鞜』①

注釈 ①出典の『青鞜』は，青鞜社が1911(明治44)年から1916(大正5)年まで刊行した女性の文芸雑誌である。

視点 1911年9月創刊の『青鞜』第1号が掲載した宣言である。執筆者平塚明(らいてう)を中心に，与謝野晶子らが参加した。

① 反戦論
- 平民社(『平民新聞』，社会主義)…幸徳秋水・堺利彦
- 内村鑑三(キリスト教)・与謝野晶子(明星派)

② 社会主義…平民社→日本社会党→大逆事件(1910年)

③ 女性解放運動…青鞜社(平塚明ら，雑誌『青鞜』)

TOPICS

女子教育の普及と「新しい女」たち

平塚らいてう(本名は明)は，1886(明治19)年，東京に生まれ，1903(明治36)年，日本で最初の総合的な女子の高等教育機関であった日本女子大学校の家政学部に入学する。

1906(明治39)年に卒業したのち，1911(明治44)年9月，25歳のらいてうは若い女性たちを集めて，婦人文芸雑誌『青鞜』を発刊した。『青鞜』は1916(大正5)年2月までつづき，女性だけの手による女性のための文芸雑誌として，女性解放運動の原点となった。

このような雑誌が刊行されたり，多くの女性読者の共感を集めたりしたのは，日本の女子教育が普及･発展したためである。1910(明治43)年までには，女子も小学校にほぼ100%入学するようになり，中等教育にあたる高等女学校や，その上の女子師範学校・女子専門学校(女子高等師範学校や女子大学校)に進む人も多くなっていった。

☑ 要点チェック

CHAPTER 3　立憲政治の発展と大陸進出	答
□ 1　大日本帝国憲法の下で，後継首相の推薦をした人々を何というか。	1　元老
□ 2　日本最初の政党内閣の首相名と与党名を答えよ。	2　大隈重信，憲政党
□ 3　山県有朋内閣による，陸・海軍大臣を現役の大将・中将に限定した制度を何というか。	3　軍部大臣現役武官制
□ 4　1900年，伊藤博文を総裁として結成された政党を何というか。	4　立憲政友会
□ 5　1900年代に西園寺公望と交互に政権を担当した首相は誰か。	5　桂太郎
□ 6　第1次西園寺内閣時代の1906年に設立された，半官半民の株式会社を何というか。	6　南満洲鉄道株式会社（満鉄）
□ 7　清国の義和団の蜂起を，列強の連合軍が鎮圧した事件は何か。	7　北清事変
□ 8　7ののち，外国軍隊の北京駐屯を認めた協約を何というか。	8　北京議定書
□ 9　日英同盟が結ばれたのは，西暦何年か。	9　1902年
□ 10　日露戦争の講和条約は，講和会議の開催地名から，何とよばれるか。	10　ポーツマス条約
□ 11　日露戦争の講和会議の，日露両国の代表者はそれぞれ誰か。	11　小村寿太郎，ウィッテ
□ 12　日露講和に反対して，1905年東京で起こった暴動を何というか。	12　日比谷焼打ち事件
□ 13　第2次日韓協約で，漢城に置かれた日本政府機関を何というか。	13　統監府
□ 14　韓国併合条約で，京城に置かれた朝鮮統治機関を何というか。	14　朝鮮総督府
□ 15　臥雲辰致が発明した紡績機を何というか。	15　ガラ紡
□ 16　器械製糸の生産量が座繰製糸を上回ったのは西暦何年か。	16　1894年
□ 17　足尾鉱毒事件の解決のため，天皇に直訴しようとした人物は誰か。	17　田中正造
□ 18　高野房太郎・片山潜らが組織した労働組合を何というか。	18　労働組合期成会
□ 19　社会運動を弾圧するため，1900年に制定された法律を何というか。	19　治安警察法
□ 20　安部磯雄らが組織した日本最初の社会主義政党を何というか。	20　社会民主党
□ 21　日清戦争後に建設された官営製鉄所を何というか。	21　八幡製鉄所
□ 22　黒岩涙香が創刊し，日露非戦から開戦論に転換した新聞は何か。	22　万朝報
□ 23　日露戦争時，キリスト教の立場から平和論を唱えた人物は誰か。	23　内村鑑三
□ 24　日露戦争期に戦地の弟を案じる詩をつくった歌人は誰か。	24　与謝野晶子
□ 25　横山源之助が東京の貧民などの実態を調査した著作を何というか。	25　日本之下層社会
□ 26　1906年に結成を認められた社会主義政党を何というか。	26　日本社会党
□ 27　1910年，幸徳秋水らの社会主義者が弾圧された事件を何というか。	27　大逆事件
□ 28　平塚明（らいてう）らが組織した，女性のみの文学団体は何か。	28　青鞜社

• CHAPTER

4 » 近代文化の発達

時代の俯瞰図

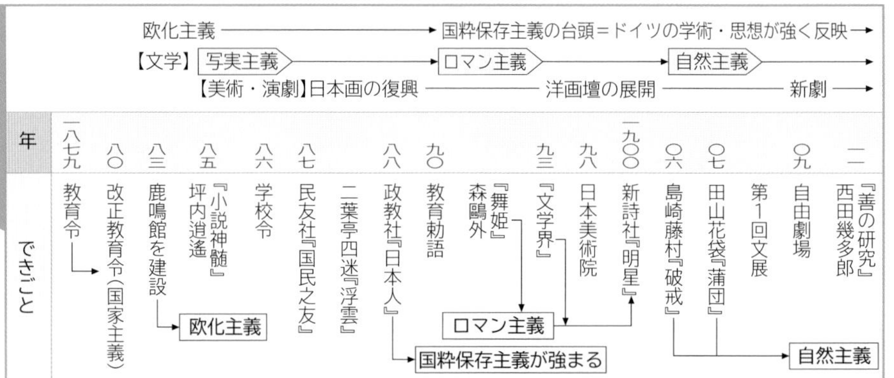

欧化主義 → 国粋保存主義の台頭＝ドイツの学術・思想が強く反映 →
【文学】 写実主義 → ロマン主義 → 自然主義 →
【美術・演劇】日本画の復興 ― 洋画壇の展開 ― 新劇 →
年
できごと
一八七九 教育令
八〇 改正教育令(国家主義)
八三 鹿鳴館を建設
欧化主義
八五 坪内逍遙『小説神髄』
八六 学校令
八七 民友社『国民之友』
二葉亭四迷『浮雲』
八八 政教社『日本人』
国粋保存主義が強まる
九〇 教育勅語
森鷗外『舞姫』
九三 『文学界』
ロマン主義
九八 日本美術院
一九〇〇 新詩社『明星』
〇六 島崎藤村『破戒』
〇七 田山花袋『蒲団』
第1回文展
〇九 自由劇場
一一 西田幾多郎『善の研究』
自然主義

SECTION 1

明治時代の思想と学問

▶ 明治時代の思想界は，絶対主義体制の確立をめざす政府によって統制され，しだいに**国家主義**が台頭した。また，自由民権思想や欧化主義に対して，日本と国情の似た**ドイツの学術・思想が強く反映される**ようになり，留学生の派遣や日常生活にもそれがあらわれた。

1 国家主義教育体制の確立

❶**教育の国家主義化**　1879(明治12)年の教育令は，**学制**のあとをうけて**自由主義的であった**(☞p.325)。しかし，翌年の**改正教育令**は，**国家主義教育の第一歩**をふみ出したものであった。★1

❷**学校令**　1886(明治19)年，初代文部大臣森有礼(もりありのり)によって制定された，**帝国大学令**★2・**師範(しはん)学校令**・**中学校令**・**小学校令**の総称で，帝国大学を頂点とする近代日本の教育体系が確立した。学校令により，小学校の**義務教育期間は4年**とされた。

❸**教育勅語(ちょくご)**　1890(明治23)年に発布された教育の根本方針。起草には，**元田永孚(もとだえいふ)**・山県有朋(やまがたありとも)らがあたり，「**忠君愛国(ちゅうくんあいこく)**」を基本とした。★3

❹**教育制度の整備**　高等学校令(1894年)により，第一高等学校(一高)以下の高校ができた。つづいて，実業学校令(1899年)・専門学校令(1903年)と整備された。また1903(明治36)年から小学校教科書が**国定教科書**となった。

★1 改正教育令では，小学校教育の筆頭に修身(しゅうしん)(道徳)を置き，福沢諭吉(ふくざわゆきち)らの著作を教科書として使用することを禁止した。

★2 1877(明治10)年に創立された東京大学は，1886年，帝国大学に再編された。

★3 教育勅語は，明治憲法を重視する立憲主義に加え，忠君愛国を基本とした。このため，国民は天皇を神格化して崇拝することを強制された。各学校では，**御(ご)真影(しんえい)**(天皇・皇后の肖像写真)の前で，**教育勅語奉読(ほうどく)**が行われるようになった。

❺教育の普及　日露戦争後，**義務教育期間は6年**に延長され(1907年)，1911(明治44)年には就学率は98%をこえた。

▼教育制度の移り変わり

年	できごと	備考
1871	文部省の設置	
1872(明治5)	**学制の公布**	フランス式学制・初等教育の普及を目標
1877	東京大学の成立	学制による最初の大学
1879	**教育令**	**アメリカ式学制**・地方分権的
1880	**改正教育令**	再び**中央集権的教育**に改正
1886(明治19)	**学校令** (初代文部大臣**森有礼**)	**帝国大学令，師範学校令** **中学校令** **小学校令**(義務教育4年間)
1890	**教育勅語の公布**	
1894	高等学校令	
1897	京都帝国大学の成立	帝国大学は東京帝国大学と改称
1899	実業学校令，高等女学校令，私立学校令	産業革命の進展とともに実業教育を重視
1903	専門学校令 **国定教科書制度の成立**	修身・国語・算術・日本歴史・地理・図画を国定教科書化
1907	**小学校令の改正**	**義務教育を6年間に延長**

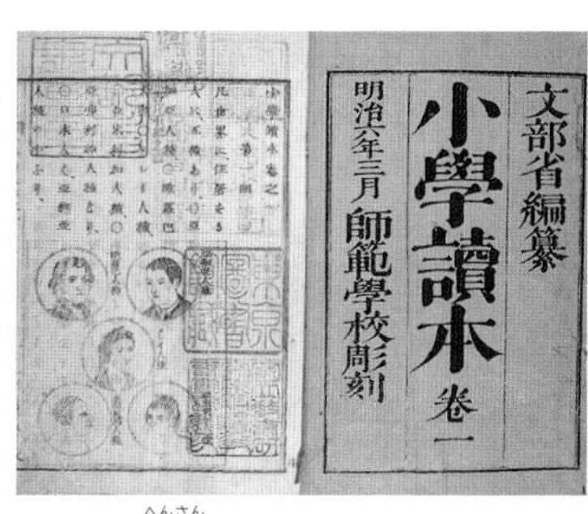

▲**文部省編纂の教科書**　教科書は，1903年から国定制になった。「修身(道徳)」以外の教科でも，戦争を美化するなど，自由主義的な方針から国家主義的な方向に変えられていった。写真は1873(明治6)年刊の文部省編『小学読本』である。

2 国粋保存主義の台頭

❶国粋保存主義　1888(明治21)年に，三宅雪嶺(評論家)・杉浦重剛(教育家)・志賀重昂(地理学者)らは**政教社**を結成し，雑誌『**日本人**』(日露戦争後『**日本及日本人**』と改題)を創刊した。『日本人』では，政府の安易な欧化主義政策を批判し，日本固有の美点を発展させようという国粋保存主義(**国粋主義**)を主張した。

▲『日本人』創刊号の表紙

❷平民的欧化主義　徳富蘇峰は，1887(明治20)年に**民友社**を結成し，雑誌『**国民之友**』，ついで『**国民新聞**』を創刊した。政府の上からの欧化主義(貴族的欧化主義)に対して，下からの平民による経済・社会の近代化・民主化を主張して，平民的欧化主義(**平民主義**)を唱導したが，三国干渉を機に，**国家主義**化した。

注意　徳富蘇峰の主張した**平民主義**を，**幸徳秋水**らの社会主義者による**平民社**およびその発行した『**平民新聞**』(☞p.368)の主張と混同しないように注意。

❸国民主義　陸羯南らは，新聞『**日本**』(日本新聞社)を発行して，国家の自主独立を提唱した。彼らは明治中期の民族主義(ナショナリズム)を代表した。

❹日本主義　日清戦争後に雑誌『**太陽**』を主宰して論壇の雄とうたわれた高山樗牛★4は，**日本主義**を唱えた。哲学者で東

★4 **高山樗牛**　本名は林次郎。小説『**滝口入道**』で一躍文壇に登場した。日本主義ののちは，ニーチェの超人主義に傾き，美的生活を唱えたが，晩年には日蓮の思想に没入した。

大教授の井上哲次郎も日本儒学史を研究し，キリスト教を攻撃して，日本主義を唱えた。

❺**仏教の国粋化** 廃仏毀釈(☞p.327)ののち，仏教は文明開化の影響でふるわなかったが，明治20年代の国粋保存主義の台頭にあわせて復興してきた。このころの指導者は，**井上円了**らであった。

❻**キリスト教の定着** キリスト教は個人を重視する西欧文明の象徴として知識人を中心に広がり，ときには天皇中心の国家の原則と衝突することもあったが★5，布教のほか，教育・社会福祉・廃娼運動などを行って，日本の近代化に影響を与えた。

3 学問の発達

❶**人文・社会科学の傾向** 全般に西洋学術の紹介が中心であったが，日本と政情の似た**ドイツ**の学術・思想が強く反映された。

❷**哲学** 幕末にオランダへ留学した**西周**によって西洋哲学の導入がなされた。後には，カントやヘーゲルなどのドイツ観念論哲学が主流となった。しかし，明治末年に**『善の研究』**を著した**西田幾多郎**は，東西哲学を融合して独自の思想を表現し，大正期以降に広まっていった(☞p.402)。

❸**歴史学** 文明開化の時期には，西洋文明論を批判的に摂取した**福沢諭吉**が**『文明論之概略』**を著し，ついで**田口卯吉**が**『日本開化小史』**を書いた。明治時代後半には**重野安繹**・**久米邦武**★6らによってドイツ系の実証主義が導入された。

❹**法学** ボアソナードによって民法典の編修が，**ロエスレル**や**モッセ**により憲法や地方自治関係の法律の起草が行われた。民法典の編修の過程では，**民法典論争**(☞p.342)が行われた。明治時代後半には，ドイツ系法学が優勢となった。

❺**経済学** 田口卯吉らが自由貿易論を主張したのに対して，ドイツ系の保護貿易主義論がさかんになった。

❻**自然科学の傾向** 富国強兵・殖産興業の目的達成のため，政府みずから，先進国の学術移入に努力した。研究機関も設立され，**北里柴三郎**をはじめ，世界的水準の業績をあげる学者もあらわれた。

▲北里柴三郎

▼おもな新聞の創刊

年	新聞名
1870	横浜毎日新聞
1872	東京日日新聞
〃	郵便報知新聞
〃	日新真事誌
1874	朝野新聞
〃	読売新聞
1879	朝日新聞
1882	時事新報
〃	自由新聞
1888	東京朝日新聞
〃	大阪毎日新聞
1889	日本
1890	国民新聞
1892	万朝報
1903	平民新聞

参考 1890年代に，新聞は自由民権期の政治的主張を中心とした政論新聞から一般の中産階級以上を対象にした新聞へと移りかわっていった。

★5 **内村鑑三不敬事件** キリスト教徒の**内村鑑三**が，教育勅語奉読に頭を下げなかったため，第一高等中学校(のちの第一高等学校。現在の東京大学教養学部)の教職を追われた事件。

★6 **久米邦武の筆禍事件** 久米邦武は，1891(明治24)年に「**神道は祭天の古俗**」という論文で神道家や国学者から批判され，帝大(東大)教授を辞職させられた。

▼自然科学の発展

分野	学者	業績
医学	北里柴三郎	1890(明治23)年**破傷風**の**血清療法**を発見。1894年ペスト菌発見(コッホに師事)
医学	志賀　潔	1897(明治30)年に**赤痢菌**を発見。ハンセン病の研究(エールリヒに師事)
医学	野口英世	**黄熱病**を研究。梅毒スピロヘータの培養
物理	田中館愛橘	全国の**地磁気**を測定
物理	長岡半太郎	原子構造(1903年)・スペクトルの研究
化学	高峰譲吉	アドレナリン抽出・タカジアスターゼ創製
化学	鈴木梅太郎	オリザニン(ビタミンB_1)を抽出(1910年)
地震	大森房吉	大森公式・**大森地震計**を考案
天文	木村　栄	Z項(地軸変動の新方式)を発見(1902年)
生物	牧野富太郎	多くの新種を発見し，植物の分類を達成
数学	菊池大麓	近代数学の導入
数学	藤沢利喜太郎	近代数学の確立

▼自然科学に貢献した外国人

人名(国籍)	専攻・業績など
モース(米)	動物学，**大森貝塚**を発掘(☞p.14)
ナウマン(独)	地質学
ベルツ(独)	医師，東京医学校→帝大教授
ケプロン(米)	北海道の開拓

参考 『ベルツの日記』 ベルツは，1876～1905年に日本に滞在し，日本の医学の発展に貢献したドイツの医学者。ベルツは日記で，遅れた日本にとって大日本帝国憲法は進歩的すぎるととらえ，憲法発布に際し，その内容を知らない民衆のお祭り騒ぎを批判した。しかし，日露戦争で日本が勝利すると，憲法の内容や日本の近代化と，それを推進した伊藤博文を絶賛するようになった。

SECTION 2 明治時代の文学と芸術

▶ 明治時代には，文学では**写実主義・ロマン主義**，ついで**自然主義**がその主流をなし，人間と人間社会の真実に迫ろうとした。一方，美術では，国粋保存主義の進展とともに，**日本画**の復興がいちじるしく，**洋画**は印象派を中心に新たな展開を見せた。

1 文学

❶**写実主義**　1880年代になると，自然や人生を客観的態度でありのままに表現しようとする**写実主義**が勃興し，近代文学の先駆をなした。

❷**写実主義の提唱**　坪内逍遙は，1885(明治18)年『小説神髄』を著し，**写実主義の文学論を確立**した。彼は，この理論に基づき，『当世書生気質』を書いた。しかし，写実小説の範を示したのは，言文一致体で『浮雲』を著した二葉亭四迷である。

▲二葉亭四迷

参考 **写実主義からロマン主義へ**　写実主義の客観的態度は，やがて深刻・悲惨な描写となり，しだいにゆきづまった。こうした反動と，日清戦争ごろの国家興隆の勢いにのってロマン主義が勃興した。

注意 維新後は**戯作文学**が流行し，自由民権運動期には**政治小説**が人気を得ていた(☞p.328)。

❸写実主義の展開

1. **硯友社**…尾崎紅葉らは硯友社を組織し，機関誌『**我楽多文庫**』を発行するなど活発な創作活動を行った。
2. **新体詩運動**…西洋の詩の影響をうけ，従来の詩形にとらわれない**新体詩**があらわれた。外山正一らの『新体詩抄』(1882年)，**森鷗外**らの『**於母影**』(1889年)が注目される。

❹理想主義 **幸田露伴**が，人生の理想を追求する理想主義から，『**五重塔**』などを著した。★1

❺ロマン主義 1890年代になると，伝統や形式を重んずる古典主義や旧道徳の打破をめざし，自我の解放をはかる個性的・主観的・情緒的・空想的な傾向をもつ**ロマン主義**がおこった。初期の森鷗外が先達となった。★2

❻ロマン主義の展開 **北村透谷**は，**島崎藤村**らとともに雑誌『**文学界**』をおこし(1893年)，**ロマン主義**を進めた。北村透谷は評論『内部生命論』で，自我の解放と人格の自由を唱えた。**樋口一葉**・**泉鏡花**らの小説のほか，詩歌の面で展開された。

補説 **ロマン主義の詩歌** 島崎藤村の『**若菜集**』は青春の情熱を歌い，新体詩の芸術的完成とされる。**与謝野鉄幹**・**与謝野晶子**夫妻は**新詩社**をおこして，雑誌『**明星**』を発行した。晶子は，歌集『**みだれ髪**』で女性の官能の解放を歌った。この明星派に対し，**正岡子規**の系統である**アララギ派**では，子規が1898(明治31)年に『**歌よみに与ふる書**』を発表して短歌の革新を叫び，**根岸短歌会**をおこして写生を尊重した。その死後，**伊藤左千夫**・**長塚節**(長塚の『**土**』は長編小説)・**島木赤彦**・**斎藤茂吉**らが雑誌『**馬酔木**』，さらに『アララギ』を発行した。子規の俳句を継承したのは**高浜虚子**で，河東碧梧桐らと機関誌『ホトトギス』を発行した。

❼自然主義 写実主義が事実をありのままに描くのに対し，人間や社会を分析して，その真実に迫ろうとする**自然主義**がおこった。しかし，しだいに自分の体験・心境を主とする**私小説**が中心になっていった。

▲尾崎紅葉

▲島崎藤村

▲正岡子規

★1 **紅露時代** 尾崎紅葉と幸田露伴は並び称され，**紅露時代**といわれた。

★2 『**於母影**』は森鷗外・落合直文らの共訳詩集で，ロマン的香気が強く，島崎藤村の詩に大きな影響を与えた。『**舞姫**』『**うたかたの記**』は留学時代の体験をもとに，青春の哀歓にエキゾティシズムの香気をくゆらせたロマン的な佳品である。翻訳『**即興詩人**』は原作以上といわれる。

参考 **ロマン主義から自然主義へ** 藩閥専制と資本主義の確立した現実の厳しさのなかで，ロマン主義はその夢を実現することができず，やがて衰退していった。日露戦争後には，資本主義社会の現実を反映する，という形で自然主義がおこり，明治文壇の主流を占めるようになった。

❽自然主義の展開 島崎藤村の『破戒』(1906年)，田山花袋の『蒲団』(1907年)によって確立された。**徳田秋声**・**正宗白鳥**らも活躍した。詩歌では，**若山牧水**があり，**石川啄木**はやがて**社会主義**に傾いた。

補説 **象徴詩** このころ，象徴詩とよばれる詩が流行した。**蒲原有明**の『有明集』，**北原白秋**の『邪宗門』は，幻想的・耽美的で象徴詩の典型とされる。他に木下杢太郎・**高村光太郎**など。

❾森鷗外と夏目漱石 **森鷗外**はロマン派文壇で活躍後，自然主義文学からはなれ，**歴史小説**を発表した。**夏目漱石**は世俗的傾向に批判的で，晩年は則天去私の倫理を追求し，余裕派とも称されたが，現実と自我の対決を描いた。

▲石川啄木

▲与謝野晶子

▲森鷗外

▲夏目漱石

注意 右上の表で，森鷗外と島崎藤村の作風は2期に分かれている。(＊参照)

▼明治時代の文学者と作品

	作家	作品(『 』内は雑誌)	特色など
写実主義	坪内逍遙	小説神髄・当世書生気質	近代文学論
	二葉亭四迷	浮雲・平凡・あひびき	言文一致体
	尾崎紅葉	多情多恨・金色夜叉	江戸趣味
	幸田露伴	風流仏・五重塔	理想主義
ロマン主義	森 鷗外＊	於母影・即興詩人・舞姫 うたかたの記	西洋ロマン主義の影響
	北村透谷	内部生命論・『文学界』	
	樋口一葉	たけくらべ・にごりえ	女性作家
	泉 鏡花	高野聖・湯島詣・婦系図	代表的作家
	高山樗牛	滝口入道	日本主義
	島崎藤村＊	若菜集・一葉舟・落梅集	詩壇の新風
	土井晩翠	天地有情	漢詩風
	与謝野鉄幹	『明星』	新詩社結成
	与謝野晶子	みだれ髪	明星派
	上田 敏	海潮音	象徴詩翻訳
	薄田泣菫	白羊宮	古典的詩風
	蒲原有明	有明集	象徴詩
	北原白秋	邪宗門	象徴詩
	正岡子規	歌よみに与ふる書	根岸短歌会
	徳富蘆花	不如帰・自然と人生	ロマン的
	国木田独歩	武蔵野・牛肉と馬鈴薯	自然主義
自然主義	島崎藤村＊	破戒・春・家	破戒1906年
	田山花袋	蒲団・田舎教師・生・妻	蒲団1907年
	徳田秋声	黴	
	正宗白鳥	何処へ	虚無的
	石川啄木	一握の砂・悲しき玩具	生活短歌
反自然主義	夏目漱石	吾輩は猫である・坊っちゃん・草枕・三四郎	則天去私，余裕派
	森 鷗外＊	雁・阿部一族・高瀬舟	歴史小説

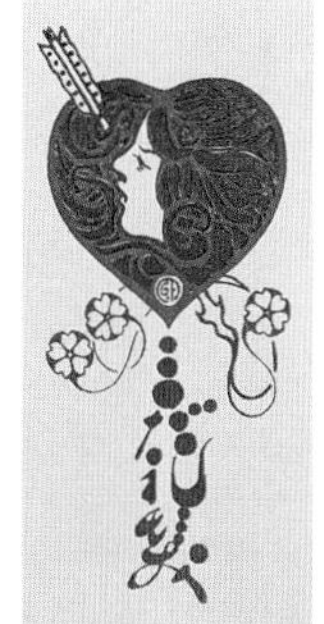

『吾輩は猫である』(左)▶と『みだれ髪』(右)

2 芸術

❶日本画の復興 東京大学哲学科教授フェノロサ★3は，伝統的な日本美術の価値を認め，岡倉天心★4とともに古美術復興運動をおこした。1887(明治20)年に**東京美術学校**が創立され，岡倉天心が校長となり，狩野芳崖(開校前に死去)・**橋本雅邦**らを教授とし，**横山大観**・**下村観山**・**菱田春草**らが学んだ。

❷日本画壇の展開 岡倉天心は，東京美術学校を辞職して，1898(明治31)年に，雅邦・大観・春草らと**日本美術院**を開いた。その展覧会が**院展**(1914年，再興時より開催)である。春草や大観は，洋画の手法を日本画に導入して新鮮な日本画を描いた。

これに対し，文部省は美術の統制と振興をはかるために，1907(明治40)年に**文部省美術展覧会**(**文展**)を設けた。なお，関西では，洋風を加えた**竹内栖鳳**や，その門下の土田麦僊らの名手を生んだ。

❸政府の古美術政策 政府は，明治20年代から古美術調査を開始した。1897(明治30)年には古社寺保存法をつくり，**国宝**の指定を開始した。

★3 フェノロサ アメリカの哲学者で，1878(明治11)年に来日。岡倉天心とともに東京美術学校の創立に参画し，日本美術の振興に貢献した。帰国後は，ボストン美術館東洋部長として日本美術の紹介に努めた。

★4 岡倉天心 本名は覚三。英文で『**東洋の理想**』『**茶の本**』『**日本の目覚め**』などを著して東洋文化の優秀性を海外に紹介した。

▲「**無我**」(横山大観)

▲「**悲母観音**」(狩野芳崖)

❹**洋画の不振**　国粋保存主義に押され，洋画は一時不振におちいり，1889(明治22)年に**浅井忠**らが最初の洋画団体として**明治美術会**を組織して，洋画壇の大同団結をはかった。また，**高橋由一**は独自に洋画を学んだ。

❺**洋画の隆盛**　**黒田清輝・久米桂一郎**らがフランスより**印象派**の画法を伝え，洋画は隆盛に向かった。黒田清輝は東京美術学校教授として，**藤島武二・和田英作・和田三造**ら有為の後進を育てた。

❻**洋画壇の展開**　1896(明治29)年に，黒田清輝らは明治美術会を脱会して**白馬会**を設立し，外光のもとに輝く写実的な風景を特色として，**外光派**などとよばれた。

▲「湖畔」(黒田清輝)

参考　**浅井忠**は，晩年は京都に移り，1906(明治39)年に**関西美術院**を創設し，**安井曽太郎・梅原龍三郎**らを育てた。

▼「南風」(和田三造)

「黒扇」(藤島武二)▶

▼「渡頭の夕暮」(和田英作)

「墓守」(朝倉文夫)▶

◀「鮭」(高橋由一)

補説 **イタリア美術家の来日** 明治政府は，欧化を進めるため，紙幣や公債証書の印刷にイタリアの銅版画家**キヨソネ**を招いた(1875年)。キヨソネは，銅版などで明治天皇や西郷隆盛らの肖像画を描いた。1876(明治9)年には，イタリア政府に依頼し，**工部美術学校**の絵画科に**フォンタネージ**，彫刻科に**ラグーザ**らを招いた。フォンタネージとラグーザは，日本の洋画・彫刻の発展に大きな貢献をなした。

❼彫刻 荻原守衛(ロダンに師事)らが近代彫刻の基礎を築いた。つづいて**高村光雲**・**朝倉文夫**らが活躍した。

❽建築 イギリス人**コンドル**らの外国人により，洋風の大建築が設計された。コンドル門下の**辰野金吾**は日本銀行本店や東京駅を設計した。

❾音楽 1887(明治20)年に**東京音楽学校**が創設され，校長の**伊沢修二**らが，洋楽を**唱歌**として小学校教育にとりいれ広まった。三浦環は，初めて歌劇を上演し(1903年)，また，定期演奏会も開かれた。作曲家では，滝廉太郎が出て，「荒城の月」や「箱根八里」を残し，また，山田耕筰(「赤とんぼ」など)も活躍した。

▼明治時代の美術・建築

	人名	おもな作品
日本画	狩野芳崖	悲母観音
	橋本雅邦	龍虎図
	横山大観	無我・生々流転
	菱田春草	黒き猫・落葉
	下村観山	大原御幸・弱法師
	竹内栖鳳	アレタ立に・雨霄
	川端玉章	墨堤春暁・桜に鶏
洋画	浅井 忠	収穫・春畝
	高橋由一	鮭
	黒田清輝	湖畔・読書・舞妓
	藤島武二	天平の面影・黒扇・蝶
	和田英作	渡頭の夕暮・海辺の早春
	和田三造	南風
	青木 繁	海の幸
彫刻	高村光雲	老猿・楠公像
	荻原守衛	女
	朝倉文夫	墓守
建築	コンドル	鹿鳴館・ニコライ堂
	辰野金吾	東京駅・日本銀行本店

❿歌舞伎 脚本の面では，幕末から作品を書いていた**河竹黙阿弥**が，9代目**市川団十郎**・5代目**尾上菊五郎**・初代**市川左団次**らのために**散切物**・**活歴物**★5を書いた。1889(明治22)年には歌舞伎座ができ，1890年代には，いわゆる**団菊左時代**が出現した。このころ，**坪内逍遙**は小説から転じて『**桐一葉**』などの新史劇を書いた。

⓫新派劇 自由民権運動に際し，壮士・学生が思想宣伝のためにおこした**壮士芝居**は，**川上音二郎**が時事に題材をとって上演し，民衆の人気を博した。

⓬新劇 文学における自然主義の流行の際，演劇でも**森鷗外**・坪内逍遙・**島村抱月**・**小山内薫**らが協力して西洋劇を演じ，**新劇**と称した。**坪内逍遙**らが設立した**文芸協会**(1906年)は，シェークスピアやイプセンの翻訳劇を実演し，旧来の日本演劇の改良をめざした。また，**小山内薫**らが設立した**自由劇場**(1909年)もイプセンなどの翻訳劇を上演し，西洋演劇を日本に直接移すことを目的とした。島村抱月は，**松井須磨子**らと**芸術座**をおこし(1913年)，新劇の基礎を築いた。

参考 **演劇改良会**
欧化主義時代には，歌舞伎界でも洋風をとりいれようとして**演劇改良会**がつくられた。しかし，歌舞伎の社会的地位は向上させたものの，演劇そのものの改良には失敗し，国粋主義運動が起こると，もとにもどってしまった。

★5 **散切物・活歴物**
散切物は，文明開化の風潮をとりいれた劇。活歴物は，9代目**市川団十郎**が始めた歴史劇をいう。

参考 **オッペケペー節**
川上音二郎・貞奴夫妻が考案・自演した演歌の一種をいう。しかし，歌といっても朗読調で，節などは少なかった。

☑ 要点チェック

	CHAPTER 4　近代文化の発達	答
□ 1	学校令が制定されたときの初代の文部大臣は誰か。	1 森有礼
□ 2	日露戦争後，義務教育は4年から何年に延長されたか。	2 6年
□ 3	三宅雪嶺らによって設立された団体と，刊行雑誌を答えよ。	3 政教社，日本人
□ 4	徳富蘇峰によって設立された団体と，刊行雑誌を答えよ。	4 民友社，国民之友
□ 5	陸羯南の刊行した新聞を何というか。	5 日本
□ 6	雑誌『太陽』誌上で日本主義を唱えた思想家は誰か。	6 高山樗牛
□ 7	日本の文明発展史を描いた田口卯吉の著作を何というか。	7 日本開化小史
□ 8	教育勅語の拝礼をこばみ第一高等中学校の教職を追われた人物は。	8 内村鑑三
□ 9	破傷風の血清療法やペスト菌を発見した医学者は誰か。	9 北里柴三郎
□ 10	オリザニン(ビタミンB1)の抽出に成功した化学者は誰か。	10 鈴木梅太郎
□ 11	大森貝塚を発掘・調査したアメリカ人東大教授は誰か。	11 モース
□ 12	坪内逍遙が写実主義の文学論を唱えた著作を何というか。	12 小説神髄
□ 13	言文一致体で小説『浮雲』を著した小説家は誰か。	13 二葉亭四迷
□ 14	尾崎紅葉と幸田露伴とを並び称して，何時代というか。	14 紅露時代
□ 15	北村透谷らが刊行したロマン主義の雑誌は何か。	15 文学界
□ 16	島崎藤村『破戒』や田山花袋『蒲団』は何主義の小説か。	16 自然主義
□ 17	『たけくらべ』などで知られる女性小説家は誰か。	17 樋口一葉
□ 18	与謝野鉄幹・晶子夫妻が発行した文芸雑誌を何というか。	18 明星
□ 19	短歌の革新を唱えた正岡子規らを何派というか。	19 アララギ派
□ 20	口語で生活詩をつくり，社会主義に傾倒した歌人は誰か。	20 石川啄木
□ 21	日本の伝統美の価値を認めたアメリカ人東大教授は誰か。	21 フェノロサ
□ 22	岡倉天心・横山大観らが組織した美術団体を何というか。	22 日本美術院
□ 23	浅井忠らが組織した洋画団体を何というか。	23 明治美術会
□ 24	黒田清輝らが，23を脱退して組織した洋画団体を何というか。	24 白馬会
□ 25	「老猿」「楠公像」などの作品がある彫刻家は誰か。	25 高村光雲
□ 26	鹿鳴館などの設計を担当したイギリス人建築家は誰か。	26 コンドル
□ 27	東京音楽学校の初代校長で，洋楽の発展につくした人物は誰か。	27 伊沢修二
□ 28	1890年代の歌舞伎全盛期を，当時の役者名から何というか。	28 団菊左時代
□ 29	1906年に坪内逍遙らが組織した演劇団体を何というか。	29 文芸協会
□ 30	1909年に小山内薫らが組織した演劇団体を何というか。	30 自由劇場

CHAPTER 5 » 第一次世界大戦と日本

時代の俯瞰図

第一次世界大戦で経済繁栄 →戦後恐慌・関東大震災 →不況 →金融恐慌 →**世界恐慌**　**治安維持法**
国内産業・海運貿易 発展 ──── **大正デモクラシー** →社会運動・労働運動

年	できごと
一九一三	第1次護憲運動で桂内閣倒す ＝ **大正政変**
一四	第一次世界大戦に参戦
一五	**二十一カ条の要求**
一六	吉野作造「民本主義」 ‖ **大正デモクラシー**〔大正文化〕
一七	**石井・ランシング協定**
一八	シベリア出兵(～二二)
	米騒動→社会運動活発化
	原敬の政友会内閣 ＝ **本格的政党内閣**
一九	ヴェルサイユ条約
二〇	戦後恐慌・第1回メーデー
二一	ワシントン会議→四カ国条約
二二	→海軍軍備制限条約・九カ国条約
	日本共産党・全国水平社
二三	**関東大震災**→朝鮮人虐殺事件
二四	第2次護憲運動→**護憲三派内閣** ──→ **憲政の常道**
二五	**治安維持法**・普通選挙法
二七	金融恐慌
二八	張作霖爆殺事件 ／ **二八年改正 弾圧強化**（治安維持法）
二九	**世界恐慌**
三〇	金解禁→翌年再禁止
	ロンドン海軍軍縮条約

内閣：桂太郎 → 山本権兵衛 → 大隈重信 → 寺内正毅 → 原　敬 → 高橋是清 → 加藤友三郎 → 山本権兵衛 → 清浦奎吾 → 加藤高明 → 若槻礼次郎 → 田中義一 → 浜口雄幸

SECTION 1 大正政変

▶ 明治天皇の死後，大正時代にはいると，第2次西園寺内閣が陸軍大臣の辞職によって倒れ，**桂園時代**は終わった。ついで第3次桂内閣が成立すると，政党を中心に第1次護憲運動が起こり，桂内閣を倒した(**大正政変**)。

1 第1次護憲運動

❶ **第2次西園寺内閣の崩壊**　第2次西園寺内閣(☞p.358)は，財政難のため陸軍の**2個師団増設要求**を拒絶した。陸軍は**上原勇作**陸相を辞任させ(上原は直接天皇に上奏〔**帷幄上奏**〕して単独辞職した)，後任を出さなかった[★1]。このため，第2次西園寺内閣は陸相を欠くことになり，総辞職に追いこまれた。

補説 **2個師団増設問題**　日露戦争後，「帝国国防方針案」に基づき陸海軍の充実がはかられた。1911(明治44)年10月の**辛亥革命**で清朝が滅び，中国国内が混乱したので，陸軍では中国大陸への野心が増大していた。このため，とくに朝鮮防衛上必要であるとの名目で，19個師団(1個師団は平時において1万名ぐらい)から，さらに2個師団の増設を要求した。

★1 陸軍の力の根源　第2次山県有朋内閣で確立した**軍部大臣現役武官制**が，倒閣のため，初めて運用された。

注意 1912(明治45)年7月に明治天皇が亡くなり，大正天皇が引き継いだ。西園寺内閣の崩壊は，1912(大正元)年12月のこと。

❷**第3次桂内閣**　第2次西園寺内閣の後任の人選は難航したが，元老によって山県有朋系の桂太郎が首相に選ばれた。桂は宮中にはいっていたため，政権につかせる勅語が出された。★2

❸**第1次護憲運動**　この藩閥・陸軍の動きに「**閥族打破・憲政擁護**」のスローガンをかかげた**第1次護憲運動**が都市部を中心に全国的に展開した。

❹**第1次護憲運動を進めた人々**　**立憲国民党**の**犬養毅**★3と**立憲政友会**の**尾崎行雄**★4らの衆議院議員やジャーナリスト・弁護士・商工業者などの都市民。

❺**第3次桂内閣の崩壊**　桂首相は，山県系でありながら政党を組織して政治を刷新することを考えていた。そこで，桂は新党(のちの**立憲同志会**)を結成し，軍拡の1年間凍結や行政・財政整理などの改革案を提示して，護憲運動に対抗しようとした。しかし，新党は少数にとどまり，国民は桂の改革性を認めようとせず，激昂した数万の民衆が議会を包囲するなか，50日あまりで桂内閣は総辞職した。これを**大正政変**という。

❻**第1次山本内閣**　桂内閣のあと，1913(大正2)年，薩摩出身の海軍大将**山本権兵衛**が，原敬の事実上率いる政友会と提携して組閣した。山本内閣は，大幅な行財政整理を断行した。**軍部大臣現役武官制を緩和**して，現役以外の大将・中将でも大臣に就任できるようにし，**文官任用令を改正**して政党員が高級官僚になる道を広げ，第1次護憲運動の要求をある程度実現した。しかし，1914(大正3)年に海軍の汚職事件(**シーメンス事件**)で倒れた。

★2　宮中にはいった者は，従来はふたたび政権を担当しなかった(**宮中・府中の別**)。桂は当時，**内大臣兼侍従長**をしていた。

参考　**護憲運動**とは，藩閥中心の官僚政治に反対し，政党政治の確立を目的とした政治運動をいう。

★3　**犬養毅**　1882(明治15)年の**立憲改進党**の結成に参加し，以来，政党政治家として活躍した。**第2次護憲運動**には**革新倶楽部**のリーダーとして参加した。1931(昭和6)年に**政友会**の犬養毅内閣を組織したが，**五・一五事件**で暗殺された(☞p.409)。

★4　**尾崎行雄**　1882年の**立憲改進党**の結成に参加し，以来，政党政治家として活躍した。第1次護憲運動や普選実現につくし，「**憲政の神様**」とよばれた。

史料　**尾崎行雄の桂内閣弾劾演説**

彼等①ハ常ニ口ヲ開ケバ直ニ忠愛ヲ唱ヘ，恰モ忠君愛国ハ自分ノ一手専売ノ如ク唱ヘテアリマスルガ，其為ストコロヲ見レバ，常ニ玉座②ノ蔭ニ隠レテ，政敵ヲ狙撃スルガ如キ挙動ヲ執ッテ居ルノデアル。彼等ハ玉座ヲ以テ胸壁トナシ，詔勅ヲ以テ弾丸ニ代ヘテ政敵ヲ倒サントスルモノデハナイカ。……

『帝国議会衆議院議事速記録』③

注釈　①**桂太郎**・**山県有朋**らの藩閥政治家。②天皇の座所，さらには天皇自身。③『官報』号外として一般に公表。

視点　約2週間の停会後，1913(大正2)年2月5日に再開された議会で，立憲政友会の**尾崎行雄**は激しく桂内閣を攻撃した。大正新天皇のもとで内大臣となり宮中にはいった**桂太郎**は，組閣するにあたって天皇の勅語をうけ，天皇の命でやむなく宮中を出たとの形をとって，批判をかわそうとした。「詔勅ヲ以テ弾丸ニ代ヘテ」とはこのことをさす。

補説 **シーメンス事件** 1914年，軍艦などの購入に関する海軍高官とドイツのシーメンス社との汚職が発覚した事件。海軍への非難が高まり，海軍閥の山本権兵衛内閣は辞職に追いこまれた。

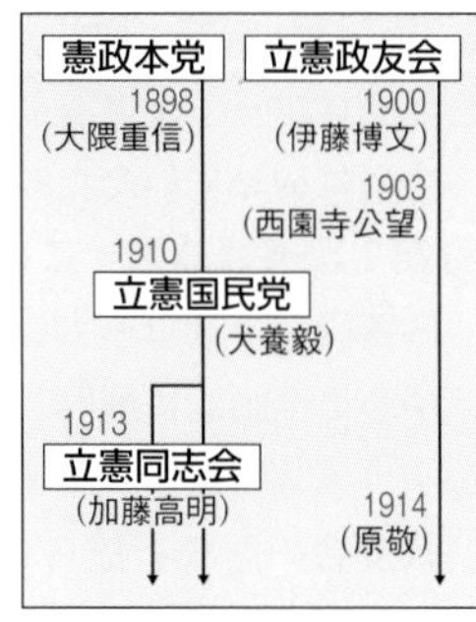

▲20世紀初頭の政党系図

① 辛亥革命(1911年)→清朝の滅亡→陸軍の2個師団増設要求の強まり(日本)
② 第2次西園寺内閣…2個師団増設問題で倒れる
③ 第3次桂太郎内閣…第1次護憲運動が起こる
④ 第1次護憲運動(1912〜13年)…「閥族打破・憲政擁護」をスローガンに展開。犬養毅(国民党)・尾崎行雄(政友会)らが中心→第3次桂太郎内閣が倒れる＝大正政変(1913年)
⑤ 第1次山本権兵衛内閣…陸・海軍大臣現役武官制・文官任用令の緩和，シーメンス事件(1914年)

SECTION 2 第一次世界大戦と日本外交

▶ 1914(大正3)年の**第2次大隈重信内閣**の成立後，**第一次世界大戦**が勃発した。日本は**日英同盟**を口実に参戦し，大戦中の混乱に乗じて中国に**二十一カ条要求**をつきつけた。**寺内正毅内閣**は**西原借款**で中国北方政権を援助し，**ロシア革命**に干渉して**シベリア出兵**を行った。

1 大隈内閣と第一次世界大戦への参戦

❶第2次大隈内閣の成立 シーメンス事件で山本権兵衛内閣が倒れたあと，元老は後継首相の選出に悩み，民衆に人気のあった大隈重信を首相に指名した。

2個師団増設問題の解決や議会で多数を占める立憲政友会の打破を期待してのことである。

❷大戦前の国際関係と日本 下の図に示すように，ヨーロッパ列強は**三国同盟**[★1]と**三国協商**[★2]の2つの陣営に分かれて対立していた。日本は，三国協商側と関係をもった。

★1 **三国同盟** 1882年にドイツ・オーストリア・イタリア3国で締結された相互防衛条約。

★2 **三国協商** 19世紀末以来の露仏同盟にイギリスが加わってヨーロッパの勢力均衡を保った。三国同盟と対立した。

参考 イタリアはオーストリアとの領土問題の対立から，1915年に三国同盟を破棄し連合国側に立って参戦した。

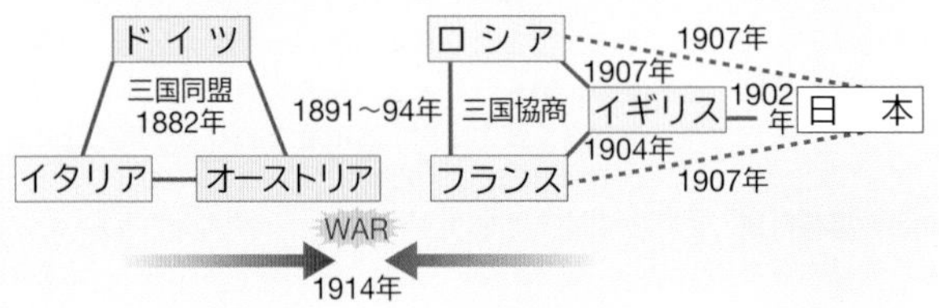

◀第一次世界大戦前の同盟・協商関係と日本

史料　元老井上馨の進言

一，今回欧州ノ大禍乱ハ，日本国運ノ発展ニ対スル大正新時代ノ天佑①ニシテ日本国ハ直ニ挙国一致ノ団結ヲ以テ，此天佑ヲ享受セザルベカラズ。　『世外井上公伝』②

注釈 ①天のたすけ。②井上馨(号は世外)の伝記。

視点 当時の**財政状況は危機的**で，日露戦争とその後の外債の累積のため日本は多額の債務国となり，連年の貿易入超のため正貨(金)保有高も急激に減少していた。日本は第一次世界大戦への参戦により，国内の「**挙国一致ノ団結**」をつくりだすとともに，「**東洋ニ対スル日本ノ利権ヲ確立**」することで，財政危機を打開しようとした。

❸大戦勃発の理由　直接には，1914(大正3)年6月，ボスニアの州都サライェヴォにおいて，オーストリア皇位継承者夫妻がセルビアの青年に暗殺された事件によるが，根本的には**植民地拡大をめぐる対立**から発した両陣営の戦争である。

❹日本の参戦　日本は，**第2次大隈内閣**(外相**加藤高明**)が**日英同盟**を口実として**連合国(旧三国協商)側**に加わって参戦し(1914年8月)，ただちにドイツの東アジアにおける根拠地膠州湾の**青島**を攻略し，さらに**ドイツ領の南洋諸島**を占領した。

日本は，第一次世界大戦勃発によりヨーロッパ勢力がアジアから退潮したのに乗じ，**中国大陸への進出**をはかった。

❺二十一カ条の要求　大隈内閣は，1915(大正4)年，中華民国大総統**袁世凱**に**二十一カ条の要求**★3をつきつけた。中国は**辛亥革命**後で民族意識がもりあがっていたので大きな衝撃をうけ，排日運動が激化した。

❻二十一カ条の要求のおもな内容

1 **山東省のドイツ権益**の継承。
2 **南満洲・東部内蒙古**における日本の特殊権益の承認，**旅順・大連**および南満洲鉄道などの租借期限の**99年間延長**。
3 **漢冶萍公司**★4の日中両国による共同経営。
4 中国の中央政府に顧問として有力な日本人を雇うことや地方警察への多数の日本人の雇用。

❼中国の二十一カ条の要求の承認　要求の重点は上記の2で，4は希望事項とした。この交渉は難航し，日本は最後**通牒**を発して4をけずり，ほかを若干譲歩して中国に承認させた。中国では，この要求をうけいれた5月9日を**国恥記念日**とし，排日運動が継続した。

★3 **二十一カ条の要求を出した理由**　日本の旅順・大連の租借権は，1923年に期限が切れる予定で，南満洲鉄道についても中国から買収の申し出があれば，応じなければならなかったので，満蒙利権の交渉は懸案であった。

★4 **漢冶萍公司**　漢陽製鉄所・大冶鉄山・萍郷炭坑を一体として経営する大会社。日本政府は，この中国最大の製鉄所に巨額の資本を投下していた。1908(明治41)年の成立である。

補説 **辛亥革命** 中国(清)では，**義和団事件**(☞p.359)以後，**排満興漢**(満洲民族の清朝を排し，漢民族を興す)をめざす革命勢力が台頭し，1911年10月**辛亥革命**が起こった。この結果，**孫文**を臨時大総統とする**中華民国**が成立(1912年)し，清朝は滅んだ。しかし，まもなく軍人の**袁世凱**が大総統になった。

⑧**軍備拡張の実現** 大隈内閣は第一次世界大戦による好景気を背景にして，1915年の総選挙に圧勝し，元老・軍部の期待にこたえて，2個師団増設案や海軍拡張案を成立させた。

⑨**第4次日露協約(日露同盟)** 大隈内閣は，中国における権益拡張に対する列強の反感に対応し，1916(大正5)年**第4次日露協約**を結んだ。この協約で，中国が第三国の支配下に置かれることを防ぐため，日露のどちらかが第三国と戦争になったときは，互いに軍事援助を行うことを決めた。

2 寺内内閣とシベリア出兵

①**西原借款** 1916(大正5)年，大隈内閣にかわって山県有朋直系の陸軍大将**寺内正毅**が官僚内閣を組織した。寺内内閣は，二十一カ条の要求で列強の日本への反感が高まっていたため，外交路線を経済中心のものに変えた。袁世凱の死後に中国の北部を支配した**段祺瑞**政権に，首相側近の**西原亀三**を派遣し1億4500万円の借款を無担保で供与した。しかしほとんど回収されなかった。

②**石井・ランシング協定** 二十一カ条の要求は，列国とくにアメリカの対日不信を強めた。そこで1917(大正6)年，対米関係を調整するため，日本特派大使石井菊次郎とアメリカ国務長官ランシングの間で協定を結んだ。この結果，アメリカの主張する中国の領土保全・門戸開放と日本の中国における特殊権益を承認しあった。

③**シベリア出兵** 1918(大正7)年，英・仏・米・日本など連合国は，**ロシア革命を妨害**するため，**チェコスロヴァキア軍**★5の救出を名目として，シベリアに出兵した。

④**シベリア出兵の経過** アメリカは，ただちに撤兵したが，日本は増兵し，シベリアに反革命政権の樹立をはかった。

⑤**日本軍の撤兵** 革命軍の抵抗，国内の反対，外国の不信感などにより，1922(大正11)年までかかって**加藤友三郎内閣**のとき，ようやく撤兵した。この間，10億円を消費し，3000人の戦死者を出した。

▼第一次世界大戦と日本の関係年表

年・月	できごと
1911.10	辛亥革命
1912. 1	中華民国成立
1914. 7	大戦開始
1915. 1	二十一カ条の要求
1917. 1	西原借款開始
3	ロシア革命
11	石井・ランシング協定
1918. 8	シベリア出兵
11	大戦終了

★5 チェコスロヴァキア軍は，第一次世界大戦のときオーストリア=ハンガリー帝国からの独立をめざしてロシア軍とともに戦った。しかし，ロシア革命後，ソヴィエト政権がドイツとブレスト=リトフスク条約を結んで戦争を終結したので，ヨーロッパ戦線にもどろうとしてウラジヴォストークに集結した。この間に，反革命勢力としてソヴィエト政権と戦うようになった。

参考 **尼港事件** シベリア出兵中の1920(大正9)年，黒龍江河口のニコラエフスク(尼港と略称)で，日本軍が一般邦人とともにソヴィエトのパルチザン(非正規兵)に殺害された事件。

注意 シベリア出兵は，尼港事件で居留民が殺されるなど，多くの犠牲や費用を払ったうえ，何の成果もあげられなかった。

[第一次世界大戦と日本外交]
① 第2次大隈内閣(加藤高明外相)…第一次世界大戦に参戦(1914年)，中国に対し，二十一カ条の要求(1915年，袁世凱政権)
② 寺内正毅内閣…西原借款，石井・ランシング協定(1917年，日米間)，シベリア出兵(1918年)

大戦景気と米騒動

▶ 第一次世界大戦は，日本の経済界にかつてない**好景気**をもたらした。しかし，一方では物価の高騰を招き，下層労働者の生活を圧迫した。このようなとき，米価の暴騰が起こり，**米騒動**が勃発した。

1 経済界の繁栄

❶第一次世界大戦前の経済　日露戦争の軍費が巨額にのぼったうえ，戦後の軍備拡張のため，戦時増税を継続したため，民衆の負担は増大した。さらに，対外貿易も**輸入超過**(**入超**)がつづき，**経済界の不況**，国家財政の行きづまりは深刻であった。

参考　日露戦争の賠償金はとれなかったので，総額約15億円の内外債の利子負担は1億円近かった。

注意　大戦の主戦場がヨーロッパであったので，日本の負担が少なかった。

❷貿易の発展　第一次世界大戦が勃発すると，戦場から遠い日本は，これを好機として海外市場に進出したため，1915(大正4)年度からは**輸出超過**(**出超**)に転じた。

❸貿易発展の理由

1 交戦国の需要増大→**ヨーロッパへの輸出**・船舶貸与の増大。
2 交戦国の輸出途絶→**中国などアジアへの輸出**増大。
3 戦争景気のアメリカ合衆国には，生糸などの輸出増大。

❹貿易発展の結果　輸出が増加し，貿易収支も**黒字**に転じた。この結果，1914(大正3)年に11億円の債務国であったのが，1920(大正9)年には27億円以上の債権国となった。

▼貿易の発展と金保有高の増大

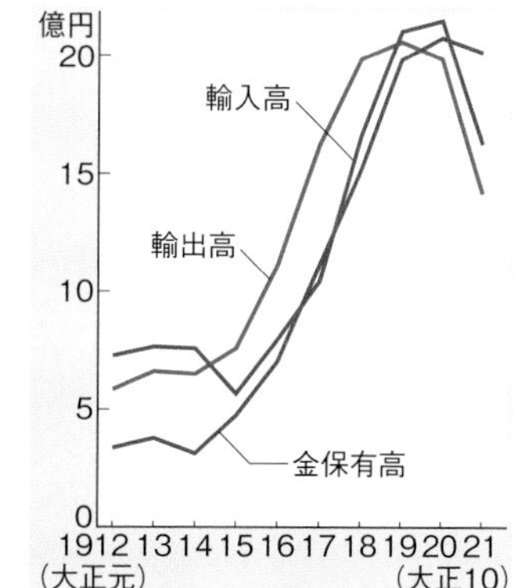

❺海運の発展　貿易の発展や，大戦による船舶の世界的不足などから，日本の船舶による物資の輸送がさかんとなり，船成金が続出。日本は，イギリス・アメリカにつぐ**世界第3位の海運国**となった。

補説　**船成金**　海運業・造船業が空前の好景気となり，船舶関係の仕事によって，にわかに巨富を築いた人のことをいう。船1隻を元手に，1年で船16隻を運航する大会社の経営者となった内田信也らが好例である。

❻工業の発展

1. **軽工業**…綿糸紡績業は，**中国**などアジアへの輸出増大によって生産が急増した。また，**アメリカ**の繁栄で**生糸・絹織物**の輸出が増大した。
2. **重化学工業**…全体としては先進国の水準に達していなかったが，ヨーロッパからの輸入がなくなったことで製鉄・造船・化学工業がいちじるしく発達した。**電力事業**も都市での電灯の普及や工業原動力の電化によって発展した。
3. **農業国から工業国へ**…第一次世界大戦の末期には**工業生産が農業生産を上回る**ようになった。

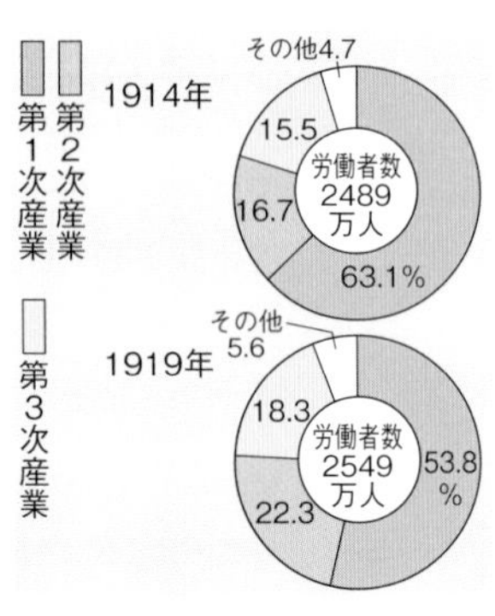

▲産業別人口の変化

注意　米騒動と第一次世界大戦中の好景気・シベリア出兵との関係は重要。

2 米騒動

❶**米騒動**　1918(大正7)年7～9月にかけて全国に展開された，米価高騰に対して米屋などを襲う自然発生的な下層民衆の行動を米騒動という。

❷**米騒動発生の理由**　**第一次世界大戦中の好景気**にともなう物価高騰，とくに**米価が急騰**したこと。**シベリア出兵**のニュースが流れると，大米穀商や地主による投機的な買い占めや売り惜しみが続出し，米価は天井知らずの大暴騰となった。

❸**米騒動の経過**　**1918**(大正7)**年**8月，富山県西水橋町(現・富山市)の漁村の主婦らの行動が「**越中の女一揆**」として新聞に報じられると，米騒動は全国に広まった。★1 **寺内正毅内閣**は，新聞に米騒動の記事の掲載を禁止し，軍隊・警察力を動員して米騒動を鎮圧する一方，米の安売りや外米の輸入を行った。

❹**米騒動の意義**

1. 米騒動は自然発生的なものであったが，大衆行動の効果を教え，以後の社会運動を活発にした。
2. **寺内内閣**が倒れ，衆議院の第一党の**立憲政友会**総裁の**原敬内閣**(**本格的政党内閣**)の成立をうながした。

年	月	価格
1915年(平均)		16円35銭
1916年(〃)		17円19銭
1917年(〃)		24円57銭
1918年	1月	30円15銭
	6月	34円20銭
	8月	45円21銭

▲白米小売価格の高騰
(東京・1石あたり)

★1　米騒動は，東京・大阪をはじめ全国38市・153町・177村におよんだ。参加人員は約70万人に達し，日本史上最大の民衆の運動といえる。しかも，鎮圧には警察力に加え，軍隊が出動した。

参考　米騒動には工場労働者も参加したが，彼らは主役ではなく，肉体労働者・職人や被差別部落の人々など下層の民衆が主力であった。

[経済界の繁栄と米騒動]
①第一次世界大戦中の好況…債務国→債権国，農業国→工業国
②米騒動(1918年)…米価急騰(好況，投機的買い占め，シベリア出兵)，寺内正毅内閣倒れる→立憲政友会の原敬内閣(本格的政党内閣)成立

\ TOPICS /

米騒動

1918(大正7)年ごろの富山県下では，漁民1万5000人のうち約7000人が県外への出かせぎ人であった。同年8月5日の東京朝日新聞の記事によると，出かせぎ先の樺太は不漁で帰路の旅費にもさしつかえる有様であり，そのうえ，昨今の米価暴騰で生活の困窮はその極に達していたという。そこで8月3日夕方，漁師町一帯の主婦達が米屋などを襲い，米の移出禁止と安売りを嘆願した。

このニュースが全国に伝えられると，米価引き下げを要求する運動が広まり，10日には名古屋の鶴舞公園に1万5000人以上の大群衆が集まり，米価引き下げ要求を行った。京都では被差別部落の人々が蜂起し，地区内の米屋をはじめ下京一帯の米屋32軒に「白米1升30銭デ売リマス」の貼紙を書かせた。この群集は，11日には一般市民を加え2万人に達し，軍隊が出動した。12日には名古屋や大阪でも軍隊が出動した。13日には大阪・神戸は朝から全市が騒乱となり，ついに大阪で2名，神戸で4名の銃剣による刺殺者が出た。

ヴェルサイユ体制と国際協調

▶ 第一次世界大戦は，連合国側の勝利に終わり，**パリ講和会議**での**ヴェルサイユ条約**の調印によって，戦後の新しい国際秩序が形成された。これを**ヴェルサイユ体制**という。**原敬内閣**は，**国際協調外交**を推進する一方，中国・朝鮮の民族運動に直面した。

1 パリ講和会議と日本

❶**第一次世界大戦の終結**　戦争は長期化したが，1917(大正6)年の**ロシア革命**と**アメリカの参戦**★1によって，戦局は変化し，1918(大正7)年11月，ドイツが連合国側に降伏して終わった。

★1　イギリス海軍の海上封鎖に苦しんだドイツが，無制限潜水艦作戦を開始して，中立国の船舶も攻撃したので，中立を維持していたアメリカも，連合国側に参戦した。

❷**ウィルソンの14カ条**　アメリカ大統領**ウィルソン**が「勝利なき平和」の理想を具体化したもので，講和会議の基礎となった。領土の無併合，無賠償，民族自決，軍備縮小，国際平和機構の設置などを主要な内容とした。これは，ドイツの報復を恐れるイギリス・フランスの意向もあり，かなり空文化した。

❸**パリ講和会議**　**1919**(大正8)**年**1月，フランスのパリで連合国とドイツとの講和会議が開かれ，ヴェルサイユ条約が結ばれた。原内閣は講和会議に西園寺公望らを全権として送った。

❹**ヴェルサイユ条約の日本に関する内容**　中国の**山東省におけるドイツ利権の継承**，赤道以北の**ドイツ領南洋諸島の委任統治**などが重要である。

参考　ヴェルサイユ条約の内容　①**国際連盟の設立**，②ドイツ植民地の没収，③アルザス・ロレーヌ地方のフランスへの割譲，④軍備制限，⑤ドイツに多額の賠償金を課す。日本は，人種的差別待遇の撤廃を要求した**人種平等案**を提出したが，採択されなかった。

❺国際連盟の成立　ウィルソンの提案をもとに，1920(大正9)年，「国際紛争の平和的処理」の機構として成立し，本部をスイスの**ジュネーヴ**に置いた。日本は国際連盟の**常任理事国**となった。

2 原敬内閣の政治

❶原敬内閣の成立　1918(大正7)年，米騒動で**寺内内閣**が総辞職すると，元老は，**立憲政友会**総裁の原敬★2を首相に推薦した。原敬内閣は，陸軍・海軍・外務の3大臣以外はすべて立憲政友会員で占めるという，**本格的な政党内閣**であった。華族でも藩閥出身でもない原は，「平民宰相」として国民の期待を集めた。

▲原敬

❷原敬内閣の政治

1. アメリカ重視の，列強との協調外交。
2. 政友会の主張する**鉄道の拡充**や**大学令**の公布による高等教育の充実などの**積極政策**で農村を中心に支持を確保した。
3. 政権を安定させるため，陸軍を中心とした山県有朋系官僚閥と妥協して陸海軍の軍備充実を容認した。
4. 米騒動以降高まっていた普通選挙(普選)運動など政治の急速な刷新を求める動きに批判的で，1919(大正8)年に選挙法を改正し，選挙資格を直接国税**10円から3円に引き下げる**ことにとどめる一方，**小選挙区制**として政友会の党勢を拡大し，山県系官僚閥を圧倒した。
5. 朝鮮の**三・一独立運動**を軍事力で鎮圧したが，その後，武断統治を改め，総督の資格を文官にまで拡大し，朝鮮人官吏を登用したり，公共事業を進めたりした。

❸三・一独立運動　**万歳事件**ともよばれる朝鮮独立運動のこと。日本の朝鮮支配に反対し，**1919年3月1日**以後，多数の朝鮮人が独立万歳をさけんで，6カ月にわたり混乱がつづいた。

補説　**三・一独立運動の規模**　3月1日以後，約200万人の朝鮮人が6カ月にわたり運動をつづけ，参加地域は218郡中211郡におよんだ。

❹五・四運動　パリ講和会議で中国の主張が無視されたため★3，**1919年5月4日**に北京の学生や労働者が排日運動を起こした。運動は他都市にも波及し，中国政府は講和条約の調印を拒否した。

参考　**国際連盟の欠点**
①アメリカが議会(上院)の反対で加盟しなかった。
②規約違反国に対する制裁規定が不明確であった。

★2　**原敬**　岩手県盛岡生まれ。外交官・大阪毎日新聞社長を経て，**伊藤博文**の立憲政友会創立に応じ，伊藤系官僚として政友会に入党。まもなく党の実権をにぎり，大正期にはいり，**西園寺公望**につづき第3代の立憲政友会総裁になり，政党内閣を組織した。首相在任中に，政党腐敗が問題になるなか，東京駅で鉄道員**中岡艮一**に暗殺された。

参考　原内閣は，衆議院議員選挙資格を直接国税10円から**3円に引き下げた**ため，有権者は約2.2倍にふえた。新有権者は，農村に地盤をもつ政友会に有利な農民が多く，1区1人選出の小選挙区制も，第一党の政友会に有利であった。

参考　日本の世論は，朝鮮民衆に冷たく，**吉野作造**(☞p.392)などごく少数を除き，日本と朝鮮は同祖民族だから，独立は民族自決に反するというような議論が横行した。

★3　中国は，**二十一カ条の要求の取り消し**や**山東省の日本利権の返還**を要求した。

注意　**三・一独立運動**や**五・四運動**は，ウィルソンの民族自決の原則に力を得て起こっている。

3 ワシントン会議と軍縮

❶ワシントン会議　1921～22(大正10～11)年，アメリカ大統領ハーディングの主唱のもとにワシントンで開かれ，日本は海軍の加藤友三郎らを全権として参加させた。四カ国条約・ワシントン海軍軍備制限条約・九カ国条約が結ばれた。

1. **四カ国条約**(1921年)…**日本・アメリカ・イギリス・フランス**が太平洋における現状維持を確認。この結果，**日英同盟が破棄**★4されることになった。
2. **ワシントン海軍軍備制限条約**(1922年)…①**主力艦比率**を，米・英5，日3，仏・伊(イタリア)1.67とする。②今後10年間は主力艦の建造を禁止する。
3. **九カ国条約**(1922年)…関係9カ国★5が中国の門戸開放・機会均等・領土保全などを約束。この結果，**石井・ランシング協定**(☞p.386)**は破棄**され，日本は**山東省の利権**を中国に返還した。

★4　イギリスは，第一次世界大戦中の日本の中国進出を警戒し，日英同盟破棄を決断した。

★5　海軍軍備制限条約を結んだ日・英・米・仏・伊のほか，中国・ベルギー・オランダ・ポルトガルのあわせて9カ国。

❷ワシントン体制　**ワシントン会議で形成されたアジアにおける新しい国際秩序**をワシントン体制という。これは，ヨーロッパで成立した**ヴェルサイユ体制**と連携したものである。ワシントン体制は，日本の中国への膨張を抑制するものであったが，政友会の原敬・高橋是清両内閣はこの列強間の国際協調を積極的にうけいれた。しかし，この体制は中国の積極的合意を得たものでないので，列強の中国における権益を回収しようという，中国の民族主義運動が高まると，1920年代後半に不安定なものとなり，1931(昭和6)年の**満洲事変以降に崩壊**していった。

▲**ワシントン会議(四カ国条約)**　1921年11月11日，ワシントンのコンチネンタル＝メモリアル＝ホールで開かれた。

[ヴェルサイユ体制と国際協調]

① 原敬内閣(1918年)…アメリカ重視の協調外交・積極政策・軍備充実・普通選挙反対(選挙資格を直接国税10円→3円)
② ヴェルサイユ条約(1919年)…第一次世界大戦の講和条約。パリ講和会議→ヴェルサイユ体制
③ 民族運動…三・一独立運動(朝鮮，1919年)，五・四運動(中国，1919年)
④ ワシントン会議(1921～22)…四カ国条約(日英同盟破棄)，ワシントン海軍軍備制限条約，九カ国条約→ワシントン体制

SECTION 5 大正デモクラシーと社会運動の発展

▶ 1918(大正7)年の**米騒動**後，**普選運動**・労働運動・農民運動など**大正デモクラシー**の潮流を背景とした社会運動が急速に拡大した。一方，1923(大正12)年には**関東大震災**が起こり，朝鮮人虐殺など，この潮流の矛盾を示す事件も起こった。

1 大正デモクラシーの思想

❶**大正デモクラシー**　日露戦争後，大正末年までの時期に強まった**政治・社会・文化の諸方面における民主主義的潮流**のこと。その潮流は，第一次世界大戦期までは都市を中心に展開し，その後は農村にまで広く浸透していった。

❷**大正デモクラシーを支えた思想**　**美濃部達吉**の**天皇機関説**★1と**吉野作造**の**民本主義**が代表的で，その後の**護憲運動**や社会運動に大きな影響を与えた。

★1 この学説は憲法学の定説となるが，のち1935(昭和10)年，天皇をいやしめるものとして右翼の攻撃があり，政府によって否定された(**天皇機関説事件**，☞p.411)。

❸**天皇機関説**　東京帝国大学教授の**美濃部達吉**は，明治末年に「**統治権は法人としての国家に属し，天皇は憲法に基づいて統治権を行使する国家の最高の機関である**」という**天皇機関説**を唱えた。これによって，天皇の統治権を議会によって制限するという憲法学の体系を示した。

❹**民本主義**　東京帝国大学教授**吉野作造**が，雑誌『**中央公論**』1916(大正5)年1月号に論文「**憲政の本義を説いて其有終の美を済すの途を論ず**」を発表し，**民本主義**を唱えた。主権の所在を明確に言わず，**主権運用の方法として一般民衆の意向を重視**すべきであるという考えから，政党内閣制や普通選挙の実現を期待した。

参考　民本主義は，主権は国家にあるとする明治憲法の天皇機関説的解釈を前提に，一般民衆の意向を重んじる政治ができると主張する，現実的なものであった。

史料　吉野作造の民本主義

所謂民本主義とは，法律の理論上主権の何人に在りやと云ふことは措いて之を問はず，只其主権を行用するに当って，主権者は須らく一般民衆の利福①並に意嚮を重んずるを方針とす可しという主義である。即ち国権の運用に関して其指導的標準となるべき政治主義であって，主権の君主に在りや人民に在りやは之を問ふ所でない。勿論此主義が，ヨリ能く且ヨリ適切に民主国に行はれ得るは言ふを俟たない。然しながら君主国に在っても此主義が，君主制と毫末も②矛盾せずに行はれ得ること亦疑ひない。　『**中央公論**』

注釈　①福利に同じ。②少しも。

視点　民本主義はデモクラシーの訳だが，吉野は，「民主主義」という訳語が主権在民の学説と混同されやすいと考え，「**民本主義**」とした。

2 社会運動の発展

❶**普選運動**　**普通選挙運動**は1919(大正8)年から翌年にかけて東京などの都市を中心に高まった。これに対し，普選を時期尚早と見る原内閣が1920(大正9)年の総選挙に圧勝したため一時沈滞した。しかし，1920年代前半に普選運動は農村にまで拡大し★2，次の1924(大正13)年の総選挙で**護憲三派**が圧勝する要因となった。

❷**労働運動**

1. 1912(大正元)年，鈴木文治が労資協調の立場から**友愛会**を結成。会員は急増し，1919(大正8)年には**大日本労働総同盟友愛会**と改組した。1921(大正10)年には**日本労働総同盟**と改め，労資協調主義から労資対決主義に転じた。さらに，1925(大正14)年には左派が分かれて**日本労働組合評議会**を結成した。
2. 1920(大正9)年には，**日本最初のメーデー**が行われた。

❸**農民運動**　1920(大正9)年の戦後恐慌のころから**小作争議**★3が全国的に広がった。1922(大正11)年，賀川豊彦★4・**杉山元治郎**らが中心となり，**日本農民組合**を結成し，小作立法や普選を要求し，全国的な小作人組合として発展した。

❹**社会主義運動**　1910(明治43)年の**大逆事件**以後の「冬の時代」を経て，1920(大正9)年に**日本社会主義同盟**★5が結成された。1922(大正11)年，コミンテルン(国際共産党)の日本支部として**日本共産党**が結成された(非合法組織)。

❺**部落解放運動**　被差別部落の人々の社会的差別を撤廃しようという動きが発展して，1922(大正11)年に**全国水平社**が結成され，差別を糾弾する運動を始めた。

❻**女性解放運動**　青鞜社(☞p.369)の運動は1916(大正5)年に解体したが，1920(大正9)年に**新婦人協会**が**平塚明(らいてう)**・**市川房枝**・**奥むめお**を中心に結成され，女性の政治活動を禁じた**治安警察法**★6を改正するための活動を進めた。また，1921(大正10)年に，山川菊栄・伊藤野枝らによって**赤瀾会**が結成された。

❼**学生運動**　1918(大正7)年，**吉野作造**・福田徳三を中心に**黎明会**が結成され，民本主義・自由主義の普及につくした。これに呼応し，東京帝国大学の学生を中心に新人会も結成された。

★2　普選運動を農村に広めたのは，**青年党**とよばれる政治団体である。青年党の多くは，1920年代後半以降，憲政会(民政党)と政友会の2大政党に吸収されていった。

★3　**小作争議**　主として小作料減免や小作権確認を要求。この結果，政府は1924年に**小作調停法**を成立させ，地主と小作の利害の調和をめざした。

★4　**賀川豊彦**　賀川は，キリスト教伝道の体験から『**死線を越えて**』を著した。

★5　**日本社会主義同盟**　マルクス主義者・無政府主義者・労働運動家などをふくめた組織であり，規約・綱領をもたず，思想的統一もなかった。1921年に禁止され解散した。

★6　1922年には同法が一部改正され，女性も政治集会に参加できるようになった。その後，1924年に**婦人参政権獲得期成同盟会**が結成され，「婦選」を求める運動をつづけた。

TOPICS

全国水平社の創設

明治政府は，1871(明治4)年8月28日の太政官布告第61号において，「穢多非人の称廃せられ候条，自今身分職業共，平民同様たるべき事」と布告した。しかし，1872(明治5)年の壬申戸籍には旧身分を暗示する新平民という呼称が記載され，身分的差別はなくならず，結婚・職業の自由も奪われていた。

これに対し，1922(大正11)年3月3日京都市公会堂で全国水平社の創立大会が開かれた。「特殊部落民は部落民自身の行動によって絶対の解放を期す」「吾々特殊部落民は絶対に経済の自由と職業の自由を社会に要求し以て獲得を期す」「吾等は人間性の原理に覚醒し人類最高の完成に向って突進す」という3カ条からなる綱領をかかげ，「全国に散在する我が特殊部落民よ団結せよ。……」に始まる宣言文は，格調の高い権利の宣言であった。この年，日本共産党や日本農民組合が設立され，社会運動に新しい気運の訪れを感じさせた。

▲水平社大会で演説する山田孝野次郎(1924年)

3 関東大震災

❶**戦後恐慌**　第一次世界大戦が終結すると，戦後のヨーロッパ経済の復興とともに，日本の海外市場は縮小した。1920(大正9)年3月，株式相場の暴落を機に，**戦後恐慌**★7に襲われ，中小の銀行・会社・商社の破産が続出した。

❷**関東大震災**　**1923(大正12)年9月1日**，京浜一帯を中心とする関東地方は大地震に襲われ，大きな被害をうけた★8。翌2日に成立した**山本権兵衛内閣**は**モラトリアム(支払猶予令)**を出す一方で，**震災手形**★9に対する特別融資をして損失を補償した。その間，震災後の混乱に乗じて，**朝鮮人・中国人虐殺事件**，**甘粕事件**，**亀戸事件**などが起こった。

補説　**朝鮮人虐殺事件**　朝鮮人が井戸に毒薬を投げたという流言(デマ)が流れ，政府は9月2日午後，東京に**戒厳令**を施行し，とくに朝鮮人の行動を警戒するよう指示した。こうして**自警団**がつくられ，朝鮮人に対する多数の虐殺が行われた。同時に，比較的数は少ないが，中国人に対する虐殺も行われた。

補説　**甘粕事件**　憲兵大尉**甘粕正彦**が，無政府主義者**大杉栄**，女性運動家の**伊藤野枝**，大杉の甥を殺害した事件。

補説　**亀戸事件**　東京の亀戸署に労働組合の活動家数名が捕らえられ，軍隊に殺された事件。

★7　**戦後恐慌勃発の理由**　大戦後，ヨーロッパ諸国が世界市場に復帰したため，日本の市場が狭められた。その結果，生産過剰をきたし，物価は急落した。

★8　関東大震災は午前11時58分に発生。マグニチュード7.9。死者・行方不明者10万人余，家屋全焼44万7128戸，家屋全壊・半壊25万4499戸，被害総額は60億円をこえた。

★9　**震災手形**　関東大震災のために支払えなくなった手形。政府は，震災手形割引損失補償令を出して，特別融資を行った。

[大正デモクラシーと社会運動]

① 思想的背景…美濃部達吉(天皇機関説)・吉野作造(民本主義)
② 普選運動…都市部(1919～20年)→農村部へ
③ 労働運動…友愛会(鈴木文治，労資協調)→日本労働総同盟(1921年，労資対決)・日本最初のメーデー(1920年)
④ 農民運動…日本農民組合(1922年，賀川豊彦・杉山元治郎)
　その他の運動…新人会(東大)・新婦人協会(平塚明)・全国水平社(1922年)・日本共産党(1922年)
⑤ 関東大震災(1923年)…山本権兵衛内閣，朝鮮人や中国人の殺傷事件

6 護憲三派内閣の成立

▶ 1920年代前半の**普選運動**を中心とする大正デモクラシー潮流の農村部への広がりを背景に1924(大正13)年，清浦奎吾内閣に対し，**第2次護憲運動**が起こされた。その結果できた**護憲三派内閣(加藤高明内閣)**は，**普通選挙法**と**治安維持法**を通過させる一方で，**ソ連との国交**を成立させ，**幣原外交**を展開し始めた。

1 普選論の拡大への対応

❶**高橋是清内閣**　原敬の暗殺(1921年)後，蔵相高橋是清が内閣を組織した。戦後不況に対応するため，軍縮や積極財政抑制など新しい方向をめざし，また，**ワシントン会議**(☞p.391)をまとめた。しかし，立憲政友会の伝統的路線を維持しようとする派との間で対立が生じ，閣内不統一で辞任した。

❷**加藤友三郎内閣**　ワシントン会議の首席全権として活躍した海軍大将**加藤友三郎**が，1922(大正11)年，立憲政友会を準与党として組閣した。シベリア撤兵(☞p.386)や軍備縮小などを行い，普通選挙制導入の検討も始めたが，在任中に病気で死去した。

❸**第2次山本権兵衛内閣**　ついで，1923(大正12)年，山本権兵衛がふたたび組閣した。**関東大震災後の混乱処理**にあたりつつ，さらに積極的に普通選挙制導入の準備を進めたが，虎の門事件[★1]が起こり，引責辞職した。

❹**清浦奎吾内閣**　次の内閣は，枢密院議長の**清浦奎吾**を首相として成立した。しかし，貴族院を中心にした，時代の流れにそぐわない内閣であった。

★1 **虎の門事件**　1923年12月，帝国議会に臨む摂政宮裕仁親王(のちの昭和天皇)が，東京の虎の門で，無政府主義者の**難波大助**に狙撃された事件である。

❺第２次護憲運動　立憲政友会(高橋是清)・憲政会(加藤高明)・革新倶楽部★2(犬養毅)の３党は**護憲三派**として結束し，**清浦奎吾内閣**に対して，**普通選挙**や**貴族院改革**などを掲げてたたかった。これに対し，政友会内で**高橋是清**総裁らが進める普選実施などの政策刷新に批判的な人々は脱党して**政友本党**★3を結成し，清浦内閣を支持した。

補説　**憲政会**　1916(大正5)年，立憲同志会を中心に，他の小会派が合同して結成された。総裁は**加藤高明**。

▲**護憲三派内閣**　向かって左から高橋・加藤・犬養

2 護憲三派内閣

❶護憲三派内閣(第１次加藤高明内閣)　清浦内閣は議会を解散して総選挙に訴えたが敗れた。そこで，元老西園寺公望の指名によって，第一党の憲政会総裁の**加藤高明**が護憲三派の連立内閣を組織した。

★2　**革新倶楽部**　1922(大正11)年，国民党の**犬養毅**を中心に結成。普選即行・軍備縮小を主張した。

★3　**政友本党**　1924(大正13)年に結成。総裁は**床次竹二郎**。

1900 立憲政友会(伊藤博文) ―(西園寺公望)―(原敬)―(高橋是清)―(田中義一)―(犬養毅)― 解党 → 大政翼賛会
1924 政友本党
1913 立憲国民党(犬養毅) ― 1922 革新倶楽部(犬養毅)
1913 立憲同志会(桂太郎) ― 1913(加藤高明) ― 1913 憲政会(加藤高明) ―(若槻礼次郎)― 1927 立憲民政党(浜口雄幸) ― 解党 → 1940 大政翼賛会

◀**1920年代の主要政党系図**　立憲同志会は，1913(大正2)年に桂太郎が創立を宣言。桂の死後の同年12月に結党式が行われた。

❷普通選挙法　1925(大正14)年，護憲三派の**加藤高明内閣**が普通選挙法を成立させた。これは，**満25歳以上の男性全員**に対して納税額にかかわりなく選挙権を与えたものである。

補説　**1925年までの選挙資格の経過**　下の表の通り。このときの内閣と選挙資格を確認しておこう。

注意　普通選挙といっても満25歳以上の男性だけで，満20歳以上の男女全員に選挙権が与えられたのは1945(昭和20)年。

年	内閣	選挙資格	投票法	選挙区
1889(明治22)	黒田清隆内閣	満25歳以上の男性で**直接国税15円以上**の納税者	記名	小選挙区
1900(明治33)	山県有朋内閣	満25歳以上の男性で**直接国税10円以上**の納税者	無記名	大選挙区
1919(大正8)	原敬内閣	満25歳以上の男性で**直接国税3円以上**の納税者	無記名	**小選挙区**
1925(大正14)	加藤高明内閣	満25歳以上の男性全員(**普通選挙法成立**)	無記名	**中選挙区**

❸治安維持法　加藤内閣は，普通選挙法の成立と同時に治安維持法★4を成立させた。その内容は，「国体」の変革(天皇制の打倒)や私有財産制度の否定を目的とする結社や，その加入者をとりしまるものである。

★4　治安維持法は，1928(昭和3)年，**田中義一内閣**のときに**緊急勅令**によって改正され，**最高刑が死刑**とされた。

❹治安維持法制定の理由

1 普通選挙法の成立で，無産階級が議会に進出し，社会運動が激化するのをとりしまるため。

2 日ソ国交回復で共産主義思想が浸透することを恐れたため。

❺幣原外交　加藤内閣は外交官出身の幣原喜重郎を外相とし，ワシントン体制のもとで，中国の内政に干渉せず，経済進出を重んじる協調外交を展開した。また，1925(大正14)年，ソ連と日ソ基本条約[★5]を結んで国交を樹立した。

❻無産政党[★6]　1925(大正14)年，最初の合法無産政党である**農民労働党**が結成されたが，即日禁止された。翌年**労働農民党**が結成されたが，共産党(左派)の影響の強い労働農民党から，**社会民衆党**(右派)と日本労農党(中間派)とが分立した。

[護憲三派内閣の成立]

① 第2次山本権兵衛内閣…関東大震災処理(1923年)・虎の門事件

② 第2次護憲運動(1924年)…護憲三派(政友会・高橋是清，憲政会・加藤高明，革新倶楽部・犬養毅)

③ 護憲三派内閣(1924年)…普通選挙法(1925年，満25歳以上男性)，治安維持法(1925年)，幣原外交→日ソ基本条約(1925年，日ソ国交樹立)

★5　第二次世界大戦後に**鳩山一郎内閣**が行った日ソ国交回復の際の**日ソ共同宣言**(1956年)と混同しないように注意。

★6　**無産政党**　労働者や小作人といった無産階級の意見を代表する政党。

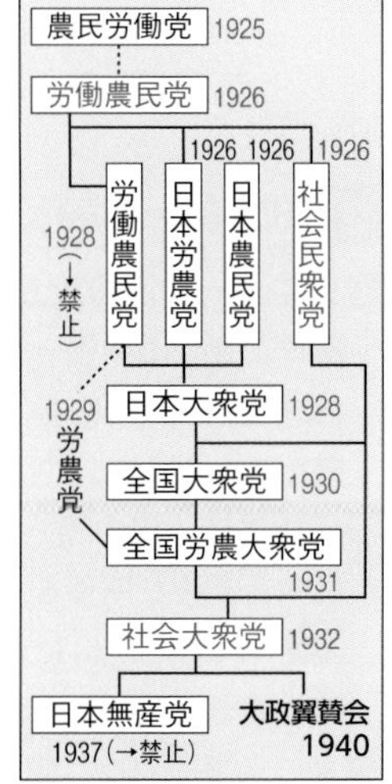

▲無産政党の系譜

7 経済恐慌と政党政治

▶ 第一次世界大戦後の**戦後恐慌**以来，関東大震災による**震災恐慌**，**若槻内閣**のときの**金融恐慌**，さらには**浜口内閣**のときの**世界恐慌**の波及によって，経済的な危機に直面するとともに，**国際協調外交**も破綻していく。

1 憲政会内閣の崩壊

❶幣原協調外交　護憲三派内閣につづく，加藤高明・若槻礼次郎両内閣の外務大臣幣原喜重郎は，中国の民族運動に対して，中国への干渉をさけ，アメリカ・イギリスと協調し，合理的に日本の利権を維持・発展させようとした。

❷金融恐慌　1927(昭和2)年，**憲政会**の若槻礼次郎内閣のとき，**震災手形**(☞p.394)の整理の際の過失から，一部銀行の不健全な経営内容が暴露され，金融界を中心に経済が混乱した。

参考　広東の**孫文**を中心とする**中国国民党**は，1924年に**中国共産党**と結んだ(**第1次国共合作**)。孫文の死後，その後継者**蔣介石**は，1926年から北方軍閥の打倒をめざして**北伐**を開始していた。

❸第1次若槻内閣の瓦解 若槻内閣は，緊急勅令によって**台湾銀行**などに特別融資を行い，金融恐慌からの救済をはかろうとした。この勅令案は，枢密院の反対によって否決され，若槻内閣は総辞職した。

補説 **鈴木商店** 鬼才金子直吉の指導で，第一次世界大戦中に各種事業に手を広げ，三井・三菱・住友と並ぶ日本有数の大商社にのし上がった。ところが，大戦後の不況で経営不振に陥り，**台湾銀行**から無担保で巨額の融資をうけたが立ち直れず，しかもこのことが暴露されて政治問題となり，台湾銀行から新規貸出を停止されて倒産した。

参考 **震災手形整理時の過失** 震災手形整理問題を国会で審議中，**片岡直温**蔵相が東京の**渡辺銀行**の不良貸付状況をもらしたことから，同銀行や姉妹銀行に**取付け騒ぎ**が起こり，これに端を発して，東京の中小銀行や**台湾銀行**などの大銀行が休業した。

2 田中義一内閣と強硬外交

❶田中義一内閣の成立 第1次若槻内閣の総辞職のあと，**立憲政友会**の**田中義一**[★1]が内閣を組織し，3週間の**モラトリアム**(**支払猶予令**)[★2]を出し，日本銀行から巨額の貸付を行わせて危機をのりきった。

★1 田中は長州藩閥出身の陸軍軍人であるが，退役後の1925(大正14)年，高橋是清のあとをついで第5代政友会総裁となっていた。

❷田中外交 田中義一内閣は，軍部と結んで積極外交を唱え，日本と密接な関係をもっていた満洲軍閥の**張作霖**を擁護し，満蒙(中国東北部)における日本の権益を維持・拡大して，経済危機を打開しようとした。

★2 **モラトリアム** 銀行の支払いを一時停止する措置。関東大震災の際にも出している(☞p.394)。

❸東方会議 1927(昭和2)年，田中首相(兼任外相)や**森恪**外務政務次官らが中心となり東方会議を開いた。「対支政策綱領」をまとめ，**北伐**に対抗し，満洲を中国本土から切り離して日本の勢力下におく方針を決定した。支とは「支那」，すなわち中国のこと。

補説 **対支政策綱領の要点** ①中国において，日本の利益や日本人の生命・財産が侵されるおそれのある場合，自衛の手段をとること。②満蒙における日本の特殊地位が侵害されるおそれのある場合，機を逸せず適当な措置をとること。

❹山東出兵 1927年，田中内閣は**蔣介石の北伐を妨害**しようとして，日本人保護を名目に山東省に出兵した(**第1次山東出兵**)。さらに1928(昭和3)年，北伐が再開されると，ふたたび出兵した(**第2次山東出兵**)。このとき，日本軍は済南(山東省都)で北伐中の国民党軍と交戦した(済南事件)。

❺張作霖爆殺事件 1928年6月，満洲軍閥の張作霖は北伐軍が北京に迫ったため奉天(現・瀋陽市)に引きあげる途中，関東軍参謀**河本大作**らの陰謀により，乗っていた列車を爆破され殺害された。

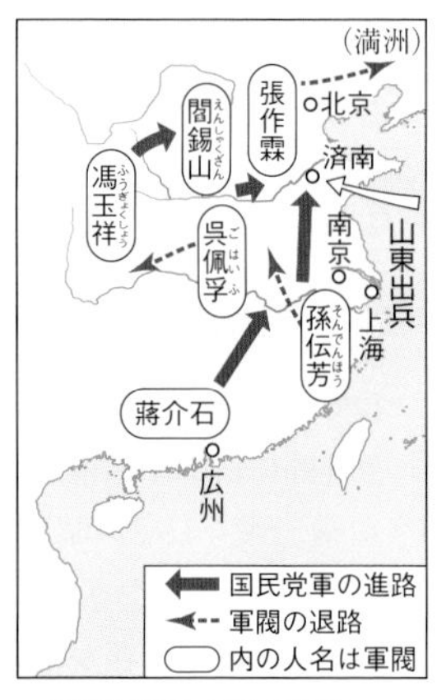

▲昭和初期の中国の情勢

補説 **張作霖爆殺事件の背景**　田中首相は張作霖を利用して日本の権益を拡大しようとする考えであった。しかし，張は日本の権益拡大に応じず，**関東軍**★3の一部は張殺害を北伐派の行為とみせかけ，その混乱を利用して満洲を占領しようと計画した。これは内閣の同意を得ない動きで，満洲占領は行われなかった。

❻**田中内閣の退陣**　田中首相は，満洲某(ぼう)重大事件として張作霖爆殺事件の真相を国民にかくそうとした。また関係者処分に消極的であったため，昭和天皇に問責(もんせき)され，1929(昭和4)年に内閣は倒れた。

補説 **昭和天皇の政治関与**　真相を知っていた昭和天皇は，田中首相を叱責し，内閣は総辞職した。明治天皇は，権力内部の調停をするために抑制的に政治に関与したが，28歳の昭和天皇が行ったこの関与は，明治天皇も行わなかった異例のものであった。

❼**田中内閣の無産政党への弾圧**　1928(昭和3)年の**普選第1回総選挙**で無産政党が8名の当選者を出し★4，日本共産党も公然と活動を始めた。この事態におどろいた田中義一内閣は，**治安維持法**(ちあんいじ)(☞p.396)**を改正**し，**最高刑を死刑**とした。さらに，1928年3月(**三・一五事件**)と翌年4月(**四・一六事件**)の2回にわたって共産党に弾圧を加え，共産党幹部を逮捕した。

❽**田中内閣と国際会議**

1. **ジュネーヴ会議**★5…1927(昭和2)年，補助艦の制限を目的とした。成果なく閉会。
2. **不戦条約**…1928年にパリで成立。国際紛争を平和的手段で解決することをめざすが，制裁事項がなく，実効はなかった。

3 浜口雄幸内閣と世界恐慌

❶**浜口(はまぐち)内閣の経済政策**　田中義一内閣のあと，**立憲民政党**(りっけんみんせい)の**浜口雄幸**(おさち)が内閣を組織した。蔵相に**井上準之助**(じゅんのすけ)を起用し，**緊縮財政と産業合理化**を掲げ，1930(昭和5)年，金輸出解禁(**金解禁**。金の輸出禁止を解くこと)を実施した。

▲浜口雄幸

❷**世界恐慌**(きょうこう)**の波及**　1929(昭和4)年10月，**ニューヨークのウォール街**での株価暴落に端を発し，**世界恐慌**(大恐慌)に発展した。日本では，金解禁の実施を声明した直後に世界恐慌が波及し，経済界は不況の極(きわみ)に達した(**昭和恐慌**)。

★3 **関東軍**　1919(大正8)年，**関東都督府**(ととくふ)が関東庁に改組された。その際，長官には文官をあて，その軍隊を関東軍として独立させた。本部は旅順(りょじゅん)に置かれ，しだいに大陸進出の拠点となっていった。

★4 このときの当選者は，**労働農民党**の**山本宣治**(せんじ)，社会民衆党の**安部磯雄**(あべいそお)らであった。得票数は986万票のうち，49万票(4.9%)を占めた。

★5 ジュネーヴ会議の参加国は，日・英・米の3カ国で，フランス・イタリアは不参加であった。

参考 **パリ不戦条約の意義**　この条約は，それまで国際法上で紛争解決の手段として合法的であった戦争を，望ましくないものとして規制する一歩となった。

参考 **世界恐慌が発生した理由**
①工業生産はのびたが，失業者の増加で市場がせばまったこと。
②農業生産も過剰となったこと。

注意 大正～昭和初期の**戦後恐慌・震災恐慌・金融恐慌・世界恐慌**の順序と内容を理解しておこう。

❸世界恐慌の影響　金解禁によってかえって金貨が大量に流出し，物価が暴落，各方面に深刻な事態をまねいた。

1. 農業恐慌…農村では，アメリカの経済破綻から生糸の需要が激減して**養蚕農家**が打撃をうけた。さらに豊作飢饉とよばれる現象によって**米価が暴落**し，深刻な不況におちいった。このため，**小作争議**が頻発した。
2. **労働運動の激化**…労働者は，慢性化した不況と産業の合理化によって生活がおびやかされ，失業者は100万人をこえた。このため，**労働争議**が続発し，過激化した。

❹財閥の確立

1. 金融恐慌以降，中小の銀行が整理され，**三井・三菱・住友・安田**の四大財閥が強化された。昭和恐慌のなかで，財閥の産業支配はさらに進展した。
2. また浜口内閣は，1931(昭和6)年，**重要産業統制法**を制定して，**カルテル**の結成を助長し，国際競争力の強化をはかった。

❺ロンドン海軍軍縮会議　1930(昭和5)年，イギリス首相マクドナルドの主唱で開かれ，**補助艦**の比率をほぼ**米：英：日＝10：10：7**と協定した。日本は**若槻礼次郎**らを全権として派遣した。海軍軍令部は反対したが，**浜口内閣**は反対をおしきって条約を批准した。このため，海軍軍令部・政友会・右翼は統帥権干犯であるとして政府を攻撃した。11月，浜口首相は東京駅で右翼青年に狙撃されて重傷を負い，翌年死去した。

補説　**統帥権干犯問題**　大日本帝国憲法では**天皇が陸海軍を統帥**し，軍の法令で陸軍の参謀本部と海軍軍令部が天皇の統帥権を代行することになっていた。海軍軍令部は，兵力量(軍艦の量)は統帥事項であると解釈し，ロンドン条約の内容を不服として，浜口内閣と対立した。統帥権干犯との批判にもかかわらず，昭和天皇や牧野伸顕内大臣ら宮中側近と元老の西園寺公望は，陰で浜口内閣を支持しつづけた。

参考　**金解禁をした理由**　金解禁とは，国際収支決算のため金貨または金地金の輸出を自由にすること。第一次世界大戦後，列強は金解禁を行ったが，日本は戦後恐慌・震災恐慌などで実施がおくれた。そこで政府は緊縮財政と産業の合理化によって価格を下げ，金解禁を実施して輸出を振興しようとした。

参考　**恐慌と海軍軍縮の効果**　恐慌による農家の負債は1931年後半になると40～50億円となったが，海軍軍縮による1931年度の減税額は900万円にすぎず，恐慌救済にはほとんど役立たなかった。

▼昭和初期の政党内閣

内閣	事項	与党
若槻礼次郎(1926～27)	金融恐慌	憲政会
田中義一(1927～29)	山東出兵 東方会議 三・一五事件	政友会
浜口雄幸(1929～31)	世界恐慌 金解禁 ロンドン会議	民政党

▼第一次世界大戦後の国際会議と日本

年	会議名	首席全権	内閣
1919	パリ講和会議	西園寺公望	原　敬
1921〜22	ワシントン会議	加藤友三郎	高橋　是清
1927	ジュネーヴ会議	斎藤　実	田中　義一
1928	不戦条約会議	内田　康哉	田中　義一
1930	ロンドン海軍軍縮会議	若槻礼次郎	浜口　雄幸

❻**幣原協調外交の行き詰まり**　田中内閣が倒れると幣原喜重郎が外相となり，協調外交が再び展開した。しかし，浜口内閣が経済政策の失敗で不況を深刻化させ，信頼を失うと，中国権益の拡大を求める声が高まり，幣原外交への批判も高まった。

▲幣原喜重郎

注意　左上の表の国際会議が行われた際の内閣と首席全権を区分しておこう。また，上表の各内閣のときに，どのようなことが起こったかも確認しておくこと。

[経済恐慌と政党政治]

①第１次**若槻礼次郎**内閣(**憲政会**)…**幣原**外交(協調外交)，金融恐慌(1927年)で倒れる

②田中**義一**内閣(**政友**会)…モラトリアム，田中外交(強硬外交)，山東出兵(済南事件)，普選第１回総選挙，三・一五事件，張作霖爆殺事件

③**浜口雄幸**内閣(**民政**党)…世界恐慌→昭和恐慌。金解禁，重要産業統制法(カルテル助長)，幣原外交，ロンドン海軍軍縮会議

SECTION 8 市民文化の成熟

▶ 大正期から昭和初期の文化は，人間解放・個性尊重・人道主義などの立場からくる**自由主義的傾向**が強かった。これには，都市を中心とする市民社会の発達や，デモクラシーの風潮が基礎となっており，**白樺**派の文学活動や**新劇運動**の成長などに**顕著**に見られる。

1 教育と学問

❶**高等教育機関の増設**　義務教育の発達はめざましく，第一次世界大戦後には就学率は99%に達した。1918(大正7)年には，**原敬**内閣の手で**大学令**が制定され，大学が帝国大学(官立)に限られていた従来の制度を改め，官立単科大学や公立大学・私立大学★1の設置を認めた。このため大学は著しく増加し，高等学校・専門学校も増設された。

★1　すでに東京専門学校は早稲田大学と改称するなど，私立でも大学名を冠した学校があったが，大学令までは専門学校令によっていた。

❷**自由教育と生活綴方運動**　児童のもつ可能性や内発性をのばす**自由教育**の考え方がおこり，東京の文化学院や自由学園

5　第一次世界大戦と日本

で実践された。一方，昭和恐慌以降，日常生活重視の立場から**生活綴方運動**[★2]が展開された。

❸**哲学**　**西田幾多郎**(京都帝国大学教授)が**『善の研究』**を著し，仏教的立場から西洋の哲学思想を再検討する独自の哲学をつくりあげた。また，**倉田百三**の『愛と認識との出発』や**阿部次郎**の『三太郎の日記』などの教養主義的人生論が，知識階層に愛読された。

❹**歴史学**　**津田左右吉**が**『日本上代史研究』**などの著書で日本古代史における『古事記』『日本書紀』などの日本古典の実証的・批判的研究を進め，開拓者となった。**柳田国男**は民間伝承などの研究を進め，雑誌**『郷土研究』**を中心にして**日本民俗学**を樹立・発展させた。

❺**憲法学と経済学**　憲法学では，**美濃部達吉**(東京帝国大学教授，☞p.392)が天皇機関説といわれる憲法学説[★3]を唱え，やがて学界の定説となった。経済学では，**河上肇**[★4](京都帝国大学教授)が『貧乏物語』を新聞に連載して貧困の原因と解決法を論じ，反響をよんだ。

❻**自然科学**　**本多光太郎**(東北帝国大学教授)の**KS磁石鋼**の発明や**野口英世**の**黄熱病**の研究などの世界的な業績があらわれた。また，**理化学研究所(理研)**など各種の研究所が設立された。

2 文化の大衆化

❶**新聞**　速報性と娯楽性を武器として急速に部数を拡大した。大正末期には**『大阪朝日新聞』『大阪毎日新聞』**[★5]がのび，発行部数が100万部に達した。昭和にはいると，『読売新聞』が急速にのびて三大紙を形づくった。

❷**出版**　**『中央公論』『改造』**[★5]などの総合雑誌が発展し，大衆雑誌として**『キング』**も創刊された(1925年)。昭和にはいると，**円本**[★6]や岩波文庫が登場し，大量出版の先がけをつくった。

❸**放送・映画**　1925(大正14)年には，**ラジオ放送**が開始された。映画は明治・大正期には**活動写真**とよばれ，無声で映像の内容を弁士が説明したが，昭和初期になって**トーキー**(音声の出る映画)が伝わった。さらに**レコード**も大量に売れ始め，**流行歌**が全国を風靡した。

★2 **生活綴方運動**　綴方とは作文のこと。型にはまった作文教育を否定し，実生活に即した作文をさせる教育運動。

参考　**白鳥庫吉**は中国周辺民族史や東西交渉史を研究。**内藤虎次郎(湖南)**も中国史を研究した。

★3 天皇を国家の1つの機関と唱えると，右翼や保守派から攻撃される恐れがあるので，美濃部自身は自分の学説を天皇機関説とはいわなかった。

★4 河上は**マルクス主義経済学**の研究を深めた。マルクス主義は1920年代から30年代初頭にかけて知識人に大きな影響を与えた。

★5 **大正デモクラシーの都市から農村への浸透**　これらの大新聞や総合雑誌は大正デモクラシー潮流の拡大に大きな働きをした。

参考　このころ『東洋経済新報』のほか，『週刊朝日』『サンデー毎日』などの週刊誌も登場した。

★6 **円本**　1926(昭和元)年には改造社が『現代日本文学全集』を1冊1円という超廉価で売り出し，円本ブームのもとをつくった。

❹生活文化　1919(大正8)年，原敬内閣は前内閣から引き継いだ**都市計画法**や市街地建築物法を公布した。そして，都市のサラリーマンを中心とする市民層が形成され，丸ビルに代表されるビジネスオフィスの建設，デパート・郊外電車の発展，応接間をもつ和洋折衷の**文化住宅**の出現，洋服・洋食・電灯・ガス・水道などが普及。野球をはじめ，**スポーツ**もさかんとなった。

注意　左のような現象は大都市を中心とし，農村においては，生活の近代化は十分に普及しなかった。

3 文学と芸術

❶耽美派　**永井荷風**は豊かな詩情と官能描写で反自然主義の新風を招いた。**谷崎潤一郎**も自然主義にあきたらず，享楽的・耽美的な作品を発表した。

❷白樺派　**武者小路実篤**・**有島武郎**・**志賀直哉**らが，人間の可能性を信じる**人道主義**★7(ヒューマニズム)・理想主義的作品をかかげて文壇に新風を送った。雑誌『**白樺**』に拠ったところから，この名がある。

★7 **人道主義**　人格の平等を認め，人類全体の幸福を目的とする考え方。

❸新思潮派　夏目漱石の影響をうけた**芥川龍之介**・**菊池寛**(ひろし)・**久米正雄**・**山本有三**らが，理知的・技巧的作品を雑誌『**新思潮**』に発表し，知性を重視して，人間の現実を鋭くえぐった。文化の大衆化が進むなかで，菊池は大衆文学に移っていった。

❹新感覚派　**川端康成**や**横光利一**らは，伝統的リアリズムに対する技法的改革を主張し，感覚的表現の中に，既成文学の精神主義的伝統を否定した。

❺プロレタリア文学　プロレタリア(労働者)の立場に立ち，その思想や生活を描いた★8。**葉山嘉樹**・**小林多喜二**・**徳永直**らが有名。

❻大衆文学　新聞小説の盛行，円本の大量出版などを背景として発達した。**中里介山**・**直木三十五**・**吉川英治**らが有名。

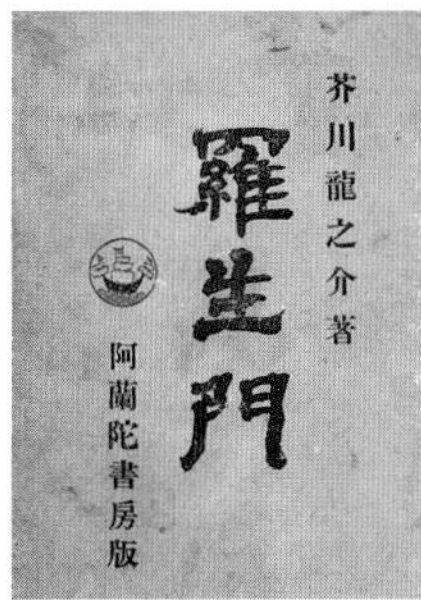

▲『羅生門』の表紙

★8 プロレタリア文学は，1921(大正10)年の『**種蒔く人**』を出発点とし，『**文芸戦線**』『**戦旗**』などの機関紙を中心に活動した。

▼大正～昭和前期のおもな作家と作品

	作家	おもな作品
耽美派	永井荷風	腕くらべ　あめりか物語
	谷崎潤一郎	刺青　痴人の愛
白樺派	武者小路実篤	お目出たき人　その妹　友情
	志賀直哉	暗夜行路　和解
	有島武郎	或る女　カインの末裔
新思潮派	芥川龍之介	羅生門　鼻　河童
	菊池寛	恩讐の彼方に　父帰る
	久米正雄	破船
	山本有三	波　女の一生
新感覚派	川端康成	伊豆の踊子　雪国
	横光利一	日輪
プロレタリア文学	葉山嘉樹	海に生くる人々
	小林多喜二	蟹工船　不在地主
	徳永直	太陽のない街
大衆文学	中里介山	大菩薩峠
	直木三十五	南国太平記
	吉川英治	鳴門秘帖　宮本武蔵

TOPICS

白樺派の活動

『白樺』は1910(明治43)年4月，学習院出身の**武者小路実篤**・**志賀直哉**・木下利玄らが相談し，有島武郎・有島生馬・里見弴・長与善郎・柳宗悦らが参加して刊行された文芸・美術を中心とする同人雑誌である。1923(大正12)年8月までつづき，大正文壇の中心的流派となった。明治以来の自然主義に抗し，自我の尊重，人間の可能性を信じる理想主義・人道主義を唱え，トルストイらの外国文学や，セザンヌ・ロダンらの美術を紹介した。

グループの代表者の**武者小路**は，1918(大正7)年に理想社会をつくろうとして宮崎県に「**新しき村**」を建設した。ここでは，村に住みつく人を第一種会員とし，無条件に自分のもっている金を村におさめ，一種の共産制社会をつくろうとした。毎月5の日を休日にし，釈迦の誕生日，キリストの誕生日，ロダンの誕生日，トルストイの誕生日なども村の祭日とした。さらに，**有島武郎**は北海道の農地を小作人に解放した。

▲雑誌『白樺』の表紙

❼美術

1 洋画…**岸田劉生**★9・**安井曽太郎**・**梅原龍三郎**らが活躍した。

2 日本画…**横山大観**・**下村観山**らが日本美術院を再興した。

3 彫刻…**朝倉文夫**・**高村光太郎**らが出た。

補説 **大正美術界の動き** 政府は1907(明治40)年に**文展**(文部省美術展覧会)を設けたが，そのアカデミズムにあきたらぬ**大観**，**観山**は**日本美術院**を再興した。洋画では，**安井**・**梅原**らで**二科会**がつくられ，文展は1919(大正8)年に改組されて**帝国美術院展覧会**(**帝展**)となった。

▲金蓉(安井曽太郎)

★9 岸田劉生は，初め二科会に加わっていたが，のち脱退して**春陽会**を結成した。「麗子像」がある。

参考 大正時代，**竹久夢二**が少年少女雑誌にさし絵を描き，一世を風靡した。

❽演劇

歌舞伎では，尾上菊五郎(6代目)・中村吉右衛門(初代)らが活躍。**新劇**では，沢田正二郎が**新国劇**を創設し，大衆の人気を博した。1924(大正13)年には**小山内薫**・**土方与志**らが築地小劇場を創立し，**新劇運動**を展開した。

参考 **芸術座** 1913(大正2)年，**島村抱月**・**松井須磨子**(『復活』のカチューシャ役で有名)を中心に組織され，大正期新劇運動の中心となった。

POINT!

[大正期の文化]

① 教育・学問…大学令，西田幾多郎『善の研究』，美濃部達吉(天皇機関説)，河上肇『貧乏物語』

② 文化の大衆化…円本，ラジオ放送，トーキー映画，レコード

③ 文学・芸術…白樺派(『白樺』)，新思潮派(『新思潮』)，新感覚派，プロレタリア文学(小林多喜二，徳永直)，二科会，新劇(築地小劇場，小山内薫)

☑ 要点チェック

	CHAPTER 5　第一次世界大戦と日本	答
□ 1	第2次西園寺内閣が拒否した陸軍側の要求は何か。	1　2個師団増設
□ 2	上原勇作陸軍大臣の辞任をきっかけに第2次西園寺内閣が総辞職したのは，何という制度によるか。	2　軍部大臣現役武官制
□ 3	第1次護憲運動のスローガンは，憲政擁護と何か。	3　閥族打破
□ 4	第1次護憲運動を指導した政党政治家は誰か（2人）。	4　犬養毅，尾崎行雄
□ 5	第1次山本権兵衛内閣のときに発覚した海軍の汚職事件は何か。	5　シーメンス事件
□ 6	膠州湾に面した，ドイツの東アジアでの根拠地はどこか。	6　青島
□ 7	袁世凱の死後，日本が西原借款で支援した軍閥は誰か。	7　段祺瑞
□ 8	1917年に，日本特派大使とアメリカ国務長官が中国問題での調整を行った協定を何というか。	8　石井・ランシング協定
□ 9	米騒動が原因で倒れたのは何内閣か。	9　寺内正毅内閣
□ 10	原敬内閣の衆議院議員選挙法改正での財産（納税）資格を答えよ。	10　直接国税3円以上
□ 11	第一次世界大戦後の基本構想を提案したアメリカ大統領は誰か。	11　ウィルソン
□ 12	1919年5月に中国で起こった民衆運動を何というか。	12　五・四運動
□ 13	ワシントン会議での米：英：日本の主力艦保有比率を答えよ。	13　5：5：3
□ 14	ワシントン会議で結ばれた中国関係の条約を何というか。	14　九カ国条約
□ 15	民本主義を理論化した政治学者は誰か。	15　吉野作造
□ 16	1920年に結成された，広範な社会主義者の組織を何というか。	16　日本社会主義同盟
□ 17	1922年に組織された，部落解放運動団体を何というか。	17　全国水平社
□ 18	第2次護憲運動のときの内閣は，何内閣か。	18　清浦奎吾内閣
□ 19	第2次護憲運動のときの護憲三派を構成した政党は，憲政会，革新倶楽部と，もう1つは何か。	19　立憲政友会
□ 20	護憲三派内閣が制定した社会運動弾圧法規を何というか。	20　治安維持法
□ 21	護憲三派内閣以来の外務大臣で，協調外交を進めた人物は誰か。	21　幣原喜重郎
□ 22	協調外交の方針を転換した，元陸軍軍人の首相は誰か。	22　田中義一
□ 23	1928年，日本の軍部によって殺害された満洲軍閥の巨頭は誰か。	23　張作霖
□ 24	浜口雄幸内閣のロンドン海軍軍縮条約の調印は，海軍軍令部などから，何にあたるとして非難されたか。	24　統帥権干犯
□ 25	『蟹工船』などで知られるプロレタリア作家は誰か。	25　小林多喜二
□ 26	小山内薫・土方与志らが設けた新劇の常設劇場を何というか。	26　築地小劇場

CHAPTER 6 » 第二次世界大戦と日本

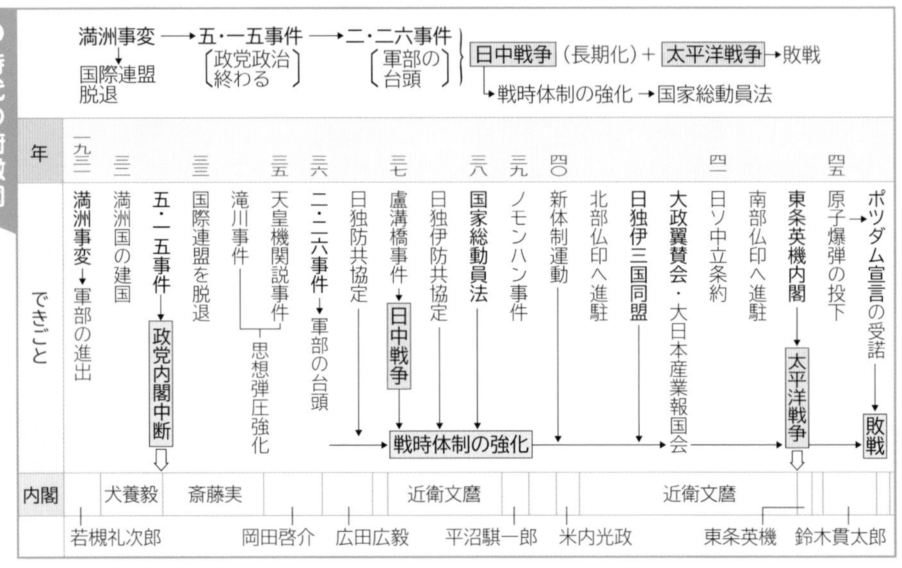

SECTION 1 満洲事変と軍部の政治的台頭

▶ **満洲事変**は，政党政治が世界恐慌による不況などに十分対応できないなかで，関東軍が大陸進出によって解決しようとした軍事行動。以後，**満洲国**の成立，**国際連盟脱退**，**日中戦争**から**太平洋戦争**にいたる，中国への武力進出の端緒[★1]となった。

1 満洲事変と国際連盟脱退

❶張学良の活動　満洲(中国東北部)では，張作霖爆殺事件(☞p.398)後，その子の張学良が後をついだ。張学良は国民政府に合流し，日本から満洲権益の回収をはかり，また南満洲鉄道を包囲する鉄道線を計画するなどの抗日行動を行った。

補説　**満洲事変の誘因となった事件**　次の２つがあげられる。

①**中村大尉事件**…1931(昭和6)年6月，参謀本部の中村震太郎大尉らが満洲をスパイ旅行中，中国軍に殺害された。ただし，8月に公表。

②**万宝山事件**…1931年7月，満洲・朝鮮国境に近い満洲の万宝山に，朝鮮人農民が移住したので，現地の中国人との間に水利権などをめぐって紛争が起こった。

❷関東軍の暴走　満洲の情勢に憤激した関東軍[★2]の参謀らは，

★1　満洲事変から太平洋戦争の敗戦までの日中間の対立を，**日中十五年戦争**と称することもある。

★2　**関東軍の成立**　1919(大正8)年に関東都督府(☞p.362)が関東庁に改組されたとき，その陸軍部が独立して**関東軍**ができた。司令部は旅順に置かれ，関東州の防衛と南満洲の鉄道線路の保護とを任務とした。

東京の参謀本部や朝鮮軍の一部将校と連絡し，戦争を起こして一挙に満洲を支配し，国内矛盾を解決しようとした。

❸柳条湖事件　1931(昭和6)年9月18日夜，**関東軍**の参謀**石原莞爾**らは奉天(現・瀋陽市)北方の柳条湖で満鉄線路を爆破し，これを中国兵のしわざと宣伝して中国軍兵営を攻撃した(**満洲事変の勃発**)。

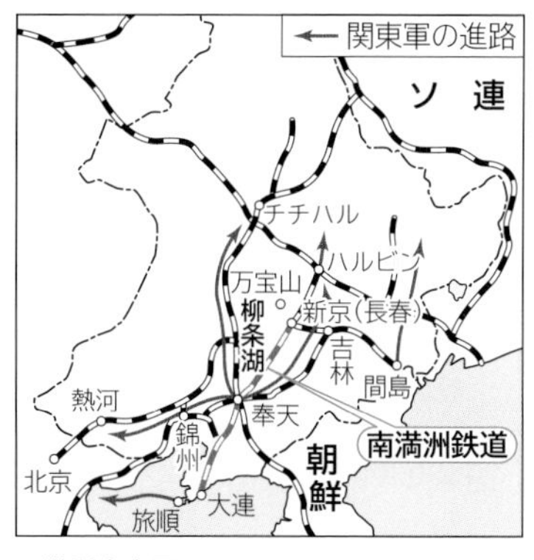

▲満洲事変要図

補説　**満洲事変勃発の背景**
①政党政治が**金融恐慌**や**世界恐慌**などの不況に十分対応できず，国民の信頼を失っていた。
②中国民衆の覚醒により利権回収運動が起こり，条約違反をめぐる紛争や在満日本人への圧迫が行われ，**幣原協調外交**への批判の声が高まりだした。
③世界恐慌の影響で満鉄の業績(利潤)が低下していた。
④関東軍の石原莞爾らは社会主義国ソ連に対して，軍事的・地理的優位を獲得することを急いだ。

❹満洲事変の経過　民政党の**第2次若槻内閣**は，事変不拡大の方針をとったが失敗した。関東軍は在朝鮮軍の応援を得て，戦火を拡大し，満洲の要地を占領していった。経済政策の失敗で国民の支持を失っていた民政党内閣に軍部の行動を抑える力はなく，関東軍が占領地域を拡大していく中で，1931(昭和6)年12月，内閣は総辞職し，政友会の**犬養毅内閣**が成立した。

❺第1次上海事変　1932(昭和7)年1月，上海における日本人僧侶襲撃殺傷事件★3を機に，日本軍と中国軍とが衝突し，**第1次上海事変**が起こった。これには，満洲占領への注意をそらすねらいもあった。

❻満洲国の建国　関東軍は，天津にいた**愛新覚羅溥儀**★4を中国から脱出させ，1932年3月，彼を執政として**満洲国**を建国した。犬養内閣は満洲国承認をしぶったが，**斎藤実内閣**(☞p.409)は，9月に満洲国を承認するとともに，**日満議定書**★5に調印した。こうして，**関東軍による満洲支配の体制**が完成した。1933(昭和8)年，日本軍は華北に攻撃を進め，5月の**塘沽停戦協定**★6によって日本の満洲国支配を中国側に事実上承認させた。

❼リットン調査団の派遣　中国は，満洲における日本の軍事行動を条約違反として**国際連盟**に提訴した。国際連盟は，実情調査のため，1932年2月イギリスのリットンを団長とす

★3　実際は，日本の軍人が中国人を雇って日本人を襲撃させた陰謀事件。

★4　**愛新覚羅溥儀**　清朝最後の宣統帝。満洲国の執政に就任，1934(昭和9)年には皇帝となった。

★5　おもな内容は，日本の権益を尊重することと，日満共同防衛のために日本軍隊を満洲に駐屯させることであった。

★6　**塘沽停戦協定**　満洲事変後の処理として日本と中国との間で結ばれた協定。華北に非武装地帯をつくったが，のちこの地域をめぐり紛糾するようになる。

参考　**満洲事変と国際連盟**
国際連盟は，まずヨーロッパの問題で活動を始めた。1930年前後になると，東アジアの事件にも活動を拡大し，中国はそれに期待した。また，アメリカがオブザーバーとして連盟理事会に出席し，日本軍が北満洲に軍事行動を起こしたので，リットン調査団の派遣となった。

史料　リットン報告書

第四章　(一九三一年)九月十八日午後十時ヨリ十時半ノ間ニ鉄道線路上若クハ其付近ニ於テ爆発アリシハ疑ナキモ……長春ヨリノ南行列車ノ定刻到着ヲ妨ゲザリシモノニテ其ノミニテハ軍事行動ヲ正当トスルモノニ非ズ。同夜ニ於ケル叙上日本軍ノ軍事行動ハ正当ナル自衛手段ト認ムルコトヲ得ズ。

第六章　……「政府」及公共事務ニ関シテハ，仮令各省ノ名義上ノ長ハ満洲ニ於ケル支那人①タル在住民ナリト雖モ，主タル政治的及行政的権力ハ日本人ノ役人及顧問ノ掌中ニ在リ。……吾人②ハ「満洲国政府」ナルモノハ地方ノ支那人ニ依リ日本ノ手先ト見ラレ，支那人一般ニ之ニ何等ノ支援ヲ与ヘ居ルモノニ非ズトノ結論ニ達シタリ。　**『中央公論』別冊付録**

注釈 ①中国人。②自分。この場合は報告者をさす。

視点 **リットン報告書**は，満洲国が日本の傀儡国家であることを見ぬいていた。しかし，満洲を中国本土とは異なる自治領とすることで，日本との妥協をはかろうとしていた。

る調査団を満洲に派遣し，同年10月に**リットン報告書**が出された。

補説 **リットン報告書の内容**

①日本軍の軍事行動は，正当な自衛手段ではなく，満洲国建国も民族の自発的独立運動ではない。

②中国の主権のもとに満洲を自治領とする。

③日本軍は，満洲から撤退すべきである。

❽日本の連盟脱退　国際連盟では，1933(昭和8)年2月，リットン報告書に基づいて総会を開き，42対1(日本)で日本軍の撤退と満洲国承認の取り消しを求めた。このため日本全権の**松岡洋右**はただちに退場し，1933年3月，日本は**国際連盟脱退の声明を出した**。

2 軍部の進出

❶右翼によるテロ事件　世界恐慌以後の社会不安に乗じ，右翼のテロ行為がつづいた。1930(昭和5)年の**浜口雄幸首相狙撃事件**(**統帥権干犯問題**から，東京駅で佐郷屋留雄にピストルで狙撃されて負傷し，翌年死去した)をはじめ，1932(昭和7)年には，前蔵相で金輸出解禁を実施した**井上準之助**と三井合名会社理事長**団琢磨**の暗殺(**血盟団事件**★7)などが起こった。

❷軍部によるクーデタ計画　陸軍青年将校の一部(**桜会**★8)と右翼とが組んで，1931(昭和6)年に，2度クーデタを計画した(**三月事件**★9・**十月事件**★10)。いずれも未遂に終わったが，**若槻礼次郎内閣**の満洲事変の拡大阻止への姿勢を弱めさせた。

★7 **血盟団事件**　血盟団は，日蓮宗の僧侶の**井上日召**を中心とする右翼団体。一人一殺主義をとり，政・財界の要人暗殺を企図した。

★8 **桜会**　1930年に結成された陸軍軍人の組織。**橋本欣五郎**を中心に陸軍省・参謀本部の中堅将校がメンバーとなり，クーデタによる国家改造をめざした。政党政治を排撃し，積極的対外進出を主張した。

★9 **三月事件**　桜会の将校と右翼の**大川周明**らが手を結び，**宇垣一成**陸相を首班とする軍部内閣の樹立をめざした。

★10 **十月事件**　桜会のメンバーを中心に大川周明らの右翼が加わり，軍事政権の樹立を企図した。

③五・一五事件　1932(昭和7)年5月15日の白昼，海軍青年将校を中心とする軍人と右翼が首相官邸などを襲撃して，犬養毅首相(☞p.383)を暗殺した。この五・一五事件の結果，**政党政治は終わりを告げた。**

④挙国一致内閣の成立　五・一五事件のあと，**斎藤実**海軍大将が軍部・官僚・政党の妥協の上に挙国一致内閣を組織した。ついで**岡田啓介**海軍大将も同様の内閣をつくった。

⑤恐慌からの脱出　犬養・斎藤・岡田3内閣の高橋是清蔵相は，大量の**公債を発行**して積極的な景気回復政策を行った。日本経済は，1933年には世界恐慌以前の生産水準を回復した。

1. **重化学工業の発展**…軍部の政治力増大により軍事支出がふえたため重化学工業化が促進された。軍部と結んだ**日産・日窒**などの**新興財閥**が台頭し，満洲・朝鮮に進出した。
2. **輸出の伸長**…**犬養内閣**の**金輸出再禁止**により**円為替相場が下落**したため。**綿織物**では英国を抜いて日本が世界一の輸出国となった。英国は日本の行為を**ソーシャル＝ダンピング**(投売り)と非難し，**ブロック経済圏**をつくって対抗した。
3. **時局匡救事業**…政府が農村部で行った公共土木事業。

⑥農山漁村経済更生運動　**斎藤内閣**から実施された。勤倹と共同作業による合理化で経費の節減をはかり，自力で農村の経済復興を行わせた。都市の工業部門の景気回復にも助けられ，農業部門も1935～36年ごろには回復してきた。

⑦陸軍内部の対立　岡田内閣下の陸軍内部では，官僚や政・財界とも連携しながら総力戦のための国家改造をめざそうとする**統制派**と，政党・元老・財閥などを倒して天皇中心の国家を構想する精神主義的傾向の強い**皇道派**との対立が激化した。

補説　**相沢事件**　1935(昭和10)年，統制派が皇道派(**荒木貞夫**，**真崎甚三郎**が中心)を陸軍の要職から追い払おうとしたため，皇道派の**相沢三郎**中佐が，統制派の中心である**永田鉄山**軍務局長を刺殺した事件。

⑧二・二六事件　1936(昭和11)年2月26日未明，統制派に対する巻き返しをはかる**皇道派青年将校**が，約1400名の将兵を率いて岡田首相や重臣を襲い，陸軍省や警視庁などを占拠した。

⑨二・二六事件の意義　**高橋是清**蔵相・**斎藤実**内大臣らが殺害され，鈴木貫太郎侍従長が重傷を負った。この事件は鎮

参考　満洲事変以降を，**ファシズム**体制の形成期としてとらえる見方もある。これは極端な国家主義・軍国主義政策をとり，対外侵略を進める一方，国内では一党独裁によって共産主義・自由主義を弾圧する支配体制のことをいう。ただし，日本では，一党独裁の形をとらず，軍部や官僚が主体となった。

参考　**二・二六事件の後始末**　この事件に対する国民の批判は予想以上にきびしかった。陸軍は主謀者の将校や，思想的影響を与えた**北一輝**(『日本改造法案大綱』を著す)らを死刑にした。さらに，**粛軍**と称して皇道派関係者を辞職させ，軍内部の統制をはかった。

▲二・二六事件の際のようす
戒厳司令部から反乱軍に，原隊に帰るようよびかけるアドバルーン。

TOPICS

二・二六事件

1936(昭和11)年2月26日，青年将校に率いられた歩兵第1・第3連隊を中心とする約1400名の部隊は，数隊にわかれて首相官邸や重臣の私邸を襲撃した。この部隊は，高橋是清蔵相，斎藤実内大臣・渡辺錠太郎陸軍教育総監を殺害し，鈴木貫太郎侍従長には重傷を負わせた。元内大臣で重臣の牧野伸顕は難をのがれ，元老西園寺公望は襲撃予定が中止されて助かった。岡田啓介首相は，殺害されたと報じられたが，義弟の松尾伝蔵大佐が身代わりに殺され，九死に一生を得た。こうして反乱軍は，議事堂をふくむ国政の中枢部を占拠した。しかし天皇や天皇側近はこの反乱部隊を認めず，海軍は連合艦隊を東京湾と大阪湾に集結して一戦も辞さない決意をかためた。翌27日には**戒厳令**が公布され，28日には反乱部隊に対して原隊復帰を内容とする奉勅命令が出た。29日には下士官と兵は原隊にもどり，将校は一部を除いて自決せずに法廷闘争を期待して逮捕された。首謀者十数名は，夏に判決が下され，死刑となった。

なお，1988(昭和63)年に一部明らかになった軍法会議の史料によれば，陸軍首脳部も事件を利用するために関与していた。

圧されたが，岡田啓介内閣が倒れ，陸軍の**統制派**を中心に軍部の影響力が拡大した。

⑩軍部大臣現役武官制の復活　二・二六事件のあと，岡田内閣にかわって**広田弘毅内閣**が組織された。★11 広田内閣は，**広義国防国家**(準戦時体制)の建設を基本政策とし，**軍部大臣現役武官制**(☞p.356)を**復活**し，公債と大増税により，軍備拡張計画を推進していった。

3 政府の弾圧と転向

❶社会主義者の転向　1932(昭和7)年，**社会民衆党**★12を脱党した**赤松克麿**らは，**日本国家社会党**を結成し軍部と連携した。翌1933(昭和8)年，日本共産党幹部の**佐野学・鍋山貞親**が獄中から共同転向声明を出した。この声明は，コミンテルンの画一主義を否定し，満洲事変を肯定し，天皇のもとに一国社会主義革命を行うことが必要であるとした。これ以後，**転向**があいついだ。

❷政府の弾圧　満洲事変以後，思想弾圧が強化され，それが自由主義者にまでおよんだ。

1. **滝川事件**★13…1933年，京都帝大教授**滝川幸辰**が，自由主義的刑法学説を唱え，大学を追われた。

脅かされる「學の自由」
京大瀧川教授の辭職强要に
法科教授結束を固む

▲滝川事件を報じる『帝国大学新聞』(昭和8年5月15日号)

★11　軍部は組閣にあたって，露骨な干渉を加えた。

★12　**社会民衆党の変質**　赤松らの脱党後，社会民衆党は他の無産政党とともに**社会大衆党**を組織した。社会大衆党は，反資本・反共・反ファシズムの3反主義をかかげ，1937(昭和12)年の総選挙では37名を当選させた。日中戦争が始まると綱領を軍国主義的に改定，満洲国を承認して，日中戦争に協力を表明した。

2 **天皇機関説事件**…1935(昭和10)年，元東京帝大教授で貴族院議員の**美濃部達吉**(みのべたつきち)の天皇機関説(☞p.392)が反国体的(こくたい)であるとして攻撃され，議員辞任を余儀なくされた事件。このとき，岡田(おかだ)内閣は美濃部の『**憲法撮要**(さつよう)』など3著を発売禁止にし，「天皇は統治権の主体である」という国体明徴(めいちょう)声明を出した。

3 **矢内原事件**(やないはら)…1937(昭和12)年，東京帝大教授**矢内原忠雄**(ただお)が，政府の植民政策を批判したと内部から告発され，辞職させられた。

4 **人民戦線事件**…1937年，コミンテルンの反ファッショ人民戦線の方針を宣伝したとして400名以上が検挙され，翌年に東大の**大内兵衛**(おおうちひょうえ)らの教授グループが検挙された。

補説　**エロ・グロ・ナンセンス時代**　昭和初期の不況は，人々に深刻な不安と動揺を与えた。都会では，**エロ・グロ・ナンセンス**★14といわれた虚無(きょむ)と退廃の風潮が流行した。カフェーやダンスホールなどでこうした不安をまぎらわす人も多く，厭世(えんせい)的な流行歌がはやった。

★13 **滝川事件**　滝川の著書『**刑法読本**』の記述が，一部マルクス主義的であるとして発売禁止となり，滝川は休職処分をうけた。これに対して，法学部教授会や有志学生が反対したが，教授会の分裂などによって敗北し，滝川らは大学を追われた。

★14 エロチックで，グロテスク(異様)なこと。ナンセンスは意味のないこと。

6　第二次世界大戦と日本

史料　天皇機関説事件

私ノ著書①ニ於テ述ベテ居(お)リマスル見解ハ，第一(だいいち)ニハ，天皇ノ統治ノ大権ハ，法律上ノ観念トシテハ権利ト見ルベキモノデハナクテ，権能(けんのう)デアルトナスモノデアリマスルシ，又第二(だいに)ニ，ソレハ万能無制限ノ権力(けんりょく)デハナク，憲法ノ条規ニ依(よ)ッテ行ハセラレル権能デアルトナスモノデアリマス。……所謂(いわゆる)機関説ト申シマスルノハ，国家ソレ自身ヲ一(ひと)ツノ生命アリ，ソレ自身ニ目的ヲ有スル恒久的ノ国体(こくたい)，即(すなわ)チ法律学上ノ言葉ヲ以テ申セバ一(ひと)ツノ法人②ト観念イタシマシテ，天皇ハ此(この)法人タル国家ノ元首タル地位ニ在(ま)シ，国家ヲ代表シテ国家ノ一切(いっさい)ノ権利ヲ総攬(そうらん)シ給(たま)ヒ，天皇ガ憲法ニ従ッテ行ハセラレマスル行為ガ，即チ国家ノ行為タル効力(こうりょく)ヲ生ズルト云フコトヲ言ヒ現ハスモノデアリマス。

『帝国議会貴族院議事速記録』③

注釈　①『憲法撮要(さつよう)』『逐条(ちくじょう)憲法精義』など。上の演説の2カ月後に発禁処分とされた。②天皇機関説は，国家を1つの法的人格と考える，国家法人説をとっていた。③この議事速記録は，『官報』号外に掲載された。

視点　美濃部達吉(みのべたつきち)の**天皇機関説**に対しては，早くから蓑田胸喜(みのだむねき)の原理日本社などがはげしく批判していた。1935(昭和10)年2月の貴族院本会議で右翼軍人の**菊池武夫**(きくちたけお)が天皇機関説をとりあげ，「緩慢(かんまん)なる謀反(むほん)であり，明らかなる反逆である」と攻撃すると，数日後，美濃部は貴族院において「一身上(いっしんじょう)の弁明」として約1時間にわたり機関説の正しさを説いた。このなかの一節が上の史料である。しかし美濃部の弁明により，機関説排撃はいっそうはげしさを増し，**岡田**(おかだ)**内閣**によって**国体明徴声明**(こくたいめいちょう)が出された。これにより，30年以上にわたって公認学説の位置を占めていた天皇機関説は否定され，政党政治を支えた理論が失われた。

なお，天皇機関説排撃の意図の1つに，天皇の側近であった元老**西園寺公望**(げんろうさいおんじきんもち)・内大臣**牧野伸顕**(ないだいじんまきののぶあき)・枢密院(すうみついん)議長**一木喜徳郎**(いちききとくろう)ら天皇機関説を支持する現状維持的な勢力の打倒ということがあった。とくに一木は，かつて東京帝大教授として機関説的な憲法理論を講義し，美濃部が師事した人物でもあった。

[満洲事変と軍部の政治的台頭]

① 柳条湖事件(1931年。満洲事変の始まり)→満洲国(1932年)→日満議定書→国際連盟はリットン調査団を派遣→日本の国際連盟脱退(1933年)
② 五・一五事件(1932年，犬養毅内閣)…政党内閣の終わり
③ 二・二六事件(1936年，岡田啓介内閣)…統制派の台頭，軍部大臣現役武官制の復活(広田弘毅内閣)
④ 学問・言論に対する弾圧…滝川事件，天皇機関説事件(美濃部達吉)

SECTION 2 日中戦争と第二次世界大戦の勃発

▶ 日本の華北への進出とともに，日中間の対立が高まった。**西安事件**で**第2次国共合作**がなり，抗日の気運がみなぎると，1937(昭和12)年の**盧溝橋事件**を契機に**日中戦争**が始まった。戦争は長期化し，その間，満ソ国境をめぐる紛争も絶えなかった。

1 日中間の対立激化

❶**華北の親日防共政権**　**塘沽停戦協定**のあとも，1935(昭和10)年になると，日本の軍部は，華北5省も自治運動の名のもとに，中国本土から分離させようとした。

❷**西安事件**

[1] **経過**…蔣介石の国民政府は共産軍討伐に全力をあげていた。蔣介石は1936(昭和11)年末，包囲戦を行う張学良の要請をいれて前線に出動した。そのとき，抗日のために内戦停止を主張する張学良に捕らえられ，西安に監禁された。これが西安事件で，共産党の周恩来らが西安に行き，蔣介石を説得し，抗日を約束させた。

[2] **結果**…のち日中戦争下で**第2次国共合作**を発表。

2 日中戦争の始まり

❶**第1次近衛内閣の成立**　広田弘毅内閣が政党と軍の衝突により総辞職し，次の**林銑十郎内閣**も政党の攻撃により退陣した。その結果，1937(昭和12)年6月，華族の名門出身の近衛文麿が，軍部や政党などの期待を担って挙国一致内閣をつくった。

補説　**日独伊三国防共協定の締結**　1936(昭和11)年，**広田弘毅内閣**は，国際連盟脱退後の国際的孤立を避け，ソ連と対抗するために**ドイツ**と防共協定(日独防共協定)を結んだ。翌年には**イタリア**も加わった(日独伊三国防共協定)。これにより，ソ連だけでなく，アメリカ・イギリス・フランスなどとの対立が深まった。

参考　**宇垣流産内閣**　広田内閣のあと，陸軍を抑えるため**宇垣一成**予備役大将が首班に指名されたが，陸軍中央は**軍部大臣現役武官制**を利用して陸相候補者を出さず，不成功に終わった。

❷**盧溝橋事件**　1937(昭和12)年7月7日夜，北京西郊の盧溝橋で日中両軍の小衝突が発生。★1 紛争は一時おさまったものの，近衛内閣は華北への派兵を決定した。さらに8月には上海で**第2次上海事変**が起こり，ついに両軍は全面的な戦闘に突入した。**日中戦争の勃発**である。

★1 最初の発砲をめぐり日本軍説・中国共産党説などがあるが，真相は不明。

注意　日中戦争は，初めは**北支事変**，のち**支那事変**と称したが，実態は宣戦布告のない戦争であった。

❸**第2次国共合作**　盧溝橋事件の翌日，中国共産党は全国に抗戦をよびかけるとともに，国民党軍との交渉によって**国共合作**がなり，**抗日民族統一戦線**が結成された。

❹**日中戦争の経過**　日本軍は，1937(昭和12)年12月に国民政府の首都**南京を陥落**させ，翌年5月には徐州，10月には漢口(武漢市)・広州を攻略した。国民政府は重慶に遷都し，英米仏の援助をうけて抗戦したので，戦争は長期戦化した。

補説　**南京大虐殺**　1937年12月の南京占領の際，日本軍は捕虜・民間人をふくめて少なくとも数万人以上を殺害し，国際的な非難を浴びた。これを南京大虐殺とよぶ。中国側の戦闘員をふくめた死者の数は十数万人とも推定されるが，犠牲者の正確な数は，記録が不十分なことや，戦死した兵士との区別がつきにくいことなどから，現在も不明である。

▲日中戦争要図

❺**和平工作の失敗**　近衛内閣は，日中戦争に対して和平工作に出たが，失敗した。その後，ドイツが仲介の労をとったが，これも失敗した。

❻**近衛声明**　1938(昭和13)年1月，**近衛内閣**は，「**国民政府を対手とせず**」という声明を出し，蔣介石政権を否認して和平への道をとざした(**第1次近衛声明**)。さらに同年には，**日・満・華の提携**を骨子とする「**東亜新秩序の建設**」や，善隣友好・共同防共・経済提携の「**近衛三原則**」を出した(**第2次・第3次近衛声明**)。

❼**汪兆銘政権**　国民党副総裁で親日派の**汪兆銘**(汪精衛とも)は，日本の工作で重慶を脱出し，1940(昭和15)年に日本の傀儡政権である新国民政府(**南京政府**)をつくった。

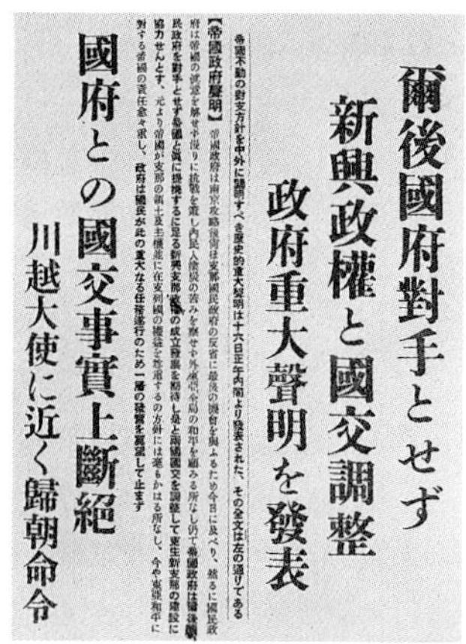
爾後國府對手とせず
新興政權と國交調整
政府重大聲明を發表
【帝國政府聲明】
國府との國交事實上斷絶
川越大使に近く歸朝命令

▲「国民政府を対手とせず」を報じる新聞
(東京朝日新聞，昭和13年1月17日)

史料 第1次近衛声明

帝国政府ハ南京攻略後尚ホ支那国民政府ノ反省ニ最後ノ機会ヲ与フルタメ今日ニ及ベリ。然ルニ国民政府ハ帝国ノ真意ヲ解セス漫リニ抗戦ヲ策シ，内民人塗炭ノ苦ミ①ヲ察セズ，外東亜全局ノ和平ヲ顧ミル所ナシ。仍テ帝国政府ハ爾後②国民政府ヲ対手トセズ，帝国ト真ニ提携スルニ足ル新興支那政権ノ成立発展ヲ期待シ，是ト両国国交ヲ調整シテ更生新支那ノ建設ニ協力セントス。

『日本外交年表竝主要文書』

注釈 ①非常な苦しみ。②以後。

視点 1937(昭和12)年秋から近衛内閣(外相は広田弘毅)はドイツの中国駐在大使**トラウトマン**に和平を斡旋させた(**トラウトマン和平工作**)。しかし国民政府の首都南京が早期に陥落したことで，中国に対して強硬な態度をとるようになった。

- 1915 二十一カ条の要求
- 1917 西原借款成立
- 1919 五・四運動
- 1927 第1次山東出兵
- 1928 第2次山東出兵／張作霖爆殺事件
- 1931 柳条湖事件 → 満洲事変
- 1932 第1次上海事変／満洲国建国宣言／日満議定書調印
- 1933 国際連盟脱退
- 1934 満洲国帝政実施
- 1937 7 盧溝橋事件 → 日中戦争／8 第2次上海事変／12 南京大虐殺
- 1938 1 近衛内閣「国民政府を対手とせず」と声明
- 1940 3 汪兆銘の「国民政府」南京に成立
- 1945 8 日本無条件降伏

1924 第1次国共合作 → 1926 北伐開始 → 1927 蔣介石クーデタ → 1928 北伐完了 → 満洲事変 → 1934 中国共産党大西遷 → 1936.12 西安事件 → 日中戦争 → 1937.9 第2次国共合作 → 1945 国共内戦始まる

◀日中関係年表
(二十一カ条の要求から日本の敗戦まで)

3 列国との衝突

❶ソ連との国境紛争 満ソ国境をめぐる紛争[★2]が絶えず，2つの事件が起こった。日本側はどちらも日本軍が敗退したととらえ，対ソ戦は容易でないと見て，**南方への進出**にはずみがつけられた。

1. 張鼓峰事件…1938(昭和13)年7月，朝鮮・満洲・ソ連の3国国境にある張鼓峰で起こった日本軍守備隊とソ連軍との衝突。日本軍は戦闘に敗れ，8月に停戦協定が結ばれた。
2. ノモンハン事件…1939(昭和14)年5月，満洲北西部のノモンハン周辺で起こった，日本軍とソ連軍との大衝突。日本軍は，ソ連軍に大打撃を与えたが，同様にソ連軍の機械化部隊のために大打撃をうけた。9月に停戦協定が結ばれたが，日本軍は装備の近代化の遅れを自覚した。

❷日米通商航海条約の破棄 1939(昭和14)年7月，日本軍の中国における行動に対して強硬な態度を示すため，アメリカは**日米通商航海条約の破棄**を通告した[★3]。

★2 **満ソ国境紛争の理由** 日ソ両国の対立があるうえ，国境線が不明確であったこと。たとえば，山地では国境は山の頂上か一方の麓か(張鼓峰)，草原ではどのあたりか(ノモンハン)，幅広い黒龍江では川の中央か流線か，川の中洲はどちらの領土か，など。

★3 これによって**日米通商航海条約**が1940年1月から失効し，アメリカはいつでも日本に対して戦略物資の禁輸措置をとれるようになった。そのため，日本は石油・ゴムなどの資源を求めて**南方へ進出**していく。

4 第二次世界大戦

❶ドイツとイタリア

1 **ドイツ**…**ヒトラー**の率いる**ナチス**★4が1933年議会で過半数の議席を獲得し，一党独裁を実現した。

2 **イタリア**…**ムッソリーニ**が1919年に**ファシスト党**をつくり，1922年にローマに進軍して政権をにぎった。

❷第二次世界大戦の勃発（ぼっぱつ）　イタリアは，1936年にエチオピアを併合し，1937年に国際連盟を脱退した。一方，ドイツの侵略も露骨となり，1938年にオーストリアを併合し，チェコスロヴァキアのズデーテン地方の割譲を要求★5。1939年8月には**独ソ不可侵条約**★6を結び，翌9月ポーランドに侵攻，ついにイギリス・フランスと開戦し，**第二次世界大戦**が始まった。

❸日独伊三国同盟　1940(昭和15)年9月，ドイツの快進撃とイタリアの参戦という状況を背景として，第2次**近衛文麿**（このえふみまろ）内閣は，ドイツ・イタリアと**日独伊三国同盟**を結んだ。この結果，日独伊の**枢軸国体制**（すうじくこく）が強化されたが，逆にアメリカ・イギリスを硬化させた。

★4 **ナチス**　国民(家)社会主義ドイツ労働者党の略称。ヴェルサイユ体制の打破，植民地の再分割，ドイツ人の優越などを唱え，国民をひきつけた。1934年，ヒトラーは大統領職をあわせて**総統**と称した。

★5 英仏側がミュンヘン会談において独伊首脳と会見し，チェコスロヴァキアの犠牲において平和を保った。しかし，この**宥和政策**（ゆうわ）は，逆にドイツを増長させた。

★6 **独ソ不可侵条約が結ばれた理由**　ドイツは，背後を固めることを得策とし，ソ連は，ドイツの侵略が自国へむけられるのを延ばすためである。この条約を背景に両国はポーランドを分割した。日本では，独ソの提携という事態に驚き，**平沼騏一郎内閣**（ひらぬまきいちろう）は総辞職した。

補説　**日独伊三国同盟のおもな内容**

①日本とドイツ(独)・イタリア(伊)3国が，東亜または西欧における新秩序の指導的地位を相互に承認・尊重すること。

②3国中の1国が他国と交戦するときは，政治・経済・軍事的方法で相互に援助すること。第2次近衛内閣の**松岡洋右**（まつおかようすけ）外相のときドイツのベルリンで**来栖三郎**（くるすさぶろう）が調印した。

[日中戦争と第二次世界大戦の勃発]

① 日本の華北進出→**盧溝橋事件**（ろこうきょう）(1937年)→**日中戦争**
② 中国…**西安事件**（せいあん）→第2次国共合作→抗日民族統一戦線
③ アメリカ…日米通商航海条約の破棄
④ 日ソの衝突…**張鼓峰事件**（ちょうこほう）・**ノモンハン事件**での敗北→**南方への進出**
⑤ ヨーロッパ…ドイツ・イタリアのファシズム
→**第二次世界大戦の勃発**(1939年)→日本をふくむ**日独伊三国同盟**(1940年)

SECTION 3 戦時体制の確立

▶ 日中戦争で戦局を拡大した日本は，国内体制を**戦時体制**へと再編し，**国民精神総動員運動**・**国家総動員法**・**大政翼賛会**（たいせいよくさん）・**大日本産業報国会**（ほうこく）など一連の政策によって，産業・経済および文化の各分野にわたってきびしい統制を加えた。

1 大政翼賛会

❶国家総動員体制　1938(昭和13)年，第1次近衛内閣は国家総動員法を制定し，戦争目的のためには，**政府が事前に議会の賛成を経ることなく，人的・物的資源を動員できる**ことにした。[★1] この結果，前年の国民精神総動員運動とあいまって，**戦時体制が確立**した。

補説　**国民精神総動員運動**　1937(昭和12)年，「挙国一致・尽忠報国・堅忍持久」を目標に**国民精神総動員中央連盟**が結成された。のち**大政翼賛会**に引き継がれることになる。

❷町内会・部落会・隣組　1940(昭和15)年，政府は都市部に**町内会**，農村部に**部落会**を組織させ，さらにそれらの下に約10戸からなる**隣組**をおいた。国民は，これらの組織を通じて配給などをうけることになったため，国民生活に大きな役割や影響をおよぼした。

❸大政翼賛会の発足　1939(昭和14)年に**第二次世界大戦**が勃発し，翌1940(昭和15)年ドイツ軍が優勢になると，日本国内では既成政党の解散と挙国政党の結成が叫ばれた。**第2次近衛内閣**の下で**新体制運動**が活発になるとともに，政友会・民政党・社会大衆党などの各党は解散し，10月には大政翼賛会(総裁は総理大臣で**近衛文麿**)が発足した。さらに11月には，神武天皇即位2600年を祝う**紀元二千六百年記念式典**が盛大に行われ，戦意高揚がはかられた。

❹大政翼賛会の性格　大政翼賛会は，ドイツのナチスのような一国一党をめざしたが，失敗した。しかし，のちには**大日**

★1 **国民徴用令**　1939(昭和14)年，国家総動員法第4条の規定に基づき，重要軍事産業の労働力を確保するため，勅令で国民徴用令が定められた。これは，厚生大臣の命令で召集できるので，通常の赤紙召集(徴兵)に対して白紙召集とよばれた。

参考　**企画院の発足**　国家総動員法制定直前の1937(昭和12)年，内閣直属の総合国策立案機関として，**企画院**を発足させた。物資動員計画を作成し，軍需産業には資材や資金が優先的に割りあてられた。

注意　1939(昭和14)年を境に食料生産は低下し始め，食料難となっていった。

史料　国家総動員法

第一条　本法ニ於テ国家総動員トハ戦時(戦争ニ準ズベキ事変①ノ場合ヲ含ム以下之ニ同ジ)ニ際シ国防目的達成ノ為，国ノ全力ヲ最モ有効ニ発揮セシムル様，人的及物的資源ヲ統制運用スルヲ謂フ

第四条　政府ハ戦時ニ際シ国家総動員上必要アルトキハ，勅令②ノ定ムル所ニ依リ帝国臣民ヲ徴用シテ総動員業務ニ従事セシムルコトヲ得

『法令全書』

注釈　①国際法では**宣戦布告**したものを**戦争**としているが，日中戦争において日本側は最後まで宣戦布告せず，戦争に準じる**事変**であるとされた。②天皇が発し，議会の承認なしに，大臣の副署のみで定められる法令。

視点　近衛内閣は，日中戦争の勃発を好機として，戦時の名のもとに，財界や政党の反対を押し切って**国家総動員法**を制定した。これにより政府は，戦争遂行のために必要とされる命令を，議会の議決を経ない勅令によって発令でき，議会から白紙委任に等しい権限を与えられたことになった。

本産業報国会・大日本婦人会(愛国婦人会・大日本国防婦人会などを統合して結成)や町内会・部落会なども傘下におさめ，国民の戦争動員に大きな力をもった。

❺**大日本産業報国会**　政府は**産業報国会**[★2]の結成を推進し，1940(昭和15)年にはこれらの全国組織として**大日本産業報国会**を結成した。この結果，労働組合や農民組合はすべて解散に追いこまれた。

❻**翼賛選挙**　1941(昭和16)年に衆議院の院内団体として政府協力の翼賛議員同盟がつくられ，翌年の総選挙(翼賛選挙)では**東条英機内閣**下で大選挙干渉があり，政府の推薦候補者が多く当選した。このあと，翼賛政治会が結成された。

★2　**産業報国会**　1938(昭和13)年より各事業所ごとに労資一体の組織として設立が推奨され始めたが，当初はあまり普及しなかった。

2　経済・文化・思想統制

❶**新興財閥の進出**　満洲事変以降，機械・化学・電力などの**軍需関係の工業**が国家の強力な援助のもとに発展した。それとともに，旧来の財閥のほかに多くの**新興財閥**[★3]が進出した。

❷**戦時統制経済**　経済界は，軍需優先の結果，生活物資の不足をきたして物価が高騰し，ヤミ値がはびこった。政府は1939(昭和14)年に**賃金統制令**や**価格等統制令**を出し，また，衣料や食料などの**切符制・配給制**をつぎつぎに実施していった。

★3　**日産**(**鮎川義介**)・**日窒**(**野口遵**)・**森**(**森矗昶**)・**日曹**(**中野友礼**)・**理研**(**大河内正敏**)などが有名である。

★4　1938(昭和13)年に自由主義的な経済学者**河合栄治郎**の著書が発禁となり，1940(昭和15)年には歴史学者**津田左右吉**が，『日本上代史研究』などで皇室の尊厳を汚したという理由から起訴された。

補説　**切符制と配給制**　国民に対して「ぜいたくは敵だ」というスローガンのもとに生活を切りつめさせ，砂糖・マッチ・炭・衣料品などの生活必需品の購入を切符制とした。さらに，1941(昭和16)年には**米の配給割当**(大人1人で1日2合3勺)が行われるようになった。

❸**軍部と財閥の連携**　1940(昭和15)年には**経済新体制**が叫ばれ，公益優先のスローガンのもとに経済界の再編成がはかられたが，実際には重要産業は巨大財閥企業に支配された。こうして，**軍部と財閥とが緊密に結びついていった**。

❹**思想・文化統制**　自由主義的な学者の弾圧[★4]に加え，政府は**国家主義**を鼓吹するため，**教学局**を設けて思想統制・超国家主義の実践機関とした。文部省は『国体の本義』『臣民の道』などを国民教科書とし，1941(昭和16)年4月には小学校を**国民学校**と改称，「少国民」の育成をめざす国家主義的教育を強化した。

補説　**国家総動員体制下の学術**　西田幾多郎哲学の神秘性が，門下の京都学派によって，日本を中心とする新世界形成の理念に転用された。社会科学では，マルクス主義・自由主義が弾圧され，**皇国史観**が支配的となった。

▲**国民学校の国語教科書**
「兵タイゴッコ」をとりあげ，戦意を高めている。

[戦時体制の確立]

① 国家総動員法(1938年)…議会の形骸化
② 国民徴用令(1939年)
③ 国民精神総動員運動→大政翼賛会(1940年)
　{ 地域…町内会・部落会・隣組
　　職場…産業報国会
④ 戦時統制経済…生活必需品(砂糖・マッチ・衣料品など)の切符制・配給制

4 太平洋戦争

▶ 日中戦争の泥沼化にあせった日本は，ヨーロッパの戦況を見て，南方への進出を断行。これはアメリカを刺激し，**1941**(昭和16)**年12月**に**太平洋戦争**が勃発した。日本は緒戦を優位に展開したが，戦局は逆転し，枢軸国の敗北とともに，**1945**(昭和20)**年8月**に無条件降伏した。

1 太平洋戦争の勃発

❶**北部仏印進駐**　フランスがドイツに敗北すると，1940(昭和15)年9月，日独伊三国同盟の締結直前に，日本軍は日中戦争と南方問題の解決のため，援蔣ルート[★1]を断とうとして**北部仏印**(**フランス領インドシナ**北部)に進駐した。

★1 **援蔣ルート**　イギリス・アメリカが，重慶の蔣介石を援助するために軍需物資を輸送した道をいう。ビルマ(英領)・仏印から重慶へ通じていた。

❷**日米交渉**　第2次近衛内閣は，一方では日米開戦をさけるためアメリカ大統領**フランクリン=ローズヴェルト**と親交のあった駐米大使**野村吉三郎**を派遣，国務長官**ハル**と交渉させた。[★2]

★2 **日米交渉の内容**　①日本軍の大陸撤退を条件に満洲国を承認し，蔣介石・汪兆銘両政権を合併させる，②日米の通商関係を正常化させる，などであった。

❸**日ソ中立条約の締結**　南進策をとる**松岡洋右**外相は，北方の安全をはかるため，1941(昭和16)年4月，**日ソ中立条約**を結んだ。しかし，6月にヨーロッパで**独ソ戦**が勃発すると，日本は対ソ戦の好機をねらうようになった。

❹**南部仏印進駐**　日本は，南方進出をめざし，1941(昭和16)年7月，**南部仏印**に進駐した。アメリカはイギリス・オランダとともに，**在外日本資産の凍結**でこれに応酬し，さらに**石油などの輸出を禁止**した。

❺**ABCD包囲陣**　アメリカ(**A**merica)・イギリス(**B**ritain)・**中国**(**C**hina)・**オランダ**(**D**utch)の諸国が，日本の南方進出に対して共同で経済封鎖の体制をとった(日本の軍部などはこれを，**ABCD包囲陣**とよんだ)ので，日本は容易に物資を

参考 **関東軍特種演習**(**関特演**)　独ソ戦が勃発すると，関東軍は約70万の兵力と航空機を満ソ国境に動員して，対ソ戦を準備し，ソ連軍を牽制した。

入手できなくなった。

❻東条英機内閣の成立 第3次近衛内閣は，9月の御前会議(天皇臨席の会議)で対米英蘭戦争の準備を決定したが，最終的な決定を下せず，陸軍などの対米強硬論にあい，総辞職した。1941(昭和16)年10月，対米強硬派の陸軍軍人東条英機が組閣，事態の打開を求めて日米交渉をつづける一方，交渉不成立の場合に備え，開戦準備も進めた。

❼太平洋戦争の勃発 アメリカは東条内閣の成立のころから，中国・イギリスなどの意見を考慮し，日本と戦争になっても仕方がないと考えるようになっていった。こうして11月末に，事実上の最後通牒といわれる**ハル＝ノート**[★3]を日本につきつけ，日本側が絶望するような強い姿勢を示した。そのため日本は日米交渉をあきらめ，ついに**1941(昭和16)年12月8日**，日本海軍がハワイの真珠湾を奇襲攻撃して，太平洋戦争[★4]が勃発した。また同日，日本陸軍もイギリス領マレー半島に奇襲上陸した。

★3 **ハル＝ノート** 1941年11月，日米交渉中にアメリカ国務長官ハルが示したアメリカ側の回答。①日本軍の中国・仏印からの撤兵，②重慶政府だけを中国の正統政府と認めること，③日独伊三国同盟の破棄，などを要求した。

★4 太平洋戦争という名称が中国・東南アジアなどの戦域を十分に示さないので，**アジア・太平洋戦争**という名称が使われ始めている。

TOPICS

太平洋戦争の開始

1941(昭和16)年11月5日の**御前会議**の決定によって，山本五十六連合艦隊司令長官に大海令第1号が発せられ，11月26日，機動部隊が択捉島の単冠湾から，ハワイ**真珠湾**をめざして出航した。12月1日0時までに日米交渉がまとまれば帰航する予定であったが，交渉は打開の見込みなく，同日に開戦を決定し，「**新高山上レ・1208**」の指令(開戦決定の意。新高山は台湾の玉山のことで，当時の日本領の最高峰)が出された。12月8日未明，空母から攻撃機が飛び立ち，奇襲に成功した。一方，対米最後通牒はハワイ空襲30分前に手渡される予定であったが，野村・来栖両大使がアメリカのハル国務長官に覚書を手渡したのは，ハワイ空襲の最中であった。ハルは「50年の公的生活を通じて，このような虚偽に満ちた文書は見たことがない」と言い，ドアを指さした。

フランクリン=ローズヴェルト大統領は，アメリカ議会に日本に対する宣戦布告を要請し，アメリカ上・下院は反対票1票でこれを可決した。

日本では，12月8日午前7時の臨時ニュースが，「**帝国陸海軍ハ本8日未明，西太平洋ニ於テ米英軍ト戦闘状態ニ入レリ**」と，大本営陸海軍部の発表を国民に伝えた。

▲**真珠湾攻撃で燃えるアメリカ軍艦**

2 戦争の展開と破局

❶緒戦の勝利 日本は，先制攻撃によって緒戦に勝利をおさめ，フィリピン・マレー半島・ジャワ・ビルマと，南太平洋一円にわたる地域を占領した。1943(昭和18)年には占領地の支配者を集め，**大東亜会議**★5を開いた。

★5 **大東亜会議** 1943年11月に東京で開催された。戦争完遂と**大東亜共栄圏**の確立をめざす**大東亜共同宣言**を採択したが，効果はなかった。

補説 **「大東亜共栄圏」の実態**

①日本は日中戦争において，すでに南京陥落の際，数万人以上ともいわれる多数の中国軍民を虐殺し，国際的非難をうけていた。その後も中国共産党の抗日根拠地に対する掃蕩作戦が「三光作戦」(焼きつくす・殺しつくす・奪いつくす)として非難された。

②植民地の朝鮮では，日本風の氏にかえさせる**創氏改名**や**神社参拝**などを強制して，日本への同化を求める**皇民化政策**を推進した。さらに，戦争末期に至って労働力が不足すると，多くの朝鮮人や中国人を日本本土に**強制連行**し，鉱山などで働かせた。

③東南アジア各地の欧米の植民地では，旧来の政治機構や現地支配者を利用して，物資の獲得や日本軍の必需品の調達，土木事業への強制労働などを行い，飢餓・災害を発生させた。また，多額の**軍票**(占領地で軍隊が使用した不換紙幣)を使用したため，これらの地域では悪性のインフレーションが起こった。

❷戦局の変化 1942(昭和17)年6月のミッドウェー海戦の敗退を機に，戦局は日本に不利となった。その後，ガダルカナル島撤退，アッツ島全滅，ビルマ(現ミャンマー)からインドへの侵攻をはかったインパール作戦の失敗，**サイパン島の陥落**★6とつづき，1944(昭和19)年7月，**東条内閣**★7は総辞職した。

❸破局 1944年8月にグアム島・テニアン島が陥落，さらに**本土空襲**も激化した。10月にはアメリカ軍がレイテ島に上陸し，1945(昭和20)年3月**硫黄島**を全滅させたのち，4月

▼**太平洋戦争によるアジア諸国の死者の数(推定)**
(原則としてその国・地域の政府による公式発表に基づくが，国によっては正確ではない)

国・地域	死者数
日本	約310万
中国	約1000万
韓国・北朝鮮	約20万
ベトナム	約200万
インドネシア	約400万
フィリピン	約111万
インド	約150万
マレーシア・シンガポール	約10万
ビルマ(現ミャンマー)	約15万

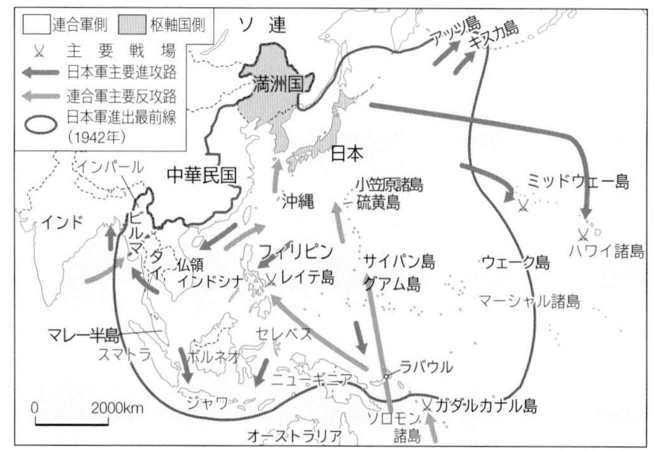

▲太平洋戦争要図

★6 ミッドウェー海戦の敗退によって，太平洋における制海権と制空権をアメリカ軍に奪われた。また，サイパン島の陥落によってアメリカ軍の長距離爆撃機B29の本土空襲が可能となった。

★7 東条内閣のあと小磯国昭が組閣し，「一億鉄石の団結の下，必勝を確信し，皇土を護持してあくまで戦争の完遂を期す」(1944年8月19日の御前会議)と，徹底抗戦を主張した。

に**沖縄本島**に上陸した(6月に守備軍全滅)。こうして戦局の大勢はほぼ決した。

❹戦時下の経済　日本経済は，**軍需工業**を中心に再編成され，軍部の保護下に財閥の支配が進んだ。しかし，ミッドウェー海戦後の守勢のなかで，海上輸送路を防衛できず，期待していた東南アジアの資源の入手が困難となった。こうして，アメリカの本土空襲が激化するにつれて，**総生産力は激減**した。

3 枢軸国側の敗戦

❶ドイツ・イタリアの敗戦　1943年のスターリングラードの敗戦以後ドイツは後退をつづけ，イタリアは早くも同年9月に降伏，ドイツも1945年5月，ベルリンが陥落して降伏した。なおムッソリーニは降伏後に捕らえられて処刑，ヒトラーは降伏に先立ち自殺している。

❷連合国首脳会談　連合国の首脳は，イタリア降伏後しばしば会合し，戦争遂行および戦後処理について会談を重ねた。

1. **カイロ会談**…1943年11月，**ローズヴェルト**(米)・**チャーチル**(英)・**蔣介石**(中)がエジプトのカイロで会談，**カイロ宣言**[★8]を発表した。これは**ポツダム宣言や日本占領政策の基礎**となった。
2. **ヤルタ会談**…1945年2月，**ローズヴェルト**(米)・**チャーチル**(英)・**スターリン**(ソ連)がクリミア半島のヤルタで会談，ドイツの戦後処理の方針を決定した。同時に**ソ連の対日参戦**を，千島列島領有の承認とひきかえに密約した。
3. **ポツダム会談**…1945年7月，**トルーマン**(米，ローズヴェルトは死去)・**チャーチル**(途中からアトリー)(英)・**スターリン**(ソ連)がベルリン郊外のポツダムで会談，蔣介石の承認を得て**ポツダム宣言**を発表した。おもな内容は**日本への無条件降伏勧告**[★9]。

❸日本の敗戦　1945(昭和20)年4月，**鈴木貫太郎内閣**が終戦のふくみで成立。ソ連を通じての和平工作も失敗し，8月の**広島・長崎への原子爆弾投下**と日ソ中立条約を破棄した**ソ連の参戦**を見て，**8月14日**[★10]に日本はポツダム宣言を**受諾**して無条件降伏した。

❹降伏文書の調印　降伏とともに，**東久邇宮稔彦内閣**が成立した。8月末には連合国軍が日本に進駐し，9月2日，米艦**ミズーリ号**上で**降伏文書の調印**が行われた[★11]。

★8 **カイロ宣言の内容**　①日本が第一次大戦以後奪った太平洋の島々の剥奪，②満洲・台湾・澎湖諸島などの中国への返還，③朝鮮の独立。以上の目的のため，3国は日本が無条件降伏するまで戦うことを宣言した。

注意　ソ連は，ヤルタ会談での協定に基づいて1945年8月8日，日本に宣戦布告し，同時にポツダム宣言に参加した。

★9 **その他のポツダム宣言の内容**　①日本の**軍国主義者・戦争指導勢力の除去**，②日本に対する**軍事占領**，③日本の主権を**本州・北海道・九州・四国**と諸小島に限定，④軍隊の**武装解除**，⑤**戦争犯罪人の処罰**，⑥**軍事産業の禁止**，など。

★10 翌15日，天皇の肉声によるラジオ放送(玉音放送)で，戦争の終結が国民に発表された。

★11 日本側代表は**重光葵**外相，連合国側はマッカーサー元帥。

▲降伏文書に署名する重光外相

4 戦時体制下の文化

❶戦時下の文学

1 1930年代なかばに，**島崎藤村**が明治維新の激動に飲みこまれた個人の運命を描いた『夜明け前』や，**志賀直哉**が自我の問題を骨太に作品化した『暗夜行路』などの大作が完結した。一方で，弾圧によってプロレタリア文学運動は解体し，**島木健作**らの**転向文学**が登場。**石川達三**は，ブラジル移民の苦難を描いた『蒼氓』で1935(昭和10)年の第1回芥川賞をうけたが，日中戦争の中国戦線での兵士の実態を描いた『生きてゐる兵隊』は発禁処分となった。

2 物資が極度に不足するなかで，時局に順応しない作品は印刷すらできなくなった。1942(昭和17)年には**日本文学報国会**が結成され，**文学者の戦争協力**が進んだ。しかし，すべての文学者が戦争に協力したわけではなく，**谷崎潤一郎**は，戦争前の関西の上流階級の生活を描いた，発表の見通しのない長編小説『細雪』を書きつづけた(戦後，1948年までに刊行)。

❷戦時下の美術　1930年代には，シュールレアリスム・抽象画などのヨーロッパの新しい傾向が移入された。しかし戦時体制下では，**戦争画**が中心となり，大東亜戦争美術展などが開かれ，1943(昭和18)年には**日本美術報国会**が結成された。

❸その他の芸術・文化　雑誌・映画・演劇・音楽などにもきびしい統制が加えられた。ジャズなどの英米音楽は禁止され，雑誌の名や野球用語までが日本語化された。

参考 **劇場の閉鎖**　1944年2月，国家総動員の効果をあげるため，国民向けの「決戦非常措置要綱」が決定された。学徒出陣の強化や官庁の休日削減のほか，「高級享楽」の停止を定めたもので，これによって帝国劇場，歌舞伎座，宝塚大劇場(宝塚歌劇団は1943年に休演)などが閉鎖された。これらの劇場は，軍などの施設に転用されたり，空襲で焼失したりして，多くは，終戦まで公演を再開することができなかった。

参考 **野球用語の日本語化**　「敵性言語」として英語の使用が禁止され，セーフを「安全」，アウトを「無為」，ストライクを「正球」などと言いかえた。

5 戦時体制下の生活

❶学徒出陣・勤労動員　日本の戦局がきわめて悪化した1943(昭和18)年には，大学や高等学校・専門学校に在学中の徴兵適齢文科系学生を軍に徴集した(学徒出陣)。軍需工場などにも中学生以上の学生・生徒の**勤労動員**が行われ，未婚の女性も，**女子挺身隊**として動員された。

❷食料難　食料や衣料などが欠乏し，国民は飢餓状態のなかで，きびしい統制をくぐりぬけ，買い出しや闇取引によって，かろうじて命をつないだが，国民1人当たりのエネルギー摂取量は，1945(昭和20)年にはいちじるしく低下した。

▼学童疎開のため，列車に乗りこむ子どもたち

❸空襲と疎開　1944(昭和19)年11月から，アメリカ軍はマリアナ諸島を基地に，大型爆撃機**B29**による本土空襲を開始した。空襲によって日本の主要都市はほとんど焼失し，多くの市民が焼死した。1945(昭和20)年3月10日の**東京大空襲**では，10万人以上の命が奪われた。政府は，大都市の学童を空襲から守るため，農村・山村への学童疎開を行った。

参考　都市では，建物の延焼を防ぐため，指定地区の家屋の取り壊しを行った(**建物疎開**)。

[太平洋戦争]

① 日本の南進…北部仏印進駐(1940年)・南部仏印進駐(1941年)
→アメリカ…日本人資産の凍結・対日石油禁輸
② 日ソ中立条約…締結後に独ソ戦勃発
③ 太平洋戦争の勃発…日米交渉(近衛内閣～東条内閣)→ハル＝ノート
→真珠湾・マレー半島を攻撃(1941年12月)
④ 植民地・占領地…創氏改名・強制連行
⑤ 連合国の戦後への構想…カイロ会談(1943年，日本領土の処理)→ヤルタ会談(1945年，ソ連の対日参戦)→ポツダム会談(1945年，日本の無条件降伏)
⑥ 日本の降伏…本土空襲・原爆投下・ソ連参戦
→ポツダム宣言受諾(1945年8月)
⑦ 国民の戦争協力…日本文学報国会・日本美術報国会・学徒出陣・疎開

TOPICS

戦争末期の悲劇

アメリカ軍の反攻が本格化すると，兵士ばかりでなく数多くの民間人の命が奪われていった。1944(昭和19)年7月に陥落したサイパン島・グアム島，同年末から本格化した空襲による国内の各都市，1945(昭和20)年4月に米軍が上陸した沖縄本島，8月の**広島・長崎**に対する**原爆**投下などが，代表的な事例である。**沖縄**では，日本軍の戦死者約9万人のほか，非戦闘員の犠牲者も約10万人に達した。原爆は，両都市で約20万人以上の生命を奪い，また多くの人々が原爆後遺症に苦しむことになった。ソ連参戦で混乱した満洲でも多くの犠牲者が出，中国残留の日本人孤児となった人も多い。また，捕虜となった日本軍人らは，ソ連によってシベリアに抑留され，強制労働で多くが命を落とした。

▲「原爆の図」(丸木位里・丸木俊)

☑ 要点チェック

CHAPTER 6　第二次世界大戦と日本	答
□ 1　1931年に関東軍が起こした満鉄線路の爆破事件を何というか。	1　柳条湖事件
□ 2　関東軍により満洲国執政(のち皇帝)とされた人物は誰か。	2　愛新覚羅溥儀
□ 3　日満議定書を締結したときの内閣は何内閣か。	3　斎藤実内閣
□ 4　満洲事変に際して国際連盟が派遣した調査団を何というか。	4　リットン調査団
□ 5　血盟団事件で暗殺された前蔵相は誰か。	5　井上準之助
□ 6　橋本欣五郎ら陸軍将校が結成した結社を何というか。	6　桜会
□ 7　五・一五事件で暗殺された総理大臣は誰か。	7　犬養毅
□ 8　五・一五事件後の陸軍内部に生じた派閥を何というか(2つ)。	8　統制派，皇道派
□ 9　二・二六事件で暗殺された大蔵大臣は誰か。	9　高橋是清
□ 10　1933年に転向を声明した日本共産党幹部を1人答えよ。	10　佐野学(鍋山貞親)
□ 11　1933年，自由主義的な刑法理論のため免職された京大教授は誰か。	11　滝川幸辰
□ 12　1935年，天皇機関説事件で攻撃された憲法学者は誰か。	12　美濃部達吉
□ 13　1936年，張学良が蔣介石を監禁し，抗日を約束させた事件は何か。	13　西安事件
□ 14　日中戦争の勃発のきっかけとなった1937年の事件を何というか。	14　盧溝橋事件
□ 15　南京陥落後に国民政府が首都を移した都市はどこか。	15　重慶
□ 16　日本の支持で南京に政権をたてた中国の政治家は誰か。	16　汪兆銘(汪精衛)
□ 17　1939年に満洲北西部で起こった，日本軍とソ連軍との武力衝突事件を何というか。	17　ノモンハン事件
□ 18　日独伊三国同盟や日ソ中立条約を締結した外相は誰か。	18　松岡洋右
□ 19　1938年，国民や資源を戦争に利用するためにつくられた法律は何か。	19　国家総動員法
□ 20　国民を戦争に動員するために始められた精神運動を何というか。	20　国民精神総動員運動
□ 21　近衛文麿を中心に大政翼賛会の結成に至った運動を何というか。	21　新体制運動
□ 22　労働組合にかわり，職場につくられた労資一体の組織は何か。	22　産業報国会
□ 23　統制経済の下で国民に生活必需品を供給した制度は何か(2つ)。	23　切符制，配給制
□ 24　1941年に，小学校は何と改称されたか。	24　国民学校
□ 25　太平洋戦争の転機となった，1942年の日米間の海戦を何というか。	25　ミッドウェー海戦
□ 26　1945年2月，ソ連の対日参戦と千島列島領有を議題とした会談は何か。	26　ヤルタ会談
□ 27　ポツダム宣言を受諾したときの内閣は何内閣か。	27　鈴木貫太郎内閣
□ 28　徴兵適齢の文科系学生を軍に徴兵したことを何というか。	28　学徒出陣
□ 29　空襲対策で，子どもたちを地方に転出させたことを何というか。	29　学童疎開

• CHAPTER

7 » 占領と国際復帰

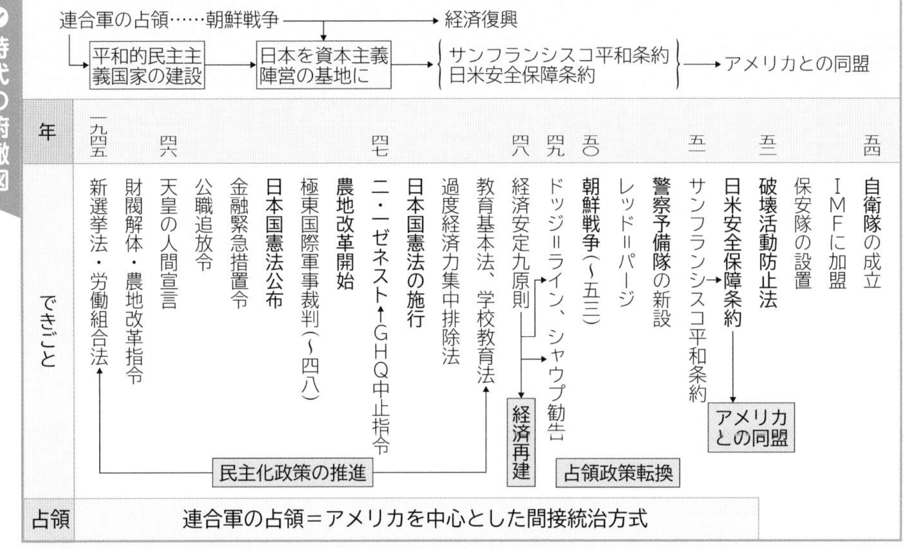

SECTION 1 日本の民主化

▶ 敗戦後の日本は，連合国軍の占領管理下に置かれ，平和的民主主義国家を建設するために，**政治・経済・社会の諸方面にわたる大規模な改革**が強行された。占領政策の基本は，**ポツダム宣言**に基づき，**GHQ**が日本政府を指導する**間接統治方式**で行われた。

1 占領管理の方針と機能

❶**占領管理の基本方針**　**ポツダム宣言**(☞p.421)に基づき，**軍国主義の除去**と**民主主義の育成**という2点に重点を置いた。

❷**対日占領機構**　右図の通り。占領政策決定の最高機関は，**極東委員会**(きょくとう)(FEC)で，**連合国(軍)最高司令官**(SCAP)の諮問(しもん)機関が**対日理事会**(ACJ)。連合国(軍)最高司令官にはアメリカの**マッカーサー**元帥(げんすい)がなり，**連合国(軍)最高司令官総司令部**(GHQ)から日本政府に対して指示・命令を行う**間接統治方式**をとった。GHQは日本政府に対し，罰則規定をもった勅令(ちょくれい)(ポツダム勅令，新憲法施行後は政令)を出すことができた。占領軍のほとんどはアメリカ合衆国軍で

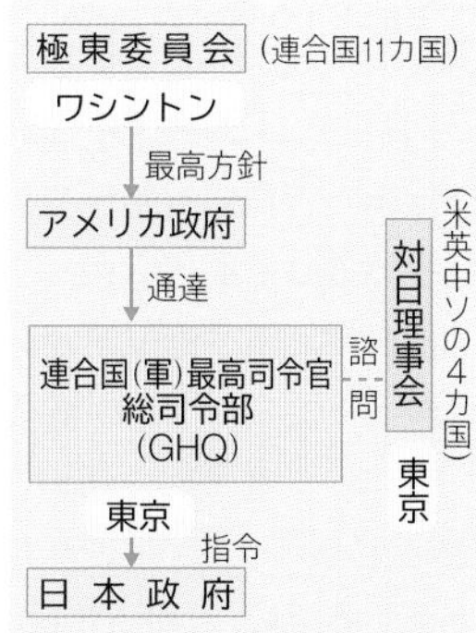

▲連合国軍の日本占領機構

あり，マッカーサーの主導のもと，アメリカ合衆国の主導で占領政策が進められた。

補説　**朝鮮・沖縄・小笠原・樺太・千島**　朝鮮半島南部，沖縄などの南西諸島と小笠原諸島はアメリカ軍が，朝鮮半島北部・南樺太・千島列島はソ連軍が占領し，直接軍政をしいた。

2 旧支配体制の解体

❶**五大改革指令**　1945(昭和20)年10月，総司令部は，**東久邇宮稔彦内閣**にかわった幣原喜重郎内閣に対して，**五大改革指令**★1を発した。

❷**天皇の「人間宣言」**　1946(昭和21)年1月，天皇はみずからの**神格を否定**し，天皇と国民との結びつきは相互信頼と敬愛によるものであるとした。皇族の多くも臣籍に降下し，**華族制度は廃止**された。

❸**戦犯裁判**　戦争犯罪人容疑者が逮捕され，A級戦犯28名が，1946(昭和21)年5月から東京の極東国際軍事裁判★2(東京裁判)で審理され，1948(昭和23)年に**東条英機・広田弘毅**ら7名が絞首刑となった。

❹**公職追放**　職業軍人・戦争協力者・軍国主義者や国家主義者の約21万人が公職や教職から追われた。非民主主義的な制度(特別高等警察・枢密院)も廃止され，大政翼賛会も解散させられた。

補説　**その他の諸改革**　①戦時法令や統制令および治安維持法の廃止，②政治犯・思想犯の釈放，③神社の国家保護からの分離，④学校での教育勅語の奉読と修身・日本歴史・地理の授業の停止，など。

❺**復員・引き揚げ**　日本軍は武装解除され，在外部隊の復員や在外日本人の引き揚げが行われた。

3 民主化の諸政策

❶**財閥の解体**　1945(昭和20)年11月，GHQは**財閥の解体指令**を出し，三井・三菱・住友・安田など15財閥の資産を凍結。**持株会社整理委員会**を設けて財閥家族の持株の大部分を処分し，財界人の追放も行った。さらに1947(昭和22)年，独占禁止法★3や**過度経済力集中排除法**★4を制定してその徹底をはかろうとしたが，財閥の中枢である大銀行はそのままであり，日本の産業復興の基軸となった。

❷**農地改革**　農村における地主・小作という封建的関係を打破するため，1945(昭和20)年12月の**農地改革指令**によって，2回にわたり改革が行われた。

★1　**五大改革の内容**　①**婦人の解放**(女性参政権)，②**労働者の団結権**の保障，③**教育の自由主義化**，④圧政的諸制度の廃止と新司法制度の確立，⑤独占的経済機構の民主化。

★2　**極東国際軍事裁判**　この裁判は東京裁判ともいわれ，平和に対する罪という，第二次世界大戦後につくられた新しい犯罪概念が裁判に用いられた。その罪でA級戦犯として起訴された被告は28名にのぼったが(うち2名は裁判中に病死，1名は精神障害のため判決をうけなかった)，天皇と財閥関係者は起訴されなかった。なお11名の裁判官のうち，インドのパル判事ら3名は，判決文に対して批判的な意見書を提出した。

参考　国民には思想・信仰・政治活動の自由などが認められたが，占領軍に対する批判は，いわゆる**プレス=コード**やラジオ=コードで禁止され，新聞も検閲をうけた。

★3　**独占禁止法**　1947年4月公布。私的独占・不公平な取引および競争を禁止し，**公正取引委員会**を設置して違反行為を監視。

★4　**過度経済力集中排除法**　1947年12月公布。各産業部門で独占的な力をもつ大企業を分割し，自由競争体制をつくろうとした。初め325社が指定をうけたが，占領政策の変化で，ほとんどが指定を解除され，実際に分割されたのは11社にすぎなかった。

① **第1次農地改革**…1945(昭和20)年のGHQの指令を受け，翌年2月から改正農地調整法によって実施。**不在地主の農地所有を不可とし，在村地主の小作地も制限**(5町歩(ちょうぶ)〔約5ha〕までの貸付地)，小作料を金納とした。しかし，GHQはこの改革では不徹底であると勧告した。

② **第2次農地改革**…GHQの勧告に基づき，1947(昭和22)～50(昭和25)年にかけて，改正農地調整法と**自作農創設特別措置(そち)法**により実施。**在村地主の小作地を1町歩**(北海道は4町歩)に制限し，それ以外は政府が強制的に買い上げ，市町村ごとの**農地委員会**を通じて小作人に廉価(れんか)で売却した。また，小作料は収穫米代金の25%以下とした。

❸農地改革の意義　1950(昭和25)年までに小作地は全農地の約10%に減少し，1930年代から衰退していた寄生地主制を消滅させたが，山林はそのまま残された。大地主たちは従来の経済力と威信を失った。一方，小作人たちは自作地をもつとしだいに保守化し，のちに自由民主党の支持基盤となった。

❹政治の民主化　1945(昭和20)年末に選挙法が改正され，**男女平等の普通選挙制**(選挙権は**満20歳以上**)が実現し，翌1946(昭和21)年4月には戦後初の総選挙が行われて，自由党が第一党となり，39人の**女性議員**が誕生した。

❺日本国憲法の制定　1945(昭和20)年10月に**GHQ**が大日本帝国憲法の改正を指示した。これをうけて**幣原喜重郎(しではらきじゅうろう)内閣**が**憲法問題調査委員会**を設けて翌年2月に試案をGHQに提出したが，旧憲法の部分的修正にすぎなかったため拒否された。そこで，GHQの草案が示され，これを修正のうえ，帝国議会での審議を経て，**1946**(昭和21)**年11月3日**に日本国憲法として公布され，翌**1947**(昭和22)**年5月3日**から施行された。

参考　農地改革の前提として，戦時期の食料不足により，すでに地主制に対する規制措置(そち)がとられていたことがあげられる。

▼敗戦直後の諸改革年表
数字は月を示す。

年	内閣	改革事項
1945(昭20)	幣原喜重郎	10. 五大改革指令 11. 財閥解体指令 12. 農地改革指令 12. 新選挙法(女性参政権) 12. 労働組合法
1946(昭21)	幣原喜重郎	1. 天皇の人間宣言 1. 公職追放令 5. メーデー復活
1947(昭22)	吉田茂(1)	3. 教育基本法 4. 労働基準法 4. 独占禁止法 5. 日本国憲法施行
1947(昭22)	片山哲	12. 過度経済力集中排除法公布

参考　マッカーサー=ノート　1946年，マッカーサー元帥(げんすい)は，新憲法の起草に際して，①天皇を実権のない元首とする，②戦争放棄と軍備の廃止，③封建的諸制度の廃止，の3項目からなる**マッカーサー=ノート**(マッカーサー草案)を日本政府に手渡した。

補説　**日本国憲法の特色**　GHQによる憲法草案は，ニューディーラーとよばれた理想主義者たちが，アメリカ合衆国憲法と世界の民主主義・理想主義の考えを合体させてつくった。前文と本文11章103条からなる。①**主権在民**，②**平和主義**，③**基本的人権**の尊重を**3大原則**とし，戦争と戦力の永久放棄，象徴天皇制，三権分立の原則，男女同権・夫婦平等などをおもな内容とした。

❻新民法の制定　新憲法の原則に基づき，民法の改正も行われた。この結果，旧来の戸主(こしゅ)制度・家督(かとく)相続制度が廃止され，遺産の均分相続や結婚の自由などが保障された。

❼地方制度の改革　地方自治法によって，地方自治体の首長の公選制やリコール制(国民解職)が採用された。警察は自治体警察が中心となり，国家警察が補助する制度に改められた。

❽労働三法の制定　1945年から47年にかけて，労働組合法・労働関係調整法・労働基準法の，いわゆる**労働三法**が制定された。それとともに，労働委員会や**労働省**も設置された。

▼労働三法

法令名	公布年月	おもな内容
労働組合法	1945. 12	労働者の団結権・団体交渉権を保障
労働関係調整法	1946. 9	労働争議の調停と争議行為の抑制など
労働基準法	1947. 4	労働者の生活権擁護(ようご)と労働条件の改善

参考　米ソの対立(冷戦，☞p.432)が深まると，アメリカは日本をアジアにおける**東側陣営に対抗するための基地**として確保しようとした。アメリカの占領政策が労働運動の育成から抑圧へ転換したことも，これを示している。

❾労働運動の発展　1946(昭和21)年，労働組合の全国組織として，右派の**日本労働組合総同盟(総同盟)**と左派の**全日本産業別労働組合会議(産別会議)**とが結成された。

❿労働運動と弾圧　1947(昭和22)年2月1日には官公庁労働者の一斉ストライキ(**二・一ゼネスト**)が計画されたが[★5]，前日になってGHQの指令で中止させられた。これは占領政策の転換を示すものである。

★5　すでに，1946年5月，東京の皇居前で戦後最初の**メーデー**(食糧メーデー，米よこせメーデー)が行われていた。

⓫教育の民主化　1946(昭和21)年にアメリカの教育使節団が来日した。その勧告に基づいて，1947(昭和22)年に教育の機会均等や男女共学などの民主主義の教育理念を示す教育基本法が制定され，**義務教育が実質6年から9年に延長**された。同時に新しい学制を示す**学校教育法**が制定され，4月から**六・三・三・四制**の新学制が発足した。また，教育の地方分権化を進めるため，各地に**教育委員会**[★6]が設置された。

★6　教育委員会の委員は，当初**公選制**であったが，1956(昭和31)年から地方公共団体の首長による任命制にかわった。また，教育委員会の権限も縮小され，中央集権制が復活強化された。

⓬部落解放運動の復活　1946年，**全国水平社**(すいへい)の伝統をうけ部落解放全国委員会が結成され，1955年に**部落解放同盟**と改称した。政府は1969年，**同和(どうわ)対策事業特別措置(そち)法**を制定した。

注意　部落解放同盟と全国水平社を混同しないようにしよう。

連合軍による日本占領…GHQ(アメリカ軍が中心)による間接統治
占領目的…日本の非軍国主義化と民主化
→ 五大改革指令(幣原喜重郎(しではらきじゅうろう)内閣)，女性参政権など
　 日本国憲法の公布・施行(第1次吉田茂(しげる)内閣)
　 戦争推進者などの公職追放と極東(きょくとう)国際軍事裁判

政党政治の復活と経済の再建

▶ 民主的諸改革の進行にともない，政党が復活し，**政党政治が進展**した。一方，敗戦直後の日本経済は，食料難，生産の停滞，失業者の増大，インフレという窮乏(きゅうぼう)状態にあったが，アメリカの援助や**占領政策の転換**に助けられて，再建が進み，回復に成功した。

1 政党政治の復活

❶政党の復活　1945(昭和20)年，かつての無産政党関係者が**日本社会党**を結成し，保守系も**日本自由党**(旧政友会系)・**日本進歩党**(旧民政党系)・**日本協同党**をつくった。**日本共産党**も活発な運動にはいった。

❷第1次吉田内閣　1946(昭和21)年の総選挙で**日本自由党**が第一党となり，総裁の**吉田茂**★1が組閣。この内閣のもとで**日本国憲法が公布・施行**された。しかし，総選挙に敗れて総辞職した。

❸片山内閣　1947(昭和22)年の総選挙で第一党になった**日本社会党**委員長の**片山哲**が，民主党・国民協同党と連立内閣をつくった★2。しかし，炭鉱国家管理法問題などで閣内不一致となり短期間で倒れた。

❹芦田内閣から第2次吉田内閣へ　1948(昭和23)年，**民主党**の**芦田均**が連立内閣をつくったが★3，汚職事件(**昭和電工疑獄事件**)で倒れた。ついで**第2次吉田内閣**が成立し，以後6年の長期にわたり**民主自由党**(のち**自由党**)の**吉田茂**が**保守党政権**を安定させた。

★1 **吉田茂**　土佐(高知県)の民権家の子に生まれ，豊かな貿易商の養子となった。東京帝国大学を卒業して外交官となるが，戦前は親英米派として軍部から排斥され自発的に退官。憲兵隊に拘束されたこともある。戦後外相・首相となって占領下の改革を推進。また池田勇人・佐藤栄作らの政治家を育てた。

★2 片山内閣は，社会主義政党を中心とする日本最初の内閣であった。

★3 芦田内閣は3党の連立内閣を組織して中道政治をめざした。

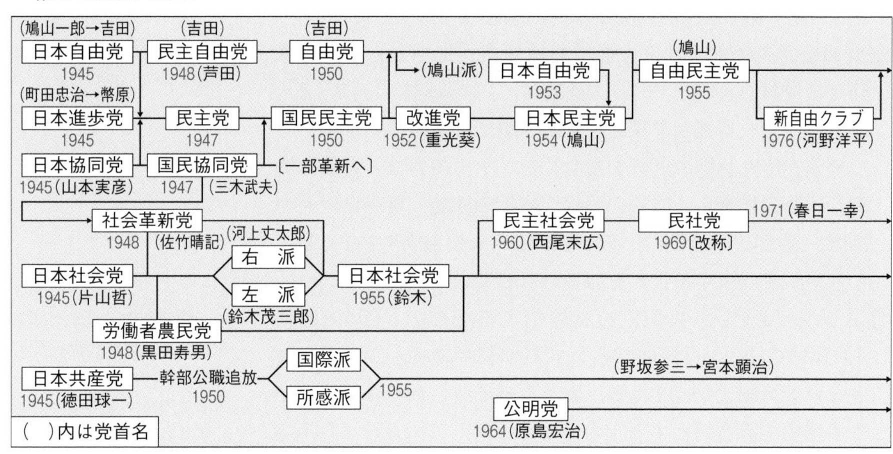

▲戦後日本のおもな政党の変遷(1)

2 日本経済の再建

❶敗戦直後の混乱　戦時中からの軍需インフレに加え，食料などの生活物資の不足，赤字公債の濫発などのために**インフレが急速に進行**し，国民生活は窮乏状態におちいった。

❷**金融緊急措置令**　インフレによる物価の高騰を抑えるため，**幣原喜重郎内閣**は一定額以上の**預貯金の封鎖**，新円への切り替え，給与の支払い制限などを行ったが，効果は一時的にとどまった。

❸**傾斜生産方式**★4　第1次吉田内閣は，石炭・鉄鋼・肥料などの生産財部門の生産を増大させるため，膨大な**財政投融資**(政府資金)や労働力の投入を行ったため，インフレがいっそう高進した。

❹**アメリカの援助**　**ガリオア資金(ガリオア・エロア資金**★5**)**とよばれる資金が食料や原料の形でアメリカから供与された。

3 占領政策の転換

❶**アメリカの方針転換**　第二次世界大戦後，内戦がつづいた中国で，共産党の勢力が増す(☞p.433)と，アメリカは蔣介石の国民党を通してソ連を封じこめる構想を断念した。そして日本に対し，経済復興と再軍備を強く求めるようになった。

❷**第2次吉田内閣**　片山哲(社会党)・芦田均(中道)の失敗で，保守派の吉田茂(民主自由党)への期待が高まり，1948(昭和23)年，**第2次吉田内閣**が単独内閣として成立した。

❸**経済安定九原則**　共産主義に対抗する根拠地として，日本経済の復興を急いだアメリカ政府は，1948(昭和23)年12月，マッカーサーを通じて**第2次吉田内閣**に日本経済安定のための経済安定九原則の計画を指令した。その内容は，**経費の節約**，**予算の均衡化**，**徴税の強化**，**物価の統制**，資金貸付先の制限，賃金の安定，輸出増加策などで，赤字財政をなくし，インフレを収束することをねらいとしていた。

❹**ドッジ=ライン**　九原則を具体化するために，1949(昭和24)年にGHQの経済顧問としてドッジが来日し，赤字を許さない予算編成などを指導，戦時下で形成された統制経済をやめ**自由主義経済**とする土台をつくった★6。このとき**1ドル=360円**の単一為替レートが定められた。

❺**シャウプ税制**　1949(昭和24)年には，アメリカのコロンビア大学教授シャウプが来日し，大衆課税の強化と企業に対する減税を骨子とする**税制改革**を指導した。その結果，大企業は立ち直り，企業再建の基礎ができたが，一方で中小企業や勤労者は不況と窮乏生活にあえいだ。

参考　**敗戦直後の社会混乱の理由**　①敗戦による精神的虚脱感，②食料などの生活物資の極度の欠乏，③戦災による住宅難，④生産力の激減，⑤海外からの大量の引き揚げによる人口の増大，⑥政府の威信失墜による取締り不十分からヤミ商人が横行したこと，など。

★4　傾斜生産方式の傾斜とは，「重点的に」という意味。

★5　**ガリオア資金(ガリオア・エロア資金)**　占領地行政救済の予算から出された資金のこと。日本は，食料や医薬品などの給付をうけた。**エロア資金**はその一部としてのちに追加されたもので，占領地域経済復興援助資金。日本は，綿花・羊毛など原材料輸入資金の貸与をうけた。

★6　ドッジは当時デトロイト銀行頭取。日本の経済を，アメリカの援助と政府補助金よりなる「竹馬経済」と考え，足をあまり高くすると転んで首の骨を折る危険があるとして，**超均衡・超デフレ予算**をくんで国民に耐乏生活を要求した。この結果，物価上昇は抑制され，経済再建の基礎ができたが，労働者の整理や賃金ストップなどをもたらした。

補説 **下山・三鷹・松川事件**★7　1949年は**ドッジ=ライン**などの政策によって，インフレは収束の気配を見せていたが，日本経済は深刻な不況におちいった。さらに，官公庁や民間企業では大量の人員整理が強行された。これに対する反対運動のなかで，**下山事件・三鷹事件・松川事件**が相ついで起こり，共産党や労働者の共謀によって起こされたような報道がなされたため，労働運動はおとろえていった。

❻国家公務員法改正　**第2次吉田内閣**はGHQの指令によって，1948(昭和23)年に**政令201号**を出し，さらに**国家公務員法を改正**して国家公務員の団体交渉権を否定した。

★7　**下山事件・三鷹事件・松川事件**　下山事件は国鉄総裁下山定則の怪死事件。三鷹事件は東京の国鉄中央線三鷹駅構内での無人列車暴走事件。松川事件は福島県の国鉄東北本線松川駅付近での列車転覆事件。いずれの事件も，真相は不明。

4 戦後の生活と文化

❶敗戦直後の生活　焼け跡でのバラック生活，闇市，浮浪児，買い出し列車などの風景が都会の各所に見られた。生活物資の極端な不足とインフレのため，人々は生活に追われたが，やがて将来に希望をもつようになった。

❷言論・マスコミ　多くの新聞や雑誌が誕生。**日本放送協会(NHK)**がラジオ放送網を拡充したほか，1951(昭和26)年には**ラジオ民間放送**，1953(昭和28)年には白黒で**テレビ放送**が始まった。

❸学術　学問研究の自由が保障されるとともに，まず人文科学・社会科学が活発となった。自然科学でも，理論物理学者の**湯川秀樹**が1949(昭和24)年，日本人として最初の**ノーベル賞**をうけ，敗戦にうちひしがれた国民に勇気を与えた。

❹芸術　生活の苦しさを忘れさせる，明るい大衆文化が発展。並木路子の歌う「**リンゴの唄**」が大流行し，ついで少女歌手の**美空ひばり**が人気をさらった。映画では，**黒澤明**(『**羅生門**』★8『**七人の侍**』)や**溝口健二**(『**雨月物語**』)の作品が，すぐれた映像美や人間描写によって世界的に注目された。

参考 **人々の意識の変化**　敗戦によって，戦時中の国家主義的な価値観は否定され，GHQのもたらした，民主化と個人の解放という新しい価値観が広まった。

★8 **『羅生門』**　三船敏郎主演。1951年のヴェネツィア国際映画祭で，グランプリを受賞した。

参考 **戦後のスポーツ**　プロ野球が復活し，人気を得た。また，古橋広之進がつぎつぎと水泳の世界記録をうちたて，日本の人々に自信を与えた。

① 政党の復活…日本自由党・日本進歩党・日本社会党・日本共産党など
片山哲連立内閣(日本社会党)→芦田均連立内閣(民主党)

② 日本経済の再建…第2次・第3次吉田茂内閣。経済安定九原則
ドッジ=ライン・シャウプ税制→経済再建の基礎・デフレ不況

③ 文化の発展…流行歌やスポーツなどの，明るい大衆文化

7 占領と国際復帰

SECTION 3 戦後の世界と日本の発展

▲国際連合本部

▶ 第二次世界大戦後，**アメリカ**と**ソ連**との対立を基軸(きじく)とする**資本(自由)主義陣営**(西側)と**社会主義陣営**(東側)の対立が激化し，日本の占領政策もその影響をうけた。**朝鮮戦争**後，世界は緊張緩和(かんわ)の方向に進み，日本も**ソ連との国交回復**や**国際連合への加盟**を達成した。

1 2大陣営の対立とアジア

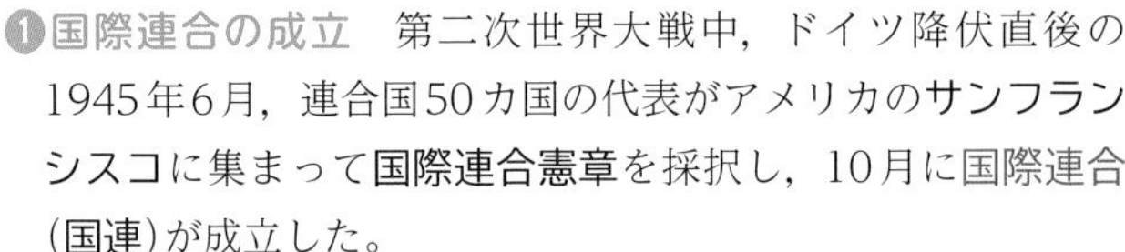

❶国際連合の成立　第二次世界大戦中，ドイツ降伏直後の1945年6月，連合国50カ国の代表がアメリカの**サンフランシスコ**に集まって**国際連合憲章**を採択し，10月に**国際連合**(**国連**)が成立した。

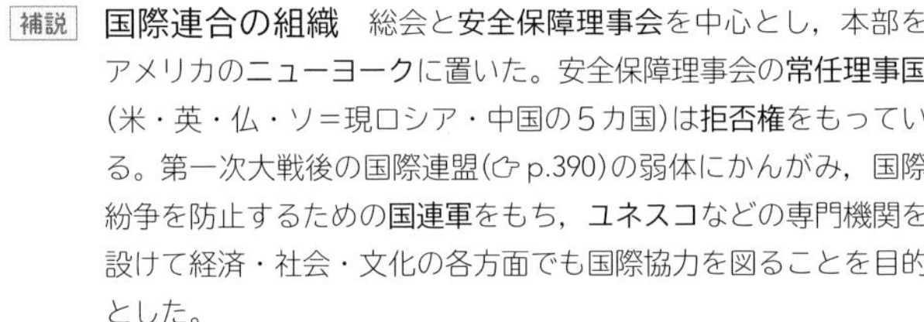

補説 **国際連合の組織**　総会と**安全保障理事会**を中心とし，本部をアメリカの**ニューヨーク**に置いた。安全保障理事会の**常任理事国**(米・英・仏・ソ＝現ロシア・中国の５カ国)は**拒否権**をもっている。第一次大戦後の国際連盟(☞ p.390)の弱体にかんがみ，国際紛争を防止するための**国連軍**をもち，**ユネスコ**などの専門機関を設けて経済・社会・文化の各方面でも国際協力を図ることを目的とした。

❷2つの世界の対立　戦後世界の指導国となったアメリカとソ連を中心に，**資本(自由)主義陣営(西側)と社会主義陣営(東側)との対立**が表面化した。この対立は，一般に**冷戦**(**冷たい戦争**)とよばれる。

補説 **ソ連の核兵器**　ソ連は，アメリカの原爆技術をスパイし，1949年に原爆開発に成功した。

▼第二次世界大戦後の世界と日本

年		世界の情勢	日本の情勢
1946	冷戦	3. チャーチルの「**鉄のカーテン**」[★1]演説 12. インドシナ戦争(～54年)	5. 食糧メーデー
1947		3. トルーマン＝ドクトリン[★2]発表 6. マーシャル＝プラン[★3]発表	1. 二・一ゼネスト中止 6. 日本教職員組合結成
1948		6. ソ連が東西ベルリンの交通遮断(しゃだん)	7. 政令201号
1949		4. **北大西洋条約機構**(**NATO**(ナトー))[★4]成立 10. **中華人民共和国成立**	3. ドッジ＝ライン 8. **シャウプ勧告**
1950		6. **朝鮮戦争**(～53年)	6. レッド＝パージ 8. **警察予備隊創設**
1951		9. **サンフランシスコ講和会議**	9. **日米安全保障条約調印**

★1 「**鉄のカーテン**」　1946年3月，イギリスの前首相**チャーチル**が，アメリカのフルトン市で行った反ソ演説のなかで，次のように使った言葉。「バルト海のシュテッティンからアドリア海のトリエステまで大陸を横切って鉄のカーテンがおりている」。

★2 **トルーマン＝ドクトリン**　アメリカ大統領**トルーマン**が提唱。原爆生産設備の大増強や軍事政策の強化をうったえ，世界的な軍事基地網でソ連を包囲する**封じ込め政策**が必要であると言った。

★3 **マーシャル＝プラン**　アメリカ国務長官マーシャルの提案に基づくヨーロッパ諸国への経済援助計画。西欧諸国はこれをうけいれたが，ソ連・東欧諸国は拒否した。

★4 **北大西洋条約機構**(**NATO**)　ソ連を中心とする社会主義勢力に対抗するため，欧米12カ国で結成された。ソ連側では，1955年に，東欧8カ国の共同防衛組織として**ワルシャワ条約機構**を結成した。

❸中華人民共和国の成立 中国では，国民党と共産党との対立が激化し，両者の間に内戦(国共内戦)が始まった。アメリカは，国民党政府に膨大な経済・軍事援助を行ったが，共産党は毛沢東の指導のもとに反撃に転じ，1949年10月に中華人民共和国を樹立した。蔣介石は，台湾にのがれて**中華民国**政府を維持し，アメリカの援助のもとに本土奪回を叫ぶに至った。

❹2つの朝鮮 朝鮮は，**北緯38度線**で米ソ両軍によって分割占領されたが，1948年，南部にアメリカの支持する**大韓民国**(**韓国**)，北部にソ連・中国の支持する**朝鮮民主主義人民共和国**(**北朝鮮**)が成立した。

参考 **インドシナ戦争** フランスの植民地だったインドシナでは，北部に社会主義政権の**ベトナム民主共和国**(北ベトナム)が成立した。フランスは，南部にベトナム国(のちベトナム共和国。南ベトナム)を擁立して北ベトナムに対抗し，1946～54年，両国の間で戦闘が展開された。

2 朝鮮戦争とサンフランシスコ平和条約

❶朝鮮戦争 1950年6月，朝鮮民主主義人民共和国が，ソ連の了解のもと，武力統一をめざして大韓民国に侵攻し，戦争が始まった。国連の安全保障理事会はソ連欠席のもとで北朝鮮を侵略者とみなし，アメリカ軍を中心とする**国連軍**を組織，北朝鮮軍を中国との国境近くまで押し戻した。これに対し，中華人民共和国は，多数の人民義勇軍を投入して北朝鮮軍を助けた。戦線は膠着状態となり，1951年7月には**休戦会議**が開かれ，1953年に**板門店**(パンムンジョム)で**朝鮮休戦協定**が調印された。しかし，**朝鮮半島の分断とその対立が固定化**した。

補説 **マッカーサーの解任** 国連軍司令官も兼任するようになったマッカーサーは，中国東北地方への原爆投下を主張したので，1951年，トルーマン大統領に解任された。

❷朝鮮戦争の影響 朝鮮戦争勃発の2週間後に**警察予備隊**の創設が指令され，さきに追放された軍人・政治家などの**追放解除**も行われた。その反面，官公庁・重要産業部門から共産党員や労組指導者などが追放された。これを**レッド=パージ**★5という。

★5 **レッド=パージ** 共産党のシンボルカラーは赤であるため，このようによばれる。

▼朝鮮戦争

▼**板門店** 2つの青い建物の中央を横に通っている線が，南北の軍事境界線(北緯38度線)である。

③特需(とくじゅ)★6 朝鮮戦争の勃発とともに，日本はアメリカ軍の朝鮮進攻基地となり，大量の軍需品が日本の会社に発注された。この結果，日本の産業界は鉄鋼業を中心に生産が急上昇し，特需景気を現出して，鉱工業生産は**戦前の水準に回復**した。

④対日講和会議 朝鮮戦争の勃発は，アメリカに対日講和を急がせた。日本を**社会主義陣営に対する防壁**とするためである。**第3次吉田茂**(しげる)**内閣**も革新勢力の唱える全面講和論をおさえ，1951(昭和26)年9月に**サンフランシスコ講和会議**にのぞみ，連合国48カ国とサンフランシスコ平和条約★7を結んだ。これにより，日本は主権を回復し，**独立を達成**した。

⑤日米安全保障条約 日本は講和条約につづき，米軍が日本の防衛のために駐留する**日米安全保障条約**を締結，それに基づいて，翌年**日米行政協定**★8に調印した。1952(昭和27)年，海上警備隊が新設され，警察予備隊は**保安隊**に改組されて強化された。さらに1954(昭和29)年には，**MSA協定**(日米相互防衛援助条約など)を結び，日本はアメリカの軍事援助をうけるかわりに，自衛力を強化する義務を負った。これにより同年，**防衛庁**(現・防衛省)が新設され，自衛隊が発足した。

★6 **特需** アメリカ軍の軍事資材の調達などによる特別の軍需。

参考 **全面講和と多数講和** 講和に際し，すべての交戦国との講和をめざす全面講和派と，可能な多数派国とだけ講和する多数講和派とが対立した。**日本社会党**などの革新勢力は，全面講和・中立堅持(けんじ)を主張し，吉田内閣の進める**多数講和**を単独講和と批判した。

★7 **サンフランシスコ平和条約** 第2条で千島(ちしま)列島，樺太(からふと)の南部，朝鮮，台湾などに対する権利放棄，第3条で沖縄・小笠原(おがさわら)諸島を国連の信託(しんたく)統治制度に基づいてアメリカの施政権下に置くことを認めた。

TOPICS

日本の独立

アメリカの**トルーマン**大統領は国務省に対日講和をすすめるよう指令し，1951年にダレス国務長官顧問を大統領特別使節に任命して正式交渉を開始させた。

ダレスは**吉田茂**(しげる)首相と安全保障について交渉し，日本本土とその周辺に米軍を駐留させるとの了解を成立させた。7月になると，米英両国から，**サンフランシスコ講和会議**への招請状が条約草案を添えて関係国に送られた。しかし，**インド・ビルマ(ミャンマー)・ユーゴスラヴィア**の3国は不参加を回答し，**中華人民共和国**(中国)と**中華民国**(台湾)は講和会議に招かれなかった。

こうして，9月にサンフランシスコのオペラハウスで**対日講和会議**が開かれ，日本をふくめて52カ国が出席した。しかし，調印式

▲対日講和条約に調印する吉田茂首相

にはソ連・チェコスロヴァキア・ポーランドの代表が欠席し，調印を拒否した。48カ国の代表が署名したのち，日本の吉田茂全権以下が署名し，日本はいちおう独立を回復した。そして同日午後には，アチソン国務長官と吉田全権との間に**日米安全保障条約**が調印された。

❻「逆コース」　1952(昭和27)年に血のメーデー事件[★9]が起きると，第3次吉田内閣は，破壊活動防止法を制定し，過激な行動をとりしまることになった。また，1956(昭和31)年には，教育委員が公選制から任命制に改められた。これらの政策を，革新勢力は「逆コース」とよんで批判した。

❼米軍基地反対運動　国民の間で，日本が米ソの核戦争に巻きこまれるのを恐れる気持ちも強まり，石川県の内灘(うちなだ)などでは大規模な米軍基地反対運動が起こった(1953年)。また1954(昭和29)年，太平洋のビキニ環礁(かんしょう)でアメリカが水爆実験を行い，日本漁船の第五福龍丸(ふくりゅうまる)が被災して死者を出したことをきっかけに，原水爆禁止運動がもりあがり，翌1955(昭和30)年に広島で第1回原水爆禁止世界大会が開かれた。

★8　**日米行政協定**　日米安全保障条約の細目を定めた協定。日本に対し，軍事施設や分担金などの提供，米軍人の犯罪に裁判権がおよばないなど，日本側に不利な条項が決められた。

★9　**血のメーデー事件**　1952年5月1日，独立後最初のメーデーで，デモ隊と警官隊とが皇居前広場で衝突し，多くの負傷者と死者数名を出した。メーデー事件，皇居前広場事件ともいう。

7　占領と国際復帰

史料　日米安全保障条約，新安保条約(日米相互協力及び安全保障条約)

〔日米安全保障条約(1951年)〕

第一条　平和条約及びこの条約の効力発生と同時に，アメリカ合衆国の陸軍，空軍及び海軍を日本国内及びその付近に配備する権利を，日本国は許与(きょよ)し，アメリカ合衆国はこれを受諾(じゅだく)する。この軍隊は，極東(きょくとう)における国際の平和と安全の維持に寄与し，並びに，一又(また)は二以上の外部の国による教唆(きょうさ)又は干渉によって引き起こされた日本国における大規模の内乱及び騒(そう)じょうを鎮圧するため，日本国政府の明示の要請に応じて与えられる援助を含めて，外部からの武力攻撃に対する日本国の安全に寄与するために使用することができる。

〔日米相互協力及び安全保障条約①(1960年)〕

第三条　締約国は，個別的に及び相互的に協力して，継続的且(か)つ効果的な自助及び相互援助により，武力攻撃に抵抗するそれぞれの能力を，憲法上の規定に従うことを条件として，維持し発展させる。

第四条　締約国は，この条約の実施に関して随時(ずいじ)協議し，また，日本国の安全又は極東における国際の平和及び安全に対する脅威を生じたときはいつでも，いずれか一方の締約国の要請により協議する。

第五条　各締約国は，日本国の施政の下にある領域における，いずれか一方に対する武力攻撃が，自国の平和及び安全を危うくするものであることを認め，自国の憲法上の規定及び手続に従って共通の危険に対処するように行動することを宣言する。

注釈　①正式には「日本国とアメリカ合衆国との間の相互協力及び安全保障条約」という。

視点　1951(昭和26)年の日米安全保障条約は，日本が米軍の駐留を承認し，他国からの侵略や日本の内乱の際米軍が出動するとした。期限も記されず，アメリカの行動だけを規定した片務(へんむ)的なものだった。のち岸信介(きしのぶすけ)首相は，経済力の発展を背景に，これを形式的には対等なものに変更しようとした。1960(昭和35)年に締結された日米相互協力及び安全保障条約(新安保条約)は，内乱条項を削除し，あらたにアメリカの日本防衛義務，米軍の軍事行動の事前協議制，期限10年などを取り決めた。1970(昭和45)年に自動延長され，現在まで継続している(☞ p.440)。

補説　**経済発展政策**　**吉田茂**首相は，**日米安全保障条約**などでアメリカとの連携を強め，アメリカとの貿易を増大させて，軍事負担の急増をさけながら経済発展をはかろうと構想しており，1960年代の**池田勇人**(いけだはやと)首相の**高度成長政策**につながっていく。

注意　吉田内閣の経済発展政策については，430ページの「占領政策の転換」で確認しておこう。

3 平和的共存と第三世界

❶**朝鮮戦争の休戦**　1951年から**板門店**(はんもんてん)(パンムンジョム)で休戦会談が始まり，多くの曲折(きょくせつ)を経て，1953年に**朝鮮休戦協定**が成立した(☞p.433)。

❷**インドシナ戦争の休戦**　1954年，**ジュネーヴ**でフランスとベトナム民主共和国(北ベトナム)との休戦協定が成立した★10(**インドシナ戦争**，☞p.433)。

❸**第三勢力の結束**　1954年，インドの**ネルー**首相と中国の**周恩来**(しゅうおんらい)首相が**平和五原則**★11を確認。翌年インドネシアの**バンドン**でアジア＝アフリカ会議(バンドン会議)が開かれ，平和五原則を基礎にして**平和十原則**を宣言した。アジア・アフリカ諸国が米・ソの2大勢力に対し，**第三勢力**の立場をとったものとして重要である。

★10 **ベトナム戦争**　1954年の休戦協定によってフランス軍が撤退したあとも，ソ連・中国が北ベトナム，アメリカが南ベトナムを支援して，内戦がつづいた(☞p.443)。

★11 **平和五原則**　領土と主権の相互尊重，相互不可侵，内政不干渉，平等互恵(ごけい)，平和共存の5つ。

補説　**米・ソの宇宙開発競争**　1957年，ソ連が最初の人工衛星**スプートニク**の打ち上げに成功すると，米・ソの軍拡競争は，宇宙空間にまで拡大された。アメリカは1969年，国家の威信をかけて，**アポロ11号**による人類初の月面着陸を成功させた。

❹**米・ソの歩み寄り**　1953年にスターリンが死去すると，**フルシチョフ**が平和共存政策を唱えた。アメリカの**アイゼンハワー**大統領がこれに応じ，フルシチョフは訪米して，国連総会で全面完全軍縮を提案した。

▲アジア＝アフリカ会議

[冷戦下の世界と日本]

① 冷戦(米・ソ間)→アジアへ波及→中華人民共和国の成立→朝鮮戦争→サンフランシスコ平和条約＋日米安全保障条約(1951年)

② アジア・アフリカ諸国の新しい動き…アジア＝アフリカ会議と平和十原則(1955年)→第三勢力

③ 米・ソの平和共存路線…軍縮の道をさぐる

☑ 要点チェック

CHAPTER 7　占領と国際復帰		答
□ 1	ワシントンに置かれた対日占領政策の最高機関を何というか。	1 極東委員会
□ 2	東京に置かれた連合国軍最高司令官の諮問機関を何というか。	2 対日理事会
□ 3	1945年10月にGHQが出した民主化指令の総称を何というか。	3 五大改革指令
□ 4	連合国により日本の戦争犯罪人容疑者が審理された裁判は何か。	4 極東国際軍事裁判（東京裁判）
□ 5	財閥の解体と復活防止をはかるための法律は，過度経済力集中排除法ともう１つは何か。	5 独占禁止法
□ 6	第２次農地改革の基本となった法律は，改正農地調整法ともう１つは何か。	6 自作農創設特別措置法
□ 7	GHQの指示をうけて憲法の試案をつくった内閣は何内閣か。	7 幣原喜重郎内閣
□ 8	労働三法は，労働組合法・労働基準法ともう１つは何か。	8 労働関係調整法
□ 9	GHQの指示で中止させられた1947年２月の一斉ストライキは何か。	9 二・一ゼネスト
□ 10	民主主義の教育理念をうたった法律を何というか。	10 教育基本法
□ 11	六・三・三・四制を定めた教育関係の法律を何というか。	11 学校教育法
□ 12	戦前の政友会につながる保守政党を何というか。	12 日本自由党
□ 13	1947年に首相となった，日本社会党委員長は誰か。	13 片山哲
□ 14	敗戦直後のインフレ抑制のため制定された法令を何というか。	14 金融緊急措置令
□ 15	アメリカ政府が1948年に示した経済再建指令を何というか。	15 経済安定九原則
□ 16	日本経済の再建のために派遣されたアメリカ人は誰か(２人)。	16 ドッジ，シャウプ
□ 17	1951年のヴェネツィア国際映画祭で入賞した日本映画は何か。	17 羅生門
□ 18	大戦後の，資本主義陣営と社会主義陣営の対立を何というか。	18 冷戦
□ 19	中華人民共和国が成立したのは西暦何年か。	19 1949年
□ 20	朝鮮戦争の休戦協定が結ばれた場所はどこか。	20 板門店（パンムンジョム）
□ 21	朝鮮戦争の勃発により創設された治安部隊を何というか。	21 警察予備隊
□ 22	朝鮮戦争時のアメリカ軍から日本への発注を何というか。	22 特需
□ 23	サンフランシスコ講和会議の日本側全権は誰か。	23 吉田茂
□ 24	日本の独立後も，アメリカ軍が日本に駐留することを定めた条約を何というか。	24 日米安全保障条約
□ 25	1952年に結ばれた，日本が米軍の駐留経費を負担する法律は何か。	25 日米行政協定
□ 26	1955年にアジア＝アフリカ会議が開かれたインドネシアの都市は。	26 バンドン
□ 27	スターリンの死後，平和共存路線を進めたソ連の指導者は誰か。	27 フルシチョフ

• CHAPTER

8 » 55年体制と高度経済成長

時代の俯瞰図

米・ソの対立(冷戦)

55年体制 ―― 高度経済成長 ⇨ 石油危機 ⇨ 安定成長

年	できごと
一九五五	自由民主党結成→(55年体制始まる)
五六	日ソ共同宣言→国際連合加盟
六〇	日米新安全保障条約
六二	キューバ危機
六三	部分的核実験禁止条約
六四	東京オリンピック
六五	アメリカがベトナムに本格的介入(～七三)
	日韓基本条約
六六	プロレタリア文化大革命(～七六)
六七	EC発足
六八	文化庁設置
	ソ連などのチェコスロヴァキア侵攻
六九	アポロ11号の月面到達
七〇	大阪で万国博覧会
七一	環境庁設置
七二	沖縄施政権の日本復帰
	日中共同声明
七三	第4次中東戦争→石油危機
七五	ベトナム戦争終結
七六	ロッキード事件
七八	日中平和友好条約
七九	ソ連のアフガニスタン侵攻
八〇	イラン=イラク戦争(～八八)

SECTION 1 55年体制の成立

▶ 1955(昭和30)年に**自由民主党(自民党)**が結成され，それ以降40年近く，自民党と**社会党**の議席数がほぼ2対1の割合のまま推移した。自民党は社会主義体制を批判し，社会党は，アメリカに依存することで，核戦争に巻きこまれると訴えた。このような，冷戦を背景とした保守の一党優位の政治体制を，**55年体制(1955年体制)**という。

1 55年体制の成立

❶**冷戦の定着**　米・ソは一時的な歩み寄りのあと，1962年にはソ連のキューバへのミサイル配備をめぐって，核戦争直前の状態になった(**キューバ危機**，☞p.442)。これが解決されたあとも，米・ソの二極構造がつづいた。

❷**55年体制の形成**　**サンフランシスコ平和条約**をめぐり，**社会党**は**平和条約に反対する左派**と，**賛成する右派**に分裂した。冷戦の展開により，対米依存と憲法改正を求める日本の保守勢力と，非武装中立・憲法擁護(ようご)を主張する革新勢力との対立構図が明確となった。そのため**1955**(昭和30)**年**，**左・右の**

参考　キューバ革命
キューバはアメリカの経済支配のもとにあったが，1959年に**カストロ**が革命政府を樹立した。新政権は，農地改革を行い，外国資本の大企業や銀行の国有化を進めたので，アメリカはキューバと断交した。キューバが**社会主義共和国**であることを宣言すると，ソ連など社会主義国が援助した。

▲国際連合総会(1950年代)

社会党は合同して，憲法改正阻止に必要な3分の1の議席を確保した。

これに対し，**日本民主党**と**自由党**も合併して**自由民主党**となり(**保守合同**)，こののち，自由民主党を政権党とし，社会党を主要野党とする**55年体制**(**1955年体制**)が38年間つづいた。★1

❸55年体制下の政治　1955(昭和30)年以降，40年近く，自民党と社会党の議席数は，ほぼ2対1のままで推移した。自民党は社会主義体制を批判して政権の座にありつづけ，社会党は対米依存による戦争の危険を訴えて野党第一党の地位を保った。

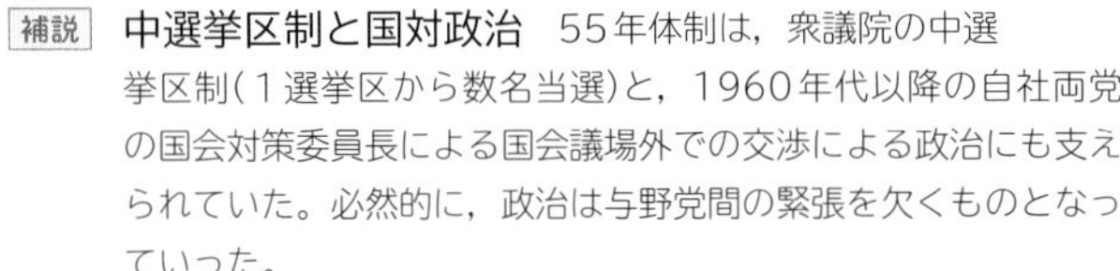
補説　**中選挙区制と国対政治**　55年体制は，衆議院の中選挙区制(1選挙区から数名当選)と，1960年代以降の自社両党の国会対策委員長による国会議場外での交渉による政治にも支えられていた。必然的に，政治は与野党間の緊張を欠くものとなっていった。

★1　55年体制は，1993(平成5)年に日本新党の**細川護熙内閣**の成立で崩壊する(☞p.452)。

2 日ソ国交回復と国際連合加盟

❶鳩山一郎内閣の成立　講和の実現後，反吉田勢力が台頭し，彼らは1954(昭和29)年，**鳩山一郎**を総裁として日本民主党を結成した。同年末，鳩山内閣が成立し，約1年後，保守合同により，同内閣は自由民主党を与党とした。

❷日ソ国交回復　鳩山内閣は，憲法の改正と自主外交をうたった。憲法調査会が発足したが，憲法改正はならなかった。**1956**(昭和31)**年**，日ソ共同宣言★2に調印し，ソ連との国交を回復した。同年末には，**国際連合にも加盟**し，日本は国際社会に完全に復帰した。

★2　**日ソ共同宣言**　第二次世界大戦後の日ソ間の戦争終結宣言。モスクワで調印された。戦争状態の終了，ソ連の賠償請求権の放棄，日本の国連加盟支持などがおもな内容。

しかし，平和条約は未締結であり，**北方領土問題**も残された(☞p.444)。

POINT!

①冷戦の定着→55年体制の成立…保守長期政権と革新勢力の対抗
②日ソ共同宣言と国際連合への加盟(1956年)…国際社会への完全復帰

SECTION 2 高度経済成長と保守政権の定着

▶1950年代後半以後，日本は安保改定問題のあと驚異的な高度経済成長をとげ，豊かな国の仲間入りをしたが，公害問題の深刻化，慢性的な不況など解決すべき問題にも直面した。一方，世界では米・ソの対立と並行して，両陣営内に多極化の傾向が見られた。

1 安保改定と高度経済成長

❶安保改定問題　1957(昭和32)年に成立した自由民主党の**岸信介内閣**は，1960(昭和35)年に日米相互協力及び安全保障条約(日米新安保条約)[★1]の締結を行った(☞p.435)。これに対し，革新勢力や学生らから，米ソ対立に巻きこまれるとして猛烈な反対運動が起こった。衆議院で改定法案が強行採択されると，**安保闘争**は頂点に達し，条約成立後，岸内閣は退陣した。

❷日本経済の発展　朝鮮戦争による**特需**(☞p.434)以後，日本経済は**輸出や技術革新など**でアメリカ経済と**連携**して好景気に転じ，**神武景気**(1955～57年)・**岩戸景気**(1958～61年)・**いざなぎ景気**(1966～70年)といわれる空前の好況をむかえながら成長した。この間，安保改定問題で退陣した岸内閣につづく**池田勇人内閣**は，「**所得倍増**」をスローガンに高度成長政策を進めた。この結果，1968(昭和43)年には日本の**国民総生産(GNP)**は，アメリカについで**資本主義国第2位**になった。しかし，1973(昭和48)年秋の**石油危機**(☞p.445)により高度経済成長は終わり，日本経済は安定成長期にはいった。

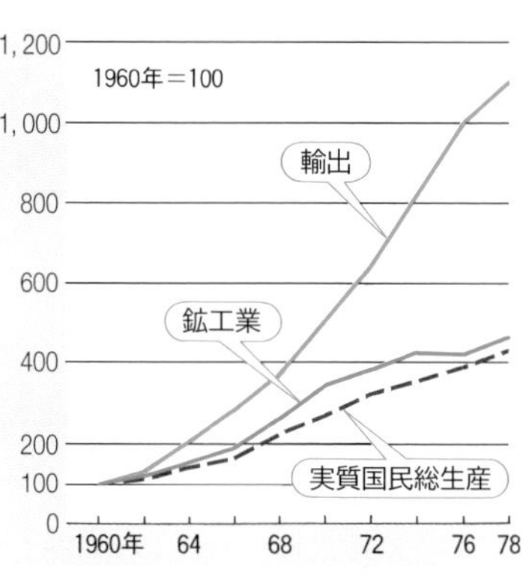

▲日本経済の高度成長

★1　**日米新安保条約**は，旧条約の内乱条項(在日米軍が，日本国内の内乱の鎮圧に出動できる)が削除されるなど，より対等な内容となった。しかし，事前協議の運用に関する両国間の密約(米軍の核兵器搭載艦船の日本への「寄港」は，あくまで「通過」であって事前協議の対象とならない，など)が付随し，不透明なものであった。

TOPICS

安保闘争

1960年1月19日にアメリカで新安保条約が調印された。政府は新条約を国会に提出し，5月19日，衆議院本会議に500人の警察官をいれ，自由民主党だけで単独採決を強行した。

これに対し，反対運動が急速に高まり，連日デモ隊が国会を包囲した。6月18日には大集会が開かれ，夜は国会周辺がデモでうまったが，19日午前0時に新安保は自然成立した。

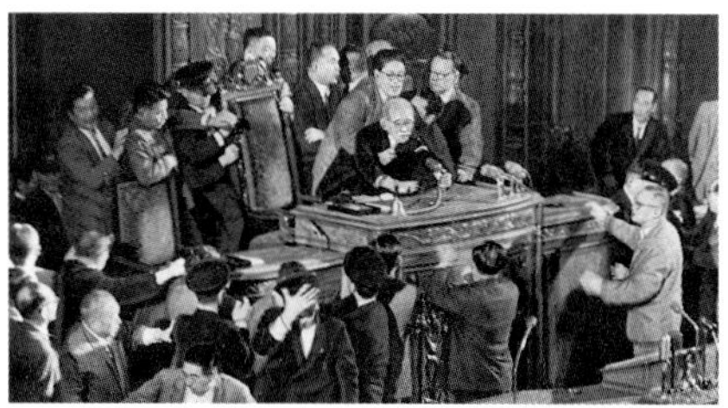
▲新安保条約の強行採決

❸55年体制下の国政　1955(昭和30)年の**保守合同**以来，自由民主党(自民党)が絶対多数の国会議席を確保して国政を運営してきた。一方，野党の側では**社会党**からの**民主社会党**(のちに**民社党**と改称)の分裂，**公明党**(母体は日蓮正宗系の創価学会)の結成や**共産党**の進出など**多党化の傾向**が強まった。

補説　**革新首長の誕生**　大都市やそれをかかえる地方自治体では，1960年代後半から1970年代にかけ公害や福祉問題を掲げて，社会党・共産党に支持された革新首長がふえた。1967(昭和42)年に当選した東京都の**美濃部亮吉**(美濃部達吉の長男)知事は，その代表例である。

❹開放経済体制　日本は欧米諸国の求めに応じ，1960(昭和35)年から**貿易の自由化**が行われ，1964(昭和39)年には**為替**と**資本の自由化**を実施し，同年，**IMF**(**国際通貨基金**)8条国への移行と，**OECD**(**経済協力開発機構**)への加入★2をなしとげた。

❺高度経済成長のひずみ　人口の都市集中(過密)と農山村の過疎現象，さらには**公害問題**★3や**自然破壊**などが大きな問題となった。

補説　**公害対策**　佐藤栄作内閣の1966(昭和41)年，公害審議会が公害対策について答申し，1967(昭和42)年には**公害対策基本法**が成立した。1971(昭和46)年には**環境庁**(現・環境省)が発足した。

❻科学技術の発達　新しい科学技術の発達によって，**高速道路・新幹線**などの建設が進んだ。1964(昭和39)年に，東京で第18回**オリンピック大会**が開かれ★4，1970(昭和45)年には最新の科学技術の粋を集めて，大阪の千里丘陵で**日本万国博覧会**が開かれた。しかし，科学技術の発達は，原子力利用の問題などの解決すべき問題も新たに生み出した。

★2　**IMF8条国移行とOECD加入**　IMFは，国際貿易の促進と為替の安定を目的として，1945年に発足した。日本は，14条国から8条国への移行によって為替制限を撤廃した。また，OECDへの加入により，**資本の自由化**を義務づけられた。

★3　四大公害訴訟として，**水俣病**(熊本県)・**四日市ぜんそく**(三重県)・**イタイイタイ病**(富山県)・**新潟水俣病**(阿賀野川流域)の4つがある。1971～73年，裁判はいずれも被害者側が勝訴した。

★4　2020年に東京で開催予定だったオリンピック・パラリンピックは，新型コロナウイルス感染症の世界的拡大により，2021年に延期して行われた。

▲東京オリンピックの日本選手団

▲東海道新幹線の開業式

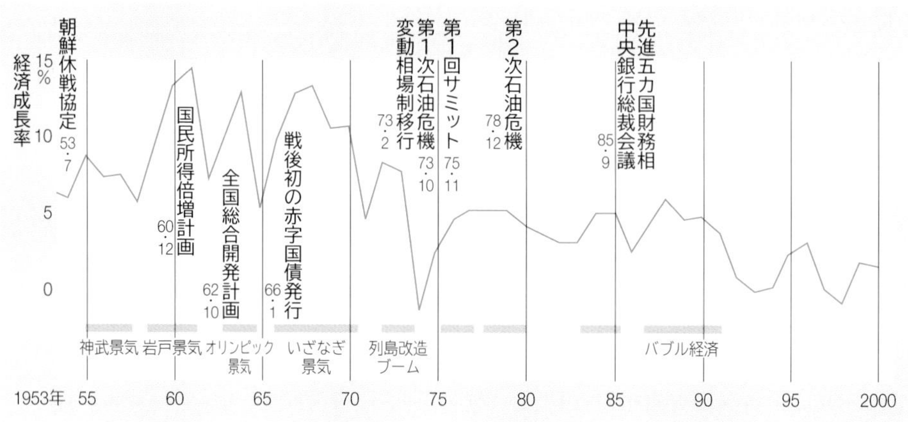

▲日本経済の移り変わり　(青線は経済成長率)

❼国民生活の変貌(へんぼう)　1950年代後半以降は，洗濯機・冷蔵庫など家庭の電化が進み，自家用車が普及するとともに，**レジャー**が国民生活のなかに広がった。また，カラーテレビが普及し，**マス＝コミュニケーション時代**が到来した。さらに高層住宅がふえ，各地に**団地**とよばれる大集団住宅地がつぎつぎに誕生した。

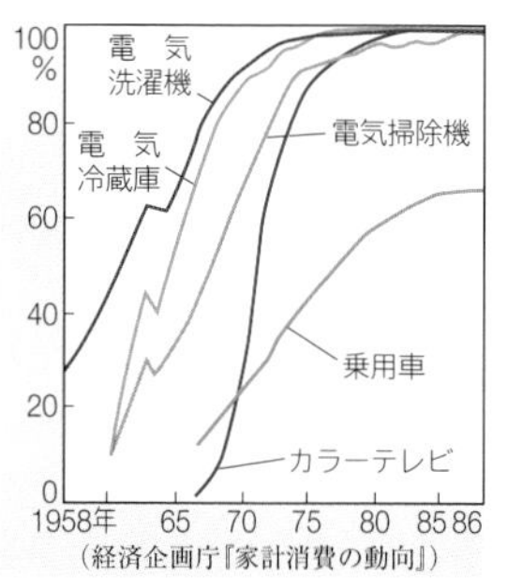

(経済企画庁『家計消費の動向』)

▲耐久消費財の普及率

2 米・ソの二極構造と中国

❶キューバ危機　1962年，ソ連がキューバに核弾頭搭載(かくだんとうとうさい)可能ミサイルの持ちこみを強行しようとして，米ソ間が一時緊張した。アメリカの**ケネディ**大統領とソ連の**フルシチョフ**首相の妥協(だきょう)によって，核戦争の危機は回避された。

❷中ソ論争　中国は，ソ連の平和共存路線を批判した。これに対しソ連は1959年，中ソ技術協定を一方的に破棄，ここに中・ソ間の協力が破れ，はげしい論争が起こった。

❸核兵器問題　1963年，米英ソ3国間に**部分的核実験禁止条約**(地下実験を除く)が結ばれ[★5]，さらに1968年には**核兵器拡散防止条約**が調印された。

❹西側の変化　西ヨーロッパ諸国は**EEC**[★6](**ヨーロッパ経済共同体**)のもとに結束し，相互に協調しながら経済力を高めていった。また，**ド＝ゴール**大統領の率いる**フランス**は，アメリカの指導力の弱体化に乗じ，独自の勢力を築こうとして，1966年**NATO**(ナトー)(北大西洋条約機構，☞p.432)の軍事機構から脱退した(2009年に復帰)。

★5　中国やフランスは，米ソの国家的利害に立つものとして調印を拒否した。

★6　**EEC**　1957年，フランス・西ドイツ・イタリア・ベネルクス3国を原加盟国として組織。域内関税や貿易制限の撤廃など，共通の経済政策をとる。1967年に**EC**(ヨーロッパ共同体)，1993年には**EU**(ヨーロッパ連合)に発展した。

❺中国の情勢　中華人民共和国は，1964年に核実験を成功させた。1966年からは毛沢東を中心に**プロレタリア文化大革命**[★7]が始まり，政治混乱のなかで経済発展は阻害された。しかし，アメリカが封じ込め政策を緩和したので，中華人民共和国は，1971年には台湾(中華民国)にかわり，国連に招請された(☞p.445)。

❻ベトナム戦争　アメリカは，ベトナム共和国(南ベトナム)政府を支援して大量の兵力を投入したが，1973年にベトナム民主共和国(北ベトナム)と**ベトナム和平協定**を結んで，ベトナムから撤退した。さらに1975年に南ベトナムの首都サイゴン(現ホーチミン)が陥落し，30年にわたる**ベトナム戦争**が終結した。この結果，南北が統一され，翌年**ベトナム社会主義共和国**が成立した。

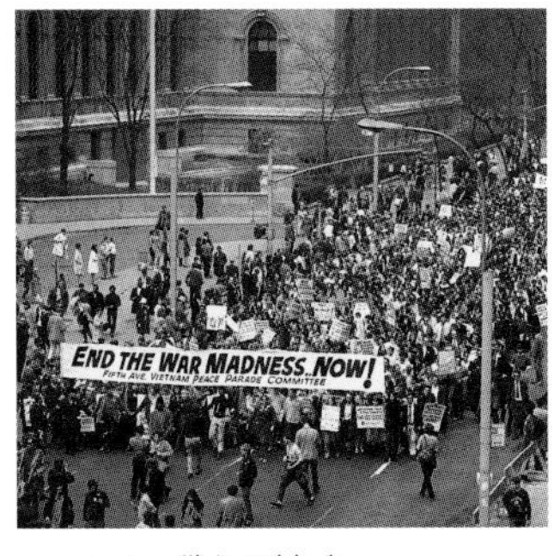

▲ベトナム戦争反対デモ

❼韓国と北朝鮮　韓国では，1960年に李承晩(イ スンマン)政権が倒れたが，翌年の軍事クーデタで朴正熙(パクチョンヒ)が政権をとった。1965(昭和40)年，**佐藤栄作内閣**が朴政権との間に**日韓基本条約**を結び，国交を正常化した。この結果，朝鮮民主主義人民共和国(北朝鮮)への敵視政策を継続した。

❽南北問題　東西対立問題に対し，1960年代に表面化した**北半球に多い先進国と南半球に多い発展途上国との経済格差の問題**。緩和のため，先進国から経済援助が行われている。

[高度経済成長と保守政権の定着]

① 日米新安保条約(1960年)…反対闘争が全国的にもりあがるが，条約は成立(岸信介内閣は倒れる)

② 日本経済の高度成長…池田勇人内閣の「所得倍増」政策後に本格化(IMF 8 条国への移行，新幹線，東京オリンピック)→GNP資本主義国で第2位(1968年)，公害問題など

③ 国際情勢の変化…米・ソの核の脅威，ベトナム戦争，南北問題

★7 **プロレタリア文化大革命**　中国国内の権力闘争。経済政策の失敗で権力を失っていた毛沢東が，当時政権の中心にいた劉少奇・鄧小平らを非難し，権力の奪回をめざしたことに始まる。暴力的な大衆運動が全国に広がり，中国の社会は大混乱におちいった。1976年の毛沢東の死後，鄧小平らに実権が移って，ようやく終息した。

参考 **東欧の民主化運動**　1953年にスターリンが死去すると，東欧では民主化・自由化への動きが表面化した。1956年にポーランドとハンガリーで，1968年にはチェコスロヴァキアでソ連の支配を離脱しようとする運動が起こった。しかし，ソ連・東側諸国軍によってすべて鎮圧された。

参考 **中越戦争**　1979年，カンボジアの内紛と国境問題を理由に，中国がベトナムへ進攻した事件。初の社会主義国間の戦争となった。

参考 **中東戦争**　ナチスの迫害をのがれてパレスチナに移住したユダヤ人は，1948年に**イスラエル**を建国した。アラブ諸国はこれに反対し，1948年以降，4次にわたる**中東戦争**が行われた。1973年の第4次中東戦争では，アラブ諸国が石油戦略を発動し，世界的な石油危機につながった。

SECTION 3 経済大国日本

▶ 1970年前後に，日本の高度経済成長は終わった。国内消費の伸びが鈍り，**ドル＝ショック**，**石油危機**により，輸出も打撃をうけた。日本は西側先進国と協調して世界経済の問題に対処する一方で，アメリカとの**経済摩擦**や，アジアの新興工業地域とのきびしい競争にも直面することになった。

1 沖縄の日本復帰

❶**アメリカの沖縄統治**　沖縄では1945(昭和20)年6月以来，アメリカ軍による占領が行われた。東西の冷戦が深刻化するなかで，アメリカは沖縄のアジアにおける**軍事基地**としての戦略的価値を重視するようになり，基地の建設を本格的にすすめるようになった。**サンフランシスコ平和条約**(☞p.434)でも，沖縄と小笠原諸島に対する**アメリカの施政権**が認められた。

補説　**琉球政府の設置**　沖縄では，占領当初は軍政府による統治が行われたが，1950年アメリカ軍のもとに**アメリカ民政府**が設置され，1952年，その下に沖縄の中央政府として**琉球政府**が設けられた。また，琉球政府の主席は当初はアメリカ民政府長官による任命制であったが，1968年からは公選制となり，初の公選主席として，**屋良朝苗**が選ばれた。

❷**沖縄の日本復帰運動**　1960(昭和35)年に沖縄県祖国復帰協議会が結成され，復帰運動の母体となった。1960年代後半にアメリカがベトナムへ軍事的介入を始めると，沖縄はアメリカ軍の後方基地となった。このため，沖縄の日本復帰運動は，ベトナム反戦・平和運動と結びつきながら盛りあがっていった。

❸**佐藤・ニクソン会談**　1967(昭和42)年の**佐藤栄作**首相とジョンソン米大統領との会談で，**小笠原諸島の返還**と早期の沖縄返還が約束され，ついで1969(昭和44)年の**佐藤・ニクソン会談**により1972(昭和47)年の沖縄返還が日米間で合意された。

参考　**沖縄の米軍基地**　沖縄県の総面積の8%，可耕地面積の約40%がアメリカ軍の軍用地となっている。とくに嘉手納町では，総面積のうち，約85%がアメリカ軍基地として使用されている。

❹**沖縄返還協定**　1971(昭和46)年に佐藤栄作内閣は沖縄返還協定に調印し，翌1972年5月，沖縄の施政権の日本復帰が実現し，**沖縄県が復活**した。しかし，**日米安全保障条約**(☞p.434)により，日本は，軍事基地の使用をアメリカに認めたため，北方領土と共に問題を残している。

補説　**北方領土問題**　日本は，ソ連(現在はロシア)に対して**択捉島・国後島・歯舞群島・色丹島**を固有の領土として返還を要求した。このうち，歯舞・色丹島は1956年の**日ソ共同宣言**で，日ソ平和条約が結ばれたときに返還されることになったが，択捉・国後島についてはソ連が話し合いに応じなかった。

2 日中国交樹立

❶**中国の国連加盟**　1949年の**中華人民共和国**成立後も，**台湾**の**中華民国政府（国民党政府）**が正式な中国政府と認められ，国際連合での代表権を得てきた。しかし，中華人民共和国の国力の高まりとともに，これを承認する国がふえ，1971年には，中華民国にかわって**国連における代表権**を獲得した。

❷**日中共同声明**　中ソの対立とは逆に，米中対立は和解に向かい，1972(昭和47)年，**ニクソン**米大統領が訪中して両国の間に**共同声明**★1が出されると，日本からも**田中角栄**(かくえい)首相が訪中して日中共同声明を発表し，**中華人民共和国との国交が正常化**した。

❸**日中平和友好条約**　1978(昭和53)年，**福田赳夫**(ふくだたけお)首相が中国の指導者の**鄧小平**(とうしょうへい)との間で日中平和友好条約を締結し，これにより，**中国との戦争の処理**は法的に完了することになった。

❹**米中国交樹立**　1977年にアメリカ大統領となった民主党の**カーター**は軍備を制限して福祉の充実をはかろうとし，**米・ソ間の緊張緩和**(かんわ)（デタント）が進んだ。1979年，カーター政権により**アメリカと中華人民共和国との国交が樹立**した。

★1 **米中共同声明**　中華人民共和国を中国における唯一正当の政府として承認し，台湾を中国の不可分の領土の一部と考えることを認めた。

注意　田中角栄内閣の日中共同声明と福田赳夫内閣の日中平和友好条約の内容に注意して，混同しないようにしよう。

▲**日中平和友好条約の批推書の交換**　右端は福田首相。左端は鄧小平副総理。

3 国際経済の変化と日本

❶**円切り上げと変動為替**(かわせ)**相場制**　**ベトナム戦争**の長期化にともなう軍事的出費などにより，アメリカ経済は弱体化し，ドルを中心としてきた戦後の国際経済は不安定になった。ついに，1971年8月には**ドルと金との兌換**(だかん)**が廃止**され（ドル＝ショック），日本は為替レートを**1ドル＝360円から308円**に切り上げた。ついで，1973(昭和48)年2月からは，国際金融市場の状況によって為替レートが変動する**変動相場制**が採用された。

❷**石油危機と高度経済成長の終了**　1973(昭和48)年に**第4次中東戦争**（☞p.443）が起こると，**アラブ諸国による石油供給の制限措置**(そち)★2がとられ，輸出価格が引き上げられて，国際経済に深刻な打撃を与えた（**石油危機**）。日本では，高度経済成長を支えてきた円安と安い石油という条件が失われ，1974(昭和49)年には国民総生産の伸びが戦後初めて下降線を記録し，**高度経済成長は終了**した。

★2 **アラブ石油輸出国機構（OAPEC**(オアペック)**）**は，欧米や日本が親イスラエル政策をとることを牽制(けんせい)するために，石油の輸出を制限した。

③経済摩擦 1970年代後半から，日本は技術の高度化や新しい経営の合理化によって不況から早期にたちなおった。[★3]しかし，この過程で**企業の海外進出**が進み，また，欧米諸国との間の**経済摩擦**が深刻化した。このため，アメリカは，農産物などの**市場開放**を要求しつづけ，日本側では，鉄鋼や自動車などの**輸出量の自主規制**を行った。

④規制緩和 1975(昭和50)年から，アメリカ・日本・ドイツ・イギリス・フランス・イタリアの6カ国の首脳会議(**サミット**)が毎年開かれるようになり，[★4]世界経済の安定と先進国間の結束をはかっている。また1989(平成元)年から始まった**日米構造協議**(1993年から日米包括経済協議)で，アメリカは日本に非関税障壁の撤去[★5]を求めて，日本政府は経済上のさまざまな**規制緩和**を行った。

★3 不況からの立ち直りとともに円高が進行し，日本経済に大きな負担となっている。1994年には，1ドル＝100円を割り始めた。

参考 労働運動の分野では，1950(昭和25)年の結成以来労働運動の中心となってきた社会党系の日本労働組合総評議会(総評)が1989年に解散し，他の連合組織と合同して日本労働組合総連合(**連合**)が発足した。

★4 翌1976年にカナダが加わり7カ国となりG7と呼ばれた。その後ロシアとEUも参加した。その後，ロシアはクリミアを併合したため，2014年からはずされたが，G7を拡大したG20には参加している。

★5 非関税障壁の撤去要求は，農業や流通などの経済問題にかかわるだけでなく，日本社会の伝統的慣行にも変更を迫るものである。

4 自民党長期政権の動揺

①ロッキード事件 1972(昭和47)年に成立した田中角栄内閣は，**列島改造論**を唱えて積極的な経済政策をとったが，政治資金に対する疑惑のため，1974(昭和49)年には三木武夫内閣にかわった。また，1976(昭和51)年には**ロッキード事件**[★6]が起こり，田中前首相が逮捕された。このため，自民党内の抗争がはげしくなり，福田赳夫内閣・**大平正芳内閣**と内閣の交代があいついだ。そして，この間の総選挙では，与野党の議席数が接近し(**保革伯仲**)，自民党の長期政権も不安定となってきた。大平首相は1980(昭和55)年の総選挙期間中に急死し，同じ派閥の**鈴木善幸**が首相となった。田中前首相の逮捕後も，彼の派閥である田中派は議員をふやし，大平・鈴木両内閣を支援して政権につかせるなど，影響力をもちつづけた。

②自民党の新局面 長期低落傾向にあった自民党では，政権を維持するため，**派閥均衡人事**[★7]と，**年功序列のルール**[★8]が確立した。また，各国会議員が建設・農林など得意分野をつくって，おもにその分野の役職につき，専門知識や官僚・業界との人脈を強めて影響力を確保する**族議員**も多くなった。これらは，自民党が新しい問題に積極的に取り組むうえで，障害となった。

③新保守主義と日本再編 1970年代後半になると，政府の**財政赤字が増大**した。経済が低成長時代となり，不況政策のた

★6 **ロッキード事件** ロッキード社(アメリカ)の航空機購入をめぐる，国際的な汚職事件。1976年，アメリカ上院の公聴会で発覚。

★7 各派閥の国会議員の数に応じて，閣僚ポストや党の役職を割り振る人事。

★8 派閥内の争いをさけるため，国会議員の当選回数に応じて役職を配分する。

めに大量の国債が発行されたからである。1980年のアメリカ大統領選挙で**レーガン政権**が誕生すると，日本に対する軍備の拡充，駐留米軍への日本の負担の増強，米をはじめとする**農産物の輸入の自由化**などを強く求めるようになった。1982(昭和57)年に成立した**中曽根康弘内閣**は，レーガン政権の方針に同調し，防衛費の増額をはかった。また，レーガン政権やイギリスの**サッチャー政権**が掲げた**新保守主義**★9を採り入れ，財政赤字をおさえるため，**第2次臨時行政調査会(臨調)**の方針をうけ，行政・財政・税制改革を検討した。1985(昭和60)年には**電電公社**(現**NTT**)と**専売公社**(現**JT**)，1987(昭和62)年に**国鉄**(現**JR**)が**民営化**された。また，中曽根内閣から靖国神社参拝が問題となった★10。

参考 1979年のソ連の**アフガニスタン侵攻**をきっかけに，アメリカではカーター政権のデタント政策への批判が高まった。レーガン政権は，強いアメリカをめざして軍備拡張を行い，ソ連を封じこめようとした。

★9 **新保守主義**　膨大な財政赤字を解決するため，福祉国家政策を批判し，自由放任経済に戻ることを主張するもの。

★10 **靖国神社**　明治政府が戊辰戦争の戦死者をとむらうために建立した東京招魂社を起源とする。合祀者には，東条英機などのA級戦犯とされた人物がふくまれていることから，閣僚の参拝に対する中国や韓国からの批判を招いている。

5 経済大国日本

❶**消費税の導入**　財政再建のための大型間接税の導入は，大平内閣から試みられたが，実現しなかった。次の**竹下登内閣**のもとで，**3%の消費税**として導入され，1989(平成元)年4月から実施された(1997年に**5%**に増額)★11。

❷**円高の進行**　日本経済をリードしてきた鉄鋼・石油化学・造船などにかわり，自動車・電気機械や**コンピュータ**関連の**ハイテク**分野の生産が伸び，**日本の貿易黒字が拡大**した。また**円高**が進み，アメリカなどとの**貿易摩擦**が深刻になった。そのなかで，企業が工場を海外に移すことがさかんになった。

❸**経済大国**　1980年代に，日本は世界の総生産の1割以上を占めるようになった。**ODA**(発展途上国に対する政府開発援助)額も世界1位となった★12。

★11 2014(平成26)年に8%，2019(令和元)年に10%に増額。

★12 その後，日本経済が1990年代後半から停滞し，2020年のODA額は世界4位である。

高度経済成長　…　円安・安い石油
↓　↓
{円切り上げ／変動相場制}　{第4次中東戦争／石油危機}
↓　↓
高度経済成長終了　←　円高・石油価格高騰

参考 アジアにおいて，韓国・台湾・香港・シンガポールは，世界的な不況のなかで，輸出志向型の工業化に成功し，急速な経済成長をとげ，**NIES(新興工業経済地域)**とよばれるようになった。この動きは，やがてタイ・マレーシア・中国・ベトナムなどにおよんだ。

▼戦後の首相一覧

政党は，就任時の所属。

首相	就任年	政党
東久邇宮稔彦	1945	（皇族）
幣原喜重郎	45	（進歩党）
吉田茂	46	日本自由党
片山哲	47	日本社会党
芦田均	48	民主党
吉田茂	48	民主自由党
鳩山一郎	54	日本民主党
石橋湛山	56	自由民主党
岸信介	57	〃
池田勇人	60	〃
佐藤栄作	64	〃
田中角栄	72	〃
三木武夫	74	〃
福田赳夫	76	〃
大平正芳	78	〃
鈴木善幸	80	〃
中曽根康弘	82	〃
竹下登	87	〃
宇野宗佑	89	〃
海部俊樹	89	〃
宮沢喜一	91	〃
細川護熙	93	日本新党
羽田孜	94	新生党
村山富市	94	日本社会党
橋本龍太郎	96	自由民主党
小渕恵三	98	〃
森喜朗	2000	〃
小泉純一郎	01	〃
安倍晋三	06	〃
福田康夫	07	〃
麻生太郎	08	〃
鳩山由紀夫	09	民主党
菅直人	10	〃
野田佳彦	11	〃
安倍晋三	12	自由民主党
菅義偉	20	〃
岸田文雄	21	〃

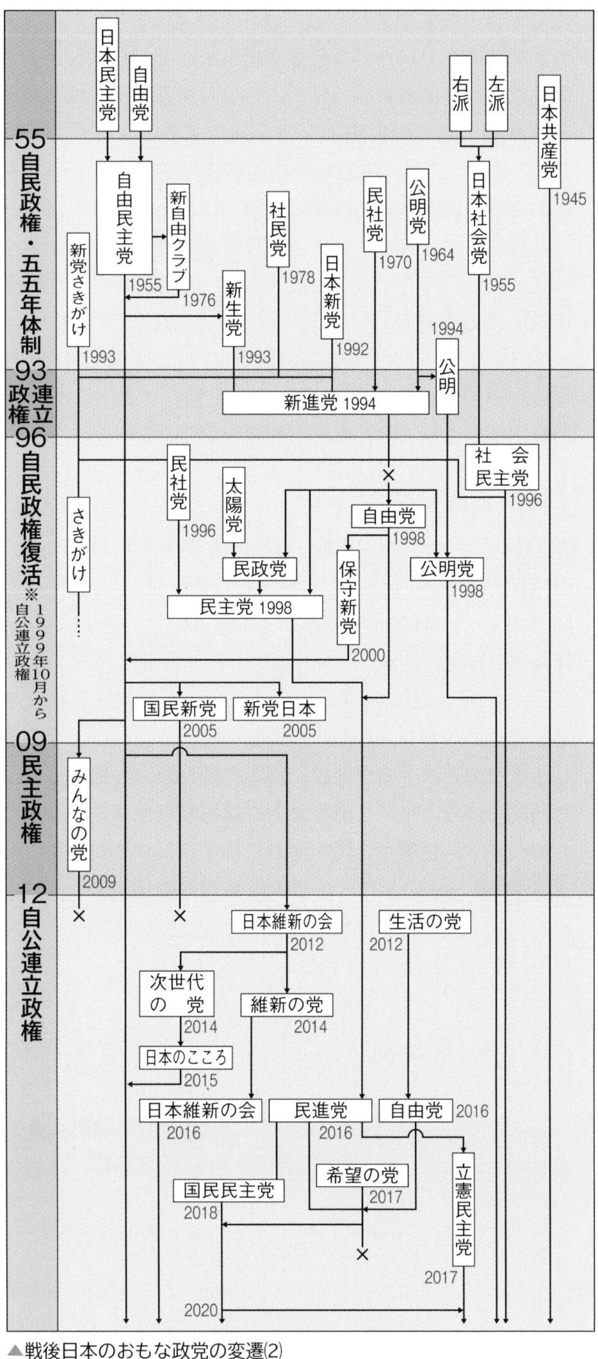

▲戦後日本のおもな政党の変遷(2)

55年体制以降。数字は結成年(55＝1955年)。

☑ 要点チェック

CHAPTER 8 55年体制と高度経済成長		答
□ 1	1955年の保守合同以来，絶対多数の国会議席を確保して国政を運営してきた党は何か。	1 自由民主党(自民党)
□ 2	55年体制下で，野党第一党の地位を占めた政党は何か。	2 (日本)社会党
□ 3	アメリカの経済支配のもとにあったキューバで1959年に革命政府を樹立したのは誰か。	3 カストロ
□ 4	日ソ国交回復し，日本の国連加盟の前提となった文書は何か。	4 日ソ共同宣言
□ 5	1960年に，日米新安保条約を結んだ内閣は何内閣か。	5 岸信介(きしのぶすけ)内閣
□ 6	日米新安保条約の締結に対して起こった革新勢力や学生らによる猛烈な反対運動を何と言うか。	6 安保闘争
□ 7	池田勇人(いけだはやと)内閣の高度経済成長政策のスローガンを答えよ。	7 所得倍増
□ 8	東京で第18回オリンピック大会が開かれたのは，西暦何年か。	8 1964年
□ 9	1971年に公害対策のために創設された官庁を何というか。	9 環境庁
□ 10	1962年に米ソ関係が核戦争の直前まで悪化した事件を何というか。	10 キューバ危機
□ 11	1963年に米英ソの3国間で調印された，地下実験を除く核実験を禁止する条約を何というか。	11 部分的核実験禁止条約
□ 12	1957年，フランス・西ドイツ・イタリア・ベネルクス3国の間で組織されたヨーロッパ経済共同体をアルファベットで何というか。	12 EEC
□ 13	1966年にプロレタリア文化大革命を始めた中国の指導者は誰か。	13 毛沢東(もうたくとう)
□ 14	1976年に南北の統一を実現した国はどこか。	14 ベトナム
□ 15	日韓基本条約を結んだときの韓国の首脳は誰か。	15 朴正熙(ぼくせいき)(パクチョン ヒ)
□ 16	北の先進国と南の発展途上国との格差の問題を何とよぶか。	16 南北問題
□ 17	沖縄返還協定を結んだ内閣は何内閣か。	17 佐藤栄作(えいさく)内閣
□ 18	1972年に中華人民共和国との間に国交を樹立した声明は何か。	18 日中共同声明
□ 19	1977年にアメリカの大統領となり，軍備を制限して福祉の充実をはかろうとしたのは誰か。	19 カーター
□ 20	1973年の石油危機のきっかけとなった戦争を何というか。	20 第4次中東戦争
□ 21	1976年に発覚した，航空機の購入をめぐる汚職事件を何というか。	21 ロッキード事件
□ 22	1978年に中国の鄧小平と日中平和友好条約を結んだのは何内閣か。	22 福田赳夫(ふくだたけお)内閣
□ 23	1989年4月から導入された消費税は何％か。	23 3%

CHAPTER

9 » 現代の日本

時代の俯瞰図

冷戦の終了 → 世界の多極化・新たな問題の浮上

東日本大震災・福島原発事故 → これからの日本

年	できごと
一九八七	このころから**バブル経済**（～九一年ごろ）
一九八九	元号が**平成**となる 東西冷戦の終了
九一	**湾岸戦争** ソ連の解体
九二	PKO協力法→カンボジアに自衛隊派遣
九三	細川内閣の成立→55年体制の崩壊 EU発足
九五	**阪神・淡路大震災** 地下鉄サリン事件
二〇〇一	**アメリカ同時多発テロ事件** 中央省庁再編
〇二	**日本・北朝鮮首脳会談**
〇三	米・英がイラク攻撃
〇六	教育基本法の改定
〇八	世界金融危機
〇九	民主党政権の成立
一一	**東日本大震災→福島第一原子力発電所事故**
一二	自民党政権の復活
一三	特定秘密保護法の成立
一五	安全保障関連法案の成立（集団的自衛権）
一九	天皇の生前退位→元号が令和となる
二〇二〇	新型コロナウイルス感染症流行始まる

SECTION 1 新しい秩序形成への模索

▶ 冷戦の終了後まもなく，55年体制は崩壊した。現代の日本は，中国の台頭・高齢化社会の到来・低成長など，多くの課題をかかえこむようになったが，政治が不安定で，対応は遅れ気味である。

1 冷戦の終了

❶ソ連の改革と解体　レーガン米大統領のソ連封じ込め政策に対抗して軍備を強化しようとしたソ連は，深刻な経済危機におちいった。1985(昭和60)年にソ連の指導者となった**ゴルバチョフ**は，**ペレストロイカ**(改革)と**グラスノスチ**(情報公開)を行い，市場原理を導入して，政治・社会の自由化をすすめた。1987(昭和62)年にはアメリカとの間に**INF**(アイエヌエフ)(**中距離核戦力)全廃条約**を結び，1988年にアフガニスタンからの撤兵を開始した。1989年12月の米ソ両首脳(ブッシュ・ゴルバチョフ)の**マルタ会談**で**冷戦の終了**が確認された。1991年には保守派のクーデタ失敗をきっかけに共産党が解党され，**ソ連邦自体が解体**して，**ロシア**などの各共和国が独立した。

参考　中国の発展　鄧小平(とうしょうへい)のあと，江沢民(こうたくみん)，胡錦濤(こきんとう)，習近平(しゅうきんぺい)が指導者となった。市場経済を導入して，いちじるしい経済発展をつづけている。2010年にはGDPで日本をこえ，アメリカにつぐ世界第2位の経済大国となった。

❷東欧の民主化と自由化　ソ連の改革にともない，東欧の社会主義国でも政治の民主化と経済の自由化が進み，**社会主義体制が放棄**された。また，1989年11月には，冷戦の象徴といわれた**ベルリンの壁**★1**が撤去**され，翌1990年には，西ドイツが東ドイツを吸収する形で**東西ドイツの統一**が実現した。ソ連・東欧の社会主義体制の崩壊により，日本の社会主義政党は，日米安保体制や憲法などについての基本政策の再検討を迫られた。

❸民族紛争の激化　冷戦の終了と社会主義体制の崩壊にともない，各地で民族間の対立や民族独立への動きがはげしくなり，**紛争が多発し始めた**★2。

❹国際連合の変化と日本　1990(平成2)年8月のイラクによるクウェート侵攻を契機とした**湾岸戦争**(わんがん)では，アメリカを中心とする**多国籍軍**が，国連決議を背景にして出兵し，イラク軍に大打撃を与えた。湾岸戦争が起きると，日本でも国連への協力のあり方と憲法解釈をめぐって議論がたかまり，1992(平成4)年には**宮沢喜一**(みやざわきいち)**内閣**のもとで**PKO**(ピーケーオー)**(国連平和維持活動)協力法**が成立した。これにより，同年には，国連および**国連カンボジア暫定機構**(ざんてい)**(UNTAC)**(アンタック)の要請により，紛争で疲弊(ひへい)した**カンボジアに自衛隊が派遣された**ほか，選挙監視や文民警察活動のために公務員やボランティアも参加し，日本の国際協力の大きな画期となった。

◀カンボジアでの自衛隊のPKO活動

★1 **ベルリンの壁**　第二次世界大戦後，ドイツはソ連と西側諸国とに分割占領され，1949年，社会主義の**東ドイツ**(ドイツ民主共和国)と資本主義の**西ドイツ**(ドイツ連邦共和国)とに分かれて独立した。ベルリンも同様に分割され，西ベルリンは，東ドイツの中にある西ドイツの飛び地となっていた。1961年，東ドイツ政府は，西側への亡命を防ぐため，西ベルリンの周囲に壁を築いた。

★2 **各地での紛争**　旧ユーゴスラヴィアでの紛争や，アフリカにおけるソマリア内戦・ルワンダ内戦など。紛争によって命を落としたり，難民となる人は，世界中であとを絶たない。

参考　湾岸戦争中，アメリカが多国籍軍への日本の支援を求めたのに対し，海部俊樹(かいふとしき)内閣は，総額130億ドルもの財政支援を行った。

9 現代の日本

史料　PKO(ピーケーオー)協力法

第1条　この法律は，国際連合平和維持活動及び人道的な国際救援活動に対し適切かつ迅速(じんそく)な協力を行うため，国際平和協力業務実施計画及び国際平和協力業務実施要領の策定手続，国際平和協力隊の設置等について定めることにより，国際平和協力業務の実施体制を整備するとともに，これらの活動に対する物資協力のための措置(そち)等を講じ，もって我が国が国際連合を中心とした国際平和のための努力に積極的に寄与することを目的とする。

視点　この法律が制定されるまでに2年かかっている。それは，海外派兵は**憲法第9条違反**，という理由から反対があったためである。

2 55年体制の崩壊とその後の政治

❶55年体制の崩壊　1989(平成元)年1月，昭和天皇が死去し，元号が平成となった。この頃，長期政権であった自由民主党(自民党)では幹部の脱税や汚職事件が明らかになり，政治改革が求められた。リクルート事件で財政界の癒着が明らかになると，竹下登(たけしたのぼる)内閣が退陣した。その後，宇野宗祐(うののそうすけ)内閣，海部俊樹(かいふとしき)内閣と続いたが，つづく**宮沢喜一**(みやざわきいち)内閣では，佐川急便事件やゼネコン汚職事件が明らかになった。こうした動きの中で，1992(平成4)年には細川護熙(ほそかわもりひろ)らにより**日本新党**が結成された。さらに翌1993(平成5)年には自民党が分裂して新生党や新党さきがけなどが結成され，同年の総選挙の結果，**反自民の8党の連立**★3による細川内閣が成立し，自民党の長期単独政権が終わった。ここに55年体制は崩壊した。

★3　日本新党・新生党・社会党・公明党・民社党・新党さきがけ・社会民主連合・民主改革連合。

❷非自民党による連立内閣　「政治改革」を主張する細川内閣では，1994(平成6)年に選挙制度改革が実施された。しかし政権内部での対立や，政治資金疑惑から細川内閣が退陣すると，新生党の**羽田孜**(はたつとむ)が首相となった。しかし，羽田孜の非自民連立内閣も**日本社会党(社会党)**が離脱したことにより短命政権となった。その後，**社会党**の**村山富市**(むらやまとみいち)が**自民党・新党さきがけ**を加えた連立内閣を成立させた。村山内閣のときに社会党は，日米安全保障条約を支持し，自衛隊を合憲とする方向転換を行った。また，消費税を容認した。

❸自民党政権の改革

1　1996(平成8)年に村山内閣が退陣すると，自民党の**橋本龍太郎**(はしもとりゅうたろう)が組閣し，同年中には自民党単独政権となった。またこの年には，細川連立政権を成立させた政派の流れを中心に，新しい民主党ができ，国会で自民党につぐ第二の勢力となった。橋本内閣は，1990年代になって悪化した日米関係を改善するため，1997(平成9)年，「日米防衛協力のための指針」の見直しを行った(**新ガイドライン**★4)。また同内閣は，1998(平成10)年，**中央省庁等改革基本法**を成立させ，2001(平成13)年から従来の1府22省庁を1府12省庁に再編した。さらに1997年，財政構造改革法が成立し，消費税が3％から5%に引き上げられた。この消費税増税に加えて，アジア通貨危機が重なったため，景気は再び後退した。

★4　**新ガイドライン**　日本の「周辺有事」の際に，米軍に自衛隊が後方支援を行うなど，東アジア地域の安定に，日本がより積極的にかかわる内容である。

2　1998(平成10)年に成立した**小渕恵三**(おぶちけいぞう)内閣は，大型予算を組んで景気回復をはかる一方で，国会での多数を確保するため，自民党・公明党と連立した。これにより，**新ガイドライン関連法**や**国旗・国歌法**を制定した。

3 バブル経済の崩壊と経済の低迷

❶平成景気の終わり　1980年代には日本経済は回復に向かったが，1987(昭和62)年ごろから，超低金利政策の下で投機的に土地と株式に資金が流れて，地価と株価が実態と離れて異常な高値を示した。平成景気とよばれる好況が続くとともに、株価や地価が実際の価値からかけ離れて高騰する経済のバブル化が過熱した(バブル経済)。このバブル経済のなかで円高がさらに進み，日本企業は欧米やアジアに生産拠点を移し，**産業の空洞化**が進行した。1991(平成3)年，これに対し政府は市場への資金の供給をおさえるため，土地投機抑制を本格化したことをきっかけに，地価・株価は暴落した(平成不況)。

❷平成不況の始まり　大量の不良債権をかかえた金融機関は，企業に対する融資を渋るようになり，多くの企業が破綻に追いこまれた。また，企業は生き残りをかけたリストラを積極的に行い，**大量の失業者が発生**した。こうした経済不安の中で，個人の所得・消費が縮小し，長期間にわたって平成不況と呼ばれる不景気が続いた。1997(平成9)年には北海道拓殖銀行と山一證券が，1998(平成10)年には日本債券信用銀行と日本長期信用銀行が破綻した。

❸経済の低迷　多くの企業がリストラを行ったため，失業率が上昇し，雇用不安が広がった。そのため個人消費も低迷した。同時に円高が進行したため，これまで日本経済をけん引してきた自動車や電子家電，事務機器などの輸出産業は国内での不振に加えて国際競争力の低下でも苦しむこととなった。

❹技術革新　1980年代に日本はエレクトロニクス新素材やバイオテクノロジーの分野でアメリカに迫ったが，1990年代になると日本の技術革新は低迷し，技術面での格差が拡大した。一方で，**情報通信技術**が発達したことにより，情報のネットワークが拡大した。

❺金融・流通の自由化　アメリカからの圧力と，世界的に金融自由化の動きが進む中で、日本でも1990年代後半から自由化が進められ，同時に**規制緩和**と**市場開放**が進んだ。

1993(平成5)年には，ＧＡＴＴ(関税及び貿易に関する一般協定)のウルグアイ＝ラウンドに合意し，米をはじめとする農作物の輸入自由化の原則を受け入れた。また1997年には独占禁止法が改正され，持株会社の設立が解禁されると，金融業界でも統合と再編が進んだ。

4 2000年以降の政治と経済の停滞

❶「戦後50年」　1995(平成7)年には，阪神・淡路大震災が発生し，約6500人の死者を出し，政府の危機管理の甘さが批判された。また，同年オウム真理教団による**地下鉄サリン事件**が起こった。また，沖縄ではアメリカ軍兵士による女子小学生への暴行事件をきっかけに，沖縄県民に**アメリカ軍基地の縮小を求める動き**が高まった。

❷構造改革　2000(平成12)年には，**森喜朗**(もりよしろう)内閣が自民党・公明党・保守党の連立で成立し，2001(平成13)年には同じ連立で小泉純一郎(こいずみじゅんいちろう)内閣が成立した。2002(平成14)年，小泉首相は国交正常化を求めて朝鮮(ちょうせん)民主主義人民共和国を訪問した。当時の**金正日**(キムジョンイル)(きんしょうにち)総書記と会談し，**日朝平壌**(ピョンヤン)**宣言**に署名し，国交正常化交渉を再開したが，**日本人拉致問題や北朝鮮の核兵器開発問題**など解決すべき多くの課題が明らかとなり，交渉は難航している。また，小泉内閣は経済不況を脱却しようと「構造改革」を進め，2005(平成17)年には**郵政民営化法**★5を成立させた。その後，**安倍晋三**(あべしんぞう)内閣(2006年)，**福田康夫**(ふくだやすお)内閣(2007年)，**麻生太郎**(あそうたろう)内閣(2008年)と，短命政権が続いた。

★5　2007年10月1日，日本郵政公社が解体されて，持ち株会社の日本郵政株式会社が発足した。

❸民主党政権の迷走

[1] **鳩山**(はとやま)**内閣**　自民党政権への不信が強まる中，2008(平成20)年には**リーマン＝ショック**★6が起こり，世界的な金融危機が起こった。翌年の2009(平成21)年8月の総選挙で，民主党が大勝し，**鳩山由紀夫**(ゆきお)を首相とする内閣ができた。鳩山内閣は「脱官僚依存」を掲げたが，沖縄県宜野湾(ぎのわん)市のアメリカ海兵隊**普天間**(ふてんま)**飛行場の移設問題**★7をめぐって迷走し，1年足らずで退陣した。

★6　2008(平成20)年，アメリカの投資銀行リーマン＝ブラザーズが経営破綻したことをきっかけに，世界的な金融危機が起こり，世界経済に大打撃を与えた。

★7　普天間飛行場は，沖縄県名護(なご)市辺野古(へのこ)に移設する計画が，2006(平成18)年に日米で合意されていた。これに対し鳩山内閣は，民主党の党論であった県外や海外への移設もふくめて検討する姿勢を示したものの，結局，県内移設という結論になり，批判をうけた。

[2] **菅**(かん)**内閣**　ついで，同じ民主党の菅直人(なおと)が組閣したが，2010(平成22)年7月の参議院選挙で大敗した。その後，菅内閣は，消費税増税問題や普天間問題の停滞，尖閣(せんかく)諸島沖での中国漁船衝突事件への対応などを批判され，支持率は急落した。

❹**東日本大震災**　2011(平成23)年3月11日，**東日本大震災**が起き，大津波が発生して，東北地方の太平洋岸を中心に，死者・行方不明者1万9,000人近くなどの大きな被害をうけた。とりわけ，福島県の**福島第一原子力発電所**が被災したため，放射能汚染が広がり，被害はさらにふくらんだ。菅内閣は，放射能汚染の情報を十分に国民に開示しなかったことや，震災からの復興の実行が遅れたことから，国民の批判を浴びて倒れた。

❺**自民党政権の復活**　2011(平成23)年9月，**民主党**の**野田佳彦**が組閣した。野田内閣は震災復興に取り組む一方で，財政赤字を削減し，かつ年金などを維持するため，消費税の引き上げを柱とする社会保障・税一体改革を行おうとした。しかし，2012(平成24)年12月の総選挙で大敗し，**自民党**の**安倍晋三**がふたたび組閣した。安倍内閣は，景気回復をめざして「アベノミクス[★8]」といわれる経済政策をうちだした。一方，2013(平成25)年末には，**特定秘密保護法**[★9]を，2015(平成27)年に**集団的自衛権**を行使できるよう**安全保障関連法案**を成立させた。2019(平成31)年には**アイヌ施策推進法**を成立させ，**初めてアイヌを先住民族と明記**した。また同年，同内閣下で天皇が**生前退位**して上皇となり，徳仁皇太子が天皇に即位した。元号は令和に改元された。

★8「アベノミクス」「財政出動」「金融緩和」「成長戦略」(「三本の矢」)が基礎。しかし経済成長は実現できず，1,000兆円以上の多額の国債は膨らみ続け，経済の先行きへの不安が出てきている。

★9　**特定秘密保護法**
安全保障などに関する情報を，行政機関の長が「特定秘密」として指定し，漏えいした者に厳罰を与える法律。指定の基準が不明確で，政府にとって不都合な情報を隠すために使われるのではないかという批判がある。

[2000年以降の政治と経済の停滞]
森喜郎内閣＝自民・公明・保守の連立
小泉純一郎内閣＝構造改革→郵政民営化法(2005年)
リーマン＝ショック…世界的な大不況(2009年)
鳩山由紀夫内閣＝民主党。脱官僚依存の失敗
東日本大震災(2011年3月11日)
安倍晋三内閣＝「アベノミクス」，特定秘密保護法(2013年)

現代日本の進路と文化

▶ 20世紀後半から現代にかけ，日本は文化面でも発展をとげ，しばしば世界的な評価をうける。一方，世界の情勢は，経済が不安定で，民族対立やテロも一層はげしくなった。現代世界において，日本がどのような役割をはたしていくのか，世界が注目している。

1 現代の文化と国際化

❶**テレビの普及**　1953(昭和28)年に登場したテレビは，1960年代に急速に普及した。1970年代には**カラーテレビ**にかわった。しかし，1950年代に芸術的にも黄金時代をむかえていた映画は，1960年代後半以降にはおとろえていった。

❷**漫画の隆盛**　出版では，新聞の普及に加え，1960年代以降は週刊誌が増加し，従来の月刊誌は衰退した。また，1960年代なかばまでは少年・少女が対象であった**漫画雑誌**が，学生や社会人の心もとらえるようになり，手塚治虫[★1]らが活躍して，発行部数を激増させていった。さらに，**アニメーション**も発展した。

★1　**手塚治虫**　大阪府出身。医学博士。戦後ストーリー漫画の第一人者で，現代につながる日本の漫画表現の基礎を確立した。代表作に『鉄腕アトム』『ブラック・ジャック』『火の鳥』などがある。

❸**文化庁の設置と国際化の進展**　1968(昭和43)年，伝統ある文化財の保護と文化の振興，宗教に関する行政事務を行うため，文化庁が設置された。また，日本経済の発展と円高により，1980年代から，それまで少なかった日本人の海外旅行や海外赴任が増加した。このため，日本人が直接海外の文化に触れたり，自国の文化を再考したりする機会がふえた。

参考　**文化財保護法**　1949(昭和24)年の法隆寺金堂壁画の焼損をきっかけに，翌1950(昭和25)年に制定された。

❹**学問の発展**　原子力など新エネルギーの研究，海洋開発，ロケットや宇宙開発など，新しい分野の研究も進展した。1965(昭和40)年に**朝永振一郎**がノーベル物理学賞をうけ，その後も日本人のノーベル賞受賞がつづき，自然科学分野の受賞者は，2021年までに25人となった。また，国際的な学術会議が日本でも数多く開かれるようになった。

参考　1956(昭和31)年には南極観測が始まった。

2 これからの世界の課題

❶**環境問題**　地球温暖化，オゾン層の破壊，生態系の破壊などの環境問題がある。1997(平成9)年，地球温暖化防止京都会議で京都議定書が採択され，先進国の温室効果ガスの排出削減目標を定めた。2015(平成27)年のパリ協定では，開発途上国も含めて排出削減に努力することとなった。また，同年に国連主催の国際会議で持続可能な開発目標(SDGs)[★2]が採択されている。

★2　**SDGs**　持続可能な開発目標。2015年の国連持続可能な開発サミットで採択された「持続可能な開発のための2030アジェンダ」が示した目標。貧困をなくそう，飢餓をなくそう，すべての人に健康と福祉をなど，持続可能な社会を実現するための長期的な17の目標が掲げられた。

❷**テロと紛争**　2001(平成13)年9月には，アメリカのニューヨーク市の世界貿易センタービルなどへの旅客機突入で多数の犠牲者を出した(**テロ問題**)。このアメリカ同時多発テロを

契機とするアフガン戦争・イラク戦争に際して，日本は**テロ対策特別措置法**を制定して，海上自衛隊の艦船をインド洋に派遣し，アメリカなどの艦船に無償で給油を行った。また，ソマリア周辺の海賊対策にも，同様に艦船を派遣した。

3 日本の課題

❶近隣諸国との関係　北朝鮮の核問題や，中国・韓国との領土問題も重要問題となってきた。日本は，尖閣諸島を日清戦争中の1895(明治28)年1月に，竹島を日露戦争中の1905(明治38)年1月に，それぞれ領土に編入した。前者は中国が，後者は韓国が領有権を主張している。

❷安全保障と国際貢献　日本が経済大国となると，1990年代にはいってから，政府は国際連合の常任理事国入りをめざすようになった(国連に対する日本の拠出金は，アメリカにつぐ第2位★3)。冷戦の終了後，日本の国際貢献や中国の台頭に伴う安全保障の問題をめぐって，**憲法改正の可否**や**集団的自衛権**★4をめぐる議論も，重要な論点となりつつある。

❸少子高齢化　日本では出生率が急落し社会の高齢化がさらに進んでいる。高齢化が進行すると，労働人口が減少することによって経済成長が阻害され，税収や保険料が減少し，多方面に深刻な影響を及ぼす。高齢化対策としては，1997(平成9)年，公的介護保険制度が制定され，75歳以上の高齢者を対象とする後期高齢者医療制度も整備された。

❹これからの日本　日本は，経済のグローバル化や，急速に進んだ**社会の高齢化**と財政赤字の増加にも対応を迫られている。さらに，2011(平成23)年の**東日本大震災**と**福島第一原子力発電所事故**以降，原発にたよらず，**再生可能なエネルギー**にかえていくことが大きな争点となっている。われわれは，先人の歴史と精神に学び，ひとつひとつ問題を解決していくしかないであろう。

★3　その後，日本経済の停滞のため，2019年からアメリカ・中国についで第3位。

★4　**集団的自衛権**　自国と「密接な関係」にある外国に対する武力攻撃を，自国が攻撃されていなくとも実力で阻止する権利のこと。中国が台湾を武力統一する可能性が論じられる中で，日米連携に関連してさらに重要な問題となってきている。

参考　**環太平洋経済連携協定(TPP)**　太平洋をかこむ国々が，関税などをなくして自由な経済圏をつくる取り組み。日本を含む11か国で2018年に発効した(アメリカは発効前に離脱)。

[これからの世界と日本]

① 冷戦後の世界の課題…環境問題，民族問題，テロ問題など

② 日本の立場…東日本大震災後，大きな不安をかかえるが，国際社会の一員として，世界の課題に対応し，平和をめざす

☑ 要点チェック

CHAPTER 9 現代の日本		答
□ 1	1989年12月に行われた米ソ両国により冷戦の終結が確認された会談を何というか。	1 マルタ会談
□ 2	冷戦終了時のソ連の首脳は誰か。	2 ゴルバチョフ
□ 3	冷戦の象徴といわれ，1989年に撤去されたドイツの建造物は何か。	3 ベルリンの壁
□ 4	1990年，イラクによるクウェート侵攻をきっかけとして始まった戦争を何というか。	4 湾岸戦争
□ 5	宮沢(みやざわ)内閣で成立した，自衛隊の海外派遣を認める法律は何か。	5 PKO(ピーケーオー)協力法
□ 6	5の法律に基づき，自衛隊が初めて派遣された国はどこか。	6 カンボジア
□ 7	1993年に成立し，55年体制を終わらせた内閣は何内閣か。	7 細川護熙(ほそかわもりひろ)内閣
□ 8	1995年1月に，西日本で起こった大災害を何というか。	8 阪神(はんしん)・淡路(あわじ)大震災
□ 9	新ガイドラインをつくり，日米関係を再編した内閣は何内閣か。	9 橋本龍太郎(はしもとりゅうたろう)内閣
□ 10	1995年，オウム真理教団によるテロ行為で多数の死者を出した事件を何というか。	10 地下鉄サリン事件
□ 11	1997年に先進国の間で採択された気候変動抑制に関する初めての協定を何というか。	11 京都議定書
□ 12	1987年ごろから，地価と株価が実態と離れて異常な高値を示した。こうした経済状態を何というか。	12 バブル経済
□ 13	2001年に成立し，構造改革を進めた内閣は何内閣か。	13 小泉純一郎内閣
□ 14	2009年の総選挙で圧勝して組閣した政党は何か。	14 民主党
□ 15	東日本大震災が起こった年月日を，西暦で答えよ。	15 2011年3月11日
□ 16	東日本大震災で被災し，放射能汚染が広がるなど大きな被害を出した発電所を何というか。	16 福島第一原子力発電所
□ 17	第2次安倍内閣でうちだされた三本の矢を基礎にして景気回復を目指す経済政策を何というか。	17 アベノミクス
□ 18	2013年末に成立した，安全保障などに関する情報を漏えいしたものに厳罰を与える法律を何というか。	18 特定秘密保護法
□ 19	『鉄腕アトム』『ブラック・ジャック』などの作者で，戦後ストーリー漫画の第一人者といわれる人物は誰か。	19 手塚治虫(てづかおさむ)
□ 20	1968年，文化財の保護などのために設置された官庁を何というか。	20 文化庁

さくいん

き

く

さ

し

す

な

に

ぬ～の

る〜ろ

わ

［著者紹介］

伊藤之雄（いとう・ゆきお）

1952年，福井県に生まれる。

1981年，京都大学大学院博士課程修了。京都大学名誉教授。文学博士。おもな著書に，『立憲国家の確立と伊藤博文』『立憲国家と日露戦争』『大正デモクラシーと政党政治』『昭和天皇と立憲君主制の崩壊』『政党政治と天皇』『明治天皇』『伊藤博文』『山県有朋』『原敬』『元老西園寺公望』『昭和天皇伝』『維新の政治と明治天皇』などがある。

横内裕人（よこうち・ひろと）

1969年，長野県に生まれる。

1997年，京都大学大学院博士後期課程単位取得退学。宗教法人東大寺・東大寺史研究所副所長，文化庁文化財部美術学芸課文化財調査官を経て現在，京都府立大学教授。文学博士。おもな著書に，『日本中世の仏教と東アジア』『日本の表装と修理』『京都の中世史2 平氏政権と源平争乱』『対馬の渡来版経：護り伝える東アジアの至宝』などがある。

□ 執筆協力　岡賀武司
□ 編集協力　㈱オルタナプロ　大迫秀樹　待井容子
□ DTP　㈱天理時報社
□ 図版作成　㈲デザインスタジオエキス.
□ イラスト　林拓海
□ 写真提供　Colbase　DNPartcom(Cool Art Tokyo　Kobe City Museum　MOMAT　TNM Image Archives　東京藝術大学　東京都江戸東京博物館　徳川美術館所蔵　©徳川美術館イメージアーカイブ　福岡市博物館所蔵_画像提供：福岡市博物館）　MOA美術館　PIXTA(mizoula　s_fukumura)　アフロ(12ヵ月　akg-images　Alamy　AP　Heritage Image　Shutterstock　TopFoto　U.S. Army Signal Corps　U.S. National Archives　アールクリエイション　飯田信義　イメージマート　岩本圭介　エムオーフォトス　大貫茂　小川秀一　奥田健一　近現代PL　後藤昌美　坂本照　首藤光一　田口郁明　田中重樹　田中秀明　東阪航空サービス　富井義夫　橋本政博　古城渡　毎日新聞社　矢部志朗　山口博之　山梨勝弘　山梨将典　ロイター）　江差町郷土資料館　大坂歴史博物館　岡谷蚕糸博物館　北野天満宮　岐阜県文化財保護センター　旧開智学校管理事務所　近代日本人の肖像　宮内庁三の丸尚蔵館　建仁寺　京都国立博物館　原爆の図 丸木記念館　有限会社流々　公益財団法人愛知県教育・スポーツ振興財団_愛知県埋蔵文化財センター　公益財団法人石橋財団　アーティゾン美術館　公益財団法人鍋島報效会　高山寺　高台寺　国立歴史民俗博物館　下御霊神社　正倉院宝物　白山文化博物館　真如堂　台東区立朝倉彫塑館　東福寺　徳川記念財団　長崎県教育委員会　長崎歴史文化博物館　奈良文化財研究所　南山大学人類学博物館　名古屋市博物館　日本銀行金融研究所貨幣博物館　浜松市博物館　風俗博物館　文化庁　埼玉県立さきたま史跡の博物館　牧之原市史料館　三井記念美術館　本居宣長記念館　郵政博物館　早稲田大学演劇博物館
□ 本文デザイン　㈱ライラック

シグマベスト
理解しやすい 日本史

著　者　伊藤之雄・横内裕人
発行者　益井英郎
印刷所　株式会社天理時報社
発行所　株式会社文英堂
〒601-8121　京都市南区上鳥羽大物町28
〒162-0832　東京都新宿区岩戸町17
(代表)03-3269-4231

●落丁・乱丁はおとりかえします。

国県名対照表

地方	東北地方							関東地方									中部地方															
国名	陸奥					出羽		安房	上総	下総	常陸	下野	上野	武蔵		相模	伊豆	駿河	遠江	三河	尾張	美濃	飛騨	信濃	甲斐	越後	佐渡	越中	能登	加賀	越前	若狭
都道府県	青森	岩手	秋田	宮城	福島	秋田	山形	千葉			茨城	栃木	群馬	埼玉	東京	神奈川	静岡			愛知		岐阜		長野	山梨	新潟		富山	石川		福井	

地方	近畿地方															四国地方				中国地方												九州地方											
国名	近江	丹後	山城	丹波	但馬	播磨	摂津	和泉	河内	大和	紀伊	伊勢	伊賀	志摩	淡路	阿波	土佐	伊予	讃岐	備前	美作	備中	備後	安芸	周防	長門	石見	出雲	隠岐	伯耆	因幡	筑前	筑後	豊前	豊後	日向	大隅	薩摩	肥後	肥前	壱岐	対馬
都道府県	滋賀	京都			兵庫			大阪		奈良	和歌山	三重			兵庫	徳島	高知	愛媛	香川	岡山		広島			山口		島根			鳥取		福岡		大分		宮崎	鹿児島		熊本	佐賀	長崎	

朝鮮半島
釜山（ふざん）
済州島（さいしゅう）
対馬
壱岐
隠岐
山陰道
山陽道
西海道
南海道
石見 島根
出雲
伯耆
長門 山口
周防
安芸 広島
備後
岡山
美作
備中
備前
筑前
佐賀
福岡
豊前
肥前
長崎
筑後
大分
豊後
肥後
熊本
日向
宮崎
薩摩
鹿児島
大隅
伊予
愛媛
土佐
高知
讃岐
香川
阿波
徳島
多褹（種子島）
掖玖（屋久島）
鹿児島
大隅
（琉球）
八重山列島
宮古島
琉球王国（1429～1872）
琉球藩
沖縄
0 200km